창세기
강해설교
2

모리아로
가는
길

창세기
강해설교-2
[12-25장]

모리아로
가는
길

김서택

홍성사

차례

저의 창세기 강해는 제가 처음으로 홍성사에서 출간한 책입니다. 무려 열 권으로 되어 있고 부족한 점이 많은 책이지만 독자들의 사랑을 많이 받았습니다. 그때는 제가 아주 작은 개척 교회를 할 때였습니다. 그러나 이 창세기 강해가 부흥의 불을 붙였고, 교인들로 하여금 삶의 의미와 가치를 깨닫게 했습니다.

처음 창세기 강해를 할 때는 참고할 만한 책이 거의 없을 때였습니다. 그러나 지금은 창세기에 대한 책들이 많이 출판된 것을 보면서 참으로 반가운 마음이 듭니다. 이번에 홍성사에서 열 권의 강해집을 네 권으로 묶어서 출판한다고 합니다. 더 사랑받고 도움되는 창세기 강해가 될 줄 믿습니다.

첫 창세기 강해집 출간을 허락하셨던 정애주 사장님께 감사드리며, 편집부 모든 식구들에게도 감사드립니다.

대구 수성교 옆에서

김서택 목사

일러두기

· 본문에 쓰인 성경은 개역한글판입니다.

· 이 책은 저자의 창세기 강해설교 3권 《약속의 땅에도 기근은 오는가》(1998년 5월 초판 발행)와 4권
《불의한 시대를 사는 의인들》(1999년 3월 초판 발행), 5권 《죽음의 한계를 넘어선 신앙》(1999년 6월
초판 발행)을 합본한 뒤 어문규정에 맞게 교정하고 새롭게 다듬은 것입니다.

· 《약속의 땅에도 기근은 오는가》는 이 책 1~13장에 해당되며, 1996년 4월부터 7월까지 제자들교회에
서 설교한 내용을 정리했습니다. 《불의한 시대를 사는 의인들》은 이 책 14~24장에 해당되며 1996년
7월부터 9월까지 제자들교회 주일예배에서 설교한 내용을 정리했습니다. 《죽음의 한계를 넘어선 신
앙》은 이 책 25~35장에 해당되며 1996년 9월부터 12월까지 설교한 내용을 정리했습니다.

1

아브람을 부르신
하나님

어떤 사람이 일생을 살아갈 때 그 일생 전체가 똑같이 중요한 의미를 가지는 것은 아닙니다. 어떤 의미에서 사람들은 거의 대부분의 삶을 의미없이 살아가고 있습니다. 남들이 공부하니까 나도 공부하고, 남들이 직장생활하니까 나도 직장생활하고, 남들이 결혼하니까 나도 결혼합니다. 그에게 중요한 것은 남들이 하는 만큼 나도 하는 것입니다. 그러나 이것은 진정한 의미에서 의미있는 삶이 아닙니다.

어떤 소년을 예로 들어서 생각해 봅시다. 그 소년은 아주 사고뭉치였습니다. 그는 자신의 삶의 의미를 전혀 알지 못한 채 살고 있었습니다. 그런데 어느 유명한 코치의 눈에 띄면서부터 그의 삶에는 근본적인 변화가 일어나기 시작했습니다. 아무 쓸모없는 사고뭉치에서 일약 세계적인 스포츠 스타로 발돋움하게 된 것입니다. 이 소년의 삶에서 참으로 의미있는 출발은 언제 이루어졌습니까? 바로 그 코치를 만난 운명적인 순간부터입니다. 이 소년의 인생 달력은 바로 그 순간부터 넘어가기 시작했습니다.

이것은 비단 이 소년뿐 아니라 우리 모두에게 해당되는 이야기입니다. 인생에 변화를 가져오는 어떤 중요한 사건이 있기 전까지 우리는 그저 평범하게, 남들과 다를 바 없이 자신에게 주어진 삶을 살아갈 뿐입니다. 그러나 내 인생을 변화시킬 누군가를 운명적으로 만나는 그 순간부터 우리의 인생은 완전히 달라지고, 우리의 달력은 새로이 시작됩니다.

오늘 본문을 보면 75세의 나이에 완전히 새로운 삶을 시작하는 한 사람을 만나게 됩니다. 75세는 결코 적은 나이가 아닙니다. 그러나 이 사람은 이 적지 않은 나이에 인생의 결정적인 변화를 맞이했습니다. 진정한 의미에서 그의 생애는 바로 이때부터 시작했다고 할 수 있습니다. 이 사람이 누구입니까? 바로 믿음의 조상 아브라함입니다.

아브라함의 본래 이름은 아브람이었습니다. 아브람은 75세에 참으로 의미있는 삶을 살기 시작했습니다. 아브람의 달력을 보면 75세 전에는 아무것도 없습니다. 그런데 75세 때 그의 인생 달력은 넘어가기 시작했고, 그때부터 그의 삶은 의미를 가지기 시작했습니다. 75세 때 이 사람에게 어떤 일이 있었습니까? 하나님의 말씀이 임했습니다. 하나님의 말씀이 임하고 나서부터 아브람은 더 이상 이전의 아브람이 아니었습니다. 이전에는 아주 평범한 사람이었어요. 그런데 하나님의 말씀이 임한 그 순간부터 아브람은 이 세상에서 가장 존귀한 사람의 삶을 살게 되었습니다.

이런 위대한 전환점은 우리에게도 있습니다. 아브람의 전환점은 곧 우리의 전환점입니다. 우리의 인생에도 달력을 새로이 넘기는 순간이 있다는 것을 기억하십시오.

하나님의 부르심

우선 우리가 살펴보아야 할 것은 아브람의 삶에 밤과 낮이 있었다는 사실입니다. 아브람의 삶은 밤과 낮이 교차되는 삶이었습니다. 도대체 자신이 어디로 가고 있으며, 무엇을 위해서 살아야 하는지 모르는 채 목적이나 방향 없이 무작정 살아온 세월은 아브람에게 밤이었습니다.

하나님께서 아브람을 부르신 데는 몇 가지 특징이 있습니다. 12장 1절을 보십시오.

> 여호와께서 아브람에게 이르시되 너는 너의 본토, 친척, 아비 집을 떠나 내가 네게 명한 땅으로 가라

이 말씀이 임하기 전에도 아브람은 살고 있었습니다. 그러나 그의 삶은 바로 이 말씀이 임한 순간에 위대한 전환점을 맞이하게 됩니다.

이 말씀을 듣기 전에 아브람이 어디서 무엇을 하면서 살고 있었는지에 대해서 성경은 긴 설명을 하지 않습니다. 그것은 별로 중요한 사실이 아니기 때문입니다. 우리는 이 본문 앞에 있는 창세기 11장 끝에서 아브람이 이전에 살았던 생의 족적을 약간 발견할 수 있을 뿐입니다.

원래 아브람은 갈대아 우르 사람이었습니다. 우르는 지금의 메소포타미아 지역입니다. 그런데 무슨 일 때문이었는지 아버지 데라와 아브람은 우르를 떠나서 하란까지 오게 되었습니다. 아브람은 하란에서 상당히 오랫동안 정착한 것으로 보입니다. 11장 31절을 보십시오.

> 데라가 그 아들 아브람과 하란의 아들 그 손자 롯과 그 자부 아브람의 아내 사래를 데리고 갈대아 우르에서 떠나 가나안 땅으로 가고자 하더니 하란에 이르러 거기 거하였으며

갈대아 우르는 가나안에서 아주 멀리 있는 곳입니다. 그리고 하란은 갈대아 우르와 가나안 땅의 중간 지점에 있는 곳입니다.

하나님의 말씀을 받았을 때 아브람은 이미 우르를 떠나서 하란에 와 있었습니다. 아브람이 이곳 하란까지 오게 된 것에 대해서 스데반은 아브람이 우르, 즉 메소포타미아에 있을 때 이미 하나님의 말씀을 들었다고 말하고 있습니다.

> 스데반이 가로되 여러분 부형들이여 들으소서 우리 조상 아브라함이 하란에 있기 전 메소보다미아에 있을 때에 영광의 하나님이 그에게 보여 가라사대 네 고향과 친척을 떠나 내가 네게 보일 땅으로 가라 하시니(행 7:2-3)

아브람은 하란에 오기 전에도 하나님의 말씀을 들었습니다. 그러나 분명한 것은 아브람이 갈대아 우르에서 하란에 오기까지와 하란에서 하나님의 말씀을 들은 그 이후의 삶 사이에 엄청난 차이가 있다는 사실입니다.

물론 하란까지 오게 된 것도 하나님의 인도하심 때문입니다. 하나님이 데라를 감동시키셨든지, 아브람에게 그렇게 말씀을 하셨든지, 갈대아 우르에서 도저히 생활할 수 없는 어려운 일이 있었든지 간에 하나님의 인도하심이 있었기 때문에 아브람은 하란까지 오게 되었습니다. 그러나 무엇을 알고 여기까지 온 것이 아닙니다. 자기도 모르는 사이에 이렇게 이사하고 저렇게 이사하고 이렇게 끌려가고 저렇게 끌려가다 보니까 하란까지 오게 된 것이지요.

하나님은 갈대아 우르에서도 아브람을 아셨고 그에게 나타나셨고 그의 걸음을 인도해서 여기 하란까지 오게 하셨습니다. 그러나 아브람이 정말 하나님을 만나서 말씀의 인도를 받게 된 것은 바로 이 하란에서 하나님의 말씀이 임한 순간부터였습니다.

제가 굳이 갈대아 우르에서 하란까지 오기까지의 생애와 하란에서 하나님의 말씀을 듣고 가나안 땅으로 오기까지의 생애를 구별하려고 하는 이유가 어디에 있다고 생각하십니까? 이것은 이 구분이 우리의 삶과 아주 중요한 관계가 있기 때문입니다.

저는 아브람이 메소포타미아에서 하나님을 만났다는 사실을 부정하지 않습니다. 아브람은 거기에서 하나님을 만났을 것입니다. 그는 거기에서 하나님을 알았고, 거기에서 섬기던 우상을 버렸으며, 거기에서 하나님을 섬기는 신앙으로 개종했을 것입니다. 그러나 아브람이 하나님을 알았다고 해서 곧바로 새로운 삶이 시작된 것은 아니었습니다. 종교만 바뀌었을 뿐 그의 생활은 이전과 똑같았습니다. 아브람은 그대로 아브람이었습니다.

하란에서 하나님의 말씀이 그에게 임하고 말씀이 그를 붙들기 전까지는 그냥 닥치는 대로 살았어요. 할 수 있는 것은 다 하면서 살았습니다. 나중에 정신을 차리고 보니까 닥치는 대로 살 때에도 하나님은 아브람을 인도해 주셨습니다. 그러나 그때 그는 자신이 어디로 가고 있는지, 또 열심히 살고 있는 자신의 삶에 무슨 의미가 있는지 전혀 알지 못했습니다.

여러분, 우리가 하나님의 존재를 모를 때에도 하나님은 우리와 함께하십니다. 놀라운 사실은 우리가 그토록 방황하고 하나님을 부정하며 심지어 하나님을 대적했을 때에도 하나님은 우리를 사랑하셨고 우리를 중요한 위기에서 지켜 주셨다는 것입니다. 그 당시에는 몰랐어도 나중에 돌이켜보면 그 사실을 알 수 있습니다. 그러나 하나님의 존재를 알았고 하나님이 우리의 삶을 이끌어 오셨다고 해서 우리가 전적으로 새로운 삶을 시작했다고는 말할 수 없습니다.

나의 삶에서 진짜 달리기가 시작되는 순간은 언제입니까? 하나님의 말씀에 붙들리는 때입니다. 그전까지는 아무리 종교생활을 오래 해왔고 예배에 빠지지 않았다 해도, 아무리 하나님이 나의 삶을 이끌어 주셨다 해도 나의 삶은 결코 시작된 것이 아닙니다. 갑자기 하나님의 말씀이 나에게 임해서 나를 붙들고, 내가 전혀 생각지 않았던 엉뚱한 길로 나를 데려가는 그 순간부터 비로소 의미있

13

는 시간은 시작되는 것입니다.

그전까지의 삶은 어둠 가운데 걸어 온 삶이며, 영혼의 밤입니다. 아침이 오기까지 우리는 어둠 가운데 헤맬 수밖에 없습니다. 일이 주어지니까 그냥 하면서 삽니다. 그렇게 일을 하다 보면 남들보다 좀더 잘해서 일찍 승진하는 사람도 나오고, 그렇게 공부를 하다 보면 남들보다 좀더 잘해서 좋은 학교에 들어가는 사람도 나옵니다. 그러나 공부를 잘하는 사람과 못하는 사람 사이에는 본질적으로 차이가 없습니다. 좋은 대학 다니는 사람과 그렇지 않은 대학 다니는 사람도, 좋은 직장 다니는 사람과 그렇지 않은 사람도 차이가 없습니다. 모두 헤매고 있어요. 방황하고 있습니다. 일요일이니까 그냥 성경책 찾아서 교회에 오는 거예요. 그리고 예배 마쳤으니까 가는 겁니다. 그리고 월요일이 되면 또 직장에 갑니다. 결혼도 어른이 됐으니까 그냥 하는 거예요. 왜 결혼을 하는지 모르면서 아무하고나 합니다. 그저 얼굴만 이쁘면 좋습니다.

그렇게 닥치는 대로 살던 인생에 언제 아침이 옵니까? 어느 날 문득 하나님의 말씀이 임해서 나를 붙잡고 엉뚱한 데로 끌고 가기 시작하면서 아침이 옵니다. 고난 중에 있다고 해서 전부 영혼의 밤이 아닙니다. '고난을 겪으면 영혼의 밤, 일이 잘 풀리면 영혼의 아침'이라고 생각하는 사람은 밤낮을 구분하지 못하는 사람입니다. 아기들 중에서도 밤낮을 구분 못해서 밤에 놀고 낮에 자는 아기들이 있지요? 이런 사람은 그런 아기들과 다를 바가 없습니다. 그러면 진짜 영혼의 아침은 언제 옵니까? 갑자기 말씀에 사로잡히는 그 순간에 옵니다.

우리가 어떻게 말씀에 붙들리게 되는지는 논리적으로 설명할 수가 없습니다. 그것은 사람의 힘으로 되는 일이 아니기 때문입니다. 아무리 내가 하나님의 말씀에 사로잡히려고 노력해도 내 마음대로 안 됩니다. 나도 모르는 어느 한순간에 하나님의 말씀이 내 심령을 뚫고 들어와서 지금까지 내가 가지고 있던 전제들을 전부

부수어 버려야 합니다. 어느 한순간에 하나님의 말씀이 들어와서 '나는 이렇게 살아왔고 이런 식으로 살아갈 것이다. 나의 가치관은 이것이며, 우리 집안은 이렇고, 나는 이런 학교를 나왔다' 하는 것들을 전부 부수어 버리고, 내가 전혀 예상하지 못했던 길로 나를 끌고 가기 시작하는 그때부터 새로운 인생이 시작되는 것입니다. 이것은 전적으로 하나님이 하시는 일이며 성령의 능력입니다.

우리가 성경에서 예정을 믿는 이유가 바로 여기 있습니다. 사람의 힘으로는 도저히 말씀에 붙들리게 할 수가 없습니다. 이것은 하나님만 하실 수 있는 일입니다. 그래서 성경은 구원이 하나님으로부터 말미암는다고 누누이 말씀하고 있습니다.

두 사람이 똑같이 설교를 듣습니다. 한 사람은 영혼에 너무 큰 충격을 받아서 숨도 못 쉬고 얼굴이 온통 눈물 범벅입니다. 그 자리에서 기절할 것 같고 몸이 밑으로 한없이 꺼지는 것만 같아요. 그런데 다른 한 사람은 설교에서 알아들을 수 있는 말이 한 마디도 없습니다. 도대체 무슨 이야기를 하는지 이해할 수가 없어요. 바로 이 차이입니다.

언젠가 우리 교회에서 설교했을 때, 어떤 분은 얼굴이 온통 눈물 범벅이 되었습니다. 그런데 다른 한 분은 "목사님, 이번 주에는 설교 준비를 잘 안 하신 모양이지요? 내용이 너무 빈약하네요" 합니다. 바로 이 차이입니다.

싸우다시피 해서 남편을 교회까지 데려와서 앉혀 놓았습니다. 그런데 막 울면서 설교 듣다가 옆을 돌아보니까 졸고 있는 거예요. 이것은 사람의 힘으로 어떻게 할 수 없는 일입니다. 똑같이 예배를 드려도 이렇게 다릅니다.

분명한 사실은 하나님께서 어떤 사람을 말씀으로 찾아오셔서 낚아채 가신다는 것입니다. 저는 '낚아채 간다'는 말이 참 좋은 표현이라고 생각합니다. 마당에서 병아리들이 졸고 있는데 갑자기 매가 덮쳐서 낚아채 가듯이 하나님이 우리를 낚아채 가십니다.

그냥 평범하게 사는 사람이 있습니다. 아침이 오니까 직장에 가고 밥을 주니까 먹으면서 그냥 그렇게 살고 있는 사람입니다. 그런데 갑자기 하나님의 말씀이 임해서 그를 낚아채 갑니다. 그때부터 그 사람은 완전히 다른 사람이 됩니다. 그때부터 그 사람에게는 전혀 예상하지도 못했고 생각하지도 못했던 새로운 삶이 시작됩니다. 그의 달력은 바로 이 순간부터 한 장씩 넘어가기 시작합니다.

하나님의 명령

하나님께서 아브람에게 명령하신 것이 무엇입니까?

여호와께서 아브람에게 이르시되 너는 본토 친척 아비 집을 떠나 내가 네게 지시할 땅으로 가라(12:1).

하나님의 명령은 다른 것이 아니라 '네가 살고 있는 그 모든 상황을 떠나라'는 것이었습니다. '본토, 친척, 아비 집을 떠나라'는 말은 좀 의역된 것입니다. 직역하면 '네 땅과 네 사람과 네 가족을 떠나라. 네 아비 집을 떠나라'고 되어 있습니다. 우리 성경식으로 번역하면 범위가 조금 좁아지는 것 같습니다.

'땅'은 아브람이 지금 정착해서 살고 있는 삶의 근거지입니다. 예를 들면 우리가 살고 있는 서울이나 부산이나 광주 같은 곳이지요. '네 사람'은 누구겠습니까? 아브람이 살면서 사귄 모든 이들, 그와 친하게 지내온 모든 이들, 그를 도와줄 수 있는 모든 이들입니다. '네 아비 집'은 친형제와 가족들입니다. 이것들은 아브람의 모든 것입니다. 하나님은 아브람에게 그가 지금 하란에서 누리고 있는 모든 것, 모든 사람, 모든 생활 근거를 다 떠나서 전혀 경험해보지 못한 새로운 삶을 향하여 떠나라고 말씀하고 계십니다. 그것도

75세의 나이에 말입니다.

신앙은 지금까지 내가 누리면서 살아온 이 세상의 방식을 떠나서 하나님과 함께 새로운 항해를 떠나는 것입니다. 우리는 기독교의 가르침을 받거나 기독교적인 생활을 하는 것을 신앙이라고 생각합니다. 다시 말해서 기독교의 가르침을 거부하지 않고 받아들이며, 기독교인들과 지속적으로 좋은 관계를 유지하는 것을 신앙이라고 생각하는 것입니다. 물론 신앙 안에 그런 부분이 없는 것은 아닙니다. 그러나 어쩌면 그것은 기독교가 아닐 수도 있습니다.

신앙은 이 세상이 나에게 준 모든 특혜, 모든 자격, 모든 인간관계를 떠나는 것입니다. 지금까지 쌓아올린 모든 생의 기초를 버리고 하나님의 말씀이 이끄는 대로 새로운 항해를 떠나는 것입니다. 이 세상의 것들을 붙들고 있는 동안에는 절대로 출발할 수 없습니다.

하나님은 왜 이런 명령을 내리십니까? 멀쩡한 사람을 낚아채서 거지나 바보처럼 살게 하기 위해서입니까? 그렇지 않습니다. 하나님은 이 세상의 총체적인 죄성을 보고 계십니다. 하나님이 보시기에 이 세상에는 썩지 않은 부분이 없습니다. 그렇기 때문에 우리가 이곳을 떠나지 않는 이상, 이 가운데 한 가지라도 의지하고 있는 이상, 결코 하나님과 새로운 생활을 시작할 수 없다는 것을 그는 알고 계십니다. 이 세상이 주는 것을 조금이라도 의지하고 있는 사람에게 어려운 일이 생기면 무엇을 믿습니까? 자기 학벌, 자기 머리, 자기 재주를 믿게 되어 있습니다. 머리로는 하나님을 믿지만 실제로는 자기의 능력을 믿게 되어 있어요.

하나님께서 아브람에게 말씀하신 것이 무엇입니까? '네가 이 세상에서 붙들고 있는 것을 완전히 버리지 않는 이상 절대로 말씀을 의지해서 한 걸음도 나아가지 못한다'는 것입니다. 모든 것을 버린다는 것은 어른이 하루아침에 어린아이가 되는 것과 같은 일입니다. 우리가 말씀의 세계 안에서 어린아이로 새로 태어나지 않으면 절대로 하나님과 함께 이 새로운 삶을 시작할 수가 없습니다.

오늘날 많은 사람들이 신앙에서 실패하는 이유는 어린아이가 되지 않으려는 것에 있습니다. 도무지 물어보려고 하질 않아요. 자기는 알 만큼 알았고 가질 만큼 가졌다고 생각하기 때문에 절대 물어보지 않습니다. 그러나 어린아이는 모든 것을 물어봅니다. 하란을 떠나지 않는 이상 아브람은 물어볼 것이 없습니다. 하란에서는 인정받는 사람이었고 유지였기 때문입니다. 그러나 하란을 떠나는 순간부터 아브람은 처음부터 다시 시작해야 했습니다.

신앙은 이 세상에서 새로운 종교를 가지거나 종교적인 지식을 더 배우는 것이 아닙니다. 말씀에 붙들려서 이전에는 전혀 경험하지 못했던 새로운 방식으로 이 세상을 살아가는 것입니다. 하나님이 복음을 통하여 우리에게 주시고자 하는 것이 무엇입니까? 지금까지 모든 사람들이 태어나서 자라고 공부하고 직장생활 하는 것과는 완전히 다른 새로운 삶의 방식입니다. 이것이 생명이고, 이것이 영생입니다. 여기에 하나님의 영광이 있습니다.

하나님이 세상에서 찾으시는 사람은 부자나 학벌 좋은 사람이나 성공한 사람이 아니라 말씀에 붙들려서 하루하루를 살아가는 사람입니다. 하나님은 그 한 사람을 보기 위해서 이 수많은 사람들의 죄악과 교만을 참고 계십니다.

여러분, 이 세상에서 가장 위대한 것이 무엇입니까? 성공하거나 큰 업적을 성취하는 것이 아닙니다. 그런 것은 머리가 좋고 열심히 노력하기만 하면 누구든지 할 수 있는 일입니다. 그러나 하나님이 원하시는 것은 그것이 아닙니다. 하나님은 그의 말씀에 붙들려서 하루하루 살아가는 새로운 삶의 방식을 원하십니다. 그러나 부자나 높은 자리에 올라가는 사람만 인정해 주는 이 세상의 가치관과 분리되지 않는 이상 우리는 이런 삶을 향해 출발조차 할 수 없습니다.

아브람이 익숙한 삶의 방식을 버리고 75세라는 나이에 전혀 새로운 삶을 향해 출발한 이유가 무엇입니까? 하나님의 말씀을 따라가면 모든 것을 잃을 것이며 삶 전체가 불안정해질 것입니다. 사람들은 삶이 불안정해지는 것을 가장 두려워합니다. 그럼에도 불구하고 아브람이 이 길을 택한 이유가 무엇입니까? 그 이유 중 하나는 이 세상의 총체적인 죄성에 있습니다. 이 세상이 썩었고 부패했다는 것을 알지 못하는 사람은 절대로 이 세상을 떠나지 않습니다. 오히려 세상 속으로 더 깊이 들어갑니다.

오늘날 사람들이 어떻게 해서든지 이 세상에서 무언가를 얻으려고 하는 것은 우리에게 필요한 모든 것이 세상에 다 있기 때문입니다. 돈도, 명예도, 생활의 안정도 다 세상에 있습니다. 그러나 하나님의 말씀의 빛이 우리 마음에 비치면 이 세상에 있는 것들이 철저하게 썩었고 철저하게 교만하며 철저하게 음란하다는 것을 알게 됩니다. 내가 여기에서 얻을 수 있는 것이 하나도 없다는 것을 알게 되는 것입니다. 그때 내 삶이 불안정해진다 하더라도 이 말씀을 붙들게 되는 것이지요.

말씀의 빛이 비추기 전까지는 세상이 더 좋고, 세상이 더 안정되어 보입니다. 세상을 왜 떠납니까? 여기에 모든 것이 다 있는데요. 그러나 말씀의 빛이 한 번 비치면 세상이 철저하게 썩었다는 게 보입니다. 세상이 온통 거짓말덩어리이며 욕심으로 도배해놓은 곳이라는 게 보여요.

아브람이 이 불안정한 삶을 택한 두 번째 이유는 하나님과 인격적인 만남이 있었기 때문입니다. 그냥 신을 아는 것과 인격적으로 만나는 것은 다릅니다. 세상에서 제일 기쁠 때는 누군가를 인격적으로 만날 때입니다. 인격적으로 만난다는 것은 서로 사랑한다는 것이고, 서로 존중한다는 것이며, 서로 신뢰한다는 것입니다. 아브람은 하나님을 만나고 난 후에 하나님과 교제하는 데서 얻는 기쁨은 이 세상의 기쁨과 근본적으로 다르다는 것을 알게 되었습니다. 그는 불안정한 삶을 계속 사는 한이 있더라도 하나님과 만나는

데서 오는 이 기쁨을 잃지 않기로 결심했기 때문에 새로운 길을 떠날 수 있었습니다.

또한 아브람은 자신의 도덕적인 무능력을 깨달았습니다. 도덕적으로 자신이 있다고 생각하는 사람은 세상에서 얼마든지 잘 살 수 있습니다. 그러나 이 세상에 있는 썩은 요소가 내 안에도 똑같이 있다고 생각하는 사람은 이 세상을 떠나지 않을 수 없습니다.

이 세상이 왜 이렇게 부패했습니까? 우리 모두의 속에 있는 부패한 물이 흘러나와서 고였기 때문입니다. 이 세상에 있는 썩은 것들 가운데 우리 마음속에서 흘러나가지 않은 것은 하나도 없습니다. 강물이 썩은 것은 가정에서 나오는 썩은 물이 흘러서 고였기 때문입니다. 그 강물을 분석해보면 우리집에 있는 것들과 똑같아요. 우리집에 있는 샴푸, 비누, 식용유 같은 것들이 다 흘러나가서 강물이 썩는 것입니다. 그처럼 이 세상에 있는 썩은 것들 중에서 우리 마음속에서 흘러나가지 않은 것은 하나도 없습니다.

우리 속에서는 쉴 새 없이 썩은 물이 흘러나오고 있습니다. 누가 내 삶을 이끌어주지 않으면 우리도 저 세상처럼 완전히 썩을 수밖에 없습니다. 그래서 우리에게는 주님이 필요합니다.

하나님의 축복

하나님께서는 아브람에게 새로운 삶을 향하여 출발하라고 명령하시면서, 이것은 예전처럼 의미없는 방황이 아니라 하나님의 굳건한 약속이 있는 새로운 출발이라는 것을 말씀하고 계십니다. 12장 2절과 3절을 보십시오.

내가 너로 큰 민족을 이루고 네게 복을 주어 네 이름을 창대케 하리니
너는 복의 근원이 될지라 너를 축복하는 자에게는 내가 복을 내리고

너를 저주하는 자에게는 내가 저주하리니 땅의 모든 족속이 너를 인하여 복을 얻을 것이니라

지금까지 세상에서 누리고 있던 특혜나 안정된 삶을 포기하고 오직 하나님의 말씀에 붙들려서 정처 없이 떠나는 아브람에게 하나님은 놀라운 복을 주겠다고 약속하셨습니다. 이 복은 재물이 아닙니다. 건강이나 장수도 아닙니다. 높은 지위도 아닙니다.

하나님이 아브람에게 약속하신 복은 하나님 앞에서 얻는 그의 특별한 지위였습니다. 그는 한 나라를 이룰 것이며, 복의 근원이 될 것입니다. 세상 모든 사람들은 아브람을 통해서 하나님의 귀한 복을 누리게 될 것입니다. 하나님이 아브람에게 주신 복은 이 세상의 복이 아닙니다. 하늘에 속한 신령한 복입니다. 하나님은 이 세상에서 경험할 수 없는 하늘의 축복을 아브람을 통해서만 이 세상에 내리겠다고 말씀하셨습니다.

하나님은 이 세상에 이미 많은 복을 주셨습니다. 좋은 기후도 주시고 건강도 주시고 땅도 주시고 곡식도 주셨습니다. 그러나 사람에게 참으로 필요한 복은 누구든지 가질 수 있는 이런 것들이 아닙니다. 이 세상 사람들이 누리고 있는 복은 하나님의 간접적인 복이에요. 그림자 같은 복입니다. 음식으로 말하면 주식이 아니라 간식입니다. 왕의 식탁에서 떨어지는 부스러기예요.

사람에게 가장 필요한 것은 하나님의 존귀한 성품에서 나오는 복입니다. 우리가 하나님께 받아야 할 가장 귀한 은혜는 하나님의 용서와 사랑입니다. 감옥에 갇혀서 사형 날짜를 기다리는 죄수에게 고깃국을 준다면 그것은 참 큰 복이요 기쁨이 될 것입니다. 그러나 그에게 더 귀한 복은 왕이 그의 죄를 용서하고 감옥에서 내보내 주는 것입니다. 고깃국을 못 먹는다 하더라도 왕의 용서를 받고 감옥에서 풀려나가는 것이 더 큰 은혜인 것입니다.

하나님의 말씀에 붙들려서 새로운 삶을 출발하는 아브람에

게 하나님은 그가 이 하나님의 복의 근원이 되리라고 말씀하셨습니다. 그가 축복하는 모든 이에게는 하나님의 용서와 은혜가 임할 것입니다. 그를 인정하지 않고 대적하며 저주하는 자에게는 하나님의 저주가 임할 것입니다. 다시 말해서 이 약속은 하나님이 아브람에게 하나님의 인장반지를 꺼내서 끼워준 것과 같았습니다. 하나님은 하늘나라에 있는 모든 특권과 모든 축복을 아브람에게 주셨습니다.

사도 바울은 에베소서 1장에서 '하나님은 하늘에 속한 모든 신령한 복을 주기 위해 우리를 부르셨다'고 말씀하고 있습니다. 우리가 이 세상 사람들에게 줄 수 있는 가장 귀한 선물이 무엇입니까? 하나님의 용서를 전하는 것입니다. 하나님의 사랑을 전하는 것입니다. 나를 괴롭힌 바로 그 사람에게 하나님의 사랑과 용서를 전하는 것입니다.

하나님은 왜 아브람을 이토록 존귀하게 하셨습니까? 아브람에게 무슨 자격이 있었기 때문이 아닙니다. 오직 그가 하나님의 말씀에 붙들렸기 때문입니다. 그가 자신의 모든 능력과 재능을 하나님의 말씀 안에 가두고, 어린아이처럼 날마다 하나님의 말씀에 붙들려서 살기로 결심했기 때문에 자신의 모든 능력을 이 한 사람에게 제한하신 것입니다.

자기 힘으로 살고 있는 동안에는 그가 그리스도인이든지 아니든지 간에 하나님의 축복이 임하지 않습니다. 돈을 벌게 해달라거나 건강하게 해달라거나 하는 기도는 응답될지 몰라도 성령으로 새롭게 해달라는 기도는 응답되지 않습니다. 부스러기는 얻어먹을 수 있어도 하나님의 직접적인 축복은 누리지 못할 것입니다. 하나님의 놀라운 축복은 어떤 사람에게 임합니까? 학벌도 있고 돈도 있고 재능도 있지만 이 모든 것을 사로잡아서 말씀에 가두어놓고, 말씀 안에서 어린아이가 되어 하루하루 사는 사람에게 임합니다. 오직 그에게만 존귀한 성령의 역사와 기도 응답의 역사가 나타납니다.

여러분, 신앙은 모험입니다. 말씀에 자기 자신을 집어던지는 것입니다. 학벌이 있습니까? 학벌이 전혀 없는 무식한 사람처럼 사십시오. 재산이 있습니까? 알거지처럼 한푼 한푼 하나님께 타서 쓰는 심정으로 사십시오. 재능이 있습니까? 아무 재주 없는 머슴처럼 사십시오. 그러면 성령의 역사가 일어납니다. 그가 하는 일마다, 만지는 것마다 영혼을 살리는 하나님의 축복의 역사가 나타납니다.

오늘날 우리나라에 믿는 사람이 그렇게 많음에도 불구하고 성령의 역사가 나타나지 않는 이유가 무엇입니까? 아무것도 버리지 않기 때문입니다. 어느 것 하나 포기하지 않기 때문입니다. 돈 있는 사람은 그 돈을 교회에 가지고 와서 거들먹거립니다. 학벌이 좋은 사람은 그 학벌을 교회에 가지고 와서 무식한 사람을 깔봅니다. 또 건강이 좋은 사람은 그 건강을 자랑합니다. 하나도 버린 것이 없어요. 그러니까 교회에 하나님의 존귀한 역사가 나타나지 않고, 성령의 역사가 나타나지 않습니다.

만약 하나님이 얼마나 존귀한 분이시고, 얼마나 크신 분이시며, 얼마나 많은 은혜와 선물을 가지고 계신 분이신지 안다면 우리는 아무것도 가지지 못한 사람처럼 살 것입니다. 은행에 수백억 원이 있어도 십원 한 푼 없는 거지처럼 살 것입니다. 하나님이 버리라고 하시면 얼마든지 버릴 수 있습니다. 내가 아무리 좋은 대학교를 나왔고 좋은 학위를 가지고 있다고 하더라도 하나님이 원하신다면 다 버릴 수 있습니다. 직장도 포기할 수 있습니다. 아무것도 없는 것처럼 살 수 있습니다.

그런 사람에게 어떤 일이 일어납니까? 기도가 응답되기 시작합니다. 성령의 역사가 강같이 흘러나오기 시작합니다. 이것이 바로 이 세상에 하나님의 복을 전하는 통로가 되는 것입니다. 이 사람을 축복하는 사람에게는 곧바로 하나님의 복이 임할 것입니다. 이 사람을 선대(善待)한 사람 중에 망하는 사람이 있을 수가 없습니다. 그러나 이 사람을 대적하는 것은 하나님의 눈을 찌르는 것과 같습니다. 그는 망할 것입니다.

여러분, 신앙은 하나님의 축복의 통로가 되는 것입니다. 그냥 여러 사람들과 사이좋게 지내는 것이 아니에요. 나를 통해 하나님의 축복이 그들에게 쏟아지는 것입니다. 물론 나 자신의 삶은 끝없이 불안정해질 것입니다. 나에게는 남는 것이 없을 수도 있습니다. 그러나 나를 통해 사람들에게 축복이 쏟아진다는 것만큼은 부정할 수가 없습니다. 수많은 사람들이 나를 통해 하나님의 은혜와 축복을 받을 것이며, 새로운 삶을 시작하는 계기를 맞을 것입니다.

가나안에 도착하다

하나님은 아브람에게 그가 큰 민족과 나라를 이루게 될 것이라고 약속하셨습니다. 그러나 그 약속은 참으로 더디게 이루어졌습니다. 우리는 하루가 급합니다. 그러나 하나님이 아브람에게 약속하신 것은 무려 430년이 지난 후에 모세를 통해서 비로소 이루어졌습니다. 이처럼 하나님의 나라는 우리가 생각하는 것보다 훨씬 더디게 이루어집니다.

아브람이 가나안 땅에 들어갔을 때 그를 환영해 주는 사람은 아무도 없었습니다. 그곳에는 포악하고 음란한 가나안 족속들이 이미 자리를 차지하고 있었습니다. 하나님이 분명히 가나안 땅을 준다고 하셔서 갔는데, 막상 가보니까 있을 곳이 없는 거예요. 힘센 주인들이 먼저 다 차지하고 있었습니다. 5절과 6절을 보십시오.

> 아브람이 그 아내 사래와 조카 롯과 하란에서 모은 모든 소유와 얻은 사람들을 이끌고 가나안 땅으로 들어가려고 떠나서 마침내 가나안 땅에 들어갔더라 아브람이 그 땅을 통과하여 세겜 땅 모레 상수리 나무에 이르니 그때에 가나안 사람이 그 땅에 거하였더라

오늘 말씀을 보면 아브람의 여행이 순탄치 않았다는 것을 알 수 있습니다. 아브람이 '마침내' 가나안 땅에 들어갔다는 것은 가나안 땅으로 가는 길이 순탄하지 않았다는 뜻입니다. 아브람은 아주 큰 기대를 가지고 가나안 땅을 향해 출발했습니다. 그리고 힘들고 어렵게 가나안 땅에 도착했습니다. 그런데 막상 가보니까 '환영! 아브람'이라는 플래카드 하나 걸려 있지 않습니다. 오히려 모두들 '어디서 굴러먹던 인간이야?' 하는 눈으로 쳐다봅니다. 속았다는 생각이 들 정도로 가나안 땅에는 아무것도 준비되어 있지 않았습니다.

6절을 보면 '모레 상수리 나무에 이르렀다'고 말합니다. 가나안 사람들은 잎이 푸른 나무를 아주 신성하게 여겼습니다. 날씨가 더운 이 지역에서는 나무가 귀했기 때문에, 거의 신처럼 여겨졌던 것입니다. '모레'라는 말에는 '선생' 또는 '예언자'라는 뜻이 있습니다. 다시 말해서 모레 상수리 나무는 그곳의 지명일 수도 있지만, '예언을 하는 신성한 나무'라는 뜻도 가지고 있는 것입니다.

가나안 땅은 하란과 다를 바가 하나도 없었습니다. 게다가 가나안 사람들은 하란 사람들보다 훨씬 더 거칠고 가까이 하기 힘든 거인족들이었습니다. 적응은 적응대로 되지 않았고, 주위에는 하나님을 아는 사람이 하나도 없었습니다. 아브람이 먹고살 게 없어서 여기로 떠나온 것이 아니라 하나님의 위대한 말씀에 붙들려서 새로운 역사를 창조하기 위해서 온 것이라는 사실을 알아주는 사람도 하나 없었습니다.

가나안 사람이 보기에 아브람은 위험한 뜨내기에 불과했습니다. 그런데 하나님은 바로 거기에서 아브람에게 나타나셔서 "여기가 바로 내가 네게 줄 땅이다. 너는 제대로 온 거야" 하고 말씀하신 것입니다. 아브람은 거기에서 단을 쌓고 하나님의 이름을 불렀습니다.

그러나 성경을 보면 아브람이 점점 남쪽으로 내려가는 것을 볼 수 있습니다. 왜 남쪽으로 갔습니까? 아무리 생각해도 여기는 하나님이 주신 땅 같지 않았기 때문입니다. 하나님이 주신 땅이라면 어떻게 이렇게 살벌할 수 있습니까? 어떻게 이렇게 거칠 수 있습니까? 어떻게 이렇게 불친절할 수 있습니까? 그래서 아브람은 점점 남쪽으로 내려가서 결국 애굽까지 가게 되었습니다. 애굽에 가서 보니 그곳은 살 만한 곳 같았습니다.

우리가 알아야 할 것은 하나님 나라가 하루아침에 이루어지지 않는다는 것입니다. 왜 그렇습니까? 우리가 하루아침에 변하지 않기 때문입니다. 우리가 일을 처리하는 식으로 하나님이 며칠 만에 일을 다 처리해 버리신다면 아마 우리는 전부 죽고 말 것입니다.

우리들이 변화된 과정을 생각해 보십시오. 우리는 오랜 시간에 걸쳐서 조금씩 조금씩 만들어져 왔습니다. 저 자신을 생각해 봐도 부끄러울 정도로 더디게 변화되어 왔다고 말하지 않을 수 없습니다. 그러면서도 다른 사람의 결점은 빨리 고치고 싶어 하는 마음이 불같이 일어날 때가 많습니다. 그때마다 생각하는 것이 '그래, 나는 훨씬 더 오랜 기간에 걸쳐서 만들어졌지' 하는 것입니다. 그러면 다른 사람이 이해가 됩니다.

사람들은 아무리 좋은 것이 있어도 자기가 설득되지 않으면 절대로 따라가려고 하지 않습니다. 그래서 하나님은 수십 년에 걸쳐서 우리를 설득하시고 위로하시고 사랑하시면서 조금씩 믿음의 자리로 이끌고 오신 것입니다. 하나님의 나라를 이루시겠다는 하나님의 약속이 무려 400년 후에 이루어지는 것은 이 때문입니다.

아브람의 위대한 생애가 언제 시작되었습니까? 하란에서 하나님의 말씀이 그에게 임했을 때입니다. 여러분, 우리는 지금 어떻게 살아가고 있습니까? 그냥 평범하게, 의미없이, 남들이 공부하니까 나도 공부하고, 남들이 결혼하니까 나도 결혼하고, 남들이 직장 다니니까 나도 직장 다니면서 살고 있지 않습니까? 그렇다면 아직 내 달력의 첫 장은 넘어가지 못한 것입니다.

언제 나에게 새로운 삶이 시작됩니까? 하나님의 말씀이 갑자기 나를 낚아채서 전혀 생각하지 못했던 새로운 삶의 방식으로 끌고 갈 때부터입니다. 그때부터 나의 평범한 삶은 위대한 삶으로 바뀌기 시작합니다.

사랑하는 성도 여러분, 아브람을 부르신 하나님이 여러분을 부르고 싶어 하십니다. 아브람을 낚아채서 새로운 길로 가게 하신 주님께서 여러분의 걸음을 낚아채서 완강한 고집을 꺾고, 교만을 꺾고, 이 세상에서 의지하고 있는 것들을 꺾고, 새로운 삶을 시작하게 하기를 원하고 계십니다.

이 시간에 여러분의 마음속에 성령이 역사하시기를 바랍니다. 사람의 힘으로는 할 수 없습니다. 이것은 오직 성령만이 하실 수 있는 일입니다. 하나님이 여러분을 더 오래 내버려 두지 마시고 오늘 이 자리에서 여러분의 삶을 낚아채서 불안정하게 하시고, 모든 계획을 수포로 돌리시며, 여러분이 믿고 있는 학벌과 재산과 건강과 모든 것을 포기하게 만드시고, 하나님의 말씀이 이끄는 새로운 방식으로 나아가게 하시기를 바랍니다. 주일이니까 그냥 교회에 오는 것이 아니라, 벌 받을까 봐 예수 믿는 것이 아니라, 오직 말씀에 붙들려서 이전에 예상하지 못했던 새로운 방향으로 우리의 삶이 변화되기를 주님의 이름으로 간곡하게 바랍니다.

주님은 우리에게 떠나라고 하십니다. 이것은 지금 이 세상에서 가지고 있는 모든 것을 실제로 버리라는 말씀이 아닙니다. 나에게 중요한 것은 하나님의 온전한 축복이 나에게 임하며, 하나님이 나를 대리자로 삼으시고, 나를 통해서 모든 사람을 복 주시는 것입니다. 이 한 가지를 원하지 않는 사람은 하나님께 버림받을 것입니다.

하나님의 말씀을 들은 사람은 더 이상 평범한 삶을 살 수가 없습니다. 하나님의 축복을 전달하는 통로가 되든지, 아니면 하나님의 손에 완전히 구겨져서 버림받든지 둘 중에 하나밖에 없습니다. 하나님이 나를 부르셨습니까? 그렇다면 나는 그 은혜의 통로가 되어야 하고, 내 모든 것을 말씀 안에 제한해야 합니다.

여러분, 말씀 안에서 어린아이가 되십시오. 내가 믿어온 연수나 직분 같은 것들을 다 버리고 말씀 안에서 어린아이가 되지 않는다면 아무도 여러분을 통해서 복을 받지 못할 것입니다.

아브람은 이 세상이 어떤 것인지 알았기 때문에 불안정한 삶을 향하여 출발했습니다. 혹시라도 나의 삶이 불안정해질까 봐 두려워서 말씀을 들으면서도 그 말씀이 나에게 영향을 끼치지 못하도록 귀를 막고 있지 않습니까? 어떻게 해서든지 이 세상에서 잘 먹고 잘살며 안정되게 살기를 바라고 있지 않습니까? 하나님은 그런 사람을 버리십니다.

여러분, 하나님을 붙들고 걸어가 보십시오. 어쩌면 한평생 불안할지 모릅니다. 그러나 그 불안은 영광의 불안이고, 기적의 불안이고, 큰 역사를 이끌어 내는 불안이고, 온 세상을 복되게 하는 불안입니다.

여러분의 달력이 펼쳐지기를 바랍니다. 이전에는 생각지도 못했던 기적의 삶이 새로 시작되기를 바랍니다.

2

약속의 땅에도
기근은 오는가?

우리는 아브람이 하나님의 말씀에 붙들리는 순간부터 그의 진정한 삶이 시작되었다는 것을 지난 설교에서 살펴보았습니다. 그는 갈대아 우르에 있을 때 이미 하나님을 알았습니다. 그러나 종교만 달라졌지 근본적으로 다른 사람이 되었다고 말할 수는 없었습니다. 아브람의 삶에 진정한 변화가 일어난 것은 하란에서 하나님의 말씀이 그에게 임했을 때부터였습니다. 말씀이 아브람을 낚아채서 그가 전혀 생각하지도 못했던 방향으로 그의 삶을 끌고 가기 시작했을 때 비로소 아브람의 달력은 넘어가기 시작했습니다.

이것은 우리들도 마찬가지입니다. 하나님의 말씀이 아주 비상하게 나에게 임해서 내가 살아온 방향과 전혀 다른 방향으로 나를 끌고 가기 시작할 때, 그때부터 우리의 삶은 시작되는 것입니다. 물론 그 전에도 하나님을 알았고 자기 나름대로 성실하게 신앙생활을 했습니다. 그러나 근본적으로 달라진 것은 없었습니다. 나의 출생은 말씀에 사로잡히는 그 시점에 이루어지는 것입니다.

아주 오랫동안 하나님을 믿어온 사람이 있었습니다. 그는 교회에서 직분을 맡았고, 워낙 사람이 성실했기 때문에 최선을 다해서 맡은 일을 감당해 냈습니다. 그러나 그가 진정으로 하나님의 말씀에 붙들린 것은 훨씬 뒤의 일이었습니다. 그전까지는 자기 혼자 일방적으로 하나님을 믿었고 일방적으로 하나님을 짝사랑했습니다. 그러니까 하나님은 가만히 계시는데 자기 혼자 하나님을 섬기기 위해서 동분서주하는 그런 기간이었습니다.

하나님은 이 사람을 하나님의 사람으로 만들기 위하여 많은 고난을 준비하셨습니다. 살림이 날아가기도 하고 병이 들기도 하고 사업에 실패하기도 했습니다. 이렇게 이 사람의 마음이 준비된 후에, 하나님의 말씀이 그에게 새로 임하기 시작했습니다. 그는 말씀을 듣고 나서 지금까지 자기가 가진 신앙이 참된 신앙이 아니었다는 것을 알게 되었습니다. 이전과 달리 말씀이 새롭게 와 닿기 시작했습니다.

그는 이제 정말 하나님을 바로 붙들게 되었습니다. 이전처럼 하나님은 가만히 계시고 나 혼자 열심히 믿는 것이 아니라, 하나님의 말씀이 나를 주장하시는 참된 신앙으로 돌아오게 되었다는 것을 스스로 깨닫게 되었습니다. 그러나 무엇이 문제입니까? 이 사실을 너무 늦게 깨달았다는 것입니다. 틀림없이 바른 신앙으로 돌아왔고 하나님을 분명히 찾았지만, 나는 이 세상에서 할 수 있는 일이 아무것도 없습니다. 몸은 병들었고 재산은 다 없어졌습니다. 나를 써 주겠다는 사람도 없습니다. 하나님은 살아 계시지만 나는 이 세상에서 죽은 것이나 마찬가지입니다. 이것이 바로 오늘 우리 모두가 겪고 있는 신앙의 갈등입니다.

아브람은 모든 것을 다 버리고 약속의 땅으로 왔습니다. 그가 하나님의 말씀에 붙들린 것은 결코 쉬운 일이 아니었습니다. 하란에 오기 전까지는 계속 빠져나가는 삶을 살았지만, 하란에서 말씀에 제대로 붙들리고 난 후에는 모든 것을 잃었습니다. 땅도, 친구도, 심지어 가족도 다 잃었습니다. 나중에는 아들 이삭의 결혼을 통해 가족들과 다시 왕래하게 되었지만, 아주 오랜 기간 아브람은 가족을 잃고 지내야만 했습니다. 또 그가 가나안 땅에 왔을 때 환영해 주는 사람은 아무도 없었습니다. 이 땅을 주겠다는 하나님의 말씀에 따라 여기까지 왔지만 막상 이 땅에 도착했을 때 그를 주인님이라고 불러주는 종은 아무도 없었습니다. 오히려 키가 크고 성질이 포악한 가나안 족속들이 그 땅을 차지하고 있었습니다.

아브람은 말씀에 붙들린 후 하나님을 분명히 알게 되었습니다. 그러나 그렇다고 해서 이 세상까지 달라진 것은 아니었습니다. 세상은 아무것도 변하지 않았습니다. 오히려 아브람이 하나님의 말씀에 붙들리면서 세상은 더 낯설어졌고 더 멀어졌습니다. 그렇지 않아도 적응하지 못하고 있는 이 가나안 땅에 설상가상으로 흉년까지 들었을 때 아브람은 더 이상 이 땅에 있어야 할 이유를 찾을 수 없었습니다.

아브람은 이 세상에서 생존하기 위해 처절하게 투쟁해야만 했습니다. 분명히 하나님은 살아 계시고 그 하나님의 말씀에 따라 이곳으로 왔지만 여기서 소유할 수 있는 땅은 조금도 없었습니다. 게다가 극심한 흉년 때문에 사느냐 죽느냐가 문제될 정도로 상황이 급박해지기까지 했습니다.

그래서 아브람은 쉽게 약속의 땅을 버리고 물과 양식이 있는 애굽으로 갔습니다. 그러나 애굽은 훨씬 위험한 곳이었습니다. 애굽에는 아브람 같은 뜨내기를 보호해줄 만한 것이 하나도 없었습니다. 그러나 그보다 더 무서운 것은 남의 아내를 뺏기 위하여 남편을 살해하는 일이 비일비재하게 일어나고 있다는 것이었습니다.

이 사실을 알고 난 후 아브람은 불안해서 견딜 수가 없었습니다. 그는 우선 살고 봐야 했습니다. 그래서 자기 아내를 누이라고 속이기로 아내와 약속했습니다. 그러나 아브람은 그런 거짓말이 전혀 생각지 못한 더 큰 어려움을 자초하는 일이라는 사실을 알지 못했습니다. 애굽 왕 바로가 사래에게 청혼한 것입니다. 이것은 도저히 거부할 수 없는 요청이었습니다. 바로는 사래를 데려가 버리고 말았습니다. 결국 아브람은 살려고 애굽으로 왔다가 아내까지 빼앗기는 어려움에 빠지고 말았습니다.

약속의 땅에 임한 기근

아브람이 하나님의 말씀에 붙들려서 약속의 땅에 들어갔다는 것 자체가 모든 문제의 해결은 아니었다는 사실을 우리는 기억할 필요가 있습니다. 10절을 보십시오.

> 그 땅에 기근이 있으므로 아브람이 애굽에 우거하려 하여 그리로 내려갔으니 이는 그 땅에 기근이 심하였음이라

자기가 가진 모든 것을 버리고 말씀의 인도하심을 따라 가나안 땅으로 갔을 때 그는 많은 기대를 가졌습니다. 무엇보다도 그를 기쁘게 한 것은 하나님이 더 이상 관념적인 신이 아니라는 사실이었습니다. 하나님은 살아 계신 분이라는 것을 아브람은 체험했습니다. 아브람은 하나님과 인격적인 관계를 맺었습니다.

그러나 그것으로 모든 어려움이 자동적으로 해결된 것은 아니었습니다. 가나안은 아주 낯선 곳이었습니다. 아브람은 거기에 적응할 수가 없어서 계속 이주했습니다. 게다가 심한 흉년이 들면서 풍성한 삶은 고사하고 먹고살기 위해 몸부림쳐야 하는 현실에 직면하게 되었습니다.

우리가 잘 이해하지 못하는 것이 바로 이 문제, 즉 '하나님이 약속하신 땅에도 기근이 오는가?' 하는 문제입니다. 하나님이 나를 부르셔서 이 세상의 모든 명예와 재산과 친구와 모든 버릇을 다 버리고 말씀 하나 붙들었는데, 왜 여기에도 기근이 옵니까? 왜 하나님께 나오고 난 지금도 먹고살기 위해 몸부림을 쳐야 합니까? 우리는 그 이유를 잘 모릅니다. 그러나 기근은 약속의 땅에도 분명히 찾

아옵니다. 바른 신앙을 가진 후에도 우리의 생존을 위태롭게 하는 어려움이 반드시 찾아옵니다. 내가 아무리 하나님의 말씀에 붙들려 있다 하더라도 먹고살기 위해 몸부림쳐야 하는 상황이 꼭 찾아옵니다.

우리는 하나님의 말씀에 붙들린 그 한순간에 성숙해져서 하나님의 모든 뜻을 잘 분별하게 될 뿐 아니라 모든 일이 하나님의 뜻대로 잘 될 것을 기대하지요. 그러나 나타나는 현실은 우리의 기대와 정반대입니다. 아주 어렵게 바른 신앙을 붙들었는데 되는 일이 없습니다. 도저히 손쓸 수 없을 정도로 집값은 뛰고, 직장에서는 사표를 내라고 하고, 애는 병들고, 아내는 신경질 낼 때 어떻게 됩니까? 신앙 자체에 회의가 생깁니다. '내가 모든 것을 버리고 하나님의 말씀을 붙든 결과가 고작 이것이란 말인가?' 하는 생각이 들어요. 그리고 세상에 대한 미련이 다시 생기기 시작합니다. 지금 아브람의 마음속에 일어나고 있는 것이 바로 이런 것입니다.

약속의 땅에 기근이 왔을 때 어떻게 하는 것이 제일 좋은 방법이었겠습니까? 아마 신앙이 아주 좋은 형제나 자매는 굶어 죽을지언정 약속의 땅을 떠나지 말아야 한다고 이야기할지도 모르겠습니다. 남의 일일 때는 그렇게 말할 수 있어요. 그러나 그것이 막상 나의 일이 되었을 때는 말처럼 쉽지가 않습니다. 만일 아브람이 정말 굶어 죽기를 각오하고 이 약속의 땅에 머물렀더라면 어떻게 되었을까요? 굶어 죽었을까요, 살아남았을까요? 그는 분명히 살아남았을 것입니다. 그러나 사람은 그렇게 할 수가 없습니다. 눈앞에 어려움이 닥치면 자기 나름대로 살길부터 찾게 되어 있어요. 일단 내가 살아야 하나님도 있고 신앙도 있고 교회도 있는 것입니다.

아브람도 살길을 찾기 위해 약속의 땅을 떠나 애굽 땅으로 내려갔습니다. 애굽에서 오래 살 생각으로 간 것은 아닙니다. 가뭄이 극심할 동안만 잠깐 피해 있다가 다시 가나안으로 오려고 했습니다.

술집에서 바텐더를 하다가 예수를 믿고 직업을 버린 형제가 있었습니다. 그런데 막상 그렇게 하고 나니까 먹고살 길이 없습니다. 그래서 하나님께 기도합니다. "하나님, 용서하십시오. 제가 잠깐만 옛날 직업으로 다시 돌아가겠습니다. 일단 살아야 하지 않겠습니까?" 또 호스티스로 일하던 어떤 자매가 그 직업을 버리고 예수를 믿었는데, 예수 믿고 나니까 취직이 안 됩니다. 그래서 기도합니다. "하나님, 잠깐만 그 일을 하다가 오겠습니다. 흉년이 왔거든요. 아무리 믿음을 가졌어도 먹고살아야 하지 않겠어요? 목구멍이 포도청인데요."

예수를 믿고 하나님을 분명히 아는 사람도 현실이 너무 어려울 때는 옛날 앨범을 다시 꺼내들면서 예전에 포기했던 그 생활을 그리워하고 그 생활로 돌아가려는 마음이 생깁니다. 해먹고 살았던 일이 그것이고 그 일밖에는 할 수 있는 것이 없으니까요. 그래서 다시 그 길로 돌아갑니다.

내리막길 인생

애굽으로 내려가기로 결정하면서부터 아브람의 신앙은 내리막길로 치닫기 시작했습니다. 우리가 기억해야 할 것은 아브람의 마음속에 지울 수 없는 신앙이 있었다는 사실입니다. 가나안 땅에서 잘 적응하지 못하고 애굽으로 내려가기는 했지만, 그렇다고 해서 아예 하나님을 모르는 사람이 될 수는 없었습니다. 이것이 더 큰 문제였습니다. 차라리 하나님을 몰랐더라면 애굽에 적응할 수 있었을 것입니다. 그러나 아브람은 마음속으로는 하나님을 믿으면서 현실적으로는 하나님을 전혀 모르는 사람들 틈에서 살아야 했습니다.

이것이 얼마나 불공정한 게임인 줄 아십니까? 하나님을 아는 사람이 하나님을 모르는 사람들 사이에서 장사를 하거나 같이 사는 것은 굉장히 불공정한 게임입니다. 하나님을 모르려면 다 같이 모르고 알려면 다 같이 알아야지, 나는 알고 다른 사람은 모르면 어떻게 합니까? 그러면 남은 거짓말해도 나는 거짓말 못하잖아요? 내가 하나님 눈치를 살피는 동안에 다른 사람이 좋은 것을 전부 다 가져가 버립니다. 그래서 하나님을 아는 사람이 하나님을 모르는 사람들 틈에 들어가면 훨씬 더 빨리 신앙의 내리막길을 달리게 됩니다.

아브람이 막상 애굽에 가보니 먹는 문제보다 훨씬 큰 문제가 기다리고 있었습니다. 그 문제는 바로 남의 아내를 차지하기 위하여 남편을 살해하는 습성이었습니다. 아브람은 너무나 두려웠습니다. 아무도 자기를 지켜줄 자가 없었기 때문입니다. "하나님께서 지켜주시지 않느냐?"고 말하는 사람이 있을 수도 있지만, 이런 경우에 직접 부딪치면 하나님이 눈에 보이지 않습니다. 무시무시한 애굽 사람들만 눈에 들어오지요. 11절에서 13절까지 보십시오.

> 그가 애굽에 가까이 이를 때에 그 아내 사래더러 말하되 나 알기에 그대는 아리따운 여인이라 애굽 사람이 그대를 볼 때에 이르기를 이는 그의 아내라 하고 나는 죽이고 그대는 살리리니 원컨대 그대는 나의 누이라 하라 그리하면 내가 그로 인하여 안전하고 내 목숨이 그대로 인하여 보존하겠노라 하니라

애굽으로 내려가면서 아브람의 마음속에는 극도의 불안과 두려움이 일어났습니다. 영적 침체보다 훨씬 더 심각한 현상이 일어난 것입니다. 사람이 불안하면 긴장하게 되고, 긴장하면 한치 앞을 내다보지 못합니다. 조금만 생각해보면 이 거짓말이 훨씬 더 불리한 상황을 몰고 오리라는 것을 짐작할 수 있는데도, 워낙 불안하고 생각이 경직되어 있으니까 일단 살고 봐야겠다는 심정으로 그냥 거짓말을 하기로 했습니다. 이때 아브람의 나이는 75세가 넘었고,

사래도 60세가 넘었습니다. 60세가 넘은 여자가 애굽 사람들의 눈에 어떻게 그토록 아름답게 보일 수 있었느냐 하는 것은 영원한 미스터리입니다.

여기에 대해 몇 개의 가설이 가능합니다. 하나는 사래가 아이를 낳지 않았기 때문에 나이보다 젊어 보였으리라는 것입니다. 여자가 아이를 낳지 않으면 잘 늙지 않습니다. 주위에서 보면 아직 아이를 낳지 않은 부인은 겉으로 보기에 처녀와 잘 구분이 안 됩니다. 여자들은 아이를 낳고 키우면서 많이 늙는 것 같아요. 그도 그럴 것이 아이들이 보통 애를 먹이는 것이 아니거든요. 애를 안고 며칠 밤을 새우고 나면 몸도 팍삭 늙고 기억력도 엄청나게 감퇴합니다. 그래서 대학교 때 날고 기고 아이큐가 얼마이고 토플이 몇 점이고 하던 사람들도 애 둘 키우고 나면 머리가 급격하게 나빠집니다. 애 둘 키우고 나면 부인들은 머리가 다 똑같아져 버려요. 그만큼 애를 낳고 키우는 것은 힘든 일입니다.

둘째 가설은 하나님의 은혜가 사래를 늙지 않게 지켜 주었다는 것입니다. 은혜 받는 생활을 하는 사람들은 잘 늙지 않습니다.

셋째 가설은 종족의 문제로 보는 것입니다. 애굽 사람들은 대개 함 족속이기 때문에 피부색이 까무잡잡합니다. 그런데 사래는 셈족이라 피부가 하얗습니다. 피부가 검은 사람들이 하얀 사람들을 보면 연령을 떠나서 거의 환상적으로 생각할 수 있습니다. 우리도 서양 사람들을 보면 나이를 종잡기가 어렵지 않습니까? 우리 같으면 완전히 어린애 나이인데도 서양 여자들은 어른처럼 성숙해 보입니다. 서양 남자들도 나이를 짐작하기가 참 어렵습니다. 거기에다 콧수염까지 달아 놓으면 이 사람이 삼십 대인지 사십 대인지 알 수가 없습니다. 제가 생각하기에는 아마 이 피부색과 더디게 늙는 동양 여자의 체질 등이 젊게 보인 이유가 아니었나 합니다만, 보지 않은 이상 무엇이라고 단정할 수는 없습니다.

아무튼 아브람은 조금만 깊게 생각했더라면 이 거짓말이 별로 도움이 되지 않는다는 것을 알 수 있었을 텐데도 너무나도 불안한 나머지 목숨을 지키는 데 급급해서 아내를 여동생이라고 거짓말하기로 했습니다. 사실 이것은 부분적으로는 사실이었습니다. 사래와 아브람은 이복형제였기 때문입니다.

우리는 아브람을 이해할 수 있습니다. 아브람은 하나님을 두려워하기 때문에 완전한 거짓말은 할 수가 없었습니다. 그러나 애굽 사람들은 하나님을 전혀 두려워하지 않았습니다. 하나님을 아는 사람이 하나님을 전혀 모르는 사람들 가운데서 살 수 있는 방법이 무엇입니까? 항상 반쪽 진리를 이야기하거나 선의의 거짓말을 하는 수밖에 없습니다.

우리가 신앙양심을 가지고 장사를 하거나 무슨 거래를 한다고 생각해 보십시오. 거래가 되질 않습니다. 저 사람은 완전히 거짓말을 하는데 우리는 완전히 참말만 하면 장사가 되겠습니까? 그러니까 어떻게 합니까? 반쪽 진실과 선의의 거짓말을 택합니다. 이것이 가장 현명한 수단인 것처럼 보일 때가 많아요. 실제로 우리는 이런 방법을 많이 쓰고 있습니다. 일종의 합리화인 셈입니다.

우리는 이처럼 어쩔 수 없이 진실의 일부를 감춘 채 반쪽 진실만 가지고 세상을 살아가고 있습니다. 우리는 이 반쪽 진실이 하나님을 기쁘시게 하지 못한다는 것을 알고 있습니다. 또 때로는 이것이 우리의 신앙 양심을 무겁게 할 때도 있습니다. 그러나 우리는 아브람처럼 이 세상에서 살기 위한 편법으로 그렇게 살고 있습니다. 마음은 편치 않지만 어떻게 해서든지 이 세상에서 발붙이고 살아보려는 생각으로 말입니다.

그러나 아브람의 반쪽짜리 진실은 훨씬 더 큰 문제를 불러일으키고 말았습니다. 사람들은 피부색이 흰 이 멋진 여자에게 자기들이 직접 청혼하는 대신 자기들의 왕인 바로에게 소개하기로 한 것입니다. 그래서 바로가 사래에게 청혼하게 되었습니다. 아브람은 일이 이 지경에 이를 줄은 전혀 생각하지 못했습니다. 그저 사람들이 좀 관심을 가지다가 비싼 지참금 때문에 결국은 포기할 줄 알았습니다. 그러나 문제는 아주 심각한 지경에 이르고 말았습니다. 15절과 16절을 보십시오.

> 바로의 대신들도 그를 보고 바로 앞에 칭찬하므로 그 여인을 바로의 궁으로 취하여 들인지라 이에 바로가 그를 인하여 아브람을 후대하므로 아브람이 양과 소와 노비와 암수 나귀와 약대를 얻었더라

여기 나오는 것들은 신부대금입니다. 물론 이것은 거의 강제로 이루어진 결혼입니다. 제 생각에는 우선 여자부터 빼앗아가고 그다음에 이런 신부대금을 보낸 것 같습니다.

아브람이 믿음으로 흉년에 대처하지 못하고 피하기로 결정했을 때, 자신에게 닥친 시련을 정면으로 돌파하지 않고 회피하려고 했을 때, 그의 신앙은 계속 내리막길로 치달았습니다. 가나안 땅에 흉년이 드니까 애굽으로 내려가기로 결정했고, 애굽에 내려가면서 두려움에 사로잡혔고, 두려우니까 거짓말을 했고, 그 거짓말 때문에 아내를 빼앗겼고, 그 대가로 신부대금까지 받았습니다. 한 번 미끄러지기 시작하니까 걷잡을 수가 없었습니다.

나에게 닥친 시련이나 위기를 믿음의 눈으로 보지 못하고 어떻게 해서든지 피해 보려고 쉬운 길을 택할 때, 나와 하나님의 관계가 끝없는 내리막길로 치닫게 되는 예를 우리는 아브람에게서 볼 수 있습니다. 하나의 거짓말이 또 다른 거짓말을 낳고, 그 거짓말이 엄청난 결과를 몰고 옴으로써 마침내 아브람은 도저히 자기 힘으로 빠져나올 수 없는 수렁에 빠지고 말았습니다.

딱 한 번의 결정이 문제였습니다. "그냥 가나안에 머물면서 누가 애굽에 가서 양식을 좀 사 오자. 이런 식으로 견뎌 보자"하면서 믿음으로 흉년에 대처할 생각은 하지 않고, "흉년이 왔네! 이건 가나안 땅을 떠날 찬스야. 빨리 떠나자"했을 때 아브람은 계속 내

리막길을 갈 수밖에 없었습니다.

이것은 바로 우리의 이야기입니다. 나에게 닥친 어려움을 세상적인 방법으로 쉽게 풀려고 할 때, '안 그래도 신앙생활하기 힘들었는데, 안 그래도 약간 불만이 있었는데 잘됐다!' 하면서 그 어려움을 하나님을 떠날 기회로 삼을 때, 우리는 계속 눈썰매 타고 내려가다가 구덩이에 처박히는 삶을 살게 될 것입니다. 나중에는 수습할 길이 없을 정도로 엉망이 되어 버립니다.

아브람은 쉽게 생각했습니다. 그러나 그 쉬운 길이 아름다운 아내까지 빼앗기는 굉장히 비싼 대가를 치르게 하고야 말았습니다. 그야말로 대침체(大沈滯)요 대실패였습니다.

이것은 아브람 개인의 문제가 아닙니다. 아브람은 믿음의 조상으로서 앞으로 올 많은 사람들의 믿음의 표본입니다. 그런데 여기 어디에 믿음이 있습니까? 더구나 하나님은 사래를 통해 그리스도를 예표하는 이삭을 낳기로 계획하셨는데 엉뚱하게 바로의 후궁으로 들어가게 되었으니, 이제 메시아를 낳는 것이 아니라 사탄의 자식을 낳을 형편이 되고 말았습니다.

이것은 그리스도를 없애려는 사탄의 시도입니다. 사탄은 이 두 사람이 아주 중요한 인물들이라는 것을 알고 있었고, 특히 이 여자가 이런 식으로 파멸되면 하나님의 모든 구원 계획이 실패하게 된다는 것을 알고 있었습니다. 아브람이 자기에게 온 어려움에 믿음으로 반응하지 않고 그냥 쉽게 피하려고 했기 때문에, 이제 하나님의 구원 계획 자체가 위태롭게 되었습니다.

하나님의 개입

아브람은 자기 혼자 힘으로는 이 세상에서 도저히 믿음을 지킬 수가 없었습니다. 가나안도, 애굽도 그가 살기에는 너무나 살벌하고 악한 곳이었습니다. 그래서 그는 크게 실패하고 말았습니다. 그러나 하나님은 이 세상에서 멀리 계시는 분이 아니었습니다. 하나님은 아브람의 일에 개입하셨습니다. 17절에서 19절까지 보십시오.

> 여호와께서 아브람의 아내 사래의 연고로 바로와 그 집에 큰 재앙을 내리신지라 바로가 아브람을 불러서 이르되 네가 어찌하여 나를 이렇게 대접하였느냐 네가 어찌하여 그를 네 아내라고 고하지 아니하였느냐 네가 어찌 그를 누이라고 하여 나로 그를 취하여 아내를 삼게 하였느냐 네 아내가 여기 있으니 이제 데려가라 하고

이것은 아브람으로서는 아무리 머리를 써도 해결할 수 없는 문제였습니다. 바로에게 빼앗긴 아내를 무슨 수로 찾아오겠습니까? 맥가이버도 아닌데 어떻게 왕궁을 뚫고 들어가서 아내를 데리고 올 수 있겠습니까?

그러나 하나님이 한번 개입하시니까 문제가 풀리기 시작했습니다. 바로가 사래를 데려간 후부터 바로의 궁에서는 어떤 질병이 돌기 시작했습니다. 그래서 바로는 사래와 결혼하려고 했던 계획을 자꾸 연기하게 되었습니다. 제 생각에는 하루이틀이 아니라 몇 주, 몇 달에 걸친 일이었던 것 같습니다. 사람들은 마침내 그 질병과 재앙의 원인이 신의 분노에 있으며, 그 분노는 새로 들어온 여자와 깊은 관계가 있다는 것을 깨닫게 되었습니다.

바로라고 하더라도 신의 진노는 감당할 수가 없었습니다. 여기서 좀더 버틴다면 왕궁에 있는 사람들이 모두 죽을 수밖에 없

다는 것을 바로는 알았습니다. 그래서 아브람을 다시 불러서 그를 심히 꾸짖고 아내를 돌려 주었습니다. 만약 거기서 아브람이 아내를 데려가지 않겠다고 버텼다면 어떻게 되었을까요? 오히려 바로가 제발 데려가 달라고 빌었을 것입니다. 바로의 꾸짖음은 다 허풍이고, 중요한 용건은 빨리 데려가라는 것입니다. 그 정도로 바로는이 여자 때문에 혼이 났습니다.

이 세상에서 살다 보면 하나님이 눈에 보이지 않을 때가 많습니다. 그래서 고민하고 좌절합니다. '차라리 내가 신앙을 가지지 않고 하나님을 몰랐더라면 이렇게 고민하지는 않을 텐데…… 내가 왜 하나님을 알았던고! 내가 왜 말씀에 붙들렸던고! 나도 하나님을 두려워하지 않는 악한 자들처럼 살고 싶다!' 하는 충동이 속에서 울컥울컥 올라옵니다. 하나님을 두려워하는 나만 손해라는 생각이 불쑥불쑥 찾아와요. 이것은 무서운 유혹입니다.

하나님은 살아 계신 분이며 바로보다 무한히 크신 분입니다. 바로가 여자를 빼앗아가고 기세를 부릴 때 하나님은 조용히 비웃고 계십니다. "너는 뛰어봐야 벼룩이야." 우리는 이 세상에서 하나님의 도움 없이는 한순간도 살 수 없는 연약한 존재라는 것을 인정해야 합니다. 하나님은 내 힘과 내 재능으로 모든 어려움을 다 이겨내라고 우리를 이 세상에 살게 하신 것이 아닙니다. 그것은 불가능합니다. 하나님께서 매일 매순간 우리의 삶에 계속 개입하시지 않는다면 우리는 가진 것을 다 빼앗기고 말 것입니다. 나의 재산, 나의 아내, 나의 자식, 전부 빼앗길 거예요. 누가 감히 바로를 움직일 수 있겠습니까? 누가 감히 바로에게 빼앗긴 아내를 찾아올 수 있겠습니까? 오직 한 가지, 하나님이 움직이셔야 합니다.

그래서 우리는 항상 기도할 수밖에 없습니다. 잠시라도 하나님께서 역사하시지 않으면, 잠시라도 하나님이 이 세상 사람들의 욕망을 억제해서 우리를 지켜주시지 않으면, 우리는 아브람처럼 대실패를 경험할 수밖에 없습니다. 그래도 우리가 직장을 가지고 있고, 밥이라도 먹으면서 사는 것은 하나님의 손가락이 우리를 지켜 주시기 때문입니다.

세상 사람들이 우리가 가진 재능이나 능력이나 학벌 때문에 우리를 두려워한다면 그것은 실패입니다. 그들이 우리를 두려워하는 이유는 오직 눈에 보이지 않는 하나님께 있어야 합니다. 그러나 신앙으로써는 자신을 지킬 수 없는 것처럼 느낄 때가 많습니다. 아무리 내가 하나님을 믿어도 다른 사람들이 인정해주지 않으면 아무 소용없지 않습니까? 그러나 하나님은 반드시 자기 백성들을 지켜주십니다. 자기 본토, 친척, 아비 집을 떠나서 하나님 한 분만을 의지하는 자기 백성들을 지키시는 일에 결코 실패하지 않으십니다.

그래서 참된 그리스도인의 모습은 항상 기도하는 모습으로 나타납니다. "하나님, 도와주십시오. 지켜 주십시오. 매순간 함께 해주십시오." 믿는 청소년들이 이렇게 기도하지 않는다면 다른 애들이 공부하는 것을 따라가지 못합니다. 다른 애들은 주일에 집중적으로 공부하고 스파르타 학원까지 가서 공부하는데 나는 교회에 와서 예배드리고 찬양연습까지 하니 언제 공부를 하겠습니까? 그러나 주님은 주일에 예배드리고서도 얼마든지 이기게 해주십니다.

아브람이 아내를 빼앗기고 나서 무엇을 했으리라고 생각합니까? 자살을 기도했을까요? 그럴 수도 있었겠지요. '내가 하나님을 믿었는데 결과적으로는 아내까지 빼앗겼으니, 믿음이고 뭐고 죽어버릴까 보다'고 생각했을 수도 있습니다. 술을 퍼마시면서 "에이! 이 세상 더러워서 못 살겠다! 하나님, 도대체 지금 어디 계십니까?" 하면서 신경질 냈을 수도 있어요. 그러나 시간이 지나면 결국 기도밖에 해결 방법이 없다는 것을 깨닫게 됩니다. 그래서 아브람은 기도했고, 아내는 돌아왔습니다.

우리의 삶의 능력은 우리가 하나님을 얼마나 실제적으로 인정하느냐 하는 데 달려 있습니다. 잠언은 "너는 범사에 그를 인정하라"(3:6)고 말씀합니다. 우리는 범사에 하나님을 인정하기 위해 싸워야 합니다. 나 자신을 설득해 나가야 합니다. 내가 지금 하고 있는 모든 일에 하나님이 개입하실 여지를 만들어 드려야 합니다.

우리는 어디에 길이 있는지 모릅니다. 여기서 100미터만 떨어져 있어도 거기에 무엇이 있는지 모르고, 아주 가까이 있는 사람도 그 속에 무엇이 들어 있는지 몰라요. 그러나 하나님은 다 알고 계십니다. 그 하나님께서 우리의 모든 삶에 개입해 주셔야 합니다. 우리는 때때로 애굽에 내려갑니다. 내려가면 안 되는 줄 알면서도 먹고살기 위해 애굽에 내려갑니다. 하나님께서 개입하시지 않으면 우리는 한 번의 실수로 모든 것을 잃을 것입니다.

하나님은 아브람을 끝까지 지켜 주셨습니다. 하나님의 말씀에 불순종해서 애굽으로 내려갔지만 하나님은 애굽까지 따라가셔서 지켜주셨습니다. 이것을 신학적으로 '성도의 견인'이라고 부릅니다. '견인'이라는 말은 끝까지 지켜 주신다는 뜻입니다. 하나님께서는 자기를 의지하는 자들이 몰라서 넘어지거나 때로는 유혹에 넘어가서 실족하더라도 그 사고의 현장과 수렁의 바닥까지 따라가셔서 다시 끄집어 올리십니다. 어떤 환란과 핍박이 와도 지켜 주십니다. 하나님을 의지하는 자가 망하도록 절대로 내버려 두시지 않습니다. 이것이 아브람을 통해서 우리에게 보여 주시는 바입니다.

저는 어려움이 올 때마다 제 마음속에 있는 의심과 싸웁니다. 저는 순교자들에 대해서 의심을 가지고 있습니다. 순교는 가장 아름다운 제물입니다. 하나님이 순교할 자를 미리 다 정해 놓으십니다. 아무나 순교 못해요. 순교시켜 달라고 머리를 들이밀어도 쫓아냅니다. 그러나 어떤 경우에는 '그 순교자들은 혹시 하나님께서 지키려고 하다가 실패한 사람들이 아닐까' 하는 의심을 마귀가 순간적으로 제 마음속에 불러일으킬 때가 있습니다.

하나님이 주시는 고난은 전부 의미가 있고 유익합니다. 하나님께서 우리에게 잔을 주실 때 단 잔보다는 오히려 쓴 잔 속에 더 많은 축복과 의미가 있다는 것을 우리는 알고 있습니다. 하나님께서 제게 고난을 주셨을 때 항상 좋았습니다. 한 번도 좋지 않았을 때가 없었어요. 그러나 실제로 어려움이 닥친 순간에는 그것이 잘 인정되지 않습니다. '하나님이 나를 사랑하지 않는 것이 아닐까? 혹시 그냥 내버려 두는 것이 아닐까?' 하는 의심이 마음속에 일어날 때가 많습니다.

로마서 8장 28절은 무엇이라고 말씀하고 있습니까?

하나님을 사랑하는 자 곧 그 뜻대로 부르심을 입은 자들에게는 모든 것이 합력하여 선을 이루느니라

어려움이 올 때도 있고 내리막길을 갈 때도 있습니다. 그러나 이 모든 것이 합력하여 선을 이룰 것입니다. 아브람의 경우에는 무엇이 합력해서 선을 이루었습니까? 계산이 빠른 사람들은 얼른 '낙타 몇 마리, 소 몇 마리, 종 몇 명' 해가면서 아무리 고생하고 터지고 뒹굴었어도 결과적으로 재산이 늘었으니까 이것은 분명히 합력해서 선을 이룬 것이라고 말할 것입니다. 그러나 이렇게 생각하는 교인은 정말 무식한 교인입니다. 합력하여 선을 이룬다는 것은 돈을 가지고 하는 말이 아닙니다.

아브람은 정말 애굽으로 가지 말았어야 했습니다. 그런데도 애굽으로 갔을 때 그에게는 많은 시련이 있었고 애굽에 머무는 내내 마음고생을 해야 했습니다. 처음에는 죽을까 봐 마음고생을 했고 나중에는 아내를 빼앗긴 일로 혼자 안절부절못했습니다. 마침내 아브람이 깨달은 것은 아무리 마음에 안 들어도 약속의 땅을 함부로 떠나서는 안 된다는 것이었습니다. 그는 '잘살든 못살든, 밥을 먹든 죽을 먹든 가나안 땅을 떠나면 안 되는구나. 이 약속의 땅을 떠나면 안 되는구나. 어디에 가면 좋은 취직 자리가 있고 어디에 가면 먹고살 길이 있다고 아무리 달콤한 소리로 유혹해도 말씀을 떠나면 안 되는구나' 하는 아주 값비싼 교훈을 얻었습니다.

이때부터 아브람에게는 '죽으면 죽었지 여기는 떠나지 않겠다. 말씀은 버리지 않겠다'는 부활의 신앙이 생겼습니다. 그래서 이삭의 아내를 찾으러 종을 보낼 때 종이 "여자가 따라오지 않으면 어떻게 할까요? 아드님을 그리로 모시고 갈까요?" 하니까, "아니다. 내 아들은 가면 안 된다"고 대답합니다. 결혼하지 못하고 죽는 한이 있어도 가면 안 된다는 것입니다. 이것은 애굽에 가서 아내를 빼앗기고 온갖 마음고생을 다 겪은 후에 깨달은 값비싼 진리였습니다. 이후부터 아브람의 표어는 '죽더라도 말씀을 지키자'였을 것입니다.

오늘날 사람들은 너무나 쉽게 말씀을 버립니다. 말씀을 한번 버리면 돌아오는 데 빨라야 10년입니다. 사람의 노예가 되고 돈의 노예가 되고 망할 대로 다 망해서 완전히 알거지가 되어 돌아오기까지 평균잡아 15년이 걸립니다. 그때 하는 말이 무엇입니까? "굶어 죽어도 말씀은 절대로 떠날 것이 아니구나. 여기서 그냥 죽어야지. 여기를 내 납골당으로 만들어야지."

여러분, 말씀이 있는 그곳을 나의 영원한 무덤으로 만들어야 합니다. "나는 여기서 죽는다. 흉년이 오든 가뭄이 오든 전쟁이 나든 나는 여기서 죽는다!" 그렇게 하면 삽니다.

아브람이 얻은 유익이 또 하나 있습니다. 지금까지 아브람의 신앙은 이론적인 신앙이었습니다. 이론적으로는 하나님이 바로보다 강하다고 생각했지만 실제로는 잘 몰랐습니다. 아브람이 애굽에 갔을 때 돈 많은 사람들, 강퍅한 사람들, 그리고 바로 밖에는 눈에 들어오는 것이 없었습니다. 그러나 실제로 하나님의 역사 앞에서 보니 바로는 버릇없는 미친 똥개 수준밖에 되지 못했습니다. 그렇게 거만을 부리던 애굽 왕도 하나님께서 한번 손을 들어 치시니까 꼬리를 다리 사이에 감추고 비굴하게 설설 기는 것을 아브람은 보았어요. 결국 멸망할 수밖에 없는 이 상황이 오히려 아브람의 믿음에 불을 붙였습니다. 그는 말씀을 더 붙들게 되었습니다. 그는 가나안 땅이 얼마나 소중한지 깨달았고, 적응하지 못하는 이 땅에 어떻게 해서든지 적응하기로 결심했습니다.

아브람에게 "그래도 많은 양과 낙타와 나귀와 종을 얻게 되었으니 좋지 않습니까?" 하고 물어 보십시오. 아마 아브람은 "재물이 다 무슨 소용입니까? 내가 얼마나 마음고생을 했는데요! 그것에 비하면 재물은 아무것도 아니에요" 하고 대답할 것입니다. 참으로 재물은 아무것도 아닙니다. 단지 하나님께서 너무나도 상한 아브람의 마음을 조금 위로해 주시려고 바로의 것을 빼앗아서 아브람에게 주셨을 뿐입니다. 재물은 아주 작은 위로입니다. 돈이 많아졌기 때문에 모든 것이 합력하여 선을 이루었다고 말하는 신앙은 바른 신앙이 아닙니다.

결국 우리는 두 가지 문제에 봉착하게 됩니다. 하나는 믿음이 모든 것을 자동적으로 해결해 주지는 않는다는 것입니다. 그러면 어떻게 해야 합니까? 우리의 믿음이 더 자라야 합니다. 우리는 자신의 신앙이 어린아이 수준이라는 것을 인정하지 않을 때가 많습니다. 처음부터 완벽하게 하나님의 뜻을 깨닫고 시행착오 한 번 없이 하나님이 기뻐하시는 길로 정확하게 걸어가겠다고 생각한다면, 우리는 자신을 대단히 오해하고 있는 것입니다. 말씀에 붙잡힌 그 순간 우리는 어린아이로 태어나는 것입니다.

또한 하나님은 어린 우리들을 하나님을 모르는 이 세상에서 살게 하십니다. 그래서 이 세상의 악이 얼마나 근본적이며 치명적인가를 깨닫게 하십니다. 그러나 세상은 우리가 어린아이라고 해서 배려해주지 않습니다. 오히려 어른의 신앙이라야 견딜 수 있는 시련들을 던져줍니다. 그때부터 우리의 이론적인 신앙은 살아 움직이는 신앙으로 변하게 되고, 우리의 믿음은 자라나기 시작합니다.

순진하기만 해서는 세상을 이길 수가 없습니다. 대학부에서 성경 읽고 토론할 때는 세상을 다 감당할 수 있을 것 같지요. 그러나 막상 세상에 나와 보면 이론적인 신앙으로 해결할 수 있는 것이 하나도 없습니다. 순진한 사람은 바보나 마찬가지입니다. 악의 정체를 알아야 악을 다룰 수 있습니다. 하나님이 눈앞에 보이는 악보다 더 크다는 것을 깨달을 때 우리는 세상을 이길 수 있습니다.

나에게 닥친 시련을 쉽게 피해 보려고 인간적인 방법을 택하다가 내리막길 인생에 접어들지 않았습니까? 그렇다면 나와 하나님의 관계는 계속 내리막길로 치닫게 될 것입니다. 개입하시는 하나님을 기억하십시오. 이 세상보다 크신 하나님, 때로는 우리로 하여금 실컷 마음고생하게 하시다가도 결국은 승리하게 하시며 모든 것을 합력하여 선을 이루시는 위대하신 하나님을 오늘 바라보십시오.

3

아브람과 롯이
헤어지다

우리 인생의 새로운 전환점은 종교를 가지고 있지 않다가 기독교 신자가 될 때 오는 것이 아닙니다. 물론 신앙이 없었던 사람이 새로이 신앙을 가지는 것은 아주 소중하고도 어려운 결정입니다. 그러나 단순히 기독교 신앙을 가졌다고 해서 진정으로 의미있는 삶이 시작되는 것은 아닙니다.

우리 인생 달력의 첫 장이 열리는 것은 어느 날 하나님의 말씀이 갑자기 임해서 전혀 생각지도 못한 방향으로 나를 끌고 가기 시작할 때부터입니다. 내가 가지고 있던 기존의 모든 가치관과 인생관을 내려놓게 하시며, 말씀이 내 삶을 주도해 나가기 시작할 때부터 내 인생 달력의 첫 장은 넘어가기 시작하는 것입니다.

그러나 중요한 것은 하나님의 말씀이 나에게 임하고 내 삶이 변하기 시작했다고 해서 모든 것이 저절로 해결되는 것은 아니라는 사실입니다. 우리는 그때부터 전에는 전혀 생각하지 못했던 새로운 도전을 받게 됩니다. 아브람의 초기 생애는 이 점을 잘 보여 주고 있습니다.

아브람의 생애가 언제부터 의미있게 시작되었습니까? 하란에서 말씀에 붙들린 순간부터입니다. 그러나 그가 새로이 하나님의 말씀에 붙들려 가나안 땅으로 왔다고 해서 모든 일이 저절로 해결된 것은 아니었습니다. 아브람이 찾아온 약속의 땅은 전혀 약속의 땅 같지 않았습니다. 그 땅은 이미 다른 사람들이 차지하고 있었고, 아브람이 소유할 수 있는 땅은 단 한 평도 없었습니다. 그리고 설상가상으로 심한 흉년까지 들었습니다. 그러자 아브람은 너무나도 쉽게 약속의 땅을 포기하고 애굽으로 내려갔습니다.

아브람이 애굽으로 내려가면서 신앙을 완전히 버린 것은 아닙니다. 잠시 보류하기로 한 것입니다. 현실을 보니까 신앙만 가지고는 먹고살 수도 없었고 적응할 수도 없었습니다. 그래서 잠시 하나님의 말씀을 뒷전에 두고 일단은 먹고살기 위해 내려간 것이었습니다. 그러나 그것은 끝없는 수렁에 첫 발을 디디는 일이었습니다.

하나님을 믿는 사람들이 믿지 않는 사람들 틈에서 살려면 어떻게 해야 합니까? 반쪽 진실만 가지고 살아야 합니다. 하나님을 믿으면서 완전한 거짓말은 할 수가 없습니다. 그러나 또 매사에 진실하게 다 이야기하면 세상에서 모든 것을 다 잃고 말 것입니다. 그러니까 믿지 않는 사람들 틈에서 살려면 선의의 거짓말이나 남을 해칠 의도가 없는 거짓말, 또는 부분적인 진실을 가지고 버티는 수밖에 없습니다.

그래서 아브람은 자기 아내를 누이라고 속여서 죽음의 위험을 피하려고 했습니다. 그런데 이번에는 더 큰 문제가 생겼습니다. 애굽 왕 바로가 납치하다시피 아내를 데리고 가더니 신부대금까지 보낸 것입니다. 아브람은 꼼짝없이 아내를 빼앗겼습니다. 만일 하나님께서 개입하시지 않았더라면 아브람은 믿음도 잃고 아내도 잃고 모든 것을 다 잃었을 것입니다. 아브람은 이렇게 애굽에 한 번 내려가본 후에 하나님의 약속이 얼마나 중요한지 깨달았으며, 다시는 말씀을 버리고 다른 곳으로 가서는 안 된다는 것을 알았습니다.

그런데 아브람에게는 또 다른 시련이 기다리고 있었습니다. 그 시련은 사랑하는 조카 롯과의 의견 차이였습니다. 아브람은 롯과 헤어지지 않으면 안 될 상황에 직면했습니다. 조카 롯은 아브람이 본토, 친척, 아비 집을 떠날 때 함께 동행해준 유일한 혈육이었고 소중한 지체였습니다. 그러나 이제는 도저히 좁힐 수 없는 의견의 차이로 갈라지지 않으면 안 될 처지가 되었습니다. 이것은 아브람에게 애굽의 실패 이상의 큰 충격이었습니다.

우리가 진정으로 말씀의 신앙을 붙든다면 바로 이런 일을 겪게 될 것입니다. 하나님의 말씀이 아니었더라면 참으로 좋은 관계로 지냈을 친구나 믿음의 형제자매들이나 골육들과 헤어지지 않으면 안 되는 일이 생기는 것입니다. 우리는 이것을 도저히 이해할 수 없습니다. 다 좋은 사람들이고 서로 사랑하는 사람들인데, 또 내가 붙든 이 신앙은 옳은 신앙인데 왜 함께 가지 못합니까? 이것은 믿지 않는 사람들에게 욕을 먹거나 핍박을 받는 것과 비교할 수 없을 정도로 심한 충격과 상처를 줍니다.

다시 돌아온 아브람

애굽 땅을 벗어난 아브람은 맨 처음 하나님을 불렀던 그곳으로 돌아왔습니다. 13장 1절에서 4절까지 보십시오.

> 아브람이 애굽에서 나올새 그와 그 아내와 모든 소유며 롯도 함께 하여 남방으로 올라가니 아브람에게 육축과 은금이 풍부하였더라 그가 남방에서부터 발행하여 벧엘에 이르며 벧엘과 아이 사이 전에 장막 쳤던 곳에 이르니 그가 처음으로 단을 쌓은 곳이라 그가 거기서 여호와의 이름을 불렀더라

아브람은 애굽으로 내려갔을 때 하나님을 잃었습니다. 사실은 하나님을 잃은 것이 아니라 하나님의 은혜를 잃은 것입니다. 물

론 하나님은 애굽에서도 아브람을 지켜주셨고 매순간 그를 인도하셨습니다. 그런데 아브람은 하나님의 은혜를 놓쳤습니다. 이 말이 이상하지 않습니까? 하나님은 아브람과 함께 계셨는데, 아브람은 하나님을 잃었다니 말입니다. 이것은 대단히 중요한 말입니다.

어느 부부가 있었습니다. 두 사람은 집안에 어떤 사건이 생긴 후 좋은 관계를 잃어 버렸습니다. 겉으로 볼 때에는 정상적인 부부입니다. 함께 생활하고 함께 식사하고 누가 혹시 초청하면 함께 갑니다. 그러나 겉으로 보기에는 모든 것이 정상적인데도 이 부부 사이에는 무언가 잃어버린 것이 있고, 서먹서먹하고 풀리지 않는 응어리가 있습니다. 그것이 무엇입니까? 뜨거운 사랑과 신뢰입니다. 부부로서 함께 살고 있고 외형적으로 아무 문제가 없었지만, 그들 사이에는 분명히 회복되어야 할 소중한 것이 있었습니다.

하나님과 아브람의 관계가 그러했습니다. 하나님은 여전히 아브람의 하나님입니다. 그 사실에는 변함이 없습니다. 아브람은 애굽에서 하나님께서 자기를 지켜 주신다는 것을 체험했습니다. 그러나 하나님과 아브람의 관계는 예전처럼 뜨겁지 않습니다. 왜 그렇습니까? 아브람이 하나님의 말씀을 놓쳤기 때문입니다.

우리 믿는 사람에게 외적으로 큰 변화가 없다고 해서, 살림이 다 날아가는 일도 없고 교통사고 같은 일도 일어나지 않았다고 해서 내 신앙에 아무 문제가 없다고 생각하는 사람은 바보 멍청이입니다. 부부 사이를 생각해 보십시오. 반드시 언성이 올라가고 삿대질을 하고 냄비가 날아다녀야 문제가 있는 것으로 여기는 부부가 있다면, 그 사람들은 사람 부부라기보다는 그보다 좀 열등한 부부라고 봐야 합니다. 꼭 언성이 올라가야 문제가 있는 것입니까? 언성이 올라가지 않아도 두 사람 사이에 뜨거운 사랑이 없고 대화가 중단되었으며 깊은 신뢰가 없어졌다면 벌써 그들은 중요한 것을 잃어버린 것입니다. 밥만 꾸역꾸역 같이 먹는다고 해서 부부라고 할 수 있습니까?

아브람과 하나님 사이에도 그런 문제가 있었습니다. 아브람은 여전히 하나님을 믿습니다. 그리고 하나님은 여전히 아브람을 사랑하십니다. 그러나 이 모든 것은 어디까지나 원칙적으로 그렇다는 것이지, 깊은 내면에는 무언가 막힌 것이 있고, 무언가 어색한 것이 있고, 무언가 서먹서먹한 것이 있습니다.

아브람은 하나님과의 사랑과 신뢰를 회복하기 위해서 어떻게 했습니까? 처음 하나님을 만났던 곳, 그가 가나안 땅에서 처음으로 하나님의 이름을 부르고 단을 쌓았던 그곳으로 돌아갔습니다. 3절과 4절을 보십시오.

그가 남방에서부터 발행하여 벧엘에 이르며 벧엘과 아이 사이 전에 장막 쳤던 곳에 이르니 그가 처음으로 단을 쌓은 곳이라 그가 거기서 여호와의 이름을 불렀더라

아브람은 '무사히 애굽을 탈출했으니 얼마나 다행이야? 또 애굽에서 붙어온 이 재산들과 양떼들과 애굽의 종들 좀 봐. 좌우간 덕봤다' 하면서 만족해하고 기뻐하지 않았습니다. 그는 '나와 하나님 사이에 무언가 잃어버린 것이 있어. 그것이 뭘까?'를 고민했습니다. 아브람이 잃은 것은 하나님을 향한 뜨거운 사랑과 신뢰였습니다. 그래서 그는 하나님의 은혜를 회복하기 위해 처음 하나님께 단을 쌓았던 곳으로 갔습니다.

여러분, 우리가 하나님의 은혜를 놓쳤을 때 그 은혜를 회복하기 위해서 어떻게 해야 합니까? 처음 주님을 만났던 곳으로 돌아가야 합니다. 처음 주님이 나에게 나타나셨고 나에게 감동을 주셨으며 나를 새롭게 하신 그 장소로 가야 합니다. 거기에 주님이 계십니다.

아브람이 지금 갈망하는 것이 무엇입니까? 그는 '하나님께서 애굽을 떠나서 가나안 땅으로 가라고 하시니까 억지로 가자. 가

나안 땅으로 안 가면 아내를 또 빼앗길지도 모르니까 말이야. 이게 내 운명인가 봐' 하면서 가나안 땅으로 간 것이 아닙니다. 그는 하나님과의 관계를 회복하고자 하는 갈망 때문에 가나안으로 갔습니다. '돈은 손해본 것이 없어. 지갑은 그대로야. 하지만 무언가 중요한 것이 나에게서 빠져나갔어. 그건 바로 하나님과 나와의 깊은 신뢰이고 뜨거운 사랑이야. 이것을 되찾으려면 어떻게 해야 할까? 좋아! 처음 하나님을 만났던 그곳으로 가자!'

아브람은 거기서 하나님을 만날 수 있었습니다. 여기에서 '하나님의 이름을 불렀다'는 말은 공식적인 예배를 드렸다는 뜻입니다. 아브람은 온 가족과 함께 하나님께 공식적인 예배를 드리면서 하나님의 은혜와 축복과 신뢰가 회복되기를 간구했습니다.

혹시 여러분의 마음속에 하나님의 은혜를 잃어버리지 않았습니까? 마음이 강퍅할 대로 강퍅해져서 신경질만 내고 있지 않습니까? 마음이 메말라서 물을 마셔도 안 되고 술을 부어도 안 되는 가운데 살고 있지 않습니까? 처음 주님을 만났던 곳으로 가십시오. 분명히 주님을 만날 수 있습니다.

처음 주님을 만났던 곳으로 가라고 해서 어렸을 때 다녔던 교회를 물어물어서 다시 찾아가라는 뜻이 아닙니다. 그때의 그 겸허하고 거짓없고 가난하고 상한 심령으로 하나님께 나아가라는 것입니다. '혹시 문에서 거절당하지는 않을까, 하나님께서 과연 나를 받아주실까' 하는 어린아이 같은 심정으로 나아가라는 것입니다. 그러면 하나님이 반드시 받아 주십니다.

지금까지 아브람의 마음에는 교만이 있었습니다. 자기 나름대로 계획을 세우고 작전을 짜고 인생 스케줄을 세우며, 하나님의 말씀보다 자신의 판단을 더 신뢰하는 여러 교만한 생각들이 아브람을 지배하고 있었습니다. 그가 처음 하나님께 예배드렸던 장소로 돌아갔다는 것은 이런 것들을 다 내려놓고 다시 하나님의 인도를 받기 위해서 겸허한 마음으로 하나님 앞에 돌아갔다는 뜻입니다.

오늘 우리에게 임하는 하나님의 은혜를 막는 것이 무엇입니까? 장소가 문제가 아닙니다. 내 마음을 진실하지 못하게 만들고 어린아이 같지 못하게 만드는 수많은 생각과 수많은 계산이 문제입니다. 가장 지저분한 예배가 어떤 예배입니까? 청소가 되어 있지 않고 아이들이 마구 떠드는 예배가 지저분한 예배입니까? 그렇지 않습니다. 아침에 일어나 보니까 일요일이어서 아무 생각 없이 교회 와서 드리는 예배, 몸은 교회에 와 있지만 마음속에는 악한 생각과 분노가 가득 차 있는 예배, 입으로는 하나님의 이름을 부르지만 마음은 전혀 준비되어 있지 않은 예배가 가장 지저분한 예배입니다. 그런 예배를 쓰레기통 예배라고 합니다.

이사야가 한 말이 무엇입니까? '이 백성들이 입으로는 나를 부르지만 마음은 내게서 멀다'는 것입니다. 그래서 그들의 마음을 닫아서 진리의 말씀을 깨닫지 못하게 하겠다는 것입니다. 이 지저분한 쓰레기통 예배를 드리는 백성들이 예배를 통해 하나님의 뜻을 깨닫지 못하도록 그들의 마음문을 닫겠다는 것입니다.

예배를 드리기 전에 우리의 마음이 초신자의 마음이 되어 있지 않다면, 세상에 있는 것들은 하나도 보이지 않고 오직 하나님 앞에 나 홀로 서 있는 듯 겸허한 마음으로 예배를 드리지 않는다면, 그 예배는 오히려 그의 영혼을 더 미련하게 만들 것입니다. "나는 지금까지 계속 예배를 드려 왔다. 나는 부족한 것이 없다. 어쨌든 예배에 와 주었으니까" 하는 사람은 예배드리기 전에는 조금 미련했는데 예배드리고 난 후에는 완전히 미련해집니다. 예배드리기 전에 좀 교만했던 사람은 예배드리고 난 후에 완전히 교만해지고, 예배드리기 전에 좀 완악했던 사람은 예배드리고 난 후에 아주 완악해져서 마구 싸워댑니다. 왜 그렇습니까? 하나님이 그 마음을 막으셨기 때문입니다. 하나님은 "너희들이 그런 식으로 예배드리는 것이 통할 줄 아느냐? 나는 절대로 속지 않는다. 나는 너희를 더 미련하게 만들어서 말씀을 깨닫지 못하게 하겠다"고 말씀하십니다.

여러분, 가식을 버리고 있는 모습 그대로 나오는 것이 얼마나 소중한 일인지 모릅니다. 언제 이렇게 어린아이처럼 예배를 드리게 됩니까? 아브람처럼 이 세상에서 실패했을 때, 내 생각대로 하다가 철저하게 실패했을 때입니다. 그때는 하나님의 사랑과 은혜를 회복할 수 있는 아주 좋은 기회입니다. 아브람이 가나안 땅에 다시 돌아와서야 예배를 회복하게 된 것을 기억하십시오. 애굽에 있을 때에는 예배를 드릴 수가 없었습니다. 옆에 있는 사람들이 자기를 죽이고 아내를 빼앗아 갈까 봐 불안해서 예배를 드릴 수가 없었어요. 그리고 그 후에는 아내를 왕궁에 빼앗기고 혼자 남게 되었으니 무슨 예배를 드렸겠습니까?

예배는 참된 안식입니다. 안식이 없으면 예배를 드릴 수가 없습니다. 전쟁이 벌어져서 폭탄이 터지고 총소리가 나고 전차 굴러가는 소리가 들리는데 예배를 드릴 수 있습니까? 마음속에 근심과 염려가 가득 차 있는데 노래가 나옵니까? 입으로는 부를 수도 있지요. 그러나 마음으로는 안 부릅니다. 귀로는 설교를 들을 수 있지요. 그러나 마음은 전혀 안 듣고 있습니다. 눈이 벌써 다른 데 가 있어요. 본문이 어딘지도 모릅니다.

싸움에 이겨야 예배를 드릴 수 있습니다. 해결되지 못한 문제들을 정신으로 싸워 이겨야 온전한 예배를 드릴 수 있습니다. '예배 끝나면 누구를 만나고, 저녁은 누구네 집에서 먹고……'. 이러면 예배드리기 전에는 조금 미련했는데 예배드리고 난 후에는 완전히 미련 곰탱이가 되어서 교회문을 나서게 됩니다.

아무 걱정 없이 편안하게 예배에 집중하는 것은 복 중의 복입니다. 그는 승리한 사람이기 때문입니다. 그에게는 아직 해결되지 못한 문제가 많지만 예배를 드리면서 모든 것을 하나님께 맡겼습니다. 앞으로 어떻게 될지는 모르지만 일단은 승리했습니다. 그러므로 예배는 참된 안식입니다. 여기서 우리가 안식을 누리지 못하면 영원한 안식을 누릴 수가 없습니다. 우리는 어떻게 해서든지 이 안식을 빼앗기지 말아야 합니다.

다윗이 성전을 짓겠다고 했을 때 하나님은 그의 손으로 짓지 못하게 하셨습니다. 왜냐하면 아직 이스라엘에 참다운 안식이 오지 않았기 때문입니다. 하나님은 다윗이 전쟁에 나가서 다른 사람의 목을 베고, 집에 와서는 양치질하고 나서 성전 짓다가 또 나가서 싸우는 것을 원치 않으셨습니다. 그래서 하나님은 전쟁이 다 끝난 다윗의 아들 때 성전을 지으라고 하셨습니다. 이처럼 성전은 모든 전쟁이 끝났을 때 짓는 것입니다. 내 안에 갈등이 있고 분노가 있고 해결되지 못한 일들이 있는 가운데 드리는 예배는 사실 온전한 예배가 아닙니다. 안식이 와야 합니다.

여러분, 전쟁을 하나님께 맡기십시오. 내가 몰두하고 있는 문제에서 놓여나야 합니다. 그러면 그 문제를 새로운 눈으로 볼 수 있을 것이며, 나를 도우시는 하나님의 손길을 보게 될 것입니다.

롯과의 갈등

아브람이 가나안 땅에 돌아왔다고 해서 모든 문제가 해결된 것은 아니었습니다. 이제는 조카 롯과의 사이에 새로운 문제가 터지기 시작했습니다. 아브람은 양과 소가 많았습니다. 조카 롯도 재산이 늘어났습니다. 그런데 아브람과 롯이 있는 곳에는 이처럼 많은 소나 양을 먹일 풀과 물이 없다는 것이 문제였습니다. 그러다 보니 자연스럽게 아브람의 목자들과 롯의 목자들 사이에 긴장이 생기게 되었고, 결국 이것은 싸움으로 번지게 되었습니다. 5절에서 7절까지 보십시오.

아브람의 일행 롯도 양과 소와 장막이 있으므로 그 땅이 그들의 동거함을 용납지 못하였으니 곧 그들의 소유가 많아서 동거할 수 없었음이라 그러므로 아브람의 가축의 목자와 롯의 가축의 목자가 서로 다투고 또 가나안 사람과 브리스 사람도 그 땅에 거하였는지라

우리가 먼저 알아야 할 것은 부(富) 자체가 죄는 아니라는 사실입니다. 하나님과 나 사이에 걸림돌이 되지 않는 한 부는 죄가 아닙니다. 구약시대에는 특히 부를 대단히 긍정적으로 평가했습니다. 왜냐하면 고대 사회에서 부는 모두 순수한 노동으로 이루어지는 노동의 열매였기 때문입니다. 신약시대에는 노동의 열매로서 부를 얻는 경우보다 돈놀이나 투기를 통해서 부를 축적하는 경우가 많았기 때문에 신약성경은 부에 대해서 공격적입니다.

그러나 열심히 일을 해서 부를 축적한 것은 죄도 아니고 부끄러운 것도 아닙니다. 이것은 주님이 주신 열매입니다. 어떤 극단적인 사람들은 부 자체를 무조건 죄악시해서 가난한 자들만 천국에 갈 수 있다고 가르치는데, 가난한 자들 가운데서도 천국에 못 가는 사람들이 굉장히 많습니다. 가지고 있는 부가 노동의 열매라면, 그리고 그 부가 나와 하나님 사이를 가로막지 않는다면 그것은 죄가 될 수 없습니다. 이렇게 부 자체가 죄는 아니지만 역시 부를 관리하는 데는 많은 어려움이 따릅니다. 우리는 이것을 아브람과 롯의 관계에서 볼 수 있습니다.

아브람과 롯이 하나님과의 신뢰와 은혜를 회복하기 위해서 처음 하나님의 이름을 불렀던 곳까지 온 것은 좋았습니다. 그러나 그곳은 두 가족이 살기에 너무나도 비좁은 장소였습니다. 물도 모자라고 풀도 부족했습니다. 게다가 가나안 사람들과 브리스 사람들까지 있었기 때문에 더욱 부족했습니다. 이런 상황에서 아브람의 목자와 롯의 목자가 서로 싸웠다는 것은 대단히 심각한 문제가 아닐 수 없었습니다.

그렇지 않아도 좁은 공간에 아브람도 있고 롯도 있고 가나안 사람도 있고 브리스 사람도 있습니다. 모두 물이 부족하고 풀이

모자랍니다. 어느 집에서 물을 다 마셔버리면 다른 집에서는 물을 마실 여지가 없어요. 그러니 서로 사이에 긴장이 생깁니다. 그때 싸움이 터졌는데 이것은 가나안 사람과 아브람의 싸움이 아니었습니다. 브리스 사람과 롯의 싸움도 아니었습니다. 싸움은 아브람과 롯 사이에서 터져 나왔습니다. 이것은 대단히 심각한 문제입니다.

한번 생각해 보십시오. 아주 작은 공간에서 믿는 사람들과 믿지 않는 사람들이 함께 장사를 합니다. 그런데 공간이 좁다 보니 서로 항상 긴장하지 않을 수 없습니다. 화장실을 사용하는 것이나 주차를 하는 것이나 여분의 물건을 쌓아두는 것이나 모두 조심스럽습니다. 그런데 어느 날 신앙을 가진 사람들끼리 붙었습니다. 믿는 사람과 안 믿는 사람이 붙은 것이 아니라, 이 교회 교인과 저 교회 교인이 안 믿는 사람들 앞에서 붙은 것입니다. 이것은 대단히 심각한 문제입니다. 하나님을 모르는 사람들은 '그래도 신앙을 가진 사람들이 좀 낫겠지' 하고 생각합니다. 그런데 보니까 하나도 나은 게 없어요. 서로 손해 안 보려고 아웅다웅 열심히 싸웁니다. 그러니까 안 믿는 사람들이 신앙을 더 우습게 압니다.

여기서 아브람의 목자와 롯의 목자가 다투었다는 것은 단순한 언쟁을 의미하는 것이 아닙니다. 아주 심하게 싸운 것입니다. 그것은 몸싸움 이상의 싸움이었고 그 사회에서 톱뉴스가 될 정도로 아주 심한 다툼이었습니다. 롯의 목자와 아브람의 목자가 이처럼 심하게 다툰 이유가 어디에 있었을까요? 물론 장소가 너무 협소했기 때문에 서로 신경이 날카로워진 상태에서 우발적으로 사고가 터졌다고 생각할 수도 있을 것입니다. 그러나 더 중요한 문제가 있었습니다. 그것은 아브람과 롯이 가지고 있는 신앙 가치관의 차이였습니다.

아브람은 어떤 사람입니까? 철저하게 하나님의 말씀에 사로잡힌 사람입니다. 하란을 떠날 때도 하나님의 말씀에 사로잡혀서 떠났습니다. 애굽에 내려갈 때는 말씀을 좀 제쳐놓고 내려갔지만 다시 올라올 때는 말씀 때문에 올라왔습니다. 지금 벧엘과 아이 사이에 오게 된 것도 하나님의 말씀 때문입니다. 그러나 롯은 그런 사람이 아니었습니다. 롯은 말씀 때문이 아니라 아브람 때문에 하란을 떠났습니다. 그래서 12장 4절을 보면 "이에 아브람이 여호와의 말씀을 좇아갔고 롯도 그와 함께 갔으며"라고 말하고 있습니다. 아브람은 분명히 하나님의 말씀에 붙들려서 하란을 떠났습니다. 그러나 롯은 아브람이 떠나니까 따라서 떠난 것입니다. 애굽으로 내려가는 것은 롯에게 별 문제가 아니었습니다. 그러나 애굽을 떠나서 가나안 땅으로 돌아오는 것은 큰 불만이 될 수도 있었습니다. 왜냐하면 목축을 하기에는 애굽보다 더 좋은 곳이 없었기 때문입니다.

여기에서 '그렇다면 롯은 하나님의 백성이 아니냐?' 하는 문제가 생깁니다. 롯을 하나님의 백성이 아니라고 볼 수는 없습니다. 롯도 하나님의 백성이었습니다. 베드로 사도는 베드로후서 2장 7절에서 롯을 '의로운 롯'이라고 부르고 있습니다. 성경은 하나님을 모르는 사람을 의롭다고 부르지 않습니다. 롯은 하나님의 백성이었고 하나님을 믿는 사람이었습니다. 그러나 아브람처럼 말씀에 붙들린 사람은 아니었습니다. 롯이 하나님을 전혀 몰랐다고 말하면 안 됩니다. 그러나 롯은 말씀에 붙들린 사람은 아니었습니다.

바로 이 점이 롯이라는 인물을 이해하고 평가하는 것을 아주 어렵게 만듭니다. 롯은 하나님은 믿었지만 하나님의 말씀을 최고로 생각하지는 않았습니다. 오히려 그는 세상적인 기준을 대단히 중요하게 생각하는 사람이었습니다. 그는 현실주의자였습니다. 바로 이 차이입니다. 아브람에게는 하나님의 말씀이 모든 것입니다. 그러나 롯에게는 말씀이 전부가 아닙니다. 롯의 눈에는 오히려 아브람의 그런 자세가 대단히 비합리적이고 위험하게 보입니다.

롯은 삼촌이 워낙 확신에 차서 하란을 떠나는 것을 보고 같이 따라나섰습니다.

"삼촌, 왜 떠나십니까?"

"하나님이 땅을 주신대."

땅 준다는데 싫어할 사람이 어디 있습니까? 게다가 아브람을 보니 너무나도 확신에 차 있습니다. 저런 확신이 있다면 땅은 못 얻어도 장사는 할 수 있겠구나 싶어서 따라나섰습니다. 그런데 막상 가나안 땅에 와보니까 땅이 없어요. 그리고 확신에 찼던 삼촌은 방황합니다.

흉년이 들었을 때 롯은 삼촌이 거의 최초로 합리적인 결정을 내리는 것을 보았습니다. 애굽으로 내려간다는 것입니다. "아멘, 아멘, 할렐루야!" 비록 늦은 감이 있기는 했지만 그래도 아직 삼촌에게 이성적인 판단이 남아 있다는 사실이 반가웠습니다. 그러나 애굽으로 내려가면서 모든 일이 꼬이기 시작했습니다. 삼촌이 도대체 살려고 애굽에 내려갔는지 죽으려고 갔는지 이해가 되지 않습니다. 숙모를 누이라고 속이더니 바로에게 빼앗기고, 또 찾고, 추방당하고, 그러다가 돌아온 곳이 결국 처음 떠난 그곳입니다. 이렇게 물도 없고 풀도 없는 좁은 공간으로 돌아온 삼촌은 "할렐루야! 다시 돌아왔다!" 하면서 매일 감격하고 있습니다.

지금까지 실컷 고생한 결과가 무엇입니까? 확신에 차서 하나님의 말씀을 붙들고 떠난 삼촌을 따라 떠난 결과가 무엇입니까? 고생은 고생대로 하고 원점으로 다시 돌아온 것이 전부가 아닙니까? 이곳은 물도 모자라고 풀도 부족한 곳입니다. 목축하기에는 정말 적합치 못합니다.

아브람의 목자과 롯의 목자 사이의 싸움은 바로 이 가치관의 차이에서 온 것입니다. 우리가 여기에서 알 수 있는 것이 무엇입니까? 순수한 말씀의 신앙은 그렇지 않은 사람의 눈에 대단히 비이성적이고 즉흥적이며 위험하게 보일 수 있다는 것입니다. 아브람은 그것을 몰랐습니다. 롯의 마음이 자기 마음과 같은 줄 알았습니다. 왜냐하면 이것이 하나님의 말씀이니까요. 그러나 롯에게는 말씀이 그렇게 중요하지 않았습니다. 롯에게 중요한 것은 현실이었습니다.

하나님의 말씀을 붙들면 모든 것이 잘될 줄 알았는데 자기도 고생하고 남도 고생시키는 아브람을 더 이상 신뢰할 수 없었습니다.

여러분, 말씀을 붙드는 사람이라고 해서 실수도 하지 않고 시행착오도 하지 않는 것이 아닙니다. 수없이 실수하기도 하고 불안해하기도 하고 방황하기도 합니다. 롯이 보기에는 바로 이것이 문제였습니다. 처음에 아무것도 가지지 않았을 때에는 그냥 따라가도 밑져야 본전이니까 이렇게 되든 저렇게 되든 상관이 없었지만, 이제는 자기도 무언가를 가지고 보니까 말씀 중심의 신앙이 너무나도 비합리적이고 즉흥적이며 불안정하다는 것을 알게 된 것입니다.

모든 신자가 다 아브람은 아닙니다. 그중에는 롯도 있습니다. 하나님을 믿기는 하지만 말씀보다는 자신의 경험과 세상적인 가치관을 더 중요하게 생각하는 사람도 많다는 것입니다. 하나님께서 원하시는 것이 무엇입니까? 롯 같은 사람들이 계속 말씀의 영향을 받아서 아브람처럼 만들어지는 것입니다. 그러나 아브람처럼 만들어진다는 것은 말씀에 따라 삶이 왔다갔다 하는 것이기 때문에 아주 불완전한 위치에 서는 것입니다. 따라서 이런 신앙은 완강한 저항을 받게 되어 있습니다.

아브람의 입장에서 롯을 보면 어떻습니까? 늘 착하고 말씀을 잘 따라주는 것 같았는데 어느 순간부터 삐딱하게 나가고 있습니다. 옛날에는 감히 그런 적이 없었는데 어느 순간부터 대들기 시작하고 언성을 높이기 시작합니다. 아브람은 조카 롯을 이해할 수가 없습니다. '분명히 이 길이 옳은 길이고 생명의 길인데 왜 조카는 이 길을 따라오지 않을까?'

롯은 롯대로 아브람이 이해되지 않습니다. 어렸을 때는 그래도 삼촌들 중에서 가장 합리적이며 믿을 수 있는 삼촌이 아브람이었는데 갈수록 이상해지고 있습니다. 하나님을 믿어도 정말 이상하게 믿습니다. '그대로 따라가면 나는 망할 수밖에 없구나' 하는 확신이 듭니다.

우리는 성경적인 말씀 중심의 신앙이 모든 사람들의 지지를
받는 것은 아니라는 것을 알 필요가 있습니다. 더 나아가서 때로는
독선적이거나 위험하게 보일 수 있으며 현실적인 감각이 아주 더디
게 보일 수 있습니다.

저는 롯의 신앙이라고 해서 다 비난해야 한다고 생각하지
않습니다. 그러나 분명히 롯은 더디 믿는 자이며 절대로 자신의 이
성의 한계를 벗어나서 하나님을 신뢰하는 법이 없는 사람입니다.
하나님을 인정하기는 하지만 그것은 어디까지나 '나'라고 하는 틀
안에서만 하는 것이지, 그 틀을 벗어나서는 절대로 모험을 하지 않
습니다. 그래서 신앙 때문에 핍박을 받는다든지 생명을 잃는다든지
사자굴에 들어간다는 것은 있을 수 없는 일입니다. 밥 먹고 사는 일
도 바쁜데 왜 사자굴에 들어가야 합니까? 돌다리도 두들겨 보고 건
너는 사람이 왜 사자굴에 들어갑니까? 이런 사람은 남에게 손해를
끼치지도 않고 손해를 보지도 않습니다. 아주 완벽합니다.

아브람에게 신앙은 하나님의 말씀을 붙들고 한 번도 경험해
보지 않은 새로운 세계를 향하여 항해를 떠나는 것입니다. 생명을
걸고 가는 것입니다. 완전한 모험입니다. 그러나 롯에게 신앙은 하
나의 윤리이고 생활 원칙이지, 그 이상은 아니었습니다. 그러므로
신앙을 위해서 자신의 생명을 걸거나 재산을 포기하거나 자기가 가
지고 있는 상황을 버리는 일이 절대로 없습니다.

롯은 절대로 떠나지 않습니다. 해변에서 다른 사람들과 어
울려 놀면서 배는 묶어 놓습니다. 언젠가는 떠날지도 모르지만 지
금은 안 떠납니다. 현실주의자이기 때문입니다. 물론 불신자는 아
닙니다. 그러나 불신자와 롯은 불과 몇 발자국 차이입니다. "항해를
떠나라"고 하면 "왜 이 위험한 바다로 떠나라고 하냐"고 버럭 화를
냅니다.

그래서 롯의 신앙은 몇 년을 믿어도 변화가 없습니다. 강해
설교를 듣든 부흥회를 가든 북을 치든 장구를 치든 절대로 안 변합

니다. 배가 바다로 나가지 않도록 잘 묶어 놓았거든요. 이런 사람은 절대로 예배에 빠지는 법이 없습니다. 그러나 주님을 더 사랑하는 법도 절대로 없습니다. 몇 년을 믿어도 변화가 없는 신앙, 이것이 롯의 신앙입니다.

오늘날 교회는 먼 바다로 모험의 항해를 떠나는 자들의 모임이 아닙니다. 해변의 휴게소입니다. 서로 모여서 담소하고, 세상에서 재미본 이야기를 서로 나누고, 바다 한 번 쳐다보고 땅 한 번 쳐다보는 사람들의 모임입니다. 대단히 안전합니다. 그러나 여러분, 항해를 떠나야 합니다. 화산이 터지면 어떻게 하려고 그럽니까? 소돔과 고모라처럼 불과 유황이 떨어지면 어떻게 하려고 그럽니까? 그 자리에 머물러 있으면 다 타 죽습니다.

롯이 언제 말씀에 붙들렸습니까? 소돔과 고모라가 멸망하는 그날 아침에 붙들렸습니다. 그의 신앙이 얼마나 악착같이 현실을 붙들고 현실에 눌러앉는 말뚝신앙이었던지 한번 박아 놓으니까 도저히 뺄 수가 없었습니다. 천사가 손을 잡고 끄집어낼 때야 비로소 롯은 소돔을 떠났습니다. 그나마 롯의 아내는 영원히 소금말뚝이 되어서 그 자리에 남았습니다.

아브람과 롯의 분리

서로 갈라지자고 먼저 제안한 사람은 아브람이었습니다. 8절에서 9절까지 보십시오.

아브람이 롯에게 이르되 우리는 한 골육이라. 나나 너나 내 목자나 네 목자가 서로 다투게 말자 네 앞에 온 땅이 있지 아니하냐 나를 떠나라 네가 좌하면 내가 우하고 네가 우하면 내가 좌하리라 아브람이 제안한 것은 분리가 아니었습니다. 아브람은 '우리는 한 골육'이라고 말하면서 두 사람이 하나라는 점을 분명히 했습니다. 그러나 현실적으로 장소가 너무 좁으니까 편의를 위해 장소를 넓게 쓰자고 제안한 것입니다. 다시 말해서 가축을 먹이기 위해 장소를 조금 넓게 활용하면서 예배나 다른 모든 좋은 것은 함께 나누자는 것이었습니다.

이렇게 아브람에게는 분리가 아니었지만 롯에게는 분리였습니다. 롯은 말씀의 신앙이 지긋지긋했습니다. 그는 이번 기회에 융통성 없고 고집스러우면서도 독선적이고 위험한 이 말씀의 신앙에서 완전히 떨어져 나가기로 마음 먹었습니다. 아브람이 제안한 것은 단순한 지리적인 이동이었지 신앙적인 분리가 아니었습니다. 그러나 롯은 그것을 신앙적인 분리의 기회로 삼았습니다. 그런 신앙은 당신 혼자 가져도 충분하니 나한테까지 이래라저래라 하지 말라는 것이지요.

이것은 아브람에게 애굽에서의 실패 못지 않게 큰 정신적 충격을 주었습니다. 말씀의 신앙은 눈에 보이는 것이 아닙니다. 겉으로 보기에 비합리적일 뿐 아니라 실제로도 비합리적인 부분이 많습니다. 눈에 보이지 않는 약속이기 때문에 아브람도 불안합니다. 자신도 수없이 스스로 채찍질해 가면서 이 길을 가고 있는 것입니다. 그래서 이 말씀의 신앙을 붙들고 가는 사람에게 절대적으로 필요한 것이 위로와 격려입니다. 이것이 없으면 언제든지 낙심해서 쓰러질 수밖에 없어요. 어떤 때 저는 하나님께 저를 사랑한다는 말씀을 수십 번, 아니 수백 번이라도 자꾸 해달라고 합니다. 왜냐하면 잘 안 믿어지니까요.

아브람도 좋아서 이 길을 가는 것이 아닙니다. 말씀에 붙들려서 어쩔 수 없이 가는 것입니다. 물론 어떤 경우에는 기뻐서 가기도 하지만 어떤 경우에는 어쩔 수 없어서 갑니다. 그런데 누구보다도 자기를 잘 이해해주고 격려해줄 줄 알았던 롯이 이 말씀의 신앙을 버렸을 때 아브람은 깊은 충격을 받지 않을 수 없었습니다. 아마 떠나는 롯의 등뒤에서 그는 속으로 이렇게 소리쳤을 것입니다. '나는 좋아서 이 길을 가는 줄 아느냐? 나도 어떤 것이 좋고, 어떤 것이 합리적인지 다 안다구. 그러나 하나님의 말씀에 붙들리면 어쩔 수 없는 거야. 조카야, 돌아오너라! 돌아와서 제발 나를 좀 도와다오!'

여러분, 세상적인 방법이 훨씬 이해가 잘되고 합리적이고 공감이 간다는 것은 누구든지 다 알고 있습니다. 우리도 다 그렇게 살고 싶어요. 그러나 말씀에 붙들리고 나면, 애굽에 한 번 갔다가 실패하고 오면 그게 그렇게 안 됩니다. 내 방법대로 되는 것이 아무것도 없다는 것을 알게 돼요.

저는 롯을 비난해서는 안 된다고 생각합니다. 왜냐하면 거의 대부분의 신자들이 롯과 같은 상태에 있기 때문입니다. 롯이야 어떻게 생각하든지 아브람은 롯을 한 형제요 골육으로 생각했습니다. 우리도 이처럼 롯 같은 신앙을 가진 사람들을 한 형제요 자매로 생각해야 합니다. 처음부터 아브람 같은 신앙을 가지는 사람이 어디 있습니까? 처음부터 모세 같은 신앙을 가지는 사람이 누가 있습니까? 아브람도 75세가 되어서야 말씀의 신앙을 갖게 되었고, 모세도 80세가 되어서야 이 신앙을 갖게 되었습니다.

저는 말씀의 신앙과 세상 사이에 롯의 신앙이 있다고 생각합니다. 어떻게 세상 사람들을 한꺼번에 아브람이 되게 하겠습니까? 하나님을 전혀 알지 못한 채 조상신이나 삼신 할머니를 찾던 사람이 어떻게 한순간에 지팡이를 들고 홍해를 가를 수 있겠습니까? 물론 하나님은 하나님을 모르는 사람을 쳐서 아브람이 되게 하실 수도 있고 모세가 되게 하실 수도 있습니다. 그러나 거의 대부분은 롯의 상태에 어느 정도 머물러 있다가 아브람으로 변해 갑니다.

그래서 저는 롯의 신앙이 말씀의 신앙과 세상 사이의 완충 지대라고 생각합니다. 그러나 롯의 신앙이 옳은 것은 아닙니다. 인간의 고집과 변하기 싫어하는 속성상 어쩔 수 없이 롯의 신앙을 잠시 인정하고 이해는 하지만 그것이 옳은 것은 아닙니다.

하나님께서 이 땅에 성령을 부으실 때 나타나는 현상이 무엇입니까? 롯이 변하여 아브람이 되는 것입니다. 지금까지 자기의 틀을 만들어 놓고 그 범위를 벗어나서는 절대로 하나님을 신뢰하지 않던 롯 같은 사람이 그 틀을 깨뜨려 버리고 아브람처럼 정처 없이 떠나는 것입니다. 이것은 사람의 힘으로 할 수 없는 일입니다. 오직 성령의 능력으로만 할 수 있는 일입니다.

우리가 아브람의 생애를 계속 보면 알게 되겠지만 아브람은 끝까지 롯을 사랑했습니다. 롯은 아브람에게서 갈라져 나갔지만 아브람은 한 번도 롯을 버린 적이 없었습니다. 그는 롯이 포로가 되었을 때 목숨을 걸고 따라가서 찾아왔고, 소돔과 고모라가 망할 때 롯을 위하여 계속 하나님께 기도했습니다. 이런 아브람의 사랑은 결국 롯을 바꾸고야 말았습니다.

오늘 우리들에게는 이런 사랑이 없는 것 같습니다. 누군가 세상적인 생각을 하고 좀처럼 변하지 않는 사람이 있으면 금방 그 사람을 정죄하고 무시하는 경우가 많습니다. 이것은 진정한 말씀의 신앙이라기 보다는 바리새파적인 말씀의 신앙이 될 가능성이 많습니다. 여러분, 롯을 사랑해야 합니다. 이해해야 합니다. '그래, 그럴 수밖에 없어. 조금 더 기다려야 해' 하는 마음으로 시간을 주어야 합니다.

우리가 하나님의 은혜를 잃어 버렸다면 그 은혜를 회복하는 길은 처음 하나님을 만난 그곳으로 돌아오는 것입니다. 꼭 교통사고가 일어나고 집에 불이 나고 아이가 심한 병에 걸려야만 하나님과 나 사이에 문제가 있다고 생각하는 신앙은 돌대가리 신앙입니다. 내게 하나님을 향한 뜨거운 사랑이 없고 깊은 신뢰가 없다면 이미 문제가 생긴 것입니다. 처음 주님과 감격스러운 대화를 나누면서 주님을 믿겠다고 고백했던 그 마음이 사라졌습니까? 인간적인 계산을 다 집어치우고 지금 그 순간으로 돌아가십시오. 사랑과 신뢰를 되찾으십시오.

아브람과 롯의 갈등은 말씀의 신앙과 세속적인 신앙 사이의 갈등이었습니다. 그들은 서로 이해하기 어렵습니다. 아브람은 성경적이고 옳은 길을 왜 롯이 따라오지 않는지 이해되지 않습니다. 롯은 롯대로 아브람이 왜 저렇게 무식하게 믿는지 이해되지 않습니다. 그럴 때 시간이 필요합니다. 신앙은 어린데 열심이 있을 때 우리는 제일 심한 상처를 주고받습니다. 한 사람은 옳은데 왜 안 따라오느냐고 합니다. 또 한 사람은 왜 믿어도 그렇게 유별나고 비합리적으로 믿느냐고 합니다. 여기에는 시간이 필요합니다.

아브람과 롯은 갈라지면 안 됩니다. 한 형제이고 한 가족이고 한 혈육이고 한 하나님의 백성이기 때문입니다. 세상과 아브람 사이에 롯이 있습니다. 성령이 역사하셔서 롯 같은 신앙을 가진 사람들이 아브람처럼 변하도록 우리는 기도할 수밖에 없습니다. 서로 정죄해서 바뀌는 사람은 아무도 없습니다. 남편들에게 물어보겠습니다. 아내를 정죄해서 아내가 바뀐 적이 있습니까? 아내들에게 물어보겠습니다. 밥도 안 해주고 굶기고 정죄해서 아브람 같은 신앙으로 돌아온 남편이 한 명이라도 있습니까? 그런 사람은 한 명도 없습니다. 기도하고 이해하고 기다려줄 때, 비로소 롯이 아브람으로 변하는 것입니다.

그러나 롯의 신앙이 옳은 것은 아닙니다. 우리는 떠나야 합니다. 변하여 새사람이 되어야 합니다. 오늘 나의 신앙이 이해타산적이고 모험을 싫어하며 철저히 내 틀 안에 갇혀 있습니까? 그렇다면 이것보다 더 위험한 신앙이 없습니다. 떠나십시오.

4

서로 다른
선택

우리는 이 세상에 살면서 항상 선택을 할 수밖에 없습니다. 모든 것이 제한되어 있기 때문입니다. 미래를 생각하는 사람은 지금 있는 것들을 낭비하지 않습니다. 지금 있는 것을 전부 써버린 사람은 미래에 쓸 것이 없기 때문입니다. 우리는 모두 우리의 미래가 참으로 행복하고 풍성하기를 바라고 있습니다. 그러나 그 풍성한 미래가 무엇으로 결정되느냐 하는 점에서는 사람들마다 생각이 다른 것 같습니다.

거의 대부분의 사람들은 미래가 현재의 노력과 선택에 따라 결정된다고 생각합니다. 이것은 어느 정도 사실입니다. 지금 선택을 잘못 내리면 두고두고 후회하게 될 것이고, 지금 무언가 많이 가지고 있고 남보다 유리한 위치에 있으면 미래도 그러할 가능성이 많습니다. 그런 의미에서 미래는 현재의 연장선 위에 있습니다.

그러나 성경이 말씀하는 또 다른 길이 있습니다. 그것은 우리의 미래가 현재의 상태나 지금 나의 선택에 달려 있지 않다는 것입니다. 우리의 미래는 오직 하나님의 손에 달려 있습니다. 미래를 풍성하고도 행복하게 사는 길은 지금 얼마나 많이 가지고 있으며 내가 어떤 결정을 내리느냐에 있는 것이 아니라 하나님의 말씀에

69

순종해서 사는 데 있다고 성경은 우리에게 말씀하고 있습니다.

우리는 이미 지난 번 말씀에서 아브람과 롯이 헤어질 수밖에 없었던 이유가 가치관의 차이에 있었다는 것을 살펴 보았습니다. 그러나 이 일은 단지 헤어지는 것으로 끝나지 않았습니다. 그들은 무언가 선택을 해야 했습니다. 그리고 그 선택은 너무나도 달랐습니다. 아브람은 어느 곳을 선택하게 되든 하나님의 약속에서 벗어나지 않으려고 했습니다. 그러나 롯은 하나님의 약속보다는 현실적인 필요에 따라 결정을 내렸습니다. 그래서 롯은 당장 양을 치고 목축을 하기에 편한 소돔 들판을 선택했습니다. 소돔 사람들은 하나님 앞에서 무서운 죄인이었고 소돔은 얼마 있지 않아 멸망당할 만큼 타락한 도성이었는데도 그는 그런 것에 전혀 구애받지 않았습니다. 결국 롯은 당장 먹고살기 편하고 물이 많은 소돔을 선택했고, 아브람은 물이 없고 목축하기가 어려운 헤브론 골짜기를 선택했습니다.

아브람과 롯의 선택은 우리에게도 중요합니다. 지금 우리도 많은 선택을 하고 결정을 내려야 하기 때문입니다. 우리는 어떤 회사에 들어갈 것인지 결정해야 하고, 누구와 결혼할 것인지 결정해야 합니다. 그러나 아브람처럼 말씀을 중심으로 선택하려고 하면 결정할 수 있는 폭이 너무나 좁아집니다. '신체 건강하고 학식 있는 사람'이라고만 해도 선택의 여지가 적은데, 거기에 '신앙까지 좋은 사람'을 찾으려니 보통 어려운 것이 아닙니다. 그것도 '세례교인'이라고 하면 좀 괜찮은데, '진짜 신앙이 좋은 사람'이라고 해버리면 한 명도 찾기 힘든 형편이 되어 버립니다.

게다가 그렇게 어렵게 결정한 결과가 너무나 보잘것없습니다. 아브람이 선택한 헤브론은 소돔에 비하면 너무나도 좋지 못한 땅이었습니다. 그러나 보기에 좋은 것을 선택하려면 항상 신앙을 담보로 내놓아야 합니다. 그래야 소돔을 택할 수가 있어요.

말씀을 택하자니 이 세상에서 너무 손해를 보는 것 같습니다. 또 세상에서 좋은 조건을 택하자니 신앙을 담보로 내놓아야 합니다. 이것은 바로 오늘 우리들이 안고 있는 문제이기도 합니다.

아브람의 양보

아브람은 롯과 헤어지면서 땅을 먼저 선택할 수 있는 기회를 롯에게 주고 있습니다. 9절을 보십시오.

> 네 앞에 온 땅이 있지 아니하냐 나를 떠나라 네가 좌하면 내가 우하고 네가 우하면 내가 좌하리라

장사하는 사람에게는 장사하는 목을 잘 잡는 것이 중요합니다. 사람들이 다니지 않는 곳에서는 아무리 가게를 차려놓고 세일을 하고 나팔을 불어도 사람들이 오지 않습니다. 그처럼 목축하는 사람에게는 목초지를 잘 선택하는 것보다 더 중요한 일이 없습니다. 물이 있고 풀이 있는 곳을 선택하기만 하면 걱정할 것이 없지요. 그러나 아브람은 이처럼 중요한 땅의 선택권을 롯에게 양보하고 있습니다. "네 앞에 온 땅이 있지 아니하냐? 나를 떠나라. 네가 좌하면 내가 우하고 네가 우하면 내가 좌하리라." 이것은 '나는 너와 경쟁하지 않을 테니 너 좋은 대로 먼저 택하라'는 뜻입니다.

조금 전까지만 해도 물이 없네 풀이 없네 해가면서 아브람의 목자와 롯의 목자가 온 동네에 소문날 정도로 싸웠는데, 지금 아브람은 여유를 보여 주고 있습니다. 아브람의 이런 여유가 도대체 어디에서 나왔을까요? 우리는 두 가지 이유를 생각할 수 있습니다.

하나는 조카이기 때문에 양보했으리라는 생각입니다. 조카가 잘되는 것이 곧 자기가 잘되는 것이니 조카에게 좋은 것을 주자는 생각이 있었으리라는 것이지요. 그러나 아무리 조카를 사랑한다

고 해도 이렇게 중요한 사항을 양보한다는 것은 쉽게 납득되지 않는 일입니다. 목축하는 사람에게 목초지의 선택은 생명과 같습니다. 아무리 조카 롯이 잘되는 것이 좋고 롯을 사랑한다고 하지만 그렇다고 해서 목초지의 선택권을 준다는 것은 너무나 큰 것을 양보하는 것입니다.

우리는 또 다른 측면을 생각해 볼 수 있습니다. 그것은 아브람에게 이 목초지의 선택권보다 더 중요한 것이 있었다는 것입니다. 그것이 무엇입니까? 이 땅을 주시겠다는 하나님의 약속입니다. 아브람은 이렇게 더 큰 것을 바라보고 있었기 때문에 작은 것에는 여유를 가질 수 있었습니다. 그는 정말 중요한 것은 아직 나오지 않았다는 믿음 때문에 목초지의 선택권을 포기했습니다.

하나님이 땅을 주신다는 것이 구체적으로 어떤 것인지는 모릅니다. 그러나 롯보다 더 좋은 목초지를 확보해서 어려움 없이 양을 치고 돈을 버는 일은 아닐 것 같았습니다. 목초지를 놓고 조카와 싸우라고 하란에서 자신을 부르신 것은 아닐 것 같았어요. 하란에서도 싸울 일이 많은데 왜 군이 여기까지 불러다놓고 싸우게 하시겠습니까? 분명히 이보다 더 중요한 것이 있습니다. 그래서 아브람은 목초지를 양보했습니다.

히브리서에서는 아브람의 선택에 대해 이렇게 말씀하고 있습니다.

> 믿음으로 아브람은 부르심을 받았을 때에 순종하여 장래 기업을 받을 땅에 나갈새 갈 바를 알지 못하고 나갔으며 믿음으로 저가 외방에 있는 것 같이 약속하신 땅에 우거하여 동일한 약속을 유업으로 함께 받은 이삭과 야곱으로 더불어 장막에 거하였으니 이는 하나님의 경영하시고 지으실 터가 있는 성을 바랐음이니라(히 11:8-11).

아브람은 하나님께서 자기에게 주실 것이 무엇인지 지금 당장은 알 수 없지만 어쨌든 엄청나게 큰 것이라는 사실은 알고 있었습니다. 그래서 작은 것으로 다투지 않았습니다.

예수님께서는 산상설교에서 "온유한 자는 복이 있나니 저희가 땅을 기업으로 차지할 것임이요"(마 5:5)라고 말씀하셨습니다. 우리는 이 말씀이 이해가 되지 않습니다. 지금 땅을 차지하는 사람들은 전부 경쟁적인 사람들이니까요. 온순한 사람이 땅을 가지고 있는 경우는 거의 없어요. 그런데 왜 예수님은 온유한 자가 땅을 차지한다고 말씀하십니까?

여기서 온유하다는 것은 천성적으로 성격이 순해서 양보를 잘 하거나 남과 경쟁하지 못해서 잘 포기하는 성격을 말하는 것이 아닙니다. '온유한 자'는 원래 결코 온순하지도 않았고 양보할 줄도 몰랐는데 무언가 더 큰 것을 보고 난 다음부터 작은 것을 포기할 수 있게 된 사람을 말합니다.

'온유하다'는 말에는 두 가지 의미가 있습니다. 하나는 하나님이 주실 것을 기다릴 수 있는 성품을 가리킵니다. 온유한 사람은 지금 눈에 보이는 것을 다 가지려고 사람들과 싸우지 않습니다. 그렇게 하면 하나님이 나에게 주실 굉장한 것을 놓칠 것입니다.

우리는 '둘 다 가지면 되지 않느냐'고 생각할 수도 있습니다. 그러나 둘 다 가질 수는 없습니다. 온유한 사람은 자기가 움켜쥐어야 할 것은 지금 눈에 보이는 이 작은 땅이 아니라는 것을 압니다. 눈에 보이는 것을 움켜쥐면 진짜 받아야 할 것을 놓친다는 것을 알아요. 그래서 더 큰 것이 올 때까지 기다립니다. 성격이 온순하기 때문에, 포기를 잘 하기 때문에 움켜쥐지 않는 것이 아닙니다. 하나님의 약속을 기다리고 있기 때문에 지금 다른 사람과 다투어 가면서까지 작은 것을 잡으려고 하지 않는 것입니다.

'온유하다'는 말의 또 다른 의미는 정말 중요한 하나님의 뜻이 나타났을 때 전심전력을 다해서 그것을 붙드는 것입니다. 온유한 사람이라고 해서 늘 온순하게 있는 것이 아닙니다. '이거다' 하는 생각이 들었을 때는 사자같이 덤벼들어서 한 치의 양보나 주저함 없이 움켜쥐는 그것이 온유한 것입니다.

온유한 사람은 자기 능력에 한계가 있다는 것을 압니다. 모든 것을 잘하는 사람은 없습니다. 한쪽을 잘하는 사람은 다른 쪽을 못해요. 집 밖에서 잘하는 사람은 집에 오면 못합니다. 그래서 밖에서 막 잘하는 것을 보고 덜컥 결혼했다가 싸우는 경우가 있습니다. 집에서는 못질도 안 하고 이불도 안 개거든요. 밖에 힘을 다 쏟아부었기 때문에 안에는 쓸 힘이 없습니다. 그러니까 집에 들어오면서 그냥 쓰러져 버리는 거지요. 이처럼 사람의 능력에는 한계가 있기 때문에 모든 것을 잘할 수가 없습니다.

온유한 사람은 무엇이 가장 중요한 것인지 구분합니다. 그래서 하나님 앞에서 최선의 것을 발견할 때까지 힘을 아껴둡니다. 내일 아주 중요한 경기가 있는 축구선수가 전날 밤 늦게까지 친구들과 어울려 술을 마시면서 논다면, 막상 그 경기에서는 결정적인 순간에 골을 넣지 못할 것입니다. 그 축구선수는 온유한 사람이 아닙니다. 그가 온유한 사람이라면 친구들이 아무리 술 마시라고 해도 못 마셔요.

"난 술 못해. 박카스만 마셔도 얼굴이 빨개지거든. 그리고 나는 빨리 자야 해."

"사내가 왜 그래?"

사람들은 이런 그를 비웃고 조롱합니다. 그런데 시합 날 골을 넣을 기회가 왔습니다. 그때 표범처럼 덤벼들어서 공하고 같이 골대 안으로 들어가 버리는 사람, 그 사람이 온유한 사람입니다.

하나님의 백성 중에서 가장 어리석은 사람이 누구입니까? 모든 일을 다 잘하려고 하는 사람입니다. 모든 일을 잘하고 모든 사람의 맘에 드는 팔방미인이 되려는 사람이 가장 어리석은 사람이에요. 그 사람은 막상 중요한 일이 눈앞에 닥쳤을 때 아무것도 못합니다. 중요한 순간에 쓰러져서 자 버려요. 너무 쓸데없는 데 머리를 굴리고 에너지를 다 낭비했기 때문에 중요한 일이 닥쳤을 때는 정신을 못 차립니다.

정말 하나님의 축복을 아는 사람은 눈앞에 좋은 것이 나타나도 덤벼들지 않습니다. 오히려 그것을 놓고 '과연 이것이 최선의 것일까?'를 질문합니다. 그래서 최선의 것이 아니라고 판단하면 그것이 아무리 좋은 것이라 해도 거들떠보지 않습니다. 다른 사람이 그것을 잡고 "땡 잡았다" 하면서 좋아해도 그냥 조용히 비웃고 있습니다. 정말 중요한 것이 나타날 때 전력을 다해 움켜쥐기 위해서 두 번째로 중요한 것에는 자기 에너지를 낭비하지 않는 것입니다. 그러다가 정말 중요한 것이 나타나면 사자같이 덤벼듭니다. 이것이 아브람의 모습이었습니다.

롯의 선택

이제 롯이 과연 무엇을 선택했는지 살펴봅시다. 롯이 선택한 것을 보면 그의 가치관을 알 수 있습니다. 10절에서 13절까지 보십시오.

> 이에 롯이 눈을 들어 요단 들을 바라본즉 소알까지 온 땅에 물이 넉넉하니 여호와께서 소돔과 고모라를 멸하시기 전이었는고로 여호와의 동산과 같고 애굽 땅과 같았더라 그러므로 롯이 요단 온 들을 택하고 동으로 옮기니 그들이 서로 떠난지라 아브람은 가나안 땅에 거하였고 롯은 평지 성읍들에 머무르며 그 장막을 옮겨 소돔까지 이르렀더라 소돔 사람은 악하여 여호와 앞에 큰 죄인이었더라

지난 설교에서 우리는 롯이 하나님을 믿기는 하지만 대단히 현실을 중요하게 생각하는 사람이라는 것을 살펴보았습니다. 롯

은 아브람이 말씀만 가지고 비합리적이고 비이성적이고 우발적인 모험을 하는 것을 이해할 수가 없었어요. 고생하려면 혼자나 하지, 왜 자기까지 끌고 애굽까지 내려갔다 올라왔다 합니까? 말씀을 붙들었으면 일이 잘 풀려야지, 왜 헤매기는 다 헤매고 고생은 고생대로 다 합니까? 그렇게 확신에 차서 하란을 떠났으면 땅을 파든지 뭐를 하든지 해야 할 것 아닙니까? 가나안 땅에 와서도 "여기가 아닌가?" 하면서 계속 돌아다니다가 애굽까지 내려가더니, 또 원점으로 다시 올라오고, 이게 대체 무슨 짓입니까? 식구들은 식구들대로 고생스럽고 그렇다고 먹을 것이 넉넉한 것도 아닙니다. 그때 롯은 확신했습니다. '삼촌을 따라다니다가는 망하겠구나!'

롯은 대단히 현실적인 사람이었습니다. 하나님을 안 믿는 것은 아니에요. 그러나 자기의 이성을 벗어나는 일은 절대로 하지 않습니다. 절대로 모험하지 않아요. 그래서 롯은 자기에게 선택의 기회가 왔을 때 얼른 소돔 들판을 택했습니다. 그 이유가 무엇입니까? 목초지로서는 소돔 들판이 가장 이상적이었기 때문입니다. 모세는 소돔 들판을 '여호와의 동산과 같고 애굽 땅과 같았다'고 묘사하고 있습니다. 그만큼 그곳은 비옥하고 물이 풍부한 곳이었습니다. 여호와의 동산이 어떻습니까? 거기에서부터 강이 흘러나와서 네 갈래로 퍼집니다. 또 애굽은 어떻습니까? 나일 강이 범람하는 곳입니다. 그만큼 물이 넉넉하고 풀이 많은 소돔은 목초지로서는 정말 이상적인 곳이었습니다.

그러나 롯이 몰랐던 것이 무엇입니까? 소돔과 고모라는 곧 멸망할 곳이라는 사실입니다. 얼마 있지 않으면 중동전쟁이 일어나서 소돔 전체가 전쟁에 휩싸이게 될 것입니다. 그리고 조금 더 있으면 하나님의 진노의 심판으로 결국 멸망하게 될 것입니다. 그러나 롯은 이것을 전혀 생각하지 못하고 있습니다. 13절을 보십시오.

소돔 사람들은 악하여 여호와 앞에 큰 죄인이었더라

하나님의 백성들은 지금 자기가 어디를 향하여 가고 있는지 알아야 합니다. 내가 지금 말씀을 향해 더 가까이 가고 있는지, 아니면 말씀에서 멀어져서 소돔으로 접근하고 있는지 알아야 해요.

물이 있고 풀이 있는 대도시 소돔은 롯의 눈에 이상적으로 보였습니다. 아마도 롯은 들판 쪽이 아무래도 불안하다고 생각했기 때문에 점점 더 소돔 안쪽으로 들어간 것 같습니다. 아브람처럼 골짜기에 있으면 무슨 일이 생겼을 때 도움을 받기도 어렵고 죽어도 죽은 줄 모를 테니 꼼짝없이 당할 수밖에 없습니다. 하지만 소돔 들판에 있으면 전쟁이 터져도 얼른 소돔 성 안으로 피할 수 있습니다. 이처럼 소돔은 여러 모로 이상적인 곳이었습니다.

롯은 지금 대단히 현명한 선택을 내리고 있습니다. 그러나 그는 너무나도 눈에 보이는 것만 가지고 판단하고 있습니다. 그는 하나님이 어떤 분이신지, 죄가 얼마나 무서운 것인지 생각하지 못했습니다. 롯의 계산에는 '하나님'과 '죄'라는 요소가 빠져 있었어요. 그는 하나님을 변수로 생각하지 않았습니다. 수학에서 변수 x가 아닌 것은 상수, 즉 계속 변하지 않는 수입니다. 그런데 롯은 함수에서 하나님을 변수로 생각하지 않고 상수로 생각했습니다. 그래서 다른 요소들만 잘 계산하면 된다고 생각한 것이지요. 그렇게 계산해볼 때 물도 많고 풀도 좋고 성곽도 있어서 위험하면 싹 들어갔다가 필요하면 싹 나올 수 있는 소돔은 아주 좋은 답이었습니다.

그러나 여러분, 우리의 미래를 결정하시는 분은 하나님이십니다. 다른 것은 오히려 다 고정된 것으로 보아도 좋습니다. 하나님이 가장 큰 변수예요. 그리고 하나님의 의도를 결정하는 가장 중요한 요소는 죄입니다. 죄와 하나님, 이것이 미래를 행복하게 하기도 하고 멸망시키기도 합니다.

우리는 인간이기 때문에 우리 앞에 어떤 일들이 기다리고 있는지 알 수 없습니다. 무슨 사고를 당하는지, 무슨 어려움이 닥칠는지 전혀 알 수 없어요. 그러나 중요한 것은 하나님은 결코 가만히

계시는 분이 아니라는 사실입니다. 하나님은 인간들이 어떻게 하든
지 침묵을 지키면서 끝까지 지켜보기만 하는 분이 아닙니다. 하나
님은 인간들의 일에 결정적으로 개입하시는 분입니다. 그는 우리의
미래를 결정하시는 가장 중요한 요인입니다.

오늘 우리는 자신의 삶을 평가해 보아야 합니다. 나의 미래
를 결정하는 가장 중요한 요인은 무엇이며, 지금 내가 어디로 가까
이 가고 있는지 확인해 보아야 합니다. 소돔 사람과 어울리는 시간
이 많고 그들과 점점 가까워지고 있다면 나는 위험을 향하여 나아
가고 있는 것입니다. 나의 미래에 하나님이 개입하실 여지가 거의
없고 오직 내 계산과 내 프로그램에 따라 모든 것이 진행되고 있다
면, 나는 내가 계산하지 못한 요인 때문에 모든 것을 잃을 가능성이
많습니다. 하나님이 개입하셔서 내 프로그램을 완전히 깨뜨려 놓으
실 것입니다.

12절 말씀을 보십시오.

아브람은 가나안 땅에 거하였고 롯은 평지 성읍들에 머무르면서 그
장막을 옮겨 소돔까지 이르렀더라

롯과 달리 아브람은 무슨 일이 있어도 가나안 땅을 떠나지
않았습니다. 그러나 롯은 너무나도 쉽게 말씀을 버리고 안전해 보
이는 소돔으로 접근해 가다가, 결국에는 소돔 안으로 들어가 버리
고 말았습니다.

세상은 단순히 사람들만 어울려 사는 곳이 아닙니다. 사람
들이 모인 곳에는 사람들의 생각도 모이게 되어 있습니다. 그런데
사람의 생각은 너무나도 교활하기 때문에 겉모습만 보아서는 분
별할 수가 없습니다. 악은 절대로 자기를 악이라고 하지 않습니다.
악은 스스로를 정당화할 뿐 아니라 악을 악으로 느끼게 못하게 만
드는 최면을 걸고 있습니다. 그래서 악에는 항상 거짓말이 수반됩

니다.

롯의 잘못이 무엇입니까? 세상을 너무나 순진한 눈으로 본 것입니다. '세상이 다 좋은 것은 아니지만 근본적으로는 그렇게 악하지 않다'는 생각으로 세상에 접근한 게 잘못이에요. 훌륭한 성품을 가진 사람들이 세상에서 신앙적으로 실패하는 것은 악의 정체를 모르기 때문입니다. '나만 정직하고 나만 양심껏 일하고 나만 열심히 하면 되지' 하는 것은 가장 어리석은 생각입니다.

여러분, 악은 위장하고 속이며 사람을 변질시키는 능력을 가지고 있습니다. 이 세상이 주는 것들은 거의 대부분 그 안에 독이 들어 있습니다. 빵에 독이 들어 있으면 빵 전체를 버리든지 아니면 확 잘라내서 독이 없는 부분만 먹어야 합니다. 세상이 준다고 해서 주는 대로 다 먹는 사람, 이 세상이 주는 정보, 이 세상이 주는 교제와 즐거움, 이 세상이 주는 여가 활용, 학문, 이런 것들을 그대로 받아먹는 사람은 전부 다 죽습니다. '나만 안 하면 될 것 아니냐, 내 양심만 바르면 될 것 아니냐' 하는 것이 망하는 지름길입니다. 그런 사람은 1호로 잡아먹혀요.

여러분, 죄인 줄 알면서도 즐기는 것은 악입니다. 폭력을 집단화하는 것은 악이에요. 이런 악은 말로 해서는 없어지지 않습니다. 주먹세계에서 조직을 만들 때 "그건 잘못입니다. 만들지 마세요" 한다고 해서 그 조직이 없어집니까? 절대 없어지지 않습니다. 남을 괴롭히면서 즐기는 것은 악입니다. 큰 애가 작은 애 위에 올라타고서 웃을 때 "그러면 안 돼. 너는 큰 애이고 얘는 작은 애잖아" 하고 말한다고 그 말을 듣습니까? 냅다 때려 주어야 비키지요. 부자가 더 가지기 위해 가난한 자를 학대할 때 "당신은 가진 것도 많은데 왜 그럽니까? 이 사람들은 먹을 것도 없는데요" 한다고 해서 듣습니까? 안 듣습니다. 악에 한 번 당해보면 그렇게 어리숙한 말이 나오지 않습니다.

이 세상의 악은 교활하고 거짓스럽고 악질적입니다. 오늘날 기독교인들이 이 세상에서 아무것도 못하는 것은 세상을 너무 순진하게 보기 때문입니다. 예수님께서 하신 말씀이 무엇입니까? '너희는 비둘기처럼 순결하고 뱀처럼 지혜로우라'는 것입니다. 그런데 이 두 가지가 공존하기가 참 어렵습니다. 뱀같이 지혜로운 사람은 순결하지 못하고, 비둘기같이 순결한 사람은 엉성하고 어리석습니다.

지금 운동권에 있는 여러 젊은이들이 북한과 대화를 해보려고 하고 긴장을 완화시키려고 애를 쓰는데, 그 애국심을 저는 인정합니다. 순수하지 않은 사람도 있지만 아주 순수한 마음으로 덤벼드는 사람도 많습니다. 그러나 사실은 어리석습니다. 공산당을 너무 몰라요. 공산당이 그들을 가지고 놉니다. 순수한 사람은 세상의 밥입니다. 순수한 것은 어리석은 거예요.

악은 분별해야 할 대상이고 굴복시켜야 할 대상이지 타협의 대상이 아닙니다. 악은 동정의 대상이 아니에요. '소돔에 가더라도 나만 잘하면 되지 뭐. 내 믿음은 굳게 지킬거야' 하는 것보다 더 웃기는 것이 없어요. 내 믿음을 어떻게 지킵니까? 세상의 악은 우리 안에 있는 악이 흘러서 고인 것이기 때문에 본질적으로 우리 안에 있는 악과 동질적인 것입니다. 그래서 우리는 세상의 악에 거부감을 못 느껴요. 이것이 문제입니다.

우리는 이 세상에 잘 적응하는 것이 롯처럼 망하는 길로 가는 것임을 알아야 합니다. 분별해야 합니다. 그래서 싸워야 할 것은 싸워야 하고 주장할 것은 주장해야 하고 아닌 것은 아니라고 해야 합니다. 그렇게 하지 않으면 롯처럼 자기의 영혼을 팔아먹게 됩니다. 세상에 잘 적응하는 것이 절대로 잘하는 짓이 아니에요.

롯은 자신이 말씀으로부터 멀어지고 죄에 가까워지고 있다는 것을 알았어야 했습니다. 자기 속에 있는 모든 비상등을 켜고 구급대 차처럼 삐뽀삐뽀 하면서 소돔을 빠져나와야 했습니다. 악에 걸려들었다 싶을 때 머뭇거리면 망합니다. '그래도 나를 지지하는 사람들이 있고 그동안 뿌린 돈이 얼만데' 하다가 지옥에 가는 거예요. '내가 지금 하나님의 말씀으로부터 멀어졌구나. 악에 걸려들었구나' 싶으면 재빨리 비상등을 켜야 합니다. 차 위에 삐뽀삐뽀 하는 빨간 등을 올려놓고 빨리 빠져나와야 합니다. 차가 없으면 머리에라도 얹고 빠져나와야 해요. 거짓말, 참말 다 동원해서라도 빨리 나와야 합니다. 이럴 때 하는 거짓말은 죄가 아닙니다. 무슨 방법을 동원해서라도 새가 올무를 빠져나오듯이 빠져나와야 합니다.

예전에 어떤 기독교인들의 모임에 갔는데 주된 대화의 내용이 '술을 마셔도 되느냐' 하는 것과 '선의의 거짓말은 용납이 되느냐' 하는 것이었습니다. '우째 아직도 이런 걸 가지고 고민하나' 하는 생각이 들었습니다. 제가 생각하기에는 너무 순진한 것 같아요. 악은 굉장히 교활합니다. 어떤 남자가 교회의 한 자매와 결혼하기 위해서 어떻게 했는 줄 아십니까? 3년 동안 새벽기도에 나왔습니다. 오로지 결혼하려는 목적 하나 때문에 말입니다. 그건 신앙이 아니라 악이에요. 그것도 모르고 "와! 새벽기도, 수요예배 다 나오네. 믿어줘야지" 하면서 결혼해서 가진 돈을 다 주었는데, 사기였습니다. 그런데 "이럴 때 선의의 거짓말을 해도 하나님이 용서해 주실까요?" 하고 물을 틈이 어디 있습니까? 거짓말이 문제가 아닙니다. 빨간 등 머리에 올려놓고 무슨 수를 써서라도 빨리 도망쳐 나와야 합니다.

세상이 주는 모든 것에 독이 들어 있습니다. 학교에서 배우는 것에도 독이 들어 있고, 미술에도 독이 들어 있고, 공룡이 쫓아다니는 〈쥬라기 공원〉에도 독이 들어 있고, 피자에도 독이 들어 있습니다. 그런데 그것도 모르고 영재교육이라고 해서 ABC 노래나 가르쳐주고, 12시까지 독서실에 보내서 성적만 올리면 되는 줄 아는데 그래서 될 일이 아닙니다. 엄마들이 어리석어요.

주님이 우리에게 지혜를 주셔야 합니다. 그 지혜로 악의 정체를 파악해야 합니다. 정체를 모르면 아무것도 할 수가 없어요. 우리가 미국에 대해 우려하는 것이 무엇입니까? 북한에 너무 순진하게 접근한다는 것입니다. 우리가 세상을 그렇게 대하고 있습니다. 사람들이 하는 말의 99퍼센트가 거짓말인데 그것을 진짜인 줄 알고 말 한 마디에 울었다가 웃었다가 합니다. 신문 기사도 정직하지 않습니다. 기자들이 많이 만들어 내는 거예요. 그런데 그것을 보고 분기탱천합니다.

정보라고 해서 전부 맞는 게 아닙니다. 오직 믿을 수 있는 것은 성경을 가지고 내가 분별하는 것입니다. 혼란스러운 가운데 중심을 잡고 나가야 합니다. 하나님의 뜻이 어디 있는지 생각해 보아서 옳으면 가고, 아니면 아니라고 해야 합니다. 그 외에는 이 세상에서 살아남을 수 있는 길이 없습니다.

내가 남보다 똑똑하고 머리가 좋다고 안심하지 마세요. 그것이 오히려 악에 걸려드는 첫 번째 길입니다. 돈 많고 재주 좋은 것이 세상의 밥이 되는 첫 번째 요건이에요. 세상적으로 좀 형통하지 못하게 되는 것은 하나님이 미리 막으시는 것입니다. "너 까불지 마. 너는 가봐야 안 돼. 좀 더 기다려야 해." 이스라엘 백성들이 해변도로로 가려고 할 때 블레셋이 있다는 것을 몰랐습니다. 그때 하나님은 그들을 막으셨습니다. "너희들은 블레셋을 이기지 못해. 나중에 삼손이 나와도 못 이기고 사울이 나와도 못 이겨. 400년이 지나서 다윗이 나와야 이길 수 있어. 그러니까 광야로 그냥 가."

이렇게 하나님은 우리 안에 있는 연약함을 알고 막으십니다. 그런데도 내가 굳이 세상을 좋아하고 굳이 가려고 할 때는 가게 하십니다. 그러나 그 책임은 내가 져야 합니다.

반복되는 하나님의 약속

롯이 떠난 후 아브람의 상태가 어떠했겠습니까? 결코 기분 좋은 상태는 아니었을 것입니다. 무엇보다 자신의 신앙이 롯의 지지마저 받지 못했다는 사실에 굉장한 패배감을 느꼈을 것입니다. 말씀을 붙들고 가는 것은 눈에 보이는 것과 정반대의 길입니다. 그러니까 세상 사람들이 이해할 수 없는 것은 당연합니다. 그러나 아브람의 중심을 잘 아는 롯마저 그것을 지지해주지 않고 다른 길로 갔을 때, 얼마나 실망이 컸겠습니까? 아브람을 모르는 사람들은 어쩔 수 없다고 하더라도 롯은 아브람이 얼마나 정직한 사람인지 압니다. 그런데 그 롯이 아브람을 믿어주지 않습니다. 그럴 때 '가장 가까운 롯마저 믿어주지 않는 말씀의 신앙이 무슨 소용이 있는가' 하는 절망감이 들지요.

또 다른 한편으로는 아무리 하나님이 가나안 땅을 준다고 약속하셨다 해도 일단은 소돔 같은 좋은 목초지를 놓친 인간적인 아쉬움 같은 것이 없지 않았을 것입니다. 물론 앞으로는 하나님의 어떤 계획이 있겠지요. 그러나 어쨌든 지금 당장은 손해이고 고생입니다.

그때 하나님이 다시 아브람에게 나타나셔서 말씀하셨습니다. 14절을 보십시오.

> 롯이 아브람을 떠난 후에 여호와께서 아브람에게 이르시되 너는 눈을 들어 너 있는 곳에서 동서남북을 바라보라

말씀에 따라 어떤 중요한 결정을 내릴 때는 대개 세상을 향한 욕망을 포기해야 합니다. 믿음으로 어떤 중요한 것을 포기했더라도 인간이기 때문에 마음에 의심과 불안함과 미련이 생기는 것은 어쩔 수가 없습니다. 그때마다 하나님은 말씀으로 우리를 찾아오셔서 격려하시고 붙들어 주십니다. 하나님께서는 내가 결정한 것이 잘한 일이라는 것을 말씀을 통해 확인해 주시며, 나의 불안한 마음과 아까워하는 마음을 편안하게 해주십니다. 내가 욕심에 따라

결정했을 때는 하나님이 침묵하십니다. 그러나 말씀에 따라 결정한 후에 힘들어 하고 불안해 할 때는 꼭 말씀으로 찾아오셔서 "잘한 결정이야. 두려워하지 말아라"고 위로해 주십니다.

여러분, 신앙은 현실과 정반대로 가는 것입니다. 아무리 믿음이 좋다고 하지만 막상 현실과 정반대로 갔는데 상황이 점점 더 어려워질 때 사람은 불안해지기 마련입니다. 인간이기 때문에 어쩔 수가 없어요. 그럴 때 말씀의 확신이 필요합니다. 그것이 없으면 불안과 후회가 마음을 어둡게 합니다. 그래서 말씀을 따라 사는 사람에게는 항상 말씀이 필요합니다. 그러나 말씀을 떠나서 결정한 사람은 그때부터 시위를 떠난 활처럼 말씀이 더 이상 통하지 않습니다. 오히려 말씀이 귀찮아요.

우리에게 가장 중요한 것은 하나님이 아직도 우리에게 말씀하신다는 것입니다. 우리는 믿음으로 살지 못할 때가 많습니다. 또 하나님을 기쁘시게 하지 못하는 일을 할 때도 많습니다. 그러나 아무리 그렇다고 해도 하나님이 계속 우리에게 말씀하고 계시다는 것을 확인하는 그 순간 두려움이 없어집니다. 왜냐하면 하나님이 아직도 말씀하신다는 것은 그가 우리를 버리지 아니하셨으며, 우리의 부족함에도 불구하고 여전히 우리를 사랑하신다는 증거이기 때문입니다. 그러나 하나님이 침묵하신다면 아무리 일이 잘 풀리고 있다고 하더라도 굉장히 두려워해야 합니다.

하나님은 아브람에게 눈을 들어 동서남북을 바라보라고 하셨습니다. 침체되어서 땅만 바라보고 있는 아브람에게 눈을 들어 동서남북을 바라보라고 하셨습니다. 그리고 눈에 보이는 땅을 모두 아브람과 그 자손들에게 주겠다고 약속하셨습니다.

"아브람아, 일어나거라"

"왜요?"

"일어나서 종과 횡으로 걸어봐."

"다 걸었습니다."

"네가 밟은 땅을 다 네게 주마."

참 놀라운 말씀입니다. 하나님께서는 아브람에게 침체된 채 집구석에 처박혀 있지 말라고 하셨습니다. "네가 말씀으로 선택했다면 머물러 있지 말고 일어나거라. 일어나서 움직이거라. 그리고 동서남북을 바라보거라. 네가 바라볼 수 있는 만큼 멀리 바라보거라. 보이는 땅을 전부 다 네게 주겠다."고 하셨습니다.

하나님께서 아브람에게 정말 주시려고 한 것이 무엇일까요? 그것은 하나님이 가지고 계신 모든 귀중한 성품입니다. 땅은 하나의 단순한 표상에 불과합니다. 하나님은 그의 모든 거룩한 성품과 영광과 풍성한 삶을 아브람에게 주기 원하셨습니다. 이것은 이 세상에서 좋은 목초지를 선택해서 부자가 되는 것과는 비교가 되지 않는 축복이었습니다. 그래서 하나님께서는 목초지를 놓쳤다고 침체되어서 머물러 있지 말고 움직이라고 하시는 것입니다.

"일어나서 무엇이든지 하거라."

"할 수 있는 것이 없는데요"

"그래도 뭔가 있을 것이 아니냐? 설거지라도 해라. 안 되면 성경이라도 읽어라. 왜 침체되어서 누워 있느냐?"

하나님이 우리에게 주시는 가장 귀중한 것이 무엇입니까? 하나님의 성령이 우리 안에 임하는 것입니다. 그것도 아주 충만히 임하는 것입니다. 이것은 이 세상에 있는 모든 보화를 다 가지는 것과 비교할 수 없는 축복입니다. 우리는 그것을 모르기 때문에 세상의 직책과 직장과 사람들의 인정에 목을 매고 있습니다. 내 속에 하나님의 성령이 충만히 임하는 것이 얼마나 귀중한 것이고 존귀하고 부요한 것인지 모르기 때문에 사람들이 좀 인정해주면 좋아하고 사람들이 따라 주지 않으면 침체되고, 돈이 좀 있으면 좋아하고 없으면 불안해하는 것입니다.

하나님께서 아브람에게 소돔 근처의 목초지를 주시지 않은 이유가 무엇입니까? 정말 주시려고 하는 것이 따로 있었기 때문입니다. 하나님께서 자기 자녀들에게 이 세상의 모든 것을 다 주시지 않는 이유가 무엇입니까? 정말 주시려고 하는 것이 따로 있기 때문입니다.

하나님께서는 우리가 주 예수의 십자가 앞에 나아와 진정으로 무릎을 꿇기 전까지는 아무것도 주시지 않습니다. 오히려 모든 것을 다 가져 가시고, 내가 가지고 있는 모든 것을 쓸모없게 만드십니다. 전부 휴지조각으로 만들어 버려요. 그래서 "예수 그리스도의 십자가 외에는 대안이 없다"는 고백이 내 입에서 나오게 하십니다.

오직 주님의 십자가를 붙들고 난 다음에는 어떻게 하십니까? 정말 예수의 사람이 되게 하십니다. 모든 것을 주 안에서 하게 하십니다. 공부를 해도 주 안에서 하고 사람을 만나도 주 안에서 만나게 하십니다. 그때 어떤 일이 일어납니까? 내가 하는 모든 것 가운데 주님의 성령이 역사하시는 것을 느끼게 됩니다. 내가 하는 모든 것이 다 살아납니다. 내가 하는 모든 일에서 영혼을 살리는 역사가 일어납니다.

그리스도인들에게 가장 중요한 것이 무엇입니까? 분별하는 것입니다. 오랜 시간 동안 우리가 신앙의 훈련을 하는 이유가 어디에 있습니까? 분별해야 하기 때문입니다. 하나님의 뜻이 아니면 소용이 없어요. 소돔 들판을 붙들어 보았자 무슨 소용이 있습니까? 하나님이 기뻐하시지 않는 것은 아무리 붙들어 보았자 소용이 없습니다. 곧 불에 탈 집을 가지는 것과 같아요.

경쟁적이면서도 악한 이 세상에서 우리는 하나님의 선하신 뜻을 분별해야 합니다. 어떤 일이 있어도 이 하나님의 말씀을 가지고 분별해야 해요. 비슷한 것 같은데 실상은 하나님의 뜻이 아닌 것이 굉장히 많습니다. 여러분, 유사품에 속지 마세요. 여기에 속으면 안 됩니다.

이제 우리는 무슨 일을 하더라도 참으로 의미있는 일을 해야 합니다. 인생이 너무 빨리 흘러가기 때문입니다. 지금은 젊다고 생각할지 모르겠지만 나에게도 금방 인생을 마쳐야 할 때가 옵니다. 지금 의미없는 것을 선택하면 그때 남는 것이 없습니다. 지금부터 무엇 하나를 하더라도 영원히 남을 일만 하십시오. 단 하나라도 영원히 불타지 않는 것, 땅으로 꺼지지 않는 것을 붙드십시오.

신앙은 절대로 패배주의가 아닙니다. 하나님께서는 오늘 우리에게 일어서라고 말씀하십니다. 원망과 불평만 하지 말고 일어서라고 하십니다. 할 수 있는 작은 것을 하라고 하십니다. 하나님을 기쁘시게 할 일이 있으면 하라고 하십니다.

내가 진정으로 그리스도 안에 있다면 나는 더 이상 패배주의자가 아닙니다. 할 수 있는 작은 것을 하십시오. 결단해야 할 작은 것을 결단하십시오. 뭐든지 하세요. 동서남북을 바라보세요. 그중에서 가치가 있다고 생각하는 것, 나의 야망을 위해서가 아니라 그리스도 안에서 정말 소중하다고 생각하는 것이 있으면 하세요. 그것이 바로 영원히 없어지지 않는 나의 분깃이 됩니다. 그때부터 어느 누구도 흉내 낼 수 없는 아주 귀중한 일이 시작됩니다. 100년, 200년 계속될 위대한 일이 여러분을 통해서 시작됩니다.

아이들이 해변에서 놀고 있는데 어떤 노인이 지팡이로 모래에 '하나님은 사랑이시다'고 적었습니다. 여기에서 성서유니온 사역이 시작되었습니다. 모래 위에 글을 적은 것이 시작이었어요. 큰 것을 하라는 게 아닙니다. 큰 것은 가짜일 경우가 굉장히 많아요.

하나님께서 아브람에게 보여 주신 것이 무엇입니까? 가나안 땅보다 더 영원한 땅이 있다는 것입니다. 하나님이 지으시고 하나님이 경영하시는 새로운 땅이 있다는 거예요. 그래서 아브람은 처음에 소돔 들판을 포기했습니다. 그리고 그 후에는 가나안 땅도 요구하지 않았습니다. 마침내 그는 영원한 땅을 가지게 되었습니다.

우리들은 천국을 막연하게 생각하는 경우가 많습니다. 그러나 천국은 구체적으로 존재합니다. 이 세상보다도 더 구체적이고 더 실제적입니다. 모든 것이 더 생생해요. 여기에는 거짓스러운 것도 많고 진실하지 않은 것도 많고, 가상적인 현실도 많습니다. 그러나 하나님이 경영하시는 그곳에는 모든 것이 진실하고 구체적이고 실제적입니다. 제 생각에는 아브람이 그곳에서 실제로 엄청난 땅을 차지할 것 같아요. 그래서 천국을 무엇이라고 부릅니까? '아브람의 품'이라고 부릅니다. 유대인들은 천국에 가는 것을 '아브람의 품에 안긴다'고 말합니다.

여기에 있는 것은 가상적인 것입니다. 아무것도 아니에요. 쉬이 없어지는 아침 안개와 같은 것입니다. 좋은 학벌과 젊음은 얼마 지나지 않으면 전부 시들어 버립니다. 팽팽했던 얼굴도 시들시들해지고 등도 굽고 식욕도 떨어지고 남이 부축해줘야 겨우 일어설 수 있을 때가 옵니다. 그런 것은 금방 없어져 버려요. 그러나 영원히 시들지 않는 구체적이고 현실적인 땅이 있습니다.

그것을 가질 수 있는 길이 무엇입니까? 오늘 말씀에 순종해서 사는 것입니다. 순종해서 산다고 해서 굶는 것도 아니고 죽는 것도 아니고 추위에 떠는 것도 아닙니다. 약간의 차이가 있을 뿐이에요. 조금 못살고 조금 자주 이사다니고 여름에 조금 더 곰팡이 냄새 나는 집에서 사는 그 차이밖에 없습니다.

하나님이 우리에게 아브람을 통해서 보여 주시는 것이 무엇입니까? 새로운 삶이 있다는 것입니다. 사람들은 미래를 두려워해서 오늘 무슨 결정을 내리고 오늘 무언가 긁어 모으지만, 나는 오늘 그것을 포기하고 하나님의 말씀에 순종해서 살 때 하나님이 결정을 내려주시고 하나님이 책임지시는 풍성한 삶이 있다는 것을 보여 주시는 것입니다.

하나님께서 아브람에게 주신 것은 소유가 아니라 엄청난 영향력이었습니다. '너의 자손이 땅의 티끌처럼 많아질 것'이라는 말씀은 단순히 육체적인 후손이 많아진다는 말이 아닙니다. 아브람의 믿음이 인류의 역사에 결정적으로 얼마나 큰 영향을 주며, 얼마나 많은 사람들을 바른 길로 이끌 것인가를 말하는 것입니다. 아브람의 신앙은 가장 가까운 조카 롯에게도 인정받지 못했습니다. 그러나 하나님께서는 아브람보다 더 큰 영향을 인류에게 미치는 사람이 없을 것이라고 말씀하고 계십니다.

소유를 택하겠습니까? 영향력을 택하겠습니까? 복음은 많은 재산을 소유하는 것이 아닙니다. 아주 단순한 말씀을 따라 걸어갈 때 이 걸음 하나가 모래보다 더 많은 사람들한테 엄청난 영향을 주는 것입니다. 수많은 사람들이 '아, 이것이 옳은 길이구나. 이것이 생명의 길이구나. 우리도 저 사람의 발걸음을 따라가자' 하게 만드는 그것이 복음입니다.

하나님의 말씀에 순종해서 사는 것과 내 목표를 정해 놓고 그것을 향해 전력질주하는 것 중에서 어느 것이 더 기쁩니까? 목표를 향해 전력질주하는 것이 더 기쁘지요. 그러나 그것은 소돔으로 가는 길입니다. 신앙을 붙들면 목표가 없어집니다. 그 대신에 하루하루를 하나님과 걷는 것 자체가 목표가 됩니다. '오늘도 하나님의 뜻대로 살고, 성령의 인도하심에 따라 살았다. 어제는 다섯 번 성질 냈는데 오늘은 두 번 냈다' 하는 이것이 복음이지요.

여러분, 목표를 가지지 마십시오. 전심전력하는 목표는 가지지 마세요. 그것은 소돔으로 가는 길입니다. 낮잠을 너무 많이 잤는데 이제는 자지 않는 정도의 작은 훈련, 밥을 너무 많이 먹었는데 이제는 조금 줄이는 정도의 작은 훈련은 경건을 위해 필요합니다. 그러나 "나는 이것 아니면 죽는다", "고시에 붙지 못하면 그날로 내 인생은 끝이야!" 하는 것은 소돔을 향해 장렬하게 떨어지는 길입니다.

큰 목표는 없어도 하루하루 나 자신의 생활을 절제하기 위해서 동서남북은 볼 수 있지 않습니까? 동서남북 보는 데 큰 힘이 드는 것은 아니지 않습니까? 가로세로로 걷는 데 무슨 큰 계획이 필요합니까? 내가 그리스도 안에 있다고 생각하면 작은 것을 하십시오. 작지만 아름다운 것을 하십시오. 그리고 큰 것, 허황된 것에 대해 미련을 버리십시오. 이것이 하나님이 지으시고 경영하시는 영원한 땅에서 아브람과 함께 축복을 누릴 수 있는 길입니다.

5

아브람의
전쟁 개입

우리는 지금 전쟁 중에 있지 않고 평화의 시대에 살고 있다는 것을 참으로 다행스럽게 생각해야 합니다. 며칠 전 신문에는 참으로 충격적인 사진이 실렸습니다. 내전이 벌어진 아프리카 라이베리아에서 상대방 포로를 벌거벗겨서 뒤에서 총살시키는 장면이었습니다. 너무 충격적이어서 며칠이 지나도록 그 영상을 지울 수가 없었습니다.

제가 지금 살고 있는 곳으로 이사 오기 전, 이틀이 멀다 하고 부부 싸움을 하는 집이 이웃에 있었습니다. 이들은 저녁이든 새벽이든 가리지 않고 싸웠습니다. 갑자기 고함소리가 나고 물건이 깨지는 소리가 들리면서 아이들이 자지러지게 울면 전쟁이 시작된 것입니다. 아마도 아이들을 때리는 것 같았습니다. 이렇게 자주 싸우는 집들을 볼 때마다 어른들이야 싸울 이유가 있을지 모르지만 아이들이 참 불쌍하다는 생각이 많이 듭니다.

한 가정에서 어른들이 이렇게 자주 싸우는 것이 불행이라면, 전쟁은 그야말로 가장 큰 비극입니다. 전쟁은 무조건 터지지 말아야 합니다. 한번 전쟁이 터져 버리면 그때부터 개인의 평화나 행복은 전혀 존재할 수가 없습니다. 전쟁은 이겨도 남는 것이 없습니

91

다. 그런데 만일 지면 재산은 물론이고 생명과 모든 것을 다 잃고 맙니다. 그래서 사람들은 전쟁이 터지는 것을 가장 두려워합니다.

오늘 본문을 보면 아브람 시대에 매우 큰 전쟁이 일어난 것을 알 수 있습니다. 이것은 단순히 부족끼리 다투는 소규모 전쟁이 아니었습니다. 지금의 걸프 지역에 있는 여러 나라가 서로 동맹을 맺고 군사를 뽑아서 아주 먼 길을 여행해서 원정경기를 벌인 대규모 전쟁이었어요. 규모로 보면 옛날 우리나라의 임진왜란 정도는 되지 않았을까 생각합니다.

바벨론이 생기기 전, 그곳에는 엘람이라는 나라가 있었습니다. 엘람 왕 그돌라오멜은 아주 큰 왕이었습니다. 그는 가나안 땅까지 그의 통치권 아래 두고 있었습니다. 소돔이나 고모라 왕들은 매년 그돌라오멜에게 조공을 바쳤는데, 그렇게 한 것이 무려 12년이 되었습니다.

그런데 13년째가 되면서 소돔과 고모라를 비롯한 주변 나라들이 그돌라오멜을 배반하기로 작정했습니다. 힘을 합치면 그돌라오멜 정도는 이길 수 있다고 생각했기 때문입니다. 그들을 괘씸하게 여긴 그돌라오멜은 주위의 세 나라와 연합해서 가나안 땅을 침공했습니다. 소돔 주위의 다섯 왕은 준비된 군대를 가지고 싸웠습니다. 이렇게 해서 이라크와 이란 지역의 네 왕과 팔레스타인 지역의 다섯 나라 사이에 전쟁이 벌어졌습니다. 그래서 오늘 본문에 나타나는 전쟁을 고대 중동전쟁이라고 부릅니다.

원래 소돔 왕과 고모라 왕은 이 전쟁을 대비하고 있었습니다. 특히 그곳은 석유가 나오는 곳이기 때문에 역청 구덩이가 많았습니다. 역청 구덩이는 아스팔트 구덩이를 말합니다. 그들은 그 구덩이를 이용해서 그돌라오멜과 군사들을 빠뜨릴 함정을 준비해 놓았습니다. 그런데 그들은 역청 구덩이가 있는 쪽으로 내려오지 않고 길이 좋은 요단 동편으로 내려왔습니다. 그렇게 밑으로 계속 내려가서 에돔 땅까지 공격한 후 다시 위로 올라가면서 소돔과 고모

라의 연합군을 공격하니까, 그들이 준비했던 역청 구덩이는 오히려
자기들에게 불리한 것이 되었습니다. 그래서 많은 병사들이 역청
구덩이에 빠져 죽고 나머지는 산으로 도망쳤습니다.

마치 2차대전 때 마지노 선이라는 아주 든든한 방어벽을 구
축해 놓고 안심하던 프랑스가 다른 쪽으로 넘어온 독일 군대에 허
를 찔린 것처럼, 소돔 왕과 고모라 왕이 쳐놓은 역청 구덩이는 오히
려 자기들에게 큰 걸림돌이 되고 말았습니다. 결국 소돔과 고모라
는 대패하고 거의 대부분의 백성들이 포로로 잡혀가게 되었습니다.

그러나 여기에서 주의해야 할 것은 성경은 역사책이 아니라
는 사실입니다. 성경은 역사적인 기록을 남기기 위해서가 아니라
무언가 신앙적인 교훈을 주기 위해서 이 사건을 기록하고 있는 것
입니다. 그래서 성경은 아무리 큰 전쟁이라고 하더라도 신앙적으로
의미가 없는 것은 기록하지 않습니다. 그렇다면 성경이 이 초창기
의 중동전쟁을 기록하고 있는 이유가 무엇일까요? 여기에는 몇 가
지 이유가 있습니다.

첫째 이유는 롯의 선택이 얼마나 잘못되었는가를 보여 주려
는 것입니다. 롯은 목초지를 선택할 때 신앙적인 기준으로 선택하
지 않았습니다. 그는 얼마나 물이 풍부하고 풀이 넉넉한가, 또 유사
시에 피할 수 있는 성이 가까이 있는가 하는 세상적인 안목으로 소
돔 들판을 선택했습니다. 전혀 신앙이 없는 사람이 이런 결정을 내
렸다면 그것은 당연한 일입니다. 그러나 적어도 롯은 믿는 사람입
니다. 그런데도 롯의 계획 안에는 하나님이 전혀 포함되어 있지 않
았습니다. 하나님은 이 전쟁을 통하여 믿는 사람이 안 믿는 사람과
똑같은 결정을 내리는 것이 얼마나 어리석은 짓인지 보여 주시며,
그가 생각하지 않았던 변수가 생겼을 때 결국은 망할 수밖에 없다
는 것을 알려 주셨습니다.

그리스도인들은 안 믿는 사람과 똑같은 결정을 내려서는 안
됩니다. 눈에 보이는 것을 따라가면 안 돼요. 나의 계획에 하나님이

포함되어 있지 않으면 내가 생각하지 못한 변수가 터졌을 때 망할 수밖에 없습니다.

둘째 이유는 이 전쟁으로 롯이 포로가 되었다는 소식을 들었을 때 아브람이 보인 반응에 있습니다. 롯은 어떻게 보면 포로가 되어야 마땅한 사람입니다. 그는 자기가 원해서 그곳으로 갔고, 그 결과 지금 포로 신세가 되었습니다. 우리가 흔히 사용하는 말로 표현하자면 롯은 그야말로 '맞아도 싼 사람'입니다. 그러나 아브람은 롯을 버리지 않았습니다. 그는 자기가 롯에게 한 말을 기억했습니다. "우리는 골육이라!" 그래서 끌려가고 있는 롯을 끝까지 추적해서 그를 찾아왔습니다.

상식적으로 생각하면 아브람이 이 전쟁에 개입한 것은 미친 짓입니다. 그는 승산이 없는 싸움에 뛰어들었습니다. 그러나 아브람은 '롯이 지금 나를 필요로 하고 있으며 나는 롯과 약속한 것이 있다'는 이 사실 하나 때문에 이 전쟁에 개입했습니다. 그리고 하나님은 이런 아브람과 함께하셨습니다.

오늘 나와 언약을 맺은 형제와 자매가 눈앞에서 어려움을 당하고 있는데도 불구하고 외면하는 것은 나의 신앙을 부정하는 것과 같습니다.

평화의 비용

우리가 오늘 말씀을 통하여 제일 먼저 생각해야 할 것은 평화는 절대 공짜로 주어지지 않는다는 사실입니다. 14장 4절과 5절을 보십시오.

이들이 십이년 동안 그돌라오멜을 섬기다가 제십삼년에 배반한지라 제십사년에 그돌라오멜과 그와 동맹한 왕들이 나와서 아스드롯 가르

나임에서 르바 족속을 함에서 수스 족속을 사웨 기랴다임에서 엠 족속을 치고

그동안 소돔과 고모라와 그 주변 성에 있는 사람들이 안전할 수 있었던 것은 그들이 평화를 위한 비용을 지불해왔기 때문입니다. 그 비용이 무엇입니까? 바로 그돌라오멜에게 바친 조공입니다. 조공을 바치는 12년 동안 그들은 평화로울 수 있었습니다. 그런데 이들은 점차 평화에 익숙해지기 시작했고, 평화가 공짜라고 생각하기 시작했습니다. "우리는 그돌라오멜에게 매년 조공을 바치지만 그돌라오멜이 우리에게 해주는 게 뭐가 있어? 우리는 엘람 왕에게 받은 것이 하나도 없어. 양탄자도 오지 않고 램프도 오지 않잖아? 우리는 지금 손해 보고 있는 거야." 그래서 그들은 더 이상 조공을 바치지 않기로 결정했습니다.

소돔과 고모라 사람들이 생각하지 못한 것이 무엇입니까? 그들이 누리는 평화는 절대로 공짜가 아니라는 사실입니다. 그들은 막대한 비용을 주고 평화를 누리고 있었는데 이제는 그 비용이 아까워졌습니다. 그래서 이 비용을 절약하기로 결정한 지 1년 만에 전쟁이 터졌습니다.

꼭 내가 장사를 해서 돈을 버는 것만 돈 버는 게 아닙니다. 아무 사고 없이 무사한 것 자체가 돈 버는 겁니다. 애들이 꼭 밖에 나가서 껌 팔고 사탕 팔아와야 돈 버는 것이 아닙니다. 애가 잘 커 주는 것이 돈 버는 겁니다. 그런데 이런 평화는 그냥 얻는 것이 아닙니다. 아주 비싼 대가를 지불하고 얻는 것입니다. 여러분이 지금까지 아무 일 없이 잘 큰 것은 누군가의 엄청난 희생이 있었기 때문입니다. 엄마가 살신성인을 한거예요. 누군가 집에서 희생하는 사람이 없으면 그 집은 풍비박산이 되어 버립니다.

우리 집에는 7남매가 있었는데 평화가 거저 주어지는 것인 줄 알았어요. 그런데 어머니가 돌아가시고 보니까 그동안의 평화가 얼마나 비싼 대가를 치르고 주어진 것인지 알게 되었습니다. 어머니가 돌아가시고 난 후에 우리는 한시도 평화로운 적이 없었습니다. 여러분의 집이 지금 평화롭습니까? 누군가 그만큼 희생하고 있는 줄 아십시오. 아무도 희생하기를 싫어할 때, 아무도 평화를 위한 비용을 지불하지 않으려고 할 때, 그 결과는 풍비박산입니다.

우리나라 한 해 예산의 상당히 많은 부분이 국방예산으로 지출되고 있습니다. 어떤 때 보면 군인들이 건빵이나 먹으면서 놀고 있는 것 같아요. 그래서 "군인들은 도대체 뭐하고 있는 거야? 군인 숫자를 줄여야 해. 왜 총을 주는 거야? 나무 작대기나 주지" 합니다. 그러나 국방 예산을 아까워하면 곧바로 전쟁이 터집니다.

그뿐 아니라 우리는 북한의 원자핵 무기 사용을 중단시키기 위해서 수조 원에 해당되는 경수로 건설비용을 부담하게 되었습니다. 북한의 경수로 건설 비용을 왜 우리가 부담해야 합니까? 그것은 전쟁 억제 비용이기 때문입니다. 그것을 아까워하면 꽝 터지는 겁니다. 이쪽 저쪽에서 원자폭탄이 터지지 않게 하려면 돈이 가야 합니다. 이것이 평화 유지 비용입니다.

소돔과 고모라 사람들은 평화가 그냥 주어지는 줄 알았습니다. 그래서 아무 혜택 없이 막대한 돈을 엘람 왕에게 바치기가 아까웠습니다. 그 결과가 무엇입니까? 전쟁이었습니다. 만약 소돔과 고모라와 몇 나라들이 조공만 계속 바쳤더라면 전쟁이 일어나지 않았을까요? 그것은 그렇게 간단한 문제가 아닙니다. 전쟁이 왜 일어나는지에 대해서 우리는 아직 정확한 답을 내리지 못하고 있습니다. 왜 기근이 옵니까? 왜 홍수가 납니까? 왜 전염병이 퍼집니까? 왜 요새 감기는 그렇게 독합니까? 아무도 모릅니다.

성경은 전쟁을 일으키시는 분이 하나님이라고 말씀하고 있습니다. 기근이 일어나고 홍수가 터지고 전염병이 퍼지게 하는 분도 하나님이라고 말씀하고 있습니다. 우리는 도대체 이해가 되지 않습니다. 그토록 자비로우시고 인자하신 하나님께서 어떻게 끔찍한 전쟁을 일으키실 수 있습니까? 그러나 분명히 하나님은 전쟁을 일으키는 장본인입니다. 그렇다고 해서 하나님이 싸우기 싫어하는 사람들을 약올려서 억지로 싸우게 하시는 것은 아닙니다.

사람들은 기회만 생기면 싸워서 피를 흘리려고 합니다. 하나님께서는 이러한 인간들의 분노를 막는 일을 하십니다. 개인끼리 서로 분노로 피흘리며 싸우려고 할 때 갑자기 잠이 오게 하든지, 힘이 빠지게 하든지, 다른 사람이 뜯어말리게 하든지, 어떻게 하든지 싸우지 못하게 하십니다. 또 병균이 막 늘어나려고 할 때 하나님은 그것을 억제하십니다. 하늘의 구름은 항상 "홍수를 한번 내려봐?" 하고 벼르고 있습니다. 그러나 하나님은 그렇게 하지 못하도록 항상 그것을 떠받치고 계십니다.

하나님은 이처럼 개인과 개인 사이에서, 민족과 민족 사이에서 분노가 어느 선을 넘지 못하도록 늘 막고 계시며, 바다가 땅으로 넘어오지 못하도록 붙들고 계시고, 눈에 보이지 않는 병균들이 증식하지 못하도록 잡고 계십니다. 그러나 인간의 죄가 도저히 참을 수 없는 지경에 이르면 붙들고 있던 손을 놓아 버리십니다. 그러면 갑자기 전쟁을 막는 힘이 없어집니다. 병균을 억제할 만한 것이 없어집니다. 홍수를 막는 기능이 없어져 버립니다. 그런 의미에서 하나님은 전쟁을 일으키는 분이십니다.

이 전쟁이 일어난 것은 단지 소돔과 고모라가 그돌라오멜에게 조공을 바치지 않았기 때문이 아닙니다. 이 전쟁의 원인을 찾으려면 그 이전으로 거슬러 올라가야 합니다. 소돔과 고모라는 그 이전에 이미 참기 어려울 정도로 패역한 자들이었습니다. 하나님은 더 이상 그들의 평화를 지켜줄 이유가 없다고 생각하셨습니다. 그래서 소돔과 주변 나라들의 분별력을 흐리게 하셨습니다. 그들은 자신의 능력은 과대평가하고 그돌라오멜의 능력은 과소평가했습니다. 그 결과가 무엇입니까? 전쟁이었습니다.

정상적으로만 생각하면 웬만한 재앙은 다 막을 수 있습니다. 정상적으로 생각하는 사람들이 집안에 조금만 있으면 집안의 어려운 일을 막을 수 있어요. 국가 정책을 세울 때도 정상적으로 생각하는 사람 몇 명만 있으면 큰 싸움을 막을 수 있습니다. 그러나 전쟁이 일어날 때 보면 참모 중에 정상적으로 사고하는 사람이 아무도 없습니다. 모두 무엇에 홀린 것처럼 자신의 능력을 과신하고 전쟁을 향해 달려갑니다. 그 이유가 무엇입니까? 왜 전부 흥분해서 날뜁니까? 하나님께서 이미 그들을 버리기로 작정하셨기 때문입니다.

우리는 항상 평화를 위한 비용을 생각해야 합니다. 그 비용을 아까워하면 결국 모든 것을 다 잃게 됩니다. 소돔과 고모라 사람들이 치러야 할 평화의 비용은 그돌라오멜에게 계속적으로 꼬박꼬박 조공을 바치는 것이었습니다. 그리고 항상 정상적으로, 합리적으로 생각하는 것이었습니다. 욕망을 위해서 달려가지 않고 자기의 생활을 절제하는 것이었습니다. 그러나 그들은 모든 것을 자기를 위해서 쓰고 싶었습니다. 그돌라오멜에게 바치기 위해 절제하려니까 아까워서 견딜 수가 없었습니다. 그 결과는 대재앙이었습니다. 그래서 이 비용을 내지 않기로 했고, 아스팔트 구덩이는 그들을 지켜주지 못했습니다.

하나님의 백성들이 치루어야 할 평화의 비용은 무엇입니까? 그것은 하나님께 자기 자신을 드리는 것입니다. 믿는 사람들의 가장 큰 교만은 하나님께 드리는 시간을 아까워하는 것입니다. 예배를 시간낭비라고 생각하는 사람은 이미 위험한 자리로 나아가고 있는 것입니다.

믿지 않는 부모들은 자녀들이 교회에서 시간을 보내는 것을 아까워합니다. 특히 내일이 시험인데도 아이들이 오후 늦게까지 교회에 있을 때 분노를 참지 못하지요. 믿지 않는 부모들은 그렇게 하는 것이 당연합니다. 그러나 하나님의 백성들이 예배시간을 아까워할 때, 헌금 드리는 것을 아까워할 때, 기도하는 시간이 너무 아까워서 마파람에 게 눈 감추듯 후딱 해치워 버릴 때, 그들의 마음은 이미 회복할 수 없을 정도로 교만해져 있고 둔해져 있는 것입니다.

하나님의 백성은 이 세상을 자기 힘으로 살게 되어 있지 않습니다. 내가 통제할 수 없는 변수가 너무 많습니다. 하나님께서 모든 부분에 간섭하시고 지켜주시지 않으면 우리는 금방 실패하고 맙니다. 어디서 사고가 터지고 문제가 터질지 어떻게 압니까? 하나님이 우리를 지켜 주셔야 합니다.

그러므로 하나님께 바치는 시간을 아까워하지 마십시오. 하나님께 시간을 바치는 것이 오히려 시간을 절약하는 방법입니다. 점점 더 많은 사람들이 예배시간을 아까워하게 될까 봐 두렵습니다. 입으로는 잘 믿는다고 하면서도 막상 하나님 앞에 시간을 바치고 헌신하고 물질을 바치는 일에서는 인색해질까 봐 두렵습니다.

주님의 이름으로 여러분에게 말씀드립니다. 평화를 위한 비용을 부담하십시오. 나의 삶을 내 욕심대로 다 사용하면 안 됩니다. 내 욕심대로 밤 새우고 토요일에 만날 친구 다 만나고 주일도 없이 사는 것은 굉장히 위험한 것입니다. 내 에너지를 내 욕심대로 다 쓰는 사람은 소돔 왕이 그돌라오멜을 배반한 것처럼 하나님을 배반하고 있는 것입니다. 그는 결국 자기 힘으로 전쟁을 치러야 하고, 자기 힘으로 질병과 싸워야 하며, 자기 힘으로 재앙을 막아내야 합니다.

프레이저의 《황금가지》라는 책을 보면, 황금가지를 지키는 추장이 나옵니다. 다른 사람이 언제 이 가지를 꺾고 추장을 죽일지 모르기 때문에 그는 항상 눈을 벌겋게 뜨고 자기 힘으로 이 가지를 지켜야 합니다. 사실 그것은 진짜 황금가지가 아니고 빛이 가지에 비쳐서 황금색으로 빛나는 것입니다. 평화를 위한 비용을 치르지 않는 사람은 그렇게 해야 합니다. 밤을 새워 가면서 지켜야 합니다. 졸면 안 돼요. 언제 재앙이 올지 압니까? 언제 가스가 폭발할지, 언제 위에서 물이 쏟아질지, 언제 밑에서 뭐가 터질지 압니까?

다윗이 사울 왕에게 쫓길 때였습니다. 그는 쫓기는 중에 있었기 때문에 물질적으로 굉장히 궁핍했습니다. 그런데 다윗이 있던 곳 주변에 나발이라는 사람이 있었습니다. 그는 다윗이 거기 있었기 때문에 자동적으로 평화로울 수가 있었습니다. 양을 도적맞는 일도 없었을 뿐 아니라 다른 여러 가지 어려움으로부터도 자동적으로 보호되었기 때문에 아주 편안하게 목축을 할 수 있었습니다.

다윗은 너무 궁핍해서 그에게 사람을 보내서 평화의 비용을 좀 달라고 했습니다. "우리가 여기에 있었기 때문에 당신들은 자동적으로 평안하지 않았습니까? 지난 밤에도 우리가 순찰을 봐주었습니다. 그러니 평화의 비용을 좀 주시오." 그랬더니 나발이 나발거리기를 "이 평화와 다윗은 아무 상관이 없다"고 했습니다. 그러자 다윗은 나발을 죽이려고 병사들을 이끌고 출발했습니다. 그 말을 전해 들은 나발의 아내는 급히 양과 곡식과 건포도와 무화과를 준비해 가지고 길에서 다윗을 만나 그의 전쟁을 막았습니다. 나발의 아내는 평화가 절대로 공짜가 아니라는 것을 알고 있었습니다. 나중에 나발이 술 취해서 즐기다가 술에서 깼을 때 아내가 이 이야기를 해주었습니다. 나발은 다윗이 병사들과 함께 자기를 공격해서 죽이려고 했다는 말을 듣고 그 자리에서 심장마비로 즉사했습니다.

진실로 평화를 원한다면 내 욕심대로 살면 안 됩니다. 내 수익을 전부 내가 쓰면 안 됩니다. 나의 마음과 시간과 물질을 하나님께 드려야 합니다. 이것이 아까우면 황금가지에 나오는 추장처럼 스스로 자신을 지켜야 하고 자기 힘으로 싸워야 합니다.

사랑하는 형제자매 여러분, 저는 여러분들이 하나만 알고 둘은 모를까 봐 두렵습니다. 당장 시간이 아깝고 돈이 아까워서 내 마음대로 살면 풍비박산이 날 때가 옵니다. 다윗이 나발을 지켜 주었던 것처럼 하나님은 우리가 알지 못하는 가운데 많은 것을 지켜주고 계십니다. 우리가 낱낱이 안다면 정신병에 걸릴 정도로 많은 위험과 어려움을 하나님은 우리 곁에서 막아 오셨습니다. 하나님은 질병과 재난과 파괴와 강도로부터 우리를 지켜 주셨습니다.

그러면서 하나님이 뭐라고 말씀하십니까? 우리의 시간을 내서 하나님 앞에 무릎을 꿇고 그 은혜에 감사하라고 하십니다. 주위에서 어려움을 겪고 있는 형제와 자매들에게 약간의 관심을 가져 달라고 하십니다. 그때 "나의 평화와 그 사람이 무슨 상관이 있습니까? 그 사람이 나에게 해준 것이 뭐가 있습니까?" 하는 사람은 굉장히 위험한 자리에 있는 것입니다. 그때 사람들은 "저 사람 또 나발 거리고 있구만" 할 것입니다.

하나님께서 모든 것을 억제하시기 때문에 우리가 평안할 수 있는 것입니다. 하나님 앞에서 인색하지 마십시오. 이웃에게 인색하지 마십시오. 하나님 앞에 시간을 바치는 것이 아깝다면, 내 것을 남과 나누어 먹는 것이 아깝다면, 그는 미련한 나발이나 소돔과 고모라 사람들처럼 망하고 말 것입니다.

우리는 다른 사람이 자신을 어떻게 생각하며 어떻게 대하느냐를 생각하느라 많은 시간을 들입니다. 그러나 여러분, 그것은 아무 의미가 없습니다. 사람들을 생각하지 말고 하나님 앞에서 오래오래 시간을 보내십시오. 하나님 앞에 많은 시간을 드리십시오. 그것이 이 세상의 모든 일을 가장 현명하고도 빨리 처리하는 방법입니다. 하나님 앞에 오래 있다가 오면 저절로 해결되어 있는 것이 많습니다. 왜냐하면 하나님이 개입하시기 때문입니다.

롯의 어리석음

성경이 이 전쟁을 기록하고 있는 것은 다른 이유 때문이 아닙니다. 하나님의 말씀을 버리고 현실을 따라간 롯의 선택이 얼마나 어리석은지 보여 주기 위해서입니다. 성경은 모든 역사나 사건을 다 기록하지 않습니다. 그리고 어떤 역사나 사건을 기록할 때에는 반드시 그에 대한 이유와 평가를 기록합니다. 이 전쟁에 대한 하나님의 평가가 무엇입니까? 함께 부름을 받았지만 더디게 믿는 롯의 생각과 판단이 어리석었다는 것입니다.

두 가지 지혜가 있습니다. 하나는 사람의 지혜이고 다른 하나는 하나님의 지혜입니다. 사람의 지혜는 확률의 지혜로서, 많은 경험을 모아서 정리한 것입니다. 아무런 어려움 없이 모든 것이 잘 진행되는 정상적인 상황에서는 이 지혜가 통합니다. 그러나 위기 상황이 닥칠 때는 확률이 아무 소용없습니다. 위기 때는 무엇이 하나님의 뜻이냐, 누가 칼자루를 쥐고 있느냐, 누구에게 힘이 쏠려 있느냐, 누구에게 권력이 있느냐에 따라서 모든 것이 결정되게 되어 있습니다.

소돔 왕은 사람의 지혜를 믿었습니다. "우리 다섯 왕이 연합하면 엘람 왕 정도는 이길 수 있다. 특히 우리에게는 역청 구덩이들이 많으니까 이것을 마지노 선으로 쓰자. 우리가 구덩이 위에 흙을 잘 뿌려놓으면 이 지역 지리에 밝지 못한 적군은 흙과 역청 구덩이를 구별하지 못할 것이다. 그래서 그들이 구덩이에 빠지면 그때 가서 때려잡자." 이것이 소돔 왕과 고모라 왕의 작전이었습니다.

그러나 엘람 왕은 그렇게 어리석지 않았습니다. 그는 혼자 오지도 않았을 뿐 아니라 예상한 길로도 오지 않았습니다.

1절을 보십시오.

당시에 시날 왕 아므라벨과 엘라살 왕 아리옥과 엘람 왕 그돌라오멜과 고임 왕 디달이

어떤 이들은 시날 왕 아므라벨이 혹시 고대 바벨론 왕 함무라비가 아닌가 추측하기도 합니다. 시기적으로도 비슷하고 발음도 비슷하지만 자세한 것은 알 수 없습니다. 또 '고임'은 원래 히브리어로 여러 민족을 뜻합니다. 아마도 고임 왕 디달은 진짜 왕이기보다는 팔레스타인의 아라파트처럼 여러 난민들을 거느린 사람이 아

닌가 추측됩니다.

그들은 바로 쳐들어오지 않고 소돔 들판을 비켜 내려가서 밑에서부터 쳐올라왔습니다. 그러니까 엘람 군대가 빠져주기를 기다렸던 역청구덩이는 오히려 소돔과 고모라 군사들을 빠뜨리는 덫이 되고 말았습니다. 10절을 보십시오.

<u>싯딤 골짜기에는 역청 구덩이가 많은지라 소돔 왕과 고모라 왕이 달아날 때에 군사가 거기 빠지고 그 나머지는 산으로 도망하매</u>

롯이 왜 망했습니까? 하나님의 지혜를 버리고 사람의 지혜를 택했기 때문입니다. 이 세상을 살아가려면 사람의 지식과 지혜도 필요합니다. 그러나 그것은 어디까지나 모든 것이 정상적이고 평안할 때의 일입니다. 모든 것이 정상적일 때는 출신 학교나 자격증이 먹혀들지요. 그러나 위기 상황이 오면 그런 것들은 아무 데도 쓸모없는 휴지조각에 불과합니다. 학위나 졸업장이 밥 먹여주지 않습니다.

우리는 평생에 몇 번은 이런 위기상황을 만나게 되어 있습니다. 내 인생에서 적어도 한두 번 이상은 졸업장이나 자격증이 휴지조각보다 못한 때가 생겨요. 그럴 때 믿음이 없는 사람은 망합니다. 학교에서 자가용 등교하지 말라고 그렇게 이야기해도 학교 구부러지는 입구까지 부모가 태워주는 차를 타고 오는 애들이 있어요. 길이 잘 닦여 있고 아무 일이 없을 때에는 그렇게 누군가가 태워주는 차로 왔다갔다 하면 됩니다. 하지만 자가용도 없어지고 길도 없어지면 어떻게 됩니까? 자가용 타고 학교 다니던 애들은 길을 못 찾습니다. 위기가 왔을 때는 지도를 가지고 자기 나름대로 판단하는 사람만이 살아남습니다.

그럴 때 가장 중요한 것이 무엇입니까? 감(感)입니다. 지금 내가 어디에 가까워지고 있는지 감 잡는 것이 굉장히 중요해요. 칠

흑같이 어둡고 방향을 알 수 없을 때, 자기가 지금 적지에 가까이 가고 있는지, 아군편에 가까이 가고 있는지 감을 잡아야 합니다.

아브람이 훈련받고 있는 것이 무엇입니까? 말씀을 가지고 '내가 지금 하나님께 가까워지고 있느냐, 아니면 하나님으로부터 멀어져서 세상에 가까워지고 있느냐'를 감 잡는 것입니다. 그는 아내를 빼앗겨 가면서, 생명의 위협을 느껴가면서 '애굽으로 내려가는 것은 하나님으로부터 멀어지는 것이구나. 가나안 땅을 떠나면 큰일 나는 것이구나' 하는 감을 잡았습니다. 그러나 롯에게는 그런 감이 없었습니다. 그는 눈에 좋아 보이면 무엇이든지 믿고 편하게 살려고 했습니다. "왜 어렵게 지도를 보면서 가냐? 그냥 자가용 타고 가면 되는데. 이게 얼마나 편해?"

11절에서 12절을 보십시오.

> 네 왕이 소돔과 고모라의 모든 재물과 양식을 빼앗아가고 소돔에 거하는 아브람의 조카도 사로잡고 그 재물까지 노략하여 갔더라

사람들은 처음에 예수를 믿으면 모든 것이 잘될 줄 생각합니다. 모든 것이 형통할 줄 알아요. 그러나 그것은 시작에 불과합니다. 예수 믿고 나면 하나님이 훈련을 시작하시기 때문에 더 어렵습니다. 하나님은 지도 하나만 가지고 목표를 찾아오는 훈련을 시키십니다. 말씀을 가지고 내가 지금 하나님께 가까이 가고 있는지 아닌지 감을 잡는 훈련을 시키십니다. 그래서 예수 믿기로 결단한 후가 더 어렵습니다.

롯이 원한 것이 무엇입니까? 이런 훈련 없이 그냥 한꺼번에 모든 것이 해결되는 것입니다. 하나님은 우리가 길이 없는 곳에서 한 걸음 한 걸음 말씀으로 길을 찾아 나가기를 원하십니다. 그러나 롯은 세단 타고 잘 닦여 있는 길을 가기 원했습니다. 그래서 아브람이 말씀을 가지고 계속 헤매는 동안 롯은 안전한 성에서 아주 잘 먹

고 잘살고 있었습니다. 롯은 말씀을 가지고 시행착오하는 것을 시간낭비라고 생각했습니다. 그래서 그는 말씀을 버리고 편안하게 살았습니다. 그러나 그 결과가 무엇입니까? 완전히 풍비박산 나는 것이었습니다. 여러분, 편하게 믿는 것은 망하는 길입니다. 지금 편하게 믿고 있습니까? 그냥 차 타고 왔다갔다 하고 있습니까? 그것이 바로 망하는 길입니다. 차가 늘 오는 것이 아니에요.

말씀을 붙들고 가면 선택의 폭이 너무나 좁아집니다. 말씀을 가지고 선택하려고 하니까 갈 직장이 없어요. 남자가 그렇지 않아도 부족한데 신앙까지 좋은 사람을 찾으려니까 아예 씨가 마른 것 같습니다. 성경공부하지 않고 임자부터 택했어야 하는 건데, 큐티하고 주님의 인도를 받다 보니까 아무것도 얻는 게 없습니다.

선택의 폭이 좁다는 것은 그만큼 우리 주위에 위험이 깔려 있다는 것입니다. 실수로 지뢰밭에 들어갔다고 합시다. 거기서 함부로 움직이면 안 됩니다. 꼼짝하지 말고 말뚝처럼 박혀 있어야 해요. 전문가들도 지뢰밭에서는 날뛰지 않습니다. 삼십 분이나 한 시간마다 한 걸음씩 옮겨야 할지도 모릅니다. 어쩌면 그것도 너무 빠르게 움직이는 것일지 몰라요. 여러분, 이 세상은 지뢰밭입니다. 여기에서 날뛰면 그냥 뻥 날아갈 수 있습니다.

기억하십시오. 이 세상에 살면서 적어도 몇 번은 학벌이나 자격증이나 재능이 전혀 소용없는 위기를 당하게 됩니다. 그때 말씀 없이 자가용이나 타고 다니던 사람들은 완전히 폐인이 되어서 다시 재기하지 못합니다. 요즘 고학력 폐인이 많습니다. 서울대, 하버드대 출신 폐인 많아요. 한 번만 삐끗하면 못 일어납니다.

그러나 말씀을 붙드는 사람은 바닥에 내려가도 재기합니다. 왜냐하면 감을 잡거든요. 지금 육지가 다가오고 있다는 감이 잡히면 숨을 조금씩 쉬면서 에너지를 준비하고 워밍업을 합니다. 말씀을 가지고 있는 사람은 아무리 미로에 빠져도 길을 찾아 나옵니다. 어디서 바람이 부는지 감을 잡아서 빠져나옵니다.

여러분, 혹시 지금 너무 편하게 믿고 있지 않습니까? 요즘 교회는 굉장히 편하게 믿게 만들고 있습니다. 옛날 교회는 완전히 마룻바닥이었어요. 그래서 예배 시간에 졸면 다 표시가 납니다. 예배드리다가 두 명씩, 세 명씩 막 넘어져요. 그러면 누가 졸았는지 다 알지요. 그런데 지금은 딱딱한 의자 있는 교회도 거의 없어요. 조금 지나면 편하게 기댈 수 있는 의자가 나올 겁니다. 우등고속버스처럼 다리 쫙 벌리고 앉아서 반쯤 자면서 예배드리는 우등 교회가 분명히 나올 겁니다.

편하게 믿으려고 하지 마십시오. 편할 때 말씀으로 자꾸 쳐다봐야 합니다. 어디가 길인지, 어디로 가면 살 수 있는지 감을 잡아야 합니다. 내가 지금 하나님께 가까이 가고 있는지, 아니면 멀어지고 있는지 감을 잡아야 합니다. 그 감이 있는 사람은 삽니다. 어떤 위기가 와도 다시 재기합니다.

롯은 이런 감을 우습게 아는 사람이었습니다. 그는 말씀에 의지하기보다는 눈에 보이는 것을 붙들었고, 아브람이 헤매고 있는 동안에 소돔 성 안에서 편안하게 살았습니다. 그러나 소돔은 그를 지켜 주지 못했습니다.

그리스도인의 인애

성경에 나오는 가장 중요한 단어 가운데 하나가 인애(仁愛)입니다. 인애는 '책임지는 사랑'이라고 번역할 수 있습니다. 즉 내 생명을 걸고 나와 언약한 사람의 목숨을 지켜 주는 것이 인애인 것입니다.

아브람은 이 전쟁에서 도망쳐 나온 사람을 통해 조카 롯이 사로잡혔다는 것을 알게 되었습니다. 13절과 14절을 보십시오.

도망한 자가 와서 히브리 사람 아브람에게 고하니 때에 아브람이 아모리 족속 마므레의 상수리 수풀 근처에 거하였더라 마므레는 에스골의 형제요 또 아넬의 형제라 이들은 아브람과 동맹한 자더라 아브람이 그 조카의 사로잡혔음을 듣고 집에서 길리고 연습한 자 삼백십팔인을 거느리고 단까지 쫓아가서

아브람은 조카 롯이 포로로 잡혀갔다는 소식을 듣게 되었습니다. 이제 그는 어떻게 해야 합니까? 그것은 롯 자신의 문제가 아닙니까? 자기 스스로 택한 결과가 아닙니까? 그러나 아브람은 조카 롯과의 언약을 기억했습니다. '우리는 한 골육이다. 결정적인 순간에 서로 돕자'는 그 언약을 기억했습니다. '한 골육'이라는 말에는 친척이라는 말보다 더 큰 의미가 있습니다. 아브람은 롯을 단순한 친척으로 생각한 것이 아니라 함께 부름받은 믿음의 형제로 생각했습니다. 생각하는 것은 좀 다르고 믿음의 정도는 달라도 아브람이 보기에 롯은 한 하나님의 백성이었습니다.

다섯 왕이 이기지 못한 싸움입니다. 그런데 어떻게 아브람 혼자 이들을 당해 낼 수 있겠습니까? 이길 수가 없습니다. 불가능한 싸움입니다. 그래도 아브람은 전쟁에 개입했습니다. 나와 언약을 맺은 형제가 어려움을 겪고 있고 나를 필요로 하고 있다는 한 가지 이유 때문이었습니다. 그래서 아브람은 무모하게도 318명을 데리고 전쟁에 뛰어들었습니다. 결국 그는 이겼고 빼앗긴 것을 다 찾아왔습니다.

아브람은 가벼운 사람이 아니었습니다. 그리스도인들은 절대로 가벼운 사람들이 아닙니다. 그리스도인들에게는 인애가 있습니다. 인애는 단순히 감정적으로 움직이는 것이 아닙니다. 끝까지 책임지는 것입니다. 우리가 만약 어떤 사람을 선교사로 파송했으면 끝까지 책임져야 합니다. 만일 그가 죽어서 돌아왔다면 그의 가족들을 책임져야 합니다. 그리고 누가 대신 가야 합니다. 한 명이 죽

었으면 또 한 명이 가야 합니다. 여리고 성의 기생 라합이 목숨을 걸고 히브리 정탐꾼을 숨겨 주었을 때, 그들 또한 자기 목숨을 걸고 라합과 그 식구들의 생명을 지켜 주었습니다. 이것이 바로 인애입니다.

이것은 계산하지 않는 사랑입니다. 그리스도인들은 계산하지 않습니다. 네가 나에게 이만큼 주었으니까 나도 이만큼 준다는 계산을 하지 않습니다. 무조건 사랑합니다. 한 번 언약을 맺었으면 죽을 때까지 변하지 않습니다. 그리고 이 언약이 깨졌을 때는 분명히 이야기합니다. "샬롬을 돌려다오." 즉 "너와 나 사이에는 샬롬이 끝났다. 우리는 더 이상 형제가 아니다"는 이야기를 하기 전까지는 절대로 포기하지 않습니다. 조카가 눈앞에서 잡혀가고 있는데도 "이건 내 힘으로 할 수 없는 거야" 하면서 외면했다면 아브람의 믿음은 거짓된 믿음입니다.

오늘 우리는 확인해 보아야 합니다. 나에게 인애가 있습니까? 끝까지 책임지는 사랑이 있습니까? 나의 도움을 바라는 사람을 모른 체할 정도로 차가운 마음을 가졌다면 몸은 하나님 가까이 있다고 할지라도 실제로는 하나님을 떠난 것입니다. 왜냐하면 하나님은 우리가 어려움에 빠져 있을 때 절대로 팔짱 끼고 구경하시는 분이 아니기 때문입니다. 하나님은 무모할 정도로 우리 문제에 개입하는 분이십니다.

사실 사정을 잘 모르면서 남의 문제에 뛰어드는 것이 무례할 때도 있습니다. 그러나 같은 믿음의 형제가 나의 도움을 바라고 있는데도 그것을 못 본 체하고 내 욕심대로 할 수 있는 사람이 있다면 그는 정말 간이 부은 사람입니다. 우리는 항상 '지금 내가 이렇게 하는 것을 하나님께서 기뻐하시느냐?'를 생각해야 합니다.

아브람은 보좌에 계신 하나님을 불러내서 여기에 개입하시게 했습니다. 아브람이 전쟁에 개입한 이유가 무엇입니까? 영웅심 때문입니까? 모험심 때문입니까? 아닙니다. 신실한 사랑 때문입니다. 이 사랑이 하나님의 도움을 끄집어냈고 하나님을 움직이시게 했습니다. 우리가 믿음으로 하는 일은 전부 불가능한 일들입니다. 그러나 선한 동기로 일하고 사랑의 동기로 일할 때, 우리는 하나님을 불러낼 수 있습니다.

하나님 앞에 오래 앉아 있는 것은 시간낭비가 아닙니다. 참되고 정당한 평화의 비용입니다. 이것이 오히려 모든 문제를 빨리 해결할 수 있는 길입니다. 우리는 고민도 하고 기도도 하지요. 그러나 여러분, 기도하면 고민하지 말아야 합니다. 고민도 하고 기도도 하면 고민과 기도가 뒤섞여서 내가 지금 기도하고 있는 것인지 고민하고 있는 것인지 분간이 안 될 때가 많습니다. 기도하십니까? 고민을 떨쳐 버리십시오. 눈앞에 있는 작은 것 때문에 하나님 앞에 나아가 있는 시간을 아까워하고 내 옆에서 괴로움을 당하고 있는 형제를 외면한다면 훨씬 더 비싼 비용을 부담하게 될 것입니다.

나에게 신실하게 책임지는 사랑이 있습니까? 우리는 신실한 사랑을 위해서 나의 시간이나 물질을 희생할 수 있어야 합니다. "생명 걸고 하겠습니다"라는 말을 쉽게 하지 마십시오. 그런 사람한테 "생명 걸지 말고 돈을 거세요" 하면 못한다고 합니다. 이웃을 위해 자신의 시간이나 물질을 쓰기 싫어하는 사람은 그리스도인의 필수품을 갖지 못한 사람입니다.

6

두 왕의
영접

만약 우리 앞에 편하고 여유 있게 사는 길과 어렵고 고생스럽게 사는 길이 있다면, 아마 거의 대부분 편하고 여유 있는 길을 택할 것입니다. 예를 들어서 어느 처녀에게 두 곳에서 청혼이 들어왔는데, 한쪽은 매우 편하고 여유 있게 살 것 같고 다른 한쪽은 쪼들리고 고생할 것 같으면 어느 쪽을 택하겠습니까? 아무래도 편한 쪽을 택하고 싶을 것입니다. 그런데 그 처녀가 굳이 남들이 마다하는 고생스러운 길을 택했다면 거기에는 반드시 이유가 있습니다. 고생을 감수할 만큼 깊이 사랑하고 있든지, 이 길이 옳고 정당하기 때문에 고생해도 좋다고 생각하든지, 무언가 이유가 있기 때문에 어려운 길을 택하는 것입니다.

우리는 지난주에 그돌라오멜과 그 연합군이 소돔과 고모라와 그 주변 성들을 노략질해서 모든 것을 빼앗았을 뿐 아니라 사람들을 포로로 잡아간 것을 보았습니다. 조카 롯이 포로로 잡혀갔다는 소식을 들은 아브람은 그돌라오멜의 군대를 뒤따라갔습니다. 그리고 밤에 기습해서 그 군대를 파하고 모든 포로와 재물을 도로 찾아오는 큰 전과(戰果)를 남겼습니다. 이 작전이 성공함으로써 아브람은 큰 거부(巨富)가 될 수 있었습니다. '진 자는 이긴 자의 종'이라는 말이 있습니다. 아브람은 도로 찾아온 일체의 것에 대한 권리가 있었습니다. 재물도 아브람의 것이었고, 사람들도 아브람이 마음대로 처분할 수 있었습니다.

아브람이 승리해서 돌아올 때 두 왕이 나와서 영접했습니다. 한 왕은 소돔 왕이었습니다. 그리고 다른 한 왕은 의문의 왕인 살렘 왕 멜기세덱이었습니다. 아브람이 두 왕의 영접을 받았다는 것은 그의 지위가 얼마나 존귀해졌는가를 잘 보여 주는 것입니다. 지금까지 아브람은 아무도 인정해 주는 사람이 없는 뜨내기 목자에 불과했습니다. 그러나 그가 평지의 다섯 왕도 감당하지 못하고 패했던 그돌라오멜의 군대를 치고 돌아왔을 때 사람들은 이 무명의 목자를 새로운 눈으로 보기 시작했습니다. 이제 아브람은 명예와 돈을 함께 움켜쥘 수 있는 기회를 잡게 되었습니다.

소돔 왕은 아브람을 영접하러 나와서 같이 손잡고 무언가를 해보자고 제안했습니다. 아브람은 한 순간에 왕과 같은 지위에 오르게 되었습니다. 그는 자기가 빼앗은 재물과 사람들을 다 가질 수 있었습니다. 그러나 아브람은 아무것도 가지지 않았습니다. 신발 한 짝, 실 한오라기도 가지지 않았습니다. 거부가 될 수 있는 기가 막힌 기회였는데도 어느 것 하나 손대지 않고 다시 뜨내기 목자의 길로 돌아갔습니다.

이것이 오늘 말씀이 우리에게 보여 주는 아브람의 모습입니다. 부자가 될 수 있는 길이 있었고 왕과 같은 대접을 받을 수 있었음에도 불구하고 아무도 알아주지 않는 뜨내기 목자의 길로 돌아간 데는 분명히 이유가 있습니다. 아브람이라고 해서 편하고 안정된 생활이 싫을 리가 없습니다. 왕과 같은 대우를 받고 큰소리치며 사는 것이 싫을 리가 없습니다. 그런데도 불구하고 이 모든 것을 포기하고 여기에 손 하나도 대지 않고 고난의 길로 되돌아간 이유는 무엇입니까?

아브람을 높이신 하나님

아브람이 그돌라오멜의 군대를 파하고 돌아왔을 때 소돔 왕이 나와서 아브람을 영접했습니다. 14장 17절을 보십시오.

아브람이 그돌라오멜과 그와 함께 한 왕들을 파하고 돌아올 때에 소돔 왕이 사웨 골짜기 곧 왕곡에 나와 그를 영접하였고

이것을 보면 마치 큰 개선장군이 돌아오는 것 같습니다. 대통령이 외국에 나가서 무슨 회담 같은 것을 하고 돌아오면 우리나라의 주요 인사들은 거의 대개 공항으로 나가서 대통령을 영접할 것입니다. 그런데 아브람이 전쟁에서 이기고 돌아왔을 때 놀랍게도 그 교만한 소돔 왕이 아주 먼 곳까지 친히 나와 아브람을 영접했습니다. 우리는 사웨 골짜기나 왕곡이 어디인지 모르지만, 모세 때 사람들은 그 지명을 알았던 것 같습니다. 아마도 그곳은 소돔에서 제법 멀리 떨어진 곳이었던 것 같습니다.

하나님께서는 아브람의 지위를 높이셨습니다. 아무도 알아주지 않고 인정해주지 않던 뜨내기 목자의 신분에서 그 교만한 소돔 왕이 먼 곳까지 나와서 영접하는 위치까지 그의 지위를 높이셨습니다.

이런 것을 무엇이라고 표현할 수 있을까요? 역사의 아이러니입니다. 모순이고 역설입니다. 지금까지 계속 다른 사람들에게 눈총 받고 무시당하던 시골 촌뜨기가 한순간에 교만한 소돔 왕의 영접을 받는 지위에 올랐으니, 이것이 무슨 역사의 아이러니입니까?

하나님은 자기 말씀에 순종하는 자들을 항상 이런 식으로 대우하십니다. 시편 118편 22절에 무엇이라고 쓰여 있습니까?

건축자의 버린 돌이 집 모퉁이의 머릿돌이 되었나니

어느 건축자가 집을 짓는데 자꾸 발에 채이는 돌이 하나 있습니다. 한 번 지나가면서 발로 차고, 또 한 번 지나가면서 굴려보내다가 나중에는 너무 귀찮아서 아예 멀리 집어던져 버렸습니다. 그런데 정신없이 집을 짓고 보니까 이게 웬일입니까? 자기가 버린 돌이 집에서 가장 중요한 머릿돌이 되어 있는 것입니다. 발로 차고 침을 뱉고 멀리 차버린 돌이 제일 중요한 자리에 들어와 있는 거예요.

이것은 그리스도를 나타내는 유명한 성경구절입니다. 그리스도께서 이 세상에 오셨을 때 그를 업신여기지 않는 사람이 없었습니다. 모두 멸시했습니다. 그의 말을 무시하는 것은 물론이고 심지어는 잡아다가 때리고 침을 뱉더니, 나중에는 마치 주인 없는 개 한 마리 죽이듯이 십자가에 못박아 죽였습니다. 그를 조금이라도 하나님의 선지자로 인정했다면 이런 대접은 있을 수가 없습니다.

사람들이 하나님 앞에 설 때 보좌에 앉은 사람의 얼굴을 보고 고개를 갸우뚱할 것입니다. "도대체 어디서 만났길래 이렇게 낯이 익을까? 시장에서 만났나? 아니면 단란주점에서?" 그래서 자세히 보니까 자기가 그렇게 우습게 알던 그 사람입니다. 나사렛에서 우습게 알고 가버나움에서 조롱하고 예루살렘에서 잡아 죽인 그 사람이 높은 보좌에 앉아 있습니다. 넋이 나가서 쳐다보고 있는데 천사가 옆구리를 팍 찌르면서 말합니다. "무릎 꿇어, 임마! 어디서 감히 고개를 쳐들고 있어?"

소돔 왕이 언제 아브람 같은 뜨내기를 상대했습니까? 아브람 같은 사람은 아무리 소돔 왕을 만나고 싶어도 만날 수 없었습니다. 그러나 단 한 번 하나님이 간섭하시니까 소돔 왕이 아주 먼 곳까지 나와서 온갖 아첨을 다하면서 아브람을 영접했습니다.

아브람은 어떤 사람입니까? 하나님의 말씀에 붙들린 사람입니다. 그가 붙들리고 싶어서 붙들린 것이 아닙니다. 하란에 있을 때 어느 날 갑자기 하나님의 말씀이 그에게 특별하게 부딪쳐 오더니 그 말씀이 아브람을 끌고 가기 시작했습니다. 이 말씀이 임하는 바람에 가족도 버리고 친척도 버리고 땅도 버렸습니다. 그리고 지금도 여전히 방황하고 있는 중입니다. 말씀 때문에 아브람은 뜨내기가 되었습니다.

그는 말씀 때문에 망한 사람입니다. 말씀이 없었더라면 소돔 왕만큼은 되지 못했어도 제법 큰소리치면서 살 수 있는 사람이었습니다. 아브람도 머리가 있는 사람입니다. 바보가 아니에요. 그러나 어느 날 하나님의 말씀이 임하면서 모든 것을 망치고 말았습니다. 그는 뜨내기 목자가 되었습니다. 아무도 그에게 신경쓰지 않았습니다. 심지어는 조카 롯까지 아브람을 우습게 알고 그를 떠났습니다.

그런데 하나님께서 한순간에 아브람을 높여서 왕의 영접을 받게 하신 것입니다. 그것도 한 왕의 영접이 아니라 두 왕의 영접을 받게 하셨습니다. 아마 다른 왕들도 올라온다는 것을 소돔 왕이 막았을 것입니다. "너희들은 빠져. 이렇게 존귀한 사람을 어디 너희가 영접하려고 그래? 내가 대표로 인사하고 올게."

하나님 앞에서 가장 존귀한 자가 누구입니까? 천사가 아닙니다. 왕이 아닙니다. 하나님의 말씀 때문에 세상에서 모든 것을 잃어버리고 방랑하고 있는 사람, 이 세상에서 나그네처럼 살고 있는 그 사람이야말로 하나님 앞에서 존귀한 왕입니다.

여러분들 가운데 하나님의 말씀 때문에 모든 것을 잃은 사람이 있습니까? 말씀 때문에 직장도 잃고 친구도 잃고 사회적인 지위도 잃은 사람이 있습니까? 말씀 때문에 건축가가 버린 돌 같은 취급을 당하고 있는 사람이 있습니까? 말씀 때문에 가족이나 친척들에게 개밥의 도토리 취급을 받는 사람이 있습니까? 그렇다면 오늘 아브람의 이야기는 바로 여러분의 이야기입니다. 하나님은 이 이야기를 통해서 내가 하나님 앞에서 얼마나 존귀한 사람인지 세상에서 나타내실 때가 있다는 것을 보여 주십니다.

세상 사람들은 하나님을 인정하지 않기 때문에 말씀에 붙들린 사람을 아주 우습게 압니다. 완전히 바보인 줄 알아요. 그러나 하나님 앞에서는 세상 사람들이 생각하는 것처럼 그렇게 천한 무용지물이 아닙니다. 하나님 앞에서는 존귀한 왕입니다. 하나님은 자기를 사랑하는 자를 높이시고 존귀하게 만드십니다. 아브람은 이것을 믿을 수가 없었습니다. 아마 소돔 왕이 영접하러 나온 것을 보고 '혹시 다른 사람을 만나러 왔나' 했을 것입니다. 그러나 그는 정말 아브람을 높이기 위해서 나왔습니다. 그래야 이 존귀한 사람에게서 무언가 얻을 수 있을 테니까요.

우리의 어려움이 무엇입니까? 성경이 말하는 나의 신분과 세상 사람들이 보는 나의 신분이 너무나 다르다는 것입니다. 하나님의 말씀을 들으면 내가 정말 하나님 앞에서 존귀한 사람이라는 생각이 듭니다. 그런데 막상 세상에 나가보면 아무도 나를 알아주지 않습니다. 그렇게 이런 괄시 저런 괄시 다 받다 보면 '정말 나는 이 세상에서 버러지보다 못한 존재구나. 나는 바퀴벌레 같은 존재가 아닐까? 기생충이 아닐까?' 하는 생각이 들 때가 있습니다.

어느 것이 우리의 참모습입니까? 성경이 이야기하는 것이 우리의 참모습입니까? 아니면 세상 사람들이 보는 모습이 참모습입니까? 물론 성경이 이야기하는 것이 나의 참모습입니다. 그러나 그것을 참으로 믿지 못하기 때문에 우리는 이 세상에서 인정받지 못하는 것을 굉장히 가슴 아파합니다.

그러나 정말 내가 하나님 앞에서 존귀한 자라는 것을 믿는다면 세상에 나갈 때도 자신감이 있습니다. 정말로 존귀한 자는 일시적으로 비천한 일을 한다고 해서 비굴해지지 않습니다. 오히려 더 당당합니다. 왜냐하면 자신이 있기 때문입니다. 이런 비천한 일이 나를 바꾸거나 지배하지 못한다는 것을 알기 때문에 당당하게 낮아질 수가 있습니다. 그러나 열등감이 남아 있는 사람은 낮은 자리에 있지 못합니다. 그런 일을 하면 정말 영원히 낮은 사람이 되어 버릴까 봐 두렵기 때문입니다.

우리의 속사람이 말씀으로 치료되어야 할 이유가 바로 여기에 있습니다. 열등감이 있는 사람은 이 세상에서 자기 자신이 가장 비참하다고 생각하며 말씀을 믿지 않습니다. 아무리 설교해도 안 믿어요. 사람들이 나를 보는 시선이 말씀보다 옳다고 생각하기 때문입니다. 그러나 정말 말씀을 믿는 사람은 낮은 지위에 있어도 비굴해지거나 위축되지 않습니다. 오히려 기회가 있을 때마다 그 속에 있는 고상한 인품이 드러납니다.

멜기세덱과의 만남

그러나 아브람에게 가장 복된 일은 이제 세상 사람들이 그를 새로운 눈으로 보기 시작했다는 사실이 아닙니다. 가장 복된 일은 존귀한 살렘 왕 멜기세덱이 그를 영접하러 나온 것이었습니다. 18절을 보십시오.

> 살렘 왕 멜기세덱이 떡과 포도주를 가지고 나왔으니 그는 지극히 높으신 하나님의 제사장이었더라

성경에서 가장 신비로운 인물 중 한 사람이 바로 이 멜기세덱입니다. 성경에 나오는 다른 사람은 다 족보가 있습니다. 성경에 긴 족보가 나오는 이유가 무엇입니까? 성경에 나오는 인물들이 다 인간이라는 것입니다. 아무리 뛰어난 사람이라도 다 인간의 족보 안에 포함되어 있어요. 아무리 날고 기는 사람이라도 다 어느 아버지의 아들이고 어느 어머니의 아들입니다. 그런데 멜기세덱은 족보도 없이 갑자기 나타났습니다. 게다가 왕인 동시에 거룩한 하나님

의 제사장이었습니다.

모세의 장인 이드로도 제사장이었습니다. 그러나 그는 참 하나님을 몰랐습니다. 출애굽한 모세를 만나서 하나님이 어떻게 애굽에 재앙을 내리고 홍해를 갈라서 그들을 구원했는지를 들은 후에야 그는 참 하나님을 알게 되었습니다. 그러니까 이드로는 하나님이 누구시며 제사가 무엇인지 모르는 채 엉터리 제사를 드렸던 사이비 제사장이었던 것입니다. 그러나 멜기세덱은 그런 사람이 아니었습니다. 그는 참으로 지극히 높으신 하나님의 제사장이었습니다.

'살렘'은 '평화'라는 뜻입니다. 멜기세덱이 살렘이라는 지역을 통치했기 때문에 살렘 왕이라고 했는지, 아니면 그가 사람들을 착취하거나 강탈하지 않고 참으로 평화롭게 사람들을 다스렸기 때문에 살렘 왕이라고 했는지 분명치 않습니다. 많은 사람들은 살렘을 예루살렘의 옛 이름으로 생각합니다. 그러나 저는 그렇게 생각하지 않습니다. 예루살렘은 나중에 다윗에게 함락될 때까지 여부스 족속들이 차지하고 있었습니다. 그래서 저는 멜기세덱이 참으로 평화를 사랑하고 하나님의 법대로 사람들을 다스렸기 때문에 살렘 왕이라는 이름을 얻은 것이 아닌가 생각합니다.

또 '멜기세덱'은 '의의 왕'이라는 뜻입니다. '체덱'은 '의'라는 뜻입니다. 물론 이름하고 다르게 사는 사람들도 많습니다. 어떤 사람은 이름은 모세인데 전혀 모세같이 살지 않고, 어떤 사람은 이름은 다윗인데 아주 비굴하게 삽니다. 또 유명한 심리학자 중에 이가봇이라는 사람은 '하나님의 영광이 떠났다'는 뜻의 이름을 가졌으면서도 하나님의 영광을 위해서 살고 있습니다. 이렇게 이름과 삶은 다를 수 있습니다. 그러나 만약 '멜기세덱'이라는 이름이 삶과 다르지 않다면 그는 '의의 왕'입니다.

이렇게 존귀한 왕인 동시에 제사장인 사람이 아브람 당시에 어떻게 가나안 땅에 있었는지는 알 길이 없습니다. 그러나 그는 분명히 실존했던 사람입니다. 아브람도 그를 알았던 것 같습니다. 이름만 들었지 평소에는 감히 가까이 할 수도 없었던 살렘 왕이 실제로 아브람을 알게 되었을 뿐 아니라 그의 승리를 하나님의 이름으로 축복하기 위해 직접 나왔다는 것은 아브람에게 너무나 큰 영광이요 기쁨이었습니다.

멜기세덱은 참된 제사장의 반열을 연구할 때 아주 중요한 인물로 등장합니다. 이스라엘 백성들은 모든 제사장은 아론의 후손이어야 한다고 생각했습니다. 하나님께서 모든 제사장은 반드시 아론의 후손 중에서 임명해야 한다고 말씀하셨기 때문입니다. 그러나 아론과 상관없는 하나님의 제사장이 두 명 있습니다. 바로 멜기세덱과 예수 그리스도입니다. 그래서 시편 110편 4절에 보면 "여호와는 맹세하고 변치 아니하시리라. 이르시기를 '너는 멜기세덱의 반차를 좇아 영원한 제사장이라' 하셨도다"라고 예언하고 있습니다. 다윗의 주변에 있는 제사장은 전부 아론의 후손들이어야만 했습니다. 그러나 다윗은 성령의 감동으로 말하기를 아론이 아닌 멜기세덱의 계보를 좇는 제사장이 나올 것인데 그야말로 참 제사장이라고 예언했습니다.

멜기세덱은 그리스도를 너무나 많이 닮았습니다. 그래서 히브리서에서는 이렇게 말씀하고 있습니다.

> 이 멜기세덱은 살렘 왕이요 지극히 높으신 하나님의 제사장이라. 여러 임금을 쳐서 파하고 돌아오는 아브라함을 만나 복을 빈 자라 아브라함이 일체 십분의 일을 그에게 나눠주니라 그 이름을 번역한즉 첫째 의의 왕이요 또 살렘 왕이니 곧 평강의 왕이라 아비도 없고 어미도 없고 족보도 없고 시작한 날도 없고 생명의 끝도 없어 하나님 아들과 방불하여 항상 제사장으로 있느니라(히 7:1-3).

모세의 율법에 따르면 아론의 후손이 제사장이 되어야 합니다. 그런데 바로 그 율법을 세운 장본인이며 백성들이 율법을 계속적으로 지켜 나가도록 가르쳐야 할 모세가 아론의 후손이 아닌 이 의문의 제사장과 아브람의 만남을 중요하게 기록하고 있는 이유가 무엇입니까? 모세는 율법의 반포자였음에도 불구하고 율법이 전부가 아니라는 것을 알고 있었습니다. 그는 율법보다 훨씬 더 탁월한 진리가 있으며 아론의 후손이 아닌 다른 제사장이 있을 수 있다는 것을 믿었습니다.

그 다른 제사장이 누구입니까? 멜기세덱입니다. 그는 하나님의 제사장이었지만 아론의 자손이 아니었고 율법을 뛰어넘는 인물이었습니다. 모세는 정직했습니다. 그는 율법을 가르치면서도 이 율법을 뛰어넘는 제사장이 있을 수 있다는 것을 기록했습니다. 멜기세덱은 제사장이지만 율법에 매인 자가 아닙니다. 그럼에도 불구하고 그는 하나님을 섬기는 거룩한 제사장이었고, 하나님의 이름으로 아브람을 축복한 존귀한 자였습니다.

모든 신비가 바로 이 사람 안에 들어 있습니다. 만일 율법이 전부이고 율법이 절대적인 것이라면 아론의 후손이 아닌 이 이상한 제사장은 이단이고 거짓 제사장일 것입니다. 그러나 모세는 그렇게 기록하고 있지 않습니다. 그는 멜기세덱이 율법을 초월한 사람이라는 것을 밝혔습니다.

바로 이것입니다. 율법과 규칙과 계율이 전부가 아닙니다. 복음은 그것을 뛰어넘습니다. 율법은 진정한 복음이 올 때까지 사람들을 묶어 두는 수단이었습니다. 어떤 사람이 긴급한 사고를 당했는데 의사가 없으면 어떻게 합니까? 임시로라도 조치를 해야 합니다. 임시 조치가 어려우면 붕대라도 감아 놓아야 합니다. 그러다가 의사가 오면 어떻게 합니까? 임시로 처치했던 것을 풀고 본격적인 치료를 해야 합니다.

율법은 죄를 임시로 덮어 두고 묶어 두는 것입니다. 그러나 그리스도가 오시면 율법으로 묶었던 것을 다 풀어헤치고 본격적인 치료를 해야 합니다. 복음은 죄를 임시로 덮는 것이 아닙니다. 복음은 본격적으로 치료하고 본격적으로 덤벼드는 것입니다.

복음은 단순히 은혜스러운 것이 아닙니다. 여러분들이 만약 예배 시간에 졸면서 설교를 들을 수 있다면 거기에는 무언가 중요한 모순이 있습니다. 아주 편안한 자세로 졸면서 설교를 들을 수 있다면 그 설교가 복음이 아니든지 자기 자신이 너무 미련하든지 둘 중에 하나입니다. 복음은 대단히 위험한 것입니다.

아이들은 의사를 무서워합니다. 아이들이 의사를 한 번 만나보고 내리는 결론이 무엇입니까? '의사는 굉장히 위험한 존재구나. 유치원에 있는 어른들하고는 달라. 찌르고 째고 뽑는 위험한 존재야.' 애들이 흰옷만 보면 자지러질 듯이 우는 것은 이 중요한 진리를 깨달았기 때문입니다. '이건 장난이 아니야. 유치원에 있던 것처럼 하면 안 돼. 발악을 하든지 도망을 쳐야 해!' 그러다가 엄마한테 잡혀서 치료를 당하는 것이지요.

여러분이 복음을 들으면서 '이 설교는 굉장히 위험해' 하는 느낌이 든다면 제대로 듣고 있는 것입니다. 복음은 참으로 대단히 위험한 것입니다. 이것은 응급처치가 아닙니다. 사람을 잡아서 본격적으로 고치는 것입니다. 의사는 굉장히 위험합니다. 의사 중에 위험하지 않은 사람을 본 적이 없습니다. 그처럼 복음은 굉장히 위험한 것입니다.

반쯤 졸면서 한쪽 눈은 뜨고 한쪽 눈은 감은 채 딴 생각하면서 설교를 들을 수 있다면 그 설교가 복음이 아니든지 듣는 사람이 강심장이든지 둘 중에 하나입니다. 복음은 굉장히 위험합니다. 목사를 보면서 '저 사람이 사람인가, 백정인가' 하는 느낌을 가졌다면 제대로 본 것입니다. 그래서 히브리서 저자는 말씀을 '좌우에 날선 검'이라고 말하고 있습니다. 그래서 말씀을 아무 데나 함부로 갖다 붙이면 안 됩니다. 말씀은 위험한 칼입니다.

멜기세덱은 아브람을 축복했습니다. 19절과 20절을 보십시오.

그가 아브람에게 축복하여 가로되 천지의 주재시요 지극히 높으신 하
나님이여 아브람에게 복을 주옵소서 너희 대적을 네 손에 붙이신 하
나님을 찬송할지로다 하매 아브람이 그의 얻은 것에서 십분 일을 멜기
세덱에게 주었더라

멜기세덱은 아브람에게 영광을 돌리지 않았습니다. 왜냐하
면 사람에게는 선한 것이 아무것도 없다는 것을 알았기 때문입니
다. 우리의 속은 원천적으로 부패해 있기 때문에 우리에게는 선한
것이 전혀 없습니다. 우리는 누군가를 늘 미워해야 하고 늘 욕해야
합니다. 싸우고 비난하고 흉보고 음란한 생각하는 이것이 우리의
본성입니다. 만일 우리가 누군가를 미워하지 않고 사랑하게 되었다
면 그것은 우리가 한 것이 아닙니다. 천지의 주재이신 하나님께서
우리 안에 선한 충동을 주셔서 그런 일을 하게 하신 것입니다. 그래
서 어떤 선한 일을 했을 때 마치 내가 원래부터 선한 사람이어서 그
런 일을 행한 것으로 착각해서 자기 자신에게 영광을 돌려서는 안
됩니다.

멜기세덱의 이 축복은 설교입니다. 축복은 단지 듣기 좋으
라고 하는 말이 아닙니다. 축복도, 저주도 모두 설교입니다. 축복의
말씀이 무엇입니까? 우리에게 행하신 하나님의 선한 일을 선포하
고, 하나님의 인자하심과 선하심을 선포하며, 우리 모든 사람의 중
심이 하나님을 향하게 하는 설교가 축복의 설교입니다. 오늘날 사
람들은 축복의 설교를 오해하고 있는 것 같습니다. "잘될 겁니다.
들어가도 복을 받고 나가도 복을 받고 떡반죽도 복을 받고 압력솥
도 복을 받을 겁니다" 하는 것을 축복이라고 생각하는데 그것은 축
복이 아닙니다.

축복은 우리 가운데 선한 일을 행하신 하나님을 선포하는
것입니다. '오늘 다른 사람이 나한테 이런 말을 했는데 기분이 나쁘
구나', '오늘 잠을 덜 잤더니 기분이 띵하구나' 하는 식으로 자기중

심적인 생각에만 갇혀 있는 사람의 껍질을 깨서 하나님을 바라보게 하는 이것이 축복의 설교입니다. 만약 주일예배에서 "우리에게 선한 일을 행하신 하나님을 높여 드립시다. 우리 다같이 하나님을 바라봅시다. 하나님을 찬양합시다" 한다면 그것이 축복입니다. 왜냐하면 그렇게 하는 자들에게 하나님께서 반드시 상을 주시기 때문입니다. 하나님을 바라보고 하나님을 높이는 자들에게 하나님은 말할 수 없는 은총으로 보답해 주십니다.

아브람은 멜기세덱의 축복의 설교를 듣고 두 가지를 깨달았습니다. 만약 멜기세덱이 이 설교를 하지 않았더라면 아브람은 실수했을 것입니다. 왜냐하면 이 뒤에 무서운 유혹이 왔거든요. 아브람은 멜기세덱의 축복을 듣고 정신을 차렸습니다.

첫째로 그는 승리를 주신 분은 확실히 하나님이시라는 것을 깨달았습니다. 마음속으로 막연하게 알고 있는 것과 다른 사람의 입을 통해서 확인되는 것은 다릅니다. 예를 들어 '내가 좀 바보 같구나'라는 생각을 늘 품고 있는 것과 누가 찾아와서 "당신은 바보입니다" 하는 것은 아주 다릅니다. 남의 입을 통해서 확인하는 것은 굉장히 무서운 일이에요.

그렇지 않아도 '이번 싸움은 하나님이 이기게 하셨을거야. 그렇지 않으면 어떻게 318명으로 그 대군을 이길 수 있었겠어? 하나님이 하셨을거야. 나는 그렇게 믿고 싶어' 하고 생각하는데, 멜기세덱이 "아브람으로 하여금 이기게 하신 하나님을 찬송하리로다" 하니까 이제는 분명한 확신이 생깁니다. '그래! 확실히 이것은 하나님이 하신 일이야. 내 힘이 아니야. 틀림없어!'

설교를 하는 사람과 설교를 듣는 사람 중에서 설교를 듣는 사람이 더 복될 때가 많습니다. 설교를 한 사람은 자기가 설교해놓고 잊어버리는 수가 있습니다. 그래서 옛날에 얘기했던 예화를 또 해놓고 '교인들이 왜 웃지 않을까?' 하고 의아해하지요. 하지만 교인들은 이 예화가 벌써 세 번째라는 걸 다 알아요. 설교하는 사람은 자기가 설교해 놓고도 잊어버리기 때문에 원고가 없어지면 대책이 없습니다. 그러나 교인들은 비슷한 설교를 다시 들을 때 생생하게 생각이 납니다. 그만큼 다른 사람의 입을 통해 자기가 믿고 있는 진리가 확인된다는 것은 엄청난 축복이요 기쁨입니다.

아브람이 두 번째로 깨달은 것은 승리를 주신 하나님께 영광을 돌리기 위해서 십일조를 바쳐야겠다는 것이었습니다. 그래서 전리품의 십일조를 멜기세덱에게 바쳤습니다. 이 십일조는 이 전쟁에 대한 하나님의 주권을 인정하는 것이었습니다.

십일조를 율법이라고 생각하는데 십일조는 율법을 뛰어넘는 것입니다. 헌금은 단지 자신이 가지고 있는 것의 일부를 하나님께 바치는 소극적인 것이 아닙니다. 헌금은 하나님이 나의 삶에 함께하셨다는 고백이며, 나의 삶을 다스리시는 하나님의 주권을 인정하는 것입니다. 내가 도저히 극복할 수 없는 어려움을 하나님이 이기게 하셨을 때 어떻게 보답하겠습니까? 아브람은 십일조를 드렸습니다.

여러분, 헌금은 소중한 것입니다. 사도 바울은 빌립보서에서 '헌금은 하나님 앞에 향기 나는 제물'이라고 했습니다. 그런데 오늘날 몇몇 잘못된 목회자들 때문에 헌금은 기독교인들에게 가장 역겨운 것, 가장 언급해서는 안 될 것이 되어 버렸습니다. 그러나 한 부분이 잘못됐다고 해서 또 다른 극단으로 가서는 안 됩니다. 원래의 뜻을 회복시켜야 합니다.

하나님께 물질을 바치는 것은 어떤 거래가 아닙니다. 하나님이 나의 삶에 간섭하셨다는 것에 대한 굉장히 아름다운 신앙고백입니다. 자기가 쓸 돈을 자기가 쓰지 않고 하나님께 바치거나 다른 사람을 구제하는 데 쓰는 것은 굉장히 귀한 것입니다. 이것은 향기로운 제물입니다. 몇몇 사람이 그것을 악용해서 역겨운 부작용을 일으켰는지 모르지만, 우리는 원래의 정신을 회복해야 합니다.

승리 그 이후

우리가 항상 주의해야 할 것은 큰 승리를 거둔 후에 실패하기 쉽다는 사실입니다. 전쟁을 치를 때는 긴장합니다. 그러나 늘 긴장하고 있을 수는 없습니다. 그래서 긴장을 풀 때 마귀가 찾아옵니다. 오늘 본문을 보면 아브람에게도 유혹이 있었습니다. 21절을 보십시오.

> 소돔 왕이 아브람에게 이르되 사람은 내게 보내고 물품은 네가 취하라

이 소돔 왕의 제안이 왜 무서운 유혹인지 우리는 잘 이해하지 못합니다. 소돔 왕이 이야기하고 있는 것이 무엇입니까? 그는 아브람이 도로 찾아온 사람과 재물이 마치 자기 것인 양 행세하고 있습니다.

그는 전쟁에 패배했기 때문에 자기 것을 다 잃은 상태입니다. 이제 소돔 왕은 왕도 아닙니다. 그런데 마치 자기가 아직도 왕인 것처럼 '사람도 내 것이고 물건도 내 것인데 물건은 네가 가지고 사람은 돌려 달라'고 제안하고 있습니다.

소돔 왕은 독재자였습니다. 그는 자기 백성들을 노예로 부렸고 엄청나게 학대했습니다. 그러다가 전쟁 때문에 그돌라오멜의 노예가 된 백성들을 아브람이 되찾아온 것입니다. 아브람은 이 사람들을 소돔 왕에게 돌려주어서는 안 됩니다. 아브람은 이 사람들을 해방시켜서 자기들이 가고 싶은 곳으로 가게 해야 합니다.

예를 들어서 어떤 소녀가 자기 가족에게 심한 학대와 폭행을 당하다가 어떤 그리스도인에게 도망쳐 왔다고 합시다. 그런데 아버지란 자가 찾아와서 다른 것은 다 두고 아이만 데려가겠다고 말한다면 어떻게 해야 합니까? 그때 돌려보내는 것은 죄짓는 것입

니다. 돌려보내면 안 돼요. 아이를 학대하는 순간부터 그들은 아이에 대한 권리를 잃은 것입니다.

오늘날 우리 사회는 매 맞는 아내들이나 부모에게 학대당하는 자녀들의 문제를 개인적인 문제라고 생각해서 상관하지 않으려고 합니다. 옆집 아내가 남편한테 두들겨 맞아서 눈탱이가 밤탱이가 되는데도 부부싸움은 '칼로 물베기'라고 하면서 관심을 보이지 않습니다. 그러나 요즘은 칼로 물이 아니라 사람을 벱니다.

애가 잘못했기 때문에 때리는 것이 아니라 분노로 힘없는 아이를 때리거나 아내를 구타하거나 애를 성폭행하는 사람들을 보면 정신이 이상해서 그런 것이 아닙니다. 속에 악이 있어서 그렇게 하는 것입니다. 우리는 그 아이가 다시 아름다운 삶을 살게 해야 합니다. 부모가 계속 찾아와서 아무리 협박을 하고 불을 지르겠다고 해도 돌려주면 안 됩니다. 한번 노예였다가 도망친 사람을 돌려주면 안 돼요. 그런데 많은 경우 자기에게 어떤 피해가 올까 싶어서 오히려 이편에서 친절하게 전화를 걸어서 알려주고 데려가게 합니다. 그렇게 가면 그 아이는 어떻게 됩니까? 죽도록 터집니다.

자매들도 마찬가지입니다. 한두 번 사귄 적 있는 남자가 찾아와서 무슨 권리라도 있는 양 행패를 부리면 그냥 내쫓아 버려야 해요. "고작 한두 번 데이트 한 것 가지고 네가 감히 우리 집에 와서 이렇게 행패를 부려?" 하면서 쫓아 버리십시오.

약한 자를 다시 노예 상태로 돌려 보내서는 안 됩니다. 자유를 되찾아주어야 합니다. 소돔 왕은 노예를 다시 노예로 만들려고 하고 있습니다. 아브람은 돌려주면 안 됩니다. 소돔 왕은 왕도 아닙니다. 거지입니다. 도망친 주제에 다시 나타나서 또다시 독재를 하려고 합니다. 이런 사람은 쫓아버려야 합니다.

소돔 왕은 아브람에게 자기와 동맹하자고 유혹하고 있습니다. 자기는 사람을 차지하고 아브람은 재산을 차지하여 소돔의 공동대표로서 한번 잘해보자는 것입니다. 이것은 아브람을 왕처럼 대접해 주겠다는 제안입니다.

그러나 아브람이 소돔 왕과 동맹을 맺으면 하나님과의 관계는 끊어지게 됩니다. 하나님의 백성은 하나님의 것만 가지고 살아야 합니다. 하나님이 주신 직책, 하나님이 하라고 하시는 공부, 하나님이 주신 수입, 하나님이 주신 사람으로 살아야 합니다. 그것 이상을 가지기 위해서 하나님이 주시지 않은 사람을 만나고 다른 수입을 노릴 때, 하나님과의 언약 관계는 끊어집니다. 더 가지는 것이 결코 좋은 것이 아닙니다. 애인이 열 명, 스무 명 되는 것이 좋은 게 아니에요. 그것은 무서운 것입니다.

아브람은 소돔 왕의 제안에 어떻게 대답했습니까? 22절과 23절을 보십시오.

아브람이 소돔 왕에게 이르되 천지의 주재시요 지극히 높으신 하나님 여호와께 내가 손을 들어 맹세하노니 네 말이 내가 아브람으로 치부케 하였다 할까 하여 네게 속한 것은 무론 한 실이나 신들메라도 내가 취하지 아니하리라

아브람은 자기가 이 전쟁에 개입한 목적이 무엇인지 생각해 보았습니다. 그것은 부자가 되는 것도 아니요 지위를 얻는 것도 아니었습니다. 아브람이 이 전쟁에 개입한 것은 오직 조카 롯을 살리기 위해서였습니다. 그는 지금 롯을 구했고, 그것 하나만으로 만족합니다. 그는 처음에 자기가 가졌던 목적에 충실했습니다. 상황이 바뀌었다고 해서 마음을 바꾸지 않았습니다. 그는 사랑의 동기로 전쟁에 뛰어들었고 사랑으로 이 전쟁을 마쳤습니다.

그렇게 한 이유가 무엇입니까? 그렇게 할 때 하나님이 나에게 온전한 상급을 주신다는 것을 믿었기 때문입니다. 아브람은 하나님께서 자기에게 복 주시겠다고 말씀하셨기 때문에 그 말씀대로 이루어지리라는 것을 믿었습니다. 그는 아직 중요한 축복은 오지

않았으며, 자신이 지금 소돔의 재물을 탐낸다면 하나님이 그 축복을 거두시리라는 것을 알았어요.

하나님의 말씀을 붙들고 사는 사람은 무엇을 분별합니까? 좋지 않은 유혹이 올 때 그 냄새를 맡습니다. 말씀을 붙들지 않는 사람은 눈에 좋아 보이는 것은 전부 움켜줍니다. 누가 좋은 제안을 하면 그냥 다 받아들여요. 사탄은 우리에게 독을 줄 때 그냥 독만 주는 법이 없습니다. 아주 멋진 포장을 해서 줍니다. 그래서 포장만 봐서는 이것이 좋은 것인지 악한 것인지 잘 모릅니다. 그러나 하나님의 말씀을 붙들고 사는 사람은 이 냄새를 맡습니다.

하나님이 주시는 것이 아닐 때는 아무리 좋은 직장이고 아무리 좋은 제안이고 아무리 좋은 청혼이라고 하더라도 구린내가 납니다. 늑대도 한 번은 꼭 꼬리를 보일 때가 있습니다. 아무리 꼬리를 안으로 말아 넣고 반창고로 붙여 놔도 한 번은 꼭 실수로 떨어뜨려요. 데이트할 때 '이 사람 참 낭만적이야' 하면서 빠져들지 마세요. 그러니까 당하는 겁니다. 낭만이 아니에요. 같이 데이트하다가 실수로 한 번 꼬리가 툭 떨어질 때 그걸 봐야 합니다. 음식값을 내는데 손이 몹시 떨린다든지, 별것 아닌데도 마구 흥분을 한다든지, "결혼하면 교회는 열심히 보내 줄 겁니다. 하지만 예수는 나쁜 사람입니다" 한다든지, 여하튼 어떤 식으로든 한 번은 꼬리를 드러냅니다. 그때 그 꼬리를 보아야 하고 냄새를 맡아야 합니다. 그렇지 않으면 늑대와 함께 춤을 추게 되어 있습니다.

여러분, 조심해야 합니다. 논리적으로는 문제가 없는 것 같고 그냥 괜찮은 것 같아도, 어디에선가 구린내가 납니다. 무언가 꺼림칙한 것이 있어요.

우리는 왜 하나님의 말씀과 함께 살아야 합니까? 그래야 포장된 악을 느낄 수가 있기 때문입니다. 아브람에게 막대한 재물이 생겼을 때 그는 이것이 그돌라오멜의 것도 아니고 소돔의 것도 아니고 자기의 것도 아니며 오직 하나님의 것임을 고백했습니다. 그래서 하나님께 십일조를 바쳤습니다. 십일조를 드린 것은 전부 다 드린 것과 같습니다.

그리고는 어떻게 했습니까? 소돔의 것을 소돔 사람들에게 돌려주었습니다. 저는 소돔 왕에게 돌려 주었다고 생각하지 않습니다. 왜냐하면 소돔 왕은 이미 모든 권한을 다 잃어버렸기 때문입니다. 해방된 자들이 재산없이 해방되면 다시 노예가 될 수밖에 없습니다. 그래서 아브람은 해방된 자들이 다시 노예가 되지 않도록 그들의 재산을 다시 돌려주었습니다. '다시는 죄를 짓지 말라. 다시는 노예가 되지 말라. 다시는 소돔 왕에게 노예생활 하지 말라' 하는 의미에서 자유를 주었을 뿐 아니라 재물을 함께 준 것입니다.

마귀가 하는 짓은 소돔 왕과 똑같습니다. 예수께서 십자가 위에서 죽으셨다가 부활하셨을 때 사탄은 사람을 지배할 수 있는 모든 합법적인 권리를 잃어버렸습니다. 하나님이 사람들을 용서하지 않고 버리셨을 때는 사람들을 지배할 수 있었습니다. 그러나 그리스도의 십자가를 통해 모든 사람들을 용서하겠다는 하나님의 의지가 표명된 이후로 사탄에게는 사람을 합법적으로 지배할 수 있는 권리가 없어졌습니다.

그런데도 사탄은 사람을 속이고 있으며, 이 세상에서 성경대로 살면 모든 것을 잃어 버린다고 위협하고 있습니다. "성경대로 살아봐. 사업이 되는 줄 알아? 성경대로 해서 대학에 들어가면 내 손에 장을 지진다. 성경대로 해봐. 비참하기만 하지. 내 말대로 해봐. 얼마나 잘되나!" 여러분, 이것은 거짓말입니다. 우리는 지금 속고 있습니다. 사탄은 그런 말을 할 자격이 없습니다. 사탄은 불법으로 그런 짓을 하고 있는 것입니다.

그러므로 사탄과 타협해서 돈을 벌려고 하거나 지혜를 구하려고 하지 마십시오. 그렇게 하면 망합니다. 성경대로 나가십시오. 죽이 되든 밥이 되든 밀고 나가십시오. 그러다가 일이 잘 안 풀려서 그냥 죽는 한이 있어도 그렇게 하십시오. 성경대로 했는데 일이 안 풀려서 굶어 죽으면 천국 올라갈 때도 가벼우니까 빨리 올라갑니다. 하지만 여러분, 사실은 그렇게 쉽게 안 죽습니다. 그리스도인들은 잘 망하지 않습니다.

학생들도 성경대로 공부하십시오. 자신을 가지세요. 하나님이 함께 하시지 않습니까? 하나님은 불가능한 것을 가능하게 하십니다. 천지의 주재이신 하나님이 아직도 이 땅에서 역사하고 계십니다. 이것을 믿으십시오.

지금 내 생활이 굉장히 비참하다고 생각합니까? 예수님의 이름을 부르십시오. "저는 지금 사로잡혀 있습니다. 저는 노예 같아요. 저에게 존귀한 삶을 회복시켜 주십시오" 하고 기도하십시오. 그러면 회복이 됩니다. 예수님이 38년된 병자에게 물어보신 말이 무엇입니까? 낫고 싶으냐는 것입니다. 낫고 싶어 하기만 하면 나을 수 있다는 거예요. 그런데 사람들은 그 말을 못합니다. 자신이 없기 때문입니다.

여러분, 낫고 싶습니까? 회복되고 싶습니까? 주님께 이야기하십시오. 회복되기를 원하기만 하면 회복됩니다. 놀라운 일이 일어나기 시작합니다. 주님이 그런 권한을 주십니다.

그런 의미에서 저는 소돔 사람들을 참으로 어리석다고 생각합니다. 그들은 분명히 아브람을 통해서 소돔 왕에게서 해방되었지만 죄로부터는 회복되지 못했기 때문입니다. 그래서 그들은 얼마 후에 무서운 유황불 심판을 통해 모두 멸망하게 됩니다. 가난과 노예생활과 억압으로부터는 해방되었지만 죄로부터는 해방되지 못했기 때문에 그들은 멸망했습니다.

오늘날 사람들을 보십시오. 정말 자유롭습니다. 저는 이 핵가족 제도가 여성에게 가져온 자유에 대해서 하나님께 감사를 드립니다. 옛날의 대가족 제도에서는 며느리들이 교회에 못 갔어요. 시아버지 무섭지요, 남편 무섭지요, 갔다가는 큰일납니다. 그러나 오늘날 여성들은 자유를 얻었습니다. 아침에 남편들이 회사갈 때 침대를 보고 인사합니다. "다녀오겠습니다, 여보." 출근한다고 해서 부인에게 일어나라고 하면 안 됩니다. 조금 괜찮은 남자는 커피까지 끓여 옵니다. 그러면 여성들이 하는 일이 무엇입니까? 실컷 자는 겁니다. 그러고 나서는 손톱을 물들이기 시작합니다. 돈도 마음대로 씁니다. 애들도 학교, 미술학원 같은 데 다 보냅니다. 해방입니다. 그러나 죄로부터는 해방되지 못했습니다. 손톱에 물들이고 지옥에 갈 여자들이 굉장히 많아요.

오늘날 얼마나 많은 사람들이 무지에서 해방되었습니까? 옛날에는 조금만 시골로 가도 성경공부 하기 전에 '기역, 니은'부터 가르쳐야 했습니다. 젊은 부인인데도 성경을 못 읽는 분들이 많았어요. 그러나 요즘 문맹이 어디 있습니까? 이제는 대학교 나와도 학력이 딸려요. 석사들도 딸리는 세상입니다. 사람들은 무지에서부터 해방되었습니다. 그러나 죄에서 해방되지는 못했습니다.

또 조금만 아프면 어떻게 합니까? 종합병원이든 지역의 작은 병원이든 막 쳐들어 갑니다. 그러나 그렇게 해서 건강은 되찾았을지 몰라도 죄에서 해방되지는 못했습니다. 그 건강 가지고 지옥에 가서 몸으로 때워야 할 사람들도 많습니다.

소돔 사람들은 참 어리석습니다. 아브람이 자유를 돌려주었을 때 그들은 거기에서 더 나갔어야 마땅합니다. 억압으로부터의 해방이나 가난으로부터의 해방이 아니라 죄로부터의 해방으로 더 나아갔어야 합니다. 그러나 그들은 단순히 재물을 되찾는 것에 만족했기 때문에 하나님의 심판을 당하고 말았습니다.

집안의 어려운 문제가 해결되었습니까? 거기에서 더 나아가야 합니다. 들어가고 싶은 대학교에 들어갔습니까? 거기에서 더 나아가야 합니다. 병들었는데 나았습니까? 거기에서 더 나아가야 합니다. 월세로 전전하다가 정착했습니까? 거기에서 더 나아가야 합니다. 죄에서 해방되기 전까지는 절대로 참된 안식이 없습니다. 소돔 사람들은 바보입니다. 현대인들은 바보입니다. 가난과 질병과 무지로부터는 해방되었지만 죄로부터는 해방되지 못했습니다. 그들은 영원한 심판을 피하지 못할 것입니다.

아브람은 소돔에 있는 물건에 손을 대지 않기로 결단을 내렸습니다. 그 대신에 소년들이 먹은 것과 자신과 동맹을 맺은 자들의 분깃은 찾아주어야 한다고 이야기했습니다. 아브람은 자기 신앙을 다른 사람에게 강요하지 않았습니다. 그래서 자신은 전리품을 갖지 않으면서도 자신과 함께 전쟁에 참가한 사람들은 당시의 관례에 따라 전리품을 얻을 수 있게 했습니다. 아무리 자신의 신앙이 하나님 앞에서 옳다고 해도 다른 사람에게 강요해서는 안 된다는 것을 알았기 때문입니다.

참 신앙은 자기의 신앙을 다른 사람들에게 강요하지 않습니다. "왜 저 사람은 나와 다르지? 왜 저 사람은 나처럼 열심이 없는 거야?" 하는 말을 하지 않습니다. 나에게는 내가 할 일이 있고 저 사람에게는 저 사람이 할 일이 있습니다. 신사적이에요. 자기가 넘어진다고 해서 남까지 걸고 넘어지지 않습니다. 아브람의 신앙은 아주 멋진 신앙입니다.

부모는 자신의 신앙을 자식에게 강요할 수 없습니다. 계속 이야기하면서 바른 길을 제시할 수는 있지만 강요할 수는 없습니다. 어떤 집 애는 예배 시간에 떠들지도 않고 너무 예배를 잘 드립니다. 그래서 비결이 뭐냐고 물으니까 떠들면 집에 가서 죽사발이 되도록 맞는다는 겁니다. 그 아이는 이단이 될 가능성이 굉장히 많습니다. 지금은 힘이 없어서 시키는 대로 앉아 있지만 힘만 생기면 목사 따귀를 때릴 겁니다.

신앙은 강요하는 것이 아닙니다. 신앙은 모범을 보이고 설명해 주고 양을 이끌 듯이 한 걸음씩 이끌어가는 것입니다. '내가 이렇게 믿으니까 너희들도 이렇게 믿어야 한다'고 강요하는 것은 폭행입니다. 주변에 보면 기독교인들에게 폭행당했다는 사람들이 굉장히 많습니다.

아브람은 잘 대접받을 수 있는 기회를 버리고 다시 무명의 뜨내기 목자로 돌아왔습니다. 아직 중요한 것이 오지 않았다는 확신이 있었기 때문입니다. '아직 본론은 오지 않았다. 하나님이 주실 상은 아직 오지 않았다. 그러니까 나는 이걸 먹고 만족하지 않겠다'는 것이지요.

오늘날 그리스도인들은 너무 욕심이 없어요. 아주 작은 것으로 헛배가 불러서 주저앉아 버립니다. "나는 가난했는데 이번에 수입이 10만 원 올랐어. 오, 주여, 감사합니다. 제가 주님으로부터 받을 건 다 받은 것 같아요. 안녕히 계세요." 기독교인들이 이렇게 살아서는 안 됩니다. "이건 아무것도 아니야. 내가 오늘까지 말씀 붙들고 살아온 것은 10만 원 더 받기 위해서가 아니야. 승진하기 위해서가 아니야. 집을 조금 넓히기 위해서가 아니야. 아직 본론은 오지 않았어. 그게 뭔지는 모르겠지만 어쨌든 아직 오지 않았어." 이러한 확신이 아브람으로 하여금 다시 무명의 뜨내기 목자로 돌아가도록 만들었습니다.

이 세상이 주는 인정과 칭찬과 상급이 아무리 좋아 보여도 하나님이 주시는 것과는 비교할 수 없습니다. 좋은 진주를 보고서는 자기 것을 모두 다 팔아서 그 진주를 사는 진주장사처럼 하나님의 은혜를 적극적으로 갈망하는 간절한 마음이 있어야 합니다. 눈앞의 어려움만 없어지면 여름에 개구리 엎어지듯이 허연 배 깔고 누워서 "나는 평안하도다" 하는 것은 어리석은 사람들이 하는 짓입니다.

오늘 말씀이 우리에게 이야기하고 있는 것이 무엇입니까? 내가 말씀 때문에 이 세상에 적응하지 못하고 다른 사람들에게 마치 건축자의 버린 돌 같은 취급을 받고 있다면 언젠가 가장 중요한 곳에 박힐 날이 오리라는 것입니다. 사람이 보는 것과 하나님이 말씀하시는 것이 다릅니까? 하나님이 말씀하시는 것을 믿으십시오. 그것이 진정한 나의 위치입니다.

멜기세덱과 아브람의 만남을 생각해 보십시오. 얼마나 존귀한 자가 와서 아브람을 축복했습니까? 아브람에게 승리보다 더 값진 것은 멜기세덱의 축복의 설교였습니다. 사탄의 유혹에 걸려 들지 말고 하나님께 영광을 돌리라는 그 설교가 아니었더라면 아브람은 소돔 왕의 유혹에 넘어가고 말았을 것입니다.

승리 이후에 더 큰 어려움이 있습니다. 사탄은 우리에게 다가와서 협상을 벌이자고 합니다. 하나님께 적극적으로 나아가는 대신 자기만족에 빠져서 주저앉으려는 것입니다. 그렇게 하면 큰일납니다. 늑대와 함께 춤을 추면 안 됩니다. 늑대는 멀리해야 합니다.

우리의 목적은 가난과 억압과 질병으로부터 해방되는 것이 아닙니다. 우리의 목적은 죄에서 해방되는 것입니다. 우리는 하나님을 기쁘시게 하는 적극적인 삶을 향하여 달려가야 합니다. 마치 선수가 공을 잡기 위해 자기의 온몸을 던지는 것처럼 하나님을 향하여 내 몸을 던지는 것이 참 영광이고 기쁨이며 하나님이 우리에게 원하시는 것입니다.

7

아브람의
믿음

얼마 전 신문에 아주 안타까운 기사가 실렸습니다. 어떤 장애인이 자살을 했는데, 그 사람이 할 수 있는 것은 오로지 도장 파는 일밖에 없었습니다. 그런데 사람들이 컴퓨터를 사용하게 되면서 더 이상 옛날처럼 도장으로 서류결재를 하지 않게 되었습니다. 그래서 장사가 점점 어려워졌습니다. 자기가 이 세상에서 가지고 있는 것이라고는 오직 도장 파는 기술뿐인데, 이것을 더 이상 쓸 수 없게 되자 그는 결국 자살하고 말았습니다. 참으로 안타깝고 기막힌 경우입니다. 이 사람은 이 세상에서 살기에는 자기에게 너무나 불행한 조건이 많기 때문에 더 이상 살 가망이 없다고 판단한 것입니다.

사람의 불행은 두 종류인 것 같습니다. 어떤 사람은 모든 부분이 다 불행합니다. 신체도 불구인데 배운 것도 없고 집도 가난한 사람은 이 경우에 해당합니다. 그러나 대개는 이렇지 않습니다. 다른 부분은 괜찮은데 그중에서 한두 가지가 어렵기 때문에 스스로 불행하다고 느끼는 것이지요. 집안 살림도 괜찮고 지식도 있는데 아이가 없어서 불행하다고 느끼는 사람이 있는가 하면, 신체도 건강하고 사람들과의 관계도 좋은데 무식한 것이 문제인 사람도 있습니다. 또 공부가 남들보다 좀 떨어지기 때문에 엄청나게 불행하다고 생각하는 사람도 있습니다. 마치 도로사정과 비슷합니다. 어떤 지방은 도로 전체가 좁기 때문에 항상 막힙니다. 주로 낙후된 지방이 그렇습니다. 그런데 어떤 지방은 모든 도로가 넓고 좋은데 오직 한 부분만 병목 지역이라서 그곳에서 차가 막혀 소통이 잘 되지 않는 경우도 있습니다.

오늘날 모든 부분이 다 불행하기 때문에 불행하다고 생각하는 사람은 거의 없습니다. 우리를 불행하게 만드는 것은 한 가지나 두 가지 정도입니다. 자기 마음대로 되지 않는 그 한두 가지 문제 때문에 모든 기쁨을 잃어버리고 침체되어 살고 있는 것입니다. 집안 살림도 궁핍하지 않고 공부도 잘하는데 결혼이 뜻대로 되지 않는 사람도 있고, 믿음도 좋고 다른 것도 괜찮은데 취직이 안 되는 사람도 있습니다. 사실 이런 식으로 따지고 들어가면 불행하지 않은 사람은 아무도 없을 것입니다. 남들이 보기에는 괜찮을지 몰라도 막상 본인은 그 결손 부분이 너무 크다고 생각하기 때문에 모든 자신감과 기쁨을 잃고 풍성하지 못한 삶을 삽니다.

아브람의 경우가 바로 그러했습니다. 아브람은 아주 큰 부자가 되었습니다. 아브람에게는 이미 많은 양 떼와 소 떼와 노비가 있었어요. 그리고 그돌라오멜의 군사를 겪음으로써 어느 누구도 무시할 수 없을 만큼 강한 사람이 되었습니다. 그러나 막상 아브람 자신은 풍성한 삶을 누리지 못하고 있었습니다. 다른 사람이 보기에는 아브람에게 아무 부족함이 없는 것 같았지만 아브람 자신은 기쁨 없이 침체되어 있었습니다.

그 이유는 두 가지였습니다. 첫째로 그에게는 아들이 없었습니다. 지금도 마찬가지지만 고대에 아들이 없다는 것은 자신의 죽음과 동시에 모든 것이 끝난다는 것을 의미했습니다. 또한 그에게는 안심하고 정착할 수 있는 땅이 없었습니다. 이 두 가지는 아브람에게 아주 중요한 결손이었습니다. 많은 양 떼가 있고 소 떼가 있고 명성이 있고 막강한 힘이 있었지만 아들이 없고 땅이 없었을 때 아브람은 결코 기쁘고 풍성한 삶을 살 수 없었습니다. 이 두 가지는 아브람에게 치명적이었습니다. 언제라도 건강이 악화되면 그는 모든 것을 다 잃을 수밖에 없습니다. 그리고 누군가가 와서 좀 비켜 달라고 하면 군소리 없이 다른 곳으로 이주할 수밖에 없습니다.

하나님께서는 아들과 땅이라는 두 가지를 아브람에게 주시지 않았습니다. 그래서 아브람은 풍성한 삶을 누리지 못하고 있었습니다.

하나님의 자기 소개

계시록 앞부분을 보면 예수님께서 소아시아에 있는 일곱 교회에 자기 자신을 각각 다른 모습으로 나타내시는 것을 볼 수 있습니다. 어떤 교회에는 일곱 별을 붙들고 그 사이를 왔다갔다 하는 것으로 자신을 소개하십니다. 그 교회는 목회자의 권위와 교회의 본질이 몹시 흔들리고 있는 교회였습니다. 또 어떤 교회에는 죽었다가 다시 살아나신 분으로 자신을 소개하십니다. 그 교회는 핍박을 받아서 순교자가 생긴 교회였습니다.

이렇게 주님이 나타나신 모양은 각 교회의 형편과 아주 깊은 연관이 있습니다. 주님은 그 교회가 처해 있는 형편을 깊이 이해하시고 바로 그 문제의 해결자로서 자신을 나타내십니다. 예를 들어서 어느 교회가 폭격으로 완전히 부서져 버렸다면 작업복을 입고 공구박스를 손에 든 모습으로 나타나실 것입니다. 또 어떤 교회 교인들이 모두 병들어 있다면 흰 가운을 입고 왕진가방을 들고 간호사 천사를 대동한 모습으로 나타나실 것입니다. 어느 교회에 악한 자들이 가득 들어와 마구 난동을 부리고 있다면 경찰복을 입고 권총을 든 모습으로 나타나실지도 모릅니다. 주님께서 이렇게 여러 가지 모습으로 자기 자신을 나타내고 계신 것은, 하나님께서 우리가 겪고 있는 어려움을 알고 계시며 참으로 도울 수 있는 분임을 보여 주시기 위해서입니다.

오늘 본문을 보면 아브람이 심리적으로 굉장히 깊은 침체에 빠져 있는 것을 볼 수 있습니다. 그때 하나님은 어떤 모습으로 자신을 나타내셨습니까? 15장 1절을 보십시오.

이후에 여호와의 말씀이 이상 중에 아브람에게 임하여 가라사대 아브람아 두려워 말라 나는 너의 방패요 너의 지극히 큰 상급이니라

하나님께서는 자기 자신을 엄청나게 큰 방패와 지극히 큰 상급으로 나타내고 계십니다. 성경은 아브람이 구체적으로 어떤 형편에 있었는지 설명하고 있지 않습니다. 단지 본문은 '이후에'라고 서두를 꺼내고 있습니다. '이후'라는 것은 아브람이 그돌라오멜의 연합군을 격파하는 큰 승리를 거둔 후라는 뜻입니다.

하나님께서는 아브람에게 두려워하지 말라고 말씀하십니다. 어떻게 승리한 용사가 두려움에 빠질 수 있습니까? 자기 힘으로 승리한 사람은 두려움에 빠지지 않습니다. 그러나 자기 실력이 아니라 다른 사람의 도움으로 이긴 사람은 이긴 후에 오히려 더 큰 두려움에 빠지게 되어 있습니다. 아브람은 자기 힘으로 그돌라오멜을 이긴 것이 아니라는 것을 잘 알았습니다. 그저 어떻게 하다 보니까 이긴 것입니다. 밤에 그냥 습격을 하고 보니까 이겨 있는 거예요.

아브람은 이긴 후가 더 두려웠습니다. 그돌라오멜과 그 연합군이 보잘것없는 목자에 불과한 자기 실체를 알고 다시 반격해 오면 어떻게 합니까? 게다가 아브람의 신분이 노출되고 나니 주위에 있는 여러 왕들도 아브람에게 경계의 눈초리를 보냅니다. '저 사람 알고 보니 막강한 실력자네. 잘못하다간 우리가 당하겠는걸.' 그래서 예전같이 도움이나 혜택을 주지 않고 계속 따돌립니다. 그래서 아브람은 큰 승리를 거둔 후에 심리적으로 더 불안했고, 현실적

으로 더 어려웠습니다.

어떤 사람은 큰일이 생겼을 때는 무조건 하나님만 바라보면서 기도합니다. 하나님을 바라보지 않으면 승산이 없기 때문입니다. 그런데 막상 그 문제가 해결되고 난 후에는 자신의 형편을 생각하면서 끝없는 수렁에 빠져들기 시작합니다. 막상 내 문제로 돌아와 보니까 되어 있는 것이 하나도 없는 거예요. 남을 위해서 열심히 뛸 때는 내 문제를 잊어 버렸는데, 집에 돌아와 보니까 남편은 병들어 있고, 애는 여전히 헤매고 있고, 쌀은 떨어졌습니다. 이럴 때 우리는 깊은 침체에 빠지게 되어 있습니다.

큰 목표가 있을 때에는 작은 문제가 눈에 보이지 않습니다. 그러나 그 목표가 없어졌을 때에는 작은 문제들이 다 들고 일어나서 그 사람을 가라앉게 만들고 자기연민에 빠지게 합니다. "나는 너무너무 불쌍한 사람이야. 이 세상에서 나보다 더 불쌍한 사람 있으면 나와 보라고해! 오, 주여. 왜 나를 살려 두시나이까? 나를 데려가 주시옵소서." 싱크대에 물 빠지듯이 가라앉습니다.

아브람의 문제가 어떤 것이었는지 우리는 정확하게 알 수 없습니다. 단지 이 모든 문제들이 복잡하게 얽혀서 아브람을 아주 답답하게 만들었고, 심한 두려움과 하나님에 대한 원망에 빠지게 했던 것 같습니다. 큰 승리가 있고 난 후, 아브람은 자기 자신의 문제로 돌아왔습니다. 큰 승리를 거두었지만 자기 힘으로 이긴 것이 아닙니다. 어쩌다가 이긴 거예요. 아침에 일어나 보니까 승리자로 둔갑해 있었습니다. 그렇다고 해서 실제로 변한 것은 아무것도 없습니다. 아이를 가질 가능성은 점점 희박해지고 있고 땅은 한 평도 없습니다. 유명해진 것에 비해서 실속이 너무나도 없습니다.

그때 하나님이 아브람에게 나타나신 것입니다. 그는 아브람에게 두려워하지 말라고 하시면서 하나님 자신이 그의 방패이며 큰 상급이라고 말씀하셨습니다. 무엇보다도 하나님은 그에게 말씀을 주셨습니다. 1절을 보면 "여호와의 말씀이 이상 중에 아브람에게 임하여"라고 나와 있습니다. 환상 중에 말씀하시는 것은 구약시대에 하나님이 말씀하시는 방법 중 하나였습니다. 오늘날에는 설교를 듣는 가운데, 말씀을 깊이 묵상하는 가운데, 또 경건한 성도들과 대화하는 가운데 우리에게 말씀하십니다. 그런데 그중에서도 가장 강력하고 가장 무게있고 가장 분명한 것은 설교 가운데 말씀하시는 것입니다.

하나님이 나에게 말씀하실 때 내 속에 나타나는 현상이 무엇입니까? '하나님께는 무슨 해결책이 있겠다'는 믿음이 일어납니다. 나 혼자서는 해결이 되지 않았습니다. 오히려 그 문제를 가지고 씨름을 하면 할수록 더 힘들었습니다. 그런데 말씀을 들으니까 '하나님께는 무슨 해결책이 있겠다' 하는 생각이 들면서 마음이 달라지기 시작합니다. 하나님의 말씀은 이처럼 우리 안에 잠자고 있는 믿음을 불러 일으킵니다. 방이 환해지면 어둠의 그림자가 물러가고 마음이 기뻐지는 것처럼 내 마음속에 믿음의 불길이 타오르기 시작하면 어두운 불안과 공포가 사라지기 시작하면서 '정말 하나님께는 무슨 해결 방법이 있겠구나' 하는 믿음이 생기기 시작합니다.

아브람이 두려워하는 것이 무엇입니까? 그돌라오멜을 이겼지만 이것은 자기 힘으로 이긴 것이 아니라는 것입니다. 한 번은 승리할 수 있었을지 모르지만 두 번 세 번 위기를 넘길 자신은 없습니다. 그러나 하나님께서 뭐라고 말씀하십니까? "내가 너의 방패가 되어주겠다. 한 번 두 번이 아니라 영원히 너를 지켜주겠다. 힘이 없다고 두려워하지 말아라. 네가 변한 것이 없다고 해서 스스로 약한 마음을 먹지 말아라. 내가 영원히 너의 큰 방패가 되어 주겠다." 그돌라오멜이 다시 쳐들어와도 아브람은 이길 것입니다. 아브람의 실체를 알고 그의 공격 방법이 기습 작전이라는 것을 알아챈 다음에 두 번 세 번 쳐들어와도 그는 이길 것입니다.

한 번은 빚을 갚았습니다. 그러나 1년 후에 돌아올 문제가 걱정되기 시작합니다. 그때 하나님이 뭐라고 말씀하십니까? 하나님은 기적을 한 번만 일으키는 분이 아니라는 것입니다. 하나님은 한 번 기적을 일으키면 그다음에도 자꾸 기적을 일으켜서 자기 백성을 지켜주시는 분이라는 것입니다.

우리가 두려워하는 것이 무엇입니까? 우리는 하나님이 기뻐하시지 않는 요인들이 아직도 내 속에 많다는 것을 알고 있습니다. 믿는다고 하면서도 우리는 또 실수하고 또 실패합니다. 하나님께서 나의 이런 부족한 신앙을 보시고 믿음이 없어졌다고 버리시면 어떻게 합니까? 그러나 걱정하지 마십시오. 하나님은 절대로 버리지 않으십니다. 하나님이 한 번 능력을 베푸셔서 지켜주신 자기 백성은 그보다 몇백 배 더 큰 위기가 와도 반드시 지켜 주십니다.

"전에는 안 지켜 주시던데요." 그것과 이것은 다릅니다. 전에 안 지켜 주신 것은 진짜 안 지켜 주신 것이 아니라 하나님이 연단을 주신 것입니다. 하나님은 내 속에 있는 이 죄성을 없애기 위해서 때때로 연단을 주시지만 위기 때에는 버리지 않으십니다. 홍해를 가르셨던 하나님은 요단 강도 가르십니다. 하나님은 우리가 연약하다고 해서 버리시는 법이 없습니다. 연약한 부분은 연약한 부분대로 따로 다루실 때가 있습니다. 그러나 위기가 왔을 때는 무조건 지키시고 무조건 능력을 행하십니다.

여러분, 아들이 못된 짓 할 때와 위기에 처했을 때는 다릅니다. 위기가 왔을 때는 무조건 구하고 봐야 합니다. 오는 길에 "이 자식아!" 하면서 때려 주더라도 일단은 구하고 봐야 합니다. 이처럼 연단을 주시는 것과 위기 때 버리는 것은 다릅니다. 하나님은 결코 자기 백성들을 위기 가운데 버리지 않으십니다. 그러나 평소에는 연단을 시키셔서 하나님이 원하시는 모습으로 만들어 가십니다.

아브람의 불평

하나님의 말씀을 들은 아브람은 하나님이 아직까지 언약을 행하시지 않는 것에 대하여 항의했습니다. 2절과 3절을 보십시오.

> 아브람이 가로되 주 여호와여 무엇을 내게 주시려나이까 나는 무자하오니 나의 상속자는 이 다메섹 엘리에셀이니이다 아브람이 또 가로되 주께서 내게 씨를 아니 주셨으니 내 집에서 길리운 자가 나의 후사가 될 것이니이다

아브람에게 가장 답답한 문제는 아직 그의 재산을 상속할 아들이 없다는 것입니다. 하나님께서는 분명히 두 가지 약속을 하셨습니다. 하나는 그의 후손이 땅의 티끌처럼 많아지리라는 것입니다. 그런데 아직 한 명도 없습니다. 또 하나는 그가 밟는 모든 땅을 주신다는 것입니다. 그러나 하나님은 아직도 땅 한 평 주시지 않았습니다. 아브람은 하나님의 약속을 바라보고 소돔의 모든 전리품을 포기했습니다. 그러나 하나님은 아직 그 약속을 이행하지 않고 계십니다.

아브람은 자기 집에 있는 종 다메섹 엘리에셀을 상속인으로 삼게 해달라고 말씀드립니다. 이것은 그냥 나온 말이 아닙니다. 많은 시간을 두고 고민하고 또 고민한 끝에 나온 결론이었습니다. 아브람의 말 속에는 하나님의 약속이 빨리 이행되지 않는 것에 대한 불평이 들어 있습니다. 그리고 한편으로는 그렇기 때문에 더 이상 하나님의 약속을 기다릴 수 없다는 포기의 뜻이 들어 있습니다.

아브람이 빨리 약속을 이루시지 않는 것에 대하여 하나님께 항의하고 불평하는 것은 잘못이 아닙니다. 그러나 그는 거기에서 그치지 않고 "더 이상 하나님의 약속을 붙들 수 없습니다. 저는 약속을 포기하겠습니다. 다메섹 엘리에셀을 상속자로 삼아 주십시

오" 하는 불신앙의 자리까지 나아갔습니다. 아브람의 이 말을 들을 때 코가 찡해지면서 아브람이 불쌍하다는 느낌이 들지 않습니까? 그냥 맹숭맹숭하고 졸음이 쏟아지는 분은 지금 설교를 전혀 듣지 않는 것입니다. 아브람이 오죽했으면 아들 낳기를 포기하고 자기 집에서 기른 종을 후사로 정하려고 했겠습니까?

이 후사 문제는 아브람의 가슴을 늘 내리누르는 답답한 문제였고, 가장 큰 마음의 고통이었습니다. 아브람은 이 문제를 가지고 너무나 오래 씨름했기 때문에 이제는 더 이상 씨름할 자신이 없었습니다. 아브람은 지쳐 버렸습니다. 그래서 이제는 엘리에셀을 후사로 결정하고 이 문제로부터 놓여나고 싶다고 말하는 것입니다. "저는 이 아들 문제로 너무나 오래 시달려 왔습니다. 이제는 더 이상 견딜 수가 없습니다. 하나님, 제발 이 문제에서 저를 풀어 주십시오." 물론 아들을 낳고 싶지요. 그러나 이제는 지쳤습니다.

여러분, 나에게 해결되지 못한 문제가 있을 때, 또 그 문제가 오랜 기간 계속될 때 어떻습니까? 하나님의 온전한 뜻이 아니라고 하더라도 대충 그 문제를 해결해 버리고 그 문제로부터 놓여나고 싶을 때가 많지요. 수술 받은 환자들은 그런 경험을 했을 것입니다. 의식은 있는데 수술 시간이 길어질 때 "그냥 대충 꿰매 버리세요" 하는 말이 저절로 나옵니다. 특히 애를 낳는데 진통이 길어지면 "나오든 안 나오든 빨리 어떻게 해버려!"라는 말이 절로 나오지요. 사람은 고통이 길어지면 견디지 못합니다.

아브람의 경우가 바로 그랬습니다. 하나님이 후사를 주신다기에 기다렸습니다. 사라에게 무슨 징후가 있을까 해서 아침마다 살핍니다.

"여보, 뭐 이상한 거 없어?"

"아니요. 밥맛도 좋고 다 정상인데요."

"오, 주여! 어떻게 된 겁니까? 밥맛이 안 좋을 텐데."

"아니요, 좋아요."

"기분이 안 좋을 텐데."

"좋다니까요."

일이 년이 아닙니다. 이제는 신경이 날카로워질 대로 날카로워져서 아브람 같은 사람도 별것 아닌 것에 막 소리를 지릅니다. 지금 아브람이 엘리에셀을 후사로 삼게 해달라는 것은 이제 지칠 대로 지쳤다는 것입니다. 아브람의 신경은 바이올린 줄처럼 팽팽하게 긴장되어 끊어지기 직전에 있습니다. 아브람의 이 말 속에는 "이제 저를 더 이상 이 문제에 묶어 두지 마시고 제발 좀 풀어 주십시오" 하는 간절한 뜻이 들어 있습니다.

우리를 괴롭히는 것은 여러 가지가 아닙니다. 한 가지입니다. 이 한 가지가 내 입장을 구겨 놓고 내 자존심을 상하게 하고 나를 좌절시킵니다. 그 문제를 놓고 30일 기도해도 안 되고, 100일 기도해도 안 될 때 어떻게 합니까? "죽이 되든 밥이 되든 맘대로 하시고 저를 이 문제에서 해방시켜 주십시오. 그냥 아무하고나 결혼할랍니다. 길에서 첫 번째로 만나는 사람하고 해버리면 안 될까요?" 이처럼 주님의 뜻을 찾고 또 찾아도 뜻대로 되지 않을 때 사람은 자포자기의 상태로 나아갑니다.

아브람은 한계상황에 와 있습니다. 더 견딜 수가 없어요. 너무 지쳤습니다. 아들을 준다고 해놓고 안 주기를 이렇게 여러 해 계속하시니 도대체 어떻게 해야 합니까? 아브람은 하나님 앞에 나아가서 자기 마음을 있는 그대로 쏟아 놓고 있으며, 하나님이 약속을 지키지 않으시는 것에 대하여 항의하고 있습니다. 그리고 엘리에셀을 상속자로 정함으로써 후사문제를 끝내고 싶은 불신앙을 고백하고 있습니다. "하나님, 저는 지금 불신앙에 빠져 있습니다. 이렇게 하면 안 되는 줄 알면서도 제 속에 불신앙이 고개를 쳐들고 있습니다. 저는 이 문제를 감당할 수가 없습니다" 하면서 있는 그대로 쏟아놓고 있습니다.

우리들이 기도해야 할 것이 이것입니다. "왜 하나님께서는 성경에서 약속하신 대로 지키지 않으십니까?" 하고 기도하십시오. 시편을 보면 이런 시들이 있습니다. 하나님께서는 다윗과 언약을 세우시면서 영원히 다윗의 등불이 꺼지지 않게 하겠다고 약속하셨습니다. 그런데 바벨론 군대가 쳐들어와서 다윗 왕가가 무너지자 시인들은 기도했습니다. "하나님, 왜 다윗 왕가와 세운 약속을 지키지 않으십니까? 왜 다윗과 세운 언약을 잊어버리셨습니까? 그 언약을 회복해 주십시오." 그 대표적인 시편이 89편입니다. 시인은 "하나님, 기억하셔야 합니다. 다윗과 세운 언약을 지키셔야 합니다. 신실하지 않으면 안 됩니다" 하고 항의하고 있습니다.

하나님의 백성은 하나님이 나와 맺은 언약을 지키시지 않는 것에 대해 항의할 수 있습니다. 우리의 믿음이 무엇입니까? 내가 하나님의 말씀을 붙들면 하나님이 나의 모든 것을 책임지신다는 것입니다. 나의 집이나 먹는 문제나 결혼이나 가정이나 자녀 문제, 다 책임지시게 되어 있습니다. 내가 하나님의 말씀을 붙들었는데도 잘 곳이 없습니까? 먹을 것이 없습니까? 자녀 문제가 해결되지 않습니까? 그때 하나님께 항의하는 기도를 할 수 있습니다. "하나님, 왜 당신이 세운 언약을 지키지 않으십니까? 내가 말씀을 붙드는데 왜 말씀대로 되지 않습니까? 제가 세상 사람들처럼 그렇게 살아야 하겠습니까? 제 속에서 불신앙이 고개를 쳐들고 있습니다. 하나님의 말씀을 붙들 수가 없습니다. 하나님은 믿지 못할 분이라는 생각이 자꾸 듭니다. 어떻게 하면 좋습니까?" 이것이 아브람의 기도였습니다.

하나님의 응답

하나님은 항의하는 아브람에게 분명히 대답하셨습니다. 4절을 보십시오.

여호와의 말씀이 그에게 임하여 가라사대 그 사람은 너의 후사가 아니라 네 몸에서 날 자가 네 후사가 되리라 하시고

아브람이 자기 마음속에 있는 불신앙을 그대로 쏟아 놓았을 때 하나님께서는 자신의 뜻을 명확하게 보여 주셨습니다. "내 뜻은 이것이다. 그 사람은 네 후사가 아니고 네 몸에서 날 아들이 후사다." 말씀이 명확해지니까 무엇을 붙들어야 할지 확신이 생기고 믿음이 일어나기 시작했습니다. 내가 불신앙에 빠져서 혼란과 좌절 가운데 있을 때 하나님께 내 마음을 쏟아 놓으면 하나님은 내가 붙잡아야 할 말씀이 무엇인지 명확하게 알려 주십니다.

말씀이 구체적이어야 믿음이 생깁니다. 말씀이 손에 잡혀야 해요. "하늘은 둥글고 바다는 깊습니다. 믿습니까?" "민족복음화와 세계평화를 위해서!" 이런 모호한 말들을 듣고서는 믿음이 생기지 않습니다. 믿음은 아주 구체적인 것입니다. 설교는 하나님의 말씀을 손에 잡을 수 있도록 주는 것입니다. 냄새가 나야 하고, 눈에 보여야 하고, 손으로 만질 수 있어야 합니다.

"그 종은 후사가 아니야. 네가 아들을 낳는다니까."

"저는 늙었는데요."

"늙었어도 낳을 수 있어."

이렇게 구체적인 말씀이 있을 때 우리는 기다릴 수 있습니다. 모호한 상태에서는 오래 기다리지 못합니다. 하나님은 아브람을 데리고 밖으로 나가셨습니다. 5절을 보십시오.

그를 이끌고 밖으로 나가 가라사대 하늘을 우러러 뭇별을 셀 수 있나 보라 또 그에게 이르시되 네 자손이 이와 같으리라

하나님께서는 아브람에게 하늘의 별을 바라보라고 하셨습니다.

"별을 헤아려 보거라"

"별 하나, 별 둘……."

막 헤아리는데 별이 너무 많습니다. 아브람은 별을 헤아리면서 생각합니다. '저 별은 원래 없었다. 하나도 없었다. 그런데 하나님은 아무것도 없는 가운데서 엄청나게 많은 별을 만드셨다. 하나님은 이처럼 아무것도 없는 가운데서도 엄청나게 많은 자손들을 만드실 수 있는 분이다.' 그러면서 아브람의 마음속에 흔들리지 않는 믿음이 생깁니다.

하나님께서 유독 이 후사의 문제를 어렵게 하신 이유가 무엇일까요? 아들을 주시겠다고 약속하셨으면 빨리 주실 것이지, 왜 이렇게 많은 고통과 좌절을 주시면서 오래 기다리게 하십니까? 아브람의 후사는 육신의 후사가 아니기 때문입니다. 그 후손은 아브람의 자연적인 후손이 아닙니다. 성령의 역사를 통해 말씀으로 태어날 믿음의 자손들입니다. 그래서 하나님께서는 말씀으로 이삭이 태어나게 하셨습니다.

아브람이 본 하늘의 수많은 별들 가운데 우리가 들어 있습니다. 우리가 이렇게 신앙을 가지게 된 것은 부모가 신앙을 가졌기 때문도 아니고, 친구가 교회에 가자고 해서도 아닙니다. 우리 한 사람 한 사람이 예수를 믿게 된 것은 기적입니다. 믿음의 가정에 태어났어도 신앙이 없는 사람이 있고, 불신 가정에서도 놀랍게 신앙을 가지는 사람들이 있습니다. 유다 왕들의 역사를 보십시오. 그렇게 선한 왕에게서 악한 왕이 나옵니다. 그리고 그렇게 악한 왕 밑에서 선한 왕이 나옵니다. 이것은 전부 하나님의 기적입니다. 돌연변이가 아니라 기적이에요. 오늘 우리가 하나님의 백성이 된 것은 자연적으로 된 것이 아닙니다. 마치 아브람의 죽은 몸에 말씀이 임해서 그에게 새로운 생명력을 주었던 것처럼 우리의 죽은 영혼에 하나님의 말씀이 임해서 변화시킨 결과 우리가 하나님의 백성이 된 것입니다.

하나님은 아들을 낳을 수 있는 자연적인 능력이 아브람에게서 완전히 끊어질 때까지 기다리기 위해 아들을 주지 않으셨습니다. 그리하여 인간의 힘으로는 도저히 아들을 낳을 수 없게 되었을 때 말씀으로 이삭을 낳게 하셨습니다. 아브람은 정상적인 능력이 다 사라질 때까지 기다려야만 했습니다.

우리가 믿음을 적용해야 할 문제가 어떤 것입니까? 내 힘으로 해결할 수 없는 문제입니다. 아브람에게는 아들이 그 문제였습니다. 우리들에게는 우리 나름대로 자기 힘으로 극복할 수 없는 어려움이 있습니다. 그 부분이야말로 믿음을 적용해야 할 부분이며, 내가 하나님께 바쳐야 할 부분입니다. 이것은 자연적인 힘이나 내 생각과 내 계획으로가 아니라 하나님의 주권적인 능력으로 이루어져야 할 부분입니다. 그 부분에 적용되지 못하는 신앙은 파산한 신앙입니다. 그 부분에서 인간적인 방법을 포기하지 못하고 그 부분에서 정직하지 못한 신앙은 싸구려 신앙입니다.

덜 중요한 부분은 믿음으로 잘 합니다. 커피 마시고 주스 마실 때는 기도 잘해요. 그러나 정작 중요한 문제 앞에서는 기도하지 않고 자기가 알아서 다 한다면 그 믿음은 믿음이 아닙니다. 덜 중요한 부분은 다 믿음으로 하면서도 자녀의 결혼 문제나 진학 문제는 믿음으로 하지 못한다면 그 믿음은 엉터리입니다. 교회에서 주보 나누어 주는 일은 믿음으로 하면서도 회사 일은 믿음으로 하지 않는다면 그 믿음은 파산 난 것입니다. 싸구려예요. 하나님은 속지 않으십니다.

하나님께서는 아브람에게 밤 하늘의 별을 바라보라고 하셨습니다. 지금 아들이 없다는 큰 문제가 아브람을 삼키고 있기 때문에 그는 아들 외에는 눈에 보이는 것이 하나도 없었습니다. 우리는 어떤 문제가 있으면 그 문제에 갇혀서 다른 것을 전혀 생각하지 못합니다. 그러나 하나님은 아브람에게 눈을 들어 하나님의 큰 능력을 바라보라고 말씀하셨습니다. 내가 가진 문제에 갇혀버리면 안 됩니다. 그것이 나의 모든 것이 되어버리고 내가 그것에 붙들리면 안 돼요. 우리의 기질 중 하나가 무엇인가 하면, 어떤 문제를 하나 생각하기 시작하면 그 문제에 완전히 매여 버리는 것입니다. 이런 경향은 신앙이 없는 사람보다 신앙이 있는 사람에게 더 강하게 나타나고, 평신도보다는 목회자에게 더 강하게 나타납니다.

그러나 문제에 매여 있으면 해결이 안 됩니다. 그래서 하나님은 아브람에게 아들의 문제에서 빠져나와서 하늘의 별을 바라보라고 하십니다. 그렇게 별을 바라보면서 아들의 문제는 작은 문제가 되고, 하나님의 능력은 아브람의 마음속에 크게 와닿았습니다.

하나님은 아브람과 사래가 더 늙을 때까지 기다리고 계십니다. 인간의 힘으로는 도저히 아들을 낳을 수 없을 때까지 기다리고 계십니다. 그런데 아브람은 지칩니다. 힘이 빠집니다. 그때 하나님은 아브람을 자기 세계와 자기 계획 밖으로 끌고 나와서 "너의 생각과 다른 나의 계획이 있다. 너의 생각에서 나와라. 이것이 네가 버틸 수 있는 길이다"고 말씀하시는 것입니다.

여러분, 우리가 주의해야 할 것이 바로 이것입니다. 하나님의 때가 있습니다. 하나님은 그의 때에 모든 것을 다 이루실 것입니다. 그런데 우리는 그 전에 이미 다 지쳐 버립니다. 그럴 때 어떻게 해야 합니까? 그 문제에서 나와야 합니다. 나와서 하나님의 신실하심을 붙들어야 합니다. 내 속에서 빠져나가는 능력만 생각할 것이 아니라 오늘까지 나를 선대(善待)하신 하나님의 신실하심과 은혜를 헤아리면서 나의 이기적인 생각의 틀에서 나와야 합니다. 그렇지 않으면 우리는 하나님의 때까지 기다리지 못합니다.

그렇다면 하나님의 때가 언제입니까? 내가 기다릴 대로 다 기다려서 완전히 지치고 난 다음에도 조금 더 지난 후에 하나님의 때가 시작됩니다. 이때가 위험합니다. 사람들은 이때 신앙을 다 팔아먹습니다. 나는 완전히 지쳐 있고 하나님의 때는 아직 오지 않았을 때 우리는 어떻게 해야 합니까? 내 문제에서 나와서 하나님이 지금까지 얼마나 우리 가정을 신실하게 대하셨으며 우리 자녀들에게 은혜를 베푸셨는지 낱낱이 헤아려 봐야 합니다. 얼마나 많은지 헤아리다 그냥 자버립니다. 그렇게 자면서 스트레스가 풀리고, 자면서 기쁨이 회복됩니다. 그리고 자고 나서 보면 화가 다 없어져 버립니다.

아브람의 믿음

아브람은 자기가 도저히 포기할 수 없는 이 문제를 하나님께 맡겼습니다. 자식을 낳을 가능성이 거의 없어져 감에도 불구하고 "좋습니다. 저는 말씀을 믿습니다. 이런 상태가 더 계속되어도 좋습니다. 더 능력이 없어져도 좋고 더 힘이 없어져도 좋습니다. 저는 말씀을 믿습니다" 했을 때 하나님은 그것을 아브람의 의로 인정하셨습니다. 6절을 보십시오.

아브람이 하나님을 믿으니 여호와께서 이를 그의 의로 여기시고

구약성경에서 가장 중요한 한 구절을 뽑으라고 하면 바로 이 6절 말씀을 뽑을 수 있습니다. 구약성경의 숨은 진주가 바로 이 말씀입니다. 사탄은 수천 년 동안 기를 쓰고 이 말씀의 진리를 가림으로써 얼마나 많은 사람들을 노예생활하게 만들었는지 모릅니다.

첫 번째로 '의로 여기셨다'는 것은 의인이 아니지만 의인으로 인정하셨다는 뜻입니다. 아브람은 하나님 앞에서 죄인이었습니다. 그는 진노 외에는 아무것도 받을 자격이 없는 사람이었습니다. 그러나 그가 하나님 앞에서 자신의 능력 없음을 인정하고 믿음 없음을 인정했을 때, 자기 생각을 의지하지 않고 하나님의 말씀을 붙들었을 때, 말씀 앞에 자기의 것을 전부 버렸을 때, 하나님은 그를

의인으로 인정하셨습니다.

이처럼 아브람이 무서운 하나님의 진노를 피하고 하나님의 은혜 안에 있게 된 것은 그가 택함을 받았기 때문이거나 부르심을 받았기 때문이 아닙니다. 오직 그가 불가능한 가운데 자기의 생각과 자기의 감정과 자기의 판단을 다 버리고 하나님의 말씀을 붙들었기 때문입니다. 하나님은 이 믿음을 통하여 그를 하나님과 원수된 자리에서 참된 화평의 자리로 옮기셨습니다.

두 번째로 '의로 여기셨다'는 것은 법적인 인정입니다. 다시 말해서 노예해방의 선언과 같습니다. 이것은 개인의 상태나 생각과 상관없이 법적으로 이루어지는 것입니다. 아브람에게는 아직 죄성이 남아 있습니다. 그러나 하나님께서는 그것과 상관없이 그의 모든 죄를 용서하시고, 하나님 앞에 의인으로 인정하시며, 그의 기도가 하나님 앞에 상달될 수 있게 하셨습니다. 믿음으로 의롭다 함을 받기 전에는 참다운 기도가 이루어질 수 없습니다. 불신자들의 기도는 기도가 아닙니다. 믿음으로 의롭다 함을 받기 전에는 기도라는 것이 원천적으로 존재할 수 없습니다.

인간의 공로로는 하나님 앞에 나아갈 수 없습니다. 오직 믿음으로만 나아갈 수 있습니다. 무엇을 믿는 믿음입니까? 하나님이 제시하신 구원의 길을 믿는 것입니다. 예수 그리스도의 십자가를 믿는 것입니다. 나의 모든 공로를 버리는 것입니다. 나의 학벌과 잔재주를 모두 버리는 것입니다. 그렇게 십자가를 붙들고 나서 성령의 인도하심을 믿는 것입니다. 여러분, 성령을 믿습니까? 성령께서 여러분의 생활을 이끄신다는 것을 믿습니까? 믿어야 합니다. 성령께서 나의 삶을 인도하시며 막을 것은 막고 주실 것은 주고 허용할 것은 허용하신다는 것을 믿어야 합니다.

하나님이 우리를 의롭다고 하시는 것은 외모를 보셨기 때문이 아닙니다. 사람들은 외모를 보고 "너는 참 똑똑해" 합니다. 그러나 하나님은 "네가 똑똑해봐야 얼마나 똑똑하냐"고 비웃으십니다.

그러면 어떤 사람을 의인으로 받아 주십니까? 자신을 죄인으로 인정하고 자신의 남은 삶을 하나님께 완전히 드리는 자입니다. 연로하신 노인 여러분, 남은 삶을 하나님께 드리는 것이 믿음입니다. 청소년 여러분, 남은 삶을 하나님께 드리는 것이 믿음입니다.

아브람은 언제 자기가 참 죄인인 것을 알았습니까? 아들이 빨리 생기지 않아서 그것을 가지고 원망하고 불평하고 화를 내는 자신의 모습을 보면서 하나님 앞에 얼마나 무서운 죄인인지 알았습니다. 내 안에 있는 죄성을 보여 주는 것이 무엇입니까? 뜻대로 안 되는 그 작은 문제입니다. 모든 일이 뜻대로 잘되고 평화로울 때 믿는다는 것은 거짓말입니다. 그런 것을 못할 사람이 어디 있습니까? 뜻대로 안 되는 딱 한 가지 문제가 걸릴 때 '나한테 이렇게 더러운 성질이 있었나' 싶을 정도로 맹수적인 본성이 나옵니다.

그러므로 자기를 믿으면 안 됩니다. 내가 겉으로는 얌전하게 보이지만 속에는 얼마나 악한 본성이 있는지 인정하고 하나님께 남은 삶을 드릴 때 하나님께서 의롭다고 인정하시고 그의 삶을 아름답게 만드십니다.

하나님께서 아들을 원하는 아브람에게 금방 아들을 주시지 않은 이유가 무엇입니까? 아브람 자신이 아들 하나도 자기 마음대로 낳을 수 없는 무능한 자이며, 아들이 없다는 이유로 하나님을 원망하고 침체되고 자기 자신을 학대하는 무서운 죄인인 것을 깨닫고 자신을 하나님께 바치게 하기 위해서 이렇게 하셨습니다.

여러분, 나를 불행하게 만드는 문제를 통하여 내가 하나님 앞에서 얼마나 믿음이 없고 악한 자인지 깨닫기 바랍니다. 그리고 그 문제를 하나님께 맡기고 거기에 믿음을 적용함으로써 그것이 나 개인의 문제에 그치는 것이 아니라 다른 사람들의 약한 믿음을 붙들어주는 도구가 되기를 바랍니다.

8

하나님의
약속

얼마 전 우리나라에서 매국노로 지탄받는 사람의 후손이 자기 조상의 땅을 되찾겠다고 법정투쟁을 벌인 적이 있습니다. 그때 중요한 것이 무엇입니까? '정말 조상 때 그 땅을 소유했다는 정확한 근거가 있느냐?'는 것입니다. 오래된 신문이나 공문서를 뒤져서라도 왕이 그 사람에게 이 땅을 하사한 근거가 있느냐만 밝혀내면, 매국노가 아니라 매국노의 할아버지라도 그 땅을 후손에게 돌려주어야 할 것입니다.

옛날에는 이런 경우가 가끔 있었습니다. 미국에 펜실베이니아라는 주가 있는데, 이 주는 영국의 조지 왕이 펜이라는 사람의 아버지에게 빌린 돈을 갚지 못해서 그 대신 식민지 땅 일부를 하사한 것입니다. 펜은 자기 이름을 따라 그 땅의 이름을 '펜실베이니아'라고 했습니다. 옛날에는 그런 일이 자주 있었습니다. 왕이 신하에게 어떤 땅을 주겠다고 약속을 했는데 무슨 사정이 있어서 그 약속을 이행하지 못했을 경우, 나중에 그 후손이 옛날 문서를 정리하다가 왕의 약속이 기록된 문서를 발견해내면 그 땅의 소유권을 다시 주장할 수 있었습니다.

출애굽한 이스라엘 백성들이 바로 이 경우에 해당합니다.

이스라엘 백성들은 이제 막 애굽을 탈출했습니다. 그들이 갈 수 있는 곳이 어디입니까? 세상 천지 어느 곳에도 임자 없는 땅은 없습니다. 그런데 모세는 이스라엘 백성들이 가야 할 곳은 가나안 땅이라고 했습니다. 그 근거가 무엇입니까? 이미 400년 전에 하나님께서 우리 조상 아브람에게 가나안 땅을 주겠다고 맹세했다는 것입니다.

아브람은 지금 고민에 빠져 있습니다. '왜 하나님은 약속하신 것을 이루시지 않을까' 하는 것이 그의 고민입니다. 하나님은 아브람을 통해서 큰 민족과 큰 나라를 이루게 하겠다고 약속하셨습니다. 그런데 큰 민족은커녕 아들 하나 없습니다. 그리고 그 민족이 살 수 있는 땅 한 평 없습니다. 왜 하나님은 약속하신 것을 빨리 이루시지 않는 것입니까?

아브람이 이 문제로 고민하고 있을 때, 하나님은 아브람을 밖으로 데리고 나가서 밤 하늘의 별을 헤아려 보라고 하셨습니다. 그리고 "네가 저 별들을 헤아릴 수 있다면 네 후손들도 헤아릴 수 있을 것이다"고 하시면서 다시 수많은 후손을 주겠다고 약속하셨습니다.

그리고 이번에는 땅을 주시겠다고 약속하십니다.

"이 가나안 땅을 너와 네 후손에게 주겠다."

"하나님, 무엇으로 이 땅을 제 후손에게 주실 줄 알겠습니까?"

하나님은 여러 가지 짐승을 잡아서 중간을 쪼개어 벌려 놓으라고 말씀하십니다. 그리고 나서 하나님 자신이 이 죽은 짐승 사이를 지나가는 엄숙한 의식을 통해서 이 가나안 땅을 아브람과 그 후손들에게 주겠다고 약속하십니다. 만일 이스라엘 자손들이 이 엄숙한 의식의 의미를 알지 못한다면 그들은 가나안 땅을 차지할 권리가 없고 가나안 땅에 있는 사람들을 쫓아낼 권리도 없습니다. 이 엄숙한 약속이 있었기 때문에 그들은 400년이 지났음에도 불구하고 가나안 땅을 차지할 권리를 주장할 수 있었습니다.

이것은 우리들에게도 마찬가지로 적용될 수 있습니다. '예수를 믿는다'는 것은 우리가 생각하는 것보다 훨씬 더 엄청난 특권이 있는 자리에 들어가는 것입니다. 그러나 우리는 그 특권을 알지 못하기 때문에 마땅히 누려야 할 축복을 누리지 못하고 있으며 마땅히 간구해야 할 것을 간구하지 못하고 있습니다. 우리는 오늘 말씀을 통해 우리가 누려야 할 축복이 무엇이며 우리가 누려야 할 권리가 무엇인지 찾아야 할 것입니다. 그렇지 않으면 예수를 믿는다고 하면서도 이 많은 축복을 얻지 못한 채 떠돌이 생활하듯이 궁핍한 가운데서 살게 될 것입니다.

하나님이 부르신 목적

성경은 하나님이 어떤 사람에게 자신을 알리시고 믿게 하시는 것을 '불러낸다'고 표현합니다. 하나님은 아브람을 갈대아 우르에서 불러내셨습니다. 그 이유가 무엇입니까? 하나님의 특별한 계획이 있었기 때문입니다. 15장 7절을 보십시오.

> 또 그에게 이르시되 나는 이 땅을 네게 주어 업을 삼게 하려고 너를 갈대아 우르에서 이끌어낸 여호와로라

하나님이 자기 자신을 뭐라고 소개하고 계십니까? '이 가나안 땅을 주어서 영원한 소유로 삼게 하려고 너를 갈대아 우르에서 이끌어 낸 여호와 하나님'이라고 소개하고 있습니다. 하나님이 아브람을 부르신 것은 공연히 고생시키기 위해서가 아니었습니다. 그를 하나님의 백성으로 삼으신 것은 가나안 땅을 그와 그의 후손에게 영원히 주시기 위해서였습니다.

이 가나안 땅은 아브람이 두고 온 땅과는 비교되지 않을 만

큼 엄청나게 큰 땅이었습니다. 물론 지금과 같은 지구촌 시대에는 가나안 땅이 별로 크게 보이지 않을지도 모르겠습니다. 그러나 이 당시에 젖과 꿀이 흐르는 가나안 땅을 준다는 것은 이 세상에서 제일 좋은 땅, 그것도 엄청나게 넓은 땅을 차지한다는 것을 의미했습니다.

아브람은 하나님을 알고 난 후에 이미 하나님 나라를 체험하고 있으며 말씀의 다스림을 받고 있습니다. 그의 삶이 바로 하나님 나라의 생활이었습니다. 하나님은 왕이시고 아브람은 그 나라의 백성입니다. 너무나도 사람이 적어서 '나라'라고 표현할 수도 없지만, 어쨌든 아브람은 이미 하나님의 나라를 체험하고 있었습니다.

하나님이 다스리시는 나라의 특징이 무엇입니까? 철저한 평안입니다. 하나님은 평화의 왕이십니다. 하나님은 그 백성들을 달달 볶지 않으십니다. 염려와 갈등과 불화 없이 아주 평화롭게 살게 하십니다. 하나님이 자기 백성들에게 주신 선물이 무엇입니까? 철저한 자유입니다. 하나님은 억지로 강요하지 않으십니다. 아무리 작은 것이라도 자신이 원해서 하게 하시고, 기뻐서 하게 하십니다.

하나님 나라의 백성들에게는 하나님과 만나는 특별한 영광의 체험이 있습니다. 우리의 신앙생활은 단순하고 기계적인 종교생활이 아닙니다. 기계적으로 성경을 배우고 시간에 맞추어서 예배에 참석하는 것이 아닙니다. 예배드리는 가운데 말로 표현할 수 없는 영광된 체험이 있는 것입니다.

하나님은 이 세상 모든 일에 대한 계획을 자기 백성들에게 미리 알려 주십니다. 하나님은 "아브람에게 알리기 전에는 아무 일도 하지 않겠다"고 말씀하셨습니다. 이처럼 아브람은 이미 하나님의 나라 안에 들어와 있었고 하나님의 다스림을 받고 있었습니다.

그러나 아브람은 염려하고 있습니다. 그 이유가 무엇입니까? 이 나라가 너무나도 작기 때문입니다. 힘도 없고 사람이라고 해봐야 자기와 아내밖에 없습니다. 그러나 앞으로 이 나라에는 별처럼 많은 사람들이 생겨날 것입니다. 그들은 가나안 땅을 영원히 차지하게 될 것입니다. 영원무궁한 하나님 나라가 아브람을 통해 다시 회복될 것입니다. 이것이 하나님이 아브람을 부르신 목적입니다.

사도 바울은 에베소 교인들에게 이렇게 말씀하고 있습니다.

너희 마음 눈을 밝히사 그의 부르심의 소망이 무엇이며 성도 안에서 그 기업의 영광의 풍성이 무엇이며 그의 힘의 강력으로 역사하심을 따라 믿는 우리에게 베푸신 능력의 지극히 크심이 어떤 것을 너희로 알게 하시기를 구하노라(엡 1:18-19).

우리는 때때로 주위에 있는 사람들은 다 좋은 집을 가지고 있는데 나는 집이 없는 것을 보면서, 또 다른 사람들은 돈을 많이 벌어서 넉넉하게 사는데 나는 궁핍한 것을 보면서 '도대체 신앙이 무슨 소용이 있나?' 하고 의심할 때가 많습니다. 그러나 하나님께서 우리를 부르신 목적이 분명히 있습니다. 그것은 이 세상에서 남들보다 좀더 가지는 것이 아닙니다. 하나님께서 우리를 부르신 것은 이 세상에 있는 것을 전부 다 주시고, 그것보다 더 많은 것을 주시기 위해서입니다.

그러나 우리는 그것을 믿지 못합니다. 지금 남의 집에 세들어 살고 있고 그나마 그 집도 아주 좁은데, 어떻게 이 세상 전부를 주신다는 말씀을 믿을 수 있습니까? 이 세상 전부는 아니라고 하더라도 하나님이 한 100억쯤 주신다고 생각해 보십시오. 아니면 땅을 한 100만 평 정도 주신다고 해보십시오. 어떻게 되겠습니까? 우리는 매일 돈에 깔려 죽는 악몽을 꿀 것입니다. 100만 평의 땅에 다른 집 개들이 전부 와서 똥 싸는 꿈, 넓은 땅에서 길을 못 찾아서 방황하는 꿈에 시달릴 거예요. 차라리 안 주는 것이 좋습니다. 지금은 준다고 해도 세금도 못 내요. 차라리 지금 이대로 살면서 언젠가는 틀림없이 주겠다는 약속을 서류로 만들어서 도장만 찍어준다면 그 편이 훨씬 낫습니다.

하나님은 믿을 수 없을 정도로 많은 것을 주시려고 우리를 부르셨습니다. 단지 우리가 믿지 못하고 있을 뿐입니다. 사도 바울은 우리가 그것을 알기 바란다고 기도하고 있습니다. 우리 한 사람 한 사람에게 주시려고 하는 것이 얼마나 큰 것인지, 얼마나 많은 상급이 우리를 기다리고 있는지, 그리고 얼마나 큰 능력으로 우리를 붙들고 계신지 알기 바란다고 말하고 있습니다.

지금 좀 생활이 쪼들리고 용돈이 궁핍해도 몇 년 후에 100억이 생기는 것만 분명하다면 살 만하지요. 지금은 좀 빌빌거린다고 하더라도 60살쯤 되었을 때 대통령이 된다는 것만 분명하다면 살 만합니다. 단지 그것을 알지 못하는 것이 문제일 뿐입니다.

여러분, 하나님은 고생시키고 방황하게 만들려고 우리를 부르신 것이 아닙니다. 하나님은 엄청난 것을 주려고 작정하셨습니다. 우리의 신앙에는 엄청난 상급이 있습니다. 그것은 이 세상 전체보다 더 큰 것입니다. 이 사실을 바로 안다면 오늘 한푼 두푼의 돈에 그렇게 연연해하지 않을 것이며, 여기서 다른 사람들에게 인정을 받는 데 급급하거나 다른 사람들보다 잘 사는 데 급급하지 않을 것입니다. 오히려 하나님의 축복에서 떨어지지 않기 위해, 하나님의 약속이 취소되지 않게 하기 위해 하나님께 더 열심을 낼 것입니다.

약속의 증표

아브람은 하나님의 계획이 무엇인지 알았습니다. 하나님의 계획은 소돔 들판을 주시는 것이 아닙니다. 좀 나은 목초지를 주시는 것이 아닙니다. 하나님의 계획은 젖과 꿀이 흐르는 가나안 땅 전체를 주시는 것이었습니다. 아브람은 이것을 알았습니다. 8절을 보십시오.

그가 가로되 주 여호와여 내가 이 땅으로 업을 삼을 줄을 무엇으로 알리이까

아브람이 요구하고 있는 것이 무엇입니까? 무언가 증표를 보여 달라는 것입니다. "하나님, 가나안 땅 지금 안 주셔도 좋습니다. 지금 주신다고 해도 관리할 능력도 없고 사람도 없습니다. 제가 부리는 하인이라고 해봐야 318명밖에 없고 아들도 없습니다. 그러니까 지금은 안 주셔도 좋습니다. 그러나 언제인지는 몰라도 분명히 주신다는 표시를 해주십시오."

원래는 하나님의 말씀만으로 충분합니다. 그러나 우리는 말만 가지고서는 충분하지 않습니다. 무언가 증표가 있어야 합니다. 우리가 죽고 나면 자손들은 그 약속을 잊어버릴 것입니다. 그래서 아브람은 증표를 요구했습니다.

세례는 증표입니다. 우리가 죄에 대해 죽고 하나님의 자녀로 다시 태어났다는 증표입니다. 물론 '너희는 죄에 대해 죽었고 하나님에 대해 살았다'는 말만으로도 충분합니다. 그러나 우리는 그렇지 않습니다. 어쩌다 죄에 빠지면 이 약속을 잊어 버립니다. 그래서 하나님이 증표로 주신 것이 세례입니다. '너는 죄에 대해 죽었고 하나님의 소유가 되었다. 너는 절대로 세상으로 못 돌아간다. 만약 네가 세례받고 나서도 세상으로 가면 절대로 가만두지 않겠다'는 인을 치신 것입니다.

또 성찬은 그리스도께서 죽으심으로써 우리가 다시 살아났고 영원한 생명을 얻는다는 약속입니다. 우리는 건강이 좋지 못하거나 위험한 일이 생길 때마다 영원히 산다는 것을 의심합니다. 그래서 그리스도의 몸과 피를 상징하는 떡과 포도주를 마시게 하심으로써 성도는 죽지 않으며 죽어도 산다는 증표를 주신 것입니다.

하나님은 아브람의 요구대로 증표를 보여 주겠다고 하셨습니다. 그 증표는 그 당시 사람들이 쓰던 가장 강력한 약속의 방법이

었습니다. 9절과 10절을 보십시오.

> 여호와께서 그에게 이르시되 나를 위하여 삼년된 암소와 삼년된 암염
> 소와 삼년된 수양과 산비둘기와 집비둘기 새끼를 취할지니라 아브람
> 이 그 모든 것을 취하여 그 중간을 쪼개고 그 쪼갠 것을 마주 대하여
> 놓고 그 새는 쪼개지 아니하였으며

하나님은 아브람에게 몇몇 짐승들의 사체를 준비하게 하셨
습니다. 이것은 제물이 아닙니다. 제물은 쪼개지 않습니다. 각을 뜨
고 벌려놓지요. 그러나 여기에서는 완전히 이등분해서 따로 놓으라
고 하셨습니다. 이것은 그 당시에 중요한 약속을 이행할 때 사용하
던 방법이었습니다.

보통 약속이 아니라 자기 생명을 걸고 지켜야 할 약속일 때,
짐승을 죽여서 갈라놓고 약속을 이행하는 자가 그 죽은 사체 사이
를 통과합니다. 이것은 내가 생명을 걸고 이 약속을 지키겠으며, 이
약속을 어겼을 때는 이 짐승처럼 몸이 쪼개져서 공중에 있는 새와
들에 있는 짐승들이 내 시체를 뜯어 먹어도 좋다는 뜻입니다. 그래
서 이렇게 쪼개어놓은 짐승은 불로 태우지 않습니다. 언약을 행하
고 난 후 그대로 내버려 두어서 새와 들짐승이 뜯어 먹게 합니다.

이런 약속은 주로 큰 왕과 그에게 조공을 바치는 작은 왕 사
이에 이루어졌습니다. 큰 왕이 "너의 나라를 인정해 주겠다. 그러나
그 대신에 조공을 1년에 얼마 만큼씩 바쳐라. 금은 얼마, 은은 얼마,
밀은 얼마, 기름은 얼마를 바쳐라" 했을 때 작은 왕이 그렇게 하겠
다고 약속하면, 짐승을 잡아서 쪼개어놓고 그 죽은 사체 사이를 통
과하게 합니다. 어떤 때는 백성들이 다 통과할 때도 있습니다. 그러
면 큰 왕은 그 나라를 인정해 줍니다.

그러나 만약 그 조공을 바치지 않을 때에는 큰 왕이 쳐들어
와서 약속한 사람의 몸을 두 동강 냅니다. 그리고 그 사람의 장사를

지내주지 않습니다. 그는 언약을 지키지 않은 자이고 저주받은 자이기 때문에 약속대로 죽은 짐승처럼 내버려 두어서 공중의 새와 땅의 들짐승이 뜯어먹게 합니다.

하나님이 짐승을 한 마리만 준비하게 하지 않고 여러 가지 준비하게 하신 것은 어떤 일이 있어도 이 약속을 반드시 이루겠다는 강한 의지의 표현입니다. 여기에 보면 제물로 어린 양만 사용하는 것이 아니라 3년 된 암소와 3년 된 암염소, 심지어는 산비둘기나 집비둘기 새끼까지 사용하는 것을 볼 수 있습니다. 그것은 이 약속은 어떤 일이 있어도 이행될 것이며, 이 언약 안에는 아주 큰 짐승뿐만 아니라 쪼갤 수도 없는 작은 짐승까지 다 포함된다는 뜻입니다. 즉 이 언약에는 왕이나 어떤 지도자만 포함되는 것이 아니라 이스라엘의 아주 어린아이들까지 다 포함됩니다.

하나님은 이 의식을 통해 이 땅에 대한 약속만큼은 목숨을 건 아주 중요한 약속으로서 어떤 일이 있어도 이것을 지킬 것이며, 이 언약이 성취되지 않을 때에는 누군가 죽어야 한다는 것을 아브람에게 밝히셨습니다.

아브람이 기대한 것은 무엇입니까? "좋다. 이 땅을 너와 네 후손에게 주겠다. 그러나 너희들은 이 땅을 차지하게 위한 경비를 내야 한다. 금은 얼마, 은은 얼마, 양식은 얼마, 기름은 얼마씩 매년 바쳐라. 자, 이제 네가 이 짐승 사이를 통과하라"는 말씀입니다. 그러나 놀랍게도 아브람은 이 사체들 사이를 통과할 필요가 없었습니다. 그 대신 하나님 자신이 이 짐승의 사체 사이를 지나가면서 모든 책임을 그가 지시며 그의 목숨을 걸고 이 언약을 이행하겠다고 약속하셨습니다. 17절을 보십시오.

해가 져서 어둘 때에 연기 나는 풀무가 보이며 타는 횃불이 쪼갠 고기 사이로 지나더라 이것이 바로 신앙의 극치입니다. 하나님은 이 축복의 대가로 아브람에게 아무것도 요구하지 않으셨습니다. 하나님은 그 약속을 이행하는 모든 책임을 하나님 자신에게 돌리시고, 친히 그 저주받은 짐승 사이로 지나가셨습니다. 하나님이 생명을 걸고, 하나님이 저주받으며, 하나님이 멸시와 천대를 받는 한이 있어도 이 땅을 아브람과 그의 후손들에게 주시겠다는 증표로 말입니다.

이것이 기독교의 핵심입니다. 하나님은 우리에게 일방적인 축복을 약속하셨습니다. 그 축복이 무엇입니까? 영원한 생명을 주신다는 것입니다. 이 세상의 모든 것을 다 주실 뿐 아니라 그것보다 더 큰 것을 주신다는 것입니다. 땅 한두 평이 아닙니다. 아파트 19평이 아닙니다. 전부 다 주신다는 것입니다. 우리 한 사람 한 사람은 이 세상 전체보다 더 큰 것을 차지하게 될 것입니다.

그러나 하나님은 우리에게 아무것도 요구하지 않으시고 그 모든 책임을 자신에게 돌리셨습니다. 하나님이 저주받고, 하나님이 멸시받으며, 하나님의 몸이 쪼개어지고, 하나님 자신이 십자가에 달리는 한이 있더라도 우리에게 이 축복이 이루어지게 하겠다고 약속하신 것입니다. 우리는 이것을 믿기만 하면 됩니다. 끝까지 믿기만 하면 이 모든 약속을 이루시겠다고 약속하셨습니다.

아브람이 본 횃불은 하나님의 영광을 나타냅니다. 횃불이 지나갔다는 것은 하나님 자신이 이 저주받은 짐승 사이를 통과하셨다는 것입니다. 얼마나 놀라운 일입니까? 얼마나 엄청난 사랑입니까?

아브람이 겪은 일

이 놀라운 축복의 약속을 받기 위해 아브람이 한 일이라고는 하나님을 대신해서 짐승을 잡아놓고 기다리는 것뿐이었습니다. 아브람에게 가장 힘든 일은 기다리는 것이었습니다. 11절을 보십시오.

> 솔개가 그 사체 위에 내릴 때에는 아브람이 쫓았더라

약속의 의식을 거행하기도 전에 솔개는 사체를 훔쳐 가려고 계속 덤벼들었습니다. 이보다 더 답답한 노릇이 어디 있습니까? 짐승을 잡았으면 누구라도 빨리 통과해야 하지 않습니까? 그러나 하나님은 아무것도 하시지 않고 가만히 기다리게 하셨습니다. 아브람은 자꾸 덤벼드는 솔개들에게 사체를 도둑맞지 않으려고 지켰습니다. 이것이 아브람이 했던 유일한 일이었습니다.

해가 지자 깊은 어둠이 아브람을 덮쳤습니다. 12절을 보십시오.

> 해질 때에 아브람이 깊이 잠든 중에 캄캄함이 임하므로 심히 두려워하더니

아마 이때 아브람에게 어떤 환상이 임했던 것 같습니다. 그는 아주 깊은 어둠 가운데 혼자 던져져 있는 것처럼 느꼈습니다. 너무나도 무서웠습니다. 하나님은 아브람이 이 깊은 어둠의 세력을 체험하게 하신 후에 비로소 이 모든 일의 이유를 설명해 주셨습니다.

> 여호와께서 아브람에게 이르시되 너는 정녕히 알라 네 자손이 이방에서 객이 되어 그들을 섬기겠고 그들은 사백년 동안 네 자손을 괴롭게 하리니 그 섬기는 나라를 내가 징치할찌며 그 후에 네 자손이 큰 재물을 이끌고 나오리라 너는 장수하다가 평안히 조상에게로 돌아가 장사될 것이요 네 자손은 사대만에 이 땅으로 돌아오리니 이는 아모리 족속의 죄악이 아직 관영치 아니함이니라 하시더니(15:13-16).

163

하나님은 아브람의 자손들이 이 땅을 차지하는 것이 그렇게 간단한 문제가 아니라고 말씀하셨습니다. 그 이유는 죄 때문이었습니다. 죄가 처리되지 않으면 그들은 이 가나안 땅을 차지할 수 없습니다. 그래서 하나님께서는 아브람의 자손들에게 바로 땅을 주시지 않고 400년이라는 긴 기간 동안 애굽에서 종살이를 하게 하셨습니다. 이 종살이 기간을 통해서 그들이 하나님 앞에 아무 공로 없는 죄인이며 철저히 하나님의 은혜와 용서로 구원받는 자들임을 깨닫게 하기 위해서였습니다.

이 세상에 감옥이 있는 이유가 무엇입니까? 또 오랜 기간 노예들이 존재했던 이유가 무엇입니까? 인간이 어떤 상태에 있는지 보여 주기 위해서입니다. 감옥에 갇혀 있고 노예로 매여 있는 사람들의 모습은 사실 오늘날 모든 죄인들의 모습입니다. 전쟁이 왜 터집니까? 하나님과 인간 사이의 전쟁을 보여 주시기 위해서입니다.

하나님은 아브람이 알지 못하고 있는 깊은 어둠의 세력이 있다는 것을 체험하게 하셨습니다. 아브람을 덮친 이 어둠의 세력은 아주 무서운 무지를 나타냅니다. 아브람이 모르고 있는 것이 무엇입니까? '인간의 죄를 누가 어떻게 처리하느냐' 하는 것입니다. 이것은 아브람뿐 아니라 모든 인간을 덮치고 있는 아주 큰 어둠의 장막이었습니다.

또한 하나님께서는 이스라엘 백성들의 노예 경험을 통해 이 어둠의 세력이 무엇인지 체험하게 하셨습니다. 노예 상태에 있어 보지 않으면 도대체 죄가 어떤 것인지 몰라요. 구원을 받았으면서도 구원이 무엇인지 잘 모릅니다. 참으로 구원을 기뻐하고 감사하는 자는 이 어둠의 세력 아래 있어본 사람입니다. 죄가 얼마나 무서운 것인지 아는 사람만이 참으로 죄에서 자유를 누릴 수 있으며 하나님의 은혜에 감사드릴 수 있습니다.

오늘날 우리 그리스도인들이 겪고 있는 어려움이 바로 이것입니다. 우리는 아직 죄가 무엇인지 모르는 상태에서 갑자기 용서를 선언 받았습니다. 죄가 무엇인지도 모르고 구속이 무엇인지도 모르는데 죄에서 해방된 것입니다. 그러니까 죄 용서 받고 나서 더 감사하며 기뻐하기보다는, 더 방종하고 더 자기 권리를 주장하고 더 자기 마음대로 살려고 하고 더 이기적이 되는 것이지요. 이것이 오늘날 우리 그리스도인들의 모습입니다.

자유가 무엇인지 모르는 사람은 자유를 빼앗겨봐야 하고, 노예 상태에서 짓밟혀봐야 합니다. 그래야 자유의 소중함을 압니다. 자고 싶으면 자고, 보고 싶으면 보고, 외박하고 싶으면 외박해 가면서 자기 마음대로 사는 사람들은 한번 당해봐야 합니다. 그래야 절제하는 삶이 얼마나 귀한 것인지 알아요.

하나님은 어둠의 세력이 아브람을 내리누르게 하셨습니다. 그것이 구체적으로 무엇이었는지는 모르겠습니다. 그러나 어쨌든 아주 깊은 어둠이 아브람을 목졸라 죽이려고 했습니다. 그 경험은 400년간 이스라엘 백성들의 노예생활을 통해 반복되었습니다.

그리고 나서 하나님은 횃불의 모습으로 죽은 짐승의 사체 사이를 지나가셨습니다. 17절을 보십시오.

해가 져서 어둘 때에 연기 나는 풀무가 보이며 타는 횃불이 쪼갠 고기 사이로 지나더라

'풀무'는 이스라엘 백성들이 앞으로 당할 노예생활의 강도를 나타냅니다. 모세는 이스라엘 백성들이 애굽에서 나올 때 '풀무에서 우리가 구원받았다'고 말했습니다. 그것은 아주 무서운 용광로였습니다. 사람이 살아나올 수 없는 것으로부터 그들은 살아나왔습니다. 이것이 하나님의 구원입니다.

그리고 나서 하나님 자신의 영광이 이 죽은 짐승 사이를 지나가셨습니다. 이것은 하나님 자신이 저주받고, 하나님 자신의 몸이 쪼개지고, 하나님 자신이 모든 인간의 죄를 책임짐으로써 이스

라엘 백성들을 구원하시고 그들을 하나님 나라의 백성으로 삼겠다
는 뜻이었습니다.

이스라엘의 사명

하나님이 아브람에게 주신 약속 두 가지는 모두 정상적인
상태에서 이루어질 수 없는 것이었습니다. 여기에서 자손을 주시겠
다는 것은 혈통의 후손을 말하는 것이 아닙니다. 하늘의 별처럼 하
나님이 직접 만드시는 믿음의 자손, 영적인 자손을 말합니다. 우리
는 저절로 믿음을 가지게 된 것이 아닙니다. 내가 예수 믿고 싶어서,
또는 우연히 믿는 사람을 만났기 때문에 예수 믿게 된 것이 아닙니
다. 하나님이 하늘의 별을 창조하셨듯이 그 능력으로 직접 나를 창
조하신 것입니다.

더 중요한 사실은 이것이 단순히 창조로 끝나지 않는다는
것입니다. 이들에게는 하나님의 엄청난 상급이 있습니다. 여러분,
예수 믿는 일에는 놀라운 상급이 있습니다. 우리의 구원이 죄 용서
받는 것으로 그친다면 그것은 아무것도 아닙니다. 우리의 신앙 뒤
에는 굉장히 큰 상급이 있습니다. 우리 한 사람 한 사람은 이 세상
전체보다 큰 땅을 차지할 것입니다. 어떻게 이 상급을 받을 수 있습
니까? 하나님의 말씀을 신뢰해야 합니다. 세상 사람들이 사는 대로
살면 그 땅을 차지할 수 없습니다. 말씀을 믿고 말씀대로 살아야 이
엄청난 약속을 받을 수 있습니다.

하나님은 이스라엘 백성들에게 그들의 한계를 분명히 말씀
해 주셨습니다. 그들의 경계는 '애굽 강에서 큰 강 유브라데까지'
입니다. 그리고 그들이 차지할 땅은 '겐 족속과 그니스 족속과 갓몬
족속과 헷 족속 등 일곱 족속들이 있는 땅'입니다. 이 말씀이 의미
하는 바가 무엇입니까? 신앙은 거래가 아니라는 것입니다. 내가 하

나님을 위하여 무엇인가 바쳤기 때문에 하나님도 그만큼 이 세상에서 내게 복 주시는 것이 아닙니다. 내가 교회에 와주고 헌금을 드리니까 하나님도 아들 딸 주시고 장사 잘되게 해주시는 것이 아니에요.

신앙은 하나님이 엄청난 축복을 주시려고 나를 일방적으로 부르신 것입니다. 하나님께 별로 바친 것도 없고 한 일도 없지만 하나님이 무조건 내게 복 주시는 것이 신앙입니다. 하나님께서 우리에게 원하시는 것은 거래가 아닙니다. 거래보다 더 하나님을 역겹게 하는 것이 없습니다.

하나님이 우리에게 원하시는 것은 내가 말씀대로 생각하고, 말씀대로 느끼고, 말씀대로 실천하는 것입니다. 그렇게 하기만 하면 하나님은 나의 모든 죄를 책임지시고 약속하신 그 축복을 이루어주실 것입니다. 신앙은 단순히 이 세상에서 남들보다 좀 편하게 살고, 남들이 당하는 위기에서 보호받으며, 마음의 불안을 면제받는 것이 아닙니다. 신앙에는 엄청난 상급이 있습니다. 이것을 모르기 때문에 안 믿는 사람들에게 구걸하며, 작은 것에 매여서 양심을 팔아먹고, 돈 약간에 양심을 속이면서 살고 있는 것입니다.

여러분, 하나님이 우리에게 주시려고 하는 것은 상상할 수 없을 만큼 엄청난 것입니다. 지금은 주셔도 감당치도 못할 것입니다. 이것을 분명히 주신다는 증표가 무엇입니까? 사랑하는 아들을 십자가에 못박혀 죽게 하신 것입니다. 마치 짐승을 쪼개어놓고 하나님의 영광이 그 사이를 통과했던 것처럼, 하나님의 아들이 친히 저주받고 나무에 달림으로써 우리 모든 죄를 책임지셨고 축복을 약속하셨습니다.

여러분, 우리는 하나님께 마음껏 축복을 간구할 수 있는 위치에 있습니다. 지은 죄가 있습니까? 용서를 간구하십시오. 하나님의 아들이 죄를 책임지시고 다 용서하십니다. 예수 믿는다고 하면서도 계속 죄의 노예로 사는 것은 옳지 않습니다.

지금 무엇에 얽매여 있습니까? 식구들에게 얽매여 있습니까? 나쁜 친구들에게 얽매여 있습니까? 병에 얽매여 있습니까? 잘못된 생각에 얽매여 있습니까? 우리에게는 여기에서 해방시켜 달라고 기도할 수 있는 권한이 있습니다. "이 아름답지 못한 삶에서 나를 풀어 주십시오! 나를 해방시켜 주십시오!" 하고 기도하십시오.

어떤 어려움에 부딪쳤습니까? 이 어려움을 이기게 해달라고 기도하십시오. 하나님의 영광을 체험하게 해달라고 기도하십시오. 이 세상의 모든 슬픔을 이길 수 있도록 그 영광을 나에게 보여 달라고 간구하십시오. 이것은 우리가 마땅히 누려야 할 특권입니다.

오늘도 내 속에서 성령께서 역사하셔서 내 마음을 새롭게 하신다면 아무것도 염려하지 마십시오. 분명히 약속하신 대로 주십니다. 이 놀라운 축복은 나의 것입니다. 그러나 만약 예배를 드리면서도 나의 이 강퍅한 마음이 변하지 않는다면 두려워하십시오. 이 축복은 여러분의 것이 아닐지도 모릅니다.

하나님이 이스라엘 백성들에게 그들의 영역을 정해주신 이유가 무엇입니까? 무한히 욕심내지 말라는 것입니다. 신앙은 아주 구체적인 것입니다. 하나님은 이 땅 전부를 주겠다고 하지 않으셨습니다. '나일 강에서 유브라데스 강 사이'라는 한계를 정하셨습니다. 이 세상에 있는 것 중에서는 하나님이 주시겠다고 약속하신 것이 하나도 없습니다. 이 세상에 있는 것은 마치 놀이터에 있는 놀이기구와 같습니다. 떠날 때 다 두고 가야 합니다. 이 세상에 있는 것을 자기 것처럼 움켜쥐는 사람은 거짓말하는 사람입니다.

여러분의 학벌은 여러분 것이 아닙니다. 놀이터에 있는 기구처럼 모든 사람들이 이용할 수 있는 학벌이 되어야 합니다. 여러분의 집은 여러분 것이 아닙니다. 죽을 때 못 가져갑니다. 왜 믿는 사람이 자식에게 유산을 물려주려고 몸부림치는지 모르겠습니다. 그럴 필요가 없습니다. 돈은 전부 일시적으로 가지고 있는 것입니다. 써야 합니다. 쓰면 쓸수록 하나님 앞에서 많이 받게 될 것입니다.

여러분의 젊은 시간은 여러분의 것이 아닙니다. 이 젊음을 소중하게 써야 하고 절제해야 합니다. 젊을 때 술이나 마시고 쓸데없이 사람들 만나러 다니고 밤새우면서 못된 짓이나 하는 것을 하나님은 절대로 용서하지 않으십니다. 젊음은 여러분의 것이 아닙니다. 하나님이 맡기신 것입니다.

또한 하나님은 가나안 족속을 몰아내라고 말씀하셨습니다. 이스라엘 자손들은 가나안 족속을 몰아내면 몰아낼수록 풍성한 삶을 살 수 있었습니다. 우리도 나의 삶에서 이방적인 요소가 통치하고 있는 부분을 몰아내면 몰아낼수록 더 풍성한 삶을 살 수 있습니다. 나의 영역 안에서 하나님의 말씀이 지배하지 못하는 부분이 무엇입니까? 취미생활입니까? 공부입니까? 돈 쓰는 부분입니까? 사람을 만나는 부분입니까? 가나안 족속들이 차지하고 있는 동안에는 내 땅이 아닙니다.

하나님께서 우리에게 궁극적으로 주시려는 것이 무엇입니까? 이 세상 모든 것을 다 합친 것보다 더 많은 것입니다. 이것을 뭐라고 표현해야 할지 모르겠습니다. 성경은 '기업'이라고도 하고 '상급'이라고도 합니다. 돈을 벌어서 아파트 평수를 조금씩 늘리는 것과 같은 일은 쓸데없는 짓입니다. 물론 편하기는 하지요. 그러나 쓸데없는 짓입니다. 하나님이 주시는 것은 그렇게 작은 것이 아닙니다. 하나님은 엄청나게 큰 것을 주려고 우리를 부르셨습니다.

그 증표가 무엇입니까? 내 안에서 역사하는 성령의 감동입니다. 내 안에 성령의 감동이 있다면, 내 마음속에 날마다 이유를 알 수 없는 기쁨과 평안이 있다면 나는 이 세상 전부를 다 차지한 사람입니다. 하나님이 그 약속을 이행하실 날이 꼭 옵니다. 여기서는 아무것도 가지지 못하고 줄기차게 이사 다닌다 하더라도 하나님이 모든 것을 주실 때가 반드시 옵니다.

여러분, 나 자신을 살펴 보십시오. 내가 외적으로 얼마나 많은 돈을 모았으며 얼마나 성공했다는 평가를 받느냐가 중요한 것이 아닙니다. 내 속에 성령의 감동이 살아 있느냐, 내 신앙이 살아 있는 신앙이고 뜨거운 신앙이냐가 중요합니다. 만약 내 신앙이 냉랭하고 죽어 있다면 하나님이 약속하신 땅을 차지하지 못할 것이며, 어두운 곳으로 쫓겨나 슬피 울면서 이를 갈게 될 것입니다. 그러나 내 속에 성령의 감동이 있다면 지금 가진 것이 아무것도 없다고 하더라도 가장 부요한 사람입니다.

성령을 간구하십시오. 오늘날 우리들은 이미 돈이 다 지불된 식당에 갔으면서도 돈이 없다고 굶고 있는 사람과 같습니다. 주님이 비용을 다 지불하셨는데도 내 공로가 없고 내가 주님을 위해서 한 일이 없다는 이유로 마땅히 누릴 수 있는 특권을 간구하지 않고 성령의 풍성한 은혜를 간구하지 않습니다. 죄를 이길 수 있는데도 죄와 타협하면서 굶는 생활을 하고 있어요.

우리는 이 땅에서도 풍성한 삶을 누릴 수 있습니다. 내 삶에서 이방적인 요소가 차지하고 있는 것들을 몰아내는 것이 그 풍성한 삶을 누리는 길입니다. 내 가치관에서, 내 생활에서, 내 습관 가운데서 아직도 하나님께 드리지 못한 부분들을 몰아내면 몰아낼수록 여기에서 풍성한 천국의 생활과 기쁨을 맛보게 될 것입니다.

가나안 족속을 몰아내십시오. 아직도 사로잡혀 있는 부분이 있으면 추방하십시오. 그러면 물러갑니다. "마귀를 대적하라. 그러면 너희를 피하리라!" 이것이 성경의 약속입니다. 우리는 승리할 수 있고 또 그만큼 더 풍성한 자유를 누릴 수 있습니다.

광야에 있는 이스라엘 백성들이 하나님과 아브람이 약속했던 문서를 찾아내고 그들이 가나안 땅으로 진격해가서 모든 족속을 몰아내고 그 땅을 차지했던 것처럼, 오늘 우리 앞에도 놀라운 문서가 있습니다. 예수께서 저주 받으시고 우리에게 하늘에 있는 모든 신령한 축복을 주시기로 작정하신 것이 그것입니다.

하늘에 있는 모든 축복이 오늘 우리들의 것입니다. 그것을 간구하십시오. 하늘의 무한한 용서를 간구하시고 기쁨을 간구하시고 풍성한 삶을 간구하십시오. 매여 있는 것이 있으면 해방을 간구하십시오. 위험이 있으면 이길 수 있게 해달라고 기도하십시오. 사도 바울이 고백한 것처럼 우리는 내게 능력 주시는 자 안에서 모든 것을 할 수 있습니다. 여러분, 믿으십시오. 이것은 하나님 자신이 저주받음으로써 우리에게 주신 축복이고 약속입니다.

9
인간적인
방법

우리 교회에 어떤 부인이 출산할 때가 다 되었습니다. 그 부인은 성경공부를 마친 후 "순산하고 오겠습니다" 하면서 씩씩하게 보고하고 갔습니다. 그렇게 이를 악물면서 순산하고 오겠다고 했기 때문에 틀림없이 순산할 줄 알았는데, 아주 심한 진통 끝에 결국은 제왕절개 수술로 아기를 낳았다는 소식을 듣게 되었습니다. 그것을 보면서 '마음을 강하게 먹는다고 해서 모든 것이 뜻대로 되는 것은 아니구나' 하는 것을 다시 한 번 깨닫게 되었습니다.

시대에 따라서 사람을 힘들게 하는 문제가 다른 것 같습니다. 옛날에는 여자들에게 가장 힘든 문제가 아기를 가지지 못하는 것이었습니다. 그들은 아기가 들어서지 않는 것이 문제이지, 들어서기만 하면 낳는 것은 큰 문제가 아니라고 생각했습니다. 요즘은 불임 클리닉이 있어서 불임의 원인이 무엇인지 찾아볼 수도 있고 치료해볼 수도 있습니다. 그러나 옛날에는 어디에 문제가 있는지, 앞으로 아이가 생길 가능성이 있는지 없는지 알 길이 없었습니다. 그래서 언제 들어설지도 모르고, 어쩌면 영영 들어서지 않을지도 모르는 아기를 무작정 기다려야만 하는 고통이 아주 컸습니다. 산에 가서 치성을 드려 보기도 하고 몸에 좋다는 약은 다 먹어 보기도

하지만 그래도 안 들어서는 아기를 어떻게 하겠습니까?

요즘 믿음의 청년들에게 가장 힘든 문제는 결혼입니다. 결혼할 의사도 있고 결혼할 능력도 있습니다. 그런데 상대가 없습니다. 나이는 자꾸 들어가는데 사람이 없어요. 그때의 불안과 좌절감은 본인 이외에는 아무도 모릅니다. 특히 신앙을 가지고 있지 않은 식구들은 이것을 전혀 이해해주지 못합니다. "너는 믿음이 좋다면서 너희 하나님은 뭐하고 있는 거냐?" 이런 이야기를 들을 때 견디지 못할 좌절감이 들지요.

오늘 본문을 보면 우리가 신앙의 모델로 삼고 있는 믿음의 조상 아브람이 바로 이 문제로 아주 큰 곤경에 처한 모습이 나옵니다. 그 당시 가장 큰 고통은 자식 없이 늙어 가는 것이었습니다. 아무리 믿음 좋은 아브람이라고 하더라도 자식이 없는 이 고통은 극복하기 어려웠습니다. 특히 아브람의 아내 사래에게는 더 극복하기 힘든 문제였습니다.

우리는 오늘 본문을 통해서 몇 가지를 살펴볼 수 있습니다. 첫째는 믿음이 좋은 아브람에게도 극복하기 힘든 문제가 있었다는 것입니다. 믿음이 좋아도 어려움은 어려움입니다. 남들은 "믿음으로 이겨내세요" 하고 쉽게 말할지 몰라도 자기 자신에게는 결코 극복하기 쉬운 문제가 아닙니다.

둘째로 아브람이 이 문제를 믿음으로 이겨내지 못하고 인간적인 방법에 의지했을 때 문제가 훨씬 더 복잡해지고 더 큰 고통을 겪게 되는 것을 볼 수 있습니다. 다른 사람들에게는 이런 인간적인 방법이 통할 수도 있습니다. 그러나 아브람에게는 통하지 않는다는 것이 문제입니다. 하나님은 당신의 백성들이 끝까지 하나님을 기다리지 못하고 인간적인 방법을 사용하는 것을 기뻐하지 않으십니다. 그래서 다른 사람들에게는 다 통하는 방법이고 그 시대에는 아무 문제 없이 사용되는 방법이라도 하나님의 백성이 사용할 때는 실패하게 하심으로써, 나에 대한 하나님의 특별한 계획이 있다는 의지를 보여 주실 때가 있습니다. 그러므로 남들은 다 되는데 나에게는 안 될 때 하나님의 뜻이 따로 있다는 것을 기억할 필요가 있습니다.

셋째로, 우리가 이런 어려움을 통해서 실수를 하고 시행착오를 해도 하나님은 자신이 원하시는 대로 우리를 끌고 가고야 마신다는 것입니다. 내가 원하든지 원치 않든지 하나님은 그가 원하시는 대로 이루시며, 나에게 기다릴 마음이 있든지 없든지 기다리게 하십니다. 그리고 마치 내가 기다리고 싶어서 기다린 것처럼 그 모든 것을 나의 상급으로 쳐서 큰 복을 내려 주십니다.

하나님이 주신 고통

하나님은 어려운 일을 통하여 우리의 믿음을 달아 보십니다. 믿음을 달아 보신다고 해서 우리를 믿지 못하신다는 뜻이 아닙니다. 우리 안에 있는 믿음이 과연 어느 정도인지 우리 스스로 확인해 볼 수 있는 기회를 주신다는 것입니다. 무엇을 통해서 그렇게 하십니까? 내가 힘들어하는 그 문제를 통해서입니다. 다른 문제로는 천년 만년 견딜 수 있고 전혀 시험 들지 않는 사람도 자기의 약한 문제가 나올 때는 견디지 못합니다. 아브람과 사래에게는 자식을 낳지 못하는 것이 바로 약한 부분이었습니다. 16장 1절과 2절을 보십시오.

> 아브람의 아내 사래는 생산치 못하였고 그에게 한 여종이 있으니 애굽 사람이요 이름은 하갈이라 사래가 아브람에게 이르되 여호와께서 나의 생산을 허락지 아니하셨으니 원컨대 나의 여종과 동침하라 내가 혹 그로 말미암아 자녀를 얻을까 하노라 하매 아브람이 사래의 말을 들으니라

하나님께서는 아브람과 사래가 가나안 땅에 온 지 10년이 될 때까지도 자식을 주시지 않았습니다. 이 10년은 아브람과 사래가 정한 데드라인이었던 것 같습니다. '10년 안에는 무슨 일이 일어나도 일어나겠지. 10년이면 강산도 변한다는데 설마 10년 안에 어떤 일이 없을라구' 하면서 기다려 왔는데, 그 10년이 넘어가고 있는 것입니다. 그때 하나님의 말씀에 대한 이 부부의 신뢰가 흔들리기 시작했습니다.

그들은 왜 하나님이 주신다고 한 자식을 이렇게까지 안 주시는지 이해할 수 없었습니다. 죽은 자도 살리시며 없는 자도 만드시는 하나님이 당신 입으로 하늘의 별처럼 자손을 많이 주겠다고 약속하시고선, 왜 10년이 지나도록 한 명도 주시지 않는 것입니까? 하늘의 별처럼 많은 자손을 만들려면 하루에 몇 명씩 낳아도 모자라는데, 왜 10년이 지나도록 아무 일도 하지 않으시는 것입니까?

나중에 가서야 그들은 하나님이 주실 아들이 보통 아들이 아니라는 것을 알게 됩니다. 하나님께서 주시려고 하는 자손은 많은 의미가 있는 자손입니다. 특히 그들이 낳을 이 외아들은 예수 그리스도를 예표합니다. 이 아들은 초자연적으로 태어나야 합니다. 뿐만 아니라 이 아들을 통하여 태어날 하늘의 별처럼 많은 후손들은 육체적인 후손이 아니라 믿음의 후손이어야 합니다.

하나님은 아브람과 사래의 기력이 좀더 죽을 때까지 기다리고 계십니다. 기력이 더 죽어야 하나님이 원하시는 방법으로 아들을 낳을 수 있기 때문입니다. 그러나 기력이 죽어가고 몸이 늙어갈수록 이 부부는 더 초조해지고 더 힘들어졌으며, 하나님을 향한 믿음이 그 바닥을 드러내기 시작했습니다.

이러한 현상은 특히 사래가 더 심했습니다. 인간적인 방법을 사용하는 데 주역을 담당한 사람은 사래였습니다. 아브람은 내내 수동적인 입장을 취했습니다. 그렇다고 해서 아브람에게 책임이 없다는 것은 아닙니다. 모든 책임은 아브람에게 있었습니다. 그러나 시간이 지남에 따라 더 심하게 초조해하고 절망하고 마음이 상한 사람은 사래였습니다. 사래는 아브람이 더 늙기 전에 다른 방법을 써서라도 아들을 낳아야 한다고 생각했습니다.

아브람은 사래의 제안이 옳지 않다는 것을 알면서도 동의하고 있습니다. 그 이유가 무엇입니까? 사래가 너무나 불쌍했기 때문입니다. 이렇게라도 할 수밖에 없는 사래의 마음을 아브람은 헤아렸습니다. 그래서 "이것은 하나님의 방법이 아니오. 나는 그렇게 못하겠소" 하지 않고 동의한 것입니다. 구약성경에서 영원한 젠틀맨으로 남아 있는 사람이 바로 아브람입니다. 그는 사래의 마음을 읽었어요. 그래서 아닌 줄 알면서도 수동적으로 동의했습니다.

그러나 하나님이 우리에게 말씀하실 때에는 잘 추론해서 적용해야 합니다. 아브람에게 자식을 주겠다는 말씀은 첩을 통하여 주겠다는 뜻이 아니었습니다. 물론 하나님이 아브람에게 아들을 주겠다고 약속하셨을 때 반드시 사래를 통해서 주신다고 말씀하신 것은 아닙니다. 그러나 남자와 여자가 결혼하도록 만드신 분은 하나님이시고, 한 남자와 한 여자가 결합하여 한 몸이 되게 하신 분도 하나님이십니다. 그러니까 반드시 사래의 몸을 통해서 주겠다고 말씀하시지 않았다고 하더라도 아브람에게 아들을 주겠다는 말씀을 논리적으로 추론하면 사래를 통해서 주신다는 뜻이 됩니다. 이런 추론은 잘못된 것이 아닙니다.

믿음은 가만히 있는 것이 아닙니다. 내가 믿음을 가지면 이 믿음을 빼앗고 공격하는 엄청난 의심이 일어나게 되어 있습니다. 어떻게 해서든지 이 믿음을 빼앗고 파괴시키려는 의심과 불안이 일어나요. 그때 어떻게 해야 합니까? 내가 붙든 말씀을 가지고 추론하고 해석하고 내 상황에 적용해야 합니다. '하나님은 아브람에게 아들을 주겠다고 약속하셨다. 나는 아브람의 아내가 아닌가? 하나님이 나를 통해서 아들을 주겠다는 말씀은 안 하셨지만 결혼제도를 세우신 분은 하나님이시니까 분명히 나를 통해서 아들을 주실거야'

하고 생각해야 합니다. 만약 나중에 하나님이 '내가 아브람을 통해서 준다고 했지 언제 사래 너를 통해 준다고 그랬냐?'고 하신다면 하나님이 자기 백성을 속이시는 것이지요.

말씀을 듣고 가만히 있으면 사래의 경우처럼 불안이 엄습해 오고 의심이 일어납니다. '하나님이 아브람을 통해서 주신다고 했지 사래를 통해서 주신다고 하지는 않았잖아. 첩을 통해서 준다는 말인데 미련하게 지금까지 아무 일도 안 하고 기다리고 있는 건지 어떻게 알아? 영감만 자꾸 늙어 가고 있잖아. 지금이라도 무슨 수를 써야 해' 하는 생각이 들면서 믿음이 무너지는 것입니다.

오늘날 우리의 믿음을 시험하는 것들이 많습니다. 결혼하지 않은 청년들에게는 결혼 자체가 무서운 시험입니다. 시간이 가면 갈수록 인내의 한계가 드러납니다. 처음에는 '아직은 꽃띠니까 기회가 있겠지' 했는데 점점 나이가 들어갈수록 '이게 어떻게 되어 가는 것일까. 내가 하나님의 신실함을 붙든 결과가 이것이란 말인가' 하는 의심이 생기기 시작합니다.

그리스도인들은 현실에 만족하는 사람들이 아닙니다. 현실이 아무리 어려워도 미래가 있으면 참을 수 있습니다. 그러나 지금은 밥을 먹을 수 있고 잘 만한 집이 있어도 미래에 대한 비전이 없으면 굉장히 좌절합니다. '내가 이 모양 이 꼴로 늙어 간다. 내가 이 모양 이 꼴로 죽는다'는 생각이 들면 말씀이 귀에 들어오지 않아요.

말씀은 풍성합니다. 그러나 실제로 내 생활에는 아무런 변화가 생기지 않은 채 몇 년이 지날 때 '내가 이 말씀을 붙들고 있는 것이 무슨 소용이 있는가?' 하는 의심이 들면서 믿음이 부서지기 시작합니다. 또 비전은 있어도 이 비전을 실현할 수 있는 구체적인 방법이 없을 때, 나는 선교사로 나가고 싶은데 학력에도 제한이 있고 언어능력에도 제한이 있고 나를 보내려는 사람도 없을 때 심한 좌절감을 겪습니다.

좌우간 하나님의 백성은 오늘 하루만으로는 살 수 없는 사람들입니다. 그들은 내일의 청사진이 보여야 살 수 있는 사람들입니다. 현재는 불만스러워도 내일의 무엇인가를 보여 주면 참습니다. 그러나 아무리 말씀을 보아도 내일이 보이지 않을 때에는 아주 무서운 불안과 불신앙이 속에서 일어나게 되어 있습니다. '지금 내가 가만히 있을 것이 아니라 무언가 해야 하는 것이 아닐까? 내가 지금 하나님의 뜻을 잘못 생각하고 있는 것이 아닐까?' 하는 생각이 드는 순간, 갑자기 두려움이 엄습해 오면서 혼란에 빠지고 믿음이 돌처럼 굳어지며 말씀이 귀에 들어오지 않는 것입니다.

인간적인 방법이 낳은 결과

아무리 하나님을 믿고 기다려도 소식이 없을 때 머리를 쳐드는 것은 인간적인 방법과 수단입니다. 10년 동안 기다려도 아무 소식이 없을 때 사래는 자기의 젊은 여종을 남편에게 첩으로 주어서라도 아들을 가지려고 했습니다. 이런 방식은 지금은 도덕적으로 비난받아야 마땅하지만 그 당시 관행으로는 전혀 문제 되지 않는 일반적인 방법 가운데 하나였습니다. 일종의 씨받이인 셈이지요. 2절을 보십시오.

> 사래가 아브람에게 이르되 여호와께서 나의 생산을 허락지 아니하였으니 원컨대 나의 여종과 동침하라 내가 혹 그로 말미암아 자녀를 얻을까 하노라 하매 아브람이 사래의 말을 들으니라

이 세상에 살면서 사회의 일반적인 관습을 전적으로 무시할 수는 없습니다. 그리고 인간적인 방법을 사용해서는 안 된다고 하지만 실제로 인간적인 방법이 유익할 때도 많습니다. 야곱의 경우에는 아내 두 명과 첩 두 명이 있었는데, 이 첩들은 모두 여종 출신

이었습니다. 그러나 하나님께서는 그들에게서 태어난 열두 아들을
전부 이스라엘 열두 지파의 기둥으로 삼으셨습니다. 야곱이 두 아
내와 두 첩을 둔 것이 옳은 일은 아니었지만, 하나님은 이 죄를 바
꾸셔서 합력하여 선을 이루게 하셨습니다.

이 세상에 살면서 인간적인 방법을 전혀 쓰지 않는다는 것
은 거짓말입니다. 만약 인간적인 모든 요소를 배제해야 한다면 학
교도 다니지 말아야 하고 전화나 텔레비전도 쓰지 말아야 하고 병
원도 가지 말아야 합니다. 아기가 병이 나면 무조건 기도만 받아야
해요. 하지만 우리는 이미 이 세상에 살고 있고 이 세상의 관습이나
방법을 사용하고 있습니다.

그러나 어떤 부분에서는 하나님이 세상적인 방법의 도입을
완강하게 거부하시는 부분이 있습니다. 그것은 하나님의 구원과 관
계되는 부분입니다. 구원은 인간이 이루는 것이 아닙니다. 하나님
은 구원에 관계되는 모든 부분에 성령으로 기름을 바르셔서 인간이
침범하지 못하게 하셨습니다. 아브람이 아들을 낳는 것은 하나님의
구원을 이루는 아주 중요한 부분입니다. 그래서 하나님은 아브람이
아들을 낳는 이 부분에 기름을 부으셔서 절대로 인간적인 방법으로
아들을 갖지 못하게 하셨습니다.

결국 여종을 통하여 아들을 낳는 것은 하나님께서 기뻐하시
는 뜻이 아니라는 것이 금방 드러났습니다. 어떻게 드러났습니까?
여종이 자기가 임신한 것을 깨닫고는 사래를 업신여기기 시작한 것
입니다. 4절을 보십시오.

아브람과 하갈이 동침하였더니 하갈이 잉태하매 그가 자기의 잉태함
을 깨닫고 그 여주인을 멸시한지라

하나님이 기뻐하시는 일이었다면 이런 일이 일어나지 않았
을 것입니다. 사래가 얼마나 존귀한 여성입니까? 사래는 구약성경

에서 가장 존귀한 여성입니다. 그런데 이 사래가 비천한 여종에게 경멸받고 무시당하는 일이 일어났습니다. 이것은 하나님의 시간과 뜻을 기다리지 못하고 인간적인 방법을 쓴 사래에 대한 하나님의 징계입니다. 하나님이 하갈의 마음속에서 여주인을 두려워하는 마음을 제거하시니까 여종은 마치 자기가 여주인인 것처럼 생각하게 되었고, 그때부터 사래를 멸시하기 시작했습니다.

이 일은 여기에서 그치지 않고 사래가 아브람을 무섭게 공격하는 것으로 나타났습니다. 5절을 보십시오.

> 사래가 아브람에게 이르되 나의 받는 욕은 당신이 받아야 옳도다 내가 나의 여종을 당신의 품에 두었거늘 그가 자기의 잉태함을 깨닫고 나를 멸시하니 당신과 나 사이에 여호와께서 판단하시기를 원하노라

사래가 정상적인 상태에서 이런 말을 한 것은 아닌 것 같습니다. 다른 여자들은 이런 말을 할 수 있어도 사래는 이런 말을 할 여자가 아닙니다. 사래의 입에서 이런 말이 나왔다는 것은 사래가 제정신이 아니라는 것을 보여줍니다. 너무나도 흥분해 있고 너무나도 영적으로 고갈되어 있어서 자신도 무슨 말을 하는지 모르는 채 그냥 마구 퍼부은 것입니다.

제가 생각하기에는 사래의 한평생 이런 말이 나온 것은 이번 딱 한 번뿐입니다. 사래가 남편에게 이런 말을 했다고 해서, 이것을 자기에게 적용해서 매일 매일 남편을 이런 식으로 대하는 부인이 있다면 성경을 정말 잘못 읽는 것입니다. 사래는 이런 말을 하는 여자가 아닙니다. 평소에 사래는 남편을 부를 때도 '당신', '자기' 이렇게 부르지 않았습니다. '오빠'라고 부르지 않았어요. 사래는 남편을 부를 때 '주님'이라고 불렀던 여자입니다. 사래는 정절과 절제로 자신을 단정했던 아주 존귀한 부인이었어요. 그러나 한번 마음의 평화를 잃어버리고 영적으로 고갈되니까 속에 분노가 차서 자기가

생각하지도 않았던 무서운 말이 막 튀어나왔습니다. 이제 '주님'이라고 부르지도 않습니다. '당신과 나 사이에'입니다.

하나님께서 아브람의 집에서 성령을 거두고 계십니다. 하나님의 성령이 충만했을 때에는 감히 여종이 사래 같은 존귀한 여자를 멸시할 수 없었습니다. 또 사래가 아브람을 이런 식으로 몰아세울 수 없었습니다. 그러나 하나님이 아브람의 가정에서 성령을 거두시니까 여종은 사래를 멸시하고 사래는 말할 수 없는 분노로 남편을 공격합니다. "당신과 나 사이에 여호와께서 판단하시기를 원하노라!"

나중에 사래가 한평생 후회한 것이 있다면 바로 이때 한 말일 것입니다. 그러나 하나님의 녹음기는 사정을 봐주는 일이 없습니다. 이때 사래가 한 말이 그대로 녹음이 되어 수천 년 동안 전해지고 있습니다. 사래가 천국에서 "하나님, 제발 이 성경 수정판을 내주세요. 한 번 실수한 말을 녹음해서 자꾸 알리면 어떻게 합니까?" 하고 아무리 사정해도 안 됩니다. 여러분, 우리가 이성을 잃고 얼굴이 벌개져서 한 말들이 하나님의 녹음기에는 다 녹음됩니다. 조심해야 합니다.

아브람은 누구입니까? 하나님의 선지자입니다. 하나님의 축복의 근원입니다. 하나님은 아브람을 통해서 온 세상을 축복하겠다고 약속하셨습니다. 그런데 이 아브람의 권위가 사래의 분노 앞에서 여지없이 파괴되고 있습니다. 아브람의 가정은 작은 하나님의 나라였습니다. 하나님 나라의 특징이 무엇입니까? 자발적으로 서로 복종하는 것입니다. 상대방을 나보다 낮게 여기는 것입니다. 그래서 에베소서에서 사도 바울은 "술취하지 말라. 이는 방탕한 것이니 오직 성령의 충만함을 받으라"고 말한 뒤에 "그리스도를 경외함으로 피차 복종하라"고 명령했습니다.

하나님 나라의 특징은 서로 존중하는 것입니다. 자녀가 부모 앞에 겸손한 것이 하나님 나라의 모습입니다. 그러나 부모도 자녀에게 겸손해야 합니다. 부모라고 해서 자녀가 하기 싫어하는 것을 억지로 시키면 안 돼요. "내가 의사 되려다가 못 됐으니까 너는 꼭 의사가 되어야 한다"는 것은 겸손하지 못한 태도입니다. 또 교인들은 말씀 앞에 겸손해야 합니다. 그러나 목사도 교인들 앞에 겸손해야 합니다.

사래가 인간적인 방법을 사용했을 때 하나님 나라의 질서는 이렇게 여지없이 파괴되었습니다. 그리고 사래 자신은 남편도 잃고 종도 잃고 자기 속에 있는 아름다운 자아상도 잃고 말았습니다. 모든 것이 엉망이 되어 버렸어요. 그 이유가 어디에 있습니까? 물론 사래가 하나님의 말씀을 끝까지 믿지 못한 데 있습니다. 그러나 더 중요한 이유는 하나님께서 사래를 사랑하신 데 있습니다.

하나님께서 사래를 사랑하지 않으셨다면 이런 일은 일어나지 않았을 것입니다. 하나님이 정말 사래를 사랑하셨기 때문에 이런 상황을 주셔서 다시는 인간적인 방법을 쓰지 않고 하나님의 말씀을 붙들게 하신 것입니다. 하나님이 사래를 보통 여자로 생각하셨더라면, 이런 일은 그 당시 사회 통념상 얼마든지 허용될 수 있는 것이었습니다. 그러나 하나님은 사래 자신이 생각하는 것보다 더 그를 존귀하게 생각하셨기 때문에 그의 인간적인 방법을 축복하시지 않고, 오히려 더 어렵게 만드시고 속상하게 하시며 모든 것을 잃게 하심으로써 결국 하나님의 말씀을 다시 붙들게 하신 것입니다.

다른 사람들에게는 다 괜찮은 인간적인 방법이 나에게는 통하지 않을 때가 있습니다. 그것은 하나님이 나를 특별하게 사랑하고 있다는 의지를 보여 주시는 것입니다. 남들은 대충 커닝을 해도 되는데 나는 꼭 들켜요. 남들은 이중장부를 해도 잘 넘어가는데 나는 안 됩니다. 남들은 사회통념상 다 하는 일인데 내가 그 일을 했더니 성령이 떠나시는 바람에 애도 가출하고 부인은 삿대질을 합니다. 그럴 때 하나님이 나를 미워해서 그렇게 하신다고 생각하지 마십시오. 하나님이 정말 나를 특별히 사랑하시기 때문에 그렇게 하시는 것입니다. "다른 사람은 이 방법이 다 통할지 몰라도 넌 안 돼. 난 네게 특별한 계획이 있고 특별한 의지가 있어" 하시는 것입니다.

여러분, 하나님이 나에 대해 계획을 가지고 계시는데 그 시간과 때를 기다리지 못하고 인간적인 방법으로 돌아갈 때, 하나님은 우리에게서 일시적으로 성령을 거두어 가십니다. 우리는 날마다 성령이 주시는 힘으로 삽니다. 그런데 성령이 떠나시면 어떻게 됩니까? 믿지 않는 사람보다 몇 배나 불안해지고 이유를 알 수 없는 분노가 마음을 지배하며 염려가 걷잡을 수 없이 번져 나갑니다. 정신병 중에서도 중증 정도의 증세가 나타납니다. 하나님이 나를 미워하시기 때문이 아닙니다. 나를 사랑하시기 때문에 정말 하나님이 원하시는 그 자리로 돌아와서 하나님이 원하시는 때까지 좋든 싫든 기다리게 하시고, 그 기다린 모든 것을 엄청난 상으로 보답해주기 위해서 그렇게 하시는 것입니다.

하나님이 특별히 의지를 가지고 계신 부분에서 내가 순종하지 않으면 마음에 평화가 사라지고 분노가 솟아오릅니다. 사래 같은 경우에는 남편에 대한 불신이 생겼습니다. 믿는 사람에게서 성령을 거두어 갈 때 안 믿는 사람보다 훨씬 더 병적인 증세가 나타납니다. 목사들은 더 심해요. 하나님이 일시적으로 성령을 거두시면 남들보다 오해도 더하고 성질도 더 못되어집니다.

그럴 때는 무조건 하나님이 원하시는 자리까지 와야 합니다. "성령이 떠나도 괜찮아요. 저는 이를 악물고 버틸 겁니다" 하고 고집부리면 완전히 정신병자가 됩니다. 오해가 생겨도 심하게 생기고 속에서 용서가 안 됩니다. 꽁한 것이 안 풀려요. 누구나 마찬가지입니다. 하나님의 백성은 더 그렇습니다. 이것은 하나님이 우리를 사랑하신다는 표시이며 그가 원하시는 자리로 돌아오라는 표시입니다.

사래가 아브람을 공격했을 때 아브람은 어떻게 반응했습니까? 6절을 보십시오.

아브람이 사래에게 이르되 그대의 여종은 그대의 수중에 있으니 그대
의 눈에 좋은 대로 행하라 하매 사래가 하갈을 학대하였더니 하갈이
사래의 앞에서 도망하였더라

아브람은 가정에서의 리더십을 포기했습니다. 아브람은 이
가정의 지도자로서 결코 지도력을 포기해서는 안 됩니다. 그러나
그는 자신의 위치를 지키지 못하고 있습니다. 물론 이런 자세는 사
래에 대한 깊은 연민의 정에서 나온 것입니다. 아브람은 사래가 얼
마나 심한 심리적인 고통을 당하고 있는지 알고 있었기 때문에 그
것을 건드리고 싶지 않고 더 이상 고통을 주고 싶지 않아서 "당신
좋을 대로 하세요" 했습니다. 그러나 그것은 문제의 해결에 전혀 도
움이 되지 않았습니다. 사래는 하갈을 학대했고 하갈은 임신한 채
로 도망쳐 버렸습니다. 집구석이 엉망진창이 되어 버렸습니다.

하갈의 도망이 무슨 의미를 가지고 있습니까? 집에 있는 종
도 아브람의 지도력을 인정하지 않는다는 것입니다. 여종마저도 말
씀과 질서를 무시하고 있습니다. 하나님의 구원의 능력이 한 여종
에게 조롱당하게 되었습니다.

하나님이 축복하시지 않았을 때 이 작은 하나님의 나라는
스스로 복종하고 스스로 섬기고 복종하는 관계가 아니라 서로 판단
하고 업신여기고 불순종하고 지도력을 포기하며 급기야는 여종이
도망치는 관계로 변질되고 말았습니다. 이것은 세상보다 훨씬 더
못한 모습이었습니다.

여러분, 믿음의 가정이 성령 충만하지 않으면 안 믿는 가정
보다 훨씬 더 못합니다. 훨씬 더 심하게 싸우고, 훨씬 더 대화도 안
하고, 밥도 같이 안 먹으려고 합니다. 교회도 마찬가지입니다. 교회
가 성령 충만하지 않으면 세상보다 훨씬 더 어렵습니다. 아브람의
가정은 엉망이 되었습니다. 대실패였습니다.

하나님의 개입

하나님께서는 이 문제에 개입하셨습니다. 어떻게 개입하셨습니까? 하나님은 사래나 아브람을 책망하시지 않았습니다. 왜냐하면 그들은 이미 마음의 고통으로 충분한 벌을 받았기 때문입니다. 하나님의 백성들에게 가장 큰 고통은 성령이 그 마음에 임하시지 않는 것입니다. 성령이 마음속에 역사하시지 않으면 밤에 잠도 못 자고, 분노가 끓어올라서 하루에도 몇 번씩 지옥을 왔다갔다 합니다. 더 책망할 필요가 없습니다. 그 자체로 고통이에요.

하나님은 도망치는 하갈을 잡으셨습니다. 7절과 8절을 보십시오.

> 여호와의 사자가 광야의 샘 곁 곧 술 길 샘물 곁에서 그를 만나 가로되 사래의 여종 하갈아 네가 어디서 왔으며 어디로 가느냐 그가 가로되 나는 나의 여주인 사래를 피하여 도망하나이다

하갈의 문제가 무엇입니까? 단순히 여종이 여주인의 학대를 견디지 못해서 도망친 것이 아닙니다. 하갈이 도망친 것은 기질의 문제였습니다. 하갈은 철없는 아이입니다. 도망치면 어떻게 되는지도 모르면서 그냥 자존심이 상하니까 대책없이 무조건 가출한 겁니다. 그러나 하갈을 기다리고 있는 것은 광야의 무서운 추위와 굶주림이었습니다.

하갈이 도망쳤을 때 몇 살이나 되었을 것 같습니까? 아무리 나이가 많이 들었다고 해봐야 열서너 살입니다. 그런데 이런 아이가 임신하고 나니까 눈에 뵈는 것이 없었습니다. "나도 이젠 아줌마다. 이제는 미세스라고 불러 주세요." 그런데 자기를 우습게 알고 옛날처럼 "하갈, 물 떠 와" 하니까 성질나잖아요. 그러니까 그냥 가출한 거예요.

만약 하갈이 이대로 나가서 죽는다면 아브람 부부에게는 영원히 지워지지 않는 상처가 생기는 것입니다. 하갈을 임신시킨 사람은 사래이고 아브람입니다. 그런데 이 여종 하나를 돌보지 못하고 학대해서 도망치게 하고, 결국 굶어 죽거나 늑대에게 물려 죽게 한다면 사람들은 하나님의 축복을 의심할 것입니다. "이것 봐라. 너희들이 다른 사람 복 준다고 그러더니 너희 집에 있는 종 하나도 잘 해주지 못해서 나가서 굶어 죽게 하냐?" 그야말로 엉망이 돼버립니다.

그래서 하나님은 하갈을 만나셨고 하갈을 부르셨습니다. "사래의 여종 하갈아, 네가 어디서 왔으며 어디로 가느냐?" 이 질문이 모든 문제를 뒤집어 놓았습니다. 하나님은 분노에 차서 앞뒤도 돌아보지 않고 집을 박차고 나온 하갈에게 물으셨습니다.

"네가 누구냐?"

"저요? 종인데요."

"종이면 종 같아야지 왜 그렇게 씩씩거리면서 가느냐? 네가 대들고 있는 부인은 그렇게 대할 부인이 아니야. 너는 사래의 여종 하갈 아니냐? 하갈 맞지?"

"맞는데요."

"너 임신했다고 그래도 되는 거냐?"

"그렇게 하면 안 되나요?"

"안 되지. 너는 여주인이 아니고 여종이니까. 그런데 너 지금 어디서 오는 거냐?"

"집에서 왔는데요. 사래가 못살게 굴어서요."

"사래의 학대가 그렇게 견디지 못할 만한 것이었느냐?"

"그건 아니에요. 힘들지만 견딜 수도 있었어요."

"네가 사래에게 한 짓에 비하면 그 학대는 별거 아니지?"

"그래요. 저는 더 괴롭혔어요."

"그런데 지금 어디로 가고 있느냐?"

"모르겠는데요."

"이대로 가면 죽어. 돌아가거라. 돌아가서 복종하거라. 그것이 너에게 최선의 길이야."

하나님은 상담의 천재입니다. 상담은 하나님으로부터 나왔습니다. 하나님은 하갈에게 잠깐 생각할 기회를 주셨습니다. 여러분, 누가 막 분노할 때 질문할 수 있는 시간이 조금만 있어도 그 분노를 누그러뜨릴 수 있습니다. 그래서 질문이 굉장히 중요합니다. 남편이 화가 나서 어쩔 줄 모를 때 슬기로운 질문을 하나 던지면 그 분노가 사라집니다. 그런데 거기서 같이 화를 내면 걷잡을 수 없는 길로 가버립니다.

우리가 하나님의 백성이 된다는 것은 내 기질을 꺾고 말씀의 멍에를 메는 것입니다. 그리고 말씀의 멍에를 멘다는 것은 누가 하라고 하지 않아도 내가 하나님 앞에 죄인임을 인정하고 다른 모든 형제자매를 나보다 낫게 여기는 것입니다. 이렇게 할 때 분명히 성령의 역사가 나타납니다. 자녀를 기를 때 머리가 좋으냐 나쁘냐를 생각하면 안 됩니다. 더 심각한 것은 기질입니다. 분명히 자기가 틀렸는데도 끝까지 우기고 고집하면서 "집 나갈래!" 한다면 집안꼴이 말이 아니지요. 정말 기질보다 더 어려운 문제가 없습니다. 풍성한 삶은 전부 기질과 연결되어 있습니다.

오늘 말씀이 우리에게 보여 주는 것이 무엇입니까? 믿음의 조상인 아브람과 사래에게도 자식을 기다리는 것은 참 힘든 문제였다는 것입니다. 우리에게도 이런 힘든 문제들이 있을 것입니다. 하나님께서는 그 어려운 문제를 통하여 나의 믿음을 달아 보십니다. 하나님은 오히려 그 문제를 부각시킴으로써 우리의 믿음 없음을 깨닫게 하시고 남은 시간에 하나님을 기다리게 하십니다. 아브람과 사래도 이 문제가 한 번 터지고 나서야 약속의 때까지 기다릴 수 있었고, 기뻐서 기다렸든 억지로 기다렸든 하나님은 그들이 기다린 모든 기간을 상급으로 갚아 주셨습니다.

가장 어려운 것이 하나님의 때를 기다리는 것입니다. 우리는 하나님의 때가 오기도 전에 지쳐 버립니다. 하나님께서 우리 한 사람 한 사람을 부르셨을 때 계획없이 부르신 것이 아닙니다. 다 소중한 계획을 가지고 부르셨습니다. "남들은 다 되는데 왜 나만 안 되는 거야? 예수 믿으니까 왜 더 안 되는 거야?" 그것은 하나님이 나에 대해 강한 의지를 가지고 계시며 다른 사람과 나를 다르게 보고 계시다는 증거입니다. 우리에게는 하나님이 주실 귀한 상급이 있습니다.

"나는 왜 이렇게 결혼이 늦는 거야? 나이는 자꾸 들어가는데." 하나님의 신실하심을 인정하십시오. "왜 나한테는 애가 안 생기는 걸까? 다른 집은 쌍둥이도 낳는데." 하나님의 신실하심을 좌우간 기다려 보십시오. 기다린 그 모든 것이 상으로 돌아옵니다. '기다림 상'이 제일 큽니다.

오늘 말씀은 분노가 모든 것을 파괴한다는 것을 보여 주고 있습니다. 분노는 모든 아름다운 것을 파괴합니다. 사래의 분노는 말씀의 능력을 엉망으로 만들어 놓았습니다. 하갈의 분노는 하나님 나라 전체를 엉망으로 만들어 놓았습니다. 여러분, 분노가 생겼을 때는 질문을 던지십시오. 내가 누구인지, 내가 이렇게 화를 내는 것이 합당한 것인지, 내가 정말 무엇 때문에 화를 내는 것인지, 이 화가 사람을 향한 것인지 어떤 사실을 향한 것인지 확인해 보십시오. 만약 내가 화를 내고 있는 대상이 사람이라면 아무리 이유가 옳다 하더라도 죄를 짓고 있는 것입니다. 어떤 사실에 대해 화를 내는 것은 합당한 일이지만 이것을 가지고 그 사람의 인격을 공격할 때는 아무리 이유가 옳고 정당하다 하더라도 죄를 짓는 것입니다. 하나님이 성령을 거두실 것입니다.

가인이 분노에 차 있을 때 하나님은 "네가 분하여 함은 어찜이며 안색이 변함은 어찜이뇨?"라는 질문으로 가인을 상담하셨습니다. 하나님은 최고의 상담가이십니다. 하나님은 하갈에게도 물으셨습니다.

"너는 지금 어디에서 왔으며 어디로 가고 있느냐?"

"너무너무 화가 나서 잘 모르겠는데요."

"잘 생각해봐라. 그리고 돌아가거라. 아들을 낳으면 이스마엘이라고 하거라. 내가 그 아들을 축복해 주겠다."

결국 하갈이 다시 돌아감으로써 이 문제는 해결되었습니다.

하나님의 나라는 우리가 성령에 충만해서 서로 존중하고 복종할 때 이루어집니다. 아내는 남편을 존중해야 합니다. 사래처럼 이런 식으로 공격하면 안 됩니다. 그리고 남편은 아내에게 복종해야 합니다. 자식은 부모를 공경해야 하며 시어른도 공경해야 합니다. 그러나 어른들도 자기 며느리나 사위나 아들딸에게 원치 않는 것을 강요하면 안 됩니다. 지금은 어쩔 수 없어서 복종할지 모르지만 나중에는 회복할 수 없는 불신과 상처를 가져옵니다. 부모는 자식에게 겸손해야 합니다. 자식도 부모에게 겸손해야 합니다. 교회는 말씀에 겸손해야 합니다. 그리고 목회자는 교인들을 인정하고 존중해야 합니다.

들나귀 같은 기질은 잘 죽지 않습니다. 신앙이 깊어지면 깊어질수록 안에서 들나귀가 갑자기 튀어나옵니다. 다크 호스가 아니라 다크 들나귀가 갑자기 튀어나와요. 자기 자신을 완전하다고 생각하는 사람은 굉장히 많은 사람들을 죽입니다. 자기를 완전하다고 생각하는 목사는 아주 많은 사람에게 상처를 줄 수 있습니다. 이 들나귀 같은 기질이 성령으로 변하지 않는 이상 하나님의 축복을 누릴 수 없습니다.

여러분, 자신이 굉장히 부족하다는 것을 기억하십시오. 우리는 아직 만들어지는 과정 중에 있습니다. 가장 풍성한 삶을 얻는 사람이 누구입니까? 기질이 변한 사람입니다. 성령의 열매는 전부 기질의 변화로 나타나게 되어 있습니다. 아무리 오래 믿어도 기질이 변하지 않는 믿음은 파산한 믿음입니다.

말씀을 듣고 가만히 있지 마십시오. 말씀을 들었으면 계속 추론하십시오. 그리고 나의 어려운 현실에 적용하십시오. 그렇지 않으면 가만히 파고 들어오는 의심을 물리칠 수 없습니다. 아브람에게 자식을 준다고 했으면 그것은 사래를 통하여 주신다는 말입니다. 사래가 늙어 가는 것과 상관없이 그를 통해 주실 것입니다. 이것을 추론하고 적용했더라면 사래는 이 큰 어려움에서 벗어날 수 있었을 것입니다.

여러분, 진리를 적용해야 합니다. 계속 생각하면서 적용하십시오. 아무리 좋은 설교라도 듣고 잊어버리면 당합니다. 말씀을 해석하고 추론해서 자기 것으로 삼아야 합니다. 그렇지 않은 진리는 사탄의 공격에 넘어가기 쉽습니다. 진리를 가지고 적용함으로써 내 속에 있는 불안과 염려를 극복할 때 우리는 하나님의 때를 기다릴 수 있습니다. 그리고 원해서 기다렸든 억지로 기다렸든 하나님은 이 기다린 모든 기간을 엄청난 상급으로 채워 주실 것입니다.

10

이스마엘의
출생

우리는 옛날 서부영화에서 야생마를 잡아 길들이는 장면을 본 기억들을 가지고 있습니다. 야생마를 잡아서 그 위에 사람이 올라타면 말이 미친 듯이 날뜁니다. 그래서 그 위에 탄 사람이 몇 번씩 떨어지기도 합니다. 그런데 그렇게 한참 말을 훈련시키면 결국은 길들여지기 마련입니다. 난폭한 성격이 온순해지고 사람이 시키는 대로 잘 가게 됩니다.

사람은 어떻습니까? 우리는 자신을 원래부터 예의도 있고 다른 사람도 생각할 줄 아는 아주 훌륭한 신사로 생각할지 모르겠지만 결코 그렇지 않습니다. 사람에게는 말보다 훨씬 더 긴 훈련기간이 필요합니다. 어릴 때 거의 대부분의 시간은 인간으로 길들여지는 데 쓰입니다. 물론 아이들 입장에서는 누구의 간섭도 받지 않고 자기 마음대로 하면 좋지요. 학교도 다니지 않고 매일 친구들과 어울려서 춤이나 추고 다닐 수 있으면 얼마나 좋겠습니까?

그러나 그런 식으로 방치된 사람은 절대로 사회생활을 하지 못합니다. 너무나 예의가 없고 제멋대로이기 때문에 아무도 그런 사람을 상대하려고 하지 않을 것입니다. 물론 사람이 너무 길들여져서 의사표현도 제대로 못하고 모든 것을 시키는 대로 기계적으로

만 하는 것도 문제지만, 전혀 길들여지지 않은 야생마처럼 남의 입장이나 생각은 고려하지도 않고 모든 것을 자기 고집대로 해버리는 사람은 사회생활을 하기가 굉장히 어렵습니다. 그러나 이런 오랜 기간에 걸친 교육과 훈련도 결국 사회생활하는 데 지장이 없을 정도의 훈련일 뿐, 사람을 근본적으로 바꾸지는 못합니다.

성경이 말씀하고 있는 것이 무엇입니까? 세상에서 오랜 기간 잘 훈련받아서 예의바르고 성실하게 사회생활하는 것 이상의 무언가가 필요하다는 것입니다. 그리고 그것은 교육으로 되지 않는다는 것입니다.

오늘 본문은 아브람의 아들 이스마엘의 출생에 대한 것입니다. 우리가 성경을 읽으면서 느끼는 것은 이스마엘은 참으로 태어나지 말았어야 할 아들이라는 것입니다. 성경에서 가장 필요 없는 부분이 오늘 본문 같아 보입니다. 왜 성경은 이 아까운 부분을 이스마엘처럼 구원받지도 못할 인물에게 할애하고 있을까요? 그러나 이 부분은 우리가 신앙생활하는 데 어쩌면 거의 결정적으로 중요한 말씀이라고 할 수 있습니다.

육신의 아들

이제 아브람에게 한 아들이 태어나게 되었습니다. 이 아들의 자손도 아주 번창할 것입니다. 그러나 이 아들은 하나님이 미리 약속하신 그 아들이 아닙니다. 16장 10절을 보십시오.

여호와의 사자가 또 그에게 이르되 내가 네 자손으로 크게 번성하여 그 수가 많아 셀 수 없게 하리라

하나님은 아브람에게 한 아들을 주겠다고 약속하셨습니다.

그러나 이번에 태어나는 아들은 아브람이 하나님의 때를 기다리지 못해서 애굽의 여종 하갈을 통하여 낳는 육신의 아들이지 하나님이 약속하신 언약의 아들이 아닙니다.

우리는 오늘 말씀을 대하면서 두 가지 의문을 가지게 됩니다. 첫째 의문은 하갈을 통하여 태어나는 이 아들이 약속의 아들과 어떤 점에서 다른가 하는 것입니다. 둘 다 분명히 아브람의 아들입니다. 그러나 성경은 이 두 아들을 근본적으로 다르게 취급하고 있습니다. 이삭에 대해서는 축복의 말씀을 약속합니다. 그러나 이스마엘에 대해서는 마치 태어나지 말았어야 할 아이가 태어난 것처럼 취급하고 있습니다. 둘째 의문은 이렇게 태어나지 말았어야 할 아이를 왜 태어나게 하셨는가 하는 것입니다. 아브람이 낳은 아들들이 전부 이삭처럼 복 받은 아이들이 아니라면 왜 이런 아이들이 태어나게 하십니까?

우리는 오늘 본문을 통하여 아주 중요한 사실을 깨닫게 됩니다. 그것은 아무리 아브람이 낳은 아이라고 하더라도 하나님의 말씀이 없는 아이는 하나님과 전혀 상관없는 사람이 될 수 있다는 것입니다. 하나님이 아브람에게 주시려는 아이는 이삭입니다. 이삭은 하나님께서 말씀으로 약속하신 아들이었고, 말씀이 있었기 때문에 태어난 아들이었습니다. 다시 말해서 이 아이의 부모가 너무 늙어서 도저히 아이를 낳을 수 없는데도 말씀이 어떤 신체의 변화를 일으켜서 임신하게 하고 출산하게 한 아들인 것입니다. 그러나 애굽의 여종 하갈을 통하여 태어난 아이는 하나님의 말씀과는 아무런 상관이 없습니다. 그냥 아주 자연스러운 방법으로 임신해서 낳은 아이입니다.

이 두 아이의 차이점이 무엇입니까? 근본적으로는 둘 다 똑같은 사람입니다. 그러나 하나님은 이 두 사람을 통하여 엄청나게 다른 것을 보여 주십니다. 그것은 아무리 신앙이 좋은 사람이 낳은 아들이라고 하더라도 자연적인 출생 자체만으로는 하나님의 백성이 될 수 없다는 것입니다. 다른 말로 표현하면 단순히 신앙이 좋은 집에서 태어났고 오랜 신앙교육을 받았다는 것 자체로 하나님의 백성이 되는 것이 아니라는 것입니다.

그러면 어떻게 해야 하나님의 백성이 될 수 있습니까? 하나님의 말씀으로 다시 태어나야 합니다. 하나님은 아무리 아브람의 자손이라고 하더라도 이 이스마엘처럼 하나님과 상관없는 사람들이 많아질 것이라고 말씀하십니다. 이처럼 부모의 신앙이 좋다는 사실만으로 하나님의 백성이 될 수는 없다는 것을 이스마엘은 보여 주고 있습니다.

어떤 사람이 세상에서 아주 좋은 고등교육을 받았다고 합시다. 그는 예의 바르고 쓸모 있는 사람이 될 수 있을지 모릅니다. 그러나 그 자체로서 하나님의 백성이 될 수는 없습니다. 하나님의 백성이 되려면 기적적으로 다시 만들어져야 합니다. 그것을 보여 주는 것이 이삭의 출생입니다.

이삭은 태어날 수 없는 아들이었습니다. 그러나 말씀이 역사함으로써 기적적으로 태어나게 되었습니다. 이삭을 낳았을 때 아브람은 무려 100세나 되었고 사라도 90세나 되었습니다. 나이만 먹은 것이 아니라 실제로 자식을 가질 수 없는 상태였습니다. 그러나 하나님의 말씀은 그들의 몸에 기적적인 변화를 가져왔고, 그 결과 이삭이 태어났습니다. 이삭의 출생은 우리가 하나님의 말씀으로 거듭나는 것을 상징적으로 보여줍니다.

우리 한 사람 한 사람을 보면 정말 변할 것 같지가 않습니다. 내가 과연 변할 수 있을까, 저 사람이 과연 변할 수 있을까, 낙심할 때가 많습니다. 그런데 어느 한순간 말씀이 충격적으로 마음에 와 닿음으로써 알 수 없는 변화가 생기기 시작하고, 그때부터 하나님의 말씀에 길들여지기 시작합니다. 자연적인 출생이나 학교 교육으로는 하나님의 백성이 될 수 없습니다. 말씀이 기적적으로 역사해서 그 사람을 뒤집어엎어 놓아야 합니다. 태어날 수 없는 이삭이 기적으로 태어났듯이 하나님의 백성은 기적으로 만들어지는 사람들입니다.

이스마엘의 기질

아브람이 먼저 낳을 이 육신의 아들의 특징은 '들나귀' 같은 기질을 가졌다는 것입니다. 12절을 보십시오.

그가 사람 중에 들나귀같이 되리니 그 손이 모든 사람을 치겠고 모든 사람의 손이 그를 칠지며 그가 모든 형제의 동방에서 살리라 하시니라

이스마엘의 특징은 바로 들나귀처럼 강한 기질을 가진 것입니다. 들나귀의 특징이 무엇입니까? 어느 누구도 길들일 수 없을 정도로 강한 야생의 기질을 가졌다는 것입니다. 들나귀는 잡아서 길들일 수가 없습니다. 잡아서 길들이려고 하면 길길이 날뛰다가 언젠가는 사람을 박차고 도망칩니다. 또 그는 결코 다른 사람과 평화롭게 지내지 못할 것입니다. 그의 손은 모든 사람들을 칠 것이며 모든 사람의 손은 그를 칠 것입니다.

이 아들의 기질이 들나귀 같다고 해서 사회적으로 전혀 적응하지 못하는 불안정한 성격을 가졌다고 생각할 필요는 없습니다. 물론 그럴 수도 있습니다. 아브람은 대단히 사회성이 있는 사람이었고 믿지 않는 사람에게도 인정받았던 사람이었지만, 이스마엘은 전혀 아브람을 닮지 못해서 어느 누구와도 잘 지내지 못하는 괴팍한 성격의 소유자였을 수도 있습니다. 그러나 하나님은 단순히 사회적으로 길들여지지 않는다는 의미에서 들나귀 같다고 말씀하시는 것이 아닙니다. 하나님은 도저히 말씀으로 길들여지지 않는 영

적인 들나귀를 말씀하시는 것입니다.

사람들 중에는 유난히 야수성이 강한 사람들이 있습니다. 그런 사람들은 어떤 틀에 얽매이는 것을 죽기보다 싫어합니다. 그리고 항상 새로운 목표를 향해서 방황합니다. 한 가지 목표가 성취되면 또 다른 곳으로 떠나고, 그것이 성취되면 또 다른 곳으로 떠납니다. 그렇게 하지 못하고 어떤 틀에 갇혀 버리면 스스로 답답해서 미쳐 버립니다. 이렇게 야성이 강한 사람은 남을 잘 믿지 않습니다. 완벽을 지향하기 때문에 다른 사람을 믿기가 어려워요. 그래서 서로 잘 지내다가도 한순간 의심이 들면 그때부터 관계가 나빠지기 시작합니다.

그런데 여자들은 이런 야수성을 가진 사람들을 좋아하는 것 같아요. 〈미녀와 야수〉라는 영화제목도 있지 않습니까? 여자들은 야수를 좋아하는 것 같습니다. 집에서 계란프라이 부치는 온순한 남자보다는 목표를 정해 놓고 끝없이 돌진하는 풍운아를 굉장히 좋아합니다. 열정적이고 인간미가 있잖아요. 그러나 그런 사람은 절대로 잡아놓을 수가 없습니다. 아무리 잡으려고 해도 뿌리치고 떠납니다. 그러다가 돈이 떨어지거나 지치거나 늙으면 돌아옵니다.

호세아 선지자는 이스라엘 백성들에 대하여 이렇게 말씀했습니다. "저희가 홀로 처한 들나귀처럼 앗수르로 갔고 에브라임은 값 주고 연애하는 자들을 얻었도다"(호 8:9). 하나님이 보시기에 이스라엘 백성들은 들나귀 같아서 도저히 길들일 수가 없었습니다. 아무리 말씀하시고 고난을 주어도 이들은 길들여지지 않았습니다. 그들은 결국 자기들이 하고 싶은 대로 다 하고야 말았습니다. 하나님이 아무리 어르고 달래도 그들은 자기 하고 싶은 대로 다 했어요.

애들 중에도 매를 맞아 가면서도 자기 하고 싶은 대로 다 하는 애들이 있지요? 엄마들은 그런 애들을 보면서 "내가 낳았지만 너 참 이상하다. 조상이 의심스럽구나" 합니다. 달래도 안 되고 돈을 줘도 안 되고 때려도 안 돼요. 땀을 막 흘려 가면서도 끝까지 자기가 하고 싶은 대로 다 합니다.

하나님께서는 이스라엘 백성들을 두 가지 방법으로 길들이셨습니다. 즉 한편으로는 선지자를 통해서 말씀하셨고 다른 한편으로는 고난을 통해서 치셨습니다. 하나님의 백성은 말씀만으로 길들여지지 않습니다. 말씀을 들으면 들을수록 오히려 교만해지고 말씀에 식상해합니다. 설교를 들을 때도 다른 사람에게 적용을 해요. "오늘 설교는 그 사람이 들었으면 딱 좋겠는데 하필 오늘 빠졌네. 아깝다!" 그런데 한번 어려움이 닥치면 모든 말씀이 다 자기를 향한 것처럼 들립니다.

반면에 말씀 없이 고난만 오면 길들여지지 않습니다. 성질만 나빠지지요. "그래, 나를 치시겠다 이거지요? 어디 한번 해봅시다." 맞아 가면서도 버팁니다. 그래서 한편으로는 말씀하시고 한편으로는 고난을 주시면서 길들이시는 것입니다.

사람은 너무너무 길들이기 힘든 존재입니다. 애들도 한번 키워 보면 너무너무 길들이기 힘들다는 것을 알게 됩니다. 하나님은 이스라엘 백성들을 사사 시대부터 길들여 오셨습니다. 그런데 망할 때까지도 길들여지지 않았습니다. 당나귀도 이런 당나귀가 없어요.

우리의 본성은 하나님의 말씀에 잘 복종하지 않습니다. 예의 바르고 신사적인 사람도 하나님의 말씀에는 잘 길들여지지 않습니다. 그래서 사회성이 좋은 것과 영적으로 하나님 앞에서 훈련되는 것은 근본적으로 다른 일입니다. 어떤 사람은 평소에 온순하다가도 말씀에 대해서는 굉장히 강퍅한 사람이 있는가 하면, 사회성은 떨어지고 대인관계는 좋지 못해도 하나님 말씀이라고 하면 깜박 죽는 사람도 있습니다. 그래서 사회적인 교육과 하나님의 백성이 되는 것은 관계가 없습니다.

하나님이 우리에게 원하시는 것이 무엇입니까? 강요하지 않아도 스스로 하나님의 뜻을 찾아서 복종하는 것입니다. 그러나 우리는 끊임없이 자신의 목적을 추구합니다. 끝이 어딘지는 모르지만 어쨌든 끝까지 가보아야 직성이 풀립니다. 사람의 병이 바로 이거예요. 만들어지기는 유한하게 만들어졌는데 추구하는 것은 무한을 추구합니다.

사실 하나님은 사람을 만드실 때 무한한 행복과 무한한 생명을 약속하셨습니다. 그러나 그것은 끊임없이 자신의 능력을 개발함으로써 얻을 수 있는 것이 아닙니다. 자신의 모든 능력을 쳐서 하나님의 뜻에 복종시킬 때 하나님이 주시는 성령의 은혜로 영원히 살 수 있는 것이지요. 그러나 우리는 하나님의 도움을 받지 않고 자기 속에 있는 능력을 무한대로 개발해서 하나님과 같아지려고 합니다.

사람이 원하는 것이 무엇입니까? 절대자가 되는 것입니다. 우리는 자신이 완전해지기를 바랄 뿐 아니라 다른 사람들도 자기처럼 완전하기를 바라기 때문에 다른 사람을 믿지 못합니다. 부모가 자식에게 완전한 것을 요구하면 자식은 굉장히 파탄적인 성격을 가지게 됩니다. 이런 사람은 결국 어느 누구와도 친구가 되지 못합니다. 무조건 나를 받아 주고 옳다고 해주고 인정해주고 아부하는 사람 말고는 친구가 없습니다. 이것이 들나귀의 사랑입니다.

여러분, 지금 말한 들나귀의 기질은 정도의 차이는 있어도 모든 사람에게 다 있습니다. 완벽하지 못하면서도 완벽하려고 하니까 자기를 끊임없이 괴롭히고, 다른 사람의 실수를 절대로 용납하지 못합니다. 그러니까 나에게 아첨해 줄 때는 친하게 지내다가도 나중에 정직하게 이야기하면 결국 헤어지는 이것이 우리 모든 사람들이 가지고 있는 기질입니다.

하나님께서 말씀하시는 것이 무엇입니까? 자연 상태의 인간은 전부 들나귀 같다는 것입니다. 하나님이 돕기 싫어서 돕지 않으시는 것이 아닙니다. 자기 기질 때문에 하나님의 은혜로 만족하지 못하는 것이지요. 하나님이 은혜를 주셔도 박차고 나가 버립니다.

여러분, 오늘 우리가 들나귀 신자가 아닌지 생각해 봅시다.

'들나귀 신자'가 어떤 사람입니까? 신앙은 가지고 있습니다. 그러나 누구에게도 잡히고 싶지 않고 누구에게도 소속되고 싶지 않습니다. 예배마치면 혹시 잡힐까 싶어서 굉장히 빨리 뛰어갑니다.

사실 이 이스마엘의 이야기는 바로 우리에게 하시는 말씀입니다. 우리가 믿는다고는 하지만 실제로 우리 안에는 야수의 기질이 그대로 남아 있습니다. 그래서 나도 실수할 수 있다는 것을 인정하지 않습니다. 이런 사람은 믿는다고 하면서도 완벽을 추구하고 영원을 추구합니다.

말씀으로 나 자신이 완전히 죽기 전에는 이 야수성은 없어지지 않습니다. '나'라고 하는 것이 완전히 죽어야 하나님의 은혜가 온전히 이루어집니다. 마치 아브람과 사래가 전혀 자식을 낳을 수 없었는데 기적으로 낳은 것처럼, 내가 죽을 때 비로소 하나님의 능력이 나에게 역사해서 새로운 하나님의 은혜를 경험하게 됩니다. 내가 나 자신에게 실망하기까지, 내가 나 자신을 철저히 부정하기까지 우리 속에 있는 이 들나귀 기질은 절대로 죽지 않습니다.

하나님의 은혜는 울타리 안에 있습니다. 이 '울타리'는 하나님과의 언약관계를 의미합니다. 나의 욕심이나 내 기질을 죽여야 이 울타리 안에 있을 수 있습니다. 내가 하나님 앞에서 하나의 연약한 피조물에 불과하다는 것을 고백하고 인정할 때, 내가 티끌에 불과하다는 것을 인정할 때, 비로소 우리는 이 울타리 안에 있는 하나님의 은혜를 맛볼 수 있습니다.

사람들은 모두 다 일종의 자기도취에 빠져서 삽니다. 자기도취에 빠져 있는 사람들의 눈에는 세상이 다 우습게 보이고 남들이 다 우습게 보입니다. 오직 자기만 특별해요. 물론 자신감이 좀 부족한 사람들도 있지만, 그들도 지금 기가 너무 죽어서 그런 것이지 자신감만 생기면 모두 다 자기를 특별하게 생각합니다.

여러분, 이 착각에서 벗어나야 모든 것을 제대로 볼 수 있습니다. 어떻게 이 착각에서 벗어날 수 있습니까? 어떻게 이 자아도

취의 망상에서 벗어날 수 있습니까? 말씀이 충격적으로 와서 부딪쳐야 합니다. 부딪쳐도 보통으로 부딪치면 안 됩니다. 말씀이 그 사람을 완전히 벌거벗겨 버려야 해요. 하나님이 "너는 이런 인간이다. 너란 인간은 소망이 없다"고 말씀하셔야 합니다. 내가 다시는 고개를 쳐들지 못하도록 내 안에 있는 교만과 죄성을 밝혀 놓으셔야 합니다. 그래야 다시는 자기를 믿지 않고 자기 생각을 신뢰하지 않습니다.

덜 죽으니까 예수를 믿는다고 하면서도 자기도취에 빠져 있는 거예요. 확인사살을 해버려야 해요. 자기를 철저하게 죽일 때 이 야수성이 죽으면서 다른 사람이 얼마나 소중한지 깨닫게 되고, 하나님 앞에서 새로운 자신의 모습을 발견하게 되는 것입니다. 그 전에는 언제든지 자기도취나 자기 최면에 빠져서 자기를 더 알아주고 더 인정해 주는 곳을 찾아서 죽을 때까지 방황하게 되어 있습니다.

하나님의 백성이 된다는 것이 무엇입니까? 단순히 기독교 가정에서 태어나거나 신앙생활을 지속적으로 하는 것이 아닙니다. 말씀이 내 마음속에 파고 들어와서 내가 도대체 어떻게 되먹은 인간인지 보여 주어야 하고, 내 안에 있는 썩은 모습을 보여 주어야 합니다. 그래서 내 안에 있는 이 거짓말쟁이, 이 미친 짐승을 때려잡아야 한다는 생각을 하게 해야 합니다. 이것을 인정하기 전에는 절대로 제대로 된 신앙이 시작되지 않습니다.

기독교가 처음 전파되었을 때 사람들은 자신의 과거를 버리고 예수를 믿었습니다. 과거를 버리지 않고서는 예수를 믿을 수가 없었어요. 그러나 기독교가 전파된 지 100년이 지나니까 사람들은 자신의 과거를 버리지 않고서도 예수를 믿을 수 있게 되었습니다. 그래서 아무리 믿어도 변화가 없고, 아무리 말씀을 들어도 달라지지 않는 사람들이 많습니다. 고난이 오면 그때 약간 겸손해지는 것 같다가 고난이 없어지면 원상복귀합니다. 그 사람이 누구입니까? 이스마엘입니다. 자기는 아브람의 아들이라고 생각할지 모르겠지만 하나님은 전혀 그렇게 생각하지 않으십니다. 자기는 아브람의 재산을 상속받을 것이라고 기대할지 모르지만 결국 아무것도 얻지 못하고 쫓겨날 것입니다.

질문은 간단합니다. 지금 나는 나 자신을 믿고 있습니까? 하나님의 백성은 자기를 믿지 않습니다. 아무리 자기가 확신하는 일이라고 하더라도 자기를 믿지 않습니다. 나는 틀릴 수 있고 나는 죄인이며 들나귀 같은 기질을 가진 사람이라는 것을 인정합니다.

들나귀 기질을 가지고 있으면 한평생 상처를 주고 받으면서 살다가 죽을 것입니다. 왜냐하면 남의 부족한 부분을 절대로 용서하지 못하기 때문입니다. 내가 완전을 지향하고 있기 때문에 자식이나 아내나 남편의 부족한 부분을 용납하지 못합니다. 그리고 자기 자신도 지금 있는 자리에서 낙오될까 봐 계속 채찍질합니다. 50등 하다가 30등으로 왔으면 조금 쉬어도 되잖아요? 그러나 계속 채찍질합니다. 2등까지 올라가면 더 때립니다. 그러다가 1등 되고 나서 죽습니다. 대학교 들어가는 것으로 안 돼요. 좋은 회사 들어가야 합니다. 좋은 회사 들어가는 것으로 안 돼요. 승진해야 합니다.

이렇게 계속 자기를 들여다 보면서 부족한 점을 계속 들추어내서 자기를 못살게 구는 이유가 무엇입니까? 완벽하고 싶어서 그렇습니다. 그러나 밥 먹고 똥 싸는 사람은 절대로 완벽해지지 못합니다. 완벽해지고 싶으면 일단 먹지 말아야 하고 싸지 말아야 합니다. 신선이 되든지 죽든지 둘 중에 하나예요.

무엇이든지 지나치게 하는 것은 잘하는 것이 아닙니다. 학생이 공부를 지나치게 하는 것은 잘하는 것이 아니라 자신을 학대하는 것입니다. 하루에 3시간씩 자면서 공부하는 것은 공부가 아니에요. 약을 먹어 가면서, 코피 쏟아 가면서 직장에서 일하는 것은 일하는 것이 아니라 자기를 학대하는 것입니다. 자기를 사랑하지 않는 사람은 아무도 사랑하지 못합니다. 그래서 들나귀는 항상 외로운 시라소니입니다.

가정의 참된 평화는 어디에 있습니까? 내 안의 참된 평화는 어디에 있습니까? 이 들나귀를 하나님 앞에서 잡아 죽이는 데 있습니다. 일부분만 부인하면 안 됩니다. 자기 자신을 완전히 부정해야 합니다. 나에게는 전혀 소망이 없으며, 나는 철저히 거짓으로 뭉쳐져 있는 교만덩어리라는 것을 인정하고 완전히 죽여버려야 해요. 그리고 꺼진 불을 다시 보듯이 진짜 죽었는지 몇 번씩 확인해야 합니다. 그 전에는 절대로 주님이 주시는 평화를 맛볼 수 없습니다. 이스마엘처럼 영원히 방랑해야 합니다.

하나님은 이스마엘도 사랑하신다

오늘날 많은 사람들이 제일 오해하고 있는 것 중의 하나가 하나님은 이스마엘을 사랑하지 않으신다는 것입니다. 그러나 절대로 그렇지 않습니다. 하나님은 이스마엘을 사랑하셨습니다. 11절을 보십시오.

> 여호와의 사자가 또 그에게 이르되 네가 잉태하였은즉 아들을 낳으리니 그 이름을 이스마엘이라 하라 이는 여호와께서 네 고통을 들으셨음이니라

하갈은 하나님이 택한 백성이 아닙니다. 태중에 있는 아기도 하나님이 택한 사람은 아니었습니다. 그러나 하나님은 하갈이 울부짖는 소리를 들으셨고, 그의 배 속에 있는 아기를 사랑하셨습니다. '이스마엘'이라는 이름의 뜻은 '하나님이 들으셨다'는 것입니다. 하나님은 하갈의 고통을 보셨고, 아셨으며, 그의 소리를 들으셨습니다.

하갈은 무작정 아브람의 집을 도망친 후에 아주 큰 곤경에

처했던 것 같습니다. 그는 굶주리고 목말라 죽게 되었습니다. 그는 두려웠습니다. 그때 하갈은 이렇게 부르짖은 것 같습니다. "내 주인 아브람의 하나님, 만일 당신이 정말로 살아 계시다면 나를 이 고통에서 건져 주세요!"

그런데 하나님은 그런 하갈의 소리를 들으셨습니다. 하나님은 하갈을 안심시키시고, 그 아이의 이름을 '이스마엘'로 지으라고 하셨습니다. 그것은 하나님께서 하갈의 소리를 들으셨다는 뜻입니다. 하갈에게 가장 두려웠던 것이 무엇입니까? 그것은 아기가 죽는 것이었습니다. 그러나 하나님은 아기를 안전하게 지켜 주실 뿐 아니라 그 후손이 아주 번창하게 해주겠다고 약속하셨습니다. 이처럼 하나님은 하갈을 사랑하셨습니다. 그리고 이스마엘도 사랑하셨습니다.

오늘날 사람들은 하나님이 믿는 사람들만 사랑하고 안 믿는 사람들은 미워한다고 생각합니다. 그러나 이보다 더 큰 오해가 없습니다. 하나님은 믿는 사람들을 사랑하십니다. 그러나 믿지 않는 이스마엘도 사랑하시고, 교회를 욕하는 사람들도 사랑하십니다. 그들의 죄와 교만은 미워하시지만 사람은 미워하지 않으십니다. 하나님은 이 세상에 있는 모든 사람들을 사랑하십니다. 당나귀도 사랑하고, 들나귀도 사랑하고, 자기 욕심 때문에 뛰쳐나간 하갈도 사랑하고, 하갈이 낳은 아들도 사랑하십니다. 하갈은 택한 백성이 아니었지만 그 부르짖음을 들으셨고, 비록 말씀의 축복은 아니었지만 이스마엘을 축복해 주셨습니다.

하나님은 어떻게 그들을 사랑하십니까? 택한 백성들을 통하여 사랑하십니다. 하나님이 이스라엘 백성들을 특별히 사랑하신 것은 그들이 잘났기 때문이 아닙니다. 그들에게 사랑받을 만한 무슨 자격이 있어서도 아닙니다. 이스라엘 백성들을 통해 온 세상 사람들에게 하나님이 아직도 그들을 사랑하고 계시며 축복하기 원하신다는 것을 보여 주시기 위해 사랑하신 것입니다. 그런데 이스라엘 백성들은 자기들에게 무슨 특별한 자격이 있어서 사랑받는 것으로 오해해서, 남에게 사랑을 나누어줄 생각을 하지 않고 아주 이기적으로 살았습니다. 그래서 하나님은 이스라엘 백성들을 버리셨습니다.

하나님이 우리 그리스도인들을 사랑하시는 이유가 무엇입니까? 우리들에게 이렇게 많은 복을 주시는 이유가 무엇입니까? 우리에게 그럴 만한 자격이 있어서가 아닙니다. 하나님을 모르는 주위 사람들을 하나님 대신 사랑하고 하나님 대신 축복하게 하기 위해서입니다. 그래서 그리스도인들은 다른 사람에게 해를 끼치지 말아야 할 뿐 아니라 하나라도 유익한 일을 해야 합니다.

물론 하나님이 고난을 주시고 어려움을 주실 때는 남에게 도움을 줄 수 없습니다. 하나님께서 낮추실 때는 다른 사람들에게 쓸모없는 사람처럼 보일 수도 있습니다. 그러나 언제나 그런 것은 아닙니다. 언젠가는 하나님께서 이 세상에서 지위도 주시고 재산도 주십니다. 왜 그런 것을 주십니까? 주위에 있는 사람에게 사랑을 전하고 유익을 끼치게 하기 위해서입니다.

믿지 않는 사람들에게 복음을 전하는 것은 굉장히 중요한 일입니다. 그러나 하나님을 모르는 사람들은 말씀이 얼마나 귀중한 것인지 잘 모릅니다. 그들에게 필요한 것은 말씀보다는 하루 먹을 양식이나 당장 병든 몸을 고쳐 줄 약입니다. 만일 우리가 가장 귀중한 말씀을 나누어 주려고 마음을 먹었다면 그것보다 훨씬 못한 돈이나 노력이나 약 같은 것을 아까워할 이유가 어디 있습니까? 믿는 사람이 돈에는 달달달 떨면서, 또 자기 몸은 신주단지나 되는 양 찬물에 손끝 하나 담그지 않으면서 입으로만 "하나님은 당신을 사랑하십니다" 하고 말한다면 어떤 반응이 나오겠습니까? "그런 사랑 당신이나 하시오. 그렇게 좋은 예수 당신이나 믿으시오!" 백 명이면 백 명 다 그렇게 이야기할 것입니다.

오늘날 믿는 사람들이 자기가 가진 돈과 몸은 그렇게 아끼면서 말씀만 전하려고 하니까 사람들이 하나님의 사랑을 믿지 않고 이 말씀이 얼마나 귀중한지도 모르는 것입니다. 여러분, 우리가 전해야 할 것이 무엇입니까? 하나님이 그들을 사랑하신다는 것입니다. 그러나 말로만 하면 안 돼요. 뭔가 주면서 그런 소리를 해야지요. 그냥 인사하면서 "하나님은 당신을 사랑하십니다, 안녕" 하면 아무도 안 믿습니다. 호떡이라도 주면서 "하나님은 당신을 이 호떡보다 더 엄청 사랑하십니다" 해야 믿지요.

믿지 않는 자들을 미워하거나 저주해서는 절대 안 됩니다. 하나님은 그들을 저주하기 위해 우리를 택하신 것이 아닙니다. 우리는 오직 사랑의 통로일 뿐입니다. 사랑할 자신이 없으면 기다리는 것이 좋습니다. 절대로 미워하거나 저주해서는 안 됩니다. 왜냐하면 하나님이 아직도 그들을 사랑하고 계시기 때문입니다.

그리스도인은 신사적이어야 합니다. 광신적인 사람은 하나님에 대한 오해를 불러 일으킵니다. 신앙은 광적으로 믿는 것이 아닙니다. 신앙은 아주 합리적이고 이성적이면서도 그 안에 이성이 결코 따라올 수 없는 신비와 능력이 있습니다. 그러나 다른 사람이 도저히 이해할 수 없는 광란의 도가니로 보인다면 그 신앙은 잘못된 것입니다. 우리는 다른 사람들이 이해할 수 있도록 믿어야 합니다.

하나님은 아브람을 통해서 이스마엘과 하갈에게 사랑을 표현하셨습니다. 그뿐 아니라 하갈의 혈기를 막으심으로써 하갈을 지켜 주셨습니다. 지금 하갈은 너무 화가 나서 눈에 보이는 것이 없습니다. 자기와 아이에게 얼마나 위험한 줄도 모르는 채 목표도 없이 그냥 들판을 방황하고 있습니다. 하나님이 하갈을 도울 수 있는 방법은 그가 냉정을 되찾게 하셔서 자신의 바른 위치로 돌아가게 하는 것입니다. 조금만 냉정해지면 임신한 채로 집을 나가는 것이 굉장히 위험하다는 것을 알 수 있습니다. 하나님은 하갈을 잘 설득해서 집으로 돌아가게 하셨습니다. 이것이 바로 하갈에 대한 하나님의 사랑이었습니다.

하나님은 두 가지 방식으로 이 세상 사람들을 사랑하십니다. 하나는 믿는 자들을 통하여 그들의 인격이 얼마나 소중한지 가르쳐 주시고 아직도 그들을 사랑하신다는 것을 확인해 주시는 것입니다. 믿는 자들은 그들에게 아첨하지 않습니다. 진지하게 대합니다. 하나님은 그들을 통해 믿지 않는 자의 인격이 하나님 앞에서 얼마나 소중한지 깨닫게 하십니다. 또 한 가지는 지금 하갈의 경우처럼 그들의 마음속에 수시로 일어나는 분노를 억제해서 스스로 자신을 파괴하지 못하도록 지켜주시는 것입니다.

하갈의 고백

하갈은 애굽 여자였기 때문에 인격적인 신에 대한 인식이 없었습니다. 그러나 하나님이 보내신 사자가 자기 앞에서 말씀하시며 자기의 모든 것을 다 알고 계시는 것을 보고 인격적인 하나님을 깨닫게 되었습니다. 13절과 14절을 보십시오.

> 하갈이 자기에게 이르신 여호와의 이름을 감찰하시는 하나님이라 하였으니 이는 내가 어떻게 여기서 나를 감찰하시는 하나님을 뵈었는고 함이라 이러므로 그 샘을 브엘라해로이라 불렀으며 그것이 가데스와 베렛 사이에 있더라

애굽 사람들이 가지고 있는 하나님에 대한 지식은 대단히 저급한 것이었습니다. 그들은 짐승이나 태양 같은 비인격적인 것을 신으로 믿었습니다. 그러나 하갈은 비록 이방인이었지만 하나님을 한 번 경험하고 난 후에 '하나님은 그런 고정된 피조물이 아니라 모든 것을 다 보고 계시며 다 주관하시는 인격적인 신'이라는 것을 깨

닫게 되었습니다. '감찰하시는 하나님'이라는 고백은 이방인의 입에서는 참으로 듣기 어려운 신앙고백입니다. 이것은 성경에 나오는 이방인의 신앙고백 가운데 최고의 고백입니다. 하나님은 이방인이라도 하나님을 바로 알고 바른 신앙고백을 드릴 때 기뻐하십니다.

그러나 하나님께서 이렇게 애굽 여자에게 자신을 나타내시고 그의 입으로 하나님을 고백하게 하신 것은 아브람에 대한 일종의 징계였습니다. 사실 하나님은 아브람에게 나타나셨고 아브람을 통해서 모든 것을 하기 원하셨습니다. 그러나 아브람이 아내 사래의 말을 듣고 인간적인 방법에 의존했을 때, 하갈에게 자신을 나타내심으로써 아브람을 징계하셨습니다.

어느 누구도 하나님의 은혜를 독점할 수 없습니다. 하나님은 그의 뜻대로 살리라고 기대한 사람이 그 기대를 저버릴 때, 완전히 반대되는 엉뚱한 자들에게 자신을 나타내시며 그들의 고백과 찬양을 받으십니다. 엘리야 때 하나님은 이스라엘 백성들에게 은혜를 나타내셨지만 백성들은 그 은혜를 별로 소중하게 생각하지 않았습니다. 그때 하나님은 이스라엘에서 굶어 죽어가고 있는 수많은 과부들을 팽개치고 사렙다에 있는 이방인 과부에게 엘리야를 보내서 은혜를 주셨습니다. 또 엘리사 때는 이스라엘에 있는 나병환자들을 전부 외면하시고 이방인 나아만에게 나타나셔서 그의 병을 치료해 주심으로써 이스라엘 백성들의 마음속에 시기심이 일어나게 하셨습니다.

엄마가 아이를 아무리 불러도 안 올 때가 있지요. 그럴 때 다른 집 애를 안아 주면 샘이 나서 옵니다. 그래도 안 오면 옷을 올리고 젖 먹이는 흉내를 내면 반드시 오게 되어 있어요. "이건 내 젖이야" 하면서 다른 애를 엄마 품에서 밀어내고 할퀴면서 마구 덤벼들지요. 하나님은 이처럼 자기 백성들에게 아무리 손짓해도 그들이 오지 않을 때 이방인에게 가서 그들에게 자신을 나타내시고 능력을 행하십니다.

이스라엘 백성들이 불순종할 때 하나님은 요나를 니느웨로 보내어 니느웨 사람들로 하여금 회개하게 만드셨습니다. 예수님은 가버나움 사람들이 예수님의 말씀을 듣지 않았을 때 이방인들에게는 많은 기적을 베푸시면서도 가버나움에서는 능력을 행하지 않으셨습니다. 무슨 말입니까? 어느 누구도 하나님의 은혜를 여유만만하게 받을 수 없다는 것입니다. 내가 하나님의 은혜를 독점한 것처럼 생각해서 하나님 앞에 간절한 마음으로 나아오지 않을 때 하나님은 다른 쪽으로 가버리십니다.

한국 사람들이 하나님의 은혜를 간절하게 사모하지 않으면 이 은혜는 일본이나 북한이나 중국으로 갈 것입니다. 이미 하나님의 은혜는 한국에서 소멸되고 있습니다. 예배에서 기쁨을 체험하기가 굉장히 어려워요. 정신 차려야 합니다. 하나님의 은혜에 주리고 목마른 심정으로 나아오지 않으면 그 은혜는 엉뚱한 곳으로 가버립니다. 전혀 기대하지 못했던 사람들 가운데서 부흥의 역사가 일어나요. 오늘날 성령의 역사가 가장 강하게 나타나고 있는 곳은 아프리카입니다. 이 검은 형제들 가운데서 하나님의 특별한 사랑이 엄청나게 나타나고 있는 것은 이미 은혜에 배부른 사람들을 하나님이 버리셨기 때문입니다.

여러분, 하나님의 말씀에 항상 주리고 목말라야 합니다. 교회를 다닌 지 몇 년 되었다고 해서 지금 벌써 배가 부르고 벌써 은혜에 식상해서 마치 말씀을 다 받은 것처럼 여유 있게 기도생활도 하지 않고 성경도 보지 않으면 복음은 다른 쪽으로 넘어가게 되어 있습니다. 하나님이 교회사를 통해서 계속하신 것이 바로 이런 일이었습니다.

오늘 말씀이 우리에게 보여 주는 것이 무엇입니까? 어느 누구도 당연히 하나님의 백성이 될 수는 없다는 것입니다. 아무리 아브람의 아들이라고 하더라도, 아무리 믿는 집에서 태어났고 신앙교육을 오래 받았다고 하더라도 말씀이 충격적으로 와 닿아서 내가 어떤 인간이며 내 본질이 얼마나 간악한지를 철저하게 깨닫기 전에는 들나귀 인생을 벗어날 수 없습니다. 참된 하나님의 백성은 말씀으로 거듭나야 합니다. 아직 멀었어요. '내가 정말 이런 인간이었던가!' 하면서 완전히 놀라버려야 합니다. 너무나 충격을 받아서 절대로 자기 자신을 의지하지 않게 될 때, 그때 하나님의 은혜가 나타납니다.

우리는 믿는다고 하면서도 얼마나 스스로를 의롭고 똑똑한 사람으로 여기며 다른 사람들을 우습게 압니까? 그것은 내 속에 야수의 성격이 살아 있다는 증거입니다. 자기를 완전하다고 생각하면 안 됩니다. 스스로 완전하다고 생각하는 것이 정신병의 시초입니다. 또한 다른 사람에게도 완전한 것을 기대해서는 안 됩니다. 자녀들에게 완전한 것을 요구하지 마세요. 그런 요구를 받는 자녀는 성격파탄자가 됩니다. 아내나 남편에게 완전한 것을 요구하지 마세요. 그것을 요구하면 서로가 서로를 해치게 됩니다.

하나님은 이스마엘을 사랑하셨습니다. 하나님은 우리들만 사랑하시는 것이 아니라 교회 밖에 있는 들나귀 같은 인생들도 사랑하시며, 우리가 그들에게 하나님의 사랑을 전달하고 표현하기를 원하십니다. 안 믿는 사람들이라고 해서 함부로 판단해서는 안 됩니다. 또 신앙이 나만큼 자라지 않은 사람이라고 해서 함부로 정죄해서는 안 됩니다. 하나님은 어떻게 해서든 우리를 통해서 그들에게 사랑을 전달하기 원하시기 때문입니다. 사랑할 자신이 없으면 입이라도 다물고 있는 것이 옳습니다. 말씀이 소중합니까? 그렇다면 덜 소중한 돈이나 몸은 남에게 나누어 주십시오.

여러분, 하나님의 은혜는 낮은 곳으로 임합니다. 여러분은 아직 젊습니다. 아직 은혜에 주리고 목말라 해야 할 때입니다. 지금부터 신앙에 여유를 부리고 마치 다 된 것처럼 생각하는 사람의 미래는 굉장히 비참합니다. 우리는 이 은혜가 다른 곳으로 가지 않도록 주리고 목말라야 하며, 몸부림쳐야 하며, 마치 배고픈 아이가 엄마의 젖을 허겁지겁 먹듯이 말씀을 먹어야 합니다. 그렇지 않고 예배를 드리면서도 반쯤은 졸고 반쯤은 엉뚱한 생각을 한다면 하나님의 은혜는 하갈에게 넘어가 버립니다.

여러분, 지금 우리의 마음이 굉장히 교만해져 있습니다. 이것을 낮추어야 합니다. 늘 초신자의 심정으로 나아와서 "부족한 제게 긍휼을 베풀어 주십시오" 하고 기도하십시오. 오늘 우리가 우리의 마음을 낮추지 않는다면 하나님의 은혜와 축복은 우리가 가장 경멸하는 자들에게 넘어갈 것입니다.

11

열국의
아비가 되리라

어떤 젊은이가 아주 유명한 코치의 눈에 들어서 큰 뜻을 품고 운동을 시작하게 되었습니다. 이 젊은 선수는 일취월장하여 한순간에 주목받는 선수로 발돋움하게 되었습니다. 그런데 얼마 있지 않아서 두 사람은 아주 심한 갈등을 빚게 되었습니다. 이 선수가 어느 여자를 만나서 사랑에 빠지는 바람에 더 이상 운동에 신경을 쓰지 않게 되었기 때문입니다. 코치는 그 선수를 만나서 여러 차례 권면했습니다. "네 뜻은 더 큰 데 있지 않으냐? 지금 여자를 사귄다고 운동을 그만두면 어떻게 하느냐?" 그러나 아무리 권고해도 한번 여자에 빠진 그 선수는 충고를 들으려고 하지 않았습니다. 오히려 그는 코치가 자신의 사생활에 지나치게 간섭한다고 생각했습니다.

하나님은 목적을 가지고 아브람을 부르셨습니다. 그러나 아브람도 인간이었습니다. 지금 아브람은 하갈이 낳아준 아들 때문에 정신을 차릴 수 없을 정도로 행복에 빠져 있습니다. 하나님은 아브람이 정신을 차리고 돌아오기를 무려 13년이나 기다리셨습니다. 그러나 아브람은 자발적으로 돌아오려고 하지 않았습니다.

아브람에 대한 하나님의 뜻이 무엇입니까? 그의 믿음을 통하여 많은 사람들이 구원에 이르는 것입니다. 그러나 아브람은 자

213

기의 행복이 더 중요했습니다. 그래서 그 모든 부르심을 다 잊고 이 아들 하나로 만족하면서 이제 인생을 마치려 하고 있습니다. 지금 아브람의 나이는 99세입니다. 99세라면 앞으로 얼마 더 살 수 없는 나이입니다. 이제 아브람은 만족스럽습니다. 자식도 가졌고 다른 부분에도 아무 불만이 없습니다. 그러나 하나님의 뜻은 아직 하나도 이루어진 것이 없었습니다. 그때 하나님이 아브람에게 나타나셔서 그의 회개를 요구하셨습니다.

뜻을 온전히 이루시는 하나님

아브람이 99세가 되었을 때 하나님은 다시 아브람에게 나타나셨습니다. 17장 1절을 보십시오.

> 아브람의 구십구세 때에 여호와께서 아브람에게 나타나서 그에게 이르시되 나는 전능한 하나님이라 너는 내 앞에서 행하여 완전하라

아브람이 이스마엘을 낳았을 때가 86세였습니다. 그런데 그가 99세 되었을 때 하나님이 나타나서 말씀하십니다. 그러면 무려 13년 동안 아브람은 무엇을 하면서 지냈을까요? 우리는 알 수 없습니다. 그러나 이 본문에서 하나님이 나타나신 모습을 보면 아브람이 어떻게 살았는지 알 수 있습니다.

하나님은 자신을 '전능하신 하나님'으로 소개하시면서 아브람에게 '너는 내 앞에서 행하여 완전하라'고 말씀하십니다. 이 말씀에서 첫 번째로 찾아볼 수 있는 것은 하나님이 아브람에게 원하시는 것은 완전한 삶이라는 것입니다. '완전한 삶'에 대해 우리는 몇 가지를 생각해볼 수 있습니다.

우리 인간은 누구나 완전하고 싶어 합니다. 그러나 결코 완

전할 수 없는 것이 문제입니다. 부모는 자기 자식에게 완전한 삶을 요구합니다. 그래서 어린아이에게 어른처럼 점잖고 분별력 있을 것을 요구합니다. 그러나 아이들은 어른 같을 수가 없습니다. 어른들도 실수가 많고 실언이 많은데 아이들이 어떻게 완전할 수 있겠습니까?

그런데도 어른들은 욕심 때문에 자기 아이를 특별하게 만들고 싶어서 아이에게 완전한 삶을 요구하고 실수를 조금도 용납하지 않습니다. 그런 아이가 어떻게 되겠습니까? 그 아이는 아이다운 천진난만함을 잃고 맙니다. 완벽주의자인 부모를 둔 자녀는 마음에 상처를 많이 받으면서 자랍니다.

그러나 무엇보다 심각한 것은 그가 자기 자신을 사랑하고 용납할 줄 모른다는 것입니다. 마음에 감사와 자족함이 없습니다. 아무리 잘해도 부모가 "너는 더 잘할 수 있었어. 왜 이것밖에 못했니?" 하고 차가운 반응을 보일 때 그 아이는 결국 어느 누구도 용납하지 못하는 사람이 되고 맙니다. 하나님이 아브람에게 하신 요구하신 것이 이처럼 도무지 실수도 하지 않고 늘 완전한 상태로 살라는 요구였다고는 생각할 수 없습니다.

또 어떤 사람들은 완전을 지향하기 때문에 거의 대부분의 시간을 자기 자신이나 다른 사람의 실수를 골똘하게 생각하는 데 씁니다. 그리스도인이라면 전혀 실수가 없는 완벽한 삶을 살아야 한다는 것이 그의 생각입니다. 그래서 자기가 실수를 하면 그것에 대해 엄청나게 많이 생각합니다. 그리고 다른 사람의 실수에도 큰 충격을 받고 그것만 생각합니다. 이것은 지나친 자기 성찰입니다.

아무리 파고 또 파도 사람의 속에서는 아름다운 것이 나올 수 없습니다. 우리가 아름다울 수 있는 것은 성령께서 우리 안에 새 마음을 주시기 때문입니다. 우리는 한순간에 무섭게 분노할 수 있고 타락할 수 있습니다. 우리 안에는 선한 것이 없습니다. 그래서 자기 자신이나 다른 사람을 또 분석하고 또 분석하는 것은 마치 쓰레기 산을 파헤치는 것과 같습니다. 그런 사람의 특징은 대단히 부정적이라는 것입니다. 그는 완전한 확신이 들기 전까지는 아무것도 하지 않습니다. 능력이 없어서 하지 않는 것이 아닙니다. 혹시라도 실수할까 봐 두려워서 아예 아무것도 시도하지 않는 것입니다. 만약 내 모습이 이렇다면 빨리 여기에서 빠져나와야 합니다. 왜냐하면 이미 깊이 병들어가고 있는 것이기 때문입니다.

또 어떤 사람은 자신의 기질 때문에 적당한 선에서 만족하지 못합니다. 최고가 아니면 절대로 만족하지 못해요. 그래서 자기 몸을 돌보지 않고 최고를 추구합니다. 이런 사람은 자기가 원하는 목표를 달성할 가능성이 많습니다. 왜냐하면 노력한 만큼 좋은 결과가 나오기 때문입니다. 그러나 그의 사회성은 완전히 바닥입니다. 이 세상은 자기 혼자 사는 것이 아닙니다. 공부는 자기 혼자 하지만 사회 생활은 다른 사람과 어울려서 하는 것입니다. 남을 설득하고 움직여서 일을 해야 합니다. 그러나 혼자 목표를 추구해온 사람은 주위에 적이 너무 많습니다. 자기 이익을 위해 다른 사람들을 모두 적으로 만들었기 때문입니다.

지금까지 우리가 살펴본 것들은 모두 우리의 죄성 때문에 잘못된 완전을 추구하는 예들입니다. 하나님이 우리에게 요구하시는 것은 이런 완전함이 아닙니다. 예수님이 산상설교에서 "하늘에 계신 너희 아버지의 온전하심과 같이 너희도 온전하라"고 하신 것은 실수 한 번 하지 않고 모든 점에서 완전한 사람이 되라는 뜻이 아닙니다. 그것은 우리의 행동을 사람과 비교해서 자기만족에 빠지지 말고, 언제나 하나님을 모델로 삼아서 하나님을 닮아 가라는 뜻입니다.

완전할 수 없는 사람에게 완전을 요구하는 것이 율법입니다. 사실 율법은 우리로 하여금 좌절감을 느끼게 하기 위해 하나님이 허락하신 것입니다. 율법은 우리를 끊임없이 절망시키고 좌절시킵니다. 그러나 하나님이 아브람에게 요구하신 것은 그런 것이 아니었습니다. 그러면 하나님이 요구하신 것은 무엇입니까?

이것은 지금 아브람의 위치가 어느 순간부터 하나님의 뜻에서 벗어나서 잘못된 상태에 있다는 뜻입니다. 지금 아브람은 어떤 상태에 있습니까? 그는 이스마엘을 얻고 나서 대만족에 빠져 있습니다. 그렇게 아들을 낳고 싶었는데 아들을 낳았으니 더 이상 부족한 것이 없습니다. 그러나 하나님이 원하시는 뜻은 그것이 아닙니다. 아브람은 하나님의 뜻을 따라 걸어가다가 중간에서 완전히 딴 길로 가고 있습니다. 목표를 중간에 포기하고 적당한 선에서 만족하고 있는 것입니다.

하나님이 원하시는 목표가 무엇입니까? 아브람이 아들을 낳아서 그 아이의 재롱을 보며 행복하게 사는 것이 아닙니다. 아브람은 여기서 더 나아가야 합니다. 그는 더 늙어야 합니다. 그래서 하나님의 능력이 아니고서는 도저히 낳을 수 없는 아들을 낳아야 합니다. 하나님은 이 후손을 통해서 많은 민족을 구원하실 것입니다. 그러나 아브람은 중간에서 목표를 잃어 버렸습니다. 마치 운동선수가 큰 뜻을 품고 운동을 시작했다가 중간에 다른 유혹에 빠져 그 목표를 포기한 것과 같습니다.

하나님이 아브람을 부르셨을 때에는 아주 큰 뜻이 있었습니다. 그것은 그를 통하여 이 세상의 수많은 사람들이 하나님의 영광에 들어가는 것입니다. 그러나 그는 지금 이스마엘의 재롱으로 만족하고 있습니다. 그때 하나님께서 말씀하시는 것이 무엇입니까? "너는 여기서 중단해서는 안 된다. 여기서 더 가야 한다. 너는 지금 모든 것이 다 끝났다고 생각하고 있는 것 같은데 아직 중요한 것은 하나도 이루어지지 않았다"는 것입니다.

이 13년의 세월은 아브람이 하나님의 뜻을 잃고 표류한 기간입니다. 그는 인간적으로 원하는 것은 얻었지만 가장 중요한 하나님의 뜻을 놓치고 살았습니다. 그래서 하나님이 임재하시는 영광의 기쁨이 없어졌습니다.

우리 신앙의 핵심이 무엇입니까? 하나님과의 만남에서 얻는 영광입니다. 그것이 없는 신앙은 일종의 성경공부요 습관입니다. 물론 신앙에는 차근차근하게 하나님의 뜻을 배워나가는 공부가 포함됩니다. 그러나 그것이 전부가 아닙니다. 훈련이나 봉사가 전부가 아니에요. 그 안에는 말로 표현할 수 없는 영광이 있습니다. 사람들이 적극적인 신앙생활을 하지 못하는 것은 이 영광을 모르기 때문입니다. 이 영광은 논리나 이성적인 사고로 알 수 없습니다. 마치 남녀가 서로 엄청나게 사랑할 때 이성적으로 이해되지 않는 것과 같습니다. 신앙은 위대한 힘입니다.

아브람이 지난 13년 동안 하나님께 예배를 드리지 않았다고 생각할 수는 없습니다. 그는 정기적인 예배를 드려 왔을 것입니다. 또 하나님의 뜻에 순종하지 않았다고도 생각할 수 없습니다. 그는 여전히 훌륭한 신앙생활을 해왔을 것입니다. 그러나 그의 신앙 깊은 곳에는 하나님의 뜻을 중간에 자기 마음대로 포기해 버리는 불순종이 있었고, 그 결과 영광이 없는 신앙생활을 13년 동안 하게 되었습니다.

하나님은 지금 아브람에게 잘못된 자기만족에서 일어나라고 말씀하십니다. 그는 자기 스스로 다 되었다고 생각하지만 하나님 편에서는 하나도 된 것이 없습니다. 바로 이것이 완전치 못한 것입니다. 아브람에게는 더 이루어야 할 하나님의 온전한 뜻이 있었습니다. 그것을 잊어버리고 자기만족과 자기도취에 빠져 있는 이것이 온전치 못한 것입니다. 다시 말해서 하나님은 아브람에게 실수가 전혀 없는 천사 같은 삶을 원하시는 것이 아닙니다. 하나님의 뜻을 더 이상 구하지 않고 자기 생각과 자기도취에 빠져 있는 그 자리에서 일어나라는 것입니다.

실수 한 번 없는 완전 무결한 삶은 우리가 죽기 전에는 이루어지지 않습니다. 그러나 하나님은 완전하라고 하십니다. 이것은 우리가 자기만족에 빠지지 않고 우리 삶을 적극적으로 하나님께 내어 드리면 더 아름다운 삶을 만들어 내시겠다는 말씀입니다. 내 고집을 버리기만 하면 하나님은 나를 그의 온전한 뜻을 이루는 도구로 삼으실 것입니다.

자기 생각과 자기 고집에 빠져서 그것을 거부하는 것이 죄입니다. '죄'라는 단어의 원어에는 '과녁에서 빗나간다'는 뜻이 있습니다. 활을 쏘는 것은 목표를 맞추기 위해서입니다. 그런데 날아가다가 중간에서 떨어져 버리거나 엉뚱한 쪽으로 날아가서 전혀 그 목표를 이루지 못하는 것은 죄입니다.

지금 하나님이 우리에게 원하시는 것이 무엇입니까? 우리의 손과 발과 팔을 빌려 달라는 것입니다. 그것을 빌려 드리기만 하면 하나님은 최고의 봉사를 하게 하실 것이고, 최고로 아름다운 설교를 하게 하실 것이며, 최고의 뜻을 성취하실 것입니다. 그러나 아브람은 이스마엘만 움켜쥐고 자신을 하나님께 내어드릴 생각을 전혀 하지 않고 있습니다. '내 앞에서 완전하라'는 것은 이스마엘을 붙들고 있는 그 손을 놓고 하나님의 뜻을 이루는 도구로 다시 돌아오라는 말입니다.

두 번째로 본문에서 찾아볼 수 있는 것은 하나님이 스스로를 '전능하신 하나님'이라고 말씀하신다는 것입니다. 이것은 하나님은 아브람이 불가능하다고 생각하는 것 이상을 하실 수 있는 분이라는 뜻입니다. 아브람이 이렇게 이스마엘로 만족하게 된 이유가 무엇이었을까요? 나이 때문이었을 것입니다. 그는 지금 99세입니다. 미안하지만 99세는 무슨 일을 할 나이가 아닙니다. 죽을 나이입니다. 그래서 지금 아브람은 이스마엘에게 모든 것을 넘겨주고 일생을 마치려고 하고 있습니다. 그런데 하나님은 99세 된 이 노인을 일으켜 세워서 위대한 새로운 일을 하고자 하십니다.

우리가 자주 하는 말이 있지요? "내가 한 10년만 젊었더라면……." 아브람의 문제도 이것이었습니다. 한 10년만 젊었더라면 무슨 새로운 계획도 세우고 새로운 꿈도 꾸겠지만 99세에 도대체 무엇을 하겠습니까? 그러나 하나님은 자신을 '전능하신 하나님'으로 소개하십니다. 하나님께는 능치 못할 일이 없습니다. 하나님은 99세 노인도 젊은이처럼 다시 일어서서 소망을 가지게 하십니다. 하나님의 백성들에게는 너무 늙었다거나 너무 늦었다는 것이 없습니다. 하나님의 말씀이 임하는 사람은 항상 새로울 수 있습니다. 99세 노인도 소년보다 더 새로울 수 있어요.

우리는 얼마나 자주 하나님이 이루시려는 온전한 뜻을 뒤에 두고 적당한 선에서 자기만족에 빠져듭니까? 우리가 '나는 살 만큼 살았어. 이제 더 이상 바랄 것이 없어. 이것으로 충분해' 하면서 자신의 작은 욕심에 안주하려고 할 때 하나님이 찾아오십니다. 찾아오셔서 다시 일어서게 하십니다.

언약의 갱신

하나님께서는 아브람과 다시 언약을 세우겠다고 말씀하십니다. 2절부터 4절까지 보십시오.

> 내가 내 언약을 나와 너 사이에 세워 너로 심히 번성케 하리라 하시니 아브람이 엎드린대 하나님이 또 그에게 일러 가라사대 내가 너와 내 언약을 세우니 너는 열국의 아비가 될지라

하나님은 이미 아브람과 언약을 세우셨습니다. 그런데 여기에서 또 언약을 세우겠다고 말씀하십니다. 하나님은 도대체 몇 번이나 언약을 세우시는 것입니까? 사실 하나님이 한 번 말씀하시면 그것으로 충분합니다. 그런데 왜 또 언약을 세우겠다고 말씀하시는 걸까요? 하나님의 입장에서는 아무 문제가 없습니다. 그러나 아브람은 이 언약을 충분히 받을 만한 위치에 있지 못합니다.

예를 들어서 야구의 외야수들은 일단 운동장 안으로 떨어지는 공은 대개 잡을 수 있습니다. 그러나 위치를 잘 잡아야 합니다. 위치를 잘못 잡으면 공을 놓치게 됩니다. 하나님의 언약도 마찬가지입니다. 하나님의 언약은 정확하게 성취됩니다. 그러나 상대방이 그 언약을 받을 만한 위치에 있어야 합니다.

우리의 신앙은 마치 매어놓지 않은 배와 같아서 자기도 모르는 사이에 원래 위치에서 벗어나 떠내려가기 쉽습니다. 아브람은 자신이 늘 같은 자리에 있는 줄 알고 있습니다. 그러나 사실 많이 떠내려 간 상태입니다. 아브람에게 이스마엘이 생긴 것은 너무나도 큰 변화였습니다. 아브람의 삶의 중심이 이스마엘로 변한 것입니다. 하나님은 말씀을 통하여 아브람이 얼마나 하나님의 말씀에서 떠나 있는지 알려주시며, 신실한 하나님과의 관계로 돌아오라고 말씀하십니다.

돌아오기만 하면 어떻게 됩니까? 하나님의 영광이 임합니다. 이것이 바로 부흥입니다. 우리는 늘 말씀대로 산다고 하지만 자기도 모르는 사이에 세상으로 떠내려갑니다. 그러다가 바른 하나님의 말씀이 선포될 때 무엇을 깨닫습니까? '아, 내가 모르는 사이에 너무나도 멀리 세상으로 떠내려갔구나' 하는 것을 깨닫습니다. 그래서 자신의 삶을 정리하기 시작합니다. 버려야 할 것은 버리고 치워야 할 것은 치웁니다. 그래서 회개는 대청소와 같습니다.

이렇게 하나님과 나 사이를 막고 있는 것들을 전부 치워버리면 어떤 결과가 나타납니까? 두 가지 현상이 나타납니다. 하나는 마치 안개가 활짝 걷히는 것처럼 하나님의 뜻이 더 선명하게 드러나는 것입니다. 하나님의 말씀으로 돌아오기 전까지는 무엇이 옳고 무엇이 그른지 도무지 알 수 없습니다. 그러나 하나님과 나 사이를 가로막고 있는 쓰레기들이 다 치워지면 그때는 하나님의 뜻이 아주 선명하게 드러납니다.

그리고 다른 하나는 성령의 부으심이 나타나는 것입니다.

하나님은 항상 우리에게 성령을 부으시기 원하십니다. 그러나 그렇게 되지 않는 것은 너무나도 많은 찌꺼기들이 하나님과 우리 사이를 가로막고 있기 때문입니다. 아브람에게는 이스마엘이 찌꺼기였습니다. 이 아들이 하나님의 은혜를 가로막고 있었습니다.

하나님의 말씀을 들은 아브람은 어떻게 했습니까? 그는 땅에 엎드렸습니다. 이것은 이 모든 것을 인정한다는 뜻입니다. 이것이 신앙인의 아름다움입니다. 아무리 자기 생각이 옳고 하나님의 뜻이 납득되지 않는다 하더라도 일단 하나님의 말씀 앞에는 무릎을 꿇는 것이 아브람의 신앙이었습니다. 아브람은 하나님의 말씀이 이해되지 않습니다. 이스마엘이면 충분한데 또 무슨 하나님의 뜻이 필요합니까? 그러나 하나님은 잘못된 것은 언제든지 버리고 새로 시작하시는 분이십니다.

이제 아브람은 하나님께서 무엇을 말씀하시든지 거기에 전적으로 복종할 뜻을 보입니다. 우리들에게도 이런 자세가 있어야 합니다. 말씀이 있으면 다시 군소리가 없어야 합니다. 말씀이 있는데도 계속 떠들고 불평하고 고집부리는 사람은 하나님보다 자신을 더 의롭게 여기는 사람입니다.

가장 귀중한 것은 하나님의 말씀이 우리 가운데 선포되는 것입니다. 말씀이 없으면 우리가 어디에서 방황하고 있는지 전혀 알 길이 없습니다. 자기 생각으로야 자기가 다 옳은 것 같지요. 그러나 하나님은 내 안에 있는 깊은 죄성을 다 알고 계십니다. 말씀은 그것을 밝혀서 나 자신의 악함과 뻔뻔스러움에 스스로 놀라게 만듭니다. 그래서 자기를 믿던 것을 전적으로 버리고, 하나님과 나 사이에 가로놓여 있던 모든 것을 버리며, 하나님의 은혜를 받을 만한 겸손한 자리로 돌아오게 합니다. 그때 하나님의 영광이 회복되는 것입니다.

새 이름, 아브라함

하나님은 아브람에게 새로운 이름을 주셨습니다. 5절을 보십시오.

> 이제 후로는 네 이름을 아브람이라 하지 아니하고 아브라함이라 하리니 이는 내가 너로 열국의 아비가 되게 함이니라

우리는 어떤 경우에 새 이름을 짓습니까? 전에 있던 것을 무효로 하고 새롭게 출발할 때 새 이름을 짓습니다. 어떤 사람이 가게를 운영했는데 잘 되지 않았습니다. 그래서 안에 있는 내부 장식을 완전히 뜯어 고치고 물건도 새롭게 갖다 놓고 가게의 이름도 새로 지어서 붙였습니다. 여기에는 새로이 출발한다는 뜻이 담겨 있습니다.

하나님이 아브람에게 새 이름을 주신 것에는 '아브람이 99세에 다시 출발한다'는 뜻이 담겨 있습니다. 아브람은 이스마엘로 만족했지만 하나님께서는 아브람에게 새로 시작할 것을 요구하셨습니다.

'아브람'은 '존귀한 아버지'라는 뜻입니다. 아마 원래 발음은 '아비람'이었을 것입니다. 히브리어에서 '아버지'라는 뜻을 가진 단어가 '아비'이기 때문입니다. 우리말과 비슷하지요? 아랍어 '루함'은 큰 숫자를 의미합니다. 그래서 '아비-루함'이라고 하면 아주 큰 무리의 아버지라는 뜻이 됩니다. 아브람은 아들 하나로 만족하려고 했지만 하나님은 그가 아주 큰 무리의 아버지가 될 것이라고 약속하시면서, 그 표적으로 그의 이름을 바꾸셨습니다.

99세에 이름을 새로 바꾸는 것을 본 사람들은 아마 미쳤다고 욕을 했을 것입니다. "노인네가 앞으로 살면 얼마나 더 산다고 이름까지 새로 바꾸는 거야?" 참으로 믿음으로 살기 위해서는 남

의 눈치를 보지 말아야 합니다. 이 사람 저 사람 말 다 듣다 보면 아무것도 못합니다. 다른 사람 눈치 보지 말고 자기 양심에 옳은 대로 행하고, 하나님 앞에서 책임져야 합니다. 아직 아무것도 끝나지 않았습니다. 우리는 마치 시험을 치고 있는 수험생과 같습니다. 그러므로 하나님이 주시는 약속을 붙들고 자기 양심에 따라 힘껏 달려가야 하는 것입니다.

'열국의 아비'라는 말의 뜻은 무엇입니까? 말 그대로 하면 그에게서 많은 민족이 나온다는 것입니다. 다시 말해서 아브라함은 단일 민족의 조상이 아니고 복수 민족의 조상이 된다는 뜻입니다. 예를 들어서 우리 민족이나 일본 사람이나 중국 사람 모두의 공통된 조상이 있다면 그는 '많은 나라의 아버지'입니다. 사실 아브라함의 후손 중에서 여러 민족이 나왔습니다. 그중에 이스마엘 후손이 있고 에돔 사람들이 있습니다. 그리고 나중에 더 늦어서 낳은 게두라 후손들도 있습니다. 그뿐만 아니라 이스라엘 자손들은 열두 지파를 이루고 있었습니다. 이것은 아주 큰 민족이었습니다.

우리는 열국의 아비라는 말에서 두 가지 의미를 생각해 볼 수 있습니다. 하나는 부정적인 의미로서 앞서 말한 것처럼 아브람은 하나의 민족만 만들지 않는다는 것입니다. 다시 말해서 아브라함은 지금 이스마엘이라는 아들을 두고 만족해서 마치 이것이 전부인 것처럼 생각하고 있는데, 사실은 이스마엘이 전부가 아닙니다. 또 다른 아들들이 그에게서 나올 것입니다.

그리고 아브라함이 낳은 아들이라고 해서 다 하나님의 백성이 되는 것이 아니라, 반드시 말씀으로 낳은 아들만 하나님의 백성이 될 것입니다. 이스마엘은 유감스럽게도 그 아들이 아닙니다. 아브라함은 자기 아들이라는 사실에만 만족할 것이 아니라 그 아들의 믿음까지 보아야 합니다. 믿음이 없는 아들은 아브라함의 아들일는지는 몰라도 하나님의 백성은 아닙니다. 결국 그는 이스마엘을 붙들고 있는 손을 놓아야 했습니다. 그리고 아직 태어나지 않은 다른 아들을 기대해야만 했습니다. 다 끝난 줄 알았는데 끝이 아니라 새로운 시작이었습니다.

두 번째는 긍정적인 의미로서 아브라함이 아주 많은 사람들의 아버지가 된다는 뜻입니다. 이것은 육적인 후손을 말하지 않습니다. 아브라함과 전혀 상관없는 자들이 아브라함의 가족 안으로 들어오게 되는 것을 말합니다. 어떻게 들어오게 됩니까? 접붙임을 통해서입니다. 사도 바울은 아주 놀라운 예를 가지고 이것을 설명합니다. 어떤 감람나무가 있었습니다. 그런데 원래 나무 자체는 좋은데 열매가 잘 맺히지 않았습니다. 그래서 주인이 원래 가지는 잘라버리고 다른 돌감람나무를 접붙였습니다. 그랬더니 엄청나게 많은 열매가 맺혔습니다.

바로 이것입니다. 하나님은 택한 백성들을 많이 잘라내시고 수많은 이방인들을 이 아브라함의 가족으로 접붙이셨습니다. 어떻게 접붙이셨습니까? 믿음으로 접붙이셨습니다. 누구든지 예수를 믿기만 하면 피부색이나 언어나 성별이나 그 어떤 것으로도 구별하지 않고 하나님의 가족으로 받으셨습니다. 그래서 수많은 사람들이 현재 아브라함의 복된 가족 안에 들어와 있습니다. 중국 사람들도 있고 일본 사람도 있고 미국 사람들도 있습니다. 우리도 이 안에 있습니다.

아브라함은 한 아들 이스마엘의 아버지로만 만족하려고 합니다. 그런데 하나님은 아브라함에게 말씀하십니다. "너는 믿음을 가진 세계 모든 사람들의 아버지가 되어야 한다!"

오늘 본문이 우리에게 말씀하시는 것이 무엇입니까? 우리는 하나님 앞에서 너무 작은 것으로 만족할 때가 많다는 것입니다. 이 세상에 있는 것에는 욕심을 부리지 않는 것이 좋습니다. 왜냐하면 그것은 어차피 우리의 것이 되지 않을 것이기 때문입니다. 그러나 하나님의 은혜는 결코 작은 것으로 만족해서는 안 됩니다. 큰 것을 간구해야 합니다. 우리는 어느 누구도 흉내 낼 수 없는 엄청난 은혜를 사모하고 그것을 받을 수 있는 위치에 있습니다.

아브라함을 보십시오. 하나님 앞에서 얼마나 작은 것으로 만족하려고 합니까? 얼마나 작은 선물에 깜짝 놀라면서 자신의 삶을 마감하려고 하고 있습니까? 우리가 하나님께 받은 은혜가 있다면 그것은 앞으로 주실 은혜의 아주 작은 맛보기에 불과합니다. 그 작은 것에 깜짝 놀라서 마치 우리가 너무 부자가 되어버린 것처럼 생각하는 것은 겸손이 아니라 두려움입니다. 사실 저도 한때는 하나님의 은혜를 너무 많이 받는 것이 두려웠습니다. 은혜를 너무 많이 받으면 광신자가 되는 줄 알았어요. 하나님이 어떤 분이신지 믿지 못했기 때문입니다. 그러나 하나님은 사랑하는 자에게 엄청난 존귀와 영광을 주시는 분입니다.

이미 우리에게 주신 것은 앞으로 주시려고 하는 것에 비하면 너무나도 작은 것입니다. 우리는 더 큰 은혜를 사모해야 합니다. 그것이 무엇입니까? 영적인 복입니다. 영적인 복이 오면 물질적인 복도 따라옵니다. 그러나 물질적인 복에 현혹되지 마십시오. 그것은 아주 작은 부분에 불과합니다. 하나님은 수많은 영혼이 하나님께로 돌아오는 데 가장 중요한 도구로 우리를 사용하실 것입니다.

아브람은 '존귀한 아버지'였지만 사실 아들이 없는 아버지였습니다. 그러나 하나님께서는 믿음의 방법으로 엄청나게 많은 사람들을 하나님께서 돌아오게 하는 데 아브라함을 사용하셨습니다. 그는 많은 사람들의 지극히 존귀한 아버지가 되었습니다.

하나님이 오늘 우리에게 일어서라고 말씀하십니다. 주저앉아 있지 말고, 자기 안에서 무엇이 나올 수 있는 것처럼 자기만 바라보지 말고, 일어서서 하나님의 은혜를 받기에 합당한 위치로 나아오라고 하십니다. 그러면 하나님의 영광을 경험할 수 있다고 하십니다. 이 영광은 우리로 하여금 고난을 이기게 하고 악을 극복하게 하며 모든 사람들에게 하나님의 풍성한 사랑을 나타내게 할 것입니다.

영광이 빠진 기독교는 훈련에 불과하며, 영광이 없는 교회는 신병훈련소에 불과합니다. 하나님의 언약으로 돌아오십시오. 이것이 부흥입니다. 여기에 성령의 강한 부으심이 있습니다.

12
언약의
표시

작심삼일(作心三日)이라는 말이 있습니다. 주로 학생들이 공부하면서 많이 경험하는 말이지요. 학생들은 신학기가 되거나 방학을 새로 시작할 때 자기 나름대로 많은 계획을 세웁니다. 특히 공부 계획은 꼭 세워 놓습니다. 하루에 몇 과목씩 공부하고 하루 진도는 얼마씩 나가며 하루에 공부하는 시간은 몇 시간으로 한다는 등 완벽한 계획을 세워 놓지요. 그러나 실제로는 어떻습니까? 계획대로 공부하는 날이 거의 하루도 없습니다. 작심삼일이 아니라 작심 몇 시간도 안 됩니다. 그 이유가 무엇입니까? 계획은 어디까지나 계획이지 실제가 아니기 때문입니다.

머릿속으로는 못할 것이 없습니다. 생각은 시간과 공간의 제약을 받지 않으니까, 머리로는 서울에서 뉴욕까지 몇 번이라도 왔다갔다 할 수 있어요. 그러나 실제로 갔다 오려고 하면 공항까지 가는 데 벌써 두 시간 걸리고, 거기서 기다리는 데 또 두세 시간 걸리고, 뉴욕까지 날아가는 데 열 몇 시간이 걸립니다. 날씨가 궂으면 아예 비행기가 뜨지도 않습니다. 이처럼 계획은 그대로 이루어지지 않습니다. 계획이 항상 그대로 이루어지는 사람이 있다면 그는 신이지 사람이 아닙니다.

그럼에도 불구하고 우리의 신앙은 지나치게 공상적이고 이론적인 경우가 많습니다. 우리는 자신이 몸을 가지고 있는 사람이며 시간과 공간에 제약을 받아야 하는 사람이라는 것을 생각하지 않고 마치 내가 생각하기만 하면 그대로 다 이루어질 것처럼 신앙생활할 때가 많습니다. 다른 말로 표현하면 하나님의 말씀을 들을 때 그 말씀을 거부하는 내 속의 실제적인 본성을 생각하지 않는다는 것입니다. 우리 속에는 말씀대로 살 수 없게 만드는 많은 저항이 있습니다. 말씀대로 한번 해보십시오. 잘 안 됩니다. 그래서 예수님이 제자들에게 하신 말씀이 무엇입니까? "마음에는 원이로되 육신이 약하도다."

마음으로는 나도 좋은 신앙을 가지고 싶습니다. 그러나 실제로 해보려고 하면 몸이 말을 듣지 않습니다. 그래서 우리의 신앙이 참된 신앙이 되기 위해서는 들은 대로 한번 해봐야 합니다. 그렇게 해보지 않은 신앙은 아직 검증을 거치지 않은 물건과 같습니다. 아무것도 하지 않고 가만히 있으면 믿음이 믿음되지 못합니다. 음악감상실에 가서 음악을 감상하듯이 조용히 눈 감고 반쯤 졸면서 설교를 들을 때는 꼭 믿음이 생긴 것 같지요. 그러나 막상 실제적인 상황에 부딪쳐보면 믿음이 전혀 생기지 않았다는 것은 깨닫게 됩니다. 말씀들은 대로, 생각한 대로, 결심한 대로 한번 해보세요. 하나도 안 됩니다. 그 모든 장애를 다 극복하고 실천했을 때에야 비로소 진짜 믿음이 되는 것입니다.

오늘 하나님은 아브라함과 그 자손에게 언약을 주시고 그들이 얼마나 연약한 존재인지 깨닫게 하기 위해서 몸에 언약의 표시를 새겨 놓으십니다.

하나님의 언약

오늘 본문에서 하나님은 아브라함과 그의 후손들에게 하나님의 언약을 대대로 지키라고 명령하십니다. 17장 9절을 보십시오.

> 하나님이 또 아브라함에게 이르시되 그런즉 너는 내 언약을 지키고 네 후손도 대대로 지키라

하나님이 아브라함과 그 자손들과 맺은 언약의 내용이 무엇입니까? 그것을 모르면 무엇을 지켜야 하는지도 알 수 없습니다. 그 언약의 내용은 7절과 8절에 나타나고 있습니다.

> 내가 내 언약을 나와 너와 네 대대 후손의 사이에 세워서 영원한 언약을 삼고 너와 네 후손의 하나님이 되리라 내가 너와 네 후손에게 너의 우거하는 이 땅 곧 가나안 일경으로 주어 영원한 기업이 되게 하고 나는 그들의 하나님이 되리라

하나님의 언약의 내용은 하나님과 아무런 상관이 없는 아브라함과 그의 자손을 택해서 하나님의 특별한 백성으로 삼는 것입니다. 옛날에 어떤 신에게 특별한 사람은 제사장이었습니다. 그래서 하나님은 아브라함과 그의 자손 전체를 제사장으로 삼으셨습니다. 옛날 사람들은 제사장을 죽이거나 해치는 것을 아주 두려워했습니다. 그들을 건드리는 것은 곧 하나님을 해치는 것이라고 생각했기 때문입니다.

하나님은 아브라함과 그 자손을 바로 이 제사장으로 삼으셨습니다. 한두 사람이 아니라 한 민족 전체를 제사장으로 삼아서 그들을 '제사장 나라'라고 명명하신 것입니다. 이것은 우리가 조금 이해하기 어려운 개념입니다. 아브라함이 살았던 시대와 우리가 살고

231

있는 시대에는 몇천 년의 간격이 있기 때문에 제사장으로 택함받는 것이 무엇이고 제사장 나라로 택함받는 것이 무엇인지 잘 납득이 가지 않습니다.

그리스-로마 시대에는 더 좋은 개념이 생겼습니다. 그것은 노예를 입양해서 아들로 삼는 것입니다. 그리스-로마 시대에는 자식이 없는 귀족이나 부자나 왕이 노예 중에서 한 명을 입양해서 교육을 시킨 후 자기의 지위와 신분을 물려 주는 제도가 있었습니다. 그것이 입양입니다. 한번 생각해 보십시오. 한평생 노예로 살 수밖에 없는 사람이 어느 날 갑자기 입양이 되어서 왕도 되고 귀족도 되고 부자도 되고 심지어 황제까지 될 수 있는 것입니다. 물론 엄격한 훈련 기간을 거쳐야 합니다. 그러나 그것이 문제입니까? 귀족도 될 수 있고 왕도 될 수 있는데요.

하나님이 아브라함이나 그의 자손들과 언약하신 것이 바로 이것입니다. 하나님은 고아원에 있는 아이를 데려다가 자기 아들로 삼듯이 그들을 입양해서 자기의 아들로 삼으셨습니다. 하나님은 그들의 하나님이 되겠다고 약속하셨습니다. 이 약속에는 하나님이 그들의 아버지가 되셔서 한평생 보호해주실 뿐 아니라 하나님의 모든 것을 물려 주신다는 뜻이 들어 있습니다. 하나님이 가지고 계신 것이 무엇입니까? 존귀와 영광입니다. 능력과 신성입니다.

우리가 하나님처럼 되고 하나님의 신적인 영광을 가지는 것, 이것이 바로 하나님이 우리를 부르신 목적입니다. 그래서 하나님은 모세가 바로 앞에서 신처럼 여겨지는 것을 조금도 이상하게 생각하지 않으셨습니다. 왜냐하면 하나님이 모세와 그 백성들에게 주려고 하시는 것이 바로 그런 신적인 능력이고 신적인 영광이기 때문입니다.

하나님이 우리를 부르신 것은 좀더 넓은 집에서 좀더 부자로 살게 하기 위해서가 아닙니다. 하나님이 우리를 부르신 것은 하나님의 귀중한 것을 다 주시기 위해서입니다. 만일 우리가 이 세상에서 살다가 죽는 것이 전부라면 기독교를 믿을 필요가 전혀 없습니다. 성경이 말씀하시는 것이 무엇입니까? 이 세상에 잠깐이라도 살았던 사람은 전부 다 살아나게 되는데, 그때 가질 신분이 진짜 신분이라는 것입니다. 지금 가지고 있는 신분은 진짜 신분이 아닙니다. 다시 살아날 때의 신분이 진짜 신분입니다. 그때 우리는 하나님의 존귀한 모습을 가질 것이며 하나님의 신성을 영원히 소유할 것입니다.

그런데 하나님이 이렇게 엄청난 약속을 하시면서 이들에게 요구하신 것이 있습니다. 그것은 이 언약을 지키라는 것입니다. "그런즉 너는 내 언약을 지키고 네 후손도 대대로 지키라." 무슨 뜻입니까? 하나님 쪽에서는 이 언약을 지키는 데 문제가 없습니다. 그러나 아브라함과 그 후손은 인간의 죄성 때문에 이 언약을 깨뜨릴 가능성이 굉장히 많습니다. 그래서 사도 바울은 노예 출신인 에베소 교인들에게 편지를 써서 이렇게 권면했습니다.

그러므로 주 안에서 갇힌 내가 너희를 권하노니 너희가 부르심을 입은 부름에 합당하게 행하여(엡 4:1)

에베소서에서 사도 바울은 입양의 개념을 이야기하면서, 하나님이 우리를 아들로 삼기 위해서 태초에 우리를 택했다고 말씀하고 있습니다. 그리고 나서 노예 출신인 그들에게 부르심에 합당하게 행동하라고 말씀합니다. 무슨 말입니까? 하나님이 아브라함과 그의 후손들을 부르신 것은 영광스러운 하나님의 아들이 되게 하기 위해서이지만, 사람들 속에는 그런 아들의 자격이 너무나 답답하고 귀찮고 성가셔서 다시 옛날의 노예 상태로 돌아가려는 유혹과 욕망이 끊임없이 올라온다는 것입니다.

예를 들어서 어떤 귀족이 한 노예를 자기 아들로 택했다고 합시다. 물론 이것은 엄청난 축복이지요. 그런데 시간이 좀 지나고 보니까 괜찮은 것이 하나도 없습니다. 전부 귀찮고 답답한 것뿐입니다. 노예 때는 아무 거나 닥치는 대로, 배가 터지게 먹었습니다. 그런데 여기는 사용하는 기구가 왜 그리 많은지 모릅니다. 스푼도 있고 포크도 있고 칼도 몇 가지나 있습니다. 또 옛날에는 밥 먹고 나서 입만 소매로 한 번 쓱 닦으면 그만이었어요. 하지만 지금 그렇게 했다가는 큰일납니다. 수건으로 닦아도 아주 잘 닦아야 합니다. 그리고 다른 사람들이 다 먹을 때까지 식탁에 앉아 있어야 합니다. 또 옷은 왜 그렇게 불편한지 모릅니다.

그냥 아무 거나 먹고 아무 데나 드러눕고 아무 때나 지저분한 농담하는 것이 얼마나 좋습니까? 도둑질하는 것이 얼마나 재미있습니까? 밤에 기어가서 수박 서리해 오고 냉장고 터는 것이 얼마나 흥미진진합니까? 그런데 이제는 그런 재미가 하나도 없습니다. 예의범절과 규칙을 지켜야 합니다. 거짓말도 못하고 도둑질도 못하고 그냥 목까지 단추를 꽉 채우고 앉아서 절차에 따라 밥을 먹어야 하니 미칠 지경이지요. 그래서 도망을 칩니다. 다시 노예 상태로 되돌아가려는 것입니다.

그런데 한 명만 입양한 것이 아니고 고아원 전체를 입양했을 경우에는 어떤 일이 일어납니까? 도망칠 필요가 없습니다. 그 대신에 그 집 전체를 옛날 고아원이나 노예수용소처럼 만들면 됩니다. 그 사람이 그 사람인데 왜 도망을 칩니까? "야! 우리 옛날에 놀던 방식대로 놀자. 소매로 입 닦고 도둑질하자" 하면 되는 거지요.

하나님께서 사람을 구원하시되 한 사람만 구원하시는 것이 아니라 집단적으로 구원하시는 이유가 무엇입니까? 하나님의 구원이 이 사람들 안에서 집단 윤리를 통해 나타나게 하기 위해서입니다. 다시 말해서 한두 사람을 변화시키는 것이 아니라 한 집단 전체를 바꾸고 존귀하게 하셔서, 그들 사이의 변화된 관계를 통해 하나님의 구원이 나타나게 하시는 것입니다. 이것이 구원의 핵심입니다. 다시 말해서 신앙은 나 혼자 하나님의 구원을 믿는 것으로 끝나는 것이 아니라 다른 사람과의 새로운 관계로 나타나는 것입니다.

하나님이 우려하시는 것이 무엇입니까? 개인적으로 구원하셨다면 혼자 도망치면 그만이지만 집단으로 구원을 받았기 때문에 겉으로는 하나님의 백성인 척하면서 실제로는 교회 자체를 옛날 고아원이나 노예사회로 돌려 놓을 가능성이 굉장히 많다는 것입니다.

그래서 하나님은 아브라함과 그 자손에게 이 언약을 지키라고 특별히 명령하십니다. 이것은 머리로는 하나님의 언약을 지킬 것 같지만 실제로는 그렇게 안 된다는 뜻입니다. 겉으로는 믿는 것 같지만 실제로는 얼마든지 믿지 않을 수 있다는 것입니다. 그래서 하나님은 이 언약을 생명처럼 여기고 이것 하나만은 끝까지 사수하라고 하십니다.

우리가 참으로 하나님의 부르심을 받은 사람이라면 자기 혼자 잘 믿는 것으로 끝나면 안 됩니다. 이 부르심은 다른 사람들과의 새로운 관계를 통해 반드시 나타나야 하고 검증되어야 하고 표현되어야 합니다. 그래서 생활이 없는 기독교는 죽은 기독교입니다. 이것이 바로 구원의 선물이며 과제입니다.

그래서 우리 신앙에는 안전장치가 필요합니다. 가스는 눈에 보이지도 않고 냄새도 나지 않습니다. 그래서 가스가 없는 줄 알고 불을 켜면 꽝 하고 터집니다. 우리 신앙도 마찬가지입니다. 내가 지금 잘 믿는 것인지 못 믿는 것인지 검증이 안 됩니다. 왜냐하면 신앙이 속으로 내면화되어 있기 때문에 보이지 않거든요.

이것에 대한 안전장치가 무엇입니까? 다른 사람과의 새로운 관계입니다. 혼자 속으로 잘 믿는 것은 절대로 잘 믿는 것이 아닙니다. 내가 보기에는 가스가 새지 않는 것 같고 냄새도 나지 않는 것 같아도 경보기가 울리면 가스가 샌 것입니다. 내가 신앙생활을 한다고 하지만 아주 개인적으로 신앙생활을 하고 있다면 그것은 신앙에 경보기가 울리고 있는 것입니다. 그것은 내가 자신을 믿고 있으며 내 멋대로 만든 하나님을 믿고 있다는 경보입니다. 예배만 딱 드리고 다른 것은 아무것도 하지 않고 있습니까? 하나님은 잘 믿지만 친구 사이나 부부 사이가 날이 갈수록 악화되고 있습니까? 그렇다면 가스가 새고 있는 줄 아십시오.

오늘날 신앙의 특징이 무엇입니까? 아주 내면화되어 있다는 것입니다. 혼자서는 테이프 듣고 설교집 읽으면서 눈물을 흘리지만 다른 사람과의 관계에서는 담을 점점 높이 쌓고 있습니다. 교회는 마치 극장처럼 되어 버렸습니다. 옆에 누가 앉아 있는지조차 모릅니다. 너무 말씀에 집중해서가 아닙니다. 말 걸고 아는 척하기가 귀찮고 싫기 때문에 곁눈질도 하지 않는 것입니다. 이것은 위험한 것입니다.

하나님은 우리를 사회로 부르셨습니다. 내가 하나님을 믿는다면 다른 사람과의 관계를 위해서 시간을 내야 합니다. 그렇지 않으면 가스가 새듯이 거짓된 신앙으로 발전해 버립니다. 오늘날 기독교 책은 많이 팔립니다. 그러나 다른 사람을 위해 시간을 내는 일에는 굉장히 인색합니다. 새로운 관계가 열리지 않습니다. 점점 고립되고 있습니다. 이것은 위험한 것입니다.

여러분, 믿어버리는 것은 누구든지 할 수 있습니다. 그러나 우리는 몸을 가지고 있기 때문에 생활을 해야 하고 먹고살아야 합니다. 이 먹고사는 생활 가운데서 실천되고 검증되지 않는 신앙은 부도난 신앙입니다. 우리가 참으로 하나님의 영광과 존귀를 소유하기 원하며, 내 믿음이 하나님의 심판대 앞에서 엉터리로 거부당하지 않으려면 실천을 해봐야 합니다.

그래서 돈의 사용이 중요합니다. 물론 돈이 신앙의 목적이 되면 안 됩니다. 그러나 성경은 돈의 사용을 굉장히 중요하게 생각합니다. 오늘날 사람들은 교회에서 돈에 대해 말하는 것을 아주 금기시합니다. "교회에서 돈을 이야기하다니요. 어떻게 그렇게 추잡할 수가 있습니까?" 그러면 살지도 말아야지요. 수도원에 들어가든지 굶어 죽어야 해요. 돈이 없으면 이 세상에서 할 수 있는 것이 아무엇도 없습니다. 성경은 돈의 바른 사용에 대해 계속 가르치고 있습니다. 신앙은 엄청나게 좋은데 돈 문제만 나오면 벌벌 떠는 사람이 있다면, 그 신앙은 굉장히 위험한 신앙입니다. 그는 자기가 만든 기독교를 믿고 있는 것입니다.

저는 최근에 유행한 성경공부가 신앙을 지나치게 내성적으로 만들었다고 생각합니다. 모여서 성경공부 하는 것은 좋아하는데 그 이후에는 아무것도 하지 않습니다. 새로운 것을 많이 배웠다는 것으로만 만족하는 것입니다. 하지만 머리로 아는 것을 한번 실천하려고 시도해 보십시오. 너무나도 많은 장애가 있습니다. 사실은 도저히 할 수 없다는 고백이 나와야 정상입니다. 그래서 직장생활이 중요하고 가정생활이 중요하며 먹고사는 생활이 중요합니다. 그것을 통해서 검증된 신앙이 진짜 의미를 가지는 신앙입니다.

하나님은 이렇게 '너희는 몸을 가지고 있고, 이 몸으로 언약을 실천해야 한다. 머리로만 믿는 것이 아니라 몸으로 실천해야 한다'는 의미에서 약속의 표지를 주셨습니다.

언약의 표시

그런데 이 언약의 표시라는 것이 아주 이상합니다. 11절을 보십시오.

<u>너희는 양피를 베어라 이것이 나와 너희 사이의 언약의 표징이니라</u>

'양피'는 잘 안 쓰는 말인데, 남자 성기의 껍질을 의미합니다. 그것을 한자어로 줄이면 양피가 됩니다. 성경을 번역하는 과정에서 새로 만든 용어지요. 그런데 왜 하나님께서는 이 귀중한 언약의 표시를 다른 곳도 아니고 성기에, 그것도 껍질에 두셨을까요? 머

리에 주시면 좋지 않을까요? 옛날 일본 사람들은 머리 한가운데를 밀어서 머리에 전부 고속도로가 뚫려 있었습니다. 언약의 표시로 이렇게 머리를 밀면 어떻습니까? 보기에도 좋고 여름에 시원하지 않겠습니까? 아니면 귀를 뚫는 것은 어떨까요? 요즘은 남자들도 뚫지 않습니까? 그런데 하나님은 하필이면 표현하기도 얄궂은 곳에 언약의 표시를 주심으로써 이 언약을 이렇게 미묘하게 만드셨을까요? 우리는 몇 가지 이유를 생각할 수 있습니다.

원래 할례는 이스라엘 백성들만의 고유한 의식이 아니었습니다. 고대에는 할례를 통해 성인식을 하는 사회가 여럿 있었습니다. 성기의 표피를 잘라낸다는 것에는 어렸을 때의 유치한 모습을 청산하고 이제 책임지는 성인이 된다는 의미가 있었습니다. 아브라함의 자손들에게도 할례에는 새로운 입문의 의미가 있었습니다. 다시 말해서 육에 속한 옛 사람을 잘라내고 새로운 하나님의 사람으로서 책임을 지는 인격체가 된다는 뜻이 있었던 것입니다. 그래서 이스라엘 백성들은 할례를 행하지 않는 것을 아주 큰 수치로 생각했습니다.

이스라엘 백성들이 출애굽했을 때 계속 걸어야 했기 때문에 할례를 행할 수가 없었습니다. 그들은 이렇게 할례받지 않고 사는 것을 아주 수치스럽고 찝찝하게 생각했습니다. 아직도 자기들의 몸에 애굽 노예생활의 자취가 남아 있다고 여겼기 때문입니다. 그래서 가나안에 들어가 할례를 행하고 난 다음에 '애굽의 수치가 굴러 갔다'는 의미에서 그곳 이름을 '길갈'이라고 불렀습니다.

할례는 누가 대신 받아 줄 수가 없습니다. 아버지가 할례를 받았다고 해서 아들은 받지 않아도 되는 것이 아닙니다. 이상하게도 그 껍질은 아무리 잘라내고 잘라내도 자손들에게 계속 생겨났습니다. 옛날 사람들이 멘델의 유전 법칙을 알 리가 있습니까? 획득형질은 유전이 안 된다는 것을 알 리가 없습니다. 그들은 껍질을 계속 자르면서 "이것은 죄성이야. 아버지가 잘랐어도 계속 잘라야 해. 인간들은 그냥 계속 잘라야 하는 존재야"하면서 인간의 죄성을 생각했을지도 모릅니다.

그러나 더 중요한 것이 있습니다. 하나님은 이 언약을 인간의 살에 깊이 새겨 놓으심으로써 우리는 어디까지나 인간이라는 사실과, 언약을 지키려고 할 때마다 몸이 얼마나 말을 듣지 않는지를 깨닫게 하셨다는 것입니다.

우리는 신이 아닙니다. 자기가 생각한 대로 다 행할 수가 없습니다. 마음으로는 하나님의 말씀대로 살고 싶어도 내 기질과 정욕이 말을 듣지 않습니다. 그래서 하나님은 우리의 가장 적나라한 부분, 가장 원초적인 본능이 있는 부분에 언약을 새겨놓음으로써 우리가 욕정에 사로잡힐 수밖에 없는 연약한 자임을 항상 깨닫게 하신 것 같습니다.

제 아무리 똑똑하고 유능한 사람도 역시 먹어야 하는 존재이며 욕정에 사로잡히는 존재입니다. 우리 안에서는 더러운 욕구가 끊임없이 치밀어 오릅니다. 겉으로는 완전한 것 같지만 속에서는 계속 욕망이 올라옵니다.

저는 하나님 앞에서 결심했으면서도 실천에 옮기지 못한 적이 굉장히 많습니다. 결심한 것이 몇 시간 못 가는 경우가 많아요. 그때마다 느끼는 것이 '아, 나라고 하는 존재는 아무것도 아니구나. 역시 사람은 몸을 가진 연약한 존재구나' 하는 것입니다. 하나님은 우리를 하나님처럼 영광스럽고 존귀한 존재로 부르셨지만 우리는 늘 욕정에 사로잡힐 수밖에 없는 죄인입니다. 이것을 잊지 말라는 뜻에서 하나님은 욕정이 가장 강한 성기에 이 언약을 새겨놓은 것으로 생각됩니다.

전에 성경공부할 때 누가 저에게 물었습니다. "왜 하나님은 귀한 언약의 표시를 그 묘한 부분에 새겨 놓으셨을까요?"그래서 저는 "아마 소변볼 때마다 우리의 연약함을 깨달으라고 그러신 것 같습니다"하고 대답했습니다. 농담처럼 한 대답이지만 사실은 농

담이 아닙니다. 오줌 눌 때마다 보고 생각해야 합니다. '그래, 나는 인간이구나. 연약한 죄인이구나.'

　여러분, 우리는 인간입니다. 마음 먹은 대로 절대로 못 합니다. 마음 먹은 대로 할 수 있다고 생각하는 사람은 사실은 정직하지 않은 사람입니다. 놀라운 것은 구약시대 때 그렇게 신앙에 자신이 있었던 사람들은 아무도 구원에 포함되지 못했다는 사실입니다. 그렇게 자신만만했던 사람들 중에서 영광에 들어간 사람이 아무도 없어요. 늘 자신의 부족함을 깨닫고 하나님의 은혜를 간구하던 사람들만 언약에 포함될 수 있었습니다.

　만일 하나님이 이 언약의 표시를 다른 데 새겨 놓으셨다면 우리는 날마다 그것을 자랑하면서 다녔을 것입니다. 만약 팔뚝에 문신으로 새겨 놓으셨다면 날마다 팔뚝을 걷어올리고 네 팔뚝이 굵은지 내 팔뚝이 굵은지, 내 문신이 좋은지 네 문신이 좋은지 비교하고 자랑했을 거예요. 그런데 하나님이 이 미묘한 부분에 새겨 놓으시니까 도저히 꺼내서 자랑할 수가 없습니다. 자랑하려면 보여줘야 할 것 아니에요? 그러나 그것을 보여줄 만큼 용기있는 사람은 없는 것 같습니다.

　하나님은 이렇게 언약의 표시를 깊이 깊이 새겨놓고 나와 하나님 사이에 깊은 언약이 있다는 것을 믿으며, 어렵고 힘들 때마다, 육체의 욕망이 올라올 때마다 "하나님, 이 언약의 표시를 보시고 저를 긍휼히 여기십시오" 하고 기도하게 하셨습니다. 언약의 표시는 결코 자랑할 것이 못됩니다. 오직 하나님만 아실 뿐입니다. 하나님만이 내 속 깊은 곳에 있는 언약의 상처를 아시고 나를 도와주실 것입니다.

이방인에게 열린 문

할례에 나타나는 하나님의 은혜의 극치는 이것이 아브라함의 혈통에게만 제한되지 않았다는 데 있습니다. 이 놀라운 축복을 하나님은 이스라엘 백성 사이에 섞여 사는 이방인들에게도 주셨습니다. 12절과 13절을 보십시오.

> 대대로 남자는 집에서 난 자나 혹 너희 자손이 아니요 이방 사람에게서 돈으로 산 자를 무론하고 난 지 팔일만에 할례를 받을 것이니라 너희 집에서 난 자든지 너희 돈으로 산 자든지 할례를 받아야 하리니 이에 내 언약이 너희 살에 있어 영원한 언약이 되려니와

하나님의 사랑은 여기에서 극치로 나타나고 있습니다. 이스라엘 백성들은 이 놀라운 특권을 이방인들에게 주고 싶지 않았습니다. 종들이나 노예들에게는 이 할례를 받게 하고 싶지 않았어요. 그러나 하나님은 그들 가운데 섞여 있는 자는 이방인이든 돈으로 산 종이든 전부 할례를 행해야 하며 그렇지 않을 때는 죽이라고 명령하셨습니다. 이스라엘 백성들 가운데 있는 이방인이 누구입니까? 빚을 갚지 못해서 노예로 잡혀온 사람들입니다. 하나님은 이렇게 노예로 팔려온 자들, 비참한 자들, 눈물을 흘리면서 끌려온 자들을 이 영광 가운데 초청하셨습니다.

하나님이 이루고자 하시는 구원은 유대인 중심의 편협한 구원이 아닙니다. 하나님은 원해서 만났든 원하지 않았는데 만났든 간에 하나님의 백성과 마주치는 사람은 전부 이 구원에 초청될 수 있도록 할례 제도를 열어 놓으셨습니다. 노예로 팔려온 사람들의 마음속에 얼마나 한이 많았겠습니까? 그런데 울면서 와보니까 여기에 하나님의 귀중한 백성이 되는 특권이 있었습니다.

안식일 제도는 이방인 노예들에게도 적용되었습니다. 노예

에게 안식일이 어디 있습니까? 노예에게 '10분간 휴식' 같은 것이 어디 있습니까? 노예는 무조건 일하다가 죽는 존재입니다. 그러나 여기에는 '10분간 휴식'이 아니라 하루의 안식이 있었습니다. 하루 종일 아무것도 하지 않고 밥만 먹어도 아무도 뭐라고 하지 않는 안식일이 이방인들에게도 주어졌어요. 특히 이방인 여자들 가운데 이스라엘 남자와 결혼해서 아들을 낳은 사람에게는 당당하게 땅을 소유할 수 있는 특권이 주어졌습니다.

원래 하나님이 원하신 것은 온 세상이 다 하나님께 나아오는 것입니다. 그러나 하나님은 그리스도가 오시기까지 이 계획을 감추어 두셨습니다. 요엘서를 보면 남종과 여종에게 하나님의 신을 부어 주신다는 약속이 나옵니다. 여기서 말하는 남종과 여종은 전부 이방인들입니다. 이방인들에게도 성령을 주셔서 예언하게 하며, 하나님의 백성이 되는 특권을 주겠다고 약속하신 것입니다.

오늘 본문에서 말하는 이방인들이 바로 우리입니다. 우리 중에서 원해서 믿은 사람이 누가 있습니까? 마음속으로 막 사모하면서 "나한테 전도해 주세요. 어디 예수 믿는 사람 없나요?" 한 사람이 어디 있습니까? 누가 전도하면 "귀찮아요. 오지 마세요. 오면 물을 부을 거예요" 하다가 이상하게 예수쟁이가 되어버린 것이지요. 결혼하기 전에는 "결혼하면 교회 갈게" 하고 약속합니다. 그러나 그 약속을 지키는 사람은 별로 없습니다. 그런데 아내가 자꾸 "나를 사랑하면 한 번만 가줘요" 하니까, "에이, 이번만 가주자. 내가 또 가면 손에 장을 지진다" 하면서 한 번 갔는데, 은혜받아서 그 다음 주에 또 가게 되고, 그러다가 세례받고 예수 믿게 된 것이지요. 이것이 얼마나 놀라운 일인지 모릅니다. 하나님이 주시는 은혜의 극치입니다.

하나님은 예수님이 오실 때까지 아브라함의 자손들과 이방인들을 구별하셨습니다. 예수님이 오시기까지 이방인들은 약속의 자녀가 아니었습니다. 그 이유가 무엇입니까? 우리도 이스라엘 자손들처럼 교만해질까 봐 작정하신 시기가 될 때까지 우리를 언약에서 철저히 배제시키고 철저히 따돌리신 것입니다. 예수님은 귀신 들린 딸을 고쳐달라는 이방 여자에게 "개에게 은혜를 줄 수 없다"고 하셨습니다. 이렇게 작정하신 때가 오기까지 철저하게 우리를 제외시키신 후에 우리를 부르심으로써 끝까지 감사하고 겸손한 마음으로 이 은혜의 길을 가게 하셨습니다.

하나님이 우리에게 원하시는 것이 무엇입니까? 완벽하고 세련된 신앙생활이 아닙니다. 그런 것은 이스라엘 자손들로 충분합니다. 그들의 신앙은 완벽했습니다. 마치 자로 잰 것처럼 정확했어요. 안식일에는 길을 가다가도 정해 놓은 거리에서 1미터도 더 가지 않았습니다. 그들은 이렇게 자로 잰 듯 정확하게 신앙생활을 했지만 아무도 사랑하지는 않았습니다. 자기는 완벽했지만 아무것도 하지 않았어요. 하나님께서 천사들을 입양하지 않으시고 구원에서 철저히 제외됐던 우리 이방인들을 입양하신 것은 이 부족한 몸으로 하나님의 뜻대로 사는 것을 보시기 위해서입니다. 세련되지만 아무것도 하지 않는 신앙이 아니라 부족하고 형편없지만 하나님의 뜻대로 실천하는 신앙을 보기 위해서 우리 이방인들을 입양하신 것입니다. 서투르지만 하나님의 말씀이라고 생각하면 그대로 실천하는 투박하고 무식한 신앙을 하나님은 더 기뻐하십니다.

여러분, 두려워하십시오. 기독교가 전파된 지 100년이 되면서 신종 유대주의가 생기고 있습니다. 오늘날 너무나도 많은 사람들이 완벽하게 믿고 있어요. 고생이나 시행착오를 전혀 하려고 들지 않습니다. 전부 다 된 밥을 찾습니다. 그런 사람들은 결국 쉰 밥을 먹게 될 것입니다.

저는 하나님 앞에서 결심한 것이 있습니다. 절대로 세련된 목사가 되지 않겠다, 원시적이고 무식한 대로 믿겠다는 것입니다. 실수하더라도 하나님의 말씀이다 싶으면 무조건 하는 것입니다. 나중에 하나님이 책임지시겠지요. 하나님은 완벽한 곳에 계시지 않습니다. 누구에게 하나님의 성령이 역사하십니까? 부족하지만 실수를 두려워하지 않고 하나님의 말씀이다 싶으면 그대로 하는 그 사람에게 성령의 역사가 나타납니다. 사람들은 그런 사람을 비웃고 조롱할지 모릅니다. 그러나 하나님은 그런 어린 신자를 참으로 사랑하십니다. 완벽하게 신앙생활하려고 하면 죽을 때까지 한 명도 사랑하지 못합니다. 자기 자신도 사랑하지 못해요. 실수해도 괜찮습니다. 욕 먹어도 괜찮습니다. 원래 이방인 종은 욕 먹는 것이 직업입니다. 욕 먹어가면서 실천하십시오.

하나님은 아브라함의 자손들과 접촉하는 사람들은 전부 이 언약 안에 들어올 수 있도록 문을 열어 놓으셨습니다. 여러분, 사람들이 나를 만나는 것이 축복이 되게 하십시오. 누군가 나를 통해서 하나님을 알게 된다면 그보다 더 귀한 축복이 없습니다. 남편들 가운데 아내를 통해 참된 신앙을 가진 분이 있습니까? 그 아내는 아내로서 할 일을 다 한 겁니다. 좀 늦게 일어나고 밥 좀 못해도 괜찮습니다. 이렇게 큰 것을 받은 것으로 만족하십시오. "여보, 나는 모르고 결혼했는데 알고 보니까 당신이 참 복된 아브라함의 자손이었구만. 내 다른 것은 아무것도 원하지 않아."

자녀들 가운데 부모를 통해 참 신앙을 가진 사람이 있습니까? 그런 사람은 부모에게 더 원할 것이 없습니다. 뭘 더 요구하겠습니까? 부모도 이야기해야 합니다. "네가 나를 통해 참 신앙을 가지게 되었으니까 다른 건 요구하지 마라. 그냥 신앙생활 잘하면서 살아라." 다른 것은 없어도 괜찮아요. 그것만으로도 너무 큰 것을 얻은 것입니다. 부모를 통해 복음을 알게 된 사람은 부모님께 큰절을 해야 합니다. 이보다 더 큰 축복이 없어요. 노예로 팔려왔는데 하나님을 알게 되고 할례를 받게 되고 이스라엘 백성들 가운데 분깃을 차지하게 되었다면 이보다 더 큰 축복이 없습니다.

의무 규정

하나님은 할례를 행하지 않는 사람은 절대로 이 공동체 안에 있을 수 없음을 분명히 하셨습니다. 14절을 보십시오.

> 할례를 받지 아니한 남자 곧 그 양피를 베지 아니한 자는 백성 중에서 끊어지리니 그가 내 언약을 배반하였음이니라

하나님은 우리가 몸을 가지고 있는 연약한 자라는 것을 아시고 이 몸에 언약의 표시를 주셨습니다. 평소에는 자기 생각대로 신앙생활 잘할 수 있을 것 같지만 막상 어떤 어려움에 부딪치면 할 수 있는 것이 아무것도 없습니다. 조금 전까지 그렇게 기쁘고 성령 충만했다가도 막상 어려움이 닥치면 왜 이런 어려움을 주시느냐는 원망이 나옵니다. 하나님은 그것을 다 아시고 '몸을 가지고 있는 너희들의 연약함을 안다'는 뜻으로 몸에 언약의 표시를 주셨습니다.

어려움이 오면 말씀만으로는 부족할 때가 많습니다. 그럴 때는 어떤 구체적인 사랑의 표시가 있어야 합니다. 예를 들어서 어떤 집은 아무리 말씀을 들어도 깨닫지 못하다가 아이가 아주 무서운 병에서 기적적으로 나았을 때 깨닫습니다. 그러면 그 아이가 기적적으로 나은 것은 무엇입니까? 눈에 보이는 설교입니다. 사람들은 너무나도 미련해서 귀로 듣는 설교만으로는 깨닫지 못할 때가 많습니다. 때로는 눈에 보이는 설교가 있어야 믿음을 붙듭니다. 그것이 아브라함의 자손들에게는 할례였습니다. 할례는 눈에 보이는 언약의 표시였습니다. '너희가 아무리 말씀대로 살지 않는다고 하더라도 나에게 돌아올 마음만 있다면 이 언약의 표시를 가지고 나오거라. 그러면 내가 다 받아주겠다'는 뜻에서 그 표시를 주신 것입니다.

저도 어떤 때는 말씀만으로 잘 위로가 되지 않을 때가 있습

니다. 구체적인 하나님의 표시가 있어야 마음이 편해질 때가 있어요. 그래서 어려움이 왔을 때는 말씀도 말씀이지만 하나님이 내게 베풀어 주셨던 것들을 조용히 기억해 봅니다. 나에게 보여 주신 눈에 보이는 증표, 눈에 보이는 설교를 다시 한 번 생각해 봅니다. 그러면 마음이 뜨거워지고 눈물이 흐르면서 사람이나 다른 데 매였던 마음이 해방되고 그렇게 기쁠 수가 없습니다. 하나님은 우리에게 세례와 성찬으로 눈에 보이는 설교를 베풀어 주셨고 그것 말고도 생활하는 가운데 많은 기적의 손길을 베풀어 주심으로써 우리 생활 가운데 증표를 남겨 주셨습니다.

그러나 남자들 중에서 할례를 행하지 않는 자, 눈에 보이는 설교를 무시하는 자들은 그 백성 중에서 끊어질 수밖에 없습니다. 무슨 말입니까? 할례를 행하는 것은 그렇게 힘든 것이 아닙니다. 생각만 하면 할례를 행할 수 있습니다. 그럼에도 불구하고 할례를 행하지 않는 자들은 언약의 증표를 고의적으로 무시하는 것입니다. 어떤 사람은 자신의 신앙이 아주 좋기 때문에 할례 같은 것을 받지 않고도 얼마든지 신앙생활 잘할 수 있다고 생각할지 모릅니다.

그러나 하나님께서 말씀하시는 것이 무엇입니까? 하나님이 우리의 약한 부분을 인정하시면 우리도 그것을 인정해야 한다는 것입니다. 우리에게는 하나님의 겸손을 무시할 권리가 없습니다. 만약 이 언약의 표시를 무시하는 자가 있다면 그는 절대로 하나님의 백성이 될 수 없다고 말씀하십니다. 이스라엘 백성에게서 끊어진다는 것은 하나님이 떠나든지 그 사람이 떠나든지 둘 중에 하나가 결판이 나야 한다는 뜻입니다.

아무리 게으르고 깨닫지 못한다 하더라도 하나님의 백성으로서 지켜야 할 최소한의 것이 있습니다. 그것이 무엇입니까? 할례의 언약을 기억하는 것입니다. 자식을 낳아보면 이 할례를 기억하고 행한다는 일이 어렵다는 것을 압니다. 아이들의 출생 신고하는 것이 아무것도 아닌 것 같지만 신경을 쓰지 않으면 잊어버리기 쉽지 않습니까? 미역국도 끓여야지요, 여기저기 좇아다녀야지요, 그러다 보면 출생신고 제대로 못하는 경우가 많아요.

그러나 하나님께서 하시는 말씀이 무엇입니까? 하나님의 은혜를 우습게 알지 말라는 것입니다. '내가 너희에게 나를 겸손히 낮추어서 너희 몸의 우스운 부분에 언약의 표시를 남겼는데, 만약 너희가 정말 이 언약의 표시를 우습게 안다면 절대로 내 백성이 될 수 없다'는 것입니다. 하나님이 강요하시지 않아도 지킬 것은 지켜야 합니다. 하나님이 나에게 베풀어주신 은혜들을 잊지 마십시오. 사람들은 은혜를 받을 때는 기뻐하고 감사하다가도 조금만 지나면 다 잊어 버립니다. 그러면 안 됩니다. 예배가 무엇입니까? 그 모든 은혜를 가지고 나와서 기뻐하고 감사드리는 것입니다.

오늘 우리들의 신앙이 이렇게 무지하고 교만한 신앙이 될까 두렵습니다. 신앙생활을 할 때 중요한 것이 무엇이며 덜 중요한 것이 무엇인지 전혀 구분하지 못한 채 물에 물 타고 술에 술 탄 것처럼 교회에 오고 싶으면 오고 말고 싶으면 마는 그것은 하나님의 은혜를 무시하는 것입니다. 하나님의 은혜를 소중하게 여기십시오. 예배는 하나님이 우리에게 베푸시는 아주 중요한 은혜의 방편입니다. 세례와 성찬을 무시하면 안 됩니다. 그것은 아주 중요한 은혜의 방편입니다.

과거에 생활 가운데 하나님이 베풀어주신 수많은 은혜와 체험들은 전부 눈에 보이는 설교들입니다. 그것을 잊어버리면 안 됩니다. 내 몸 깊은 곳에 새겨놓아야 합니다. 우리집 아이를 기적적으로 치료해주신 것을 기억해야 합니다. 직장이 없는데 직장을 주시고, 집이 없는데 집을 주신 것을 기억해야 합니다. 내가 병들었을 때 응답하신 것이 내 몸의 할례가 되어야 합니다. 나에게 결혼을 허락하시고 아이를 주시며 어려움 가운데서 건져주신 이 모든 것이 내 몸의 할례가 되어야 합니다. 때로는 설교가 귀에 들어오지 않을 때도 있습니다. 그때 이것들을 기억하면서 '하나님은 나를 사랑하시는구나. 나는 하나님의 백성이구나. 내가 연약하다고 해서 버리시지 않는구나' 하면서 하나님께 나아가야 합니다.

우리는 너무 잘 잊어버립니다. 며칠만 지나면 잊어버립니다. 그래서 항상 빈손입니다. 여러분, 주의하십시오. 하나님이 나에게 베풀어주신 그 은혜를 소홀히 여긴다면 나는 하나님의 백성이 될 수 없습니다. 최소한 기억은 해야할 것 아닙니까? 하나님이 베풀어 준 은혜는 늘 기억하고 고맙게 생각하고 몸에 새기고 가슴에 새기십시오.

하나님이 할례를 몸에 행하신 뜻이 무엇입니까? 신앙은 이론이 아니라는 것입니다. 신앙은 머리로 생각하는 것이 아닙니다. 실제로 살아보면 아무것도 안 된다는 것을 압니다. 그 안 되는 가운데서 하나님의 언약을 붙들고 기도하는 것, 그래서 기적적으로 응답받는 이것이 신앙입니다. 여러분, 절대로 자고하면 안 됩니다. 우리는 몸을 가진 인간입니다. 말씀을 듣는다고 해도 그대로 살 수 없는 사람들입니다. 날마다 내 육신을 설득하고 쳐서 복종시키며 훈련시키지 않는다면 우리는 하나님을 위하여 아무것도 할 수 없을 것입니다.

하나님이 우리에게 베풀어주신 그 모든 은혜들을 기억합시다. 그것이 눈에 보이는 설교가 되게 합시다. 그리고 내가 몸을 가진 연약한 인간이라는 것을 인정하고, 겸허하게 나를 낮추며, 사모하는 마음으로 하나님께 나아갑시다.

하나님이 아브라함과 그 자손들을 집단적으로 구원하신 것은 이 구원이 우리 가운데 새로운 윤리와 새로운 관계를 통해서 긍정되도록 하신 것입니다. 신앙을 너무 내면화하지 마십시오. 신앙서적 보고 테이프 듣는 것이 믿음 좋아지는 길이 아닙니다. 한 마디 들었으면 한 마디 들은 대로 행하십시오. 다른 사람과 새로운 관계를 맺어 보십시오. 그렇게 하는 것이 내가 참으로 구원받은 하나님의 백성이라는 것을 확인해 주는 신앙의 안전장치입니다.

13

불임의 여성,
사라

동서고금을 막론하고 아이를 낳지 못하는 여자의 고통은 말로 표현할 수 없는 것입니다. 지금에 와서 의미가 조금 달라지기는 했지만, 과거에는 여자가 아이를 낳지 못하면 그냥 '참 안됐다'는 정도로 생각하는 것이 아니라 마치 살 가치가 없는 사람인 것처럼 여김으로써 많은 고통을 안겨 주었습니다. 이것은 본인이 아니면 절대로 이해하지 못하는 고통입니다.

대학을 졸업한 지 5년이 지났는데도 취직이 되지 않는 형제가 있습니다. 그 사람이 매일 잠자면서 하는 기도가 '다시는 아침에 눈을 뜨지 않게 해달라'는 것입니다. 그 고통은 본인이 아니면 절대로 모릅니다. 특히 신앙이 참 좋은 형제인데도 이상하게 취직이 안 될 때, 그 괴로움은 말로 표현할 수가 없습니다.

아주 신앙이 좋은 자매가 있습니다. 그런데 혼기가 지나가는데도 결혼이 안 됩니다. 인물이 없는 것도 아니고, 학벌이 없는 것도 아니고, 집안이 나쁜 것도 아닌데 좌우간 안 돼요. 그때 식구들도 힘들지만 본인은 더 힘듭니다. 살고 싶지가 않아요. 혹시라도 동생이 먼저 결혼을 하게 되면 부모님이 그럽니다. "너 결혼식장에 나오지 마라. 친척들한테 괜한 말 들을라." 그러면서 서로 또 마음이 상합니다.

신앙이 아주 좋은 부모가 아이를 낳았는데 그 아이가 선천적인 질병을 가지고 태어났습니다. 그 부모는 남들이 상상할 수도 없는 고통을 겪습니다. 남들은 그냥 평범하게 관심을 보이느라고 하는 말에도 본인은 큰 상처를 받습니다. 내버려 두면 내버려 두는 대로, 관심을 가지면 관심을 가지는 대로 상처가 됩니다. 특히 목사님의 아이가 만약 그렇다면 사람들은 '기도해서 다른 사람들을 낫게 해야 할 목사님이 왜 저런 형편에 있을까?' 하면서 이상한 눈으로 쳐다볼 것입니다. 특히 그렇지 않아도 평소에 곱지 않은 눈길을 보내던 믿지 않는 친척들 앞에서는 큰 죄나 지은 것처럼 고개를 들지 못합니다. 물론 드러내 놓고 말은 안 하지요. 그런데 눈으로는 이야기합니다. '예수 믿는 사람이 왜 그래?' 왜 그런지 나도 몰라요. 할 말이 없습니다.

물론 이것이 나중에 신앙적으로 다 소화되었을 때는 남 모르는 기쁨과 축복을 받고 모든 것이 다 회복됩니다. 그러나 이게 소화되지 않았을 때에는 도저히 부끄러워서 견딜 수가 없습니다. 생각나는 것은 오직 하나, '왜 하나님은 나를 이토록 부끄럽게 만드시나? 왜 하나님은 나를 이 하늘 아래서 고개를 들 수 없게 만드시나?' 하는 것밖에 없습니다. 하늘도 부끄럽고, 땅도 부끄럽고, 친척들도 부끄럽고, 교인들도 부끄럽고, 그냥 내일 아침에는 눈 뜨지 않았으면 참 좋겠다는 생각뿐입니다.

구약시대에 아이를 낳지 못하는 여인들의 심정은 '안됐네' 하는 정도가 아닙니다. '왜 내가 살아야 하나? 왜 내가 오늘 또 눈을 떠서 이 고통스러운 하루를 지내야 하는가?' 하는 것이 바로 아이를 낳지 못하는 여자들의 고통이었습니다. 그러나 구약성경을 읽어 보면 놀랍게도 위대한 믿음의 여성들은 전부 불임의 여성들이었습니다. 평범하게 잘 살았던 여자는 아무도 없습니다. 이스라엘 백성들을 위험에서 구원한 구원자들은 전부 이렇게 아이를 갖지 못했던 여자의 아들이었습니다.

그런 고통을 당한 사람들의 특징이 무엇입니까? 이렇게 낮아지는 과정을 통해서 인생을 전혀 새로운 눈으로 보게 되는 것입니다. 지금까지는 남들이 원하는 방식대로 살아 왔습니다. 남 좋은 것이 나 좋은 것이라는 식으로, 누이 좋고 매부 좋다는 식으로 살아 왔습니다. 그런데 철저히 낮아지는 과정을 통하여 마음속에 있던 자기 신화가 깨져 나갑니다.

사람들은 믿는다고 하면서도 다 마음속에 자신의 신화를 가지고 있습니다. '나는 달라. 나는 특별해. 내가 너희 같은 인간들하고 똑같은 줄 알아? 웃기는 소리 하지 마.' 바로 이런 자기 신화, 자기도취가 사람을 공상 가운데 살게 만들고, 현실을 현실로 인정하지 못하게 만듭니다. 그런데 바닥까지 한 번 낮아져 버리면 자기 안에 있던 신화와 도취가 깨어져서 사실을 사실대로 인정하면서도 하나님을 믿는 신앙이 생깁니다.

의외로 신앙 있는 사람이 신앙 없는 사람보다 훨씬 더 착각과 혼동 가운데서 사는 것을 볼 수 있습니다. 상식적으로 말이 되지 않는데도 본인은 믿습니다. 왜냐하면 신앙과 착각이 섞여 있기 때문입니다. 그런데 이렇게 한번 바닥까지 떨어져 보면 '내가 아무것도 아니구나. 이 세상은 절대로 우스운 게 아니구나' 하는 것을 깨닫습니다. 성경 어느 곳에도 '세상은 우습다. 우습게 살아라'는 구절이 없는데, 예수 믿는 사람들은 세상을 아주 우습게 생각합니다. 그냥 내가 마음만 먹으면 다 되는 줄로 알아요.

그러나 한번 바닥까지 내려가 보면 취직이 절대로 쉽지 않고, 결혼이 마음대로 되는 것이 아니며, 사람의 병이 쉽게 치료되는 것이 아니라는 것을 깨닫습니다. 신앙이라는 것이 '돈 나와라 뚝딱, 병 나아라 뚝딱' 하는 도깨비 방망이가 아니라는 것을 깨달아요. 그 때 내 안에 있던 신화가 깨지면서 현실을 현실로 인정하면서도 하나님을 믿는 신앙, 이성과 믿음이 공존하는 신앙을 가지게 됩니다.

이렇게 '나는 아무것도 아니며 하나님의 도움 없이는 아무것도 할 수 없는 존재'라는 아주 냉철하면서도 하나님을 의지하는 신앙을 가진 사람을 통하여 하나님의 위대한 역사는 나타나게 되어 있습니다.

사래를 사라로

오늘 본문을 보면, 하나님이 아브라함에게 나타나셔서 아내의 이름을 사래에서 사라로 바꾸라고 하십니다. 17장 15절과 16절 말씀을 보십시오.

> 하나님이 또 아브라함에게 이르시되 네 아내 사래는 이름을 '사래'라 하지 말고 그 이름을 사라라 하라 내가 그에게 복을 주어 그로 네게 아들을 낳아 주게 하며 내가 그에게 복을 주어 그로 열국의 어미가 되게 하리니 민족의 열왕이 그에게서 나리라

'사래'와 '사라'의 차이가 무엇일까요? 뜻에는 아무 차이가 없습니다. 단지 '이'라는 발음이 하나 더 붙었느냐, 붙지 않았느냐의 차이 뿐입니다. 히브리어에서 '이'는 'my', 즉 '나의'라는 뜻의 소유격입니다. 그러니까 사래는 '나의 사라'라는 뜻의 1인칭 단수 소유격입니다. 원래 '사라'라는 말은 '여왕' 또는 '공주'라는 뜻입니다. 그런데 이름이 '사래'에서 '사라'로 변하는 바람에 '나의 여왕', '나의 공주'에서 그냥 '여왕', '공주'가 되었습니다.

지금까지 사라는 오직 아브라함에게만 여왕이었고 존귀한 부인이었습니다. 무슨 말입니까? 참으로 사라를 이해해주고 존귀하게 대해 주는 사람은 남편 아브라함밖에 없었다는 것입니다. 다른 사람에게는 어떠했습니까? 사라는 부끄러운 여성이었습니다.

불임의 여성이었고, 아들을 낳지 못하는 여성이었습니다. 얼마나 자식 없는 것이 부끄러웠으면 사라가 자기의 여종을, 그것도 아주 어린 여종을 첩으로 주면서까지 자식을 가지려고 했겠습니까? 이 심정은 본인이 아니면 아무도 이해하지 못합니다.

사라는 그 뛰어난 덕성에도 불구하고 많은 사람에게 존경받지 못했습니다. 그 이유는 하나밖에 없었습니다. 하나님이 그에게 잉태를 허락하시지 않았기 때문입니다.

이제 하나님께서 말씀하시는 것이 무엇입니까? 이제 사라는 '나의 여왕'이 아니라는 것입니다. 사라는 아브라함의 여왕에 그치는 것이 아니라 모든 사람의 여왕이 되며 모든 사람에게 존경받는 부인이 되리라는 것입니다. 그러면 하나님은 왜 지금까지 사라를 이토록 낮추셨습니까? 그렇게 뛰어난 미모와 덕성을 가지고 있음에도 불구하고 낯을 들지 못하도록 그를 부끄럽게 만드신 이유가 무엇입니까? 사라의 마음속에도 자신의 성역이 있었기 때문입니다. 사라에게는 어느 누구도 건드릴 수 없는 자기의 성역, 자기의 신화, 자기의 신전이 있었습니다.

우리는 하나님을 믿는다고 하면서도 철저하게 자기 방식으로 믿습니다. 왜 고대 사람들이 우상을 만들었습니까? 자기 신화의 표현으로 만든 것입니다. 내 속에 있는 것이 돈이면 돈의 신이 나오고, 내 속에 있는 것이 섹스면 섹스의 신이 나옵니다. 돼지에게 절하는 것은 속에 있는 돼지가 나온 것입니다. 곰을 숭배하는 것은 속에 있는 곰이 나온 것입니다.

사람들은 진실을 보지 못합니다. 옆에서 보면 진실이 보이는데도 자기는 그것을 보지 못하고 자기도취와 착각에 빠져서 살아갑니다. 이 자기만의 성역은 하나님이 그를 낮출 대로 낮추실 때 비로소 깨어집니다. 하나님이 낮추실 때는 적당하게 낮추시지 않습니다. 옥상에서 떨어진 메주처럼 완전히 납작하게 만들어 버립니다. 적당하게 낮추면 큰일납니다. 적당히 낮추면 하나님께 대들어요.

그러나 완전히 낮추어 버리면 자기도취가 깨집니다. 나의 자존심과 신화가 다 깨져버려요. 그러면서 '나도 별게 아니구나. 나도 다른 사람들하고 똑같구나. 나는 하나님 앞에서 정말 한 줌 티끌에 불과하구나. 내가 지금까지 철저하게 착각 가운데서 살아왔구나' 하는 것을 인정하게 됩니다. 그때부터 제대로 하나님을 의지하는 믿음을 가지게 되는 것입니다.

하나님이 왜 사라를 그토록 철저하게 낮추시고 수치스럽게 만드셨습니까? 그를 참으로 높이시기 위해서입니다. 공주병에 걸린 여자의 특징은 모든 남자가 다 자기를 쳐다본다고 생각하는 것입니다. 뒤에 있는 여자를 보는데도 "왜 자꾸 나를 보고 그래. 아이 신경질 나!" 합니다. 신경질 날 것 하나 없어요. 뒤에 있는 여자 보는 거예요. 그런데도 자기는 그렇게 생각하지 않습니다. 하나님은 이렇게 자기만족에 빠진 사라가 아니라 정말 믿음의 사라가 되게 하시며, 참으로 모든 사람들의 여왕이 되게 하시려고 낮추신 것입니다.

우리는 모든 것이 자신의 뜻대로 되지 않으면 막 화를 냅니다. 청소년들에게 제일 큰 위기는 재수할 때 옵니다. 처음부터 재수하려고 덤벼드는 사람이 없는 것은 아니지만 대부분은 자기가 떨어진다고는 꿈에도 생각하지 않습니다. 발표장에서 합격자 명단을 가로로 보고, 세로로 보고, 엑스 자로 보면서 '왜 나를 떨어뜨렸을까' 도무지 이해를 못합니다. 제가 바로 그랬어요. 그래서 집에 돌아가면서 뭐라고 생각합니까? '아마 1점 차이로 떨어졌을거야. 아니면 사무 착오일 거야. 실력으로 보면 내가 떨어질 사람이 아닌데.' 그게 뭡니까? 자기 신화입니다. 일이 뜻대로 되지 않고 인생의 진로가 자기 마음먹은 대로 되지 않을 때 막 화가 나는 것은 바로 이 자기 신화가 깨지고 있기 때문입니다.

하나님이 우리를 낮추시는 이유가 무엇입니까? 그렇게 똑똑하고 인물 좋고 착한 사람을 바닥까지 낮추시는 이유가 무엇입니까? 취직이 안 되고 결혼이 안 되고 아이가 안 생기는 이유가 무엇입니까? 내 안에 있는 우상의 신전을 깨뜨리시려는 것입니다. 구약성경을 읽어 보십시오. 어느 왕의 일대기에 대하여 설명을 하고 난 후 끝에 꼭 하는 말이 있습니다. '이 왕이 하나님 앞에서 정직히 행하였으나 산당은 제하지 못하였다'는 것입니다. 그만큼 이스라엘 백성들에게는 기복적인 신앙의 요소가 강했습니다. 우리만 특별하고 우리만 복 받아야 한다는 식의 사고방식이 너무나 강했기 때문에 그렇게 훌륭한 왕들도 산당은 없애지 못했습니다.

오늘 우리의 산당은 어디에 있습니까? 바로 우리 안 깊은 곳에 있습니다. 나의 강한 자존심 안에, 나의 우월감 안에, 나의 학벌 안에, 나의 공상 안에, 자기도취의 시간 안에 나의 산당이 있습니다. 이것은 없어지지 않습니다. 신앙과 자기 신화가 계속 범벅되어서 신앙과 도취가 구분이 안 됩니다. 언제 이 사당이 없어집니까? 완전히 바닥에 떨어져서 깨질 때입니다. 깨져도 바싹 깨져야 합니다. 내 자존심이 여지없이 짓밟혀서 아무것도 남지 않을 때 비로소 신화가 깨지고 현실이 눈에 들어오기 시작합니다.

우리는 신앙생활을 한다고 하지만 얼마나 많은 시간을 자기도취에 빠져서 살고 있는지 모릅니다. 우리는 저마다 자기 잘난 맛으로 살고 있습니다. 이것이 없어지지 않아요. '난 특별해. 난 잘났어. 나 같은 사람이 또 어디 있을까? 하나님은 참 행복하셔. 나 같은 교인을 두셨으니.' 이것은 신앙이 아니라 우상 숭배입니다.

하나님이 나를 분명히 사랑하시면서도 이토록 낮추시는 것은, 남들은 다 잘되는데도 나만 부끄럽게 하시는 것은 이러한 우상 숭배와 착각에서 깨어나서 참으로 살아 있는 신앙을 가진 자들이 되게 하기 위해서입니다. 자기 착각에서 깨어났을 때 하나님은 지금까지의 모든 부끄러움을 벗겨 주시고 참으로 현실을 현실로 인정하면서도 하나님의 능력을 의지하는 신앙을 가지게 하십니다.

구약성경에서 하나님의 위대한 구원을 이룬 여성들은 전부 불임의 여성들이었습니다. 이 여자들이 낮아지고 낮아지다가 마침내 아들을 낳았을 때 무슨 생각을 했습니까? '이 아이는 내 아들이 아니야. 나는 아들을 가질 수 없었어. 이 아이는 하나님의 아들이야.' 그들은 이렇게 이 아들이 자기 자식이 아니라 하나님이 맡기신 사람이라는 것을 인정했습니다.

그들은 자식 사랑이라는 미명 아래 얼마나 많은 어머니들이 교만할 수 있으며, 얼마나 많은 어머니들이 죄를 지을 수 있는지 알았습니다. 자식을 마치 자신의 분신처럼 생각해서 치마폭에 싸서 이기적인 사랑으로 눈멀게 만드는 죄악, 자식을 통해 자기를 뽐내는 죄악을 이 어머니들은 알았습니다. '이 아이는 내 아들이 아니다. 하나님이 맡기신 아들이다' 하는 것을 알았어요. 그래서 자식이 잘못하면 사정없이 채찍질하고 책망합니다. "너 정신차려. 너 그따위로 살면 안 돼!" 이 어머니들은 현실을 현실로 인정하는 사람들이었습니다. 그렇게 성장한 아들들은 어머니처럼 현실을 현실로 인정하면서도 하나님의 능력을 믿는 살아 있는 신앙을 가지게 되었고, 전쟁에서 이기는 믿음의 용사들이 되었습니다.

여러분, 이렇게 낮아졌던 위대한 어머니들은 자기도 모르는 사이에 예수 그리스도의 길을 준비하는 사람들이 되었습니다. 불임의 여성 가운데 최고의 불임의 여성이 누구입니까? 절대로 자식을 낳을 수 없는, 자식을 낳으면 돌에 맞아 죽어야 하는 불임의 여성이 누구입니까? 처녀 마리아입니다. 이 위대한 불임의 여성들은 자신도 모르는 사이에 고통 가운데서 이 마리아의 길을 준비하고 있었습니다.

오늘 본문을 보면 두 가지 내용이 더 나오고 있습니다. 하나는 민족의 열왕이 사라에게서 나오리라는 것입니다. 이것은 사라가 여러 왕을 출산하게 된다는 뜻이 아닙니다. 그 대신 여러 민족과 나라들이 사라의 자식으로 입양될 것입니다. 어떻게 그렇게 됩니까? 하나님이 주신 믿음으로 됩니다. 지금 얼마나 많은 민족과 나라 사람들이 하나님의 백성이 되었습니까? 이들은 모두 사라가 믿음으로 낳은 자식들입니다. 이 모든 그리스도인들이 사라를 참으로 존귀한 부인이자 여왕으로 칭송하고 있습니다.

우리가 오늘 말씀을 보면서 느끼는 것이 하나 있습니다. 그것은 하나님의 말씀이 훨씬 더 구체적이 되었고 실제적이 되었다는 것입니다. 지금까지 하나님은 좀 희미하게 말씀하셨습니다. 그러나 이제는 말씀의 농도가 짙어지고 있고, 구체화되고 있으며, 반복되고 있습니다. 이 사실이 의미하는 바가 무엇입니까? 하나님의 때가 임박하고 있다는 것입니다.

저는 하나님의 때를 잘 알지 못합니다. 그러나 하나님의 때를 느낄 때가 있습니다. '지금이 바로 하나님의 때야. 이제는 행동을 취할 때야' 할 때가 있어요. 언제입니까? 하나님의 말씀이 계속 반복해서 나오고, 더 구체화되고, 심화될 때입니다. 그럴 때 딱 준비하고 있으면 틀림없습니다. 하나님의 때가 되기 전에는 이상하게 아무리 해도 안 돼요. 하나님이 어디 가셨는지 아무것도 안 됩니다. 그런데 어느 날부터 말씀이 구체화되고 반복되고 깊어지고 적용될 때는 기다려야 합니다. 왜냐하면 때가 다 되었기 때문입니다. 내가 이리 뛰고 저리 뛰면서 좋아다닌다고 해서 일이 되는 게 아니에요.

상륙 작전을 기다리고 있는 해병대 병사들은 정확한 작전 시간을 알지 못합니다. 작전 시간은 군사 기밀이에요. 그러니까 무작정 기다리는 겁니다. 함상 위에서 건빵도 뜯어먹고, 트럼프 놀이도 하고, 농담도 하면서 며칠을 기다립니다. 그러다가 갑자기 비행기가 뜨고 배들의 움직임이 신속해지며, 탄약과 장비가 보급될 때가 옵니다. 그때부터는 농담을 하지 않습니다. 긴장하면서, 침을 삼키면서 '이제 한바탕할 때가 되었구나' 생각하지요. 그러면 영락없이 새벽에 비상벨이 울립니다. 그때부터는 자기 발과 운명 외에는 아무것도 믿을 것이 없습니다. 전우의 시체를 넘고 넘어 뛰는 거예요.

우리는 하나님의 때를 모릅니다. 우리는 하나님이 아닙니

다. 아무리 애를 써도 상황의 변화가 일어나지 않습니다. 그리스도
인들이 어떨 때 미칩니까? 아무 변화가 없을 때 미칩니다. 그래서
자매들한테는 4월달이 잔인합니다. 꽃피는 4월이 와도 아무 소식
이 없을 때 '오 주여, 영원히 나를 버리시나이까' 하면서 탄식하지
요. 그런데 갑자기 말씀이 빈번하게 나타나기 시작하면서 적용되기
시작할 때는 스탠바이 해야 합니다. 이것은 때가 임박하고 있는 것
이기 때문입니다.

오늘 이 말씀을 보면 때가 굉장히 임박해 오고 있습니다. 말
씀을 반복해서 하시고, 이름을 사래에서 사라로 바꾸라고 하시면서
아주 구체적으로 설명하고 계십니다. 이것은 하나님의 때가 다 되
었다는 것입니다. 터널이 끝나가고 있습니다. 하나님이 신호를 보
내고 계십니다. 이제는 나가서 무언가 일을 해야 할 때가 왔으니 마
음을 단단하게 먹고 있으라고 암시를 주고 계십니다. 그때는 준비
하고 있어야 합니다.

준비되지 않은 아브라함

그러나 아브라함은 그런 하나님의 뜻에 전혀 준비되어 있지
않았습니다. 17절과 18절을 보십시오.

아브라함이 엎드리어 웃으며 심중에 이르되 백세 된 사람이 어찌 자
식을 낳을까 사라는 구십세니 어찌 생산하리요 하고 아브라함이 이에
하나님께 고하되 이스마엘이나 하나님 앞에 살기를 원하나이다

역사상 가장 풀리지 않는 사실 가운데 하나가 모나리자의
미소가 갖는 의미입니다. 그런데 모나리자의 미소보다 더 풀리지
않는 것이 이 아브라함의 웃음입니다. 아브라함의 이 의미 깊은 웃

음이 어떤 웃음인지 아직 아무도 못 풀고 있어요.

하나님이 사래의 이름을 사라라고 고치라고 하시면서 사라가 아들을 낳아줄 것이라고 말씀하셨을 때, 아브라함은 엎드려 웃었습니다. 그러면서 '100세 된 사람이 어떻게 자식을 낳겠으며 90세 된 사라가 어떻게 자식을 낳겠는가' 하고 혼자 중얼거렸습니다.

이 아브라함의 웃음에 대해서 신학자들이 연구를 많이 했습니다. 대표적인 주석가인 칼뱅은 아브라함이 믿음으로 웃었다고 해석했습니다. 로마서에 '아브라함이 믿었다'는 말씀이 있기 때문입니다. 칼뱅은 철저히 성경으로 성경을 해석하는 사람입니다. 그래서 로마서를 근거로 아브라함이 너무 기뻐서 웃었다고 해석했습니다. 그토록 기다렸던 하나님의 축복이 바야흐로 이루어지려고 하기 때문에 웃었다는 것이지요.

그러나 제 생각으로는 아무리 믿음의 조상 아브라함이라고 해도 결코 믿음으로 웃은 것 같지 않습니다. 우리는 본인이 아니니까 왜 웃었는지 구체적으로 알 수는 없지만, 이 정황으로 볼 때 아브라함은 이 하나님의 말씀에 전혀 준비되어 있지 못했다는 것을 알 수 있습니다.

사람은 불안정한 상태에서 오래 견디지 못합니다. 어떻게 하든지 스스로 안정해 버려야 합니다. 아브라함은 자식이 없어서 늘 불안정했습니다. 그런데 아들이 생겼습니다. 그는 첩이 낳아 준 이 아들을 하나님이 주신 아들로 인정해 버림으로써 이 아들 문제를 끝내 버렸습니다.

직장생활하는 사람들은 미결 서류가 있으면 굉장히 신경이 쓰인다고 합니다. 미결 서류는 빨리 완결해서 서류 보관함에 넣어 버리고 폐기해 버려야 됩니다. 아브라함에게 이 아들의 문제는 오랫동안 해결이 안 된 문제였습니다. 그래서 첩의 자식으로 아들을 삼음으로써 이 골치 아픈 문제를 끝내 버렸습니다. 왜 그렇게 했습니까? 아브라함이나 사라나 이제는 더 이상 자식의 문제를 고려하고 싶지 않았기 때문입니다. 그 문제로 너무 많이 괴로웠고, 너무 많이 울었고, 너무 많이 아팠어요. 아들 이야기만 나오면 이 금실 좋은 부부가 다투지 않을 때가 없었습니다. 그래서 이제 좋으나 싫으나 이 첩의 자식 이스마엘로 자식의 문제는 끝을 내자는 묵계가 부부 사이에 성립되어 있었던 것이지요.

이렇게 아브라함에게는 끝난 문제였지만 하나님께는 끝나지 않았습니다. 하나님은 이 문제를 새로이 꺼내고 계십니다. 지금 아브라함은 기가 막혀서 웃고 있습니다. "하나님, 이 아들 문제로 제가 얼마나 많이 괴로웠습니까? 잠 못 이루는 밤이 얼마나 많았습니까? 우리 부부가 얼마나 많이 울었고, 얼마나 많이 괴로워했습니까? 그런데 그렇게 어렵게 끝낸 문제를 이제 와서 다시 꺼내시다니요!"

사람마다 이런 문제가 있습니다. 사람마다, 가정마다 풀리지 않는 문제가 있습니다. 이것만 생각하면 밤에 잠이 오지 않아요. 그래서 나중에는 포기하든지 대충 뜯어 맞추든지 해서 완결짓고 잊어 버립니다. 그래야 사람이 밥을 먹고 살 수 있지, 그렇지 않고 계속 한 문제에 집착하면 살 수가 없습니다.

그래서 아브라함은 자식 문제를 끝내 버렸어요. 그런데 그 문제를 하나님이 또다시 들추시는 것입니다. 아브라함은 무엇이라고 말합니까? "하나님, 다 끝난 문제입니다. 이 문제는 더 이상 생각하고 싶지 않아요. 이스마엘이나 그냥 잘 봐주십시오." 하나님이 주시려는 축복은 이스마엘에게나 주시고 우리를 다시 괴롭히지 말아 달라는 말입니다. "하나님, 우리는 그 문제로 너무 많이 괴로워했습니다. 그러니 이제는 더 이상 건드리지 마세요. 우리라고 해서 성질이 없는 줄 아십니까?"

우리 믿음의 조상은 하나님의 말씀 앞에서 완강하게 고집을 부리고 있습니다. 우리가 그 자리에 있었더라면 '과연 이 사람이 믿음의 조상인가' 하고 우리의 눈을 의심할 수밖에 없을 정도로 오만

하고 무례한 모습입니다. 믿음의 조상이 어떻게 이럴 수가 있습니까?

　　그러나 여러분, 믿음의 조상이라도 이럴 수 있습니다. 우리도 항상 이렇지 않습니까? 하나님은 선한 뜻을 가지고 우리를 부르셨습니다. 그러나 우리는 그 선한 뜻까지 도달하지 못합니다. 항상 주위에 있는 다른 차선책을 붙들어서 그것으로 만족하고 끝내 버리려고 합니다. 가다가 주저앉아 버리는 것입니다. 아이들을 데리고 어디를 가보면 이 진리가 이해될 겁니다. 이모집에 가야 하는데 애는 이모집에 관심이 없습니다. 그냥 가게를 보면서 계속 뭘 사달라고 합니다. 빵집이 보이면 빵집에 들어가자고 하고 한번 들어가면 안 나오려고 합니다.

　　하나님은 우리 한 사람 한 사람을 통하여 이루실 선한 뜻을 가지고 계십니다. 그런데 우리는 그때를 못 기다립니다. 그래서 하나님의 뜻이 이루어지기 전에 다른 것으로 하나님의 뜻을 삼고 일을 끝내 버립니다. 아무 변화도 없이 몇 달 몇 년을 기다리면 우리는 미쳐 버립니다. 그래서 하나님은 그 나름대로 차선책을 주십니다. 그러나 우리는 그것을 완전한 하나님의 뜻으로 착각하고, 하나님이 또 다른 이야기를 하실 때 웃으면서 "아이, 하나님 됐습니다. 그냥 이거나 잘하게 해주십시오. 뭘 또 괴롭히십니까? 다 끝난 문제입니다" 하는 것입니다.

　　그러나 우리가 늘 가지고 있어야 할 태도가 무엇입니까? 내가 아무리 하나님의 뜻이라고 생각한 것이 있더라도 그보다 더 나은 하나님의 뜻이 나타날 때에는 먼저 것이 아닐 수도 있다고 생각하는 유연성이 있어야 합니다. '아닐 수도 있다.' 이것은 굉장히 위대한 사고의 전환입니다. 아무리 내가 200퍼센트 확신한 일이라 해도 이게 아닐 수도 있다고 생각할 때 햇빛이 비치는 것입니다.

　　사도 바울은 로마서에서 이렇게 말씀하고 있습니다.

이 세대를 본받지 말고 오직 마음을 새롭게 함으로 변화를 받아 하나
님의 선하시고 기뻐하시고 온전하신 뜻이 무엇인지 분별하도록 하라
(롬 12:2).

그냥 하나님의 뜻이 아닙니다. 사도 바울은 하나님의 '선하
시고 기뻐하시고 온전하신 뜻'이라고 표현하고 있습니다. 그 이유
가 무엇입니까? 지금 내가 붙들고 있는 하나님의 뜻은 내 수준에서
생각하는 하나님의 뜻입니다. 차선도 아니고 세 번째, 네 번째 되는
하나님의 뜻이지 온전한 하나님의 뜻이 아니에요. 그러다가 온전
한 하나님의 뜻이 나타날 때 '이게 아닐 수도 있다' 하면서 자신을
변화시키고 새롭게 해야 합니다. 그때 믿음의 역사가 나타납니다.
세 번째, 네 번째 되는 것을 끝까지 붙들고 "굳세어라!" 해봤자 절대
로 안 됩니다. "저를 우습게 알지 마세요. 저도 감정이 있고 이성이
있다고요. 제가 판단할 때는 이게 하나님 뜻이에요." 이렇게 고집을
부리면 하나님의 뜻은 이루어지지 않습니다.
사도 바울은 고린도전서에서 이렇게 말씀합니다.

우리가 이제는 거울로 보는 것같이 희미하나 그때에는 얼굴과 얼굴을
대하여 볼 것이요 이제는 내가 부분적으로 아나 그때에는 주께서 나
를 아신 것 같이 내가 온전히 알리라(고전 13:12).

우리가 지금 가지고 있는 하나님의 뜻은 마치 거울을 보는
것 같이 희미한 것입니다. 이 당시에는 거울을 모두 청동으로 만들
었기 때문에 대충 눈, 코, 입이라는 것만 알지 명확하게 보이지 않았
습니다. 그런데 청동에 비친 모습을 진짜로 믿어 버린 사람은 나중
에 진짜 자신의 모습을 보고 웃습니다. "아니, 뭐 이런 괴물이 다 있
어!" 진짜 자신의 모습을 못 받아들여요.
아브라함은 이스마엘을 하나님이 주신 아들이라고 믿었습

니다. 그는 모든 것이 다 끝났다고 생각했습니다. 그러다가 하나님의 뜻은 하나도 이루어지지 않았으며 진짜 하나님의 뜻은 이제부터 시작이라는 말을 들으니까 기가 막혀서 웃음이 나오는 거예요. 그렇다면 지금까지 가져온 나의 이 확신은 무엇이며 나의 믿음은 무엇이란 말입니까?

몇 년 전에 제 나름대로 하나님의 뜻이라고 생각해서 열심히 기도했던 것이 있었습니다. 그랬는데 기도한 대로 안 돼요. 얼마나 실망하고 좌절했는지 모릅니다. 혼자서 동네를 하루에 수십 바퀴씩 돌았습니다. 속에서 불이 나서 밤에 잠을 못 잤어요. '분명히 이건 하나님의 뜻인데 왜 안 될까' 생각하면서 자는 아내를 깨워 이야기하는 통에 아내가 불면증에 걸릴 정도였습니다. 성질이 얼마나 났으면 동네를 하루에 20바퀴씩 돌았겠습니까? 그런데 나중에 보니까 하나님의 뜻은 아주 평범한 다른 곳에 있었습니다. 그러나 제가 생각했던 하나님의 뜻이 이루어지지 않았을 그 당시에는 분노했고 좌절했고 하나님을 원망했습니다. 너무나 답답했습니다.

하나님은 우리가 연약하다는 것을 아시고 원래 원하신 뜻은 아니지만 때때로 차선책을 허용하십니다. 그러나 하나님이 정하신 때가 되면 주저앉아 있는 우리들을 다시 일으켜서 하나님이 원래 원했던 그 목적을 향하여 좋든지 싫든지 가게 하십니다. "애야, 일어나거라. 이제 때가 되었다." 그때 우리는 이것을 못 받아들이고 웃어 버립니다.

오늘 본문을 보면 아브라함을 설득하시는 하나님을 볼 수 있습니다. 19절을 보십시오.

하나님이 가라사대 아니라 네 아내 사라가 정녕 네게 아들을 낳으리니 너는 그 이름을 이삭이라 하라 내가 그와 내 언약을 세우리니 그의 후손에게 영원한 언약이 되리라

263

하나님이 다시 아브라함을 설득하십니다. "아니야, 그게 아니야. 네 아내 사라가 아들을 낳을거야. 나는 그 아들과 언약을 맺겠다."

처음부터 하나님의 뜻을 다 알아서 믿는 사람은 없습니다. 처음에는 희미한 뜻을 붙들고 신앙생활을 합니다. 어떤 때는 그게 전부라고 생각하기도 합니다. 그러다가 명확한 다른 뜻이 나타났을 때 우리는 당황하고 놀라면서 그것을 쉽게 용납하지 못합니다.

그러나 믿음이 무엇입니까? 내가 아무리 믿어온 것이 있다고 하더라도 더 명확한 하나님의 뜻이 나타났을 때 그것으로 자신을 설득해 나가는 것입니다. 우리가 처음에는 믿지 못해서 웃고 방황했다 하더라도 새로운 말씀으로 설득하시는 하나님의 말씀에 설득될 때, 하나님은 우리가 처음부터 전혀 방황하지 않았던 것처럼, 한 번도 고민한 적이 없는 것처럼, 한 번도 웃은 적이 없는 것처럼 온전한 상급을 주십니다.

로마서에서는 아브라함의 믿음에 대해 이렇게 말씀하고 있습니다.

그가 백세나 되어 자기 몸의 죽은 것 같음과 사라의 태의 죽은 것 같음을 알고도 믿음이 약하여지지 아니하고 믿음이 없어 하나님의 약속을 의심치 않고 믿음에 견고하여져서 하나님께 영광을 돌리며 약속하신 그것을 또한 능히 이루실 줄을 확신하였으니(롬 4:19-21)

이것은 아브라함이 처음부터 무조건 하나님의 말씀을 다 믿고 따랐다는 뜻이 아닙니다. 아브라함은 그렇게 하지 못하고 웃었습니다. 그는 "이스마엘이나 하나님 앞에 살기를 원합니다" 하면서 자기 나름대로의 대안을 내놓았고, 고집을 부렸습니다. 그러나 아브라함의 믿음이 무엇입니까? 아무리 자기 생각이 옳고 확고하다 하더라도, 아무리 하나님의 뜻을 받아들이기 싫고 귀찮다 하더라도, 아무리 이것이 엄청나게 새로운 변화라 하더라도, 일단 하나님의 뜻이 명확할 때에는 그 뜻에 자기 자신을 쳐서 복종시키는 것입니다.

아브라함은 처음부터 완전한 사람은 아니었습니다. 그도 사람들과 다를 바가 별로 없었어요. 그러나 아브라함의 놀라운 점은 그가 자기 자신을 완벽하지 않다고 생각한 것입니다. 그래서 자기 나름대로 믿는 것이 있었지만 더 명확한 하나님의 뜻이 드러나자 자기 뜻을 포기하고 거기에 복종했습니다. 그래서 그는 믿음의 조상이라는 아름다운 이름을 얻게 되었습니다.

우리는 얼마나 많은 경우 온전한 하나님의 뜻이 나타났는데도 그것을 받아들이지 못하고 계속 완강하게 내 생각을 붙들고 있습니까? 하나님이 싫어하시는 것은 우리의 불완전함이 아닙니다. 하나님은 우리가 처음부터 하나님의 뜻을 잘 몰랐다고 해서 뭐라고 하시지 않습니다. 하나님이 문제 삼으시는 것은 더 온전한 하나님의 뜻이 드러났음에도 불구하고 받아들이지 않고 끝까지 자기 고집을 버리지 않는 것입니다.

우리는 얼마나 작은 것으로 스스로 만족해 버립니까? 우리는 "하나님, 다 끝났습니다. 이제 다시는 이 문제를 제기하지 마세요. 저는 이스마엘로 충분합니다" 하면서 하나님이 임시 방편으로 허락하신 것을 마치 완전한 하나님의 뜻인 양 생각하면서 자꾸 나의 좁은 그릇 안에 하나님을 가두려고 할 때가 많습니다. 그것이 불신앙입니다.

믿음은 하나님의 생각이 내 생각과 다를 뿐 아니라 내 생각보다 엄청나게 높다는 것을 인정하는 것입니다. 그리고 일단 하나님의 뜻이 분명할 때는 내가 이미 그 일을 다 정리했다고 하더라도, 처음부터 새로 일을 시작하는 것이 아주 귀찮고 성가시고 화가 난다 하더라도, 하나님의 뜻을 처음부터 모른 내 자신이 밉고 원망스럽다 하더라도, 자신을 쳐서 그 말씀에 복종시키는 이것이 위대한 믿음입니다. 그렇게 할 때 하나님은 마치 내가 한 번도 주저하거나 방황하지 않았던 것처럼, 한 번도 시행착오를 한 적이 없는 것처럼, 온전한 상급을 우리에게 주시는 것입니다.

언약의 상대방

세 번째로 하나님께서는 새로 태어날 이 아이를 언약의 상대방으로 삼겠다고 말씀하십니다. 19절을 보십시오.

> 하나님이 가라사대 아니라 네 아내 사라가 정녕 네게 아들을 낳으리니 너는 그 이름을 이삭이라 하라 내가 그와 내 언약을 세우리니 그의 후손에게 영원한 언약이 되리라

누구와 언약을 세우겠다고 말씀하십니까? 새로 태어날 아이와 세우겠다고 하십니다. "새로 태어날 아이는 아브라함 너보다 더 중요하다. 나는 너와 언약을 세우는 것이 아니라 너의 후손과 언약을 세울 것이다. 너는 언약의 상대방이 아니다. 너도 네 자손의 언약 아래서 구원을 받을 것이다. 그러니 이제 더 이상 말하지 말라"는 것입니다.

하나님이 아브라함과 세우신 언약은 믿음으로 무조건 의롭다고 하시는 은혜의 언약입니다. 그러나 이 언약은 본 언약이 아닙니다. 이 언약은 시행규칙과 같습니다. 즉 중요한 본 언약이 있기 때문에 이 언약이 가능한 것입니다. 그 본 언약이 무엇입니까? 새로 태어날 이 아기, 아직 존재하지는 않지만 앞으로 태어날 이 아기와 세울 언약이 새 언약, 곧 본 언약입니다. 무슨 말입니까? 아브라함 자신도 이 아이와 세울 언약으로 구원을 얻는다는 것입니다. "너는 주인이 아니야. 너도 이 언약 때문에 구원을 받는 거야. 그러니까 너

266

도 이 아이를 믿어야 해" 하시는 것입니다.

그 아이의 이름이 무엇입니까? 이삭입니다. 이삭은 '웃음'이라는 뜻입니다. 다른 말로 표현하면 '기쁨'이라는 뜻입니다. 실제로 아브라함의 아들 이름은 이삭이었습니다. 그러나 그는 진정한 이삭이 아니었습니다. 그는 참으로 올 기쁨의 상징이자 예표에 불과했습니다. 우리에게 진정한 기쁨을 주실 분이 오시려면 아직 멀었습니다. 그러나 하나님께서는 불가능한 가운데 이 이삭을 주심으로써 아브라함에게 작은 기쁨을 주셨습니다. 이것은 앞으로 올 엄청난 언약의 주인공의 예표였습니다.

처음에 아브라함은 이 아들이 바로 그 언약의 상대방인 줄 알았습니다. 그러나 점점 시간이 지나면서 이 아들 뒤에 굉장히 큰 분이 기다리고 있다는 것을 알게 되었습니다. 처음에 아브라함은 이 땅에서 아들 딸 낳고 잘 사는 것이 하나님이 주시는 축복의 전부인 줄 알았지만 자기의 공식이 허물어지고 난 후 그것이 아닌 어떤 세계를 바라보게 되었고, 이 아들 뒤에 굉장히 큰 분이 서 있다는 것을 알게 되었습니다. 아브라함도 자동으로 구원을 얻을 수 없었습니다. 하나님이 이 사람과 언약을 맺음으로써 구원을 받는 것이기 때문에 아브라함도 그를 믿어야 했습니다. 그래서 예수님이 유대인들에게 무엇이라고 말씀하십니까?

> 너희 조상 아브라함은 나의 때 볼 것을 즐거워하다가 보고 기뻐하였느니라(요 8:56)

결국 아브라함이 바라본 것은 단순한 육신의 아들이 아니라 그 뒤에 서 계시는 엄청난 하나님의 아들이었습니다. 우리가 구원 받을 수 있는 것은 우리의 믿음 때문이 아닙니다. 우리의 믿음에 선행되는 어떤 언약이 하나님과 그 아들 예수 그리스도 사이에 있었기 때문입니다. 아무리 아브라함이 하나님을 믿었다고 하더라도 이 크신 분이 오시지 않았더라면 아브라함의 믿음은 휴지조각에 불과했을 것입니다.

하나님은 이스마엘에 대하여 이렇게 말씀하십니다.

> 이스마엘에게 이르러는 내가 네 말을 들었나니 내가 그에게 복을 주어 생육이 중다하여 그로 크게 번성케 할지라 그가 열두 방백을 낳으리니 내가 그로 큰 나라가 되게 하려니와(17:20).

이스마엘은 이 언약의 아들이 아닙니다. 이스마엘은 하나님의 축복 밖에 있는 사람이고 신앙이 없는 사람입니다. 그러나 하나님께서는 이스마엘에게도 복을 약속하셨습니다. 그도 많은 자손을 낳아 크게 번성할 것입니다. 하나님께서는 언약의 아들이 아닌 자들, 신앙이 없는 자들도 그 정하신 때까지는 이 땅에서 내쫓지 않으십니다. 아무리 하나님을 모른다고 할지라도 의도적으로 악독한 짓을 행하지 않는 이상 하나님께서 허락하신 시한까지는 쫓아내지 않으십니다. 그들도 사업하게 하시고, 공부하게 하시고, 건강하게 하시고, 대학 가게 하십니다. 이 세상에서 살 권리를 박탈하지 않으시고, 그들 나름대로 행복하게 살 수 있게 해주십니다.

그러나 그것이 전부가 아닙니다. 하나님이 아브라함을 부르신 것은 이 땅에서 건강하고 공부 잘하고 부자가 되게 하기 위해서가 아닙니다. 하나님은 하늘의 축복을 주시기 위해서, 하나님의 영광과 존귀를 주시기 위해서 아브라함을 부르셨습니다. 그러므로 그리스도인들은 신앙을 가지지 않은 사람들이 이 세상에서 건강하고 돈 잘 벌고 공부 잘하는 것을 시기할 필요가 전혀 없습니다. 그들에게는 그렇게 살 수 있는 권한이 있습니다. 하나님이 그것을 약속하셨습니다. 하나님을 모른다 하더라도 성실하게 일하는 사람은 출세합니다. 하나님을 모른다 하더라도 열심히 공부하는 사람은 좋은 대학에 들어갑니다. 그러나 그것은 하나님이 우리에게 주실 전부가 아닙니다. 그 뒤에 그 이상의 것이 있습니다. 하나님은 영원한 영광과 존귀를 우리에게 주시고자 하십니다.

여러분, 우리는 단순히 이 세상에서 잘 먹고 잘살기 위해서 예수를 믿을 필요가 전혀 없습니다. 예수 믿는 것은 그 이상의 것을 얻기 위해서입니다. 하나님이 우리에게 약속하신 것이 무엇입니까? 하나님 앞에 티끌 같은 사람이라도 이 몸을 가지고 억지로라도 하나님의 말씀에 순종하면 영원한 영광과 존귀를 주신다는 것입니다. 이것이 하나님께서 아브라함에게 주신 약속의 본질입니다. 아브라함은 이후에 오실 특별한 자손을 믿음으로써 이 영광 가운데 들어가게 되었습니다.

14

하나님의
갑작스러운 방문

누군가를 만나려면 사전에 약속을 해야 합니다. 아무 약속도 하지 않고 불쑥 찾아갈 경우, 그 사람을 만나지 못할 수 있을 뿐 아니라 만나더라도 실례가 되기 쉽습니다. 그럼에도 불구하고 우리는 때때로 상대방을 불쑥 찾아가야 하는 경우가 있습니다. 예를 들어 상대방과 아주 친한 사이일 때, 불쑥 찾아가도 전혀 허물이 되지 않는 사이일 때 사전 통고 없이 찾아갑니다. 때로는 그 사람의 진실한 모습을 보기 위해 사전 통고 없이 찾아갈 때도 있습니다. 또 어떤 사람을 꼭 만나서 할 이야기가 있는데 이 핑계 저 핑계 대면서 만나 주지 않을 때 어떻게 합니까? 그냥 불쑥 찾아가 버리는 것이지요. 그러면 그 사람도 할 수 없이 만나 주게 되고 서로 속에 있는 것을 이야기하게 됩니다.

오늘 본문은 하나님께서 아무 예고 없이 아브라함을 방문하신 일을 기록하고 있습니다. 하나님께서 얼마나 불시에 방문하셨던지 아브라함은 자신의 집을 방문한 이들이 누구인지 전혀 알지 못했습니다. 그뿐 아니라 이들이 자기 집에 온 것인지, 아니면 다른 곳에 가려고 하다가 우연히 지나치게 된 것인지도 알지 못했습니다. 그러나 아브라함은 이 알지 못하는 사람들을 사랑으로 대접했고,

그 결과 하나님을 자기 집으로 영접하게 되었습니다.

오늘 우리에게 중요한 것은 이 방문이 너무나도 특별한 것이라는 사실입니다. 하나님께서는 이미 여러 번 아브라함에게 나타나셨는데, 그때마다 환상으로 나타나서 말씀하셨습니다. 그런데 이번에는 환상이 아니었습니다. 거의 사람의 형체로 찾아오셨습니다. 이 말은 진짜 사람은 아니지만 사람과 거의 똑같은 모습으로 찾아오셨다는 뜻입니다.

이 본문을 읽으면서 '오늘 성경 참 이상하다'는 생각이 들지 않으면 이 말씀을 제대로 파악하지 못한 것입니다. 오늘 본문을 읽을 때에는 아주 이상하다는 생각이 들어야 합니다. 왜냐하면 하나님께서 정말 이상하게 찾아오셨기 때문입니다. 이번에 하나님은 환상으로 오신 것이 아닙니다. 그렇다고 해서 사람으로 오신 것도 아닙니다. 거의 사람에 가깝게 찾아오셨습니다. 발도 씻고 음식을 잡수실 정도로 거의 완벽한 사람의 모습으로 오셨습니다. 그렇게 하신 이유가 어디에 있을까요?

특별하게 찾아오신 하나님

시골에서 자란 분들은 시골의 여름이 어떤지 잘 알 것입니다. 시골 사람들은 새벽같이 일어나서 밭에 나가 일을 합니다. 새벽 네다섯 시에는 다 밭에 나가 일을 하고, 태양이 가장 뜨거운 정오쯤 되면 집에 들어와서 낮잠을 잡니다. 더울 때는 일을 전혀 못하기 때문이지요. 팔레스타인의 정오가 바로 그랬습니다. 이곳의 대낮은 너무나 더웠기 때문에 아무도 일할 수 없었습니다. 그래서 전부 이른 새벽에 일어나서 양이나 낙타를 끌고 부지런히 일했고, 정오가 되면 아무도 움직이지 않았습니다. 이 시간에 잠을 자야 해가 지면 또 움직일 수 있었기 때문입니다.

아브라함은 바로 이렇게 자야 하는 시간인 정오에 몇 명의 예기치 않은 손님을 맞게 되었습니다. 18장 1절부터 5절까지 보십시오.

> 여호와께서 마므레 상수리 수풀 근처에서 아브라함에게 나타나시니라 오정 즈음에 그가 장막문에 앉았다가 눈을 들어 본즉 사람 셋이 맞은편에 섰는지라 그가 그들을 보자 곧 장막 문에 달려나가 영접하며 몸을 땅에 굽혀 가로되 내 주여 내가 주께 은혜를 입었사오면 원컨대 종을 떠나 지나가지 마옵시고 물을 조금 가져오게 하사 당신들의 발을 씻으시고 나무 아래 쉬소서 내가 떡을 조금 가져오리니 당신들의 마음을 쾌활케 하신 후에 지나가소서 당신들이 종에게 오셨음이니이다 그들이 가로되 네 말대로 그리하라

하나님께서 아브라함을 찾아오셨지만 아브라함은 그가 하나님이신 줄 몰랐습니다. 단지 지나가는 여행객 정도로만 생각했습니다. 아브라함은 이 뜨거운 시간에 여행객이 지친 채로 여행을 계속 해야 한다는 것을 참을 수 없었습니다. 그래서 우리가 생각하기에 지나치다 싶을 정도의 저자세로 손님들에게 달려가 그들을 극진히 영접했습니다. 서양 사람들은 절까지 해가면서 손님을 영접하는 아브라함의 태도를 전혀 이해하지 못합니다. 그래서 아브라함이 절한 것은 동양의 풍속이라고 설명하는 주석서도 있습니다. 서양 사람들은 서서 악수하며 인사하지만 동양 사람들은 엎드려서 인사를 하니까요.

아마도 아브라함은 자신이 복의 근원이라는 것을 의식하고 있었던 것 같습니다. 자기가 몰라서 돕지 못하는 것은 어쩔 수 없더라도 일단 알고 있는 이상은 어려움에 처한 사람을 절대로 모르는 체 할 수 없다는 것이 아브라함의 생각이었습니다. 혹시 그때 자신이 자고 있었다면 어쩔 수 없는 일입니다. 그러나 지친 세 명의 여

행객이 이 더위를 무릅쓰고 어딘가로 가고 있는 것을 눈 뜨고 보게 된 이상, 그들을 그냥 지나가게 둘 수는 없었습니다. 그래서 아브라함은 달려가 그들을 극진하게 영접했습니다.

초대교회에서는 손님 대접을 최고의 미덕으로 생각했습니다. 손님을 영접해서 음식을 대접하고 재워 주는 것이 그리스도인의 가장 아름다운 미덕이었어요. 그래서 서신서를 읽어 보면 여러 군데에서 손님 대접하기를 게을리 하지 말라는 말씀이 나오는 것을 볼 수 있습니다. 특히 복음을 전하기 위해서 여행하는 사람은 가진 돈이 없었기 때문에 그리스도인들이 영접해서 재워 주고 먹여 주지 않으면 도무지 여행할 수가 없었습니다. 그래서 히브리서에서는 이렇게 말씀하고 있습니다.

손님 대접하기를 잊지 말라. 이로써 부지중에 천사를 대접한 이가 있었느니라(히 13:2).

"부지중에 천사를 대접한 이"가 누구입니까? 바로 아브라함과 롯입니다. 그들이 누구인지 모르면서 대접한 이들은 바로 그들을 찾아온 하나님의 천사였습니다. 그런데 더 놀라운 것은 아브라함을 찾아온 세 손님 가운데 한 사람이 특별한 분이었다는 사실입니다. 모세는 그가 여호와였다고 말하고 있습니다. 물론 외모가 얼마나 달랐는지는 알 수 없습니다. 특별히 창세기는 그런 외모의 차이를 기록하고 있지 않습니다. 그러나 그의 칭호만큼은 분명히 달랐습니다. 성경은 다른 두 사람은 '천사'라고 말하고 있지만, 이 특별한 한 분은 '여호와'라고 기록하고 있습니다.

하나님께서 이번에 아브라함을 방문한 데는 목적이 있습니다. 그 목적은 두 가지입니다. 하나는 아브라함의 아내 사라를 만나서 1년 안에 아들을 낳으리라는 믿음을 주시려는 것입니다. 사라는 자신이 너무 늙었다는 이유로 아들을 낳을 가능성을 전혀 인정하지 않고 있습니다. 그래서 사라를 직접 만나 '여호와께는 능치 못함이 없다'는 것을 말씀하고자 하시는 것입니다. 만약 하나님께서 언제 방문할 것인지 미리 통보하셨다면 아마 아브라함과 사라는 감당하지 못하고 도망치고 말았을 것입니다. 또 혹시 도망치지 못하고 하나님을 만났다 하더라도 하나님의 말씀이 한 마디도 귀에 들어오지 않았을 것입니다. 하나님께서 중요하게 생각하신 것은 말씀이었습니다. 메시지를 전달하는 것이 중요했기 때문에 평범한 사람의 모습으로 찾아오신 것입니다.

또 한 가지 방문 목적은 소돔과 고모라의 멸망에 대해 아브라함과 이야기하시려는 것입니다. 더욱이 소돔에는 아브라함의 조카 롯이 살고 있습니다. 하나님께서는 사라가 임신하는 것이나 소돔과 고모라가 망하는 것이 우연한 일이 아니라 바로 하나님의 능력으로 되는 일이라는 것을 미리 알려 주기 위해 아브라함을 방문하셨습니다. 이처럼 하나님은 아주 중요한 일이 일어나기 전에 꼭 자기 종과 의논을 하십니다. 물론 예외적으로 우리가 모르는 일이 일어날 수도 있습니다. 그러나 그것은 우리가 모를 필요가 있기 때문에 감추시는 것입니다. 우리 신상에 필요한 중요한 일이 일어날 때에는 꼭 우리와 의논하십니다.

그러나 더 놀라운 것은 하나님께서 아브라함을 찾아오신 방식입니다. 지금까지 하나님은 수없이 아브라함을 찾아오셨고 그와 대화를 나누셨습니다. 그리고 그때마다 환상의 방법으로 찾아오셨습니다. 그런데 이번에는 거의 사람에 가까운 형체로 오신 것입니다. 이것이 오늘 본문을 더 이상해 보이게 합니다. 아마 처음 예수를 믿는 사람이 오늘 이 본문을 들었다면 "이것은 신화이고 사실이 아니다"고 이야기할 것입니다. 지금까지와는 너무 다른, 아주 특이한 방식으로 나타나셨기 때문입니다.

하나님께서는 발을 씻으시고 아브라함이 준비한 음식을 잡수십니다. 환상적인 형체는 발을 씻지 않습니다. 환상의 인물이 음식 먹는 것 봤습니까? 물론 먹는 시늉은 할 수 있어도 음식이 없어지지는 않습니다. 천사는 음식을 먹지 않습니다. 하나님도 육신이 아니시기 때문에 음식을 잡수실 필요도 없고 발을 씻으실 필요도 없습니다. 하나님은 냄새가 나지 않습니다. 땀도 안 납니다. 그런데 오늘 이 본문에서는 발을 씻고 음식을 잡수시는 것입니다. 어떤 사람은 '혹시 발을 씻는 것처럼 보였던 것이 아닐까, 음식을 먹는 것처럼 보였던 것이 아닐까'라고 생각합니다. 그러나 성경은 그렇게 말씀하고 있지 않습니다. 이 손님들이 분명히 발을 씻었고 음식을 먹었다고 말씀합니다.

성경의 다른 곳과 비교해 보면 오늘 이 방문이 얼마나 특별한지 알 수 있습니다. 사사기에는 하나님의 사자가 기드온을 방문하는 장면이 나옵니다. 기드온은 이분이 하나님의 사자인 줄 모르고 자꾸 음식을 대접하려고 했습니다. 그런데 하나님의 사자는 사양을 하면서 굳이 무엇을 바치고 싶으면 하나님께 번제로 바치라고 했습니다. 그래도 기드온이 꾸역꾸역 음식을 대접하겠다고 하니까 음식을 가져오라고 해서 음식 위에 국을 엎고 지팡이를 갖다 댔습니다. 그러자 거기에 불이 붙고, 하나님의 사자는 사라졌습니다. 그때 기드온은 이분이 하나님의 사자라는 것을 알았습니다. 이처럼 하나님의 사자는 음식을 먹지 않습니다.

삼손의 아버지 마노아에게도 하나님의 사자가 방문했습니다. 그때도 이들은 하나님의 사자를 사람인 줄 알고 자꾸 음식을 대접하려고 했습니다. 하나님의 사자가 가져온 음식을 먹지 않고 지팡이를 갖다 대니까, 이번에도 불이 붙었습니다. 하나님의 사자는 그 불을 타고 하늘 위로 올라가 버렸습니다.

이처럼 구약 시대 때 하나님의 사자는 의사소통을 위해 사람의 모습으로 많이 나타났습니다. 이것은 환상보다는 좀더 구체적인 모습이라고 하겠지만, 그렇다고 발을 씻거나 음식을 먹는 사람의 모습은 아니었습니다. 그런데 아브라함을 찾아온 이분은 거의 사람에 가까운 것입니다. 완전한 사람이라고는 말할 수 없지만 거의 사람이었어요. 굳이 완전한 사람이라고 할 수 없는 것은 출산의 과정을 거치지 않았기 때문입니다. 그러나 구약성경 어디에서도 찾아 볼 수 없을 정도로 사람에 가까운 모습으로 찾아오셨습니다.

특별히 아브라함의 아들 이삭의 출생을 예고하시면서 이렇게 거의 사람의 몸에 가까운 모습으로 오셔서 음식을 먹고 발을 씻으며 교제하신 이유가 무엇입니까? 하나님이 궁극적으로 원하시는 것은 환상으로 찾아와서 말씀하시는 것이 아니라, 직접 사람이 되셔서 그 입으로 진리를 이야기하시고 발을 씻겨 주시며 우리와 함께 교제하시는 것입니다. 물론 여기에서 사람의 모습에 가깝게 나타나신 것이 곧 성육신은 아닙니다. 그러나 성육신에 거의 가깝습니다.

하나님은 사라를 찾아오셔서 "여호와께 능치 못한 일이 있겠느냐?"고 말씀하셨습니다. 사라는 자신이 늙었기 때문에 아기를 가질 수 없다고 생각하고 있지만, 하나님이 역사하시면 늙은 여자도 얼마든지 아기를 낳을 수 있다는 뜻입니다. 그러나 한 걸음 더 나아가면 '왜 하나님이 사람으로 오실 수 없다고 생각하느냐? 왜 하나님이 사람의 몸을 입고 오셔서 너희와 만나고, 너희를 대신해서 죽고, 너희를 구원할 수 없다고 생각하느냐?' 하는 의미가 이 말속에 들어 있습니다.

우리 인간에게 가장 큰 장애가 무엇입니까? 몸을 가지고 있다는 것입니다. 몸만 없다면 직장생활도 하지 않고 하기 싫은 일도 하지 않고 밥도 짓지 않아도 됩니다. 밥 한 끼만 안 해도, 애들 도시락 하나만 안 싸도 여자들은 해방감을 느낍니다. 그러나 몸을 가지고 있으니까 영화구경 하다가도 집안일이 있으면 들어와야 하고 친구를 만나도 들어와야 합니다. 또 남자들은 밥 때문에 직장생활을 해야 합니다. 몸을 가지고 있기 때문에 먹어야 하고, 몸을 가지고 있기 때문에 화가 나고, 몸을 가지고 있기 때문에 지칩니다.

그런데 하나님께서 말씀하시는 것이 무엇입니까? 이 몸을 가지고도 얼마든지 하나님의 뜻대로 살 수 있다는 것입니다. 이 몸을 가지고도 얼마든지 아름답게 살 수 있다는 것입니다. 욕하지 않고 남 해치지 않고 이 몸으로 아름답게 봉사할 수 있다는 것입니다. 하나님께서 원하시는 것은 천사의 순종이 아닙니다. 천사들은 늘 하나님의 뜻에 순종하게 되어 있습니다. 천사인데도 하나님의 뜻에 순종하지 않는다면 그는 마귀입니다. 그러나 하나님께서 우리에게 원하시는 것은 우리가 자신의 생각과 고집을 쳐 복종시켜서 이 몸을 하나님의 뜻대로 쓰는 것입니다. 이것이 하나님이 원하시는 온전한 제사입니다.

그러나 우리는 먹고살아야 하기 때문에 절대로 그렇게 못한다고 합니다. 생각으로는 못할 일이 없지만 몸이 말을 듣지 않는다는 것입니다. 그렇다면 몸을 가진 우리가 어떻게 하나님의 뜻대로 살 수 있습니까? 하나님의 아들이 몸으로 순종하시고 몸으로 자기 자신을 십자가 위에서 제물로 바치시며 아버지로부터 성령을 받아서 우리에게 주실 때, 우리는 녹슬어 움직이지 않는 몸을 움직여서 하나님의 뜻대로 쓸 수 있습니다.

여기서 아브라함을 찾아오신 하나님은 성부 하나님이 아닙니다. 성부는 아무도 본 사람이 없습니다. 이분은 성자 하나님이십니다. 성자 하나님은 거의 몸에 가까운 모습으로 찾아오셔서, 지금 태어날 아들이 단순한 아들이 아니라 앞으로 온전한 성육신을 이룰 그리스도의 모형임을 보여 주고 계십니다. 그래서 저는 이 창세기 18장의 방문을 '예비 성육신'이라고 부를 수 있다고 생각합니다. 하나님께서 육신으로 아브라함을 찾아오신 것은 앞으로 그가 참으로 사람이 되어 오실 것을 예고하시는 것입니다.

하나님이 너무나도 사람의 모습에 가깝게 찾아오셨기 때문에 아브라함은 그분을 알아보지 못했습니다. 그렇게 자주 말씀을 나누고 대화를 나누고 기도를 했으면서도 알아보지 못했어요. 이분은 그 더위에 찾아와서 발을 씻고 음식을 잡수셨으며, 아브라함과 얼굴을 마주 보면서 이야기를 나누셨습니다. 얼마나 놀라운 일입니까? 우리는 신약성경을 통해 바로 이 하나님께서 완전한 육신으로 여자의 몸에서 태어나신 것과, 육신을 가지고 말씀하신 것과, 그 육신이 십자가에 못박혀 죽으신 기록을 보고 있습니다. 그러나 유대인들은 그를 알아보지 못했습니다. 그가 너무나도 사람과 똑같은 모습으로 오셨기 때문입니다.

하나님은 번제를 받으셔야 할 분이십니다. 죄인들이 그 앞에 서면 즉시 죽을 수밖에 없는 거룩한 신이십니다. 그런데 예수님의 육신을 휘장으로 삼으셔서 우리의 모든 죄를 그냥 넘어가시고 우리의 모든 불의를 참으시며 우리와 교제하셨습니다.

이 하나님은 오늘도 성령으로 우리를 찾아오십니다. 만일 이 예배에 사람들만 모여 있다고 생각하는 사람이 있다면, 그는 기독교의 가장 본질적인 부분을 전혀 알지 못하는 사람입니다. 우리 가운데 하나님이 계십니다. 어떻게 계십니까? 눈에 보이지 않는 영으로 계십니다. 하나님께서는 내가 보기에 상종할 가치조차 없어 보이는 부족한 형제와 자매 속에 계시는 성령으로 우리를 찾아오셔서 우리를 만나십니다. 그러므로 주위의 형제자매들을 주의 깊게 보아야 합니다. 내 눈에 가난하고 보잘것없어 보이는 형제와 자매 속에 영의 모습으로 임재해 계신 하나님을 보지 못하는 예배는 완전히 헛된 예배입니다. 혼자서 북치고 장구치는 것밖에 되지 않습니다. 주위를 살펴봐야 합니다. 어떤 사람은 형제와 자매들을 볼 때마다 '이 중에 한 사람이 하나님일지도 모른다'는 마음으로 만나라고 했습니다. 교회가 중요한 이유가 바로 여기 있습니다.

하나님은 믿음으로 하나님께 나아가는 자들 속에 눈에 보이지 않는 영으로 충만히 임하셔서 우리를 변화시키십니다. 지금까지는 이 몸으로 나의 정욕을 위해 살았지만 이제는 하나님의 거룩하신 뜻을 위해 살게 됩니다. 모든 것이 새로워집니다. 육신의 욕구를 이길 수 있는 힘과 믿음이 생깁니다. 아무리 지쳐 있어도 하나님의 성령이 우리 마음속에 임하시면 우리는 새 사람이 됩니다. 육신으로 오셨던 주님께서 이제는 육신을 입고 있는 우리에게 성령을 부어 주십니다. 우리는 성령으로 예배를 드립니다. 여기에 우리를 제물로 바쳐야 합니다. 내 상한 마음, 닫힌 마음, 욕심과 부패한 마음을 있는 그대로 내어놓고 하나님의 긍휼을 간구하는 이것이 바로 우리들의 예배입니다.

부지불식간에 하나님을 영접하다

아브라함은 하나님을 만났을 때 그가 하나님이신 줄 몰랐습니다. 단지 이 더위에 지친 몸을 이끌고 어디론가 가야 하는 그들이 불쌍했을 뿐입니다. 그래서 극진한 사랑으로 그들을 영접했다가 결국은 자신을 찾아오신 하나님을 영접하게 되었습니다. 만일 아브라함이 그들을 보고서도 귀찮아서 못 본 체했더라면 어떻게 되었을까요? 하나님이 그냥 지나가셨을까요? 아니면 문을 열고 들어오셨을까요? 혹시 그냥 지나쳐 가셨을지도 모릅니다.

하나님께서 사람의 몸으로 아브라함을 찾아오신 것은 영광 중의 영광입니다. 하나님과 만나는 것은 단순히 그냥 만나는 것이 아닙니다. 하나님과 만날 때에는 나의 모든 것이 변합니다. 내가 완전히 새 사람이 되어 버립니다. 하나님은 영광의 하나님이십니다. 처음에 다가오실 때에는 나와 아무 상관 없는 것처럼 평범하게 찾아오시지만, 일단 만나서 이야기를 하면 내가 영광스러워지고 존귀해지며 완전히 새로워진 것을 발견하게 됩니다.

참으로 존귀하면서도 겸손한 사람과 대화를 나누고 난 후에 느끼는 것이 무엇입니까? 내가 그 사람처럼 존귀한 사람이 되어 있다는 것입니다. 그는 굉장히 세심하게 주의하면서 나의 아픔과 어려움에 대해 듣습니다. 한 마디도 그냥 넘어가는 법이 없습니다. 자상하면서도 친절하게 나의 문제를 듣습니다. 그렇게 그 사람과 이야기를 나누고 나면 내가 그 사람이 되어 버립니다. 내가 그 사람처럼 존귀해지고, 그 사람처럼 품위 있게 행동하며, 그 사람이 쓰는 용어를 쓰고 있는 것을 발견하게 됩니다.

그러므로 하나님께서 아브라함에게 주신 가장 큰 상급은 몸으로 그를 방문해서 교제를 나누신 것입니다. 만약 나중에 아브라함을 만나서 당신의 생애에서 가장 복되고 좋았던 시간이 언제였느냐고 묻는다면 바로 이때라고 대답할 것입니다.

그런데 하나님께서는 아브라함과 이런 복된 만남을 가지기 전에 그를 시험하셨습니다. 그것은 아브라함이 가장 힘들고 짜증날 시간에 그를 찾아오신 것입니다. 부인들의 생리를 좀 아는 사람은 아침에 전화를 해서는 안 됩니다. 부인들이 아침에 전화를 받으면 거의 반쯤 잠에 취해서 비몽사몽간에 받기 쉽습니다. 또 젊은 사람들한테는 축구 경기가 있다든지 할 때 전화하면 안 됩니다. 빨리 끊고 텔레비전 보려고 무조건 "예, 예" 하고 끊어 놓고, 나중에는 무슨 말을 했는지 전혀 기억을 못 합니다.

하나님께서 아브라함을 찾아오신 시간은 가장 지치고 짜증나고 피곤한 때였습니다. 지하철에서 학생들이 실눈을 뜨고 있다가 할아버지가 오시면 그냥 감아 버리듯이, 아브라함도 실눈 뜨고 보다가 그냥 끙 하면서 돌아누워 버렸더라면 손님 대접할 필요도 없고 귀찮게 움직일 필요도 없었을 것입니다. 그런데 그는 어떻게 했습니까? 마치 하루 중 가장 상쾌한 시간에 손님을 만난 것처럼 벌떡 일어나 영접하고 있습니다. 이처럼 하나님은 이 귀한 만남을 아브라함의 손님 대접하는 태도와 연결시키고 계십니다.

무슨 말입니까? 아브라함의 가정은 숙제를 가진 가정이었습니다. 그것은 바로 아들 문제였습니다. 숙제가 있는 사람은 다른 사람에게 신경 쓸 여유가 없습니다. 우리 집에 아픈 아이가 있거나 수험생이 있으면 옆 사람한테 눈이 돌아가질 않아요. 자식 문제는 아브라함에게 너무나도 오래된 아픔이고 상처였습니다. 그 상처가 잘 아물려는 참에 하나님은 "이스마엘은 그 문제의 해답이 아니다"라고 하시면서 새로운 아들을 낳아야 한다고 말씀하셨습니다. 지금 아브라함은 속이 상할 대로 상해 있습니다. 이런 문제를 가지고 있을 때는 다른 사람이 어려운 줄 알면서도 일부러 외면해 버릴 때가 많습니다. 내 문제가 급하기 때문입니다.

그러나 아브라함은 그렇게 하지 않았습니다. 그는 놀라울 정도로 건강한 모습으로 다른 사람의 어려움을 돌아보고 그들을 영접했습니다. 바로 이것이 그리스도인들의 바른 자세입니다. 오늘 우리들의 모습과는 너무나 다르지 않습니까? 아브라함은 숙제를 가지고 있었고 아픔을 가지고 있었습니다. 더구나 이 아픔이 다시 터졌습니다. 그런데도 그는 이 더위에 어딘가를 향해 가고 있는 이 지친 여행객들을 대접하는 일을 소홀히 하지 않았습니다.

'내 문제가 완전히 해결되고 난 후에 여유가 생기면 다른 사람을 돕겠다'고 하는 사람은 죽을 때까지 한 사람도 돕지 못합니다. 한 문제가 끝나면 또 한 문제가 생깁니다. 큰애의 병이 나으면 남을 도우려고 했더니 이번에는 둘째 애가 아프고, 다음에는 셋째 애가 아픕니다. 마침내 셋째가 다 나아서 남을 도우려고 했더니, 이번에는 덜컥 넷째가 생겨 버립니다. 아무것도 못해요. 문제는 끝이 없습니다.

언제 우리가 하나님을 만날 수 있습니까? 내 문제가 심각한 데도 남을 도울 때입니다. 내 문제가 아직도 전혀 해결되지 않았어요. 그것을 생각할 때마다 마음이 무겁습니다. 그러나 그것마저도 하나님께서 해주시리라고 믿고 우선 내가 할 일을 열심히 하는 것이 그리스도인들이 하나님을 만나는 비결입니다. 아브라함의 가정을 보십시오. 이 귀찮은 시간에 모든 사람이 움직이고 있습니다. 낮잠 자는 사람들을 깨워서 일을 시키고 있는데도 불평하는 사람이 아무도 없습니다. 종들이나 사라나 아무 불평 없이 기쁨으로 요리해서 손님을 대접하고 있습니다.

바로 이것입니다. 바로 이때 우리는 하나님을 만날 수 있습니다. 하나님을 만나고 싶습니까? 내 문제가 어려울수록 남을 더 도우십시오. 더 적극적으로 남을 위해 사십시오. 현명한 그리스도인들은 자기 문제가 어려울수록 더 남의 문제에 뛰어들고 더 남의 어려움부터 돕습니다. 그리고 나서 보면 자기 문제는 이미 해결되어 있어요. 제가 하는 방식이 그것입니다. 우리 교회에 무슨 어려움이 있으면 무조건 다른 교회의 어려움부터 도와줍니다. 그러면 다 해결되게 되어 있습니다. 그것이 우리도 살고 남도 사는 방법입니다. 내 문제에 매이기 시작하면 끝이 없습니다. 끝없는 미궁에 빠지게 되어 있습니다. 나에게 어떤 어려움이 있습니까? 남의 문제를 도와주십시오. 그러면 거기서 하나님을 만날 수 있습니다.

그렇다고 해서 아브라함처럼 하나님을 대접하기 위해 길에 있는 모든 거지들을 불러서 그 앞에 절하고 송아지를 잡아 대접해야 한다고 말하는 것이 아닙니다. 그 사람들을 다 집에 데려와서 재울 수는 없습니다. 또 그렇게 하는 것이 반드시 옳다고도 말할 수 없습니다. 중요한 것은 내 마음속에 순간적으로 떠오르는 선한 욕구입니다. 자기 몸이 아깝지 않은 사람은 아무도 없습니다. 귀찮은 것을 모르는 사람은 아무도 없어요. 다 자기 몸을 아끼고 싶고 편하게 에어콘 밑에서 갈비 먹고 싶습니다. 우리 몸은 다 똑같습니다. 아브라함이라고 해서 귀찮지 않을 리가 없습니다. 100살이나 먹은 사람이 왜 귀찮지 않겠습니까? 그러나 이 무더운 날씨에 어디론가 가야 하는 지친 사람들이 앞에 나타났을 때 '내가 그래도 하나님의 사람인데 이 사람들을 지친 채로 가게 해서는 안 된다'는 선한 욕구가 마음속에 생겼고, 그는 이것을 소멸시키지 않았습니다. 이 생각이 드는 즉시 자리에서 일어나서 달려갔습니다. 천천히 걸어가면서, 혹시 그 사이에라도 그 사람들이 가면 그만 두려 한 것이 아닙니다.

막 달려가서 잡았습니다. 그리고 절을 했어요. 절을 받았는데 어디로 도망을 갑니까? 절 받은 사람은 도망 못 갑니다.

믿음은 정해진 계율을 잘 지키는 것이 아닙니다. 수입의 십일조를 계산기 두들겨 가며 정확하게 바치고, 예배 시간 5분 전에 정확하게 와서 끝나기 5분 전에 정확하게 가고, 아침 4시에 정확하게 일어나서 세수하고 기도하고 큐티하고 찬송가 4절까지 다 부른 후에 통성으로 기도하는 것이 믿음의 전부가 아닙니다. 믿음의 계율은 마음에 새겨져 있는 것입니다. 책상 앞에 붙여 놓은 것이 아니라 마음에 새겨 놓은 것입니다.

선을 행하느냐, 악을 행하느냐는 한순간에 달려 있습니다. 물론 평소에는 누군가 어려운 일을 당하면 도와야겠다고 생각합니다. 그러나 막상 눈앞에서 어려운 사람을 만나면 그 사람을 돕지 말아야 할 이유가 수십 가지씩 생각납니다. 거기에 덧붙여서 절대로 도와주면 안 되는 이유까지 몇 가지 더 생각납니다. 그렇기 때문에 평소에 이러쿵저러쿵 하는 것은 전혀 믿을 바가 못 됩니다. 사람의 속에는 이기적인 본능이 있어서 머리로는 아무리 동의하는 일이라도 몸이 따라 주질 않습니다. 중요한 것은 한 순간입니다. 그 순간에 악을 누르고 선한 행동을 하느냐 하는 것입니다. 이것이 계율을 지키는 것입니다.

모든 것을 철저히 따지는 사람은 결국 아무것도 하지 못합니다. 실수를 두려워하는 사람은 아무것도 못해요. '이 더운 날, 누구인지는 모르지만 이 피곤한 여행객의 발을 씻겨 주고 음식을 주는 것이 하나님의 뜻이다'는 생각이 들면 곧바로 행동하는 것입니다. '기왕 주려면 좋은 것을 주자. 송아지 잡자'는 생각이 들면 송아지를 잡는 것입니다. 아브라함이라고 해서 송아지가 아깝지 않은 것이 아닙니다. 가축은 현금과 똑같습니다. 한 마리 주면 아까워요. 그만큼 내 돈을 손해 보는 것입니다. 그런데도 선한 생각이 드니까 곧장 행동으로 옮겼습니다.

우리는 하나님이 아닙니다. 그래서 내가 하고 있는 일의 완전한 결말을 알 수 없습니다. 그러나 '이것이 하나님이 기뻐하시는 일'이라고 생각되면 한번 무조건 해보십시오. 그러면 거기에서 하나님을 만날 수 있습니다. 완전하려고 하는 사람은 미리 모든 것을 따져 보지 않고서는 아무것도 하지 않습니다. 의미가 없어 보이는 일은 아무것도 하려 들지 않습니다. 그런데 그렇게 따지는 동안에 사람들은 다 떠나고 무대의 막은 내리고 성문은 닫혀 버립니다. 그때 가서 '이것이 선한 뜻이었는데……' 하고 생각해 봐야 아무 소용이 없습니다. 이런 사람은 다음에 기회가 와도 또 따지기 시작합니다. 그리고 마침내 결심을 했을 때는 또 성문이 닫혀 버립니다. 그리고 그 다음에는 아예 기회조차도 오지 않습니다.

이 세상에서 완전한 의미를 가지는 일이 어디 있습니까? 그런 것은 이 세상에 없습니다. 하나님이 기뻐하시는 일이라는 생각이 들면 그냥 하는 겁니다. 모든 것이 완벽해야 움직이는 사람은 머리로는 하나님을 알지만 가까이 만나지는 못합니다. 한평생 못 만나요. 오히려 초신자들이 하나님을 만납니다. 초신자들은 좋다고 생각하면 그냥 해버리거든요. 그러다가 실수하면 "미안합니다" 하면서 넘어가는 겁니다. 그런 사람들이 하나님을 만납니다.

사라를 만나신 하나님

하나님께서 이렇게 아브라함을 특별히 찾아오신 것은 성육신의 모양을 미리 보여 주시고 아브라함과 영광의 교제를 나누시기 위해서였습니다. 오늘 예배드리는 우리의 만남 가운데도 그 영광이 있기를 바랍니다. 보잘것없는 만남이지만 이렇게 만나는 가운데 '참으로 하나님이 우리 사이에 계셨구나' 하는 것을 체험한다면, 이 세상의 어떤 좋은 차나 집이나 돈으로 보상할 수 없는 가장 큰 상급을 받은 것입니다. 그런데 하나님께서 아브라함을 찾아오신 목적은 이것만이 아니었습니다.

하나님은 사라를 만나서 허물어져 가는 믿음을 붙들어 주려는 목적을 가지고 계셨습니다. 하나님은 아브라함에게 사라가 어디 있느냐고 물으셨습니다.

> 그들이 아브라함에게 이르되 네 아내 사라가 어디 있느냐 대답하되 장막에 있나이다(18:9).

사라가 어디 있는지 몰라서 물으시는 것이 아닙니다. 사람은 대화 중에 자기 이름이 나오면 갑자기 정신이 들고 주의를 기울이게 마련입니다. 이 당시의 문화에서는 외간 남자와 여자가 정면으로 만나서 이야기하지 못했던 것 같습니다. 그래서 하나님은 사라가 어디 있느냐고 물으심으로써 주의를 기울이게 하셨습니다. 10절을 보십시오.

> 그가 가라사대 기한이 이를 때에 내가 정녕 네게로 돌아오리니 네 아내 사라에게 아들이 있으리라 하시니 사라가 그 뒤 장막 문에서 들었더라

여기 나오는 '기한'은 1년으로 보는 것이 정설입니다. 그러니까 이 말씀은 1년 뒤에 사라가 아들을 품에 안고 있으리라는 것입니다. 이 말씀에 사라가 어떤 반응을 보였습니까?

> 아브라함과 사라가 나이 많아 늙었고 사라의 경수는 끊어졌는지라 사라가 속으로 웃고 이르되 내가 노쇠하였고 내 주인도 늙었으니 내게 어찌 낙이 있으리요(18:11, 12)

사라는 하나님의 말씀을 듣고 웃었습니다. 중요한 것은 이 웃음의 의미입니다. 왜냐하면 하나님이 이 웃음을 본격적으로 문제 삼으셨기 때문입니다. 하나님은 사라에게 웃었다고 하시고 사라는 웃지 않았다고 발뺌합니다. 우리는 사라 본인이 아니기 때문에 왜 웃었는지 이유를 알 수 없습니다. 그러나 그 이유를 생각해 볼 필요는 있습니다. 사라가 왜 웃었을까요?

가장 그럴 듯한 설명은 하나님의 말씀이 현실적으로 도저히 불가능한 일이기 때문에 웃었으리라는 것입니다. 오늘 본문을 보면 아브라함은 늙었고 사라도 생리가 끊어졌습니다. 그러면 아기를 낳을 수 없지요. 생리가 끊어졌는데 어떻게 아이를 낳을 수가 있습니까? 그런데도 이 손님은 사라가 아이를 낳을 것이라고 하니까 너무 기가 막혀서 웃었다고 생각할 수 있습니다.

그러나 저는 그래서 웃은 것이 아니라고 생각합니다. 사람은 너무나도 중요한 이야기를 들을 때 부정적인 면을 한번 생각해 보게 마련입니다. 그 이유가 무엇일까요? 역시 우리는 사람이기 때문입니다. 어떤 학생이 시험을 아주 잘보고 나왔습니다. 그런데 다른 학생이 "아마 네가 1등일 거야"라고 합니다. 그때 그 학생이 어떻게 반응합니까? '영어도 못 봤고 수학도 적어도 세 개는 틀렸을 테니까 절대로 1등일 리가 없어' 하면서 웃습니다. 무슨 뜻입니까? 인간이기 때문에 장담할 수는 없다는 것입니다. 그러나 속으로는 정말 그렇게 되었으면 좋겠다는 뜻이 그 웃음 속에 들어 있습니다.

신앙생활을 해 보면 역시 무식한 사람이 용감하다는 말이 생각날 때가 많습니다. 무식한 사람은 모든 것이 하나님의 뜻이고, 모든 것이 '아멘 할렐루야'입니다. 그러나 신앙생활을 좀더 깊이 한 사람은 모든 것을 하나님의 뜻으로 믿지 않습니다. "미스 박, 나와 결혼해 주세요. 그것이 하나님의 뜻입니다." 이런 말 안 해요. 결혼을 어떻게 그런 식으로 합니까? 무식할 때는 모든 것을 하나님의 뜻으로 밀어붙이지만, 많은 실패를 거듭하고 나면 '하나님의 뜻'이라는 말을 잘 하지 못합니다. 기껏 할 수 있는 말은 "이건 제 희망사항입니다. 제 생각에는 그렇게 되었으면 좋겠어요" 하는 정도입니다.

사라가 손님들의 이야기를 듣고 생각한 것이 무엇입니까? 자신은 그 말을 너무나도 믿고 싶다는 것입니다. 정말 그 말대로 되었으면 좋겠어요. 사라는 예전에 하나님께서 아브라함에게 사라를 통해 아들을 주신다고 말씀하셨다는 것을 전해 들었을 것입니다. 하지만 사라도 사람 아닙니까? 지금까지 기대했다가 실망했던 적이 어디 한두 번입니까? 이상하게 입맛이 없어서 '임신했나 보다' 기대했다가 알고 보니 배탈이었던 경우가 90세가 된 지금까지 한두 번 있었습니까? 그래서 이 말을 못 받아들입니다. 받아들일 자신이 없습니다.

여자의 신앙은 논리적이지 않습니다. 여자들은 무조건 믿습니다. 여자를 무시해서 하는 말이 아니라, 오늘 본문에서 사라가 '아브라함도 늙었고 내 경수도 끊어졌다. 그러므로 나는 믿지 않는다'라는 논리적인 생각을 하고 있다고 생각한다면 사라를 전혀 이해하지 못하는 것이라는 말입니다. 사라는 그런 사람이 아닙니다. 여자는 그냥 육감으로 믿어 버려요.

지금 사라는 부정적인 평계를 먼저 생각해 보는 것입니다. 부정적인 가능성을 먼저 한번 생각해 봄으로써 자신의 중심을 잡으려고 하는 것입니다. 자신은 정말 이 말대로 되었으면 좋겠어요. 생각만 해도 가슴이 뛰어서 숨을 못 쉴 정도입니다. 그러나 사람인 이상 꼭 그렇게 된다고 어떻게 장담할 수 있습니까? 어떻게 기한을 정해서, 그것도 1년 안에 이루어진다고 믿을 수 있습니까? 물론 그렇게 되면 좋지요. 하지만 안 되면 어떻게 합니까? 만약 그렇게 안 된다면 이제는 더 견디지 못할 것입니다. 사라는 오랜 연단을 받는 가운데 인간의 한계를 잘 알고 있었습니다. 사라는 하나님의 뜻과 인간의 희망사항을 구분할 수 있는 지혜를 가진 여성이었습니다.

그런데 하나님께서 사라에게 말씀하시는 것이 무엇입니까?

이것은 사람의 말이 아니라 전능하신 하나님의 말씀이라는 것입니다. "여호와께 능치 못한 일이 있겠느냐?" 결국 하나님께서 방문하신 것은 이 말씀을 사라에게 하시기 위해서였습니다. 사람에게는 모든 것이 다 희망사항이지만 하나님은 그렇지 않다는 것입니다. 이것은 하나님의 천사가 마리아를 찾아갔을 때 한 말씀이기도 합니다. 처녀가 아이를 낳을 것이며 그 아이가 지극히 높으신 하나님의 아들이라 일컬음을 받으리라는 말씀을 마리아는 받아들일 수 없었습니다. 그때 천사가 무엇이라고 했습니까? "대저 하나님의 모든 말씀은 능치 못하심이 없느니라"(눅 1:37).

하나님께서는 지금 사라와 말씀하시는 분이 사람이 아니라는 것을 표적으로 보여 주셨습니다. 그것은 바로 사라가 웃었다는 것을 아시는 것입니다. 사라는 웃지 않았다고 거짓말을 하고 있습니다. 혹시 귀한 손님의 말에 방정맞게 웃은 것이 결례라고 생각했는지도 모르겠습니다. 그러나 하나님은 사라가 웃었다고 계속 말씀하셨습니다. 사라가 장막 뒤에서 웃는 것을 누가 보았겠습니까? 그러나 하나님은 보셨습니다. 하나님은 이 나이 든 여자의 마음속에 흐르고 있는 아주 미묘한 감정의 변화를 읽고 계셨습니다. 사라는 이것을 보고 이분이 하나님이시며, 그분의 말씀대로 자기가 1년 안에 아들을 낳을 것이라는 확신을 가지게 됩니다.

신앙을 가진 사람은 하나님과의 사이에 밀어가 있습니다. 무슨 큰 기적이 있어야 믿는 것이 아닙니다. 아주 작은 것은 보여 주십니다. 내 속에 일어난 아주 미묘한 변화를 하나님이 알고 계신다는 것을 무언가를 통해서 보여 주십니다. 우리의 믿음은 왔다 갔다 하는 믿음입니다. 기분이 좋을 때에는 모든 것을 다 믿을 것 같지만, 마음이 침체되고 좋지 않을 때에는 아무것도 믿어지지 않습니다. 하나님께서는 그런 우리의 변화를 읽고 계십니다. 그리고 내 상한 마음을 알고 계신다는 증거를 보여 주십니다.

어떤 여자분이 결혼을 했는데 그 가정에는 전 부인이 낳은 아이가 있었습니다. 그런데 그 아이가 굉장히 미운 거예요. 이유도 없이 미웠습니다. 그래서 자기 애만 밥을 먹이고 그 아이는 굶기려고 생각했습니다. 그런데 옥상에 빨래를 널려고 올라가다가 갑자기 계단에 무릎이 딱 부딪친 거예요. 이 부인은 "알았습니다, 하나님" 하면서 내려와 그 아이에게 밥을 주었습니다. 무릎이 부딪친 것은 남이 보기에는 우연인 것 같습니다. 하지만 이 부인에게 그것은 '네가 그렇게 못된 생각을 하면 안 된다'는 하나님의 사인이었습니다. 그래서 아이를 잘 키워서 학교에 보냈다고 이야기하는 것을 들으면서 '저 부인은 하나님과 소통을 할 수 있구나' 하고 생각했습니다.

우리는 하나님께서 너무 멀리 계신다고 생각할 때가 많습니다. 나의 깊은 사정을 아무도 몰라 준다는 불평에 차 있을 때가 많아요. 그러나 하나님은 다 알고 계십니다. 그리고 알고 계시다는 것을 나타내십니다. 누군가와의 대화를 통해서든지 다른 어떤 우연한 일을 통해서든지 그것을 깨닫게 하십니다. 나의 이런 답답함과 논리적으로 설명할 수 없는 미묘한 감정을 알고 계시다는 표시를 주십니다. 이것이 하나님의 사인입니다.

하나님께서 보내시는 그 사인을 읽지 못하는 사람은 너무나도 미련한 사람입니다. "나는 벼락이 떨어지거나 지진이 일어나기 전까지는 절대로 믿지 않습니다." 이런 사람은 벼락을 맞아도 못 깨닫는 사람이에요. 세례 요한의 아버지 사가랴에게는 벙어리가 되는 것이 표적이었습니다. 하나님께서는 한평생 아들 낳기를 원했으면서도 이 말씀을 믿을 수도 없고 안 믿을 수도 없었던 이 늙은 제사장의 미묘한 심정을 벙어리가 되는 일을 통해서 인쳐 주셨습니다. 그의 입에 도장을 치신 것입니다. 이것은 아들을 낳는 것이 단순히 인간의 희망사항이 아니라 하나님의 말씀이라는 표시였습니다.

오늘 말씀이 이야기하는 것이 무엇입니까? 하나님께서는 아브라함에게 최고의 상급을 주셨습니다. 그것은 사람의 몸으로 찾아와서 그와 음식을 나누면서 대화를 나누심으로써 환상으로는 경험할 수 없었던 변화의 경험을 하게 하신 것입니다. 오늘도 주님은 보잘것없는 형제와 자매 속에서 우리를 방문하실 것입니다. 내 문제에 빠져 있으면 이 놀라운 감격을 알 수 없습니다. 머리로는 믿을 수 있지만, 내가 변해서 새사람이 되는 체험은 하지 못합니다.

우리의 율법이 무엇입니까? 거지를 다 불러다가 밥 먹이는 것이 아닙니다. 내 속에 떠오르는 선한 충동이 바로 하나님이 주시는 마음이요 내 율법입니다. 여러분, 무언가 봉사하고 싶은 마음이 들 때 그대로 해버리세요. 떠넘기면 안 됩니다. 하고 싶을 때 해버리세요. 찬송 부르고 싶습니까? 불러 버리세요. 누구에게 아름다운 이야기를 하고 싶습니까? 이야기해 버리세요. 이것이 우리의 율법입니다. 우리의 몸을 가지고 예배만 딱 드리고 보릿자루처럼 가만히 있는 것은 최고의 기만입니다. 예배만 드리고 아무것도 하지 않는다면 기독교보다 더 놀라운 사기가 없습니다. 기독교는 그냥 해버리는 것입니다. 교회 오고 싶으면 그냥 와버려야 합니다. 오후예배까지 드리고 싶으면 그냥 드려 버려야 합니다.

자신에게 문제가 있을 때 그 문제를 풀려고 하면 안 됩니다. 문제를 풀려고 들면 한평생 안 풀립니다. 그리고 혹시 그 문제가 풀려도 또 다른 문제가 생겨요. 여러분에게 문제가 있습니까? 그냥 내버려 두십시오. 썩든지 곪든지 내버려 두고 남의 문제에 뛰어드십시오. 그러면 내 문제는 다 해결되게 되어 있습니다. 오늘날 우리가 얼마나 주관적입니까? 얼마나 완벽을 추구합니까? 그러나 완벽은 복음이 아닙니다. 완벽을 추구하다 보면 아무것도 못 합니다. 막 해버리세요. 그러다 욕 얻어먹어도 할 수 없는 것이지 어떻게 하겠습니까? 사람이 욕도 얻어먹으면서 사는 것이지요.

또한 하나님께서는 나에게 귀중한 축복을 주시기 전에 반드시 시험을 주십니다. 가장 귀찮고 피곤할 때 하나님이 찾아오십니다. 만나기 싫은 사람을 통해서 찾아오십니다.

여러분, 오늘도 하나님의 작은 사인을 느끼십시오. 나를 스쳐가는 그분의 손길, 나를 새롭게 하시는 그 사랑의 밀어를 회복해야 합니다. 번개가 치고 하늘이 두 쪽이 나는데도 깨닫지 못하고 잠만 씩씩 자고 있으면 절대로 안 됩니다. 우리는 아주 작은 하나님의 사인에 민감할 필요가 있습니다. 그러면 아무리 절망과 낙심에 빠져 있다 하더라도 하나님의 말씀으로 다시 일어설 수 있습니다.

15

아브라함
리스트

사람들에게 큰 감동을 준 영화 중에 〈쉰들러 리스트〉라는 영화가 있습니다. 독일이 유대인들을 무참하게 학살하는 것을 본 독일인 쉰들러는 돈을 주고 유대인 노동자를 빼 냅니다. 그렇게 돈을 주고 산 유대인들의 명단이 바로 '쉰들러 리스트'입니다. 그 명단에 드느냐 들지 않느냐는 그 유대인들이 가스실로 가느냐 살아남느냐를 결정하는 사활이 달린 문제였습니다. 다행스럽게 그 명단에 포함되어 생명을 건진 유대인들은 두고두고 쉰들러의 은혜에 감사를 표했습니다.

오늘 본문은 소돔과 고모라를 비롯한 다섯 개 도시의 운명을 놓고 아브라함과 하나님 사이에 협상이 벌어지는 내용을 소개하고 있습니다. 하나님께서는 아브라함을 찾아오셔서 소돔과 고모라와 주변 다섯 성의 죄가 너무나도 가득 차서 그들을 심판하지 않을 수 없다고 말씀하십니다. 아브라함은 소돔과 고모라에 있는 사람들의 생명이 경각에 달려 있음을 보고 하나님께 기도합니다. 아브라함은 그들을 알고 있었습니다. 소돔과 고모라 성은 아브라함이 살고 있는 헤브론과 아주 가까운 이웃 도성이었습니다. 그리고 그들이 그돌라오멜과의 전쟁에 져서 포로가 되었을 때 구해 준 적도 있었습니다.

아브라함이 알게 된 것이 무엇입니까? 하나님께서 소돔과 고모라 성의 모든 사람들을 한꺼번에 다 멸망시키려 하신다는 것입니다. 이런 것을 보편적인 심판이라고 합니다. 아무리 모든 사람이 죄인이라 하더라도 '더 죄인'이 있고 '덜 죄인'이 있게 마련입니다. 그런데 하나님께서 그러한 죄의 경중을 따지지 않고 모든 사람을 한꺼번에 멸망시키려고 할 때, 그것을 우리는 보편적인 심판이라고 부릅니다. 성경은 인류 마지막 날에 이루어질 심판은 보편적인 심판이 될 것이라고 여러 곳에서 말씀하고 있습니다.

아브라함은 공의의 하나님이 죄의 경중을 따지지 않고 한꺼번에 그들을 멸망시키시는 것을 이해할 수 없었습니다. 그래서 하나님께서 그런 방식으로 소돔과 고모라를 멸망시키지 못하시도록 협상을 벌입니다. 그리하여 처음에는 오십 명부터 시작해서 나중에는 열 명까지 심판의 문턱을 낮추어 놓습니다. 만약 소돔과 고모라의 다섯 성에서 의인 열 명의 명단만 작성할 수 있으면 그 모든 사람들이 살 수 있을 것입니다. 그러나 그 열 명의 명단을 구하지 못해서 소돔과 고모라는 하루 사이에 유황불 바다가 되고 맙니다.

하나님과 아브라함의 대화

우리는 하나님께서 친히 사람의 몸을 입으시고 아브라함을 찾아오신 것이 얼마나 큰 겸손이며 자비인지 알아야 합니다. 그러나 하나님의 인자는 거기서 그치지 않았습니다. 하나님께서는 자신이 하려고 하시는 중요한 계획을 아브라함에게 말씀해 주십니다.

그 사람들이 거기서 일어나서 소돔으로 향하고 아브라함은 그들을 전송하러 함께 나가니라 여호와께서 가라사대 나의 하려는 것을 아브라함에게 숨기겠느냐(18:16, 17).

사람들은 자기가 하려고 하는 아주 중요한 일이 있을 때 가까운 사람과 의논을 합니다. 아이들은 방학 전에 미리 세워 놓은 기가 막힌 계획에 대해서 미리 아버지와 한번 의논을 해 봅니다. 아내는 아내대로 자기가 세운 계획에 대해 남편과 미리 의논을 합니다. 또 정치인들은 아주 중요한 결정을 내릴 때 어렸을 때부터 아주 친했던 친구를 만나서 미리 의논을 해봅니다. 이것은 허락을 받기 위해서라기보다는 자기의 심중을 누군가와 한번 나누고 싶다는 생각 때문입니다. 이 가까운 이들은 이해관계를 떠나서 정말 사랑하는 마음으로 내게 충고해 줄 수 있는 사람들입니다. 부모는 이해관계에 따라 이야기를 해주는 사람이 아닙니다. 또한 옛 친구는 진심으로 나를 위해서 조언해 줄 수 있는 사람입니다.

하나님께서도 이런 일을 하십니다. 하나님께서는 자신이 하려고 하는 아주 중요한 일들을 사랑하는 자들에게 미리 알려 주시거나 의논하십니다. 그것은 우리들의 지지나 동의를 받고 싶어서가 아닙니다. 하나님께는 어느 누구의 지지나 동의도 필요하지 않습니다. 하나님은 절대적인 주권자이십니다. 그럼에도 그분은 자신의 중요한 계획을 사랑하는 백성들에게 미리 꼭 알려 주십니다.

하나님께서는 지금 자신이 소돔과 고모라에 대해 가지고 있는 엄청난 멸망의 계획을 아브라함에게 미리 말씀하고 계십니다. 이것은 하나님께서 얼마나 아브라함을 존귀하게 대하시는지를 보여 줍니다. 하나님은 아브라함을 일개 피조물로 보는 것이 아니라 격의 없이 대화를 나눌 수 있는 존귀한 친구의 위치로 끌어올려서 만나고 계십니다. 예수님은 제자들에게 이렇게 말씀하셨습니다.

이제부터는 너희를 종이라고 하지 아니하리니 종은 주인의 하는 것을 알지 못함이라 너희를 친구라 하였노니 내가 내 아버지께 들은 것을 다 너희에게 알게 하였음이니라(요 15:15).

　　예수님께서는 제자들이 더 이상 종이나 노예가 아니라고 말씀하십니다. 왜냐하면 그들은 예수님을 통하여 하나님의 모든 말씀을 다 들었기 때문입니다. 예수님께서 제자들에게 알리신 것은 단순한 인간의 계획이나 생각이 아닙니다. 하나님의 보좌 앞에서 성부와 성자와 성령이 의논하고 결정한 바로 그 사실입니다. 그러므로 그들은 이제 노예나 종이 아니라 하나님의 귀한 친구요 동역자인 것입니다.

　　우리는 때로 천국에 가고 싶습니다. 이 세상에 혐오스러운 죄악이 너무나 많이 퍼져 있는 것을 볼 때, 천국에 가고 싶습니다. 또 천국에 있는 사람들이 얼마나 아름답게 생활하고 있는지 보기 위해서 가고 싶기도 합니다. 그러나 하나님의 뜻이 무엇인지를 알기 위해서 천국에 갈 필요는 없습니다. 하나님의 뜻은 이미 우리에게 다 알려졌습니다. 다른 것을 알아 보기 위해서, 예를 들어 천국 바닥이 진짜 황금인지 아닌지를 알아 보기 위해서라면 천국에 가 볼 필요가 있을지 모르지만, 적어도 나에 대한 하나님의 뜻이 무엇인지, 또 지금 일어나고 있는 일에 대한 하나님의 생각이 어떤 것인지를 알기 위해서라면 굳이 천국에 갈 필요가 없습니다. 예수님께서는 자신이 아버지께 들은 것을 다 우리에게 말씀하셨기 때문에 굳이 천국에 가지 않아도 여기에서 하나님의 모든 계획과 뜻을 알 수 있다고 말씀하셨습니다. 이 세상에서 가장 강한 자들이 누구입니까? 바로 이러한 하나님의 친구들입니다. 그들은 세상에서 예수님의 말씀을 다 들은 자들이고, 이 세상에 대한 하나님의 뜻이 무엇인지 알고 있는 자들입니다.

　　하나님께서는 왜 이런 식으로 자신의 생각을 종들에게 알려 주십니까? 우연이라는 것은 없다는 것을 말씀하시기 위해서입니다. 이 세상이 하나님의 손에 완전히 잡혀 있다는 것을 보여 주시고 깨우쳐 주시기 위해서입니다. 만약 아브라함이 그 사실을 모르는 상태에서 옆에 있는 다섯 도성이 하루아침에 유황불로 완전히 멸망하는 것을 보았다면 아마 두려워서 견디지 못했을 것입니다. 하나님께서는 이처럼 우리가 놀라지 않도록, 하나님의 지배와 통치에 전혀 이상이 없다는 것을 확인시켜 주기 위해서 어떤 중요한 일이 일어날 때 미리 알려 주시는 것입니다.

그리하여 우리는 우리의 옆에서 전혀 예상하지 못했던 위기와 재앙이 일어날 때에도 전혀 두려워하거나 불안해하지 않고 더욱 하나님을 신뢰하게 됩니다. 이 세상에 아무리 악이 날뛰어도 우리는 두려워하지 않습니다. 오히려 이런 악 가운데서 더욱 하나님을 신뢰하고 찬양합니다. 그 이유가 무엇입니까? 하나님의 통치에 이상이 없다는 것을 알기 때문입니다. 여러분, 하나님의 통치에는 전혀 이상이 없습니다. 인간이 아무리 악해도 그 악한 의도대로 절대로 되지 않습니다. 왜냐하면 하나님이 자신의 통치를 포기하신 적이 한 번도 없기 때문입니다.

하나님의 계획

하나님께서 아브라함에게 말씀하신 것이 무엇입니까? 그것은 두 가지입니다. 하나는 아브라함의 장래가 어떻게 될 것인가 하는 것이고, 다른 하나는 옆에 있는 이 세상 나라가 어떻게 될 것인가 하는 것입니다. 결국 중요한 것은 최종적인 결과입니다. "최후에 웃는 자가 승리자"라는 말이 있듯이 지금 진행과정만으로는 아무것도 알 수 없습니다. 지금은 모든 것이 진행중입니다. 중요한 것은 이 모든 것의 결국이 어떻게 되느냐, 나의 삶의 결국은 어떻게 되며 이 세상 사람들의 결국은 어떻게 되느냐 하는 것입니다.

인류는 결국 두 부류로 나누어지게 됩니다. 하나는 아브라함의 가족이요 다른 하나는 소돔과 고모라의 가족입니다. 그러므로 여기서 하나님께서 아브라함의 가족이나 소돔과 고모라의 운명에 대해서 그 미래를 보여 주시는 것은 결국 인류 전체의 미래를 보여 주는 것과 같습니다. 우리는 개인으로 존재하지 않습니다. 결국은 어느 나라에 속하게 되어 있습니다. 그런데 하나님께서 생각하시는 나라는 둘밖에 없습니다. 하나는 아브라함의 나라요 다른 하나는 소돔의 나라입니다.

하나님께서는 아브라함의 나라에 대하여 이렇게 말씀하십니다.

> 아브라함은 강대한 나라가 되고 천하 만민은 그를 인하여 복을 받게 될 것이 아니냐 내가 그로 그 자식과 권속에게 명하여 여호와의 도를 지켜 의와 공도를 행하게 하려고 그를 택하였나니 이는 나 여호와가 아브라함에게 대하여 말한 일을 이루려 함이니라(18:18, 19).

지금 아브라함은 어떤 형편에 있습니까? 나라를 전혀 이루지 못하고 있을 뿐 아니라 정착할 땅조차 없습니다. 그는 이곳 저곳 방황하고 있는 유목민입니다. 뜨내기입니다. 그러나 주위에 있는 나라들은 완전한 나라를 이루고 있습니다. 비록 도시 국가의 형태이긴 하지만 소돔과 고모라는 나라의 형태를 갖추고 있고, 아브라함은 그 사이에 끼어들지 못하고 있습니다.

그런데 하나님께서는 놀랍게도 이 뜨내기 아브라함이 아주 강력한 나라를 이룰 것이라고 약속하며, 그 나라를 통하여 세계 모든 만민이 복을 받게 될 것이라고 말씀하십니다. 이 나라는 강력한 나라가 될 것입니다. 이 말은 이 나라가 세상을 이길 것이라는 뜻입니다. 인류의 역사는 아브라함의 나라와 소돔의 나라 사이의 전쟁입니다. 진리와 비진리 사이의 싸움입니다. 세상은 어떻게 해서든지 이 진리를 없애려고 합니다. 그러나 진리의 나라는 어둠의 세력을 이기고 아주 강력한 나라를 이룰 것입니다. 지금 눈에 보이는 아브라함의 나라는 바람에 날아가는 겨와 같습니다. 누군가 한 사람만 공격해도 완전히 멸망할 것처럼 보입니다. 그러나 하나님께서는 이 나라야말로 아주 강력한 나라가 되리라 약속하고 계십니다.

여기에서 중요한 것은 "내가 그로 그 자식과 권속에게 명하여"라는 말씀입니다. 이들은 끊임없이 하나님의 말씀을 배워야 합니다. 왜냐하면 그들 속에도 소돔 사람들과 똑같은 죄성이 있기 때문입니다. 아브라함에게 속한 사람들이라고 해서 근본적으로 다른 것이 아닙니다. 그들이 세상 나라들과 다를 수 있는 것은 계속적으로 말씀의 가르침을 받기 때문입니다. 만약 잠시라도 말씀 배우기를 중단한다면 그들도 결국 세상 나라 사람들과 다를 바가 없을 것입니다.

두 번째로 하나님은 이 세상 나라에 대한 심판을 말씀하십니다.

> 여호와께서 또 가라사대 소돔과 고모라에 대한 부르짖음이 크고 그 죄악이 심히 중하니 내가 이제 내려가서 그 모든 행한 것이 과연 내게 들린 부르짖음과 같은지 그렇지 않은지 내가 보고 알려 하노라(18:20, 21).

하나님께서 이 세상의 악을 허용하시는 이유가 무엇입니까? 결국 악은 심판받을 수밖에 없다는 것을 보여 주기 위해서입니다. 하나님께서는 이 세상의 악한 자나 교만한 자를 곧바로 심판하시지 않습니다. 그때 그때 바로 심판하면 사람들은 악이 얼마나 무서우며 죄가 얼마나 음흉한지 모를 것입니다. 그래서 하나님께서는 악한 자가 있으면 계속 악하게 부추기십니다. 교만한 자가 있으면 계속 교만하게 하십니다. "그래, 네 팔뚝 굉장히 굵다. 계속 교만해 봐라. 계속 악해 봐라." 그렇게 계속 내버려 두십니다. 언제까지 내버려 두십니까? 도저히 참을 수 없을 정도까지입니다. 눈 뜨고 볼 수 없을 정도까지입니다. 그러다가 어느 한순간에 돼지 잡듯이 잡아 버리십니다.

그래서 이 세상에서 악을 행하는 자나 교만한 자는 잔칫집 돼지와 같습니다. 잔칫집 돼지는 아무리 게을러도 책망받지 않습니다. 만약 개가 짖지 않으면 주인이 뭐라고 하겠지만 돼지가 짖지 않는다고 뭐라고 하는 사람은 없습니다. 오히려 게으르면 게으를수록 먹을 것을 더 많이 주지요. 어떤 집에서는 한약도 주고 음악까지 틀어 줘서 실컷 살을 찌워 놓습니다. 그리고 디데이가 오면 한순간에 잡아 버립니다.

하나님께서 사람들의 죄를 바로 심판하지 않으니까 사람들은 마치 하나님이 안 계시거나 힘이 없는 것처럼 생각해서 마음껏 죄를 짓고 마음껏 악을 행합니다. 언제까지 그렇게 합니까? 원한이 하늘에 사무칠 때까지입니다. 하나님은 사람들의 부르짖음이 하늘까지 닿았다고 말씀하고 계십니다. 무슨 말입니까? 그들의 죄가 사람이 보기에도 지나치다는 것입니다. 사람이 보기에도 '이 정도는 도저히 안 되겠다. 만약 하나님이 계신다면 이런 죄는 심판해야 한다'는 생각이 든다는 것입니다. 하나님은 그때까지 그들을 내버려 두시다가 어느 한순간에 보편적으로 모조리 심판하십니다.

하나님은 왜 이처럼 소돔과 고모라의 모든 것을 한꺼번에 심판하시려는 걸까요? 죄의 뿌리가 작을 때에는 거기에 관계되는 사람이 그렇게 많지 않습니다. 그러나 악이 이 정도로 커지면 거기 사는 사람들 중에 가담하지 않은 사람이 아무도 없습니다. 마치 고구마 줄기와 같습니다. 캐고 또 캐면 이 사람 저 사람 얽혀들지 않는 사람이 없습니다. 다 그 죄에 찬성하고 가담하면서 손들었던 사람들이고, 그 죄 덕에 이익을 얻은 사람들입니다.

그래서 이 세상에서 가장 무서운 것이 악이 득세하는 것입니다. 이보다 더 무서운 유혹이 없습니다. 죄를 짓고 뇌물을 받아도 심판을 받지 않으니까 거의 대부분의 사람들이 그 죄악에 가담하게 되고, 결국 소돔과 고모라처럼 한꺼번에 모조리 멸망해 버리는 것입니다. 이것은 하나님께서 파 놓으신 무서운 함정입니다.

그러므로 죄가 세력을 잡고 아주 거침없이 활동하는 것을 볼 때 하나님의 멸망이 임박했다는 것을 깨달아야 합니다. 그리스도인들이 가장 두려워해야 할 것이 바로 이것입니다. 사람들이 자신의 욕망에 따라 하고 싶은 것을 전혀 제재받지 않고 할 때, 소돔의 천사들이 곧 그곳을 방문할 것입니다. 그래서 악이 아무 제재 없이 활동하는 것을 보거든 빨리 도망쳐야 합니다.

때로는 이 악이 종교단체일 경우가 있습니다. 예수님께서는 멸망의 가증한 것이 서지 못할 곳에 서 있는 것을 보거든 도망치라고 했습니다. 이때 멸망의 가증한 것은 예루살렘이었습니다. 예루살렘의 종교 지도자들이 무소불위의 권력을 휘두르는 것을 보거든 얼른 도망치라는 것입니다. 왜냐하면 예루살렘에 있는 사람은 몽땅 다 죽게 되어 있기 때문입니다. 종교단체가 하나님을 두려워하지 않고 무소불위의 권력을 막 휘두를 때 도망쳐야 합니다. 그곳에는 하나님의 죽음의 천사가 곧바로 도착하게 되어 있습니다.

사람은 제약을 받아야 합니다. "절대 권력은 절대 부패한다"는 정치학의 명제처럼 사람은 절대적일 수가 없습니다. 그럼에도 불구하고 자기 마음먹은 대로 모든 것을 다 해버린다면, 이미 하나님께서 그들을 버리시기로 작정하신 것이고 하나님의 함정에 걸려든 것입니다. 아이를 키우는 어머니들은 아이를 제재해야 합니다. 아이가 하고 싶은 대로 다 하게 하면 그 아이에게도 죽음의 천사가 올 수 있습니다.

종교단체이든 정치적인 세력이든 절대적으로 하고 싶은 것을 다 할 때 종말이 가까운 것입니다. 지금 북한을 탈출하는 사람들은 굉장히 잘하는 것입니다. 어떻게 해서든지 거기에서 빠져 나와야 해요. 무소불위의 권력을 휘두르는 곳에는 반드시 심판이 임하게 되어 있습니다. 거기에서 뭔가 얻어먹으려고 머뭇거리다가는 도매금으로 넘어가게 되어 있습니다.

어떤 사람이 나에게나 다른 사람들에게 절대적으로 군림하려고 하면 기도해야 합니다. "하나님, 이 사람과의 고리를 끊게 해주십시오." 그리고 바늘 끝만큼의 기회가 생겼을 때 마치 새가 새장에서 도망치듯이, 짐승이 올무를 찢고 나오듯이 슬기롭게 도망쳐 나와야 합니다. 두 남녀가 연애하고 있는데 남자가 무소불위의 권력을 휘두르면 그 남자한테서 얼른 도망쳐야 합니다. 이 사람이 회개하게 해주시든지 이 고리가 끊어지게 해 달라고 기도해야 합니다. 이것은 정말 무서운 것입니다.

소돔이 바로 그런 곳이었습니다. 그곳 사람들은 눈에 보이는 것이 없었습니다. 두려운 것이 없었어요. 요즘 밤에 달리는 오토바이 폭주족들을 보십시오. 교통경찰도, 신호등도 소용이 없어요. 그냥 내달립니다. 그 폭주족 뒤에는 여학생이 타고 있고 그 뒤에는 죽음의 천사가 타고 있습니다. 무조건 달리는 곳 뒤에는 천사가 찾아오게 되어 있습니다. 내가 오토바이 폭주족과 친구라면 그들과 어울리게 되기 전에 빨리 오토바이를 팔아야 해요. 면허증을 반납해야 합니다.

이것은 우리 사회의 작은 한 단면에 불과할 뿐입니다. 사람이 무언가 권력을 가지거나 재산을 가지면 눈에 보이는 것이 없습니다. 그러니까 천사들도 안 보이는 것입니다. 바로 그런 곳을 피해야 합니다. 사람은 겸손해야 합니다. 내가 부족하다는 것을 인정하고 기꺼이 어떤 권위 밑에 있을 때, 영원히 행복과 기쁨을 누릴 수 있는 것입니다.

아브라함의 중보기도

아브라함은 소돔과 고모라 성이 멸망한다는 소식을 듣고 아주 괴로워했습니다. 그들은 자신과 같은 인간이었기 때문입니다. 아브라함이 원한 것이 무엇입니까? 할 수 있는 한 모든 인간이 멸망당하지 않는 것입니다. 구원은 받지 못한다 하더라도 멸망은 당하지 않기를 바랐습니다. 그는 하나님께서 세상 사람들을 그런 식으로 심판하시는 것을 받아들일 수가 없었습니다. 그래서 소돔 사람들의 영혼을 놓고 하나님 앞에서 따지고 협상을 벌였습니다.

이것은 오늘 우리들도 마찬가지입니다. 성경은 수없이 마지막 때에 있을 하나님의 보편적인 심판에 대하여 말씀하고 있습니다. 그러나 우리들은 '설마'라고 생각할 때가 많습니다. '설마 하나님께서 세상을 그런 식으로 심판하실까? 하나님이 얼마나 인자하시고 자비하신데 세상을 그렇게 한꺼번에 심판하실까?' 아브라함도 그랬습니다. 아브라함도 하나님께서 그런 식으로 세상을 심판하려고 하시는 것을 받아들일 수 없었습니다. "도대체 이 세상을 공의로 심판하시는 분이 어떻게 악한 자와 의로운 자를 한꺼번에 심판하실 수 있습니까? 악한 자라도 좀 덜 악한 자가 있고 더 악한 자가 있는데 어떻게 전부 도매금으로 심판할 수 있습니까?" 이것이 아브라함의 항의였습니다.

우리가 하나님의 심판을 믿지 않고 '설마'라는 식으로 대하는 이유가 무엇입니까? 이 세상의 죄가 도대체 어느 정도인지 모르고 있기 때문입니다. 얼마 전에 주부들이 자식들의 학원비를 마련하기 위하여 매춘 행위를 하다가 적발된 기사가 신문에 실렸습니다. 세상이 어디로 가려고 하는지 모르겠습니다. 겉으로 보면 '내 한 몸 버려서 우리 아이를 대학에 보내겠다'는 살신성인처럼 보일지 모르겠습니다. 그러나 이것은 살신성인이 아니라 오히려 자녀를 망치는 것입니다. 우리는 이 세상이 하나님 앞에 도대체 어떤 상태인지 모르고 있기 때문에 설마 설마 하면서 공부도 하고 직장생활도 합니다.

그런데 아브라함이 소돔과 고모라를 두고 기도하면서 점점 느끼는 것이 무엇입니까? '이 정도라면 망하는 것이 당연하다'는 확신이었습니다. 아브라함이 하나님께 기도할 수 있던 근거는 그가 공의의 하나님이시라는 데 있었습니다.

주께서 이같이 하사 의인을 악인과 함께 죽이심은 불가하오며 의인과 악인을 균등히 하심도 불가하니이다 세상을 심판하시는 이가 공의를 행하실 것이 아니니이까(18:25).

아브라함은 콧김을 뿜으며 분기탱천해서 항의합니다. "공의를 행하시는 분이 악인과 의인을 같이 심판하시면 어떻게 합니까? 하나님은 옳지 않습니다. 정당하지 않습니다." 아브라함이 항의하고 있는 것은 보편적인 심판입니다. 만일 하나님께서 죄인 한 사람 한 사람을 불러서 그들의 죄를 추궁하시고 거기에 대해 심문하고 심판하신다면 자기도 할 말이 없습니다. 그러나 분명히 그중에는 의인도 있고 죄인도 있으며, 죄인 중에도 더 죄인이 있고 덜 죄인이 있을 텐데 이 모든 사람들을 한꺼번에 다 심판하시면 어떻게 합니까?

그러나 여러분, 죄가 보편화될 때는, 죄가 온 천지에 좍 깔릴 때는 더 죄인 덜 죄인이 없습니다. 캐기만 하면 줄줄이 다 얽혀 나옵니다. 오히려 덜 죄인같이 보이는 사람 중에 진짜 못된 사람이 있어요. 탈을 쓰고 있어서 덜 죄인 같아 보이는 것이지 죄가 보편화되면 죄의 경중이 없습니다. 아브라함이 기도하면서 발견한 것이 바로 이 사실이었습니다. 소돔은 도저히 회생할 가능성이 없는 도시였습니다.

이 보편적인 심판보다 더 무서운 것이 없습니다. 조금 죄를 지었을 때 징계하고 벌을 주시는 것이 얼마나 행복한지 알아야 합니다. "하나님, 세상 사람들은 다 잘 먹고 잘사는데 나는 조금만 잘못하면 심판하고 징계하고 되는 일이 없게 하시고 주야로 벌주시고 ……." 여러분, 그것이 행복한 겁니다. 그것이 잘되는 거예요. 학교에서 선생님이 커닝 단속을 심하게 하는 것이 행복한 겁니다. 그렇지 않고 선생님이 앞에서 주간지나 보고 내버려 두면 학생들이 전부 커닝을 해버립니다. 그 결과가 무엇입니까? 시험이 무효가 되어버립니다. 차라리 "너 왜 커닝하냐?" 하면서 꿀밤 한 대 때리고 넘어가는 것이 다행스럽지요.

하나님께서는 모든 인간의 마음속에 죄를 거부할 수 있는 능력을 주셨습니다. 하나님께서는 어쩔 수 없어서 죄를 짓지 않는 것보다 자기 스스로 판단해서 죄짓지 않기를 원하십니다. 죄를 지을 기회가 없어서 경건한 것은 경건하게 봐 주시지 않습니다. 음란한 것을 보고 싶은데 볼 게 없어서 어쩔 수 없이 거룩한 것은 거룩하게 봐 주시지 않습니다. 그런 것을 수없이 빌릴 수 있고 무료로 빌릴 수 있음에도 불구하고 스스로 참는 것이 경건이지요.

하나님께서는 인간이 죄를 지을 때는 마음껏 짓도록 허용하십니다. 그래서 사람이 자기의 건전한 판단 능력을 사용할 것인지 사용하지 않을 것인지 스스로 결정하게 하시고, 그에 대한 책임을 지게 하십니다. 무서운 것이 무엇입니까? 죄를 지어도 곧바로 심판하지 않는 것입니다. 그러다가 떼죽음을 당합니다. 이것은 하나님의 함정입니다. 여러분, 죄와 타협할 것인지, 아니면 손해를 보고서라도 여기서 도망칠 것인지 결정을 해야 합니다. 죄가 죄인 줄 알면서도 미련하게 머물러 있다가는 하나님께서 거기 있는 모든 사람들에게 죄에 대한 책임을 물으실 때 도매금으로 함께 심판당하게 되어 있습니다.

선을 행하는 데 소극적이 되면 안 되는 이유가 여기 있습니다. 죄가 만연되어 가고 또 이 죄가 다른 사람들에게 당연하게 받아들여지고 있을 때, 무언가 분명하게 거부하는 표시를 해야 합니다. 그렇게 하지 않고 모르는 체하면서 입을 다물고 있으면 도매금으로 넘어가게 되어 있습니다. 하나님께서는 옆에 붙어살면서 주차 문제가 생겼을 때 싸우라고 이웃을 주신 것이 아닙니다. 서로에 대해 견제하고 서로에 대해 책임을 짐으로써 죄가 퍼지지 못하게 하라고 이웃을 주신 것입니다. 성경은 죄를 전염병에 비유할 때가 많습니다. 전염병은 어느 한 사람의 책임이 아닙니다. 공동의 책임입니다. 따라서 제일 못된 사람은 자기가 하는 대로 내버려 두라는 사람입니다. 아들이 아버지한테 "나 좀 내버려 두세요" 할 때, 그 입을 쥐어박아 버려야 합니다. 이것은 같이 망하자는 소리와 같습니다. 내버려 두라는 말이 어디 있습니까?

아브라함은 하나님의 보편적인 심판에 대하여 항의를 합니다. 하나님은 공의의 하나님이신데 의인과 악인을 함께 멸하시면 안 된다는 것입니다.

"그래? 그러면 너한테는 무슨 생각이 있는데?"

"의인 오십 명이 있으면 어떻게 하시겠습니까?"

"그러면 벌주지 않지."

이 대화는 죄에 대한 하나님의 진노의 성격이 어떤 것인지 알려 줍니다. 하나님의 진노는 감정적인 흥분이 아닙니다. 만약 흥분하셨다면 대화가 이루어질 수 없었을 것입니다. 말 한 마디 한 마디마다 화가 치밀어서 견딜 수 없으셨을 거예요. 그러나 하나님은 아브라함과 계속 대화를 나누십니다. 그뿐 아니라 아브라함이 소돔과 고모라를 위하여 기도하는 것을 기뻐하시며, 할 수만 있으면 그들을 용서할 수 있는 여지를 찾고 계신 것 같습니다. 하나님의 진노는 그의 성품이 도저히 죄와 함께할 수 없으며 죄가 어느 수준에 도달하면 반드시 심판해야 한다는 하나님의 거룩한 본성에서 나온 것이지, 감정적으로 흥분해서 닥치는 대로 사람들을 해치우는 것이 아님을 알 수 있습니다.

아브라함이 대화를 나누면서 느끼는 것이 무엇입니까? 사실 하나님께서는 아브라함 이상으로 소돔과 고모라를 살릴 수 있는 방법을 찾고 계시다는 것입니다. "의견이 있으면 한번 다 내놔 봐라. 혹시라도 이 성을 살릴 수 있는 가망이 있다면 나도 살리겠다. 그러니까 네가 이야기해 봐라. 우리 한번 같이 염려하고 대책을 연구해 보자. 그래서 혹시라도 이 성을 살릴 수 있으면 살려 보자." 이것이 하나님의 본심입니다. 이 성이 회복될 수 있는 가능성이 1퍼센트라도 있다면 하나님은 절대로 멸망시키지 않으실 것입니다.

여기서 '의인'이라는 것은 하나님이 보시기에 의인이라는 말이 아닙니다. 그런 의인은 찾을 수가 없습니다. 말씀이 없는 곳에서 하나님이 원하시는 의인을 찾는다는 것은 불가능한 일이에요. 우리가 완전히 죄로 달려가지 못하는 것은 말씀이 계속해서 우리를 책망하고 붙들어 주기 때문입니다. 여기에서 말하는 것은 그나마 인간적이며 그나마 악을 싫어하고 그나마 자기 양심을 지키는 사람 열 명의 명단만 내놓으라는 것입니다. 그러면 소돔과 고모라와 그 옆에 있는 다섯 성을 전부 살려 주시겠다는 것입니다.

그러나 소돔처럼 죄가 보편화될 때에는 그 안에 정상적인 사람이 한 명도 남을 수 없습니다. 모두 똑같은 사람이 되고 맙니다. 이런 곳에서 자기 양심을 지킬 경우 견딜 수 없는 고통과 상처를 입게 되기 때문입니다. 베드로 사도는 그나마 롯이 소돔에서 자기 양심을 지키기 위해 많이 고민하고 고통받았다고 말씀했습니다. 소돔 사람들의 실수가 무엇입니까? 너무 철저하게 악을 행했다는 것입니다. 의인을 깡그리 해치워 버렸다는 것입니다. 악한 자의 특징은 그렇지 않은 자를 가만두지 못하는 것입니다. 실수로 몇 명만 남겨 놓았어도 망하지는 않았을 텐데, 깡그리 없애 버리고 깡그리 팔아먹어 버린 것이 결국 자기 스스로 무덤을 파는 결과로 나타났습니다.

아브라함은 하나님과 대화를 나누면서 점점 자기 자신이 작아지는 것을 느끼고 있습니다.

티끌과 같은 나라도 감히 주께 고하나이다(18:27).

처음에는 하나님께서 소돔을 멸하신다고 하니까 너무나도 화가 났습니다. 하나님이 너무하시는 것 같았습니다. 그러나 하나님과 대화를 나누는 가운데 점점 느끼게 된 것이 무엇입니까? 하나님이 엄청나게 크시다는 것입니다. 아브라함은 자기가 인간의 편에 서 있다고 생각했습니다. 그런데 알고 보니까 하나님이 더 소돔과 고모라를 사랑하셨고 그들이 멸망당하는 것을 더 원치 않으셨습니다. 하나님은 이들을 혹시라도 살릴 수 있는 대책이 있으면 이야기해 보라고 하십니다. 그러면 살려 주겠다고 하십니다. 아브라함은 점점 더 작아지고 있습니다.

결국 아브라함의 간구는 열 명에서 그쳤습니다. 그는 왜 더 기도하지 않았을까요? 왜 다섯 명이나 두 명까지 더 내려가지 않았을까요? 그는 하나님께서 이 성들을 멸망시키기로 작정하셨다면 정말 멸망할 수밖에 없다는 것을 깨달았을지도 모르겠습니다. 이 성들은 도저히 회복될 가능성이 없었습니다. 모든 사람들이 다 악해졌는지, 아니면 선한 자들이 있었는데 내쫓거나 죽였는지 모르겠지만, 어쨌든 이 성에는 의인이 없었고, 의인이 있더라도 힘을 낼 수가 없었습니다. 적어도 의인이 무언가 발언을 할 수 있고 영향력을 행사할 수 있는 사회라야 조금이라도 죄를 억제할 수 있는 가능성이 있는 것입니다.

의인 오십 명만 있었으면 그 성에는 가능성이 있었습니다. 사십오 명이나 삼십 명만 있었더라도 그렇게 호락호락 넘어가지 않았을 것입니다. 그리고 적어도 열 명만 있었더라도 무언가 새로운 것을 시작할 수 있었을 것입니다. 중요한 것은 거기에 있는 의인이 무슨 활동을 하는가 하는 것입니다. 의인이 있더라도 그냥 입을 다물고 있는 사회라면 그 사회는 가능성이 없습니다. 의인이 몇 명이라도 있어야 하고, 그들이 활동하고 있어야 합니다. 아브라함은 하나님의 심판의 문턱을 엄청나게 낮추어 놓았습니다. 의인 열 명의 명단만 구하면 소돔과 고모라와 모든 성들이 다 살 수 있었습니다. 그런데 그 의인 열 명을 찾을 수가 없었습니다.

오늘 하나님께서 우리에게 원하시는 것이 무엇입니까? 구원받은 자로서 지나치게 자기 문제에 매이는 것은 함정이라는 것입니다. 하나님께서는 우리가 주위에 있는 이 세상을 돌아보면서 그들이 도대체 어느 수준에 이르렀는지 깨닫기를 원하십니다. 이 세상을 회생시키기 위한 계획을 제시하기를 바라십니다. 세상을 살릴 수 있는 가능성에 대해 어떤 대책을 가지고 기도하며, 하나님께 조금만 기다려 달라고 기도하는 것을 기뻐하십니다. "하나님, 이 세상은 너무 너무 악합니다. 당장 유황불로 멸망을 당해도 시원치 않습니다. 그러나 어떻게 한번 해보겠습니다. 지금 조그만 구역 모임을 하나 시작했으니, 하나님, 기회를 조금만 더 주십시오. 조금만 기다려 주십시오." 한번 해보겠다는 이 기도를 하나님은 너무나 기다리고 계십니다.

아무리 악한 죄인이라도 그를 위하여 누군가 기도해 줄 때 소망이 있습니다. 하나님은 아무리 멸망할 수밖에 없는 자라 하더라도 누군가 그를 위해 어떤 시도라도 해보기를 바라십니다. 우리는 가족들을 너무 빨리 포기할 때가 많습니다. 우리가 "하나님, 안 되네요" 하면서 포기할 때 "네가 안 되는데 나는 더 안 되지. 같은 사람이 안 된다는데 내가 어떻게 하겠어? 빨리 심판해 버리자" 하실 것입니다.

진리가 활동할 수 없을 정도로 경직되어 있는 곳에는 하나님의 보편적인 심판이 임할 것입니다. 그런 곳에서는 더 죄인이냐 덜 죄인이냐를 따져 봐야 소용이 없습니다. 다른 사람보다는 조금은 양심적이라는 게 소용이 없어요. 뿌리만 캐면 전부 다 걸려들게 되어 있습니다. 진리가 활동하는 것이 중요합니다. 다른 사람이 뭐라고 하든지 내 속에 있는 믿음이 질식당하지 않게 하는 것이 우리

가정을 살리는 길이고 우리 사회를 살리는 길입니다.

빛이 어둠과 싸우고 있습니까? 내 속에 갈등이 있습니까? 그러면 아직은 가능성이 있는 것입니다. 내가 직장이나 가정의 문제를 보고 속으로 괴로워하고 갈등하고 있다면 아직 가능성이 있습니다. 왜냐하면 진리가 활동할 가능성이 있기 때문입니다. 그러나 귀찮고 성가셔서 갈등조차 하지 않는다면, 그냥 포기해 버린다면 혼자 아무리 잘 믿어도 소용이 없습니다.

의로운 생각이 있으면 그대로 실천하십시오. 다른 사람이 뭐라고 해도 동요하지 마십시오. 그리고 할 수 있는 한 포기하지 말고 기도하십시오. 그래야 내가 의인 한 명이 되어 도시 전체를 살릴 수 있습니다. 그러나 누군가 절대적인 권력을 휘두르며 무소불위의 권력을 행사할 때는 도망을 쳐야 합니다. 죽음의 천사가 곧 찾아올 것입니다.

소돔과 고모라의 멸망이 보여 주는 것이 무엇입니까? 이 세상 마지막이 이렇게 된다는 것입니다. 사람들이 악으로 똘똘 뭉쳐서 악으로 하나가 될 때, 도저히 선한 양심을 가지고는 그 사이에서 살 수 없을 정도로 악으로 통일되어 버릴 때, 하나님의 보편적인 심판이 찾아오게 되어 있습니다. 그래서 주님이 뭐라고 말씀하셨습니까? "내가 다시 올 때 믿음을 보겠느냐?" 세상은 조금이라도 착한 사람들은 다 쫓아내 버리고, 조금이라도 양심적인 사람은 다 추방해 버리고, 악으로 똘똘 뭉쳐 완전한 하나가 될 것입니다. 그러나 아브라함의 나라는 강력한 나라를 이루어 진리로 이 세상을 이길 것입니다.

사랑하는 성도 여러분, 우리 속에 있는 고민과 갈등을 부끄러워하지 맙시다. 이것이 있기 때문에 우리가 살 수 있고 결국은 가족이 살 수 있는 것입니다. 포기하지 마십시오. 아브라함이 소돔과 고모라를 위해서 기도함으로써 한 사람은 건졌지 않습니까? 롯 한 사람과 소알 성 하나는 건졌지 않습니까? 아브라함 리스트는 무위로 끝나지 않았습니다. 멸망하는 불 가운데서 지푸라기 몇 개는 건져 냈습니다. 소알 성은 지금도 지도에 남아 있습니다. 이것은 아브라함 리스트가 건져 낸 결과입니다. 우리는 이 세상의 진리와 비진리의 싸움 한 가운데 서 있습니다. 내가 진리 때문에 어려움을 당하고 갈등을 겪는 이것이야말로 내가 살아 있다는 증거입니다. 이 양심의 갈등을 꺼뜨리면 안 됩니다.

우리가 주위에 있는 사람들을 위해 계획을 가지고 3년만 기회를 달라고 기도하면, 3년이 아니라 30년도 주겠다고 말씀하실 것입니다. 그러나 우리가 포기해 버리면 거기에는 다시 가능성이 없습니다. 포기하지 마십시오.

16

소돔의
롯

우리는 믿는다고 하면서도 실제로 이 세상에 나가서는 믿음대로 살지 못할 때가 많습니다. 그래서 세상 속에서의 우리의 모습은 고민하는 그리스도인의 모습이라고 말할 수 있을 것입니다. 우리는 현실 속에서 살 때, 마음속으로는 '이렇게 살면 안 되는데' 하면서도 실제로는 세상과 타협해 버리는 경우가 많습니다. 그리고 우리 나름대로는 세상에 적응하려고 애를 많이 쓰지만 끝에 가서는 결국 세상과 하나 되지 못하고 세상이 나를 배신하며 거부하는 것을 볼 때가 많습니다.

우리는 오늘 본문에서 이 세상에 살면서 정말 고민하는 한 그리스도인의 모습을 볼 수 있습니다. 그는 바로 소돔 성에 살고 있는 롯입니다. 우리는 롯의 신앙을 욕할 때가 많습니다. 아브라함과 비교해 보면 롯의 신앙에 문제가 많지요. 그러나 성경을 자세히 보면 소돔에 살고 있는 이 롯의 신앙이야말로 바로 오늘을 살고 있는 우리 자신의 모습이라는 것을 알 수 있습니다.

롯은 소돔 성에 살면서 어떻게 하든지 거기에 적응하려고 애를 썼습니다. 소돔 사람들이 잘못하는 것을 보면 자기 나름대로 책망하기도 하고 바로잡아 보려고도 했습니다. 그러면서 자기도 모르는 사이에 점점 소돔 사람들을 닮아 가고 있었습니다. 그러나 그렇다고 해서 소돔 사람이 될 수는 없었습니다. 아무리 세상을 좋아하고 세상을 따라간다고 해도 근본적으로 그들과 같아질 수 없는 신앙이 마음속에 있었기 때문입니다.

저는 성경 속에서 이 세상에 대한 그리스도인의 자세에 따라 세 가지 유형을 찾아볼 수 있다고 생각합니다. 하나는 '고립형'입니다. 이들은 할 수 있는 한 세상과 구별되어 세상과 타협하지 않으면서 하나님의 백성으로서 독특한 삶을 사는 사람들입니다. 대표적인 사람이 에녹이나 노아 같은 이들입니다. 이들이 세상에서 살 때 세상은 아주 악해서 노아 홍수 직전의 상태에 있었습니다. 그들은 이 세상에 들어가지 않았습니다. 그 대신 이 세상 위에 살았습니다. 그들은 세상과 구별되었고 세상의 죄를 책망하면서 세상과 어울리지 못하고 살았습니다. 그래서 그들은 이 세상에 잘 적응하지 못했습니다. 그런 삶의 유형을 다른 표현으로 '선지자형'이라고 말할 수 있을 것입니다. 선지자형은 세상에 잘 적응하지 못합니다.

다른 하나가 바로 롯 같은 '고민형'입니다. 그는 세상 속에서 고민하며 살아갑니다. 고민형은 일단 세상을 좋아합니다. 체질이 세상을 좋아하는 체질이에요. '세속형'이라고 말할 수 있습니다. 그러나 믿음 때문에 세상과 완전히 같아질 수는 없습니다. 그러니까 많이 고민하면서 한편으로는 세상과 타협하고, 또 한편으로는 세상을 책망하면서 살아갑니다. 이런 사람은 세상을 바꾸지 못합니다. 그렇다고 해서 세상 사람이 될 수도 없습니다. 결국 그는 세상과 타협하면서 세상과 계속 평행선을 그으며 살아갑니다. 이런 사람이 바로 고민하는 그리스도인입니다. 오늘날 거의 대부분의 그리스도인들은 바로 이 세속적인 그리스도인의 모습을 가지고 있습니다.

세 번째는 '누룩형'입니다. 이것은 예수님이 보여 주신 모형으로서, 세상 속에 깊이 들어가지만 세상과 같아지지 않고 오히려 세상을 변화시키는 '변혁형'의 모델입니다. 예수님은 세상 속으로 깊이 들어가셨습니다. 세례 요한처럼 금욕적으로 살지 않으셨습니다. 그분은 세상 속의 죄인들과 어울려 그들과 함께 음식을 먹고 포도주를 마셨습니다. 예수님께서는 제자들에게 세상 가운데서 적극적인 역할을 하라고 요구하셨습니다. 가이사의 것은 가이사에게 바치고 하나님의 것은 하나님에게 바치라고 하셨습니다. 이것은 세상에 잘 적응하면서도 훌륭한 하나님의 백성으로 남아야 한다는 뜻입니다. 세상의 소금이 되고 빛이 되라는 것도 바로 이런 의미입니다. 그러나 이 누룩형은 말로는 쉽지만 실제로는 가장 어려운 것입니다. "세상의 소금이 되자!" 말은 참 쉽지만 굉장히 어려운 일입니다. 우리는 신앙이 좀 좋으면 고립형으로 가기 쉽고, 신앙이 좀 약하면 고민형이 되기 쉽습니다.

우리는 오늘 본문에서 소돔이라고 하는 엄청난 죄악의 도성에서 자기의 신앙 양심을 지키기 위하여 한편으로는 타협하면서도 다른 한편으로는 그들을 책망하며 몸부림치는 한 성도의 모습을 보게 됩니다. 이 고민하는 성도의 모습은 바로 오늘 우리들의 모습이기도 합니다.

소돔을 방문한 천사

하나님께서는 소돔과 고모라를 멸망시키기 전에 두 천사를 소돔 성에 보내셨습니다. 우리는 천사에 대해 잘 알지 못합니다. 천사들은 눈에 보이지 않습니다. 그러나 소돔을 방문한 천사들은 눈에 보이는 사람의 모습으로 찾아왔습니다. 이것은 하나님께서 소돔을 멸하시기 전에 다시 한 번 롯의 믿음을 저울질하기 위한 것이었습니다.

날이 저물 때에 그 두 천사가 소돔에 이르니 마침 롯이 소돔 성문에

앉았다가 그들을 보고 일어나 영접하고 땅에 엎드리어 절하여 가로되
내 주여 돌이켜 종의 집으로 들어와 발을 씻고 주무시고 일찍이 일어
나 갈 길을 가소서 그들이 가로되 아니라 우리가 거리에서 경야하리
라 롯이 간청하매 그제야 돌이켜서 그 집으로 들어오는지라 롯이 그
들을 위하여 식탁을 베풀고 무교병을 구우니 그들이 먹으니라(19:1-3).

하나님께서 심판하실 때 천사들을 사용하시는 경우를 성경
여러 곳에서 볼 수 있습니다. 이것은 이 세상에서 일어나는 어떤 재
앙도 우연히 일어나는 것이 아니며, 전부 하나님의 주권 아래, 천
사의 입회 아래 이루어짐을 보여 주는 것입니다. 모든 재앙의 현장
에 하나님의 천사가 입회합니다. 물론 사람들의 눈에는 보이지 않
습니다. 그러나 하나님의 뜻이 아닌데도 재앙이 일어나거나 사람들
이 무더기로 죽는 경우는 절대로 없습니다. 사람들은 억울하게 너
무 많은 사람들이 죽었다고 항의할지 모릅니다. 그러나 억울할 것
이 없습니다. 우리 눈에 그렇게 보일 뿐이지 모든 것은 하나님의 뜻
에 따라 이루어지는 것입니다.

그런데 이번 소돔에는 하나님의 천사가 눈에 보이는 사람의
모습으로 방문했습니다. 그것은 하나님께서 마지막으로 롯의 믿음
을 한 번 더 시험해 봄으로써 구원의 기회를 주고자 하시는 것입니
다. 즉 눈에 보이는 모습으로 롯을 찾아가서 롯이 알아들을 수 있게
이 성의 멸망에 대하여 알려 주심으로써, 다시 한 번 신앙적으로 결
단을 내릴 수 있는 기회를 주고자 하시는 것입니다.

하나님께서 우리에게 귀중한 은혜를 주시려고 할 때 그냥
주시는 법이 없습니다. 하나님은 반드시 우리들의 믿음을 달아 보
십니다. 천사들이 소돔을 방문했을 때는 해질 무렵이었습니다. 롯
은 성문에 앉았다가 이 낯선 손님들이 들어오는 것을 보고 일어나
영접했습니다. 롯이 손님들을 영접하는 것을 볼 때 너무나도 아브
라함과 닮았다는 것을 알 수 있습니다. 이것은 롯이 아브라함 밑에

서 자라면서 눈으로 보고 배운 것입니다. 그만큼 사람의 교육은 무섭습니다.

신앙은 독학이 불가능합니다. 다른 것은 검정고시로 되지만 신앙에는 검정고시가 통하지 않습니다. 독학이 안 통해요. 신앙은 단순한 지식의 나열이 아니라 삶 그 자체이기 때문에 누군가를 보고 배워야 합니다. 볼 만한 것이 있어야 하는 것입니다. 그렇지 않으면 중요한 문제에 부딪쳤을 때, 무엇이 기준이고 어떻게 행동해야 할지 중심을 잡을 수가 없습니다. 눈으로 본 신앙이 없으면 위기를 맞았을 때 어떻게 해야 할지 몰라요. 결국 자기도 모르는 사이에 어릴 때부터 본 그대로 하게 됩니다. 그래서 부모의 신앙이 굉장히 무서운 것입니다. 위기 때 부모의 신앙이 나올 가능성이 굉장히 많습니다.

제자가 된다는 것은 선생으로부터 어떤 지식을 배우는 것이 아닙니다. 그의 인격을 배우고 신앙의 모습을 배우고 삶을 배우는 것입니다. 지식으로 배우는 것은 급할 때 행동으로 연결되지 않습니다. 지식으로 배운 것은 하나도 생각이 안 나요. 그러나 실천으로 배운 것은 위기 때 곧바로 행동으로 나타납니다.

하나님의 천사가 소돔을 방문한 시간은 해질 무렵이었습니다. 롯은 기꺼이 그들에게 가서 엎드려 절하고 자기 집으로 초청했습니다. 롯은 아무 연고 없이 이 성으로 온 사람을 거리에서 노숙하게 하는 것은 옳지 않다고 생각했습니다. 사실 소돔의 밤거리는 대단히 위험했습니다. 대개의 경우, 성은 밖보다 안이 안전합니다. 그러나 소돔 성은 그렇지 않았습니다. 성 안이 성 밖보다 훨씬 더 위험했습니다. 롯은 이 사실을 잘 알았던 것 같습니다. 그래서 이 낯선 손님들을 자기 집으로 영접했습니다.

그리스도인들에게 손님을 영접하는 일이 가장 아름다운 미덕이 된 이유는 무엇일까요? 하나님께서는 좋은 것을 주시기 전에 항상 우리의 믿음을 시험해 보십니다. 우리의 마음이 열려 있는지,

우리의 마음이 하나님의 은혜를 받아들이기에 적합한지 반드시 달아 보십니다. 어떻게 달아 보십니까? 어려움에 처한 나의 형제나 자매에 대한 태도를 통해서, 또 새로운 사람을 만났을 때 내가 어떻게 열린 마음으로 대하는가를 통해서 달아 보십니다.

하나님의 백성들에게 가장 위험한 것이 자기만족과 자기도취에 빠지는 것입니다. '나는 이 정도면 됐다. 우리 교회는 이 정도면 됐다'는 자기만족, 자기도취보다 더 하나님의 은혜를 몰아내는 것이 없습니다. 자기만족에 빠지면 다른 사람이 필요 없고 다른 교회가 필요 없습니다. 자기 혼자 모든 것을 다 할 수 있습니다. 귀찮게 다른 사람을 만나거나 내왕을 하거나 다른 사람을 인정해야 할 이유가 없어요. 그러나 우리가 성경에서 배운 것이 무엇입니까? 우리 안에는 선한 것이 아무것도 없다는 사실입니다. 선한 것은 오직 하나님께 있습니다. 하나님으로부터 새로운 은혜가 공급되지 않으면 우리는 금방 부패할 수밖에 없는 자들입니다. 그런데 자기만족에 빠진 사람은 굳이 다른 사람과 만나려 하지 않습니다. 마음을 열어서 다른 사람과 이야기하려고 하지 않습니다. 그런 사람은 스스로 속고 있는 것입니다.

하나님의 은혜는 항상 고통 중에 있는 이웃을 통하여, 새로운 사람들을 통하여 주어집니다. 우리 교회에 새로 오신 분들이 있습니까? 그분들에게 꼭 먼저 밥을 가져다 드려야 합니다. 줄 일찍 서서 우리가 먼저 먹어 버리고 콩나물도 모자라게 주고 그러면 절대로 안 됩니다. 새로 온 분들을 잘 영접할 때 거기서 하나님의 소리를 들을 수 있습니다. 내 주위에 어려움을 당한 성도가 많습니까? 그것은 귀찮은 일이 아니라 굉장히 복된 일입니다. 왜냐하면 하나님은 그런 사람들을 통해서 나를 살리시고 나에게 말씀하시며 나를 깨어 있게 하시고 나를 축복하시기 때문입니다.

롯은 멋도 모르고 이 성 안으로 들어온 이 낯선 사람들을 노숙하게 하는 것은 결코 옳은 일이 아니라고 생각했습니다. 그런데 그들을 살리려는 롯의 노력은 결국 자기를 살리는 길이 되었습니다. 오늘 우리들이 빠지기 쉬운 신앙의 함정은 신앙의 기준을 자꾸 자기 안에 있는 주관적인 판단에 두는 것입니다. 내 마음에 드는 것은 진리이고, 내 마음에 들지 않는 것은 진리가 아니라고 생각합니다. 이런 사람은 다른 사람들을 만날 이유가 없습니다. 자기 마음에 들지 않으면 얼마든지 거부할 수 있어요. 그러나 주님은 그렇게 말씀하시지 않습니다. 믿음의 조상 아브라함은 낯선 손님을 영접함으로써 하나님의 음성을 들었습니다. 그 조카 롯도 낯선 손님을 영접함으로써 그를 구원하시는 하나님의 음성을 들었습니다.

물이 고여 있으면 썩을 수밖에 없습니다. 항상 새로워야 합니다. 어떻게 새로울 수 있습니까? 나와 아무 상관없는 형제와 자매를 우리 집에 초청하고 교회에서 만나고 함께 이야기하고 돌보아 줄 때 새로울 수 있습니다. 그럴 때 우리는 하나님의 음성을 들을 수 있습니다.

우리는 성경 진리를 많이 알면 알수록 구원에 더 가깝다고 생각하기 쉽습니다. 그러나 야고보 사도는 진리를 많이 안다고 구원받는 것이 아니라 남에게 얼마나 긍휼을 베풀었는가에 따라 심판받는다고 말씀합니다.

긍휼을 행하지 아니하는 자에게는 긍휼 없는 심판이 있으리라. 긍휼은 심판을 이기고 자랑하느니라(약 2:13).

그래서 그리스도인들은 지식적으로만 신앙이 좋으면 안 됩니다. 남을 불쌍히 여기는 마음이 있어야 합니다. 만일 롯이 이 결정적인 순간에 남을 돕고자 하는 마음을 누르고 모르는 체 했더라면 소돔의 심판을 피할 수 없었을 것입니다.

하나님은 여기에서 다시 한 번 롯의 마음을 시험해 보셨습니다. 낯선 이들이 롯의 청을 거절하고 그의 집에 들어가지 않으려고 한 것입니다. 그들은 거리에서 자겠다고 우겼습니다. 이것은 롯이 이 손님들을 청한 것이 예의 때문에 격식에 따라 한 것인지, 아니면 진심으로 초청한 것인지 시험해 보려는 것입니다. 예의바른 사람은 마음에도 없으면서 남을 초청하고 잘해 주려고 합니다. 그럴 때 한번 거절해 보면 그 본마음이 드러납니다. 그는 거절당한 것을 기뻐합니다. 귀찮게 남을 돕지 않아도 되기 때문입니다. 그런데 롯은 손님들 앞에 가서 엎드려 절을 하면서 청했습니다. 이렇게 하면 도저히 거절할 수 없습니다. 절을 받아 버리면 다른 데 갈 수가 없어요.

롯이 대접할 수 있는 것은 누룩 없는 떡뿐이었습니다. 이것은 그의 집에 여분의 떡이 없었다는 것을 의미합니다. 그러나 그는 최선을 다하여 손님을 대접했습니다. 일단 자신의 도움이 필요해서 찾아온 사람은 최선을 다하여 도와야 한다는 것이 롯의 생각이었고 믿음이었습니다. 이처럼 우리의 믿음은 무언가 구체적인 행동을 통해 다른 사람과의 관계에서 나타나야 합니다. 그것이 없는 믿음은 죽은 믿음입니다. 위기 때 아무런 도움이 되지 못하는 믿음입니다.

소돔 사람들의 도덕성

밤이 되자 소돔 사람들이 얼마나 무서운 사람들인지가 나타났습니다. 잠자리에 들기 전에 이 두 사람의 여행객을 찾아 동네 사람들이 몰려온 것입니다.

> 그들의 눕기 전에 그 성 사람 곧 소돔 백성들이 무론 노소하고 사방에서 다 모여 그 집을 에워싸고 롯을 부르고 그에게 이르되 이 저녁에 네게 온 사람이 어디 있느냐 이끌어 내라 우리가 그들을 상관하리라 (19:4, 5).

"그들의 눕기 전"이라는 것은 잘 시간이 되기 전이라는 뜻입니다. 요즘은 대개 밤 12시는 되어야 자리에 눕고, 밤늦게 커피 마시는 사람은 새벽 2시가 되어야 자리에 눕습니다. 그러나 옛날에는 해만 지면 바로 자리에 누웠기 때문에 여기서 말하는 '자리에 눕는 시간'은 그렇게 늦은 시간이 아닙니다. 이때 소돔의 깡패들이 롯의 집을 에워쌌습니다. 그리고 두 사람을 내놓으라고 소리를 지르면서 자기네들이 그들을 상관하겠다고 했습니다. '상관하겠다'는 것은 성관계를 가지겠다는 뜻으로서, 남자가 남자를 강간하겠다는 말입니다.

물론 소돔 사람 전부가 동성연애자는 아니었을지도 모릅니다. 그러나 그 도시에는 동성애가 공공연하게 허용되어 있었고, 이 동성연애자들이 밤거리를 완전히 장악하고 있었습니다. 오토바이가 없었으니까 망정이지 그 당시에 오토바이가 있었더라면 호모들이 소돔 들판을 돌아다니면서 온통 들쑤셔 놓았을 것입니다. 그들은 깡패들이었는지도 모릅니다. 그들은 도시에 새로 오는 남자들을 볼 때마다 이런 식으로 찾아내서 때리고 성적으로 폭행함으로써 쾌락을 추구했습니다.

그런데 성경은 '몇몇 깡패들'이라고 말하지 않고 "그 성 사람 곧 소돔 백성들이 무론 노소하고"라고 말씀하고 있습니다. 다시 말해서 이 깡패들 속에는 노인도 있고 소년도 있었던 것입니다. 여기에는 여러 부류의 사람들이 다 들어 있었습니다. 많은 소돔 사람들이 공공연하게 동성연애에 빠져서 밤거리를 무법천지로 만들고 있었던 것입니다.

하나님께서 소돔을 멸망시키기 이전에 이 도시의 타락한 모습을 보여 주시는 이유가 무엇입니까? 하나님께서 사람에게 가장 중요하게 생각하는 도덕적인 기준이 바로 성적인 기준이라는 것입니다. 하나님께서 사람에게 주신 선물 가운데 가장 귀한 선물은 남자와 여자의 바른 관계를 통하여 하나님의 형상을 나타내는 것입니다. 그래서 사람이 사람 되기를 거부하는 가장 무서운 죄가 바로 성적인 방종입니다. 특히 동성애는 하나님의 형상을 완전히 짓밟고 파괴시키는 무서운 죄입니다. 하나님은 소돔 성의 다른 장면을 보여 주시지 않습니다. 인권을 유린하고 노예를 때리는 것을 보여 주시지 않습니다. 낯선 두 사람을 추행하려고 밤거리에서 몰려든 이 동성애자들의 모습을 보여 주시면서, 이것만으로도 소돔 성은 멸망하기에 충분하다고 결론 내리십니다.

남녀의 성은 하나님께서 우리에게 주신 특권인 동시에 책임이기도 합니다. 사람들은 이 남녀 사이의 사랑을 통하여 최고의 행복을 맛볼 수 있습니다. 그러나 이 성을 파괴시키고 남용하게 되면 그때부터는 더 이상 사람이 아니라 짐승의 수준으로 떨어지고 맙니다. 오늘날 우리가 이 사회를 생각하면서 가장 두려워하는 것은 바로 이 성적인 문란이 극도에 달했다는 것입니다. 성이라는 것은 감추이고 절제될 때 아름다운 것인데, 이제는 완전히 상품화되어 버렸습니다. 모든 것이 다 공개되고 노출되어서 사람들은 마음껏 이것을 남용하고 있습니다. 요즘 사람들 중에서 성을 절제해야 한다고 생각하는 사람은 거의 없습니다. 오히려 당연히 즐겨야 하고 누려야 할 특권으로 생각하고 있습니다. 이보다 더 무서운 일이 없습니다. 어떻게 동성연애자들이 부끄러운 줄도 모르고 이렇게 밤에 몰려다니면서 사람을 내놓으라고 행패를 부릴 수 있습니까? 이것이 어제 오늘 이야기가 아니기 때문입니다. 이 소돔 성에서는 이미 오래전부터 누군가가 새로 오기만 하면 이런 식으로 찾아가 폭행하고 강간하는 호모들의 폭력의 역사가 계속되어 왔던 것입니다.

우리들이 신앙생활하면서 고민하는 것이 무엇입니까? 이런 소돔의 피가 우리 안에도 흐르고 있다는 사실입니다. 오늘날 젊은 세대는 성이 개방되고 난 후에 보지 못할 것을 많이 보고 듣지 말아야 할 것을 많이 들으면서 자랐습니다. 아주 저질의 포르노성 영화나 그 비슷한 것을 접한 경험이 우리에게도 한 번 이상 있습니다.

두려운 것은 이런 성적인 노출과 개방의 물결이 하나님 앞에서 너무나 무서운 죄라는 경각심을 우리가 자꾸 놓치고 있다는 것입니다. 우리 안에 일어나고 있는 이 성적인 범죄들은 하나님 앞에서 치를 떨고 부들부들 떨어야 할 무서운 죄인데도 불구하고 워낙 이런 것이 만연되어 있으니까 우리도 이런 죄에 경계심을 풀어 버리면서 그렇게 해도 되는 것처럼 생각하게 된 것입니다. 이것이 무서운 것입니다.

그래서 우리 그리스도인들은 머리에 철저하게 인을 새겨 놓아야 합니다. 사람의 물건에는 내 것과 남의 것이 있습니다. 마찬가지로 사람 가운데도 나의 사람과 남의 사람이 있습니다. 남의 사람에게 성적으로 좋지 않은 생각만 품는 것도 무서운 죄라고 예수님은 말씀하셨습니다. 사람들은 내 것 남의 것 구분 없이 물건을 함부로 쓰는 일을 싫어하고 비난합니다. 사람에 대해서도 마찬가지입니다. 사회적으로 모든 사람이 승인한 결혼의 관계로 내 사람이 된 남자나 여자가 아닌 다른 사람에게 성적인 충동을 느끼거나 생각하는 것조차 무서운 죄가 된다는 것을 머릿속에 분명히 새겨야 합니다. '저 사람은 내 사람이 아니야. 생각조차 해서는 안 돼'라고 자신에게 분명히 말해야 합니다. 그렇지 않으면 결국 소돔과 고모라 사람들이 빠졌던 무서운 죄악에 우리도 빠져들게 될 것입니다.

좋지 않은 영화나 비디오를 자꾸 보면 어떤 현상이 생깁니까? 물론 그런 영화 한 번 봤다고 해서 지옥 가는 것은 아닙니다. 그러나 그런 영화를 보면 나중에 기회가 주어질 때 죄를 떨쳐 버리기가 어렵습니다. 그리스도인들은 죄를 지을 기회가 없어서 짓지 않는 것이 아니라 정말 죄가 싫어서 짓지 말아야 합니다. 이 죄가 얼마나 하나님의 거룩하심을 손상시키며 나와 하나님과의 관계를 파괴시키는가를 깨닫고, 죄가 주어져도 거부할 수 있는 사람이 그리스도인들인 것입니다. 한 번 두 번 좋지 못한 문화를 접하게 되면 죄에 대한 저항력이 현저하게 떨어져서 죄를 지을 여건만 생기면 범죄할 가능성이 굉장히 높아집니다.

　이 사람들의 습격을 받고 롯이 한 일이 무엇입니까? 일단 자기 집에 온 손님들을 보호하기 위해 이 사람들을 설득하러 나갔습니다.

> 롯이 문 밖의 무리에게로 나가서 뒤로 문을 닫고 이르되 청하노니 내 형제들아 이런 악을 행치 말라(19:6, 7).

　롯은 점잖게 밖으로 나가서 그들이 행하려고 하는 일은 아주 좋지 못한 짓이니 결코 그렇게 해서는 안 된다고 타이르고 있습니다. 그러나 그 다음에 롯이 한 말은 과연 이 사람이 성도인지 아닌지를 의심하게 만듭니다.

> 내게 남자를 가까이 아니한 두 딸이 있노라 청컨대 내가 그들을 너희에게로 이끌어 내리니 너희 눈에 좋은 대로 그들에게 행하고 이 사람들은 내 집에 들어왔은즉 이 사람들에게는 아무 짓도 하지 말라(19:8).

　오늘날 우리가 가지고 있는 신앙적인 양식으로는 도저히 이해할 수 없는 말입니다. 아무리 자기 집에 온 손님을 보호하는 것이 중요하다고는 하지만 딸을 희생시켜 가면서까지 이들을 보호하려 드는 것은 이해가 되지 않습니다. 롯은 하나의 악을 없애기 위해서 또 다른 악을 사용하려 하고 있습니다.

　제가 생각하기에는 둘 중에 하나인 것 같습니다. 한 가지는 상황이 너무나도 악화되어서 손님은 고사하고 자기들 모두 다 죽게 되었기 때문에 기왕 다 죽을 바에는 딸이라도 희생시켜서 이 정욕에 눈이 먼 사람들을 진정시키고자 하는 경우입니다. 그리고 또 다른 한 가지 가능성은 이것입니다. 이 당시에 여자들은 전부 재산적인 가치로만 여겨졌습니다. 딸을 키우는 것은 시집보낼 때 고가의 신부대금을 받아 내기 위한 것이었습니다. 그러니까 남자와 한 번 관계를 맺을 때마다 딸의 가치가 떨어졌는지도 모르겠습니다. 그는 손님을 지키기 위해서 딸의 가치가 손상되는 일은 감수하겠다고 생각했을 수도 있습니다.

> 그들이 가로되 너는 물러나라 또 가로되 이놈이 들어와서 우거하면서 우리의 법관이 되려 하는도다 이제 우리가 그들보다 너를 더 해하리라 하고 롯을 밀치며 가까이 나아와서 그 문을 깨치려 하는지라(19:9).

우리는 이 말씀을 통해 소돔 안에서 롯이 어떻게 살아왔는지 짐작할 수 있습니다. 롯은 소돔에서 그 나름대로 지도력을 발휘하려고 애를 썼습니다. 그가 '소돔 사람들의 법관이 되려 했다'는 말이 무슨 뜻입니까? 롯은 소돔에 있으면서 할 수 있는 한 그들을 바른 길로 이끌려고 노력했다는 것입니다. 그는 어느 것이 옳고 그른 것인지 수시로 가르치려고 애를 썼습니다. 그러면서도 자기도 모르는 사이에 너무나도 소돔적인 사고방식에 젖어들고 있었습니다. 그것은 곧 하나의 악을 해결하기 위해서는 얼마든지 다른 악을 사용해도 된다는 사고방식입니다. 롯은 성욕에 눈이 어두워진 군중을 잠잠케 하기 위해 아직 결혼하지 않은 자기 딸을 희생시켜도 된다고 생각했습니다. 소돔에 적응하려고 애를 많이 썼음에도 불구하고 자기 자신도 모르는 사이에 소돔 사람으로 변해 가고 있었던 것입니다.

저는 롯이 소돔을 짝사랑했다고 생각합니다. 롯은 소돔을 사랑했고 자기 나름대로 최선을 다했지만 결국 소돔 사람들은 그를 배신했고, 그를 해치겠다고 나서게 되었습니다. 이것은 바로 이 세상에 적응하려고 애쓰는 세상 속의 그리스도인들의 모습이기도 합니다. 자기 나름대로 세상에 적응하기 위해서 때때로 직장에서 신앙 양심을 포기하기도 하고, 믿지 않는 사람들의 방식으로 일하기도 하며, 건강을 해치고 가정을 소홀히 해 가면서, 때로는 술을 마시고 성도들이 가서는 안 될 장소에 가면서까지 회사에 적응하고 최선을 다하려고 애를 썼습니다. 그런데 나타나는 결과가 무엇입니까?

"평사원 주제에 잘난 척하면서 과장을 가르치려고 해? 이놈아, 네가 우리 회사의 법관이 되려는 거냐?"

"제가 언제 과장님을 가르치려고 했습니까?"

"늘 나한테 훈계조로 이야기하고 설교하려고 했잖아!"

결국 근본적인 차이가 드러나고 맙니다. 끝에 가서는 배신을 당하는 것이지요.

여러분, 그리스도인들은 이 세상에 아무리 적응하려고 해도 적응할 수 없는 한계가 있습니다. 그 이유가 무엇입니까? 낮에는 멀쩡하던 친구들이 밤에는 전부 호모가 되어서 오토바이 타고 다니면서 미친 짓을 합니다. 이 짓까지 같이 해야 하나가 될 수 있는 것입니다. 그러나 도대체 성도가 어떻게 그렇게까지 할 수 있습니까? 어떻게 늑대가 될 수 있습니까? 그래서 다른 것은 다 맞추어 주면서도 그것까지는 못할 때, 세상은 "이놈아, 네가 나를 가르치려고 하느냐?" 하면서 결국 이빨을 드러내는 것입니다.

세상한테 아무리 잘해 주어도 우리는 결국 인정받지 못합니다. 세상이 우리에게 원하는 것은 그 마지막 미친 짓까지 같이하는 것이기 때문입니다. 그래야 친구가 될 수 있고 동료가 될 수 있습니다. 회사에서 열심히 일하고 2차, 3차까지 가는 것만으로는 안 돼요. 그 마지막 음란한 곳까지 가서 같이 토하고 같이 미친 짓을 해야 "우리는 형제야"라고 말해 줍니다. 그것까지는 하고 싶지 않아서 "형제들아, 이런 짓 하지 말자" 하면, "이놈이 자꾸 우리를 가르치려고 하네, 평사원 주제에" 하면서 결국 서로 원수가 되고 마는 것입니다.

그리스도인들이 이 세상과 완전히 일치되려면 개가 되어야 합니다. 롯은 소돔 사람과 하나가 되려고 했지만 그렇다고 해서 밤마다 같이 어울려 다니면서 성적인 폭행을 할 수는 없었습니다. 그래서 결국은 이것 때문에 소돔에서 거부당하고 배신을 당했습니다.

그래서 그리스도인들은 이 세상에 들어가기 전에 자신의 한계를 처음부터 분명히 그어 놓고 시작하는 것이 좋습니다. 처음부터 인정을 받으려고 하고 처음부터 최선을 다하려고 하면, 몸은 몸대로 망치고 일은 일대로 안 되고 끝에 가서는 배신자 소리를 듣게 되어 있습니다. 그러니까 처음부터 아예 "이놈은 또라이다. 도저히 구제불능이야. 이놈은 안 돼"소리를 듣고 시작하는 것이 좋습니다. 그래야 내 신앙 양심을 지킬 수 있습니다. 사람들의 고리라는 것이 굉장히 무섭습니다. 우리나라는 일을 합리적으로 하지 않습니다. 모든 것을 인간관계의 고리로 하게 되어 있습니다. 이 고리에 한번 걸려들면 도저히 자기 의사대로 할 수가 없어요. 아무리 옳아도 옳은 대로 할 수가 없습니다. 이 고리를 끊어 버려야 합니다. 그들에게 인정받으려고 해서는 안 됩니다. 내가 그들을 인정해 주고 사랑해 줄 생각을 해야 합니다.

어디서 무슨 일을 하든지 성의껏 하고 도를 넘어서지 않는 것이 중요합니다. 하나님의 뜻과 맞지 않을 때는 분명한 반대 의사를 표명해야 합니다. 아예 처음부터 또라이짓을 하는 겁니다. 완전히 쫓아낼 수 없으면서도 그냥 데리고 다닐 수도 없는 정도로 만들어서 인간관계의 고리를 끊지 않으면, 계속 끌려다니다가 오히려 그쪽에서 먼저 "이놈아, 네가 우리를 배신할 수 있냐?"는 소리를 하게 되어 있습니다. 롯처럼 애는 애대로 쓰면서도 결코 인정받지 못하고 실컷 이용만 당하다가 버림받는 것입니다. 잘못된 맹목적인 사랑의 고리가 있습니까? 끊어야 합니다. 사랑에 눈이 멀면 그 사랑이 사람을 굉장히 부자연스럽게 만듭니다. 이것을 끊어야 내 신앙 양심이 옳게 여기는 대로 할 수가 있습니다.

우리는 이 세상에 파견된 사람들입니다. 여기에서 아무리 잘 지내 봐야 끝에 가면 마찬가지입니다. 결국 원수로 변하고 맙니다. 나의 모든 문제는 하나님이 결정하십니다. '너희들이 쫓아낸다고 내가 쫓겨날 사람이 아니다. 나의 모든 것은 하나님이 결정하신다'는 자신감을 가지십시오. 이렇게 하는 것이 한편으로는 좀 이상한 사람으로 보이게도 하고 한편으로는 모자라는 사람으로 보이게도 하겠지만, 우리에게 엄청난 양심의 자유를 줄 것입니다.

고리를 끊으십시오. 예배드리면서 고리를 끊게 해 달라고 기도하십시오. 그렇지 않으면 옳은 것을 하지 못합니다. 눈먼 사랑에 매여서 아무것도 하지 못합니다.

천사가 한 일

일이 이 지경에 이르자 하나님께서는 더 이상 심판을 지체할 수 없다고 생각하셨습니다. 그래서 무엇보다 먼저 구원할 사람과 멸망시킬 사람을 분류하셨습니다.

> 그 사람들이 손을 내밀어 롯을 집으로 끌어 들이고 문을 닫으며 문 밖의 무리로 무론 대소하고 그 눈을 어둡게 하니 그들이 문을 찾느라고 곤비하였더라(19:10, 11).

참으로 놀라운 사실은 천사가 그들의 눈을 멀게 하였을 때 그들이 집으로 갈 생각을 하지 않았다는 것입니다. 눈이 멀었으면 집으로 가야지요. 그런데 그들은 눈이 멀었는데도 입구를 찾고 목적을 성취하기 위해 더 소리를 지르면서 접근했습니다. 사람이 극단적인 상황까지 가면 눈이 멀어도 보이는 것처럼 생각합니다. 팔이 떨어져 나가도 팔이 있는 것처럼 생각해서 그 떨어진 팔로 사람을 때리려고 합니다. 옛날에 술을 좋아하던 사람들은 알코올이라고 하면 무조건 마시려고 했습니다. 공업용 알코올은 메틸 알코올 성분이 많이 들어 있어서 눈을 멀게 하는데도 그것을 사서 마시다가 눈먼 사람들이 있었습니다. 일단 정신을 잃어서 술을 마셔야 되겠다고 생각하면, 알코올의 종류를 가리지 않고 무조건 마시려고 했던 것입니다. 소돔 사람들도 그랬습니다. 그들은 눈이 멀었는데도 보인다고 생각했고, 집으로 돌아가지 않았습니다.

오늘 현대인들에게 많이 나타나고 있는 것이 중독 현상입니다. 그중에 하나로 일 중독이라는 것이 있습니다. 자신의 건강이 악화되고 있고 부부 사이나 자녀와의 사이가 굉장히 악화되어 가는데도 계속 일만 합니다. 심장마비는 발생하기 1, 2년 전에 꼭 증세가 나타납니다. 그래도 본인은 모릅니다. 그러다가 쓰러지면 회복이 불가능합니다. 사람들은 무언가에 집착하는 경향이 있습니다. 일에 집착하고 사람에 집착합니다. 적당하게 하다가 잘 안 되면 포기할 줄도 알아야지요. 죄 지으러 나왔다가도 눈이 안 보이면 집에 돌아가야지요. 그러면 살 수 있습니다. 그런데 눈이 안 보이는데도 계속 입구를 찾으면서 문을 열라고 소리를 지르니까 결국은 다 죽은 것입니다.

천사는 그들을 분리했습니다.

그 사람들이 롯에게 이르되 이 외에 네게 속한 자가 또 있느냐 네 사위나 자녀나 성 중에 네게 속한 자들을 다 성 밖으로 이끌어 내라 그들에 대하여 부르짖음이 여호와 앞에 크므로 여호와께서 우리로 이것을 멸하러 보내셨나니 우리가 멸하리라(19:12, 13).

천사는 롯을 안으로 끌어들이고 나서 하나님이 이 성을 멸망시키려 하시니 그에게 속한 사람이 있으면 빨리 분리시키라고 했습니다. 죄악이 관영하면 관영할수록 하나님께서 자기 백성들을 빨리 챙기시는 것을 볼 수 있습니다. 설교하러 갔을 때 청중들이 생각보다 굉장히 놀랍게 반응할 때가 많습니다. "자기의 죄를 청산하고 하나님을 믿겠다고 결심한 사람은 나오십시오." 이러면 그냥 막 나옵니다. 그렇게 나와서 꿇어앉아 기도하는 모습들을 보면 '아, 하나님께서 백성들을 빨리 빨리 챙기고 계시는구나' 하는 생각이 들 때가 많습니다. 하나님은 롯의 가족이라도 구원받기를 원하셨습니다. 한 사람만 구원받는 것이 너무나도 아까웠기 때문입니다.

> 롯이 나가서 그 딸과 정혼한 사위들에게 고하여 이르되 여호와께서 이 성을 멸하실 터이니 너희는 일어나 이 곳을 떠나라 하되 그 사위들이 농담으로 여겼더라(19:14).

하나님의 구원에서 가정은 굉장히 중요한 단위입니다. 우리가 이 세상에 살면서 동화되지 않고 우리의 믿음을 지킬 수 있는 것은 두 개의 공동체가 있기 때문입니다. 하나는 교회 공동체이고 다른 하나는 가족 공동체입니다. 가족의 구원은 아주 중요합니다. 가족은 구원을 받을 수 있는 가장 작은 단위의 공동체입니다. 그러나 불행하게도 롯의 사위들은 롯의 말을 농담으로 여겼습니다. 왜 농담으로 여겼을까요? 이 세상이 그대로 유지된다는 것을 너무나도 강하게 믿었기 때문입니다. 그들은 현상 유지의 신학을 가지고 있었습니다. 모든 것이 언제까지나 그대로 유지되리라고 생각한 것입니다.

오늘날 사람들도 '현상은 유지된다'는 신앙을 가지고 있습니다. 그러나 성경은 이 현상만큼 불안한 것이 없다고 말씀하고 있습니다. 이 세상은 언제든지 붕괴될 수 있습니다. 언제든지 지진이 일어날 수 있고, 언제든지 화산이 터질 수 있고, 언제든지 홍수나 산사태가 날 수 있습니다. 확실한 것은 하나님의 말씀밖에 없다고 성경은 말씀합니다.

그러므로 세상이 나를 배척할 때 거기에 미련을 가질 필요가 없습니다. 소돔 사람들이 롯을 배척한 것은 정말 그가 거기를 떠날 때가 되었기 때문입니다. 세상에서 나를 떠나라고 할 때 미련을 가지지 마십시오. '이제 떠날 때가 되었구나' 하면서 떠나십시오.

롯의 중요한 증거가 농담으로 여겨지는 것을 보면서 그리스도인들이 평소에 참으로 진실할 필요가 있다는 생각을 하게 됩니다. 그리스도인들이 진실해야 하는 이유는 다른 데 있는 것이 아닙니다. 바로 이 영원한 운명을 좌우하는 메시지가 농담으로 받아들여질 수 있기 때문입니다. 사람들이 우리의 말을 들으면서 "저 사람이 하는 말은 진실한 말이구나' 생각할 수 있도록 평소에 진실한 관계를 맺어야 합니다.

우리는 어떻게 이 세상에서 고민하는 그리스도인이 되지 않고 누룩으로 살 수 있습니까? 신실한 공동체를 회복하는 길밖에 없습니다. 우리 혼자 힘으로는 절대로 세상을 이길 수가 없습니다. 그러나 우리가 한 공동체로 모일 때 주님은 우리 가운데 찾아오십니다. 어려움을 당한 형제자매를 통하여, 또 낯선 형제와 자매를 통하여 우리에게 찾아오셔서 우리의 어려움에 대해 말씀해 주시고 우리의 나아갈 바를 가르쳐 주십니다. 나만 어려운 것이 아니고 우리 모두 어렵습니다. 그러므로 함께 모여서 함께 기도하면 우리가 이길 수 있는 방법을 반드시 가르쳐 주실 것입니다.

오늘 본문 말씀이 우리에게 이야기하고 있는 것이 무엇입니까? 하나님은 우리에게 은혜를 주시기 전에 우리의 믿음을 달아 보신다는 것입니다. 그러므로 낯선 형제나 자매들을 소중하게 생각하십시오. 자기만족, 자기도취에 빠져서 '우리 교회는 다 완성되었고 내 신앙은 다 완성되었다'고 생각하는 동안 자기도 모르는 사이에 깊은 침체의 늪에 빠지게 됩니다. 어려움에 처한 형제와 자매들, 낯선 형제와 자매들을 기꺼이 찾아가서 마음 문을 열고 그들을 대접하고 그들과 이야기할 때 하나님께서 우리를 살려 주실 것입니다.

이 세상 가운데서 고민하고 있는 이 그리스도인의 모습을 보십시오. 그는 세상에 적응하기 위해 많은 애를 썼지만 마지막 한 순간 그 미친 짓을 함께 하지 않았기 때문에 결국 배척당하고 말았으며, 지금까지의 수많은 노력이 허사로 돌아가게 되었습니다. 그러므로 세상에 접근할 때 처음부터 분명히 기준을 정하고 가야 합니다. 일 중독자가 되면 안 됩니다. 가정과 건강을 팽개치고 신앙을 손상시키면서까지 인정받으려고 이 세상에 뛰어들면 안 됩니다. 처음부터 분명한 기준을 가져서 사람의 고리에 매이지 말아야 합니다. 사람의 고리에 매이면 결국 끝에 가서 굉장히 좋지 않은 결말을 맞게 됩니다. 중심을 잡으십시오. 나는 하나님의 사람이며 이 세상에 파견된 사람이므로 그리스도의 명령과 이 세상의 가이사의 명령이 충돌할 때는 가이사의 명령을 거부하리라는 것을 분명히 하십시오. 그렇지 않으면 아무리 최선을 다해도 결국은 욕을 얻어먹으면서 관계를 끝내게 될 것입니다.

지금 주님께서는 사람들을 빨리 모으고 계십니다. 무언가 생각이 있기 때문입니다. 악한 사람은 더 악해지고 돌아올 사람은 빨리 돌아오는 것을 볼 때, 하나님께서 자기 백성을 챙기고 계시다는 것을 알아야 합니다. 여러분, 자기 가족을 챙기십시오. 내가 사랑하는 사람들의 신앙을 챙기십시오.

우리가 세상에서 분리되고 있습니까? 세상이 나를 좋아하지 않습니까? 직장에서 더 이상 나를 필요로 하지 않는다고 말합니까? 미련을 가지거나 매달릴 필요가 없습니다. 또 다른 하나님의 계획이 있다는 것을 생각하십시오. 현실에 너무 집착하면 롯처럼 비참한 결과를 맞이하게 될 것입니다.

우리는 지금까지 고민형으로 살아왔을지 모릅니다. 또 어떤 때에는 이 세상에 들어가지 않고 그 위에 서서 고립형으로서 그들을 비난하고 책망하면서 지내 왔는지도 모르겠습니다. 그러나 주님은 우리가 분명한 의식을 가지고 세상 속에 깊이 들어가 누룩으로서 이 세상을 변혁시키기를 바라고 계십니다. 에녹이나 노아처럼 세상 위에 서서 사는 것도 쉬운 일은 아닙니다. 그러나 오늘 주님이 원하시는 것은 더 깊이 들어가서 찾을 사람은 찾고 건질 사람은 건지고 변혁시킬 것은 변혁시키는 것입니다.

우리에게는 이 세상에서 훌륭한 시민으로 살면서도 동시에 훌륭한 하나님의 백성으로 남아야 하는 이중적인 과제가 있습니다. 게으르면 안 됩니다. 성경도 읽어야 하지만 공부도 해야 하고, 예배도 드려야 하지만 직장에 가서도 열심히 일해야 합니다. 그러나 아무리 내가 말씀을 전해도 이 세상에 변화가 없을 때 주님은 자기 백성들을 빨리 불러 내실 것입니다. 그리고 거기에서 하나님의 심판이 시작될 것입니다.

그러나 말씀을 듣고 변화되는 사람이 한 명이라도 있다면, 하나님은 세상을 지켜 주실 것입니다. 지금 우리 사회에는 말씀을 듣고 돌아오는 사람들이 많습니다. 또 말씀을 듣기만 하면 돌아올 사람들이 많습니다. 그래서 하나님께서 세상을 지켜 주고 계시는 것입니다.

17

소돔의 멸망

제가 서울 시내를 운전하면서 지나갈 때 꼭 심각하게 바라보면서 지나가는 곳이 두 곳 있습니다. 하나는 88대로를 달리면서 지나가게 되는 성수대교입니다. 그 다리는 얼마 전에 엄청난 희생을 치렀습니다. 다리가 무너지리라고 누가 생각했겠습니까? 그러나 하루 아침에 그 다리는 무너졌고 출근하던 많은 직장인과 학생들이 죽었습니다. 제가 지나가면서 또 유심히 보는 곳은 고속터미널에서 교대 쪽으로 가는 길 왼쪽에 삼풍백화점 자리입니다. 누가 백화점이 무너질 줄 알았겠습니까? 그러나 하루 저녁에 백화점이 무너져서 시장보러 왔던 많은 시민이 죽거나 다쳤습니다. 그 현장은 바로 지옥이었습니다. 우리들은 텔레비전 화면을 통하여 무너진 백화점에서 가까스로 구출되는 몇 사람들을 보았습니다.

　　팔레스타인 성지에도 바로 이런 곳이 한 군데 있습니다. 그곳은 요단 강을 따라서 남쪽으로 내려가는 곳에 있는 커다란 호수입니다. 이 호수는 바로 오늘 본문이 증거하는 엄청난 재앙이 있었던 현장입니다. 누가 하늘이 무너질 줄 알았겠습니까? 그러나 실제로는 하늘이 무너진 것 이상이었습니다. 폭탄의 '폭'자도 모르던 그 옛날에 하늘에서 엄청난 양의 폭탄을 만들 수 있는 유황과 불이 쏟

335

아져서 바로 이곳을 완전히 초토화시켜 버렸습니다. 이때 생긴 폭발로 땅이 꺼지면서 거기에 조금씩 물이 고여 커다란 호수가 생기게 된 것입니다. 이 호수는 지구에서 가장 수면이 낮은 곳입니다. 그리고 물이 흘러 들어가기만 하지 흘러 나오지 않는 곳입니다. 물이 모두 증발해 버리기 때문입니다. 이곳은 염도가 너무나 높아서 어떤 생물도 살 수 없는 죽음의 바다 사해입니다.

오늘 성경 본문은 바로 이곳의 멸망을 상세하게 기록해서 증거하고 있습니다. 그런데 오늘 이 성경의 증언은 얼마나 많은 사람이 죽었는지, 피해액이 얼마나 되는지에 대한 것이 아닙니다. 오직 이런 멸망 가운데서 한 가족이 어떻게 가까스로 구출되었는지를 보여 주고 있습니다. 모두 다 죽어 버렸다면 아무도 무슨 일이 있었는지 몰랐을 것입니다. 그러나 한 가정이 살아남았고, 한 작은 도시가 건짐을 받았습니다. 그 한 가정도 모든 식구가 다 산 것은 아니었습니다. 도망치다가 또 한 명이 죽었습니다. 오늘 본문은 살아남은 자들의 증언을 토대로 하고 있지 않습니다. 불행히도 살아남은 자들은 너무 심한 충격을 받아서 그 후로 정상적인 생활을 할 수 없었기 때문입니다. 여기에 있는 증언은 하나님 자신의 증언입니다.

주저하는 롯

우리에게는 본문의 사건이 상당히 멀게 느껴집니다. 그것은 이 사건이 수천 년 전에 일어났던 일이기 때문만은 아닙니다. 우리에게 이 일이 멀게 느껴지는 것은 천사의 등장 때문입니다. 우리 시대에 천사를 보았다는 사람은 없습니다. 전혀 없다고 말해도 될 것입니다. 그러나 구약 시대에는 자주는 아니지만 천사가 실제로 나타나서 하나님의 뜻을 전하기도 하고 하나님의 심판을 실행하기도 하는 경우가 있었습니다. 그런데 바로 이 부분 때문에 우리는 이 기록의 신실성을 의심하게 됩니다.

그러나 천사에 대해서 그렇게 어렵게 생각할 필요가 없습니다. 우리와 대략 사촌 정도 된다고 생각하면 될 것입니다. 우리가 하나님의 백성인 것처럼 천사들도 하나님의 백성입니다. 단지 우리 같은 몸을 가지고 있지 않다는 것이 차이점일 뿐입니다. 지금 이 시대에 천사가 나타나지 않는 것은 이미 구원받은 우리들이 성령이 주시는 능력을 가지고 천사 이상으로 하나님의 일을 하고 있기 때문입니다. 그러나 구약 시대에는 사람들이 깨달을 수 있는 지각의 범위가 아주 한정되어 있었습니다. 하나님의 뜻을 알아서 행할 수 있을 정도로 성숙하지 못했던 것이지요. 그래서 천사들이 나타나서 많은 일을 했습니다. 우리 사촌들이 수고를 많이 한 셈입니다.

그러나 오늘 본문의 이야기는 천사에 대한 이야기가 아닙니다. 천사가 이 소돔 성을 멸망시킨다는 사실을 분명히 알려 주었음에도 불구하고 계속 망설이고 있는 롯에 대한 이야기입니다.

> 동틀 때에 천사가 롯을 재촉하여 가로되 일어나 여기 있는 네 아내와 두 딸을 이끌라 이 성의 죄악 중에 함께 멸망할까 하노라 그러나 롯이 지체하매 그 사람들이 롯의 손과 그 아내의 손과 두 딸의 손을 잡아 인도하여 성 밖에 두니 여호와께서 그에게 인자를 더하심이었더라 (19:15, 16).

롯은 이 성이 당장 멸망할 것이며, 천사가 온 목적이 바로 이 성을 멸망시키기 위해서라는 말을 듣고서도 그 자리에서 이 성을 떠나지 못한 체 지체하고 있습니다. 참 놀라운 사실입니다. 지난밤에 롯의 가족들이 경험한 것은 악몽 그 자체였습니다. 그는 지금까지 설마설마하면서 소돔에서 살아왔는데, 지난밤에 소돔의 정체를 완전히 볼 수 있었습니다. 지난밤에 본 소돔 사람들은 완전히 미친개들이었습니다. 너무나도 진절머리가 나서 다시는 이 사람들의 얼굴조차 보고 싶지 않습니다. 천사는 이것이야말로 소돔의 정체이고, 이 성의 죄악이 이만큼 충만하기 때문에 하나님께서 멸망시키기 위해 자기들을 보내셨다고 말하고 있습니다. 심판의 시간이 다 되었다고 말하고 있는 것입니다. 그런데도 롯은 결단을 내려서 이 성을 떠나지 못하고 주저하고 있습니다. 그 이유가 무엇일까요?

몇 가지로 생각해 볼 수 있습니다. 가장 중요한 이유는 '설마 망하겠느냐'는 생각입니다. 설마 이 성들이 한꺼번에 망하기야 하겠습니까? 이 성은 두 사람이 멸망시키기에는 너무나도 크고 강했습니다. 그들이 누구인지는 알 수 없지만 아무리 하나님이 보낸 사자라고 하더라도 겨우 두 명이 설마 이 성을 완전히 멸망시킬 수 있겠느냐는 것입니다. 하지만 다리가 무너지리라고 누가 생각이나 했습니까? 아마 성수대교가 무너지기 전에 누군가가 "이 다리는 곧 무너질 테니, 교통이 불편하더라도 다른 다리로 돌아가시기 바랍니다"고 했다면, 전부 머리가 돈 사람이라고 비웃었을 것입니다. "다리는 한번 세우면 영원히 있는 거야. 무슨 다리가 무너진다고 그래? 별 미친놈 다 보겠네" 하면서 비웃었을 거예요. 또 누군가가 "여러분, 백화점이 무너질지 모르겠습니다. 그러니까 불편하더라도 멀리 있는 수퍼에서 물건을 사세요"라고 했다고 합시다. 당장 모든 사람들이 "어떻게 이런 건물이 무너질 수 있어? 웃기는 소리 하지 말아" 하면서 비웃었을 것입니다.

롯이 보기에 소돔은 무너질 것 같지가 않았습니다. 이 소돔을 무너뜨리려면 수만 명의 군대가 오든지, 엄청난 양의 폭탄으로 폭발시켜야 할 것 같았습니다. 그런데 겨우 두 사람이 와서 소돔을 멸망시키려고 한다니까 믿어지지가 않는 것입니다.

또 다른 하나는 그가 소돔의 멸망에 전혀 준비되어 있지 않았다는 것입니다. 그는 이 세상은 언제나 여전할 것이라고 생각했습니다. 해가 변함없이 동편에서 떠서 서편으로 지는 것처럼 이 세상은 영원하다고 믿었습니다. 만약 소돔이 멸망할 수도 있다고 생각했다면 이제껏처럼 자신의 모든 것을 소돔에 투자하지는 않았을 것입니다. 그러나 그는 소돔을 믿었고 소돔에 자신의 모든 것을 투자했습니다. 가진 돈도 소돔에 다 뿌렸고 젊음과 정력도 소돔에 다 투자했습니다. 그런데 소돔이 망하게 되었다고 하니, 도무지 무엇을 어떻게 해야 좋을지 대책이 서지 않았습니다. 이 방에 갔다 저 방에 갔다 이 물건을 집었다 저 물건을 집었다 해 봤자 대책이 서지 않았어요. 늘 다른 가능성을 생각하고 있던 사람은 자기의 기대가 이루어지지 않았을 때 얼른 그것을 포기할 수 있습니다. 그러나 오직 하나만을 생각하고 믿어 왔는데, 그것이 뜻대로 되지 않을 때에는 망연자실해지지 않을 수 없는 것입니다.

롯은 이 세상에 있는 것들이 한순간에 전부 없어질 수도 있다는 가능성을 생각지 않았습니다. 이 모든 것들이 영원히 지속된다고 생각하고 살았습니다. 그런데 천사가 와서 하루아침에 다 망한다고 하니까 무엇을 어떻게 해야 좋을지 알 수 없었습니다. 그래서 멸망이 임박했다는 것을 알고서도 자꾸 지체했던 것입니다.

성경이 말씀하고 있는 것이 무엇입니까? 이 세상에 있는 모든 것들은 그 영광이 풀과 같고 풀의 꽃과 같다는 것입니다. 이 세상에 있는 것들은 어느 것도 영원하지 않습니다. 이 말씀을 믿는 사람은 할 수 있는 한 이 세상에 많은 투자를 하지 않습니다. 왜냐하면 투자해 봐야 다 없어지고 말 것이기 때문입니다. 예수님께서 제자들에게 말씀하시는 것이 무엇입니까? 보물을 땅에 쌓아 두지 말라는 것입니다. 이 땅에 보물을 쌓아 두면 녹이 슬거나 도둑이 훔쳐 간다는 것입니다.

이 세상에서 자신을 위해 수고한 것들은 전부 다 썩어 없어집니다. 그러나 주님을 위하여 한 일은 도둑질당하지 않습니다. 자기 자식을 위해 애쓴 것은 썩어 없어지지만, 남의 자식을 위해 애쓴 것은 남습니다. 자기 집도 아니면서 많은 비용을 들여서 수리도 하고 치장도 했는데, 어느 날 갑자기 주인이 "내가 살아야 하니까 집을 비우시오"라고 한다면 어떻겠습니까? 아마 아무 대책이 서지 않을 것입니다. 이 방 저 방 왔다 갔다 하면서 분노와 좌절감으로 시간을 보낼 것입니다.

하나님께서는 이 세상에 있는 것에 투자하지 말라고 하셨습니다. 어차피 이 세상은 철거될 곳이기 때문입니다. 창세기 1장에서부터 보여 주는 것이 그것입니다. 그러니까 마치 이 세상에서 영원히 살 것처럼 공을 들이고 투자하지 말라는 것이지요. 철거 대상 지역에 온갖 비용을 들여서 치장을 하고 빌딩을 세우고 집을 짓고 땅을 파는 것은 다 쓸데없는 짓입니다. 여기에서 불편하지 않게만 살면 그것이 가장 큰 축복입니다. 그리고 지금 좀 불편하더라도 앞으로 하나님이 다시 지으실 세상에서 큰 상급을 얻을 수 있다면 그 길을 택하는 것이 더 현명한 태도입니다.

롯은 하나님을 믿는다고 하면서도 눈에 보이는 이 세상이 영원하리라고 생각해서 여기에 모든 것을 다 투자해 버렸습니다. 그의 모든 것은 소돔에 다 있었습니다. 지금 그는 소돔을 떠나야 할지 말아야 할지 모르고 있습니다. 소돔을 떠나면 그에게 남는 것이 아무것도 없기 때문입니다.

저는 풍요로운 사회에서 사는 사람들이 굉장히 불행하다고 생각합니다. 사람들은 시골이나 중국이나 북한에서 살지 않는 것을 다행스럽게 생각할지 모르겠지만 제가 생각하기에는 풍요롭게 사는 사람들이 더 불쌍합니다. 아주 어렵고 아무 대책이 없는 곳에 살고 있는 사람들은 오히려 하나님께서 이 세상을 철거하실 것이며 앞으로 새로운 세상을 창조하신다는 말을 믿습니다. 너나없이 가난한 데다가 앞으로 잘살 가능성도 없고, 그나마 수해는 계속 생기고, 어차피 가능성이 없으니까 복음을 믿는 것입니다. 그러나 우리는 복음을 믿지 않습니다.

아파트 구조는 부인들이 최고로 편하게 살도록 만든 것입니다. 아파트는 부인들의 천국입니다. 수도꼭지만 틀면 찬 물 더운 물다 나오지요, 스위치만 누르면 그냥 에어콘이 나오지요, 위에서 떠들면 항의할 수 있지요. 또 자동차를 보십시오. 어디든지 가고 싶은 대로 다 갈 수 있습니다. 이 현대 도시 안에는 없는 것이 없습니다. 좀 공부 잘해서 직장만 좋은 곳 구하면 천국이 따로 필요 없습니다. 천국에 왜 갑니까? 여기가 천국인데요. 어떤 사람들은 집에 바를 만들어 놓고 온갖 양주 샘플 다 차려 놓고 CD 플레이어까지 갖추어 놓습니다. 부인만 이상한 옷 입고 나오면 집인지 바인지 구별이 안 돼요. 이런 사람들이 왜 교회에 옵니까? 그나마 이 세상에서 조금 더 잘살려고 교회에 오는 건데, 부족한 것 없이 왜 오겠습니까?

그런 사람들은 이 세상이 철거 대상 지역이라는 것을 안 믿습니다. 이렇게 좋은데 왜 철거를 해요? 못사는 사람들은 "아, 이 세상은 철거되는구나. 공부 뼈빠지게 열심히 해봐야 소용이 없구나" 하는 것을 압니다. 그러나 우리 사회 사람들은 복음을 믿지 않습니다. 이렇게 살기 좋은데 무슨 복음이 필요합니까? 날씨가 더 더워진다 해도 문제 없습니다. 더 좋은 에어콘이 나올 테니까요. 영하 20도까지도 낮출 수 있습니다. 얼어 죽든 말라 죽든 더 센 것이 나옵니다. 침대도 불편하면 얼마든지 바꾸면 됩니다. 물침대, 공기침대, 흙침대, 돌침대, 다 바꿔 보는 거예요.

이렇게 잘 살고 있는데 떠나라고 하면 못 떠납니다. 어떻게 여기를 떠납니까? 이렇게 살기 위해서 돈을 얼마나 집어넣었는데요. 허리띠를 졸라 가면서 어렵게 애 학원 보내서 좋은 대학 넣어 놨는데 어떻게 떠납니까? 못 떠납니다. 차라리 같이 장렬하게 망하는 게 낫지요.

그리스도인들은 항상 자기 집을 떠날 준비가 되어 있어야 합니다. 짐을 챙겨 놓아야 합니다. 가진 것들을 미리 정리해 두는 것이 좋습니다. 불필요한 것이 있으면 미리미리 다른 사람에게 줘 버리고 꼭 필요한 것만 가지고 사십시오. 할 수 있는 한 다음 세상을 위해서 많이 대비하십시오. 물론 그렇다고 해서 일부러 유달리 가난하게 사는 것도 좋지 않습니다. 그냥 불편 없이 살면 됩니다. 중요한 것은 이 세상이 철거 대상이라는 것을 분명히 기억하는 것입니다. 꼭 필요한 것은 가지고 계십시오. 그러나 비슷한 것이 두세 개 있으면 다 줘 버리세요. 그것이 다음 세상의 권리를 얻는 데 아주 중요합니다. 할 수 있으면 다음에 만들어지는 새로운 세상에서 모든 것을 누리는 것이 좋습니다.

돈을 버는 목적이 남에게 주려는 데 있다면, 그것은 돈을 제대로 버는 것입니다. 그러나 자기만 누리려고 하고 죽기 전에 못 볼 것까지 다 보려는 사람은 다음 세상에 국물도 없습니다. 자식들에게도 분명히 가르쳐 주어야 합니다. "네가 사는 목적이 무엇이냐? 남에게 무엇인가 주기 위해 사는 것이다. 너를 위해서 살지 마라. 그리고 너도 최소한의 것만 가지고, 할 수 있는 한 남에게 다 주면서 살아라." 그렇게 해야 진짜 복받는 자식으로 만드는 것입니다. 남의 입에 들어가는 것까지 빼서 자기 자식에게 주는 것은 '이거나 먹고 지옥에 가라'는 것과 똑같습니다.

여러분, 이 세상에 사는 동안 평안하게 사십시오. 그러나 이 세상의 모든 것은 반드시 철거될 것이며, 다음 세상에서 권리를 얻고 상급을 누리는 것이야말로 참으로 귀한 일이라는 사실을 분명히 기억하십시오. 그렇지 않으면 롯처럼 떠나지 못합니다. 이 세상이 멸망당한다는 말을 들었는데도, 멸망이 눈앞에 임박했는데도 떠나지 못합니다.

롯을 향한 하나님의 긍휼

소돔과 고모라 성에는 수많은 사람들이 살고 있었습니다. 그런데 하나님께서 유독 롯에게만 엄청난 사랑과 긍휼을 보여 주시는 것을 볼 수 있습니다. 롯이 주저하고 있으니까 두 천사는 한 손에 한 명씩 네 명을 끌고 억지로 데리고 나옵니다. 그러면서 빨리 산으로 도망치라고 합니다. 우리 같으면 어떻게 하겠습니까? "싫어? 그러면 네 마음대로 해!" 그러나 천사는 이렇게 하지 않고 억지로 롯의 식구들을 끌고 나와서, 평지에 머물지 말고 산으로 도망하라고 합니다. 그런데 롯은 산까지 도망을 못 치겠다고 했습니다.

> 롯이 그들에게 이르되 내 주여 그리 마옵소서 종이 주께 은혜를 얻었고 주께서 큰 인자를 내게 베푸사 내 생명을 구원하시오나 내가 도망하여 산까지 갈 수 없나이다 두렵건대 재앙을 만나 죽을까 하나이다 보소서 저 성은 도망하기 가깝고 작기도 하니 나로 그곳에 도망하게 하소서 이는 작은 성이 아니니이까 내 생명이 보존되리이다(19:18-20).

참으로 이해가 되지 않습니다. 이 성이 멸망할 테니 산으로 도망치라고 하면 그 말대로 하면 될 것 아닙니까? 그런데 자기는 산으로 도망을 못 가니 가까운 성으로 도망치게 해 달라는 것입니다. 롯이 이렇게 말하는 이유가 무엇일까요? 두 가지를 생각해 볼 수 있습니다.

한 가지는 실제로 산이 너무 멀어서 당일에 가기 어려웠으리라는 것입니다. 아니면 산이 멀기도 멀지만 롯의 건강이 좋지 못해서 도저히 산까지 장거리를 달려갈 자신이 없었는지도 모르겠습니다. 또 한 가지는 롯이 아직까지도 죄의 심각성을 알지 못해서 오직 큰 도시만 죄악에 가득 찼고 작은 곳은 아직도 순수하다고 생각했을 수도 있다는 것입니다. 오늘날 사람들을 보면 대도시에 있는 청소년들은 많이 타락했고 시골이나 읍 단위에 있는 청소년들은 아직 순진하다고 생각하는데, 그렇지 않습니다. 거기도 똑같습니다. 거기도 텔레비전이 있고 비디오가 있고 오토바이가 있고 전부 다 있습니다.

지구촌이라는 말도 있지만 오늘날 우리가 살고 있는 이 지구에는 그 어느 곳에도 안전지대가 없습니다. 도시의 죄를 피할 수 있는 길은 시골로 이사 가는 것이 아닙니다. 생활 방식을 바꾸고 자기가 교제하는 사람들을 바꾸는 것이 안전지대에 들어가는 것이지, 시골로 간다고 해서 안전해지는 것이 아닙니다. 우리는 문화 없이 살 수 없습니다. 문화는 마치 우리가 입고 있는 옷과 같아서 이것이 없으면 굉장히 불편합니다. 그래서 기독교 문화가 있어야 합니다. 오늘날 이 죄의 문화를 기독교 방식으로 바꾸는 것이 소돔을 피하는 방식입니다. 시골로 간다고 해서 오토바이족이 없는 것이 아니에요.

제가 생각하기에는 이 이유들이 모두 해당되는 것 같습니다. 산이 멀기도 하고, 롯의 건강이 좋지 못하기도 하고, 또 롯이 작은 도시를 안전하게 여겼기 때문이기도 한 것 같습니다. 롯은 아직도 자기가 하나님보다 더 많이 알고 있고 더 똑똑하다고 생각하고 있습니다. "아이구, 하나님. 사람을 뭐 그렇게 먼 산까지 가게 합니까? 가까운 데 피하면 되는데."

그런데 하나님은 이러한 롯의 생각을 그대로 다 받아 주십니다.

> 그가 그에게 이르되 내가 이 일에도 네 소원을 들었은즉 너의 말하는 성을 멸하지 아니하리니 그리로 속히 도망하라 네가 거기 이르기까지는 내가 아무 일도 행할 수 없노라 하였더라 그러므로 그 성 이름을 소알이라 불렀더라(19:21, 22).

원래 하나님의 심판 계획 안에는 모든 평지가 다 포함되어 있었습니다. 그래서 산으로 도망치라고 한 것입니다. 그런데 롯은 산까지 못 가겠다는 것입니다. 힘들어서 도망 못 가겠고 중간에 멸망당할까 봐 두렵기도 하니 소알로 가게 해 달라는 것입니다. 하나님은 소알을 멸망의 대상에서 제외시키면서까지, 즉 하나님의 심판 계획을 변경시키면서까지 롯을 구원해 주십니다.

그렇게 하신 이유가 무엇입니까? 소돔에 수많은 사람들이 있는데도 불구하고 왜 유달리 롯만 이렇게 사랑하시는 것입니까? 지체하는 롯을 끌어 내시고 또 롯이 산까지 도망가지 못하겠다고 하니까 심판의 경계선을 바꾸면서까지 롯을 구원하시는 이유가 무엇입니까? 그 이유는 아무것도 없습니다. 단지 하나님께서 그렇게 하기를 기뻐하셨기 때문입니다. 롯은 하나님 앞에 요구할 것이 하나도 없는 사람입니다. 하나님께서 소돔이 망한다는 이야기를 미리 해주신 것만 해도 큰 축복이지요. 하나님께서 이렇게 롯을 구원해 주신 것은 롯에게 그럴 만한 자격이 있어서가 아닙니다. 하나님께서 그냥 롯을 구원하기로 하셨기 때문입니다.

구원받는 사람에게는 한 가지 특징이 있습니다. 그 사람 자체로서는 구원받을 자격이 없지만 그 사람 아주 가까이에 그를 위해 기도하고 있는 사람이 있다는 것입니다. 오늘 본문은 하나님께서 롯을 구원하신 원인이 마치 아브라함에게 있는 것처럼 설명하고 있습니다.

> 하나님이 들의 성들을 멸하실 때 곧 롯의 거하는 성을 엎으실 때에 아브라함을 생각하사 롯을 그 엎으시는 중에서 내어보내셨더라(19:29).

이 말씀을 보면 롯이 구원받은 것이 마치 아브라함의 믿음 때문인 것 같습니다. 그러나 사실은 그렇지 않습니다. 롯이 구원받은 것은 아브라함 때문이 아니라, 오직 하나님의 은혜와 사랑 때문입니다. 그러나 이러함에도 불구하고 하나님께서 은혜와 긍휼을 베풀어 주는 사람 옆에는 그를 위해서 기도해 주는 사람이 반드시 있습니다. 누군가 그 사람에게 관심을 가지고 그 영혼을 불쌍히 여기며 그가 멸망당하지 않도록 염려하며 기도하고 있을 때, 하나님께서 그를 사랑하시고 긍휼을 베푸십니다. 그래서 이 세상에서 가장 비참한 일은 신실한 믿음의 형제들에게 잊혀지는 것입니다. 그들이 '저 사람을 위해서는 이제 더 이상 기도할 필요가 없다'는 결론을 내리는 것보다 더 불행한 일이 없습니다. 그래서 그리스도인들이 기도 시간에 자기를 생각하게 만드는 사람이야말로 굉장히 현명한 사람입니다.

물론 아브라함이 롯만을 위해 기도한 것은 아닙니다. 그는 소돔과 고모라 사람들 모두의 구원을 위해 기도했습니다. 그러나 하나님께서는 아브라함이 소돔 사람들을 위해서 기도했을 때 그 기도 안에 롯을 위한 기도가 포함되어 있다는 것을 아셨습니다. 아브라함은 기도만 했지만 하나님께서는 직접 거기에 천사를 보내어 주저하고 있는 롯을 끄집어 내시고 그와 대화를 나누시고 설득하셨습니다. 그리고 그가 소알로 피하겠다고 하자 그러라고 하시면서 심판 계획을 변경시키면서까지 롯을 구원하셨습니다.

여러분, 믿는 자의 기도가 얼마나 힘이 있고 능력이 있는지 모릅니다. 나는 거기에 갈 힘이 없고 할 수 있는 일이 아무것도 없습니다. 그러나 기도 속에서 그 사람을 기억하고 있을 때 하나님은 직접 발로 쫓아가셔서 그를 끄집어 내시고 설득하시고 옮기십니다. 만약 아브라함이 직접 찾아가서 롯을 끄집어 냈다면 롯이 순순히 따라 나왔겠습니까? 절대로 순순히 따라 나오지 않습니다. "도대체 삼촌은 왜 여기까지 따라와서 못살게 구는 겁니까? 내가 여기서 기반 좀 잡고 살 만하니까 그냥 그걸 못 보고 여기까지 쫓아와서 망한다는 소리나 하고. 사촌이 땅을 사면 배가 아프다더니 그래서 여기까지 와서 사람을 힘들게 하는 겁니까?" 이러면서 따라 나서지 않았을 것입니다. 아브라함이 아무리 쫓아가서 이야기해 봐야 듣지도 않습니다. 아브라함은 그것을 알고 있습니다. 그는 그냥 기도했습니다. 그러니까 하나님이 쫓아가셔서 억지로 끌고 나오셨습니다.

자식이 자기 뜻대로 되지 않을 때 두들겨 팬다고 되는 일이 아닙니다. 지금은 자식이 맞지만 나중에는 부모가 도로 맞습니다.

우리는 기도를 통해 내가 가지 못하는 곳에 주님이 직접 찾아가셔서 무섭게 일하신다는 것을 못 믿습니다. 우리는 꼭 내가 찾아가서 내 입으로 말하고 내가 관리해야 한다고 생각합니다. 그러나 그렇게 할 필요가 없습니다. 나는 기도만 하고 있어도 하나님이 얼마든지 역사하십니다.

아브라함은 롯을 지적해서 기도하지 않았습니다. 소돔에 있는 사람들을 위해서 기도했습니다. 그러나 하나님께서는 그 말 속에 롯의 구원을 원하는 마음이 있다는 것을 알고 계셨고, 직접 발로 뛰어가서 롯을 끄집어 내셨습니다.

저는 우리나라의 상황에 대해 여러분이 생각하고 있는 것보다 훨씬 더 비관적으로 생각하는 사람이었습니다. 2002년에 월드컵을 한다고 하지만 과연 2000년까지 갈 수 있을까 싶을 정도로 사람들의 믿음과 도덕성이 너무나 타락했습니다. 믿는 사람이든지 안 믿는 사람이든지 그 이기심과 교만을 차마 눈 뜨고 봐 줄 수가 없습니다. 그런데 하나님께서 저에게 한 가지 소망을 주셨습니다. 그것은 아브라함이 의인 열 명의 명단만 찾아온다면 하나님께서 그 열 명뿐 아니라 소돔과 고모라 전체를 살리겠다고 하신 말씀에서 얻은 소망입니다. 그것이 바로 아브라함 리스트입니다. 그래서 저는 '김리스트'(Kim's List)를 만들기로 결심했습니다. 저는 우리나라의 젊은 사람들 가운데서 이 명단을 작성하기로 했습니다. 말씀을 듣고도 변하지 않는 사람을 붙잡고 씨름할 시간이 없습니다. 어떻게 해서든지 정말 하나님의 말씀을 듣고 변화되는 자의 명단만 제시할 수 있다면, 하나님께서 한국 교회뿐 아니라 우리 사회 전체를 살려 주시리라는 굉장한 확신이 제게 있습니다.

그래서 그 의인의 명단을 작성하기 위해 제가 갈 수 있는 모든 곳을 가려고 합니다. 사실 목회자 중에서 자기 교회를 아끼지 않는 사람이 누가 있겠습니까? 자기 교인들이 은혜 받고 자기 교인들이 잘 되는 것을 좋아하지 않는 목사가 어디 있으며, 자기 교인들과 수시로 인간적인 유대관계를 맺고 싶지 않은 목사가 어디 있겠습니까? 자기 아내나 자식이 좋지 않은 사람이 어디 있겠습니까? 그러나 저는 '내가 뛰어다니면 하나님께서 친히 찾아오셔서 당신의 백성들을 지켜 주시며 그들을 위기에서 구해 주시고 그들을 정신차리게 하시리라'는 믿음이 있기 때문에 어디든지 찾아가서 말씀을 전하려고 하는 것입니다.

아브라함은 소돔을 위해서 기도했습니다. 롯만 구원해 달라고 기도하지 않았습니다. 열 명의 명단을 구하겠으니 소돔과 고모라에 있는 사람들을 구원해 달라고 했습니다. 그런데 그 의인이 없었습니다. 롯조차 의인에 들어야 하는지 죄인에 들어야 하는지 불분명했습니다. 그러나 하나님께서는 아브라함의 기도 속에 롯이 포함되어 있다는 것을 아시고 발로 뛰어가서 롯을 구원하셨습니다.

오늘날 그리스도인들이 자기 문제와 자기 감정과 자기 결혼과 자기 자식의 문제에만 빠져 있는 것은 굉장히 한심한 노릇입니다. 우리 사회는 소돔을 능가하고 있습니다. 소돔 사람들한테 서울에 와서 살라고 하면 이 죄악의 도시에서는 도저히 못 살겠으니 제발 소돔으로 보내 달라고 할 것입니다. 고모라 사람들이 압구정동에 와서 오토바이족들이 달려가고 사람들이 주차 문제로 욕하고 삿대질하는 것을 보면 "우리는 차가 없어서 마차 가지고 싸우긴 했지만 그래도 너희처럼 이러지는 않았다"고 할 것입니다. 밤마다 벌어지고 있는 '홀딱쇼' 같은 것을 보면 "오! 소돔이여, 우리는 너무나도 순진했다! 이런 죄를 짓는 곳도 있는데 우리를 멸망시키다니!" 하면서 하나님께 항의할 거예요.

여러분, 그리스도인들이 적당하게 믿으면서 자기만족에 빠지는 것은 자기도 망하고 다른 사람도 망하게 하는 길입니다. 다른 모든 젊은이들을 위하여 뛸 때 내 아들도 제대로 되는 것입니다. 옛날에 제대로 된 어머니들은 아들의 친구들을 막 퍼먹였습니다. 왜 그렇습니까? 자기 아들이 잘 되게 하기 위해서입니다. 이것이 어머니의 지혜입니다. 다른 친구들이 살면 내 아들도 같이 산다는 것이지요. 요새는 티끌만 조금 묻어도 씻기고 로션 바르고 또 씻기고 로션 바르는 게 일입니다. 그러나 남을 위해 살 때 자기 집이 살게 되어 있습니다. 하나님께서 살 수 있도록 지켜 주십니다.

우리가 생각하게 되는 것은 과연 롯처럼 부끄러운 구원을 받는 자들이 있겠느냐 하는 것입니다. 저는 거기에 대하여 '물론 있다'고 대답하겠습니다. 구원받는 것은 엄청나게 귀한 일입니다. 그러나 믿는다고 하면서도 롯처럼 자기 욕심대로 살았기 때문에 부끄럽게 구원받는 자들이 정말 있습니다. 대표적인 경우가 십자가 위에서 회개한 강도입니다. 그는 하나님의 뜻대로 살 시간이 없었습니다. 하나님의 아들을 믿었을 때는 이미 죽음의 그림자가 그 뒤에 드리워지고 있었기 때문입니다. 그가 주 예수 그리스도 앞에 굴복했을 때 그는 이미 숨이 넘어가고 있었습니다. 그러나 한평생 악을 행하면서 살았던 그가 주 예수를 믿었을 때 하나님의 아들은 놀라운 약속을 하셨습니다. "네가 오늘 나와 함께 낙원에 있으리라." 그는 참으로 낙원에 있을 것입니다. 그러나 상은 하나도 없습니다. 한평생 주님을 위해 수고하고 다른 형제와 자매를 위해 눈물 흘리며 수고한 종들과 상이 같을 수가 없습니다.

어떤 분들은 한평생 주님을 모르고 살다가 병상에서 주님을 영접합니다. 한평생을 자기밖에 모르고 살아온 이 이기적인 사람을 멸망시키는 것이 당연하지만 그럼에도 불구하고 하나님은 그 고백을 들어 주셔서 구원하실 것이라고 저는 믿습니다. 그러나 상급을 기대할 수는 없습니다. 왜냐하면 하나님의 뜻대로 살 시간이 없기 때문입니다.

고린도전서 3장은 부끄러운 구원을 받은 자에 대하여 말씀하고 있습니다. 그들은 사역자입니다. 그들은 분명히 주님을 믿었고 정말 중생한 자들이었지만, 부끄럽게도 말씀으로 사역하기를 원하지 않았습니다. 그들은 그 시대의 가치관과 사람들이 원하는 것이 무엇인지 생각해서 풀과 나무와 짚으로 공동체를 세웠습니다. 사람들이 좋아하든 싫어하든 하나님의 말씀과 성령의 역사로 정직하게 세운 것이 아니라, 사람들이 원하는 것과 세상의 가치관을 가지고 세웠습니다. 성경은 불 시험으로 그 모든 것을 태울 때 풀과 나무와 짚으로 지은 것은 하나도 남지 않을 것이며, 그들은 불 가운데서 부끄럽게 구원을 받을 것이라고 말씀하고 있습니다. 구원은 받습니다. 그러나 아무것도 남는 것이 없습니다. 그들이 한평생 수고한 것은 하나님 앞에서 전혀 인정받지 못할 것이며, 사람들에게 들은 수많은 칭찬들이 오히려 부끄럽게 느껴질 것입니다.

사도 바울은 교회에서 징계받아 쫓겨난 자 가운데 진정 자기의 잘못을 인정하며 회개하고 돌아오는 사람은 그 영혼을 구원받을 수 있다고 말씀했습니다. 그러나 그 육신은 사탄에게 넘겨주겠다고 했습니다. 교회의 가르침에 바로 복종하지 않고 자기 마음대로 살 때 그 영혼은 구원받아도 상급은 절대로 없습니다. 사도 바울은 로마서 8장에서 "너희가 육신대로 살면 반드시 죽을 것이로되 영으로써 몸의 행실을 죽이면 살리니"라고 말씀하고 있습니다.

그리스도인들이 진정으로 하나님을 믿기는 하지만 그의 말씀에 순종하지 않을 때 발병할 가능성이 굉장히 많습니다. 주님이 항상 기뻐하라고 했는데도 기뻐하지 않고 화를 내면 우울증이나 다른 병에 걸릴 확률이 안 믿는 사람들보다 훨씬 더 높습니다. 그리고 합병증이 생겨서 일찍 죽을 가능성도 있습니다. 그리스도인들 가운데서도 우울증에 시달리고 있는 사람들이 굉장히 많은데, 그 이유는 순종하지 않았기 때문입니다. 주님은 "너희는 마음에 염려하지 말라. 분노하지 말고 기뻐하고 감사하라"고 하셨습니다. 그런데도 기뻐하지 않고 감사하지 않을 때 우울증이 생깁니다. 그리고 그가 진정으로 예수 그리스도로 거듭난 사람이라면 참 위험합니다. 정말 그가 예수를 믿었다면 그 영혼은 구원받겠지만 상급은 없습니다.

롯의 경우가 바로 그랬습니다. 여러분, 예수를 믿는다고 하면서도 하나님의 말씀대로 살지 않고, 자기 기질대로 살면, 성령께서 여러분의 건강을 치실 것이며 여러분이 하는 일들을 축복하지 않으실 것입니다. 물론 지옥 가는 것보다는 구원받는 것이 엄청나게 좋지요. 천국에 들어가는 것만으로도 좋지요. 그러나 다른 형제나 자매들의 태양 같은 영광을 볼 때 '내가 조금만 덜 욕심을 부리고 조금만 더 내 기질과 교만을 버리고 나 자신을 헌신할 것을' 하면서 영원히 안타까워할 것입니다.

소돔에 내린 심판

> 여호와께서 하늘 곧 여호와에게로서 유황과 불을 비같이 소돔과 고모라에 내리사 그 성들과 온 들과 성에 거하는 모든 백성과 땅에 난 것들을 다 엎어 멸하셨더라(19:24, 25).

하늘에서 유황과 불이 내렸다는 것은 우리로서는 도저히 이해할 수 없는 일입니다. 그러나 하늘에 구름이나 산소 같은 공기만 있다고 생각한다면 잘못입니다. 하늘에는 우리가 알지 못하는 수많은 것들이 있습니다. 이스라엘 백성들에게 내린 만나를 보십시오. 그것들이 다 어디 있다가 내린 것입니까? 또 이번의 유황불을 보십시오. 이것들이 다 어디 있다가 쏟아진 것입니까?

우리는 여기서 노아 홍수 재앙과 소돔과 고모라의 재앙 사이에 중요한 차이점이 한 가지 있다는 것을 알아야 합니다. 노아 홍수는 단순한 홍수가 아닙니다. 하나님께서 자연질서를 거두신 것입니다. 하나님은 이 세상을 쓸어 버리시는 데 다른 것을 사용하시지 않았습니다. 단지 붙들고 계신 자연질서를 놓아 버리시니까 곧바로 홍수가 나서 땅은 꺼지고 바닷물은 밀려들어와 사람들이 몰살해 버렸습니다. 노아의 무지개는 세상 끝날까지 자연질서를 지켜 주시겠다는 언약입니다. 다시 말해서 해가 뜨고 지는 것이나 계절이 바뀌는 것을 세상 마지막까지 지켜 주시겠다는 보존의 언약입니다.

전쟁이 일어나는 이유가 무엇입니까? 하나님께서 전쟁을 억제하는 손을 거두셨기 때문입니다. 무서운 전염병이 퍼지는 이유가 무엇입니까? 하나님께서 전염병을 억제하는 손을 거두셨기 때문입니다. 사람들이 왜 미칩니까? 하나님께서 믿는 사람에게나 안 믿는 사람에게나 보내 주시는 성령의 일반적인 은총을 거두셨기 때문입니다. 하나님께서 매일 공기와 비를 보내시듯이 안 믿는 사람들에게 계속 그의 성령을 보내어 악한 본성을 억제하시기 때문에 그나마 사람들이 악수하고 밥 먹고 직장생활하는 것이지, 성령만 거두시면 바로 얼굴이 틀어지기 시작하면서 이를 갈고 손톱을 세우기 시작합니다. 완전히 지옥이 되어 버려요.

사람의 힘으로는 전쟁을 억제하지 못합니다. 주사 놓는다고 병이 안 퍼지는 것이 아닙니다. 물론 예방접종은 해야 하지만, 그렇게 한다고 해서 전염병을 막을 수 있는 것이 아닙니다. 하나님이 억제하고 계시기 때문에 전염병이 좁은 공간에만 있는 것입니다. 그 손을 놓으시기만 하면 곧바로 홍수가 나고 전쟁이 터지고 전염병이 퍼집니다. 그런데도 사람들은 하나님의 은혜에 너무나 감사할 줄 모릅니다.

그러나 이 소돔의 멸망은 하나님이 전쟁을 억제하던 손을 거두셨기 때문에 일어난 것이 아닙니다. 적극적으로 불과 유황을 퍼부어서 완전히 엎어 버리셨습니다. 유황은 폭탄의 성분입니다. 이것을 불과 함께 비같이 쏟아 부어서 뒤엎어 버리신 것입니다. 이것은 자연질서의 붕괴가 아닙니다. 하나님의 적극적인 심판 행위입니다.

성경은 지옥이 유황불로 되어 있다고 말씀하고 있습니다. 사람들이 이 유황불을 잘 실감하지 못하는 것 같아요. 이것은 지옥이 계속 폭발하고 있다는 말입니다. 물론 상징적인 표현일 수도 있습니다. 그러나 지옥을 이 말보다 더 잘 표현할 수는 없을 것입니다. 상가에 불이 났을 때 거기에서 빠져 나온 사람들이 하는 말이 무엇입니까? 그곳은 지옥이었다는 것입니다. 질식해 죽을 것 같은 독가스와 무서운 열기, 살려 달라는 사람들의 아우성, 이제 죽었다는 절망감, 이 모든 것이 지옥이지요. 불과 유황이 하나님으로부터 쏟아졌다고 하지만 사실 이것은 지옥에서 기어 올라온 것입니다.

요즘 우리가 살고 있는 이 지구에는 계속해서 지옥이 기어 올라오고 있습니다. 두려움과 공포와 좌절은 지옥에서 기어 올라온 것입니다. 심리적으로는 이미 많은 사람들이 지옥을 경험하고 있습니다. 계시록에 보면 황충이 무저갱에서 올라온다고 했는데, 지금 사람들이 느끼는 그 감정과 두려움이 바로 지옥의 것입니다. 누군가에 대한 미움 때문에 잠이 안 올 때 지옥이 바로 거기 있습니다. 요즘 감기도 조심해야 합니다. 옛날 감기가 아니에요. 지옥표 감기입니다. 날씨도 보통 날씨가 아닙니다. 우리는 여러 면에서 지옥을 미리 맛보고 있습니다. 무너진 백화점은 지옥이었습니다. 끊어진 다리도 지옥이었습니다. 잘 날아가다가 갑자기 폭발한 비행기도 지옥이었습니다.

여러분, 이 모든 일들을 보면서 이 세상에 영원한 것이 없다는 것을 깨달아야 합니다. 그리고 주님이 약속하신 대로 나의 모든 보물을 하늘에 쌓아 두는 준비를 해야 합니다. 이 세상에 지나치게 애착을 갖지 마십시오. 여기에 많은 투자를 하지 마십시오. 어떤 분은 한평생 공부에 투자를 합니다. 여기서 석사 받고 저기서 박사 받습니다. 물론 평생 배운다는 자세는 좋지만 이곳은 철거 대상 지역이라는 것을 잊지 마십시오. 부끄러운 구원을 받지 않으려면 삶을 잘 살아야 합니다. 남을 위해 무언가 하십시오. 다른 사람의 눈치를 볼 필요가 없습니다. 주님 앞에 가면 모든 것이 다 밝혀지게 되어 있습니다.

여기서 체험하는 지옥의 경고를 무시하지 마십시오. 자녀들에게 곧 이 세상을 떠나야 한다는 것을 가르치십시오. 롯의 아내처럼 구원받는 과정에서 뒤를 돌아보다가 소금기둥이 되는 일이 없도록, 세상에 대한 미련을 거두지 못하고 돌아보다가 그 자리에서 즉사해 버리는 일이 없도록 주의해야 합니다. 롯의 아내가 어떻게 소금기둥이 되었는지 모르겠습니다. 뒤를 돌아보다가 바로 그 자리에서 벼락을 맞아 선 채로 죽었는지, 아니면 거기에 무슨 화석 작용 같은 것이 일어나서 돌이 되어 버렸는지 모르겠습니다. 지금도 롯의 아내로 생각되는 돌기둥이 여러 개 있습니다. 어느 것이 진짜인지는 알 수가 없습니다. 제가 보기에는 진짜 롯의 아내의 돌기둥은 없어졌을 것 같습니다. 비슷한 기둥이 생기기도 하고 없어지기도 하니까요. 어쩌면 하나님께서 영원한 표증으로 그런 소금기둥들을 만들어 놓으신 것인지도 모르겠습니다. 아무리 하나님이 은혜를 베푸시는 중이라고 하더라도 하나님의 말씀을 경멸하고 세상을 돌아보다가 그나마 주어진 구원의 기회마저 박탈당한 롯의 아내의 어리석음은 영원한 표증이 되고 있습니다. 쓸데없는 호기심을 버려야 합니다. 하나님의 말씀대로 뒤도 돌아보지 않고 옆도 보지 않고 그냥 열심히 달리는 것만이 살 수 있는 길입니다.

오늘 말씀이 우리에게 보여 주는 것이 무엇입니까? 롯은 자기의 모든 것을 소돔에 쏟았기 때문에 하나님께서 강권적으로 끌어내시기 전에는 소돔을 떠날 수가 없었습니다. 그러나 이 세상은 철거 대상 지역입니다. 아주 불편하지만 않게 지낼 수 있다면 그것만으로도 큰 축복입니다. 또 좀 불편하다 하더라도 다음 세상을 위해서 지금 내가 가지고 있는 이 젊음과 삶을 남을 위해서 사용할 때, 다음 세상에서 굉장한 영광과 축복을 누릴 것입니다.

하나님의 긍휼이 누구에게 임합니까? 우리는 모릅니다. 그러나 하나님이 불쌍히 여기시는 사람 주변에는 그 사람을 위해서 기도해 주는 사람이 꼭 있습니다. 그러므로 다른 사람을 위해서 기도하는 것을 아까워하지 마십시오. 내가 직접 뛰어가지 못하더라도 있는 자리에서 기도하면 하나님이 직접 천사를 보내서 그를 설득하고 그를 끄집어 내 오십니다. 아브라함이 롯만을 위해 기도하지 않고 소돔과 고모라 사람 전체를 위해 기도한 것을 기억하십시오. 이 세상 전체를 살리기 위해 뛸 때 우리 교회가 사는 것입니다. 우리나라에 있는 교회 전체가 살면 우리 교회도 살게 되어 있습니다. 다른 교회가 다 죽고 우리 교회만 산다면 우리 교회도 죽은 교회입니다. 다른 사람은 다 죽고 우리만 건전하게 산다는 것은 있을 수 없는 일입니다. 내 교회를 살리려면 다른 교회들을 살려야 하고 다른 젊은이들을 살려야 합니다. 이 세상에 무언가 생기가 있을 때 교회도 안전할 수 있는 것입니다.

여러분 나름대로 리스트를 만드십시오. 복음을 듣지 않으려 하는 사람은 어쩔 수 없습니다. 그러나 들으려고 하는 사람은 적극적으로 찾아가십시오. 그러면 주님께서 내 문제들을 해결해 주실 것입니다.

소돔의 심판은 지옥불이 올라온 것입니다. 사람들은 여기에서 지옥을 맛보고 있으면서도 지옥을 믿지 않고 마치 이 세상에서 조금이라도 편하게 사는 것이 행복인 것처럼 어떻게 하든지 기를 쓰고 여기에 투자하고 여기에서 뭔가 얻으려고 달려듭니다. 그러나 그렇게 하는 사람은 롯과 롯의 아내처럼 어리석은 자가 될 것입니다. 제발 이 롯의 아내 같은 어리석은 짓을 그만 두십시오. 도망치면서도 미련을 버리지 못하고 뒤를 돌아볼 때 소금기둥이 되고 만다는 하나님의 이 영원한 경고를 기억하십시오.

18

멸망
그 이후

우리는 어떤 큰 일을 한 번 겪으면 좀처럼 그 후유증에서 벗어나지 못합니다. 그래서 집이 무너지거나 다리가 붕괴되는 것 같은 사고에서 가까스로 살아남은 사람은 그 후유증 때문에 상당한 기간 악몽에 시달리거나 정상적인 생활을 못하는 것을 볼 수 있습니다.

롯은 멸망하는 소돔에서 가까스로 살아 나왔습니다. 조금만 지체하였더라면 그도 유황불 바다에서 멸망하고 말았을 것입니다. 중요한 것은 이 엄청난 재앙에서 하나님의 은혜로 구원받은 롯이 그 후에 어떻게 살았느냐 하는 것입니다. 우리가 이 엄청난 멸망에서 구원받았다면 얼마나 기쁘고 감사하게 살겠습니까? 그러나 유감스럽게도 롯은 그렇게 풍성하고 아름다운 삶을 살지 못했습니다.

처음에 롯은 멸망한 도시들 바로 옆에 있는 소알이라는 곳에서 살았습니다. 그러나 그는 곧 소알을 떠나서 산으로 갔습니다. 어느 산인지는 알 수 없지만 아마 사람들이 아무도 살지 않는 깊은 산이었던 것 같습니다. 거기서 롯은 장성한 자기 두 딸과 함께 원시인처럼 살았습니다. 그 이유를 우리는 짐작할 수 있습니다. 롯이 소알 사람들의 삶을 보았을 때 그들의 모든 행위는 소돔 사람들과 조금도 다를 바가 없었습니다. 소돔과 고모라가 망했다면 이 소알도

망할 수밖에 없다는 것을 롯은 알았습니다. 그래서 그는 이 소알 사람들과 함께 멸망당하지 않으려고 아무도 없는 깊은 산 속으로 들어갔습니다. 그리고 거기서 약간의 농사를 지으면서 필요한 것을 자급 자족한 것 같습니다. 마치 수도원 생활 하듯이 산 것입니다.

그러나 문제는 거기서 끝나지 않았습니다. 롯은 그렇게 살수 있었을지 모르지만, 롯의 두 딸은 그렇게 살기에는 너무나도 젊은 여자들이었습니다. 그들에게는 남자가 필요했습니다. 하지만 깊은 산속으로 들어왔기 때문에 남자를 구경조차 할 수가 없었습니다. 그래서 어떻게 했습니까? 성경에 이런 내용이 기록되어 있다는 것 자체를 믿을 수 없을 정도로 끔찍한 짓을 해서 자손을 얻었습니다. 아버지에게 술을 실컷 먹여 놓고 정신이 없는 틈을 타서 성관계를 가져 임신을 한 것입니다. 얼마나 끔찍한 일인지 모릅니다.

우리는 롯과 그의 두 딸에게서 이 엄청난 멸망으로부터 구원받은 자의 모습을 찾아볼 수가 없습니다. 그들은 멸망에서는 건짐을 받았지만 그 이후의 삶이 전보다 조금도 나아지지 못했습니다. 우리는 그들에게서 하나님께 감사하는 모습을 찾아볼 수 없습니다. 오히려 하나님을 더 두려워하고 무서워하며, 더 이기적이고 자기중심적인 삶을 사는 것을 보게 됩니다. 멸망에서 건짐을 받았다면 옆에 있는 사람에게 무언가 조금이라도 유익이 되고 도움이 되어야 하지 않겠습니까? 약혼한 사람을 소돔에서 잃고 자기들도 겨우 목숨을 건져서 살았다면 결혼 문제 같은 것은 극복할 수도 있지 않겠습니까? 그런데 그들은 전혀 극복하지 못하고 오히려 너무나도 비인륜적인 방법으로 자기들의 욕심을 채우고 있습니다. 아마 딸을 가진 아버지라면 딸과 함께 이 본문을 읽을 자신이 없을 것입니다.

그러나 이렇게 끔찍한 역사를 모세가 기록한 데에는 반드시 이유가 있습니다. 그것이 무엇입니까? 지금 이스라엘 백성들은 애굽에서 이제 막 탈출하여 목적지를 향해 가고 있습니다. 그런데 그들보다 신앙이 훨씬 못한 모압과 암몬 족속들은 이미 정착해서 잘 먹고 잘살고 있습니다. 아마도 모세는 '너희가 노예생활에서 해방된 지 얼마 되지 않았고 아직 가진 것도 없지만, 이 모압과 암몬 족속에 비해 훨씬 더 존귀한 자라는 것을 깨달으라'는 의미에서 이 말씀을 기록한 것으로 생각됩니다. 그러나 이보다 더 중요한 의미가 있습니다. 그것은 이스라엘 백성도 만약 이 구원의 의미를 깨닫지 못하고 자기 문제에 빠져 버린다면 롯이나 그 두 딸과 마찬가지로 차라리 멸망당하느니만 못한, 아주 비인간적인 결과를 맞이하리라는 것을 경고하는 것입니다. 즉 구원받는 것도 중요하지만 구원받고 난 후에 어떻게 사느냐가 더 중요하다는 것을 모세는 우리에게 보여 주고자 합니다.

사실 모세의 우려는 정확하게 실현되고 말았습니다. 가나안 땅에 들어간 이스라엘 백성들은 롯이나 그의 딸들보다 결코 나을 것이 없는 삶을 살게 되었습니다. 물론 애굽에서 노예생활 하던 공포 때문에 매일 악몽에 시달리면서 산 것은 아니었지만, 더욱더 자기 문제에 빠져들었고 더 이기적이 되었으며 더 부도덕한 욕망에 사로잡혀 추잡하고 더러운 삶을 살았습니다. 그 결과가 무엇입니까? 이스라엘 백성 전체가 가나안 땅에서 쫓겨나서 다시 노예가 되는 것이었습니다.

우리가 어떤 큰 재앙에서 구사일생으로 살아났다면 그때부터 우리 목숨은 우리 것이 아닙니다. 원래 목숨은 그때 이미 잃은 것이고, 이제부터 내 목숨은 모든 사람의 것이라고 생각해야 합니다. 그래서 자신의 문제는 뒤로 접어 두고 좀더 넓은 눈을 가지고 다른 사람들을 위하여 무언가 노력해야 합니다. 롯이나 그의 딸들이 이렇게 살았다면 그들의 남은 삶은 참으로 아름다울 수 있었을 것입니다.

하나님께서 우리에게 바라시는 것이 바로 이것입니다. 우리는 이미 영원한 멸망에서 구원을 받은 사람들입니다. 그렇다면 그렇게 구원받은 사람답게 사는 삶이 있습니다. 예수 믿고 난 후에도 예수 믿는 의미를 깨닫지 못하고 더 이기적이고 추잡하고 옹졸하게 살 때 그 결과가 결코 아름답지 못하다는 것을 오늘 말씀은 우리에게 이야기해 주고 있습니다. 구원받은 우리에게는 다른 사람들을 위해서 무언가 해주어야 할 빚이 있고 책임이 있다는 것을 깨닫지 못할 때, 우리는 예수를 믿음으로써 오히려 더 비참한 결과를 맞을 수밖에 없습니다.

소알을 떠난 롯의 식구들

소돔과 고모라가 멸망한 후 롯은 소알이라는 곳에서 임시로 살았습니다. 그러나 그는 불안 때문에 거기에서 오래 살지 못하고 산으로 올라가 굴에서 생활하기 시작했습니다.

롯이 소알에 거하기를 두려워하여 두 딸과 함께 소알에서 나와 산으로 올라 거하되 두 딸과 함께 굴에 거하였더니(19:30).

소알이라는 곳이 어떤 곳입니까? 소알은 소돔이나 고모라와 마찬가지로 하나님께서 멸망시키기로 작정하신 곳이었습니다. 소알은 작은 곳이었지만 죄짓는 일에서는 소돔이나 고모라에 결코 뒤지지 않았습니다. 그러나 하나님께서는 순전히 롯 때문에 소알을 살려 두셨습니다. 원래 하나님께서는 산까지를 멸망의 경계로 정해서, 평지는 모두 유황불로 뒤집어엎어 버리실 계획이었습니다. 그러나 롯은 도저히 산까지 갈 수 없으니 이 작은 성에 피하게 해 달라고 기도했고, 그 기도를 들으신 하나님은 원래의 심판 계획을 수정해서 소알을 빼 주셨습니다. 아브라함의 기도와 롯의 간청 때문에 소알을 심판에서 완전히 제외시켜 주신 것입니다.

그러나 롯은 소알에서 살 자신이 없었습니다. 소알 사람들이 하는 짓을 보니까 소돔 사람들과 똑같았어요. 얼마 가지 않아서 이 소알도 유황불로 멸망할 것 같았습니다. 그래서 결국 소알을 버리고 아무도 없는 산에 가서 수도사처럼 살기로 했습니다. 여기서 우리가 볼 수 있는 것이 무엇입니까? 롯이라는 인간은 철저하게 이기적이고 개인적인 사람이라는 것입니다. 이 엄청난 멸망에서 구원을 받았으면 무언가 생각하는 것이 있어야 하고 느끼는 것이 있어야 하고 달라지는 것이 있어야 하는데, 롯은 언제나 자기 혼자 살아남는 일만 생각했습니다.

롯은 소돔 사람들이 어떻게 살았는지 경험했고 또 그들이 어떻게 망했는지 두 눈으로 똑똑히 본 사람입니다. 다시 말해서 그는 이 소알 사람들에게 무언가 아주 중요한 것을 말해 줄 수 있는 사람인 것입니다. 소알 사람들에게도 소돔의 멸망은 엄청난 충격이었습니다. 그런데 그 성 안에서 이루어진 일들을 가장 소상하게 알고 있는 생존자가 있는 것입니다. 롯이 구원받은 자신의 목숨을 자기 것으로 생각하지 않고 소알 사람들을 위해 소돔에서 일어난 일들을 증거했다면 소알에서는 아주 큰 회개의 운동이 일어났을 것입니다. 롯이 소돔에서 먹고살기 위해 기울인 노력의 반만 여기에 썼어도 소알 사람들은 회개하고 나왔을 거예요.

멸망에서 살아나온 사람의 말은 강력한 호소력을 가지는 법입니다. 불타는 호텔에서 간신히 살아나온 사람이 있다면 모두 카메라를 집중시켜 놓고 그 사람이 하는 말에 귀를 기울이지 않겠습니까? 요나 선지자를 보십시오. 그는 하나님의 명령을 거역하여 바다 밑바닥까지 내려갔던 사람입니다. 그는 하나님의 진노를 경험한 사람이고, 하나님의 심판을 맛본 사람입니다. 그런 그가 물고기 배 속에서 살아 나와서 니느웨 사람들에게 전도하자, 모두 하나님 앞에 무릎 꿇고 회개했습니다.

하나님께서 롯을 멸망 가운데서 살리신 이유가 무엇입니

까? 롯을 통해 아직 멸망당하지 않은 소알 사람들로 하여금 자기 죄를 깨닫게 하고 하나님 앞에 회개하게 하기 위해서입니다. 자기가 경험한 것에 살을 붙일 필요가 없습니다. 미화시킬 필요도 없습니다. 그저 보고 느낀 대로 전하기만 했어도 소알에서는 진정한 회개 운동이 일어났을 것입니다. 그러나 롯은 혼자 살고 싶어했습니다. 자기가 보기에 소알이 너무나 불안하고 얼마 있지 않으면 꼭 망할 것 같으니까 혼자 안전한 길을 택해서 원래 천사가 말했던 대로 산으로 도망쳐 버린 것입니다.

우리는 롯의 선택을 보고서 참으로 안타까운 마음을 금할 수가 없습니다. 롯이 언제 소알을 버려야 합니까? 하나님이 버리실 때입니다. 하나님께서 "롯아, 이제는 소알도 안 되겠다. 이곳을 포기하고 다른 곳으로 가자"고 하실 때 떠나도 늦지 않습니다. 그러나 그때까지는 소알을 버려서는 안 됩니다. 하나님께서 아직 포기하지 않으셨는데 왜 자기 혼자 안 된다고 단정짓습니까? 하나님께서 아직 버리지 않으셨는데 왜 자기 혼자 포기하고 다른 곳으로 도망칩니까?

정죄하고 포기하고 버리기는 쉽습니다. 버리는 건 누구든지 할 수 있어요. 그러나 하나님께서 원하시는 것은 이렇게 모든 것을 정죄하고 포기하고 버리는 것이 아닙니다. 하나님께서는 도저히 회복이 불가능할 것 같은 그 상황 속에 파고들어서 그들을 바꾸고 회복시키기를 원하십니다. 혼자 살려고 도망치는 것은 언제든지 할 수 있는 일입니다. 중요한 것은 최후의 순간까지 회복될 가능성을 바라보면서 참고 인내하는 것입니다.

그러면 언제 포기하고 떠나야 합니까? 신실한 공동체를 만들 수 없을 정도로 악이 구조화되었을 때, 멸망의 가증한 것이 서지 못할 곳에 섰을 때입니다. 그때가 오면 하나님께서 반드시 우리에게 말씀해 주실 것입니다. 그러나 그 정도가 아니라면 그렇게 쉽게 포기할 성질의 것이 아닙니다. 그 최후의 순간이 오기 전까지는 버텨야 합니다. 오늘날 그리스도인들은 너무 쉽게 포기합니다. 너무 쉽게 자기의 직업을 포기하고, 너무 쉽게 자기의 삶을 포기하며, 너무 쉽게 "안 된다"고 말하면서 모든 것을 버립니다. 한때 우리나라의 돈 있는 사람들이 너도 나도 재산을 챙겨서 미국으로 이민 간 적이 있습니다. 특히 월남이 패망했을 때에는 전부 도망쳐 버렸습니다. 아마 다른 사람들도 할 수만 있다면 안전한 곳으로 가고 싶었을 것입니다. 그러나 미국이라고 해서 안전한 것은 결코 아닙니다. 전쟁은 없을지 몰라도 눈에 보이지 않는 죄와의 전쟁이 우리보다 더 치열한 곳입니다.

이처럼 때때로 우리도 이 세상에서 도망치고 싶습니다. 나 혼자 살기 위해 다른 곳으로 가고 싶습니다. 그러나 이것은 롯의 이기심입니다. 구원받은 사람은 마지막 심판 나팔이 불 때까지 싸워야 합니다.

롯의 딸들이 떨치지 못한 것

롯은 소알을 떠나서 산 속 굴에서 살았습니다. 굴을 직접 파서 만들었는지, 아니면 자연 상태로 있는 것을 이용했는지는 모르겠습니다. 그들은 아마도 필요한 식물을 직접 재배하면서 원시인처럼 살았던 것 같습니다. 그들은 소알 사람들과 멀리 떨어져 있으면 죄를 짓지 않을 줄 알았습니다. 그러나 그것이 바로 문제였습니다. 몸은 소돔을 떠날 수 있었을지 몰라도 그들의 마음속에 있는 소돔과 고모라는 없앨 수가 없었습니다. 31절과 32절을 보십시오.

> 큰딸이 작은딸에게 이르되 우리 아버지는 늙으셨고 이 땅에는 세상의 도리를 좇아 우리의 배필 될 사람이 없으니 우리가 우리 아버지에게 술을 마시우고 동침하여 우리 아버지로 말미암아 인종을 전하자 하고

겉으로 보기에는 순전히 후손을 전하기 위하여 이 악한 일을 생각한 것 같습니다. 그러나 그것은 문화적인 표현방식에 불과합니다. 아버지를 따라서 이 외딴 곳으로 오기는 했지만 딸들의 마음속에는 여전히 소돔의 추악한 성욕이 남아 있었습니다. 소알 사람들이 죄짓는 것을 보고 도망쳐 산으로 오긴 했지만, 마음속에 있는 그 음란한 생각은 떨쳐 버릴 수가 없었습니다. 두 딸이 롯을 따라 여기까지 온 것을 보면 멸망이 두렵기는 했던 것 같습니다. 그러나 그들은 이곳에서 아주 중요한 것을 찾을 수 없었습니다. 그것은 자기들의 욕구를 채워 줄 수 있는 남자였습니다.

그래서 어떻게 했습니까? 아버지를 남자로 생각하기로 했습니다. 맨 정신으로는 그렇게 할 수가 없으니까 아버지에게 실컷 술을 퍼먹인 다음, 아버지를 남자로 만들어 버렸습니다. 이 작은 수도원은 졸지에 다시 소돔으로 변하고 말았습니다. '소돔 수도원'이 되고 만 것입니다. 사람들은 단순히 이 세상을 떠나기만 하면 죄를 짓지 않을 것처럼 생각하지만, 이 죄는 우리의 피 속에 흐르고 있기 때문에 그런 방식으로는 없어지지 않습니다. 롯의 두 딸들의 생각 속에 소돔은 여전히 살아 있었습니다.

우리는 이 세상에 살면서 정말 죄짓지 않는 때가 한시도 없는 것처럼 느낄 때가 많습니다. 사람들이 말하는 것이나 생각하는 것이나 행동하는 것을 볼 때, 또 거리의 포스터나 잡지나 신문 광고 같은 것들을 볼 때, 마치 믿음이 질식당하는 것 같고 도저히 여기에서 살고 싶지가 않습니다. 어딘가 멀리 있는 수도원 같은 데 들어가 농사나 지으며 하루 종일 말씀 묵상하고 기도하면서 살아야 할 것 같습니다. 사실 우리는 이 세상에서 한 순간도 자유로울 수가 없습니다. 시간만 나면 텔레비전을 켜야 합니다. 의식적으로 켜는 게 아닙니다. 완전히 조건반사에요. 그렇지 않으면 신문을 구석구석 이 잡듯이 읽어야 합니다. 또 어쩌다가 혼자 명상에 잠기려고 하면 삐삐나 핸드폰이 울려 댑니다.

그래서 신앙을 가진 사람들 가운데에는 은근히 수도원 생활을 동경하는 이들이 있습니다. 물론 현대의 복잡한 문명과 단절되어 조용한 곳에서 진지하게 자신의 모습을 생각해 보는 시간은 절대적으로 필요합니다. 그러나 단지 이 세상을 피하는 것만으로는 거룩해질 수 없습니다. 소돔은 거기까지도 우리를 따라옵니다. 아무리 동굴에 가서 살아도 피할 수가 없어요. 마치 망령처럼 벌거벗은 채 머리를 풀고 밤마다 같이 살자고 덤벼들 것입니다.

롯이 살 수 있는 길은 말씀이 있는 곳을 찾아가는 것입니다. 아브라함에게는 말씀이 있었습니다. 그가 말씀이 있는 곳에서 함께 신앙의 공동체를 이루었더라면 이런 동굴 생활을 하지 않아도 타락을 면할 수 있었을 것입니다. 단순히 기독교적인 직장에 다닌다고 해서 거룩해지는 것이 아닙니다. 더럽고 음란한 생각은 속에 그대로 있습니다. 이 세상을 이기는 유일한 방법은 말씀이 있는 신앙 공동체에서 계속 말씀을 듣는 것입니다. 말씀이 우리에게 계속 비추어져야 합니다. 그렇지 않으면 이 어둡고 허망한 생각들이 우리를 떠나지 않습니다. 사람들에게 가장 중요한 것은 말씀의 공급입니다. 하루라도 태양이 떠오르지 않으면 살 수 없는 것처럼 단 하루라도 하나님의 말씀이 비추어지지 않으면 우리는 이 소돔의 음란한 방식을 떨쳐 버릴 수가 없습니다.

롯이 왜 아브라함을 찾아가지 않았을까요? 모르겠습니다. 아마 그의 자존심 때문이었을 것입니다. 재산을 다 잃은 상태에서 아브라함을 찾아가면 "거봐라, 내가 뭐라고 했어!" 하는 소리를 듣게 될까 싶어서 이렇게 두 딸과 함께 동굴 속에서 살면서도 아브라함을 찾아가지 않았을 것입니다. 그것이 아니라면 아브라함을 찾아가지 않을 이유가 없습니다. 아브라함은 가나안 땅에 있는 유일한 혈육이었기 때문입니다. 더구나 아브라함에게는 하나님의 말씀이 있었습니다.

그러나 롯은 자기가 아브라함보다 더 똑똑하다고 생각했습니다. 그래서 한때 아브라함을 정죄하고 떠났습니다. 그런데 이제 와서 돌아가면 자기가 틀린 게 되지 않습니까? 그러니까 자존심 때문에 돌아가지 않았습니다. 그렇게 산 속에서 이상하게 살면서도 안 돌아갔어요. '내가 졌다. 당신이 나보다 낫다'는 것을 인정하기가 싫어서 깊은 산 속에 혼자 사는 한이 있더라도 하나님의 은혜를 구걸하지는 않기로 한 것입니다.

이 세상에서 가장 어리석은 사람이 어떤 사람들입니까? 하나님의 은혜를 구걸하는 것이 부끄러운 짓이라고 생각하는 자들입니다. 하나님께서 이 세상에서 제일 사랑하시는 사람들은 하나님의 은혜를 구걸하는 거지들입니다. 자신은 도저히 하나님의 은혜를 받을 자격이 없지만 하나님께서 은혜의 부스러기만이라도 주시기를 바라며, 모든 자존심을 버리고 하나님의 은혜를 구걸하는 이 거지들보다 더 사랑하시는 사람이 없습니다. 하나님은 이 거지들의 하나님이 되는 것을 부끄러워하시지 않습니다. 그는 거지들의 하나님이십니다.

우리는 원래 이방인이었습니다. 이스라엘 백성들에 비하면 은혜의 이방인이요 하나님의 은혜를 구걸할 수밖에 없는 거지들이었습니다. 그러나 하나님께서는 우리를 복 주셔서 하나님의 아들로 삼으셨고 성령을 주셨습니다. 어떤 이방 여자가 예수님을 찾아와서 귀신들린 딸을 고쳐 달라고 했을 때 예수님은 "자녀의 떡을 취하여 개에게 주지 않는다"고 하면서 거절하셨습니다. 그때 이 여자가 어떻게 했습니까? "그 말씀이 옳습니다. 그러나 주여, 개들도 주인의 상에서 떨어지는 부스러기는 먹습니다. 거지가 못 되어도 좋습니다. 개라도 좋습니다. 하지만 개들도 부스러기는 얻어먹지 않습니까?"그때 주님이 그 여자를 굉장히 사랑하셔서 "네 믿음대로 되라"고 하면서 축복하셨습니다.

여러분, 하나님의 은혜는 구걸하는 것입니다. 은혜를 구걸하는 것은 못난 짓이 아닙니다. 이것은 참으로 겸손한 것이고 아름다운 것입니다. 하나님께서는 그런 자를 외면하시는 법이 없습니다. 겸손한 자세로 나아와서 "나는 거지오니 나에게 은혜를 내려 주십시오"하는 자를 문전에서 쫓아내시는 법이 없습니다. 하나님께서는 그들을 가장 높은 곳에 앉히셔서 모든 더러운 옷을 벗기고 새 옷을 입히시며 새 가락지를 끼워 주실 것입니다.

롯이 아브라함을 찾아갔더라면 얼마나 좋았겠습니까? 그랬더라면 참으로 놀라운 영광과 풍성한 삶을 얻을 수 있었을 것입니다. 롯은 소돔의 멸망에서 구원받은 영웅이 아닙니까? 그러니 얼마나 놀라운 감격을 함께 나눌 수 있었겠습니까? 아무도 롯을 무시하지 않았을 것입니다. 그러나 롯은 자신의 문제를 영적으로 보지 못했습니다. 이 구원이 얼마나 엄청난 것이며 귀한 것인지 생각하지 않았습니다. 그 대신 그는 자기 자신에게 철저하고자 했습니다. 한 번 아브라함을 떠났으면 끝까지 만나지 않는 것이 정직한 행동이라고 생각했습니다. 구원을 잘 간직하기가 구원받는 것 이상으로 어려운 일이라는 것과, 구원받은 이후의 삶이 참으로 중요하다는 것을 생각하지 않았습니다.

구원 이후의 삶

아브라함과 롯은 두 사람 모두 멸망에서 구원을 받은 자들입니다. 물론 아브라함의 경우 소돔의 멸망에서 직접 구원받은 것은 아니지만 그런 멸망에서 구원받은 것이나 다름없습니다. 왜냐하면 말씀으로 이미 모두 경험했기 때문입니다. 하나님은 미리 아브라함을 찾아오셔서 소돔이 망할 것을 알려 주셨고, 그 다음 날 그는 소돔 들판에서 마치 옹기점의 연기처럼 엄청난 연기가 솟아오르는 것을 보았습니다.

우리도 무서운 멸망에서 구원받은 사람들입니다. 불타는 집에서 구출되거나 무너진 다리에서 구사일생으로 살아난 것은 아니지만, 최후에 인간들이 어떻게 멸망당할 것이며 우리가 어떻게 그 멸망 가운데서 구원받을 것인지 말씀으로 이미 체험했기 때문입니다. 이것은 눈에 보이는 소돔과 고모라에서 건짐을 받은 것보다 더 큰 일이고, 무너진 백화점에서 구사일생으로 살아난 것보다 더 큰 일입니다. 우리는 영원한 멸망에서 영원한 생명으로 옮겨졌다는 것을 말씀으로 이미 확인하고 들은 자들입니다. 이제 중요한 것은 어떻게 하면 이 구원을 더 잘 누리면서 더 아름답고 풍성한 삶을 살 수 있느냐 하는 것입니다.

우선 중요한 것은 구원받은 자들끼리 모이는 것입니다. 함께 구원받은 사람이 있다는 사실이 얼마나 든든하며 힘이 되는지 모릅니다. 큰 사고에서 구출된 사람은 두 가지 반응을 나타냅니다. 어떤 사람은 사고 현장의 끔찍한 기억 때문에 계속 악몽에 시달립니다. 옆에 있는 사람들이 피 흘리면서 죽는 모습, 부러진 다리, 아우성치는 소리들, 불타는 냄새들을 생각하면서 계속 악몽에 시달립니다. 또 어떤 사람은 자기 한 사람을 살리기 위하여 얼마나 많은 사람이 수고했고 얼마나 많은 소방대가 출동했으며 얼마나 많은 자원봉사자들이 애를 태우면서 노력했는지를 생각합니다.

악몽을 없애려면 무엇보다 살아남은 사람들끼리 모여야 합니다. 살아남은 자들끼리 모이면 주관적인 느낌과 감정에서 벗어나 자신이 살아 있다는 것 자체가 얼마나 감사한 일인지 깨달을 수 있습니다. 구원받은 사람들끼리 모이면 옷이나 재산 같은 것은 아무 소용이 없어요. 그냥 살아난 것만 감사하고 귀하지요. 이렇게 살아남은 사람들이 두셋 만 모이면 "야! 우리가 정말 살았구나! 우리 이제 한 시간이라도 허비하지 말자. 정말 무언가 남을 위해 살자"고 합니다. 그렇게 하면서 참으로 감사하는 마음과 기쁨과 앞으로의 삶에 대한 희망적인 생각으로 멸망의 끔찍한 기억을 극복할 수 있게 되는 것입니다.

사람이 얼마나 주관적인지 모릅니다. 큰 구원을 받고 나서도 자기의 주관적인 생각에 빠지면 부정적인 측면들이 계속 머릿속에 떠오르면서 점점 더 부정적이 될 수 있습니다. 롯에게 가장 끔찍한 악몽이 무엇이겠습니까? 아내가 소금기둥으로 변한 일입니다. 그래서 길을 가다가 휜 전봇대만 봐도 "으악! 소금기둥이다!" 하고, 음식에서 조금 짠맛만 나도 "으악! 소금기둥이야!" 하면서 소스라치게 놀랍니다. 그러나 함께 구원받은 자들끼리 모여서 이야기를 해 보면 자기 아내라고 하더라도 욕심을 버리지 못한 것은 잘못이며, 최후의 순간까지 하나님의 말씀을 무시하고 업신여긴 것은 죄라는 사실을 인정하게 됩니다. 그래서 죽은 사람은 죽은 사람이고 산 사람은 산 사람끼리 더 보람되게 살자는 생각이 들게 되지요. 그런데 그렇게 하지 않고 자꾸 혼자 자기 생각에 빠지면 계속 휜 소금기둥이 나타나는 악몽에 시달리고 경기를 일으키고 가위에 눌리면서 점점 건강이 나빠지는 것입니다.

요즘 교회가 진짜 배불러지고 있습니다. 내 영혼이 구원받은 것이 얼마나 중요한 일인지는 잊어버린 채, 서로 돈을 얼마나 벌며 직장을 어디 다니는지에만 관심을 갖습니다. 그렇게 배부른 소리 하면 안 됩니다. 구원받은 사람끼리 모여서 이 구원의 기쁨을 나누고 감격해하면서 "우리 조금이라도 허망한 생각은 하지 말자. 다시 힘을 내서 이 구원에 걸맞는 삶을 살자"고 격려하며 축복해야 옳습니다. 구원이 무엇인지도 모르고 교회에 오니까 찬 밥 더운 밥 따지는 것입니다. 정말 구원받은 사람끼리 모여야 합니다. 그래서 우리가 과거에 얼마나 무서운 죄에 빠졌으며 얼마나 큰 구원을 받았는지 나누어야 합니다. 그렇지 않으면 자꾸 부정적이 됩니다.

여러분, 구원받은 후의 삶은 더 이상 나 개인의 삶이 아니라는 것을 인정해야 합니다. 롯의 인생은 소돔에서 이미 끝났습니다. 하나님께서 천사를 보내서 강제로 끄집어 내지 않으셨다면 그는 거기에서 함께 멸망했을 것입니다. 그러므로 롯은 더 이상 욕심을 낼 필요가 없습니다. 이제 그의 삶은 이미 자신의 삶이 아니기 때문입니다.

구원받은 사람은 멸망한 사람들에게 좀 미안한 마음을 가져야 합니다. '나도 저 사람들과 똑같은 사람인데 어떻게 나만 살아남게 되었을까? 이제 나의 삶은 나의 것이 아니고 다른 사람의 것이구나'라고 생각해야 합니다. 롯이 이렇게 생각해서 더 이상 먹고 입는 문제에 매이지 않고 어떻게 해서든지 남을 위해 헌신하고 봉사하는 삶을 살았더라면 얼마나 아름다웠겠습니까? 소돔이 동성연애자들로 망했으니 그 후로 동성연애자들을 구원하기 위한 일에 헌신한다든지, 아니면 다른 유익한 일을 위해 헌신했더라면 그는 참으로 아름다운 제2의 인생을 살 수 있었을 것입니다. 롯의 두 딸들도 마찬가지입니다. 이미 약혼자들이 소돔에서 죽었으니 더 이상 결혼 문제에 매이지 말고 자손이 없으면 없는 채로 죽겠다는 생각으로 남을 위해 유익한 삶을 살았더라면 얼마나 아름다웠겠습니까?

그런데 지금 우리의 기억에 남아 있는 롯과 그 두 딸의 모습은 어떻습니까? 하나님의 큰 은혜를 받았으면서도 그에 값하지 못하고 더 이기적이고 비참한 삶을 산 사람들의 모습으로 남아 있습니다. 그들은 자기들이 얼마나 큰 은혜로 구원을 받았는지, 또 이렇게 구원받고 난 후에 어떻게 살아야 하는지를 생각하지 않았습니다. 오히려 생각이 더 허망해져서 더 자기 목숨을 생각하고 더 자기 욕구를 채우려고 했기 때문에 영원히 기억하고 싶지 않은 사람들로 남게 된 것입니다.

이 세상을 멀리한다고 해서 무조건 거룩해지는 것이 아닙니다. 다른 사람을 정죄한다고 해서 무조건 거룩해지는 것이 아닙니다. 그리스도인의 교제를 회복해야 합니다. 우리의 의식 속에는 소돔과 고모라가 그대로 남아 있습니다. 계속 말씀이 비추어지지 않으면 나도 한순간에 허망해지고 집단도 한순간에 허망해집니다. 집단이 허망해지는 데는 0.01초도 안 걸려요. 집단은 한순간에 변질

될 수 있습니다.

요즘 얼마나 많은 남자들이 딸 같은 나이의 여자들과 놀아나고 있습니까? 차마 눈 뜨고 볼 수 없을 정도입니다. 남자들이 딸도 몇째 딸은 될 것 같은 여자들과 놀아나고 젊은 여자들도 돈만 준다면 자기 아버지 같은 자들과 놀아나고 있는 이곳이 소돔과 고모라가 아니면 무엇입니까? 사람의 눈이 무서워 겉으로 드러내지 못해서 그렇지, 들추어내기만 하면 정말 끔찍한 세상에 우리는 살고 있습니다. 우리 속에 소돔의 바이러스가 들어와 있습니다. 나 혼자 거룩하다고 거룩해지는 게 아니에요. 우리는 지금 굉장히 이상하게 살고 있습니다. 이 바이러스를 죽이는 것은 하나님의 말씀밖에 없습니다.

오늘 우리들이 해야 할 일은 부끄러움을 무릅쓰고 하나님의 은혜를 구걸하는 것입니다. 우리는 영원히 거지가 되어 겸손하게 하나님의 은혜를 구걸해야 합니다. 그러면 문을 여는 그 집에 나를 위한 놀라운 만찬이 준비되어 있다는 것을 알게 될 것이며, 주님께서 나에게 가장 높은 곳에 앉으라고 하시는 말씀을 들을 것입니다.

우리는 롯처럼 멸망을 직접 경험하지는 않았지만 아브라함을 통해서 말씀으로 이미 이 세상의 마지막을 경험한 사람들입니다. 그러므로 내 목숨을 더 이상 내 것으로 생각하면 안 됩니다. 내 목숨은 다른 사람의 것입니다. 그러므로 더 이상 작은 것에 매이지 마십시오. 롯의 두 딸처럼 남자를 너무나도 원한 나머지 소돔 사람들보다 더 무서운 죄를 지으면 안 됩니다. 남자들도 마치 장가를 가지 못해서 정신이 나간 사람처럼 이 놀라운 구원의 감격을 잃고 성경적이지 않은 방법으로 원하는 것을 이루려고 하면 안 됩니다. 그러면 아무리 구원은 받았더라도 더 꼴보기 싫은 사람이 되어 버립니다. 롯의 두 딸이 아브라함이 목회하는 교회에 있었더라면 하늘의 별을 헤아리면서 기다리는 믿음을 볼 수 있었을 것입니다. 그런데 밤하늘의 별은 보지 못한 채 아버지에게서 남성을 발견하고 죄를 짓는 이 두 딸의 모습은 마치 소돔을 그대로 옮겨 놓은 것과 다름없어 보입니다.

오늘 이 말씀이 우리에게 이야기하고 있는 것이 무엇입니까? 구원받고 예수 믿는 것 이상으로 중요한 것이 구원받은 후에 어떻게 사느냐 하는 것이라는 사실입니다. 우리는 너무나도 허망한 삶을 살고 있습니다. 마치 구원을 경험하지 않은 사람처럼 더 이기적으로 하나님이 나만 복 주셔야 한다고 생각하고, 할 수만 있으면 나만 도망치고 빠져 나오려고 합니다. 이렇게 롯처럼 이기적인 생각을 가지고 사는 인생의 마지막은 정말 눈 뜨고 볼 수 없을 정도로 비참해질 것입니다.

우리 다시 거지의 심정으로 돌아가서 겸손한 마음으로 하나님의 은혜를 구걸합시다. 그러면 하나님께서 가장 훌륭한 만찬으로 우리를 먹여 주실 것입니다. 이제 우리의 문제를 좀 극복합시다. 먹고사는 문제나 결혼하는 문제나 자식 키우는 문제를 극복합시다. 내가 얼마나 존귀한 자인지, 내가 어떻게 살아야 하는지를 생각하면서 이 세상에 부담과 책임을 느낍시다. 이 세상 사람들을 불쌍히 여기면서 '내가 한 번 죽지 두 번 죽나' 하는 심정으로 끝까지 이 세상을 포기하지 않고 안타까운 마음을 가질 때, 하나님의 구원이 이 세상에 이루어질 줄 믿습니다.

19

아브라함의
콤플렉스

사람마다 그 기질에 특별히 강한 부분이 있는가 하면 특별히 약한 부분이 있습니다. 그런데 누구든지 이 약한 부분이 일단 노출되기만 하면 동일한 문제 때문에 몇 번씩 넘어지는 것을 볼 수 있습니다. 술에 약한 사람은 술 때문에 몇 번씩 실수를 하면서도 결국 술 때문에 또 넘어집니다. 다시는 술을 마시나 보라고 맹세까지 해 놓고서도 여지없이 술 때문에 또 실수하고 마는 것입니다. 또 돈에 약한 사람은 돈 문제만 나오면 자기도 모르는 사이에 호흡이 격해지고 혈압이 오르며 맥박이 빨라지면서 이성을 잃습니다. 그리고 여자 문제로 한 번 실패한 사람은 그다음에도 여자 문제로 실패할 가능성이 아주 많습니다. 이것은 그에게 문제가 되는 가장 약한 부분이기 때문입니다. 놀랍게도 우리 믿음의 조상 아브라함의 신앙에도 아주 치명적으로 약한 부분이 있었습니다. 그것은 아내 사라에 대한 콤플렉스였습니다. 이것을 저는 '사라 콤플렉스'라고 부르고 있습니다.

남편이 아내에게 심한 콤플렉스를 가지는 경우는 대개 남편이 열등감을 가지고 결혼했을 때입니다. 자신이 아내보다 많이 모자란다는 생각을 가지고 결혼했을 때 '이 여자는 나에게 만족하지 못할 거야. 혹시 멋있게 생긴 사람이 나타나면 언젠가는 나를 버리고 도망칠 거야' 하는 의심을 품게 되고, 늘 불안한 마음으로 살게 됩니다. 소위 우리가 '의처증'이라고 부르는 증세지요. 물론 아내가 남편에게 이런 콤플렉스를 가질 수도 있습니다. '남편에 비하면 난 말할 수 없이 모자라. 언젠가 멋있는 여자가 나타나면 남편은 나를 버리고 도망갈지 몰라. 늘 삐삐를 쳐 놓고 확인해야 돼.' 병이라고까지 할 수는 없겠지만 이 증상이 심각해지면 그리 좋지 않습니다.

제가 보기에 아브라함의 신앙은 다른 부분에서는 부족한 점이 없었습니다. 그러나 이 믿음의 조상도 자기 아내 사라에 대해서만큼은 자유롭지 못한 행동을 보이고 있습니다. 성경은 아브라함과 사라의 결혼에 대하여 자세한 언급을 하고 있지 않습니다. 우리가 알고 있는 것은 단지 사라가 아브라함의 이복 동생으로서 그의 아내가 되었으며, 굉장히 아름다운 여자였다는 것뿐입니다. 이복동생과 결혼하는 근친 상간을 율법은 허용하지 않지만, 고대에는 순수한 혈통을 유지하기 위해 예외적으로 이런 결혼을 허용했습니다. 그러나 그렇다고 하더라도 사라에 대한 아브라함의 태도에는 무언가 좀 지나친 면이 없지 않습니다. 친한 사람들 사이에 있을 때는 괜찮은데, 모르는 사람들 사이에 들어가기만 하면 누군가 자신을 죽이고 사라를 차지하리라는 일종의 강박 관념을 그는 가지고 있었습니다.

처음에 애굽에서 사라에게 자신을 오빠라고 부르게 할 때만 해도 우리는 그 당시 아내 강탈의 관습 때문에 어쩔 수 없이 그렇게 했으려니 생각했습니다. 그러나 아브라함은 그랄 땅에 가서도 똑같은 일을 반복하고 있습니다. 이것은 사라에 대한 아브라함의 반응에 무언가 좀 지나친 점이 있다는 느낌을 주면서, 일종의 아내 콤플렉스를 가진 것이 아닌가 의심하게 만듭니다. 마치 일종의 공식 같습니다. '새로운 곳으로 이동하면 누군가 자기를 죽이고 사라를 차지할 것이라는 강박 관념에 시달린다→사라에게 자기를 오빠라고 불러 달라고 요구한다 →굉장히 친밀한 사이로 보이는데도 오빠, 누이로 대하는 이 관계가 주위 사람들의 관심을 자극하여 결국 다른 사람이 사라를 데려간다 →하나님께서 이 문제에 개입하셔서 사라를 도로 찾아오신다.'

우리가 성경이나 교회사의 위대한 신앙의 인물들을 보면서 위로받는 부분들이 있습니다. 이 신앙의 인물들도 우리 이상으로 아주 약한 부분들을 많이 가지고 있기 때문입니다. 하나님 앞에서 놀랍게 사용된 이 신앙의 영웅들은 결점 하나 없는 완벽한 사람들이 결코 아닙니다. 신경쇠약 증세에 시달린 나머지 정상적인 사람인지 정신병자인지 구분이 되지 않는 사람도 있고, 결혼생활이 너무나도 불행해서 결국 이 사람은 예수님과 결혼했다고 말할 수밖에 없는 사람도 있습니다. 그러나 놀라운 것은 이런 치명적인 결점들에도 불구하고 하나님께서 그 사람들을 엄청난 신앙의 인물로 사용하셨다는 사실입니다. 오늘 우리가 보는 믿음의 조상 아브라함도 그러한 사람입니다. 아내에 대해 거의 병적인 강박 증세를 가졌음에도 불구하고 하나님은 이 사람을 축복하셨고 지켜 주셨으며 모든 사람이 존경하는 믿음의 조상으로 사용하셨습니다.

아브라함의 약점

아브라함의 콤플렉스가 언제, 어떻게 시작되었는지는 알 수 없습니다. 여하튼 아브라함은 일단 새로운 곳으로 이사하기만 하면 '누군가 내 아내를 빼앗아 갈 것이다. 누군가 나를 죽이고 구십이 다 되어 가는 이 어여쁜 아내를 빼앗아 갈 것이다'라고 생각하는 아주 심한 강박 관념을 가지고 있었습니다. 우리는 '처녀도 아닌 아줌마를 누가 데리고 간다고 저럴까' 싶지만 아브라함은 그게 아니라는 것입니다. 분명히 자기를 죽이고 빼앗아 간다는 것입니다. 거의 병에 가까운 모습입니다. 저는 그 원인을 몇 가지로 추론해 볼 수 있다고 생각합니다.

우선 첫째는 아브라함이 처음부터 너무 차이가 많이 나는 결혼을 했으리라는 것입니다. 보지 못했으니 알 수는 없지만 아브라함은 우리 생각보다 훨씬 더 못생기고 키도 작고 어쩌면 머리카락까지 빠져서 열등감 같은 것을 가진 사람이었을지도 모릅니다. 그래서 체격이 우람하고 멋있게 생긴 남자들 틈에만 가면 '날 죽이고 사라를 빼앗아 가지 않을까' 하는 강박 관념이 생기게 된 것일 수도 있습니다. 그러나 아브라함의 이런 신체적인 조건에 대하여 성경은 아무 곳에서도 이야기하고 있지 않고, 또 이런 식으로 설명하는 신학자도 없습니다. 사실 저도 이 이유는 아닌 것 같습니다. 아브라함이 사라보다 좀 모자랐을 수는 있겠지만 그렇다고 해서 이것이 콤플렉스의 원인이 되지는 않았을 것 같습니다.

두 번째는 아브라함이 본토, 친척, 아비 집을 떠나면서 생긴 계속적인 긴장과 심리적인 불안 때문에 결국 이러한 증세가 생겼다고 보는 것입니다. 성경을 보면 여러 곳에서 아브라함이 아주 심한 영적인 침체와 불안을 느끼는 것을 볼 수 있습니다. 그는 하나님께서 찾아오셔서 위로하시고 붙들어 주시고 격려해 주시지 않았더라면 도저히 견디지 못했을 상태에 빠진 적이 많았습니다. 대표적인 경우가 창세기 15장입니다. 하나님께서 아브라함에게 나타나셔서 "아브람아, 두려워 말라. 나는 너의 방패요 너의 지극히 큰 상급이니라"고 위로하신 것은 그가 자주 극심한 불안과 두려움에 사로잡혔기 때문입니다.

아브라함은 믿음으로 하나님의 말씀에 순종하여 본토, 친척, 아비 집을 떠나 새로운 곳으로 갔습니다. 그러나 이 새로운 곳의 생활은 불안의 연속이었습니다. 아브라함은 하나님의 말씀을 붙들었지만 눈에 나타나는 것은 아무것도 없었습니다. 이렇게 불안하고 불확실한 상태가 연속되다가 결국 사라 콤플렉스라는 병적인 증세로 나타났을 가능성이 가장 높습니다. 신앙생활을 해본 사람은 이 두 번째 이유에 상당히 공감할 것입니다.

세 번째는 이런 아브라함의 증세를 강박 관념으로 보는 것은 지나친 추론으로서, 이 당시에는 실제로 너무나도 법 질서가 문란하여 다른 사람의 아내를 강탈하는 풍습이 만연되어 있었으므로 아브라함이 이런 식으로라도 자기를 지키려고 한 것은 조금도 지나친 행동이 아니라고 보는 것입니다. 제가 생각하기에 그 당시에는 다른 사람의 아내를 강탈하는 일이 정말 빈번하게 일어났던 것 같습니다. 특히 결혼을 하려면 굉장히 비싼 신부 대금을 지불해야 했습니다. 그래서 베두인족처럼 신부 대금을 지불할 능력이 없는 가난한 유목민들은 남편을 죽이고 그 아내를 강탈해서 자기 아내로 삼거나 성욕을 채우고 죽이는 경우가 있었습니다. 그러나 그런 상황을 생각하더라도 아브라함의 증세는 좀 지나친 것 같습니다. 아브라함의 집에는 훈련된 일꾼들이 400명 정도 있었는데, 그 정도면 그렇게 쉽게 아내를 빼앗길 형편이 아니었기 때문입니다. 그러므로 아브라함의 강박 증세는 하나님의 말씀을 붙들고 본토, 친척, 아비집을 떠난 이후 계속되어 온 긴장과 불안이 발전한 것으로 보는 것이 좋을 듯합니다.

오늘 본문에서 우리는 이 강박 관념이 급기야 문제를 일으키고야 마는 것을 볼 수 있습니다.

> 아브라함이 거기서 남방으로 이사하여 가데스와 술 사이 그랄에 우거하며 그 아내 사라를 자기 누이라 하였으므로 그랄 왕 아비멜렉이 보내어 사라를 취하였더니(20:1, 2)

오늘 우리가 한번 생각해 보아야 할 것은 하나님의 백성들이 이 세상에서 이런 두려움이나 콤플렉스 없이 살 수는 없느냐 하는 점입니다. 아브라함 정도 되는 위대한 신앙의 인물이라면 어느 곳에 가나 당당하게 새로운 사람들을 찾아서 명함도 돌리고 떡도 돌리면서 "나, 이사 왔소" 하며 지낼 수 있지 않겠습니까? 하나님의 백성답게, 선지자답게 가자마자 손 들고 축복하면서 "내가 너희를 복 주러 왔노라" 할 수는 없습니까?

제가 보기에 우리 하나님의 백성들에게도 두 종류의 콤플렉스가 있는 것 같습니다. 하나는 믿지 않는 사람들과 똑같은 콤플렉스로서, 과거의 상처가 아직도 아물지 않아서 생긴 열등감과 죄의식과 상처입니다. 예를 들어 어렸을 때 공부를 못해서 주위 사람들로부터 인정받지 못했을 때, 또 공부 못한 것이 아직도 나의 신분이나 결혼생활이나 사회관계에 영향을 주고 있다고 스스로 믿고 있을 때, 공부는 그 사람에게 원수가 됩니다. 또 어렸을 때 부모님 중 한 분이 돌아가시거나 이혼했는데 그 이유가 자기한테 있다고 생각할 때에도 깊은 상처가 남게 됩니다. 이를테면 내가 골치 아픈 문제아였기 때문에 부모님이 이 문제로 다투다가 이혼했다고 스스로 생각할 때, 또는 부모님이 병에 걸리셨는데 하필이면 내가 놀다가 늦게 들어온 날 병이 악화되거나 돌아가셨을 때, 그 부분에서 참으로 자유롭지 못하게 됩니다.

제가 중학교 시험에 떨어지고 한 2년 정도 어떤 양계장에서 살았던 적이 있습니다. 무슨 일을 하기에는 어린 나이였기 때문에 그냥 놀았습니다. 그런데 그 양계장을 하시던 분이 저더러 중학교 떨어져서 매일 놀고먹는다고 약을 올렸습니다. 그날 저녁에 저는 그 사람의 집 연통을 신문지로 막아서 그 가족들을 죽이고 싶다는 생각을 했습니다. 물론 그렇게 행동하지는 못했습니다. 그러나 마음으로는 죽이고 싶었습니다.

이 이야기는 한 번도 남한테 해 본 적이 없습니다. 그러나 내가 남을 살해할 의사를 가졌다는 그 사실 자체 때문에 그 후 상당한 시간을 굉장히 괴로워했고, 청소년들이 누군가를 살인했다는 기사가 신문에 나올 때 그것이 얼마나 우발적이고 가능성이 있는 일인지 이해할 수 있었습니다. 이것은 대학교에 가고 대학원을 졸업하고 결혼하고 난 후에도 없어지지 않고 깊이 자리 잡은 응어리입니다. 이 설교를 준비하면서도 혼자 방에서 울었습니다. 그때의 분노와 누구를 죽이고 싶어 했다는 사실은 이처럼 오랫동안 제 마음에 고통과 상처가 되었습니다.

그러나 하나님의 백성들에게는 일반 사람들이 가지고 있는 그런 것과는 또 다른 콤플렉스가 있습니다. 그것은 아브라함처럼 하나님의 말씀에 대한 믿음 때문에 자기가 가진 모든 것을 버리고 떠난 후에 생기는 콤플렉스입니다. 그는 하나님의 말씀을 믿었습니다. 그래서 자기가 의지하던 모든 것을 다 버리고 하나님의 말씀을 따라 새로운 삶을 시작했습니다. 그러나 하나님의 말씀을 따라가는 삶의 특징이 무엇입니까? 그것은 반복적인 불안입니다. 아무것도 보장된 것이 없는 삶입니다. 물론 하나님을 믿습니다. 어떤 어려움이 와도 하나님께서 나를 지켜 주실 것을 믿습니다. 그러나 '혹시라도 하나님이 나를 돕지 않으시면 어떻게 될까? 그러면 난 굉장히 비참하게 죽을지도 몰라' 하는 의심이 잠재의식 속에 있습니다. 아이들 중에서도 형제 없이 혼자 자란 애들에게는 '그렇진 않겠지만 혹시 부모님이 날 버릴지도 몰라. 그러면 나는 완전히 혼자가 되는 거야'라는 불안이 잠재의식 속에 있어요. 그래서 자다가도 막 더듬어 보고, 엄마가 화장실에 다녀온다고 해도 꼭 따라가서 화장실 문 열어 놓고 손잡고 있으려고 합니다. 그리스도인들에게도 이런 불안이 있습니다.

그리스도인들이 제대로 된 신앙을 가지면 분명히 무언가를 버리게 됩니다. 하나님께서 학벌도 포기하게 만드시고, 친구 관계도 포기하게 만드시고, 친척들한테도 버림받게 만드시고, 욕도 무지하게 얻어먹게 하시고, 의지할 것이 아무것도 없게 만드십니다. 말씀을 붙든 것까지는 좋습니다. 그런데 가끔씩 '혹시 내가 잘못하고 있는 것은 아닐까? 혹시 하나님이 진짜 날 버리시면 어떡하나?'

하는 작은 불안이 머리를 듭니다.

저는 이것을 '지옥에서 온 손님'이라고 부르고 있습니다. 성령 충만할 때는 잘 몰라요. 그러나 어떤 위기나 어려움이 찾아오면 믿지 않는 사람들보다 훨씬 더 심한 불안에 시달립니다. 밤에 잠도 안 자고 아주 집요하게 문제를 물고 늘어집니다. 다른 사람이 보면 정상이 아니에요. 안 믿는 사람보다 훨씬 더 심하게 화를 내고 훨씬 더 심하게 염려합니다. 그 이유가 무엇입니까? '지옥의 손님'이 찾아왔기 때문입니다. 사도 바울은 이것을 '육체의 가시', 또는 '사탄이 보낸 사자'라고 표현했습니다.

결혼한 어떤 형제에게는 언제 집값이 떨지 모른다는 불안이 있었습니다. 이렇게 '나는 직장도 없이 선교사 비슷하게 살고 있는데 혹시라도 집세가 오르면 어떻게 할까' 하는 불안을 그렇지 않아도 가지고 있었는데, 주인한테 전화가 왔습니다. 전세값 1,000만 원을 올려 주든지 아니면 이사를 가라는 것입니다. 그때 지옥에서 손님이 찾아옵니다. 분노가 팍 솟아오르면서 집주인에 대한 엄청난 증오와 이런 상황을 일어나게 하신 하나님에 대한 증오가 일어납니다. 이것은 신앙 없는 사람보다 훨씬 더 심한 증오입니다. 신앙 없는 사람은 옆에 있는 한두 사람을 약간 못살게 구는 정도지만, 신앙이 있는 사람들이 분노하면 여러 사람을 죽여 버립니다. 그래서 굉장히 조심해야 합니다.

이것이 아브라함에게는 사라 콤플렉스로 나타난 것 같습니다. 겉으로 보기에 아브라함은 강한 남자였습니다. 그는 그돌라오멜의 연합군을 격파할 정도로 굉장히 담대한 사람이었으며, 롯과 헤어질 때에도 목초지를 완전히 포기할 정도로 과감한 사람이었습니다. 그러나 그런 그도 새로운 사람을 만나기만 하면, 환경이 변하기만 하면 강박 관념에 시달리는 아주 연약한 모습을 가지고 있었습니다. 사탄은 그런 경우가 생기기만 하면 여지없이 아브라함을 물고 늘어져서 그를 실패하게 만들고, 절망하게 만들고, 좌절하게 만들고, 그 입에서 난내가 나게 만들고, 지옥의 문턱까지 갔다 오게 했습니다.

옆에 있는 사람들은 이것을 이해하지 못합니다. 이것은 신앙을 가진 사람들만 걸리는 신종 질병입니다. 에어컨이 없을 때는 에어컨 병도 없었습니다. 그래서 여름에 감기 걸렸다고 하면 이해를 못 했지요. 여름에 설사가 났다면 이해가 되지만 감기에 걸렸다는 것이 말이 됩니까? 이것은 은행이나 증권 회사의 굉장히 강도 높은 에어컨 바람을 쐬어 본 사람이 아니면 이해하지 못하는 증상입니다. 마찬가지입니다. 그리스도인만 걸리는 무서운 질병이 있습니다. 이것은 사라 콤플렉스처럼 '나는 그래도 믿음으로 산다고 했는데 하나님은 날 버릴지도 모른다'는 두려움이 만들어 내는 강박 관념입니다. 따라서 사라 콤플렉스는 의처증과는 근본적으로 다른 영적인 병으로서, 수많은 사람들을 다치게 할 수 있는 더 위험한 병입니다.

하나님의 개입

오늘 본문은 이 아브라함의 콤플렉스에 하나님께서 예외적으로 얼마나 깊이 개입하셨는지를 아주 장황하게 설명하고 있습니다. 이처럼 다른 어떤 곳에서도 볼 수 없을 정도로 아주 자세하고도 깊이 있게 하나님의 개입을 이야기하고 있는 것은 바로 우리들에게 위로와 안도를 주기 위해서입니다. 하나님께서 왜 우리에게 사라 콤플렉스 같은 아픔을 주십니까? 그의 종들이 자고하지 못하게 하기 위해서입니다. 혹시라도 교만해져서 하나님 없이 살지 않게 하기 위해서입니다. 그러나 이런 병은 도움이 되기보다는 너무나 끔찍한 고통이 되는 것 같습니다. 우리는 번번이 이것 때문에 침체되고, 이것 때문에 상처를 받습니다. 이것은 잘 고쳐지지도 않습니다.

오늘 본문을 보십시오. 아브라함이 그랄 땅에서 사라를 누이라고 하니까 그랄 왕 아비멜렉이 사라를 아내 삼으려고 데려가 버렸습니다. 이때 아브라함이 느꼈던 좌절감이라고 하는 것은 말로 표현할 수 없는 것입니다. 그렇지 않아도 '혹시 사람들이 아내를 빼앗아 가면 어떻게 하나' 하는 불안이 있었는데, 진짜 빼앗아 가 버렸을 때의 분노와 좌절감이라는 것은 이루 표현할 길이 없어요. 하나님은 도대체 뭘 하시길래 이런 일이 일어나게 하시는 것입니까? 이럴 때는 이 사람이 신앙인인지가 의심되는 정도를 넘어 정상인인지조차 의심될 정도로 분노와 절망과 좌절로 미쳐 날뛰게 됩니다.

거의 대개의 경우에 이런 일은 일어나지 않습니다. 우리 연약함을 아시는 하나님께서 미리 지켜 주시기 때문입니다. 그러나 때로 내가 두려워하는 바로 그 일이 실제로 일어나게 하시는 경우가 있습니다. 물론 나중에 일이 다 해결된 다음에는 하나님께 감사와 찬양을 드리고 그 신실하심을 높여 드리지만, 막상 그 일이 일어난 당시에는 도저히 견디지를 못합니다.

하나님께서는 아브라함의 이 약한 부분을 직접 책임지셨습니다. 첫째로 아비멜렉에게 직접 개입하셔서 사라를 범하지 못하도록 지켜 주셨고, 둘째로는 꿈에 아비멜렉에게 나타나셔서 아주 무섭게 말씀해 주셨습니다.

그 밤에 하나님이 아비멜렉에게 현몽하시고 그에게 이르시되 네가 취한 이 여인을 인하여 네가 죽으리니 그가 남의 아내임이니라 아비멜렉이 그 여인을 가까이 아니한 고로 그가 대답하되 주여 주께서 의로운 백성도 멸하시나이까 그가 나더러 이는 내 누이라고 하지 아니하였나이까 그 여인도 그는 내 오라비라 하였사오니 나는 온전한 마음과 깨끗한 손으로 이렇게 하였나이다 하나님이 꿈에 또 그에게 이르시되 네가 온전한 마음으로 이렇게 한 줄을 나도 알았으므로 너를 막아 내게 범죄하지 않게 하였나니 여인에게 가까이 못하게 함이 이 까

닦이니라(20:3-6).

하나님께서는 자기 종의 약한 부분을 직접 책임지십니다. 어떤 상황 가운데서도 지켜 주십니다. 신앙 때문에 생긴 콤플렉스로 넘어지고 또 넘어질 때 꼭 지켜 주십니다. 우리는 어려움이 생기면 최악의 경우를 생각할 때가 많습니다. 그러나 그렇게 하면 안 됩니다. 왜냐하면 그렇게 할 경우 두려움이 점점 더 커져서 상황을 악화시킬 뿐 아니라 하나님의 역사를 막고 방해하게 되기 때문입니다. 이럴 때는 나의 약한 부분 때문에 일이 이렇게 되었다는 것을 시인하고 하나님의 간섭을 조용히 기다리는 것이 필요합니다. 그러면 하나님께서 반드시 우리의 약한 부분을 책임져 주십니다.

아브라함의 실수는 그가 책임지기에는 너무나도 엄청난 것이었습니다. 왕에게 거짓말한 것은 용서받을 수 없는 죄이기 때문입니다. 그러나 하나님께서는 아비멜렉에게 병을 주셔서 사라를 가까이할 수 없게 하셨습니다. 이처럼 하나님은 상황적으로 막아 주십니다. 그뿐 아니라 좀 특별하게도 아비멜렉의 꿈에 직접 나타나셔서 "네가 선지자의 아내를 취했기 때문에 반드시 죽을 것이다"라고 말씀하셨습니다. 바로에게는 꿈으로 나타나시지 않았습니다. 바로는 주위에 주술에 능한 점쟁이들이 많았기 때문에 자기 스스로 그 원인을 알아냈습니다. 그러나 아비멜렉에게는 그런 주술사들이 없었기 때문에 그래서 하나님께서 꿈에 나타나서 직접 말씀해 주신 것 같습니다.

오늘 우리는 하나님의 백성이라고 하지만 온전하지 못한 약점을 전부 다 가지고 있다는 점을 인정해야 합니다. 사탄은 기회가 있을 때마다 이것을 집요하게 물고 늘어지며, 우리는 하루에도 몇 번씩 찾아오는 이 분노와 불안의 감정 때문에 지옥을 경험합니다. 코에서는 유황불 냄새가 나고, 입에서는 단내가 나고, 속은 새까맣게 다 타 버립니다. 내 속에 이런 분노가 일어날 때, 이런 콤플렉스가 발동할 때 조심해야 합니다. 왜냐하면 이럴 때 주변 사람들에게 너무 많은 상처를 주게 되기 때문입니다. 무차별로 사람을 다치게 해요. 정말 조심해야 합니다. 저는 그럴 때는 빨리 산으로 갑니다. 집에 있어 봐야 결국 두 식구를 죽이는 일밖에 더 하겠습니까? 이럴 때 제 입에서 절대로 좋은 말 안 나옵니다. 그래서 사탄의 사자가 찾아왔다 하면 재빨리 산으로 갑니다. 하루에 다섯 번 간 적도 있고, 여섯 번 간 적도 있습니다. 이럴 때마다 하나님은 곧 찾아오십니다. 찾아오셔서 이 모든 어둠의 장막을 치우시고, 은혜의 빛을 비추십니다. 그리하여 그 아픔, 그 고통 때문에 더 하나님을 찬양하고 전심으로 그분을 높여 드리게 만드십니다.

이방인의 눈에 비친 아브라함의 모습

이 그랄 사람들의 눈에 비친 아브라함의 모습은 어떻습니까? 누가 봐도 참 실망스러운 모습입니다. 누가 이 사람을 믿음의 조상이라고 하겠습니까? 그는 아예 처음부터 돌처럼 굳은 얼굴로 이곳에 왔습니다. 얼굴이 하얗게 질려 있습니다. 또 병이 시작된 것입니다. 아브라함은 이곳 사람들이 하나님을 모르기 때문에 정말 나쁜 사람들일 것이며 죄를 지을 것이 뻔하다고 아예 처음부터 단정했습니다. '이 응큼한 그랄 사람들, 언젠가는 너희들 가운데 한 명이 나를 죽이고 내 아내를 빼앗아 가겠지.' 이야기도 걸어 보지 않았으면서 '너희는 전부 나쁜 놈, 도둑놈, 살인자'라는 선입견을 가지고 들어왔으니 무슨 이야기가 되겠습니까?

그러나 하나님은 어떤 모습을 보여 주고 계십니까? 하나님은 아비멜렉을 사랑하고 계십니다. 아비멜렉이 이야기합니다.

"저는 모르고 그랬습니다. 그런데 하나님께서 의로운 사람을 치셔도 됩니까?"

"네 말이 맞아. 넌 의롭다. 그래서 내가 널 막았던 거야."

하나님께서는 "의롭긴 뭐가 의로워! 그랄 백성은 전부 죄인이니까 다 죽어야 해"라고 말씀하시지 않았습니다. 아브라함은 처음부터 '너희는 불신자야. 너희는 나빠' 하고 단정해 놓고, 아예 이야기하려 들지를 않았습니다. 그러나 하나님은 아비멜렉과 계속 대화를 나누셨고, 결국 사라를 다시 돌려보내도록 결론을 이끌어 내셨습니다. 하나님과 아브라함 사이에 엄청난 차이가 나타나고 있습니다. 아브라함은 아예 말도 안 붙이려고 했습니다. 눈도 안 맞추려고 했습니다. 그러나 하나님은 아비멜렉을 사랑하셨고, 그가 자신도 모르는 사이에 범죄하지 못하도록 막아 주셨습니다. 우리는 하나님의 사랑의 폭이 우리보다 훨씬 더 넓다는 것을 알아야 합니다. 우리가 마음을 닫을 때에도 하나님께서는 항상 마음을 열어 놓고 계십니다.

아비멜렉과 그 백성들의 눈에 비친 아브라함의 모습은 겁에 질린 비겁한 사람의 모습이었을 것입니다. 그러나 아브라함의 이런 약한 모습이 그랄 사람들에게는 오히려 축복이 되었습니다. 만약 아브라함이 전혀 약점이 없는 완벽한 하나님의 선지자로 나타났다면 아비멜렉이나 그랄 사람들은 그를 너무나 신성시한 나머지 아예 대화할 마음도 갖지 못한 채 그냥 떠나 달라고 했을 것입니다. 그러나 아브라함이 너무나도 약한 모습을 가지고 있었기 때문에 그들은 아브라함과 가까워질 수 있었습니다. 아브라함의 그 치명적인 약점 문제로 아브라함과 아비멜렉은 많은 대화를 나눌 수 있었고, 나중에는 친구가 되었습니다. 아비멜렉은 바로와 달리 자기를 속인 아브라함을 추방하지 않고 그랄 땅에서 마음대로 살게 합니다. 아브라함의 약한 부분이 자신에게는 고통이었지만 그랄 사람들에게는 다행이었습니다.

하나님께서 7절에서 무엇이라고 말씀하고 계십니까?

이제 그 사람의 아내를 돌려보내라 그는 선지자라 그가 너를 위하여
기도하리니 네가 살려니와 네가 돌려보내지 않으면 너와 네게 속한 자
가 다 정녕 죽을 줄 알지니라

하나님은 아브라함을 선지자로 소개하고 계십니다. 하나님
의 선지자는 어떤 사람입니까? 하나님의 말씀을 대언하는 사람입
니다. 그러나 여기에서는 한 걸음 더 나아가 하나님께 기도할 수 있
는 사람을 선지자라고 말씀하고 계십니다. 대개 하나님께 기도하는
사람들은 제사장인데 이 그랄 지역에는 애굽과 달리 제사장 개념이
없었던 것 같습니다. 그래서 하나님은 아브라함을 선지자로 소개하
시면서 "그가 너를 위하여 기도해 주지 않으면 넌 죽는다"고 말씀하
고 계십니다.

이것을 보십시오. 아브라함의 콤플렉스가 놀랍게도 다른 사
람으로 하여금 아브라함에게 기도를 부탁하게 하며 그의 입을 통해
하나님의 말씀을 듣게 하는 기회를 만들고 있습니다. 만약 우리가
이 세상에서 하나도 아쉬울 것이 없는 사람이라면 아예 처음부터
담을 쌓고 친한 사람들하고만 이야기하면서, 다른 모든 사람들을
정죄하고 그들과 사귈 생각조차 하지 않을 것입니다. 그러나 하나
님께서 우리를 아주 부족하게 만드셨기 때문에 어쩔 수 없이 안 믿
는 사람들에게 아쉬운 소리도 해야 하고 그들과 함께 어울려서 살
아야 합니다. 때로는 불교 신자 밑에서 직원 노릇을 하면서 나의 약
점을 보여 주어야 할 때도 있습니다. 상사가 결제서류를 집어 던지
면서 "이것도 서류라고 해 와?" 하고 소리칠 때, 내용이야 어쨌든 이
야기는 하는 것 아닙니까? 결제서류를 가지고 이야기하든 뭘 가지
고 이야기하든 믿지 않는 사람과 선지자가 대화를 나누고 있지 않
습니까?

그리스도인들이 얼마나 자존심이 강한지 할 수만 있으면 믿
지 않는 사람 밑에서 일하지 않으려고 합니다. 그래서 자기 혼자 일

할 수 있는 연구직 같은 직업을 굉장히 좋아하지요. 그러나 그렇게 하면 안 됩니다. 혼자서 하는 일을 하든 다른 일을 하든 믿지 않는 사람들을 만나야 합니다. 이것이 이 세상 사람들에게는 말할 수 없는 축복이 됩니다. 그들에게는 하나님의 선지자를 이보다 더 가까이 할 기회가 없기 때문입니다. 그들은 하나님의 사람들에게 욕을 해 가면서 기도를 부탁할 수 있습니다. 이것이 이 세상 사람들을 향한 하나님의 사랑입니다.

한 가지 더 생각할 것이 있습니다. 아브라함은 자기 아내를 누이라고 속임으로써 아비멜렉에게 죄지을 기회를 제공했습니다. 선지자가 이 세상 사람들에게 축복의 수단이 아니라 죄짓게 하는 수단이 될 수 있습니까? 얼마든지 그렇게 될 수 있습니다. 믿는 사람들이 콤플렉스를 극복하지 못할 때 얼마든지 믿지 않는 사람들로 하여금 죄짓게 만들 수 있어요. 아무리 믿는 사람이라도 믿지 않는 사람보다 더 나쁜 불의의 병기로 사용될 수 있습니다. 그러므로 믿는다는 사실만으로 만족하면 안 됩니다. 내 속에 있는 약한 부분이 무엇이며 내가 안 믿는 사람들 앞에서 어떻게 서야 하는지 분명히 깨달아야 합니다. 믿는다고 하긴 하는데 자기 마음대로 믿을 때 안 믿는 사람들을 훨씬 더 절망하게 만들고, 훨씬 더 좌절하게 만들며, 그들을 수없이 정죄하면서 더 죄짓게 만들 수 있습니다.

어떤 경우에 우리가 불의의 병기로 사용됩니까? 하나님 앞에서 나의 소중함을 깨닫지 못할 때입니다. 나의 부정적인 측면만 보면서 자신을 유혹에 방치할 때, 나만 죄짓는 것이 아니라 하나님을 모르는 사람도 더 담대하게 죄짓게 만드는 수단이 됩니다. 그러므로 우리는 오늘 이 예배를 드리면서 내가 하나님 앞에서 얼마나 소중한 사람인지 깨달아야 합니다. 또 다른 이들도 어느 한 사람 내가 함부로 무시할 수 없는 귀한 존재임을 깨달아야 합니다. "나는 괜찮아요. 나는 속이 훤하게 비치는 미니스커트를 입고 다녀도 괜찮아요." 자기는 괜찮아도 남들로 하여금 엄청난 상상으로 죄짓게 할 수 있습니다.

　여러분, 우리가 정신을 차려야 합니다. 그리스도인들이 정신을 차려야 해요. 요즘 보면 정신 놓고 그냥 믿는 것 같습니다. 내가 다른 사람들을 얼마나 좌절하게 하고 실망하게 하고 분노하게 하는지, 얼마나 죄지을 수 있는 기회를 많이 주는지 생각하지 못하고 그저 믿으면 모든 것이 다 되는 것처럼 여깁니다. 그러면 안 됩니다. 정신 차려야 합니다. 나 자신의 소중함을 알아야 하고, 아비멜렉이나 그랄 사람들 같은 한 영혼 한 영혼이 하나님 앞에서 얼마나 귀한 존재인지 알아야 합니다. 그들이 죄짓지 않고 온전한 삶을 사는 것을 하나님이 얼마나 원하시는지 깨달아야 합니다.

　하나님 앞에서 내 약한 부분이 무엇입니까? 내가 하나님을 믿는다 하지만 온전히 하나님께 맡기지 못함으로 인해 가시처럼 내 속에서 계속 돋아나고 있는 이 분노와 불안의 원인이 무엇입니까? 우리가 자기 성찰을 하는 것은 심리학자들처럼 자기에 대해 생각하고 또 생각함으로써 스스로 완전해지기 위해서가 아닙니다. 아직도 자유롭지 못한 부분을 하나님 앞에서 치료받기 위해서입니다. 설교와 강의의 차이가 무엇입니까? 설교는 듣는 가운데 내 속에 병든 부분을 내어놓고 치료받는 것입니다. 의의 태양이신 그리스도께서 그 치료의 광선을 발하시는 시간이 바로 설교 시간입니다. 강의 듣듯이 반쯤 졸면서, 딴 사람 쳐다보면서, 애하고 눈 맞추고 웃으면서 들을 여유가 없습니다. 내 속에 있는 이 고질적인 문제를 내놓고 해결해야 할 것 아닙니까?

　그리스도인들이 몇 주, 몇 달, 몇 년씩 침체를 반복하면 그동안 엄청나게 많은 사람들을 죽이게 됩니다. 지옥의 사자가 되어 버려요. 평신도가 그렇게 침체되면 지옥의 사자이지만, 목회자가 그렇게 장기적으로 침체되면 지옥의 왕사자가 됩니다. 안 됩니다. 내 맘대로 믿으면 안 됩니다. 하나님의 말씀은 치료하는 광선입니다. 설교 시간에 고침 받아야 합니다. 예배드리면서 변해 버려야 합니다. 그리고 그 문제로 다시 시달리지 않도록 일어서야 합니다. 그렇지 않으면 가까운 사람부터 죽이기 시작합니다. 얼마나 많은 상처를 주고 얼마나 많은 사람들을 쪼아 대는지 모릅니다.

저는 아브라함이 그랄에서 이 콤플렉스로부터 벗어났을 것이라고 생각합니다. 왜냐하면 온 세상 사람들이 그의 콤플렉스를 다 알아 버렸기 때문입니다. 이것이 애굽과 그랄의 차이입니다. 애굽의 바로는 그냥 쫓아내 버렸어요. 그러나 그랄 왕은 그가 하나님의 선지자라는 사실을 공포하고, 그곳에서 살게 했습니다. 그랄은 은혜로운 곳입니다.

그러나 아무리 결점이 있다고 하더라도 아브라함은 하나님의 선지자입니다. 아비멜렉은 자신에게 하나님이 나타나셨다고 해서 스스로 선지자로 생각하면 안 됩니다. 아비멜렉에게 하나님이 나타나신 이유는 그가 환경만 가지고는 깨닫지 못할 만큼 미련했기 때문입니다. 하나님은 아브라함이 선지자이며 아비멜렉은 그의 기도를 받아야 한다고 분명히 말씀하셨습니다. 주위에 보면 꿈에 하나님을 봤다는 사람이 많습니다. 무슨 음성을 들었다는 사람도 많습니다. 그런 사람은 아비멜렉과 같은 수준의 사람입니다. 너무나 미련하기 때문에 그렇게 해서라도 죄에 빠지지 않게 하시는 것입니다. 그렇다고 해서 자기가 선지자이며 독자적으로 하나님의 뜻을 깨달을 수 있다고 생각하는 사람은 미친 사람입니다. "어느 기도원에서 계시를 받았고 음성을 들었고……." 그런 소리 하면 안 돼요. 하나님께서는 성경에 모든 계시를 다 기록해 놓으셨고, 설교를 통해서 하나님의 음성을 듣게 하십니다. 설교가 예언 중에 가장 강력한 예언입니다. 그리고 오늘날에는 거의 대부분의 경우 꿈보다는 주위 사람들의 충고를 통해서 그분의 뜻을 알려 주십니다.

전에 어떤 자매가 한 남자를 사귀었는데, 한 친구가 그 사람은 아내가 있는 사람이라는 것을 알려 주었습니다. 이것은 아비멜렉에게 나타나셨던 것처럼 죄짓지 않도록 하나님께서 미리 막아 주시는 것입니다. 그럴 때 빨리 그 관계를 청산해야 합니다. 만일 그 사실을 알고도 '혹시 본부인과 이혼하고 나와 결혼해 주지 않을까' 하고 미련을 둔다면 하나님께서 두 사람 다 죽이실 것입니다. 여러분, 아비멜렉 같은 이방인도 남의 아내를 건드리면 죽임을 당한다는 것을 알고 있었습니다. 그런데 오늘날 그리스도인들 가운데 남의 아내나 남편 탐내기를 두려워하지 않는 사람들이 있습니다. 이것이 얼마나 무서운 죄인지 모릅니다. 여러분, 절대로 그렇게 하면 안 됩니다. 하나님이 바로 죽이실 것입니다.

이 세상에서 우리에게 약한 부분이 있다는 것을 부끄러워하지 맙시다. 바로 이 약한 부분 때문에 이방인들이 욕을 하면서도 나에게 가까이 다가와서 하나님의 말씀을 듣게 되기 때문입니다. 혼자 완전하게 살려고 할 때는 반드시 망하게 되어 있습니다. 하나님께서는 우리의 높은 문턱과 자존심의 담을 무너뜨려서 누구든지 우리와 만나도록 하기 위해 사탄의 가시를 주셨습니다. 하나님이 주신 이 아픔을 통해, 또 내 속에 있는 불안과 두려움을 통해 우리는 내 신앙의 부족함을 깨닫고 더욱더 하나님을 의지하게 됩니다. 그래서 신앙이 깊어지면 깊어질수록 "하나님의 도움이 없이는 전 한 순간도 살 수 없습니다. 1분, 1초라도 당신의 도움이 없이는 살 수 없습니다" 하는 고백이 나옵니다. 이것은 사탄의 가시 때문에 나오는 고백입니다. 사도 바울은 이 가시 때문에 더 하나님을 붙들었고, 끝까지 겸손하게 남을 수 있었습니다.

여러분, 오늘 우리의 콤플렉스가 기쁨이 되며 면류관이 되게 합시다. 이것 때문에 더 하나님께 나아가며, 더 하나님을 찬양하며, 내 생각을 초월하시는 하나님의 은총을 더 경험할 수 있기를 바랍니다.

20

심문받는
아브라함

누구든지 잘 모르는 사람들 사이에 들어가게 되면 자기도 모르는 사이에 스스로를 지키기 위해 몸을 움츠리게 됩니다. 그리고 이런 방어적인 태도는 주위에 있는 사람들에게 본인이 생각지 못한 많은 오해를 불러일으킬 수 있습니다. 예를 들어서 자기는 걱정거리가 있어서 표정이 심각해지고 잘 웃지 않게 되는 것인데 다른 사람들은 '이 사람이 나에게 무슨 나쁜 생각을 가지고 있기 때문에 늘 심각한가 보다'라고 오해할 수가 있어요. 나중에 만나서 서로 이야기를 해보면 전혀 그런 의도가 아니라는 걸 알게 되지만, 그 당시에 받아들이는 사람의 입장에서는 상황을 잘 모르기 때문에 나의 본래 의도와 다른 방식으로 생각하는 경우가 생깁니다. 우리 그리스도인들은 세상에서 이런 오해를 받을 때가 많습니다.

그리스도인들은 세상을 두려워하는 마음으로 살아갑니다. 특히 하나님을 모르는 사람들과 어울려 살 때 '내가 가진 신앙이 이 사람들을 화나게 하지는 않을까' 하는 두려움이 생깁니다. 그래서 매사에 신중하고 조심스러우며 표정도 늘 진지합니다. 그러나 이런 진지한 표정이나 신중한 태도가 사정을 모르는 사람들에게는 마치 자신들을 싫어해서 그러는 것으로 보일 때가 많습니다. 그래서 그

391

리스도인들은 한 번씩 주위 사람들에게 자신의 입장을 자세하게 설명할 필요가 있습니다. "저는 여러분을 해칠 생각이 없습니다. 제가 이렇게 심각한 것은 다른 생각이 있어서가 아니라 저의 부족함 때문입니다." 이런 설명이 필요합니다.

우리는 오늘 본문에서 아브라함이 그랄 지방에서 경험한 것을 통해, 바로 오늘 우리들이 직장 사람들이나 친척이나 믿지 않는 사람들과 어울려 살 때 경험하는 것을 그대로 볼 수 있습니다. 그랄 지방에 들어갔을 때 아브라함에게는 아주 심한 강박 관념이 있었습니다. 그것은 하나님을 알지 못하는 그곳 사람들이 분명히 자신을 죽이고 아름다운 아내를 빼앗아 갈 것이라는 강박 관념이었습니다. 그래서 그곳 사람들에게 두 사람 사이를 '오누이'라고 말하기로 아내와 약속을 했습니다. 그러나 아브라함의 이러한 태도는 본의 아니게 그랄 왕 아비멜렉을 아주 무서운 죄에 빠지게 만들었습니다. 아비멜렉은 사라가 정말 아브라함의 누이인 줄 알고 데려갔는데, 그 결과 궁에 있는 사람들뿐 아니라 아비멜렉 자신도 큰 병에 걸리게 되었습니다.

나중에 아비멜렉은 아브라함의 거짓말 때문에 자신이 이런 어려움에 처하게 되었다는 것을 알게 되었습니다. 그는 그렇지 않아도 늘 표정이 심각하고 웃지도 않는 아브라함이 이런 일까지 벌이자, 정말 그가 좋지 않은 의도를 가지고 그랄 땅에 들어온 줄로 생각하였습니다. 아브라함이 무슨 원한이 있어서 계략을 꾸며 자기들을 죄에 빠지게 만든 후 결국 하나님의 징계로 다 죽게 만들려고 한 줄 알았어요. 그래서 아브라함을 불러서 물었습니다. "도대체 무슨 의도로 우리에게 이런 어려운 일을 겪게 했느냐? 무슨 의도로 아내를 누이라고 속였느냐?" 그때 아브라함의 입에서는 전혀 생각지 않은 대답이 나왔습니다. "너무나 겁이 나서요." 알고 보니 아브라함에게는 그랄 사람들을 공격할 의사가 전혀 없었습니다. 그냥 겁이 나서 그랬다는 것입니다. 그래서 아비멜렉은 아브라함에게 무죄를 선언하고, 시민권까지 주어서 그랄 땅에 거하게 해주었습니다.

아브라함의 거짓말

이 모든 일의 원인은 아브라함이 자기 아내 사라를 누이라고 속인 데 있었습니다. 이 아브라함의 거짓말에 대해서는 지난 번에 충분히 살펴보았습니다. 그런데 오늘 본문은 한 가지 사실을 더 말해 주고 있습니다. 그것은 아브라함이 비단 애굽이나 그랄 땅에서뿐 아니라 자신이 가는 모든 곳에서 이런 거짓말을 했다는 것입니다.

> 하나님이 나로 내 아비 집을 떠나 두루 다니게 하실 때에 내가 아내에게 말하기를 이후로 우리의 가는 곳마다 그대는 나를 그대의 오라비라 하라. 이것이 그대가 내게 베풀 은혜라 하였었노라(20:13).

우리 생각으로는 가는 곳마다 아내라고 소개하면 훨씬 더 편할 것 같은데 당시의 사정은 좀 달랐던 것 같습니다. 우리에게는 이때의 상황을 정확하게 재구성할 수 있는 자료가 없습니다. 그러나 짐작컨대 이 당시에 누군가가 새로 이주해 올 경우 결혼한 사람보다는 독신자가 훨씬 더 환영받는 분위기였던 것 같습니다. 독신으로 이사오는 사람은 완전히 정착할 사람으로 여겨서 보호해 주고 여러 가지 혜택을 주는 반면, 이미 결혼해서 가정을 이룬 다음에 오는 사람은 언젠가는 떠날 사람으로 여겨서 어떤 보호도 해주지 않았던 것 같습니다. 20세기와 그 당시를 비교하기는 어렵지만, 우리나라의 경우에도 미국으로 이민 갈 때 가정을 이룬 부부보다는 결혼하지 않은 사람이 가기가 훨씬 더 쉬운 듯합니다. 투자 이민이나 취업 이민이면 몰라도 부부가 초청받아서 이민 가기는 아주 어렵습니다. 그래서 어떤 사람은 단순히 이민 가기 위한 수단으로 한국에 있는 아내와 이혼한 후 미국에 있는 여성과 위장 결혼을 하기도 합니다. 그럴 경우, 이민국에서 언제 들이닥칠지 모르니까 진짜 부부 행세를 해야 하지요.

아브라함 당시에도 독신과 가정을 이룬 사람 사이에 차이점이 분명히 있었던 것 같습니다. 그래서 아브라함은 일종의 편법을 썼습니다. 그는 처음에 자기 고향을 떠난 이래 계속 불안정하게 살았습니다. 늘 여기저기 떠돌아다니는 처지였어요. 그래서 그렇게 떠돌아다니는 가운데서도 그나마 모르는 사람들에게 배척당하지 않고 환영받고 싶은 마음에서 마치 독신인 것처럼 위장했던 것입니다. 직장에 아주 유능한 신입사원이 들어왔을 때 독신자일 때와 기혼자일 때 그 인기에 엄청난 차이가 있습니다. 예를 들어서 학벌도 좋고 인물도 좋고 실력도 있는 신입사원이 들어왔는데 게다가 독신이기까지 하다면 뭇 여사원들의 관심을 끌 수 있을 뿐 아니라 어쩌면 회사 간부나 회장님의 눈에 들지도 모릅니다. 그럴 경우에 이미 결혼한 사람이라도 끼고 있던 결혼 반지를 빼고 출근하거나, 결혼했느냐는 질문에 대답 없이 묘한 미소만 띄우는 일이 있을 수 있습니다.

우리 시대와 당시의 상황이 굉장히 다르기 때문에 그저 유추해 볼 수밖에 없지만, 어쨌든 이 시대에 새롭게 이주해 온 뜨내기의 경우 기혼자와 독신 사이에는 굉장한 대우의 차이가 있었고, 아브라함은 마치 자신이 독신인 것처럼 위장함으로써 그나마 사람들로부터 호의와 환영을 받으려고 애썼던 것 같습니다. 그럼에도 불구하고 아브라함은 가는 곳마다 문제를 일으켰습니다. 그것은 사라 때문이었습니다. 그러나 사실 이 문제를 일으킨 장본인은 아브라함입니다. 물론 사라가 아름답기도 했을 것입니다. 그러나 아브라함은 사라를 자기 누이라고 하면서도 이상할 정도로 지나치게 과잉보호함으로써 다른 사람들의 호기심을 불러일으켰고, 이런 호기심이 결국 청혼으로까지 이어지는 결과를 낳았습니다. 사람들은 누가 움츠러들면 더 찌르고 싶어 합니다. 사람의 심리가 그렇습니다. 안 보여 주려고 하면 자꾸 보고 싶어해요. 그런데 누이라고 하면서도 잘 안 보여 주고 커튼으로 가려 놓고 그러니까 더 보고 싶고 더 아름답게 보이는 것이지요.

이처럼 아브라함은 새로운 곳으로 이사할 때마다 자기 나름대로 적응해 보려고 애를 썼지만 결국 잘 적응하지 못하고 오히려 병적인 강박 증세로 많은 고통을 받았습니다.

아비멜렉의 오해

아비멜렉은 사라가 아브라함의 누이인 줄 알고 아내로 취했고, 그 결과 아주 큰 어려움을 겪게 되었습니다. 나중에 본문이 밝히고 있는 바에 따르면 그의 아내와 여종 모두가 단산되는 병에 걸렸던 것 같습니다. 그뿐 아니라 아비멜렉 자신도 어떤 병에 걸려서 거의 죽을 뻔했습니다. 아비멜렉은 이 모든 원인이 아브라함이 자기를 속인 데 있다는 것을 알게 되었습니다.

> 아비멜렉이 그 아침에 일찍이 일어나 모든 신복을 불러 그 일을 다 말하여 들리매 그 사람들이 심히 두려워하였더라. 아비멜렉이 아브라함을 불러서 그에게 이르되 네가 어찌하여 우리에게 이리 하느냐 내가 무슨 죄를 네게 범하였관대 네가 나와 내 나라로 큰 죄에 빠질 뻔하게 하였느냐 네가 합당치 않은 일을 내게 행하였도다 하고 아비멜렉이 또 아브라함에게 이르되 네가 무슨 의견으로 이렇게 하였느냐(20:8-10)

여기서 우리는 아비멜렉이 아브라함에 대하여 어떤 생각을 가지고 있는지 알 수 있습니다. 아비멜렉은 아브라함이 무슨 나쁜 의도를 가지고 이 그랄 땅에 들어왔다고 생각하고 있습니다. 다시 말해서 이 부부가 서로 짜고 거짓말을 함으로써 아비멜렉을 큰 죄에 빠지게 한 후, 그랄 전체를 하나님의 재앙으로 망하게 하려는 줄 알았습니다.

그렇지 않아도 아브라함이라는 사람은 평소에 그렇게 사교적인 것 같지 않았습니다. 사람들과 쉽게 어울리지 못하고 늘 무엇인가 골똘하게 생각하는 것 같고 눈빛이 이상하게 움츠러드는 것 같았어요. 사실 아브라함이 그렇게 한 이유가 무엇입니까? 그랄 사람들이 두려웠기 때문입니다. 아브라함은 새로운 곳에 가기만 하면 잘 적응이 되지 않았고, 늘 강박 관념에 시달리곤 했습니다. 이처럼 겁이 나기도 하고 자신도 없어서 잔뜩 움츠려 있던 것인데, 이것이 그랄 사람들에게는 '저 사람이 우리를 아주 싫어하는구나' 하는 오해를 불러일으킨 것입니다. 더욱이 아브라함이 사라를 누이라고 속이는 바람에 아비멜렉이 큰 죄에 빠질 뻔함으로써 처음부터 좋지 않은 계략을 가지고 의도적으로 들어온 것이 아닌가 하는 오해까지 받게 되었습니다. 그래서 아비멜렉은 아브라함을 불러 모든 사람들이 보는 앞에서 "네가 무슨 의견으로 이렇게 하였느냐?"고 다그치고 있습니다.

이것은 비단 아브라함에게만 일어나는 일이 아닙니다. 모든 그리스도인들에게 심심치 않게 일어나는 일입니다. 그리스도인들은 하나님을 믿게 된 후 이 세상이 너무나도 낯설어진다는 것을 알게 됩니다. 전에는 그렇지 않았습니다. 전에는 세상이 괜찮았어요. 세상이 재미있었습니다. 그런데 하나님을 믿고 나자 세상이 갑자기 멀게 느껴지고 친구들이 낯설게 느껴지며 여태 다니던 직장이 새 직장처럼 느껴지면서 자신감이 없어지는 것입니다. 그때부터는 혹시 실수할까 봐 사람들을 대할 때에도 일일이 신경을 쓰게 됩니다. 옛날처럼 함부로 농담하고 까불지 못해요. 그것이 하나님을 기쁘시게 못한다는 것을 알기 때문입니다. 그러니까 매사에 자신이 없고 매사에 방어적입니다.

그런데 이렇게 실수하지 않으려고 조심하면 조심할수록 이상하게 문제가 더 생깁니다. 애들 중에도 '둘째 콤플렉스'가 있지 않습니까? 둘째는 자기 나름대로 잘해 보려고 하는데도 늘 그릇을 깨고, 요강을 깨고, 컴퓨터를 떨어뜨리고, 어항을 떨어뜨립니다. 그렇지 않아도 미운 털이 박혀 있어서 그 미운 털을 빼려고 신경을 쓰는데, 그때마다 꼭 이렇게 잘못을 저지르는 것이지요. 그래서 엄마가 그럽니다. "아예 말아먹어라, 말아먹어." 그러면 애가 속으로 '아, 난 안 돼. 난 불가능해. 오토바이나 타고 어디로 가버릴까?' 하고 생각합니다.

그리스도인들이 꼭 그렇습니다. 갑자기 신앙을 가지고 나니까 적응이 안 되는 거예요. 신경을 쓰니까 일도 더 안 되고 실수도 더 많이 합니다. 그러면 옆에 있는 사람들은 "저 사람이 왜 저러는 거야? 우리 회사를 망하게 하려고 들어온 거 아니야? 이렇게 회사 일에 비협조적인 걸 보니 회사를 싫어하는 게 틀림없어", "저 여자가 시집을 와서 우리 가문을 완전히 말아먹을 작정이구나" 하는 겁니다. 아비멜렉이 말한 그대로입니다. "내가 무슨 죄를 네게 범하였관대 네가 나와 내 나라로 큰 죄에 빠질 뻔하게 하였느냐?"

우리가 늘 듣는 이야기 아닙니까? 그리스도인들은 본인이 의도하지는 않지만 세상에서 이런 오해를 받을 때가 많습니다. 그 이유는 두 가지입니다. 하나는 이 세상이 가지고 있는 피해 의식입니다. 사람은 전부 어떤 피해 의식을 가지고 있습니다. 그래서 내가 확실히 모르는 사람은 언제 나를 공격할지 모르기 때문에, 확실한 내 친구가 아니라면 일단 잠재적인 적으로 간주합니다. 그러니까 모르는 사람들이 많을 때는 갑자기 두려워지지요. 누가 갑자기 나한테 삿대질하면서 덤벼들지도 모르지 않습니까? 이런 증상은 현대로 올수록 더 심해집니다. 현대인들은 아파트에서 따닥따닥 붙어 살면서도 서로를 잘 모릅니다. 그러니까 전부가 방어적이고 서로 의심하는 것입니다. 그런데 특히 그리스도인들은 더 모를 사람들입니다. 이 세상에서 제일 이해가 안 되는 사람이 운동권과 그리스도인입니다. 왜 저러고 사는지 이해가 안 돼요. 왜 밥 먹고 하루 종일 교회에서 시간을 보내는지, 뭐가 좋아서 웃는지, 뭐가 슬퍼서 우는지 도무지 이해가 안 됩니다. 그러니까 적이지요. 회사에서도 부장님이 신입사원을 겁냅니다. '저놈이 언제 갑자기 돌변해서 삿대질을 하면서 덤벼들지 모른다'고 생각하는 것입니다. 자기한테 잘 보여야 인사고과도 올라가고 승진도 될 텐데 도대체 뭘 믿고 그러는지 이해가 안 됩니다. 이처럼 그리스도인은 잠재적인 적입니다.

또 한 가지 이유는 그리스도인들이 이 세상에 가지고 있는 두려움에 있습니다. 아브라함이 그랄에서 문제를 일으킨 것도 그랄 사람들을 두려워했기 때문입니다. 그리스도인들은 이 세상에 쉽게 어울리지 못하는 이질성을 가지고 있습니다. 그 이질성 때문에 의심을 받게 되고, 진정한 의도에 대해 심문을 당합니다. 그리스도인들이 잘 웃지도 않고 말도 하지 않을 때, 사람들은 '저 사람이 무언가 좋지 않은 생각을 가지고 있나 보다' 하고 오해하게 마련입니다. 사실은 내 속에 아직도 해결되지 못한 불신앙의 요소와 아직도 치료받지 못한 기질의 문제 때문에 심각한 것이고 침통한 것인데, 사람들은 자기를 미워해서 그러는 줄 압니다.

로마 시대에 그리스도인들이 로마 제국으로부터 많은 박해를 받았습니다. 그런데 그 이유 중 하나가 바로 그리스도인들의 비사교성에 있었습니다. 그리스도인들이 아주 심각해 보이기는 하는데, 말을 안 하는 거예요. 그러니까 이들이 반역의 의사를 가지고 있다고 오해한 것입니다.

우리가 먼저 생각해야 할 것은 이 세상을 너무 악하게 단정해서는 안 된다는 것입니다. 아브라함이 이런 지나친 반응을 하게 된 것은 그랄 사람들은 하나님을 모르기 때문에 아예 신앙적인 대화가 불가능하다고 단정했기 때문입니다. 그러나 하나님께서는 아비멜렉과 많은 대화를 나누셨고, 그럴 사람들도 사귀고 보니까 그렇게 나쁜 사람들은 아니었습니다. '부장님은 불신자이기 때문에 나쁜 사람일 거야. 또 과장님은 절에 다니니까 신앙적인 대화가 절대로 안 될 거야.' 이렇게 단정을 해버리니까 관계가 더 경직될 가능성이 큰 것입니다.

사도 바울은 고린도전서에서 영적인 사람과 비영적인 사람을 엄격하게 구분해서 말하고 있습니다.

> 육에 속한 사람은 하나님의 성령의 일을 받지 아니하나니 저희에게는 미련하게 보임이요 또 깨닫지도 못하나니 이런 일은 영적으로라야 분변함이니라 신령한 자는 모든 것을 판단하나 자기는 아무에게도 판단을 받지 아니하느니라(고전 2:14, 15).

여기서 "육에 속한 사람"은 하나님을 모르는 사람을 말합니다. 하나님을 모르는 사람들의 중요한 결함 가운데 하나는 영적인 사고를 못한다는 것입니다. 영적인 사고는 하나님과의 관계에서 모든 것을 생각하는 것입니다. 그리고 모든 것을 하나님과의 관계에서 생각한다는 것은 모든 것을 그 본질에서부터 끄집어 내는 것입니다. 그러므로 하나님을 아는 사람의 특징은 모든 것을 그 본질에서부터 끄집어 내어 생각하는 것입니다. 그래서 심각합니다. 그는 사람의 말을 그냥 듣는 것이 아니라 그 말의 동기를 생각하기 때문에 항상 진지하고 심각하지 않을 수가 없습니다.

의사들을 보십시오. 의사들은 어떤 증세만 가지고 이야기하는 법이 없습니다. '이런 증세가 나타나려면 분명히 이러저러한 원인이 있을 것'이라고 생각합니다. 그래서 의사들은 항상 진지합니다. 의사들이 막 까불면서 "아, 그건 그냥 잘라 버리세요. 간도 없애 버리세요" 하고 이야기하는 것을 본 적이 있습니까? 혹시 그런 의사가 있다면 우리는 그를 절대로 신뢰하지 않을 것입니다. "간이 부었습니까? 그러면 뭔가 이유가 있을 겁니다. 뭘 잘못 먹어서 그런지, 생활 습관이 잘못되어서 그런지, 바이러스가 침투해서 그런지 검사해 보아야겠습니다." 이처럼 의사들은 진지합니다. 그리스도인들도 그렇습니다. 그리스도인들은 진지하지 않을 수 없고 심각하지 않을 수 없습니다.

그런데 바로 이런 진지함과 심각함이 하나님을 모르는 사람들에게 많은 오해를 불러일으킵니다. '우리가 싫어서 저러는구나. 내가 무슨 잘못을 했더니 그것 때문에 날 업신여기고 있고 판단하고 있구나.' 그래서 그리스도인들은 때때로 심문받을 필요가 있습니다. "너는 왜 그렇게 인상을 쓰고 다니냐? 왜 밥을 먹을 때도 인상을 펴지 못하냐?" 이렇게 심문을 받아야 합니다. 그렇지 않으면 너무 많은 사람들의 마음에, 특히 가까운 사람들의 마음에 많은 상처를 주게 됩니다.

심문받는 아브라함

하나님께서는 사람들에게 아브라함을 바로 알리기 위해 그를 심문대에 세우십니다. 아비멜렉은 아침에 자리에서 일어난 후 아브라함의 문제를 공식적인 문제로 삼았습니다. 그는 먼저 신하들 모두에게 아브라함에 대한 이야기를 했습니다.

아비멜렉이 그 아침에 일찍이 일어나 모든 신복을 불러 그 일을 다 말하여 들리매 그 사람들이 심히 두려워하였더라(20:8).

그들이 두려워한 것이 무엇입니까? 자기들이 모르는 어떤 신을 아브라함이 끌고 들어와서 그 신의 진노로 모두 멸망시키려 한다는 것입니다. 예를 들어서 하나님을 믿지 않는 가정에 한 며느리가 자기 신앙을 감추고 시집을 왔습니다. 그런데 나중에 많은 어려움의 원인이 이 며느리의 신앙과 관계있다는 판단이 들었을 때 시어머니는 "네가 우리 집안과 무슨 원한이 있다고 이 종교를 끌고 들어와서 우리를 망하게 하느냐"면서 심문할 것입니다. 이 세상 사람들은 그리스도인들을 심문하게 되어 있습니다. 어머니는 교회 나가는 딸을 심문할 권리가 있습니다. "너는 뭣 때문에 맨날 심각하게 돌아다니니? 시집도 안 가면서 왜 그렇게 심각한 거야? 너 엄마를 무시하는 거지?"

영적이지 않은 사람은 그리스도인들을 이해할 수가 없습니다. 그가 친구인지 적인지 알 수가 없는 것입니다. 요나와 같은 배를 탔던 이방인들의 입장을 한번 생각해 보십시오. 이 선지자가 이 배에 탐으로 인해서 큰 풍랑이 일어나 다 죽게 되었습니다. 이 재앙의 원인이 바로 이 사람과 관계있다는 것을 알게 되었을 때, 그들은 이 사람의 정체를 도무지 알 수가 없었습니다. 이 사람이 친구인지 적인지, 이 사람 때문에 자기들이 다 죽는 것인지 사는 것인지 알 수가 없었어요. 그래서 요나에게 물었습니다. "당신이 도대체 누구며 왜 이런 일이 일어나는지 밝히시오." 그런데 그 입에서 놀라운 말이 나왔습니다. 그들은 자신들이 배를 타고 다니면서 사람을 죽이고 여자를 추행하고 남의 물건을 함부로 빼앗고 해적질한 일 때문에 이런 재앙이 일어난 줄 알았는데, 그래서 하나님께서 이 선지자를 같은 배에 태워서 자신들의 죄를 폭로시킨 후에 몽땅 죽이려는 줄 알았는데 알고 보니까 이것은 선지자 자신의 문제였던 것입니다.

이처럼 아비멜렉은 아브라함을 심문하고 있습니다. "도대체 내가 네게 무슨 죄를 지었길래 너는 이 무서운 재앙을 이 나라에 끌고 들어 왔느냐?" 그때 아브라함의 입에서 나온 대답은 너무나도 뜻밖의 것이었습니다. 어처구니없게도 두려워서 그랬다는 것입니다. 그럴 사람들을 불편하게 하거나 그럴 사람들에게 해를 끼칠 의사가 전혀 없었다는 것입니다. 겉으로 보이는 것과는 달리 아브라함은 겁이 많았습니다. 그냥 보기에 그는 대단히 담대한 사람이었습니다. 그돌라오멜의 연합군을 쳐부순 장수였어요. 그러나 실제로는 굉장히 겁이 많고, 의기소침해지기 쉬우며, 특히 새로운 환경에 적응하지 못하는 징크스를 가진 약한 사람이라는 것을 그들은 알게 되었습니다. 아브라함은 하나님께서 매순간 찾아오셔서 성령으로 위로해 주시지 않으면 정신이 거의 무너져서 견디지 못하는 병적인 증세를 가진 사람이었습니다.

우리가 지난번에 살펴본 것이 무엇입니까? 하나님께 위대하게 사용된 인물들 거의 대부분이 문제 있는 사람들이었다는 것입니다. 신경쇠약증에 시달리고, 위염에 시달리고, 너무 예민해서 다른 사람들 앞에서 의사표시조차 제대로 못하는 이런 사람들을 하나님께서 찾아오셔서 위로해 주시고 붙들어 주시고 사자같이 사용하셨다는 것입니다. 아브라함이 바로 그런 사람이었습니다. 아브라함은 새로운 환경에 찾아갈 때마다 너무나도 강박 관념에 시달린 나머지 성령께서 찾아오셔서 위로해 주시지 않으면 견디지 못하는, 스스로 무너져 버리는 그런 약한 사람이었습니다.

아브라함은 자기 자신에 대해서 이렇게 설명하고 있습니다.

> 아브라함이 가로되 이 곳에서는 하나님을 두려워함이 없으니 내 아내를 인하여 사람이 나를 죽일까 생각하였음이요 또 그는 실로 나의 이복 누이로서 내 처가 되었음이니라(20:11, 12).

그랄 사람들은 아브라함이 자기들을 미워하는 줄 알았습니다. 그런데 알고 보니 아브라함은 겁이 나서 인상을 쓰고 다녔던 것이었습니다. 그에게는 그랄 사람들을 공격할 의사가 전혀 없었습니다. 오로지 자기 안에 있는 약한 부분 때문에 사람들에게 조금 호의를 얻어 보려고 선의의 거짓말을 하게 되었고, 그 결과 본의 아니게 그랄 사람들에게 많은 상처와 고통을 안겨 주었던 것입니다. 잘 몰랐을 때에는 아브라함은 부족한 점이 전혀 없는 완벽한 사람 같았습니다. 그런데 알고 보니 자신들처럼 약한 부분이 있을 뿐 아니라 오히려 자기들보다 더 심한 강박 증세에 시달리는, 도움이 필요한 사람이었던 것입니다.

하나님을 모르는 사람들은 우리가 설명해 주지 않으면 절대로 우리를 이해하지 못합니다. 그리스도인들은 남들이 모르는 어떤 세계를 알고 있습니다. 그래서 그들은 그리스도인들을 두려워하며, 우리가 자신들의 친구인지 적인지 확인하고 싶어 하고, 우리가 그들을 판단하고 있는 것은 아닌가 의심합니다.

신앙이 없는 사람은 신앙을 가진 사람에 대해 늘 어떤 열등감 같은 것을 가지고 있어요. 신앙을 가지지 않은 시어머니는 겉으로는 아무리 세게 보여도 실제로는 신앙을 가진 며느리에게 열등감을 가지고 있습니다. 또 신앙을 가지지 않은 사장은 신앙을 가진 신입사원에게 열등감을 가지고 있습니다. 그런데 그들이 심각해져 있고 얼굴이 굳어 있으며 말을 걸어도 대답조차 하지 않을 때 마음속에 굉장한 상처를 입으면서 "그래, 네가 하나님을 믿으면 얼마나 믿는다고 그렇게 얼굴을 돌처럼 굳히고 있는 거야? 그래도 내가 명색이 사장인데 내가 그렇게 우스워?" 하고 화를 폭발시키는 것입니다.

그래서 하나님의 백성들은 자신들의 상태에 대해서 좀 자세하게, 겸손하게 설명할 필요가 있습니다. "저는 믿는다고 하지만 늘 상태가 좋은 것은 아닙니다. 지금 제 표정이 좋지 못한 것은 개인적인 사정 때문이에요. 저의 상태는 날씨가 개었다가도 금방 구름이 끼고 소나기가 오는 여름 날씨와 비슷합니다. 오늘 비올 확률은 60퍼센트입니다."

하나님의 백성들이 표정이 밝지 못한 것은 자기 안에 있는 문제 때문입니다. 내 안에 기쁨이 넘치면 남의 문제는 문제가 되지 않습니다. 그러나 우리는 자존심 때문에 그것을 인정하기 싫어합니다. 그래서 "내가 화내는 건 진짜 너 때문이야"라고 해버립니다. 그

403

러나 이것은 정직하지 못한 것입니다. 이것은 상대방을 두 번 죽이는 거예요. "내 모습이 지금 이런 것은 사실 내 안에서 아직도 해결되지 못한 문제 때문이야." 이렇게 겸손하게 설명해 줄 때 사람들은 '아, 그리스도인들은 적이 아니고 친구구나' 하면서 우리를 도와줄 것입니다. 그런데 그렇게 하는 대신 미리부터 믿지 않는 사람들과는 아예 신앙적인 대화가 되지 않을 것이라고 단정하고 정죄하는 바람에 상황이 훨씬 더 악화되는 경우가 많습니다.

그리스도인에게 겸손은 굉장히 중요한 것입니다. 그리스도인들은 기회가 올 때마다 나의 부족한 부분을 인정하고 도움을 청하든지, 그럴 자신이 없으면 인사라도 자주 해야 합니다. 우리는 자신에게 문제가 있을 때 사람들을 만나고 싶어 하지 않습니다. 그리고 특징이 뭔가 하면 인사를 잘 안 합니다. 그럴 때 다른 사람들은 자신이 무언가 잘못해서 그러는 줄 오해하고 굉장히 상처를 받습니다. 그래서 그리스도인으로서 인사를 하지 않는 것은 죄를 짓는 것입니다. 예수님께서 제자들에게 하신 말씀이 무엇입니까? "또 너희가 너희 형제에게만 문안하면 남보다 더 하는 것이 무엇이냐? 이방인도 이같이 아니하냐?"(마 5:47)

무슨 뜻입니까? 모르는 사람들에게 문안을 좀 하라는 것입니다. 출근할 때 경비 아저씨에게 인사라도 하라는 것입니다. 그렇게 하면 사람들이 '아, 저 사람이 적어도 나에게 적대적이지는 않구나. 날 미워하고 있지는 않구나. 공격할 의사는 없구나. 저 사람이 회사 불지를 사람은 아니구나' 하면서 안도의 한숨을 쉬게 되는 것입니다.

심각한 것을 곧 경건한 것으로 생각해서는 안 됩니다. 심각한 것은 하나님 앞에서 하고, 다른 사람들 앞에서는 웃는 것이 좋습니다. 잘 웃어야 해요. 물론 웃음이 나오지 않는데도 억지로 웃는 척하느라고 웃는 것도 아니고 우는 것도 아닌 코미디를 연출할 필요는 없습니다. 그러나 '항상 웃지 않고 심각하게 보이는 것이야말로 거룩한 거야. 그리스도인은 늘 이렇게 심각해야 해' 하는 것은 웃기는 경건입니다. 우리가 주님께 배운 경건은 심각하고 우울하고 침체되어 있는 우울한 회색 빛깔의 경건이 아닙니다. 다른 사람에게 따뜻하고 친절하고 겸손하면서도 거룩할 수 있는 이것이 우리가 주님께 배운 경건이지요.

아비멜렉이 아브라함의 말을 듣고 깨달은 것이 무엇입니까? 아브라함에게는 그럴 사람들을 공격할 의사가 없었으며, 지금 이런 피해를 입힌 것은 전혀 본의가 아니었고, 단지 자신의 내면적인 두려움과 강박 관념이 문제였다는 것입니다. 그래서 그는 아브라함의 전적인 무죄를 공식적으로 선언합니다.

> 아비멜렉이 양과 소와 노비를 취하여 아브라함에게 주고 그 아내 사라도 그에게 돌려보내고(20:14).

아비멜렉은 아브라함에게 나쁜 의도가 없었다는 것을 인정했고, 명예 회복의 증표로 많은 가축과 노비를 주었습니다. 다른 사람에게 어떤 정식적인 피해를 주었을 때 우리는 반드시 보상을 해야 합니다. 요즘은 전후 내용만 밝히면 모든 것이 회복된다고 생각합니다. 그래서 사과 성명을 낸다든지 진상을 밝힘으로써 명예를 회복시키지요. 그러나 옛날에는 그런 식으로는 명예가 회복되지 않았습니다. 반드시 물질로 보상을 해주어야만 했습니다. 돈은 이런 용도로 사용하라고 있는 것입니다. 이런 점에서 옛날 사람들이 현대인보다 훨씬 나았던 것 같습니다.

요즘은 남자가 여자에게 많은 정신적인 피해를 주고서도 그냥 미안하다면서 끝내는 경우가 많은데 그러면 안 됩니다. 상대방의 분노가 가라앉을 정도의 사과나 예의를 표시해야 합니다. 그렇게 하지 않으면 다른 사람의 명예를 손상시키거나 감정을 상하게 하는 것을 아무렇지 않게 생각해서 자꾸 그런 식으로 행동하려고 할 것입니다. 혹시 남편이 아내의 마음을 상하게 하거나 손찌검을 하거든 절대로 그냥 넘어가지 마십시오. 소나 양이나 낙타를 사 가지고 와서 사과하지 않는 한 절대로 그냥 넘어가지 않겠다고 해야 합니다. 한 번 그대로 넘어가면 그 자리에서는 다시는 안 그러겠다고 하고서도 또 같은 짓을 반복합니다. 손찌검해 놓고 "여보, 미안해" 하거든 "낙타 한 마리 사 가지고 오세요"라고 하십시오. 손찌검을 했다는 것은 그 인격을 완전히 파괴시킨 거예요. "그래도 어쩝니까? 이러나 저러나 붙어 살아야지요." 그러면 안 됩니다. 그러면 계속 터지는 거예요. 낙타 사 오기 전까지는 절대로 같이 살면 안 됩니다. 이혼을 조장하려는 것이 아닙니다. 남의 명예를 함부로 생각하면 안 된다는 것입니다. 그리스도인들끼리 친하다고 해서, 또 같은 친척끼리라 해서 아무 말이나 해도 되는 게 아닙니다. 다른 이의 마음에 상처를 입혔으면 정식으로 사과해야 하고, 그에 버금가는 예의를 표해야 됩니다. 16절을 보십시오.

> 사라에게 이르되 내가 은 천 개를 네 오라비에게 주어서 그것으로 너와 함께한 여러 사람 앞에서 네 수치를 풀게 하였노니 네 일이 다 선히 해결되었느니라

여기서 아비멜렉은 사라에게 아브라함을 "네 오라비"라고 말하고 있습니다. 사라를 부끄럽지 않게 하기 위해서 아주 정중하게 이야기하고 있는 것입니다. 처음에 '오라비'라고 속였기 때문에 끝까지 '오라비'라고 불러 주는 것이지요. 그는 사라가 부끄럽지 않도록 충분히 보상해 주었습니다. 그렇게 하지 않았더라면 사라의 마음속에 있는 상처는 없어지지 않았을 것입니다.

아브라함은 아비멜렉과는 신앙적인 대화가 되지 않을 것이라고 아예 처음부터 단정했지만, 알고 보니 그는 이야기가 되는 사람이었습니다. 그도 예의가 있는 사람이었고 분별력이 있는 사람이

었어요. 그는 아브라함에게 자신들을 공격할 의사가 없다는 것을 알았을 때 그것을 모든 사람 앞에서 공포했습니다. 그리고 그럴 땅에서 추방시키지 않고 오히려 시민권을 주어서 살게 했습니다. 이것이 아비멜렉의 아주 아름다운 점입니다.

> 아브라함에게 이르되 내 땅이 네 앞에 있으니 너 보기에 좋은 대로 거하라 하고(20:15).

이것이 아비멜렉이 바로와 다른 점입니다. 바로는 아브라함을 추방했지만, 아비멜렉은 시민권을 주어서 살게 했습니다.

몇 년 전에 LA에서 흑인들의 폭동이 일어났습니다. 그 원인은 백인 경찰이 흑인을 두들겨 팬 데 있었습니다. 그런데 엉뚱하게도 불똥이 한국인들에게 튀었습니다. 그 이유가 어디에 있었습니까? 흑인들이 보기에 한국 사람들은 너무나도 이기적이어서 흑인 지역에서 돈만 벌어가지 흑인들을 위해서 해주는 것이 아무것도 없다고 생각했기 때문입니다. 한국인들이 미국에 정착하기 위해서는 거기서 돈만 벌 것이 아니라 정말 거기에 한국 사람들이 꼭 있어야 된다는 인식을 심어 주어야 합니다.

그리스도인들은 자신이 원하든 원하지 않든 이 세상에서 살아야 합니다. 그런데 이 세상에서 불필요한 존재라는 오해를 받지 않고 살려면 그리스도인들이야말로 이 세상 사람들에게 꼭 필요한 이들이라는 인식을 심어 주어야 합니다. 그래서 세금도 열심히 내고, 맡겨진 일도 열심히 함으로써 그리스도인들은 이 사회에 참으로 유익한 사람들이며 사람들의 적이 아니라 친구라는 것을 분명히 보여 줄 필요가 있습니다. 저는 기독교 정당을 공식적으로 반대합니다. 그리스도인들이 집단 행동하는 것도 반대합니다. 왜냐하면 그리스도인들이 이렇게 집단적으로 행동하고 어떤 식으로든 정치 세력화될 때, 신앙을 가지지 않은 사람들이 큰 위협감을 느끼기 때문입니다. 화란처럼 아예 기독교가 국교로 되어 있으면 몰라도 여러 종교가 공존하는 사회에서 집단적으로 시위하듯이 전도할 때 사람들은 굉장히 두려워합니다. 그리스도인들은 그런 시위를 할 것이 아니라 구석구석 파고 들어가 눈에 보이지 않는 곳에서 최선을 다해 이 사회에 이바지함으로써 '이 사람들은 이 사회에 꼭 필요한 사람들이고 합리적으로 대화가 되는 사람들'이라는 것을 보여 주어야 합니다. 그럴 때 우리는 참된 축복의 통로로 사용될 수 있습니다.

아비멜렉을 축복하다

하나님께서 아브라함을 그랄 땅으로 보내신 목적이 무엇입니까? 아브라함으로 하여금 아비멜렉과 그랄 땅 사람들을 축복하기 위해서입니다.

> 아브라함이 하나님께 기도하매 하나님이 아비멜렉과 그 아내와 여종을 치료하사 생산케 하셨으니 여호와께서 이왕에 아브라함의 아내 사라의 연고로 아비멜렉의 집 모든 태를 닫히셨음이더라(20:17).

하나님께서는 결국 아브라함을 통해 모든 사람들이 복을 받게 하셨습니다. 성령 충만 하지 못한 아브라함은 그랄 땅에서 '내가 과연 여기서 살 수 있을까?' 하며 두려워하고 강박 관념에 시달렸지만, 하나님은 그를 높여 왕을 축복하게 만드셨고 하나님이 막으셨던 그 모든 태를 열게 하셨으며, 그를 통해 그랄 사람들에게 복을 주셨습니다.

우리가 아브라함의 경험에서 볼 수 있는 것이 무엇입니까? 우리는 이 세상에서 자신의 존귀함을 잊어버리고 생존을 위해서 몸부림칠 때가 많습니다. 내가 얼마나 귀한 존재이며 하나님께 얼마나 사랑받는 존재인지를 잊어버린 채 '과거에 의지하던 것을 다 잃어버린 지금 과연 이 세상에서 살 수 있을까'를 고민하며, 여러 가지 편법을 생각하면서 어떻게 해서든지 적응해 보려고 애를 씁니다. 그러나 하나님께서는 우리 자신의 모습을 되찾으라고 말씀하십니다.

우리는 영적으로 사고하기 때문에 세상 사람들이 잘 이해하지 못합니다. 그것은 이상한 일이 아닙니다. 그래서 우리는 설명을 해주어야 합니다. "저는 여러분들을 공격할 의사가 전혀 없습니다. 저는 이 회사를 공격할 의사가 전혀 없습니다. 저를 보십시오. 칼도 없고, 총도 없고, 손톱깎이도 없고 아무것도 없습니다. 그냥 주는 밥 먹고 열심히 일하겠습니다." 그렇게 할 때 사람들은 '아, 기독교인들이 우리를 공격할 의사를 가진 것은 아니구나' 하면서 신뢰해 줄 것입니다.

여러분, 그리스도인들이 믿지 않는 사람 앞에서 겸손한 것이 참 중요합니다. 안 그래도 좀 교만해 보이고 안 그래도 좀 심각해 보이는데 인사조차 하지 않을 때, 축복 없는 핍박을 불러일으키기 쉽습니다. 인사도 하지 않고 딱딱하게 굳은 얼굴로 출근하자마자 털썩 앉아서 성경책 펴 놓고 중얼거릴 때 '지가 하나님을 알면 얼마나 안다고 날 굉장히 무시하네' 하는 오해를 심어 주는 것이지요. 그것은 신앙을 가지지 않은 사람들을 불필요하게 공격하는 것이며 그들의 마음에 상처를 주는 것입니다. 우리에게는 그럴 권리가 없습니다. 신앙 가지지 않은 사람을 정죄하고 업신여길 권리가 없어요. 그들도 귀한 사람들입니다. 그렇기 때문에 우리는 이리 가운데 있는 양처럼 "저는 당신을 공격할 의사가 없습니다. 저는 당신을 도와주고 축복하려고 여기 온 것입니다. 제 얼굴이 굳어 있는 것은 요즘 안면 마비 증세가 일어났기 때문이지 절대로 당신하고는 상관이 없습니다" 하고 설명해 줄 필요가 있는 것입니다.

사랑하는 여러분, 하나님께서 우리를 불안정하게 만드신 것

은 이렇게 해서라도 우리를 끌어내려서 믿지 않는 사람과 접촉하게
하시고 그들을 축복하게 하기 위해서입니다. 만약 우리가 완벽하다
면 우리는 믿는 사람들끼리만 담을 높이 쌓고 믿는 사람들끼리만
잘 먹고 잘 지내면서, 믿지 않는 사람들을 만나려고도 하지 않을 것
입니다.

기억하십시오. 우리가 여기 있는 것은 축복하기 위해서입니
다. 할 수 있는 한 모든 사람을 축복하십시오. 모든 것을 지나치게
심각하게 생각하는 것은 결코 거룩한 것이 아닙니다. 다른 사람들
의 말 한 마디 한 마디를 너무 의미심장하게 받아들이다가는 신경
쇠약으로 쓰러지고 말 것입니다. 영적이지 않은 사람들의 말은 많
은 부분 축소해서 들을 필요가 있습니다. 만약 그리스도인이 "널 죽
이겠어" 했다면 거기에는 '여러 가지를 종합해 보고 검토해 본 결
과 너는 정말 죽어야 해. 나는 너를 꼭 죽이고 말겠어'라는 뜻이 있
는 것입니다. 그러나 영적이지 않은 사람이 "널 죽이겠어" 하는 것
은 그냥 화가 나서 한번 해 본 말일 가능성이 큽니다. 그래서 혹시
누가 나에 대해서 좋지 않은 말을 하면 '아, 지금 저 사람이 화가 났
구나. 상태가 좋지 못한가 봐. 심기가 좀 불편한가 봐' 하는 정도로
생각해야지, 진짜 말 그대로 받아들이면 이 세상에 절대로 적응하
지 못합니다. 모든 말의 원인을 찾아내고 모든 말의 동기를 찾다가
는 결국 나 스스로 붕괴되어서 견디지 못해요. 그러면 남을 축복할
수가 없습니다. 오히려 저주가 나오지요. 좋은 쪽과 나쁜 쪽 두 가지
방향으로 해석이 가능하면, 할 수 있는 대로 좋은 쪽으로 해석하고
받아들이십시오. 우리가 파고들 것은 다른 사람의 말의 의도가 아
니라 하나님의 말씀입니다. 하나님의 말씀은 아무리 파고들고 추론
하고 오해해도 다 축복이 됩니다. 그러나 사람의 말을 파고들고 추
론하고 오해하면 멸망이 옵니다.

하나님은 끝까지 우리를 지켜 주실 것입니다. 이 세상에서
중요한 것은 아직 내가 살아 있다는 사실입니다. 그리스도인들은

지금 살아서 숨 쉬고 있다는 것이 얼마나 큰 복인지 알아야 합니다. 우리에게는 아직도 축복할 수 있는 시간이 있고 축복할 수 있는 힘이 있습니다. 하나님은 세상에 복을 주시기 위해서 우리를 보내셨습니다. 직장이 마음에 들지 않아도 거기에서 복을 주십시오. 시집 식구들이 이상적이지 않다고 하더라도 그들에게 복을 주십시오. 옆에 있는 사람들이 무슨 말을 하든지 그 입을 틀어막고 그냥 복을 줘버리십시오. 그렇게라도 하지 않으면 우리는 단 한 명도 축복하지 못할 것입니다.

여러분이 자신의 문제에 빠져서 고민하고 자신의 콤플렉스에 사로잡혀서 시달릴 동안에 이 세상 사람들은 그 문제로 인하여 더 많은 상처를 받고 있습니다. 내 문제는 잠시 내려놓고 어느 형편, 어느 처지에 있든지 옆 사람들을 축복하십시오. 이것이 하나님께서 우리를 이 세상에 보내신 목적입니다.

21

이삭의
출생

저는 우리 집 아이에게 항상 실현 가능한 꿈을 가지라고 당부하곤
합니다. 그것은 저뿐 아니라 자식을 가진 부모나 학교 선생님들의
공통된 심정일 것입니다. 괜히 실현 가능성도 없는 꿈을 가지고 애
를 쓰다 보면 주위 친구들에게 조롱거리가 될 뿐만 아니라 자신의
삶도 망치게 되기 때문입니다. 애는 애대로 쓰고 남는 결과는 아무
것도 없을 때 그 삶이 얼마나 허탈하겠습니까?

그러나 도저히 실현 불가능한 꿈을 아주 오래오래 간직하고
산 늙은 부부가 있었습니다. 그들은 바로 오늘 본문에 나오는 아브
라함 부부입니다. 그들이 가진 실현 불가능한 꿈이라는 것은 자식
을 낳을 수 없는 늙은 나이인데도 불구하고 아이를 낳겠다는 것입
니다. 아이에 대한 꿈을 처음 갖게 되었을 때에도 이들은 이미 늙은
나이였습니다. 그런데 더욱더 늙어 감에도 불구하고 이들은 아이에
대한 희망을 버리지 않았습니다. 그리고 오늘 본문에서 드디어 아
이를 낳습니다.

우리가 알아야 할 것은 이 노부부가 아이에 대한 꿈을 가지
게 된 것은 그들 자신이 너무나도 아이를 원했기 때문이 아니라는
사실입니다. 오히려 이들은 오래전에 아이에 대한 꿈을 포기하려고

했습니다. 그런데 하나님께서 그 꿈을 포기하지 못하게 하신 것입니다. 하나님의 말씀이 그들을 붙들어서 이미 오래전에 포기하려고 했던 이 꿈을 버리지 못하게 하셨습니다. 그들은 이 꿈 때문에 너무나 많은 고통을 받았고, 이 꿈 때문에 너무나 많은 시간을 울어야 했습니다. 만약 이들이 주위에 있는 사람들에게 이 꿈을 이야기했더라면 모두 미쳤다고 했을 것입니다. 사라가 사는 이유를 사람들이 들었다면 모두 입을 벌려 사라를 놀렸을 거예요.

"글쎄, 저 늙은이 말이 자기가 사는 목적은 자기 자식을 낳아서 젖을 물리는 거래요. 멀쩡한 사람이 참 안됐어. 너무 자식을 원하다 보니까 미쳐 버렸나 봐요. 저 쭈그러든 젖으로 어떻게 아기를 먹일 수 있겠어요?"

"부인만 미친 게 아니라우. 남편도 미쳤다구요. 남편도 그 나이에 아이를 가질 것이라고 말하지 않겠수?"

이 두 늙은 부부가 사는 목적은 아이를 낳는 데 있었지만, 점점 더 나이가 들어 가면서 이제 도저히 아이를 낳을 수 없게 되었습니다. 그럼에도 불구하고 이들은 하나님의 약속을 믿고 아기를 기다리고 있었습니다. 단지 옆에 있는 사람들이 너무 충격을 받을까 봐 자신들의 희망을 이야기하지 못하고 있었을 뿐입니다. 그런데 마침내 이들은 임신과 출산이 도저히 불가능한 나이에 아이를 낳아 기뻐하고 있습니다. 이들이 아이를 낳았을 때 아브라함은 100세였고 사라는 90세였습니다.

믿음으로 산다는 것은 사람의 생각으로는 도저히 실현될 수 없는 하나님의 약속을 붙들고 사는 것입니다. 만약 내가 붙들고 있는 이 약속을 옆에 있는 사람들에게 이야기하면 전부 놀라서 쓰러질 것입니다. 아니면 미쳤다고 말할지도 모릅니다. 그럼에도 불구하고 하나님의 백성들은 자기에게 주어진 하나님의 약속을 붙들고 삽니다. 하나님의 백성들은 현재를 전부라고 생각하지 않습니다. 현재가 중요하긴 하지만 결정적으로 중요한 것은 아닙니다. 참으로 중요한 것은 미래에 하나님의 약속이 어떻게 성취되느냐 하는 것입니다.

말씀으로 낳은 아들

하나님께서는 아브라함에게 특별한 아들을 주셨습니다. 그 아들이 특별한 이유는 하나님의 말씀으로 낳았다는 데 있었습니다. 21장 1절을 보십시오.

여호와께서 그 말씀대로 사라를 권고하셨고 여호와께서 그 말씀대로 사라에게 행하셨으므로

오늘 본문은 하나님이 말씀대로 사라에게 권고하셨고, 말씀대로 사라에게 행하셨다는 사실을 두 번이나 반복해서 강조하고 있습니다. 여기서 '권고하셨다'는 것은 하나님께서 찾아오셨다는 것입니다. 사라의 몸은 이미 늙어서 정상적으로는 아이를 낳을 수가 없었습니다. 그러나 하나님은 그를 찾아오셔서 어떤 일을 행하셨습니다. 이미 죽은 것이나 마찬가지였던 그의 몸에 변화를 주셔서 그로 하여금 잉태하여 아이를 낳게 하신 것입니다. 그러므로 사라가 이 늙은 나이에 낳은 아들은 말씀으로 낳은 아들이라고 말할 수 있습니다.

보통 아이들은 모두 자연적으로 출생합니다. 물론 아이가 태어날 때마다 하나님께서는 새 생명을 창조하십니다. 사람의 영혼은 어딘가 다른 곳에 있다가 오는 것이 아닙니다. 사람의 영혼은 어머니 배 속에서 창조되는 것입니다. 모든 아이들이 생길 때마다 하나님께서는 새 생명을 창조하고 계십니다. 그래서 모든 아이는 다 소중하고 귀합니다. 그럼에도 불구하고 우리는 이 아이들을 말씀으

로 태어났다고 말하지는 않습니다.

하나님의 말씀으로 태어난 아이는 둘밖에 없습니다. 하나는 사라가 90세에 낳은 이 아들이고, 다른 하나는 마리아가 처녀 때 낳은 예수 그리스도입니다. 이 점에서 사라가 낳은 아이는 예수 그리스도를 예표하고 있습니다. 원래 하나님께서 우리들에게 주시려고 한 것이 무엇입니까? 그것은 부귀나 건강이나 영화나 재물이 아닙니다. 하나님께서 주시고자 하신 것은 그분의 아들입니다. 하나님은 그 아들과 우리의 모든 허물을 바꾸고자 하셨습니다. 우리의 죄와 우리의 비참함과 우리의 연약함과 우리의 모든 어려움을 아들과 바꾸려고 하신 것입니다. 그러나 하나님의 아들이 사람이 되어서 왔다고 하면 누가 믿겠습니까? "보자 보자 하니까 이제는 별소리 다하는구나" 하면서 아무도 믿으려 하지 않을 것입니다. 그래서 하나님께서는 우리가 가지고 있는 이 완강한 생각의 문턱을 낮추시기 위해 이 노부부를 사용하신 것입니다.

하나님의 아들이 사람이 되어 온다는 것은 말도 되지 않는 소리입니다. 그러나 비슷하게 말이 안 되기는 하지만 조금은 말이 되는 것이 있습니다. 그것은 100세 된 노인 부부가 아이를 낳는 것입니다. 처녀의 몸에서 하나님의 아들이 태어난다는 것은 말도 되지 않는 소리입니다. 그러나 비슷하게 말이 안 되기는 하지만 조금 말이 되는 것이 있습니다. 그것은 90세 된 할머니가 아이를 낳는 것입니다.

하나님께서 우리에게 주시려고 하는 것은 너무나 말도 되지 않는 것이기 때문에 우리는 받아들이지 못합니다. 우리의 모든 허물과 연약함과 가난과 이 모든 불행들을 하나님의 아들과 바꾼다는 말을 누가 믿겠습니까? 그래서 하나님께서는 100세와 90세 된 이 노부부를 징검다리로 사용하셔서 우리를 예수 그리스도께 나아오게 하신 것입니다. 강을 건널 때 한 걸음에 뛰어 건널 수 없습니다. 그러나 중간에 징검다리가 있으면 뛰고 또 뛰어서 강을 건너 갈 수가 있습니다. 아브라함 부부가 노년에 낳은 이 아들은 예수 그리스도에게까지 갈 수 있게 하는 징검다리였습니다.

　성경에서 '말씀으로 낳은 아이'는 정상적으로는 도저히 낳을 수 없는데 하나님의 말씀이 여자의 몸속에 어떤 변화를 일으켜서 임신하여 낳은 아이를 말합니다. 그런 아이는 사라가 낳은 이삭과 마리아가 낳은 예수 그리스도 두 명밖에 없습니다. 그 외에 '말씀으로 태어난 사람'이라는 것은 모두 이미 이 세상에 태어났지만 하나님의 말씀이 그 영혼 속에 어떤 작용을 해서 새롭게 된 사람을 가리킵니다.

　예수께서 이 세상에 말씀으로 태어나신 이유가 바로 여기에 있습니다. 자연적으로 태어난 사람들은 모두 하나의 중요한 결함을 가지고 있습니다. 그 중요한 결함은 바로 하나님과의 관계에 있습니다. 즉 마음속으로부터 하나님을 좋아하지 않는 것입니다. 하나님을 느끼지도 못하고 그 음성을 듣지도 못합니다. 하나님께 순종할 수 있는 능력도 없습니다. 그의 말씀을 듣고 그 뜻대로 살아야 영원히 살 텐데, 말씀을 들을 수도 없고 순종할 수도 없을 뿐 아니라 아예 하나님의 존재를 지각할 수도 없는 상태에서 태어나는 것입니다.

　사람에게 가장 중요한 것은 바로 이 고장 난 부분을 치료받는 것입니다. 이미 늙어서 고장 난 사라의 배 속에 하나님의 말씀이 작용하고 치료해서 아이를 낳을 수 있게 만들었던 것처럼, 우리의 속에 고장 난 부분을 말씀이 치료해서 하나님의 말씀을 듣고 그분을 경험하며 그 뜻대로 살게 되는 것을 성경은 '말씀으로 태어난다'고 표현하고 있습니다.

　처음 예수를 믿으려고 교회에 나온 분들이 경험하는 어려움이 바로 이것입니다. 교회에 나오는 것은 쉬운 일이 아닙니다. 보통 결심을 하고 나온 게 아니에요. 다른 사람이 보기에는 그냥 하루 나온 것 같지만 당사자는 몇 달 전부터 벼르고 별러서 나온 것입니다.

그렇게 어렵게 나와서 앉아 있는데, 도대체 앞에서 무슨 말을 하는지 알아들을 수가 없습니다. 어려워서 알아듣지 못하는 것이 아닙니다. 모두 한국말로 하니까 말은 알아듣지요. 그런데 그 개념이 머릿속에 들어오질 않는 것입니다. 다른 사람들은 알아듣는 것 같아요. 고개도 끄덕거리고 눈물도 닦습니다. 그런데 나는 못 알아듣는 것입니다. 이것이 제일 큰 어려움입니다.

전문가들의 모임에 가면 그들의 용어를 모르기 때문에 알아듣기 어렵습니다. 그러나 성경 말씀은 용어를 몰라서라기보다는 개념 자체가 입력되어 있지 않기 때문에 알아듣기가 어렵습니다. 예를 들어서 텔레비전에서 NHK 같은 외국 방송을 들으면 일본말이 나오기 때문에 못 알아듣습니다. 그러나 텔레비전 수상기 자체가 고장이 나면 아예 전파가 잡히지 않습니다. 오늘 사람들의 문제는 하나님께서 일본말이나 영어로 말씀하시기 때문에 못 알아듣는 것이 아니라, 아예 하나님이라는 존재 자체가 잡히지 않는 것입니다. 즉 하나님의 말씀을 못 알아듣는 것이 아니라 그의 존재 자체를 모르는 것입니다. 소경은 빛 자체를 느끼지 못합니다. 아무리 햇빛이 아름다워도 햇빛을 느끼지 못해요. 또 귀머거리는 음악을 듣지 못합니다. 음악을 이해하지 못해서가 아닙니다. 아예 들리지 않기 때문에 듣지 못하는 것입니다.

하나님께서 예수 그리스도를 사람으로 보내신 것은 우리 안에 있는 이 고장 난 부분을 고치기 위해서입니다. 하나님의 말씀의 능력으로 이 고장 난 부분을 고쳐서 하나님의 존재를 느끼고 그의 말씀을 들으며 그 말씀대로 살 능력을 주기 위해서 예수 그리스도는 말씀으로 태어나셨습니다.

하나님의 말씀으로 사라의 늙은 몸을 치료하는 일은 대단히 복잡하고 어려운 과정을 통해 이루어졌습니다. 의학이 발달한 현대에도 가장 알지 못하는 영역이 산부인과 계통인 것 같습니다. 그런데 사라 자신이나 주위에 있는 사람들이 알지 못하는 가운데 하나님의 말씀은 사라의 늙고 고장 난 몸을 고쳐서 아이를 가질 수 있게 했습니다. 그와 마찬가지로 하나님의 말씀은 우리 의식 속에 작용하여 그 고장 난 부분을 고칩니다. 우리는 어떤 과정을 통해 그 부분이 고쳐지는지 알지 못합니다. 처음에 교회 와서 말씀을 들을 때에는 한 마디도 알아들을 수가 없습니다. 뭔가 분위기가 진지한 것 같기는 하고 중요한 이야기가 오고가는 것 같기는 한데 알아들을 수가 없어요. 그런데 어느 순간부터 들리기 시작하는 것입니다. 하나님의 말씀이 마음에 와 닿으면서 자신이 하나님 앞에서 얼마나 큰 죄인이었는지, 하나님이 자신을 얼마나 사랑하시는지 깨닫기 시작합니다. 그 사람의 삶은 그때부터 달라지기 시작하고, 의미를 가지기 시작합니다. 얼굴이 달라집니다. 다른 사람을 대하는 방식이 달라집니다. 모든 것이 싹 변해 버립니다. 마치 다시 태어난 것 같습니다. 이름은 같고 얼굴은 비슷한데도 다른 사람 같습니다. 이것이 말씀으로 태어나는 것입니다.

모세의 설교를 듣고 있던 이스라엘 백성들은 광야를 헤매고 있었습니다. 아직 땅 한 평 없고 집 한 채 없습니다. 자신의 포도원과 감람원도 없습니다. 그저 계속 뜨거운 사막을 여행하고 있을 뿐입니다. 이들에게 모세가 말하고 있는 것이 무엇입니까? 사람의 행복은 자연적인 상태에서 많은 부귀와 영화를 누리는 데 있지 않다는 것입니다. 하나님의 말씀이 이 노예 민족 속에 작용해서 하나님을 느끼게 하고 그의 말씀을 듣게 하며 그의 사랑을 경험하게 하는 이것이야말로 참된 행복이라는 것을 모세는 설교하고 있습니다. "너희는 말씀으로 이삭이 특별하게 태어난 것처럼 말씀으로 다시 태어난 자들이기 때문에 이 세상에서 가장 복된 자들이다. 아직 노예 티도 벗지 못한 너희야말로 이 세상에서 가장 행복한 사람이다."

우리는 이 세상에서 모든 행복의 조건을 다 가지고 있지 않습니다. 다른 사람들의 행복과 비교할 때 오히려 불행한 요인들이 더 많을지도 모릅니다. 그러나 진정한 축복은 하나님의 말씀으로 다시 태어나는 데 있습니다. 내 의식 가운데 하나님의 말씀이 작용해서 하나님이 느껴지고 하나님의 존재가 믿어지며 하나님의 뜻대로 살고 싶은 생각이 드는 이것이야말로 인류가 누릴 수 있는 최고의 축복이라고 성경은 오늘 우리에게 말씀하고 있습니다.

하나님의 말씀은 지금도 내 안에 비상하게 작용해서 고장난 부분을 치료하고 있습니다. 그것은 나이가 몇이든지 간에 다시 태어나는 것과 같은 새로운 경험을 우리에게 가져다 줍니다.

정해진 기한에 태어난 아들

앞에서 살펴본 것처럼 아브라함의 아들은 기적적으로 잉태되었습니다. 그러나 잉태만 기적적으로 이루어진 것이지, 그 후에 배 속에서 자라고 출생하는 일은 모두 정상적인 과정에 따라 이루어졌습니다. 2절을 보십시오.

사라가 잉태하고 하나님의 말씀하신 기한에 미쳐 늙은 아브라함에게 아들을 낳으니

여기서 "기한에 미쳐"라는 것은 정상적인 기간이 다 지난 후에 아이가 태어났다는 것입니다. 이삭은 특별하게 잉태되었다고 해서 특별하게 출생하지 않았습니다. 그도 임신 기간을 다 채우고 태어났습니다. 예수 그리스도의 탄생도 그렇습니다. 그가 잉태된 과정은 절대적인 신비입니다. 어떤 의학 지식으로도 마리아의 임신을 설명할 수 없습니다. 그러나 잉태되고 난 후의 출산이나 성장 과정은 모두 정상적인 과정에 따라 이루어졌습니다.

오늘날 우리는 신앙을 정상적으로는 설명할 수 없는 신비로운 영역으로 생각할 때가 많습니다. 기도로 병이 낫는다든지 볼 수

없는 것을 환상 가운데서 보는 것과 같은 신비로운 영역, 무언가 말로 설명할 수 없는 이상한 세계를 종교의 세계로 생각할 때가 많아요. 물론 그런 요소가 아주 없는 것은 아닙니다. 그러나 신앙의 세계 안에서도 정상적인 것을 전제로 하는 경우가 너무나도 많습니다. 이 세상의 질서를 만드신 분은 하나님이십니다. 그래서 하나님께서는 정상적인 자연 법칙을 사용해서 일하시는 경우가 더 많습니다. 물론 때때로 자연 질서를 초월하여 초자연적으로 일하시기도 하지만, 더 많은 경우에는 정상적인 방법으로 그 뜻을 이루어 가십니다.

우리는 성령의 역사를 비정상적인 특별한 체험으로 생각할 때가 많습니다. 요즘 우리 그리스도인들의 특징은 강한 성령의 역사를 갈망한다는 것입니다. 이 세상이 너무나도 악해졌고, 우리의 믿음으로는 이 세상에서 믿음을 지킬 수가 없기 때문입니다. 물론 이런 갈망은 정상적이고 좋은 것입니다. 그러나 많은 사람들이 '아주 오랫동안 기도에 열중하다 보면 성령이 나를 어디론가 신비적인 세계로 데리고 갈 것'이라고 믿곤 합니다. 마치 밧모 섬에 있는 사도 요한에게 성령이 임하셔서 그를 어디론가 데리고 가셨던 것처럼 자신을 어디로 데리고 가시리라고 생각하는 것이지요.

그러나 여러분, 성령의 강한 역사를 체험하는 길은 오래 기도하는 데 있는 것이 아닙니다. 하나님의 말씀을 듣고 하나님과의 바른 관계로 돌아올 때야말로 강한 성령의 역사가 나타납니다. 물론 산에서 기도하는 가운데 성령이 임하는 경우도 있을 것입니다. 그러나 대개는 정상적인 공동체에서 예배드리는 가운데 성령의 강한 역사를 체험할 수 있습니다.

신비적인 신앙의 약점은 이 세상에서 할 수 있는 것이 아무것도 없다는 것입니다. 우리가 이 세상에서 바른 그리스도인으로 살기 위해서는 아주 정상적인 분별력이 필요합니다. 많은 그리스도인들이 이 세상에서 실패하는 것은 믿음이 없어서라기보다도 상식이 없어서인 경우가 더 많습니다. 얼마나 많은 경우에 신앙을 현실에서 도피하기 위한 수단으로 사용합니까? 얼마나 많은 경우에 자신이 마땅히 져야 할 책임을 면하기 위해서 신앙의 세계로 도망칩니까? 그것은 바른 신앙이 아닙니다.

우리 속에 믿음이 생기는 과정을 우리는 이해할 수 없습니다. 정말 신비한 과정을 통해서 도저히 그리스도인이 될 수 없었던 사람이 그리스도인이 됩니다. 그러나 일단 그리스도인이 된 후에는 정상적으로 밥 먹고, 직장생활하고, 가정생활하면서 살아야 합니다. 이처럼 믿지 않는 사람들 가운데서 정상적으로 아름답게 살 수 있는 것이 복음의 능력입니다.

그 이름을 '이삭'이라고 하다

아브라함은 사라의 몸에서 태어난 이 아들의 이름을 '이삭'이라고 지었습니다.

> 아브라함이 그 낳은 아들 곧 사라가 자기에게 낳은 아들을 이름하여 이삭이라 하였고(21:3).

'이삭'이라는 이름은 아브라함이 생각해 낸 이름이 아닙니다. 이것은 이 아이가 생기기도 전에 하나님께서 미리 지시하신 이름입니다. 보통 어떤 사람의 이름이 가지는 의미가 무엇입니까? 대개 부모의 희망이나 아이가 태어났을 때의 특별한 상황에 따라 이름을 짓거나, 혹은 아름다운 뜻이나 듣기 좋은 발음에 따라 이름을 짓습니다. 그래서 별 특별한 상황 없이 평범하게 태어난 아이들의 이름을 짓는다는 것은 보통 어려운 일이 아닙니다. 우리나라에서도 아이가 태어나면 젊은 부모들이 이름을 못 짓고 부모님께 부탁드리는 일이 많습니다. 그러면 부모님도 옥편을 펴 들고 한 사흘 정도

씨름하고 난 후에 이름을 짓지요.

'이삭'이라는 이름은 '웃음'이라는 뜻을 가지고 있습니다. 이것은 아마도 하나님께서 아브라함에게 아이를 주시겠다고 했을 때 아브라함이 속으로 웃은 데서 연유한 이름 같습니다. 아브라함은 이 말씀을 선뜻 받아들이지 못하고 웃었습니다. 그러니까 이 '이삭'이라는 이름 속에는 부정적인 의미가 들어 있는 것입니다. 하나님께서 아들을 주시겠다고 말씀하셨지만, 상황을 볼 때 그 말씀이 성취될 것 같지가 않았습니다. 그래서 아브라함은 아주 쓴웃음, 받아들일 수 없는 웃음, 고통스러운 웃음을 웃었습니다.

그러나 '이삭'이라는 이름 속에 그렇게 부정적인 의미만 들어 있는 것은 아닙니다. 처음에 아브라함과 사라는 하나님의 말씀을 받아들일 수 없어서 쓴웃음을 지었지만, 이 말씀이 성취되었을 때에는 엄청난 기쁨으로 마음껏 웃을 수 있었습니다. 그래서 사라는 6절에서 이렇게 말하고 있습니다.

<u>또 가로되 하나님이 나로 웃게 하시니 듣는 자가 다 나와 함께 웃으리로다 하고</u>

하나님의 말씀은 처음에 아브라함이나 사라 모두를 웃게 했습니다. 그러나 그것은 기뻐서 웃은 것이 아니었습니다. 너무나도 기가 막혀서, 어이가 없어서 웃은 것이었습니다. 100세나 된 할아버지가 무슨 아이를 낳습니까? 90세나 된 할머니가 어떻게 아이를 해산할 수 있습니까? 혹시 100세에 아이를 낳는다 해도, 그러면 아이를 낳자마자 바로 죽어야 된다는 것입니까?

처음에 아브라함과 사라가 웃었던 웃음은 이와 같은 인간의 어쩔 수 없는 한계에서 나온 웃음이었습니다. 인간은 이런 하나님의 약속을 들을 때 웃을 수밖에 없습니다. 이것은 기가 막혀서 웃는 것입니다. 그러나 나중에 웃은 웃음은 전능하신 하나님의 능력을

423

맛본 후에 나온 온전한 웃음이었습니다. '하나님께서 웃게 하시니 웃으리로다!' 여기에서 사라가 웃는 것은 개그맨들이 말도 안 되는 소리로 웃겨서 웃는 것과 다릅니다. 사라는 도저히 성취될 수 없는 하나님의 약속이 성취되었을 때 그 약속을 믿었던 사람들만이 기뻐할 수 있는 승리의 웃음을 웃은 것입니다.

이처럼 이삭의 이름 속에는 이 두 가지 의미가 모두 들어 있습니다. 하나는 인간의 한계에서 나오는 불가능의 웃음입니다. 그리고 또 다른 하나는 하나님의 능력에서 나오는 승리의 웃음입니다. 우리가 복음에서 발견하는 것이 무엇입니까? 이 두 가지 모두입니다. 복음은 인간의 한계를 먼저 보여 줍니다. '인간은 할 수 없다'고 이야기합니다. '그러나 하나님은 할 수 있다'고 이야기하는 것이 복음입니다.

예수님께서 어느 부자의 예를 들어서 말씀하신 후에, 부자가 하늘 나라에 들어가기가 얼마나 어려운지 낙타가 바늘귀에 들어가는 것보다 더 어렵다고 하셨습니다. 제자들은 그 이야기를 듣고 큰 충격을 받았습니다. 제자들이나 그 시대 사람들은 전부 '천국에 들어가기 위해서는 일단 부자가 되어야 된다. 돈을 많이 벌어야 된다. 그리고 이 돈으로 선한 일을 많이 해야 한다'고 생각했습니다. 그러나 예수님께서는 돈을 많이 벌어서 선행을 많이 한다고 해서 천국에 들어갈 수는 없다고 말씀하셨습니다. 오히려 그런 생각을 가진 사람이 천국에 들어가는 것은 마치 낙타가 바늘귀에 들어가는 것처럼 어렵다고 말씀하셨습니다. 예수님께서 말씀하신 것이 무엇입니까? 사람으로서는 안 된다는 것입니다. 그래서 제자들이 물었습니다.

"그럼 어떻게 해야 됩니까? 그렇게 돈을 많이 벌어서 자선 사업 많이 하고 남을 많이 도와 준 사람이 천국에 들어가지 못한다면 도대체 누가 들어가겠습니까?"

"사람은 할 수 없지만 하나님은 하실 수 있다."

복음이 이야기하는 것이 무엇입니까? 사람은 아무리 노력해도 스스로의 힘으로는 구원을 얻을 수 없다는 것입니다. 사람으로서는 절대로 불가능합니다. 아브라함과 사라가 자기들의 힘으로 아이를 낳는다는 것은 불가능하다 못해 웃기기까지 한 이야기였습니다. 미쳤다고 할 수밖에 없는 일이었어요. 그러나 그들이 하나님의 말씀을 믿고 이 아들의 문제를 하나님께 맡겼을 때 하나님께서는 그 웃기는 일을 정말 해내셨습니다. 하나님께서는 그 약속을 믿고 기다리는 자들을 웃게 만드십니다. '하나님이 웃게 하시니 웃으리로다!'

이것은 기가 막혀서 웃는 것이 아닙니다. 하나님의 능력과 신실하심을 맛본 자만이 웃을 수 있는 큰 웃음입니다. 사라 스스로 웃은 것이 아닙니다. 하나님께서 웃게 하신 것입니다. 또 7절을 보십시오.

> 또 가로되 사라가 자식들을 젖 먹이겠다고 누가 아브라함에게 말하였으리요마는 아브라함 노경에 내가 아들을 낳았도다 하니라

사라가 자기 아기에게 젖을 먹일 꿈을 가지고 있다고 이야기했다면 사람들이 전부 다 미쳤다고 욕을 했을 것입니다. 사라는 "내가 언젠가는 이 늙어 쭈그러든 젖으로 아기를 먹일 겁니다"라는 말을 할 수 없었습니다. 그러나 이제는 어떻게 되었습니까? 모든 사람들 앞에서 마음껏 웃을 수 있게 되었고 자기의 꿈과 비전을 분명히 말할 수 있게 되었습니다.

이 세상은 사람이 무엇이든 할 수 있다고 이야기합니다. 열심히 공부하면, 사회적인 계단을 하나씩 올라가면, 무엇이든 할 수 있다고 이야기합니다. 끝이 어딘지 모르겠지만 갈 데까지 가 보자고 이야기합니다. 그러나 성경은 그렇게 말하지 않습니다. 사람은 아무것도 할 수 없다고 말합니다. 인간으로서는 불가능하다고 말합

니다. 그래서 우리는 웃습니다. 예수 믿는 사람들은 전부 웃습니다. 이 웃음은 슬픈 웃음입니다. 내가 할 수 없기 때문에, 내가 할 수 없는 능력의 한계를 보았기 때문에 눈물에 젖은 웃음을 짓습니다. 이것은 쓴웃음입니다. 내가 할 수 있는 것이 너무나 없어서 웃는 웃음입니다.

그러나 하나님은 하실 수 있습니다. 나는 할 수 없지만 하나님은 하실 수 있습니다. 내 속에 있는 이 소망을 이야기하면 사람들은 전부 미쳤다고 말할 것입니다. 그러나 때가 되면 하나님께서 그 놀라운 약속을 이루어 주십니다. 그때 마음껏 웃을 수 있습니다. 수십 년간 웃지 못했던 것, 수십 년간 참고 있었던 것, 수십 년간 눈물에 젖었던 것을 다 털어 버리고 마음껏 웃을 수 있습니다. "하나님께서 웃게 하시니 내가 모든 사람으로 더불어 함께 웃으리로다! 사라가 자기 아이에게 젖을 먹이리라고 누가 생각했겠는가? 그러나 내가 노년의 아브라함에게 아들을 낳아 주었다!"고 큰 소리로 간증하면서 웃을 것입니다.

그러나 지금 웃는 사람은 나중에 울게 될 것입니다. 지금 자기 힘으로 성공했다고 웃는 사람, 자기만족에 빠져서 웃는 사람은 나중에 아주 쓴 고통 가운데 "바위야, 내 위에 무너져라! 산아, 내 위에 무너져라!" 하며 몸부림칠 때가 올 것입니다. 그러나 내가 아무것도 할 수 없기 때문에 쓴웃음을 웃은 사람, 눈물에 젖은 웃음을 웃은 사람은 하나님의 능력을 맛보고 큰 승리의 웃음을 웃게 될 것입니다.

무엇을 믿을 것인가?

오늘 우리는 마지막으로 무엇을 믿을 것인가 하는 질문을 제기해야 합니다. 아브라함과 사라의 생애는 불가능한 아들을 낳는 희망으로 이루어졌습니다. 그들의 삶에서 가장 중요한 테마는 아들이었습니다. 물론 우리 성도들 가운데서도 가정의 가장 중요한 주제가 아이인 집안이 있습니다. 지금도 하나님께서 아이를 주실 것을 기다리면서, 또 여러 가지 검사를 해 보면서 아이에 관한 주제를 가지고 기도하는 분들이 있습니다. 그러나 거의 대부분의 성도들에게는 아이가 중요한 주제는 아닙니다.

지금 우리의 가장 중요한 관심거리는 무엇입니까? 아마도 가장 궁금한 것은 미래의 내 모습일 것입니다. 10년 후, 20년 후 내가 무엇이 되어 이 땅에서 살고 있을 것인가가 우리의 가장 중요한 관심거리입니다. 우리가 잠시도 가만히 있지 못하고 무언가 배우기 위해서, 무언가 하기 위해서 수시로 뛰어다니는 이유가 무엇입니까? 미래의 내 모습이 비참해지지 않기를 바라기 때문입니다.

이 세상에서 그리스도인들만큼 미래 지향적인 사람들도 없을 것입니다. 그리스도인들은 미래의 소망이 있어야 살 수 있는 사람들입니다. 현재의 어려움은 견딜 수 있습니다. 그러나 미래의 소망이 없거나, 소망이 있다 하더라도 그 소망을 실현할 수 있는 방법이 보이지 않을 때, 그리스도인들은 굉장한 영적 침체를 경험하게 되어 있습니다. 우리는 무엇을 믿고 있습니까? 아직도 나 자신의 젊음과 학벌과 힘을 믿고 있습니까? 아니면 말씀 안에 있는 하나님의 능력을 믿고 있습니까?

하나님의 말씀에는 치료하는 능력이 있습니다. 말라기 선지자는 하나님의 말씀을 '치료하는 광선'이라고 불렀습니다. 하나님의 말씀은 치료하는 광선입니다. 마치 헤드라이트가 깊은 곳 구석구석을 살피는 것처럼 하나님의 말씀은 우리 속 깊은 곳까지 추적해 들어와서 고장난 부분을 치료해 놓습니다. 그래서 정상적으로는 할 수 없는 것을 할 수 있게 합니다. 나이와 연령과 성별과 학벌에 상관없이 하나님의 말씀이 약속한 것을 이루어 놓고야 맙니다.

하나님의 말씀은 우리 안에 역사해서 우리가 전혀 생각지 못했던 하나님의 존재를 느끼게 만들었고 말씀을 알아듣게 했으며 지금 그 말씀대로 살 수 있는 힘을 주고 있습니다. 그리고 그 하나님의 말씀은 오늘도 우리 속에 있는 연약한 부분을 치료해서 사람이 할 수 없는 위대한 삶을 살게 하십니다. 말씀의 능력을 믿는 사람은 독수리가 날개 치며 올라가는 것과 같은 새 힘을 얻을 것입니다. 메마른 땅을 하루 종일 걸어가도 피곤치 않는 힘을 얻을 것입니다. 그에게는 연령의 제한이라는 것이 새로운 문제가 될 수 없습니다. 70, 80, 90, 100세가 되어도 지치지 않을 것입니다.

여러분, 이 세상에서 위대한 삶을 살 수 있는 딱 한 가지 비결이 있습니다. 어느 누구도 흉내 낼 수 없는 가장 위대한 삶을 살 수 있는 유일한 비결이 있습니다. 그것은 아브라함처럼 하나님의 말씀을 믿는 것입니다. 처음에는 이것이 너무나도 어처구니없어서 옆에 있는 사람에게 말조차 할 수 없습니다. 말하면 아마 미쳤다고 조롱받을 것입니다. 그러나 장차 크게 웃을 때가 옵니다. 지금은 내 힘으로 할 수 있는 것이 없어서 모든 것을 포기했습니다. 학벌도 포기하고 꿈도 포기하고 인간관계도 포기했습니다. 그래서 아주 쓴웃음을 짓고 있습니다. 그 웃음에는 눈물이 젖어 있습니다. 그러나 하나님께서 웃게 하실 날이 옵니다.

성경은 아브라함의 믿음에 대하여 결론적으로 이렇게 평가하고 있습니다.

> 아브라함이 바랄 수 없는 중에 바라고 믿었으니 이는 네 후손이 이 같으리라 하신 말씀대로 많은 민족의 조상이 되게 하려 하심을 인함이라 그가 백 세나 되어 자기 몸의 죽은 것 같음과 사라의 태의 죽은 것 같음을 알고도 믿음이 약하여지지 아니하고 믿음이 없어 하나님의 약속을 의심치 않고 믿음에 견고하여져서 하나님께 영광을 돌리며 약속하신 그것을 또한 능히 이루실 줄을 확신하였으니(롬 4:18-21).

이것이 아브라함의 믿음에 대한 성경의 평가입니다. 여러분, 우리에게는 놀라운 약속이 있습니다. 그것은 하나님이 사랑하시는 자, 곧 그 뜻대로 부르심을 입은 자에게는 모든 것이 합력하여 선을 이룬다는 것입니다. 이 세상에서 우리가 겪는 쓰라린 고생 가운데 헛된 것은 하나도 없습니다. 성경은 우리가 이 세상에서 분명히 천사보다 더 나은 모습으로 하나님을 섬기게 될 것이라고 약속하고 있습니다. 그리고 우리에게는 다시 새로운 몸으로 부활하여 하나님의 모든 영광과 능력을 소유하게 될 약속이 있습니다. 그때에는 온 우주가 새로워질 것이며, 우리는 그리스도의 신부로서 모든 영광 가운데 하나님의 축복을 누릴 것입니다.

사랑하는 형제자매 여러분, 아브라함과 사라가 도저히 불가능한 가운데서도 이 약속을 믿고 크게 웃었다는 것은 바로 우리에게 주시는 말씀입니다. 젊음을 믿지 마십시오. 우리는 금방 늙습니다. 학벌을 믿지 마십시오. 우리의 학벌은 금방 쓸데없어질 것입니다. 아브라함처럼 하나님의 말씀을 믿으십시오. 하나님의 말씀 가운데 있는 약속을 붙드십시오. 성경이 무엇을 입을까, 무엇을 먹을까 염려하지 말라고 하면 염려하지 마십시오. 성경이 모든 것이 합력하여 선을 이룬다고 하면 현재의 쓰라린 고난 가운데서도 기뻐하십시오. 나의 모든 필요를 채워 주시겠다고 하면 인간적인 방법으로 그 필요를 채우려 들지 말고 기다리십시오. 그러면 크게 웃을 날이 올 것입니다.

하나님이 웃게 하시니 내가 웃으리로다!

쓰라린 눈물의 웃음이 아니라 큰 기쁨으로 웃는 웃음의 날이 이 땅에 올 것입니다. 그리고 그날은 영원히 계속될 것입니다.

22

이삭이
젖을 떼던 날

우리는 아기들의 첫 번째 생일을 아주 중요하게 생각합니다. 특히 옛날에는 워낙 유아 사망률이 높았기 때문에 첫돌이 지나기 전에는 안심할 수가 없었습니다. 그래서 태어난 지 1년이 되면 '이제부터는 이 아이가 제대로 살아서 인간 구실을 할 수 있겠구나'라고 생각해서 아주 큰 잔치를 열곤 했습니다.

그러나 유목민들은 우리와 문화가 좀 달랐던 것 같습니다. 유목민들은 늘 움직이는 생활을 하기 때문에 첫돌보다는 엄마 젖 떼는 일을 아주 중요하게 생각했습니다. 그래서 아이가 젖을 떼기까지는 사람 취급을 하지 않았습니다. 그들은 아이가 엄마 젖을 떼고 어른의 음식을 먹으며 제 발로 걸어다니기 시작할 때에야 비로소 제대로 된 사람으로 취급했습니다. 그래서 성경 시대에는 아이가 자라서 젖을 뗄 때 아주 큰 잔치를 열어 손님들을 초청했습니다. 우리나라에도 이미 어른이 되었지만 아직 일을 제대로 하지 못하고 겁을 집어먹는 사람에게 "집에 가서 엄마 젖을 더 먹고 오라"고 하는 말이 있지만, 유목민들은 더욱이 아이가 어른 음식을 먹고 말귀를 알아듣고 자기 발로 걸을 수 있는 것을 중요하게 생각했습니다.

아브라함이 100세에 낳은 아들 이삭이 자라서 드디어 젖을 떼게 되었습니다. 젖을 떼는 시기는 시대나 문화에 따라서 상당한 차이가 있는 것 같습니다. 요즘은 이유식이 많이 발달해서 한 살도 되기 전에 젖을 뗍니다. 그러나 먹을 것도 별로 없고 간식도 없던 시절에는 초등학교 다닐 때까지 젖을 먹는 아이들이 있었습니다. 학교 갔다 와서 한바탕 빨고 숙제하는 아이들이 있었어요. 이삭이 젖을 뗀 시기는 대략 4, 5세 내지는 6, 7세 정도였으리라고 추정됩니다.

이삭이 젖을 떼게 되자 아브라함은 관례에 따라 아주 큰 잔치를 베풀고 사람들을 초청했습니다. 그러나 이삭이 젖을 뗀 이날은 단순히 그가 다른 사람들로부터 사람 취급을 받기 시작한 날이 아니었습니다. 이날은 이삭의 생애에서 가장 중요한 날 가운데 하나였습니다. 어떤 의미에서 이삭이 이삭 될 수 있었던 것은 바로 이날부터였다고 말할 수 있을 것입니다.

우리가 생각할 때 이삭은 아브라함이 100세나 되었을 때 낳은 아들이었기 때문에 아무 어려움 없이 편안하게 잘 자랐을 것 같습니다. 그러나 실상은 그렇지 못했습니다. 그것은 아브라함의 또 다른 아들 이스마엘 때문이었습니다. 이스마엘은 사람들이 보지 못하는 곳에서 이삭을 괴롭히고 못살게 굴었습니다. 그런데 물증이 없는 거예요. 그래서 아무도 뭐라고 말할 수 없었습니다. 이삭은 아들의 지위를 가지고 있었지만 실제로는 아들이 아니라 이스마엘의 종으로 자라고 있었습니다.

그런데 바로 이날, 사라가 결정적인 장면을 목격한 것입니다. 사라는 이스마엘이 이삭을 괴롭히는 현장을 목격했습니다. 그 결과 어떻게 되었습니까? 사라는 정식으로 이삭의 권리를 요구하고 나섰고, 이스마엘은 아브라함의 집에서 쫓겨나게 되었습니다. 이처럼 이삭이 이삭 될 수 있었던 것은 단순히 젖을 뗐기 때문이 아니라, 남이 보지 못하는 곳에서 이삭을 그처럼 괴롭히고 노예처럼 대우했던 이스마엘이 쫓겨나고 아들의 위치를 되찾게 되었기 때문입니다.

이삭이 당한 고통

이스마엘이 이삭을 별로 좋아하지 않았으리라는 것은 쉽게 짐작할 수 있는 일입니다. 그러나 사실은 그 이상이었습니다. 이스마엘은 이삭을 단순한 경쟁 대상이 아니라 원수로 생각했습니다.

이 당시 법에 따르면 본부인의 아들이 없을 때 노예의 아들이 재산을 상속받을 수 있었습니다. 그러나 본부인에게서 아들이 태어날 경우에는 하나도 상속받지 못하고 집을 떠나게 되어 있었습니다. 옛날 우리나라에서 본부인의 아들과 첩의 아들을 어떻게 차별하였던가를 생각하면 이 관계를 이해하는 데 별 어려움이 없을 것입니다. 아버지가 같다고 해서 신분이 같은 것이 아닙니다. 중요한 것은 어머니가 누구냐 하는 것입니다. 이삭이 젖을 뗐을 때 어떤 일이 있었습니까?

> 아이가 자라매 젖을 떼고, 이삭의 젖을 떼는 날에 아브라함이 대연을 배설하였더라 사라가 본즉 아브라함의 아들 애굽 여인 하갈의 소생이 이삭을 희롱하는지라(21:8, 9).

사라는 이스마엘이 자기 아들 이삭을 희롱하는 것을 보았습니다. 여기서 중요한 것은 '희롱하다'는 것이 도대체 무엇이냐 하는 것입니다. 여기서 희롱은 단순히 장난을 치면서 짓궂게 괴롭히는 것이 아닙니다. 여기서 '희롱하다'는 의미로 사용된 히브리 단어는 '메사학'인데, 이것은 창세기에서 몇 군데 사용되고 있는 단어입니다. 나중에 이삭이 자라서 결혼했을 때 흉년이 들어서 블레셋 땅으로 가게 되었습니다. 그런데 그는 거기에서 자기 아내 리브가를 누이라고 속였습니다. 그래서 사람들은 진짜 오누이 관계인 줄 알았는데, 어느 날 블레셋 왕 아비멜렉이 창문으로 내다보니까 이삭이 자기 아내를 '껴안고' 있었습니다. 여기서 '껴안다'에 사용된 단어가 바로 '메사학'입니다. 이것은 단순히 껴안은 것을 의미하지 않습니다. 더 정확한 번역은 '애무했다'는 것입니다. 그러니까 아비멜렉은 이삭이 아내를 애무하고 있는 것을 본 것입니다. 그래서 그는 이삭에게 "왜 당신의 아내를 누이라고 속였느냐?"고 하면서 따지게 됩니다. 이처럼 '메사학'은 장난을 치는 것이 아닙니다. 본격적인 성행위는 아니지만 성행위에 가까운 애무를 하는 것입니다.

또 이 단어가 사용된 부분은 보디발의 아내가 요셉을 유혹하는 장면입니다. 보디발의 아내는 요셉이 자신의 유혹을 거절하고 도망치자 앙심을 품고, 남편에게 요셉이 자기를 '희롱했다'고 말합니다. 이때 '희롱했다'는 것이 바로 이스마엘이 이삭에게 한 것과 같은 짓입니다. 같은 동사가 사용되고 있는 것입니다. 그러므로 이스마엘이 이삭을 '희롱했다'는 것은 단순히 이스마엘이 같이 놀기 싫어하는 이삭을 데리고 놀면서 짓궂게 그를 괴롭혔다는 뜻이 아닙니다. 이스마엘은 그 당시 가나안 사람들로부터 아주 못된 버릇을 배워서 이 아이에게 써먹고 있었습니다. 다른 말로 표현하면 이삭에게 아동 성 학대 행위를 하고 있었던 것입니다.

아마도 이 말을 들을 때 너무 지나친 비약이 아니냐고 생각할지도 모르겠습니다. "아니, 아직 젖도 떼지 않은 아이를 상대로 무슨 성 학대란 말입니까?" 그러나 히브리 단어 '메사학'은 분명히 장난을 의미하는 말이 아닙니다. 이것은 아주 깊은 성적인 행동을 의미하는 단어입니다. 이삭이 젖을 떼지 않았다고 하지만 이 당시에는 젖 떼는 시기가 지금보다 훨씬 더 늦었습니다. 그래서 앞서 말했듯이 4, 5세나 5, 6세 정도로 보아야 합니다. 그리고 유목 사회에서는 모두가 바쁘기 때문에 어린아이를 전혀 돌볼 수 없는 때가 있습니다. 그래서 이삭은 언제부터인가 어른들이 알지 못하는 시간에 이스마엘로부터 지속적으로 성 학대를 당해 왔다고 생각할 수 있습니다.

사실 이 성 학대는 이스마엘이 이삭에게 준 고통의 일부에 불과했습니다. 아마도 이스마엘은 어린 이삭을 자기 노예처럼 부렸던 것 같습니다. 이삭은 아들이지만 전혀 아들답지 못한 삶을 살고 있었습니다. 아무도 없는 곳에서 온갖 못된 짓을 당했습니다. 남들이 알지 못하는 시간, 남들이 다 바쁜 시간, 남들이 보지 못하는 곳에서 어린 이삭은 아주 비인간적인 취급을 당하고 있었습니다.

이해를 돕기 위해 다른 예를 하나 들어보겠습니다. 지금은 군대가 많이 달라졌다고 합니다. 그러나 예전에는 군대가 그리 좋지 못했습니다. 군대 생활을 가장 힘들게 하는 존재는 적군이 아니라 고참이었습니다. 남들이 알지 못하는 시간에, 남들이 다 자고 있을 때 고참이 조용하게 "비상소집!" 하면서 불러냅니다. 그리고 나서는 허름한 창고 안에서 차렷, 열중 쉬어, 원산폭격부터 시작해서 온갖 짓을 다 시켰습니다. 졸병들은 만일 부모님들이 본다면 입에 거품을 품을 수밖에 없을 정도의 취급을 고참들에게 당했습니다.

요즘 사람들을 경악하게 하는 문제가 무엇입니까? 유아를 상대로 한 성 학대가 세계적으로 많이 일어나고 있다는 사실입니다. 유아들을 납치해서 지하에 가두고 성 학대를 하거나 굶겨 죽이는 충격적인 일들이 벨기에를 비롯하여 세계 도처에서 일어나고 있습니다. 보통 사람들은 어린 유아들이 성 학대의 대상이 되리라고 생각하지 못합니다. 그러나 그렇지 않습니다. 많은 어린아이들이 아주 악한 사람들의 성 학대 대상이 되고 있습니다. 어린 이삭이 이스마엘로부터 당했던 '메사학'은 바로 그런 일을 의미합니다.

이삭이 이스마엘로부터 당한 고통을 이렇게 자세히 설명하는 데에는 이유가 있습니다. 신약성경에서 사도 바울은 그리스도인들이 다른 사람에게 당하는 모든 핍박을 바로 이삭이 당한 이 굴욕적인 일에 연결하여 설명하고 있기 때문입니다. 그리스도인들을 괴롭히는 사람들의 입장에서는 장난일지도 모릅니다. 그러나 당하는 사람의 입장에서는 사느냐 죽느냐 하는 문제가 달려 있습니다. 이스마엘은 장난으로 이삭을 데리고 놀았는지 모르겠지만 이삭에게는 생명이 달린 문제였습니다. 어린 이삭은 아무도 알지 못하는 가운데 이스마엘로부터 노예 취급을 당하면서도 이스마엘이 무서워서 아무 소리도 못했습니다. 혹시 일러바치면 죽여 버리겠다고 위협했을지도 모릅니다.

이처럼 이삭에게 이스마엘은 극복할 수 없는 난관이었고, 자기 힘으로 풀기에는 너무나도 강한 적이었습니다. 힘으로나 기질로나 그 밖에 모든 면에서 볼 때 이삭과 이스마엘은 상대가 되지 않았습니다. 그러나 이스마엘이 극복되지 않는 이상 이삭은 절대로 이삭이 될 수가 없었습니다.

우리는 어떻습니까? 그리스도인이 된 우리는 하나님이 나의 아버지가 되신다는 것을 알고 있습니다. 또 예배를 드리는 가운데, 기도하는 가운데 하나님의 아들이 되는 영광스러운 체험도 합니다. 그러나 실제 생활에서는 어떻습니까? 하나님의 아들답게 살지 못할 때가 많습니다. 매일 나에게 비참한 굴욕감을 안겨 주는 이스마엘이 있습니다. 이스마엘 때문에 도대체 풍성한 삶을 살 수가 없어요. 이 이스마엘은 직장의 상사일 수도 있습니다. 혹은 가까운 집안사람일 수도 있습니다. 어떤 경우에는 사업의 거래 대상자일 수도 있습니다. 이 이스마엘은 대화가 통하지 않습니다. 그 사람 앞에 서기만 하면 마치 고양이 앞에 선 쥐 같습니다. 꼼짝 못하고 당합니다. 그리고 그 당한 이야기는 창피하기도 하고 보복이 두렵기도 해서 다른 사람들에게 알릴 수조차 없습니다.

그러나 그 문제가 극복되지 않으면 우리는 하나님의 아들로서 도저히 풍성한 삶을 살 수가 없습니다. 하나님의 아들이 다 무엇입니까? 그냥 비참한 노예지요. 오늘 우리들도 이삭과 같은 문제를 안고 생활하고 있습니다. 그러나 하나님은 이러한 나의 이런 어려움을 도무지 모르시는 것 같습니다.

이스마엘은 왜 이삭을 괴롭혔을까요? 우선 그가 이삭보다 힘이 셌기 때문입니다. 이스마엘은 이삭에 비해서 훨씬 더 힘이 세고 기질이 강했습니다. 기질이 강한 사람과 약한 사람이 함께 있으면 약한 사람이 절대로 대항하지 못합니다. 항상 당하게 되어 있어요. 그러나 더 중요한 것은 이스마엘이 하나님을 두려워하지 않았다는 것입니다. 만약 이스마엘이 하나님을 두려워했다면 이삭을 이렇게 대할 수가 없습니다. 이 언약의 자손은 자신에게도 중요한 존재였습니다. 그런데 그의 마음속에는 하나님을 두려워하는 마음이 조금도 없었기 때문에 이삭을 그토록 업신여김으로써 하나님께 굴욕감을 드리고 있었습니다.

오늘날 세상 사람들이 그리스도인들을 그토록 업신여기는 것은 물론 그리스도인들이 가진 것이 없기 때문입니다. 가난하기도 하고, 무식하기도 하고, 때로는 집도 없이 여기저기 떠돌아다니니까 아주 우습게 아는 것입니다. 그러나 더 중요한 것은 세상 사람들이 하나님을 두려워하지 않는다는 것입니다. 하나님을 두려워한다면 그들에게도 그리스도인들은 중요한 존재입니다. 그러나 그들은 그리스도인들을 무시함으로써, 그들의 마음에 아픔을 안겨다 줌으로써 하나님께 반항합니다.

사라의 반응

겉으로 보기에 이삭은 이스마엘의 노예인 것 같았습니다. 그러나 그 관계가 영원히 지속되지는 않았습니다. 이삭이 자기의 권위와 지위를 되찾을 시기가 온 것입니다. 그 시기는 바로 그가 젖을 떼는 잔치 때였습니다. 그날, 이삭의 모친 사라는 이삭이 이스마엘에게 성 학대 당하고 있는 장면을 우연히 목격하게 되었습니다.

그래서 어떻게 했습니까? 사라는 감정적으로 대처하지 않고 정식으로 문제를 제기했습니다.

> 그가 아브라함에게 이르되 이 여종과 그 아들을 내어쫓으라 이 종의 아들은 내 아들 이삭과 함께 기업을 얻지 못하리라 하매(21:10).

사라는 이스마엘이 이삭을 성 학대했다는 말은 입에 담지도 않았습니다. 그 대신 정식으로 이삭의 권리를 요구하고 나섰습니다. "이 여종의 아들은 내 아들과 함께 기업을 얻지 못할 것입니다. 이들을 내쫓으십시오." 우리가 잘못 생각하면 어머니의 지나친 욕심 때문에 배다른 아들에 대해 지나친 반응을 하고 있는 것은 아닌가 싶을 수도 있습니다. 그러나 이것은 이삭이 되찾아야 할 당연한 권리였습니다. 그 당시 법으로도 여종의 아들은 재산을 상속할 수 없었습니다. 단지 종으로 팔지 않고 그냥 자유인으로 내보내게 되어 있었습니다. 하나님의 말씀도 그랬습니다. 이처럼 그 당시의 법으로나 하나님의 말씀으로나 이삭은 되찾아야 할 권리가 있었습니다. 사라는 바로 그 권리를 주장하고 나선 것입니다.

여기서 '기업'이라는 것이 무엇입니까? 그것은 재산 상속권을 의미합니다. 아브라함은 거부였습니다. 그의 모든 재산이 다 기업입니다. 그러나 아브라함이 가졌던 것은 단순히 많은 재산만이 아니었습니다. 족장이 가지고 있는 권한 중에는 재판권이 있었습니다. 가정의 아주 중요한 일들을 결정할 수 있는 권리가 있었던 것입니다. 유다는 족장으로서 며느리 다말이 간음을 했다는 소식을 들었을 때 불에 태워 죽일 것을 결정했습니다. 그것은 그가 족장이었기 때문에 가능한 일이었습니다.

그러나 이보다 더 중요한 것은 무한히 하나님께 나아갈 수 있는 특권이 있었다는 것입니다. 이 장자의 명분에는 단순히 재산이나 재판권이 아니라 무한히 하나님께 가까이 나아갈 수 있는 자격증과 같은 의미가 있었습니다. 가장 중요한 것은 바로 이것이었습니다. 하나님께서는 이러한 자격을 가진 자에게 나타나셔서 하나님의 뜻을 보여 주시고 설명해 주셨습니다. 이것이야말로 축복 중에서도 가장 중요한 축복이었습니다.

처음에 사라는 이스마엘을 내쫓을 생각이 없었던 것 같습니다. 사라는 대단히 덕이 많은 여자입니다. 그러나 이스마엘이 자신의 한계를 지키지 않고 오히려 정식 상속자를 노예로 삼는 것을 보면서 그를 내쫓지 않고서는 이삭이 절대로 자신의 권리를 누릴 수 없다는 것을 알게 되었습니다. 만일 이스마엘이 이삭이야말로 하나님이 세우신 정식 상속자라는 것을 알고 그의 종이 되며 보호자가 되고자 했다면, 그렇게 자신의 한계를 지켰다면 내쫓길 이유가 전혀 없습니다. 그러나 그는 자기 교만 때문에 누릴 수 있는 축복도 누리지 못하고 쫓겨나고 말았습니다.

아브라함의 가정은 아주 중요한 축복을 가진 가정이었습니다. 그것은 그들이 하나님께 무한히 가까이 나아가며 또 하나님께서 그들에게 계속 찾아오셔서 말씀하시는 특권입니다. 이것이야말로 재산을 상속받는 것보다 더 중요한 축복이었습니다. 사라는 이 축복은 이삭에게 가야 하며, 이스마엘은 이것을 차지하거나 나누어 가질 수 없다고 주장했습니다.

하나님께 나아가는 그 특권은 어느 누구도 빼앗을 수가 없습니다. 하나님의 백성으로 하여금 하나님께 나아가게 해야 합니다. 그 백성으로 하여금 자기 언어로 기도할 수 있게 해야 하며, 자기 언어로 하나님을 찬송할 수 있게 해야 합니다. 어떤 제도나 조직이나 물리적인 힘도 그 택한 백성이 하나님께 나아가는 것을 막을 수가 없습니다.

오늘날에도 우리에게는 하나님께 무한히 나아갈 수 있는 축복이 있습니다. 하나님께서는 그 축복을 교회 공동체에 주셨습니다. 그것은 어느 개인이 가지고 있는 축복이 아닙니다. 무한히 하나님께 나아가며, 기도하고, 찬양하며, 하나님께서 찾아오셔서 말씀하시는 것은 교회에 공동체적으로 주신 특권입니다. 교회는 하나님 앞에서 공동체적인 장자입니다.

오늘날 우리들은 하나님의 아들임에도 불구하고 이 세상에서 비참하고 굴욕적인 취급을 당할 때가 있습니다. 또 너무나도 힘이 없어서 이 문제를 스스로 해결할 수 없을 때도 있고, 누구에게도 말할 수 없을 때도 많습니다. 주님께서 우리에게 약속하신 것이 무엇입니까? "내가 온 것은 양으로 생명을 얻고 더 풍성히 얻게 하려는 것이라"(요 10:10하). 주님은 우리에게 풍성한 삶을 주기 위해서, 존귀한 삶을 주기 위해서 오셨습니다. 그런데 실제로는 우리의 존귀함을 빼앗는 것들이 너무나도 많습니다. 그것은 가난일 수도 있고, 질병일 수도 있고, 대인관계에서 오는 불리한 위치일 수도 있습니다. 우리에게도 사라 같은 어머니가 있어서 이러한 우리의 문제들을 하나님께 말씀드려 주었으면 좋겠습니다.

여러분, 우리에게도 사라 같은 어머니가 있습니다. 갈라디아서에서 사도 바울은 '하늘에 있는 예루살렘이 우리 어머니'라고 말하고 있습니다만, 우리에게는 우리의 사정을 알아서 기도해 줄 수 있는 분이 누가 있습니까?

주님은 우리의 모든 사정을 남김없이 다 알고 계십니다. 특히 성경은 성령을 가리켜 '일곱 눈을 가진 영'이라고 말씀하고 있습니다. 물론 성령님은 우리가 당하고 있는 모든 고통을 다 알고 계십니다. 그러나 우리는 이 어려움들을 가지고 기도하고 간구할 필요가 있습니다. 이삭처럼 자신의 권리 위에서 잠자는 것은 현명하지 못한 행동입니다. 생명과 경건에 속한 모든 능력을 우리에게 주셨는데도 불구하고 더럽고 추한 모습으로 사는 것은 합당치 않은 일입니다. 우리가 마땅히 누려야 할 풍성한 삶을 오늘 되찾아야 합니다. 무엇이 나를 굴욕적인 모습으로 만듭니까? 그것을 기도로 하나님께 말씀드릴 특권이 우리에게 있습니다.

그런 의미에서 저는 교회가 참으로 도움이 된다고 생각합니다. 물론 교회가 곧 사라 같은 어머니라고 말할 수는 없지만, 우리가 서로에게 사라가 되어 함께 기도할 수 있습니다. 사라가 그 당시의 법을 아주 잘 알고 있었고 하나님의 뜻을 깊이 이해하고 있었으며 그것을 가지고 바로 아브라함에게 나아갔을 때 아브라함이 거절할 수 없었던 것처럼, 오늘 우리들은 우리가 당면하고 있는 문제들을 서로에게 내놓고 함께 기도할 필요가 있습니다.

기도 중에서 가장 힘 있는 기도가 무엇입니까? 다른 사람을 위하여 드리는 중보기도입니다. 오늘 본문을 보면 사라가 이삭을 위해 간구한 것이 얼마나 힘이 있었습니까? 마찬가지로 자기의 어려움을 주 안에서 함께 형제와 자매 된 자들에게 알려서 함께 간구하는 것은 어려움을 이기는 가장 중요한 방법입니다. 우리가 다른 교인을 위해서 기도한 것 중에서 이루어지지 않은 것이 있습니까? 다 놀랍게 이루어지게 되어 있습니다. 하나님께서는 사라를 통하여 역사하셨던 것처럼 우리가 함께 기도할 때 우리를 지켜 주시고, 우리의 풍성한 삶을 회복시켜 주십니다.

요즘 교인이 약간 늘었습니다. 그러니까 서로 관계가 조금 겉도는 것 같습니다. 서로 진실을 이야기하지 않고 그냥 자기 일에만 분주합니다. 여러분, 이것은 자기의 특권 위에서 잠자는 것과 같습니다. 자기의 문제를 이야기해야 합니다. 특권이 있는데도 멸시 당하고 욕을 얻어먹을 필요가 없습니다. 우리는 하나님 앞에서 가장 존귀한 자들입니다. 나의 풍성한 삶을 빼앗아 가는 것이 무엇입니까? 그것을 붙들고 기도하십시오. 그리고 교회에 기도를 부탁하십시오. 그러면 풍성한 삶을 얻게 될 것입니다.

하나님의 말씀이 임하다

아브라함은 사라의 말을 듣고 아주 깊이 근심했습니다.

아브라함이 그 아들을 위하여 그 일이 깊이 근심이 되었더니(21:11).

여기서 '그 아들'은 누구입니까? 이스마엘입니다. 이스마엘은 아브라함이 사랑하는 큰아들이었습니다. 다른 부분에서는 그렇게 현명하고 똑똑하고 하나님의 뜻을 잘 분별하던 아브라함도 이스마엘 문제만큼은 눈 뜬 장님처럼 깨닫지 못했습니다. 그 이유가 무엇입니까? 이스마엘은 아브라함이 포기하지 못한 마지막 인간적인 고집이요 오만이었기 때문입니다.

우리는 아브라함을 이해할 수 있습니다. 그에게 얼마나 아들이 필요합니까? 작은아들만 아들이고 큰아들은 아들이 아닙니까? 큰아들도 분명히 아브라함의 아들입니다. 그러나 아브라함은 단순한 유목민이 아니었습니다. 그에게는 하나님의 말씀이 있었고 구원의 약속이 있었기 때문에 평범한 삶을 살 수가 없었습니다. 하나님의 말씀이 임한 후에 아브라함의 삶은 자기의 삶이 아니라 하나님의 삶이 되었습니다. 그래서 다른 사람들에게는 다 통하는 것도 아브라함에게는 통하지 않았습니다.

아브라함은 큰아들을 포기할 수가 없었습니다. 그래서 사라의 말을 들었을 때 깊이 근심했습니다. 사라의 말이 맞기는 하지만 너무 지나친 것 같았습니다. 이스마엘과 이삭이 형과 아우로서 사이좋게 지낼 수는 없을까 고민이 되었습니다.

하나님을 믿는다고는 하지만 사실 모든 부분을 다 맡기고 믿는 것은 아닙니다. 원칙적으로는 하나님을 믿고 의지하지만 결코 포기하고 싶지 않은 자기만의 영역이 있습니다. 완강한 고집이 있습니다. 그 부분이 바로 우리를 눈멀게 합니다. 옆에서 보면 말도 안 되는 것을 자기는 포기하지 못하고 끝까지 붙드는 것입니다. 바로 그 포기하지 못하는 부분이 우리를 바보로 만들고 눈멀게 만들며 하나님께 나아가는 것을 주저하게 만듭니다.

어떤 사람에게는 그것이 결혼 문제일 수 있습니다. 평소에는 그렇게 현명한데 결혼 문제만 나오면 완전히 눈먼 소경이 되어서 이성도, 신앙도, 사도신경도 다 잊어버리는 사람이 있어요. 또 어떤 사람에게는 자녀의 공부 문제일 수 있습니다. 그렇게 신앙 좋고 봉사 잘하는 사람도 자녀의 공부 문제만 나오면 완전히 눈먼 소경이 되어 버립니다. 때로는 사업 방식이나 남편이나 아내의 문제일 수도 있습니다. 다른 문제에는 그렇게 똑똑하고 현명한 사람이 그 포기하지 못한 문제만 나오면 완전히 불신자가 되어 버립니다.

이 부분에서 사라는 굉장히 큰 도움이 되었습니다. 사라는 참으로 아브라함의 돕는 배필이었습니다. 돕는 배필이라는 것이 무슨 의미입니까? 돕는 배필은 배우자를 잘 도와서 출세시키고 배우자가 하고 싶은 일을 다 하게 하는 것이 아닙니다. 서로의 약한 부분을 보완해서 온전한 인격체가 되게 하는 존재가 돕는 배필입니다. 그것은 성격이나 기질의 문제일 수도 있고 사회적인 약점일 수도 있습니다. 그래서 사람들은 자신의 약한 부분을 보완해 줄 수 있는 결혼 상대를 찾습니다.

그러나 부부에게 가장 중요한 것은 무엇보다 영적인 보완입니다. 사람들마다 하나님 앞에서 블랙홀을 하나씩 다 가지고 있습니다. 그 블랙홀은 하나님 앞에서 포기하지 못한 자기의 욕심이요 고집입니다. 하나님의 주권을 거부하는 자기만의 세계가 모든 사람에게 다 있어요. 부부는 바로 그 부분에 하나님의 빛이 비치도록 도와주는 배필입니다. 만약 돕는 배필이 그 부분을 도와주지 못한다면, 그 블랙홀에 하나님의 말씀이 비치게 못한다면 사표까지는 못 쓴다 해도 시말서 정도는 써야 합니다. 부부라고 하면서도 완강한 그 부분에 슬기로운 조언을 하지 못한다면 시말서를 써야 합니다.

사라는 아브라함이 결코 포기하지 못하는 마지막 고집이 이스마엘이라는 것을 알았습니다. 그것은 섣불리 건드릴 수 없는 아브라함의 세계였습니다. 그래서 사라는 기다렸습니다. 계속 기다렸습니다. 그런데 이삭이 젖을 떼는 날, 결정적인 순간이 왔습니다. 사라가 현장을 본 것입니다. 그전에도 무언가 느낌은 있었습니다. '얘가 왜 이리 풍성한 삶을 살지 못할까? 왜 자꾸 말라 가고 기쁨이 없을까?' 그 이유를 알 수가 없었는데 그날 봐 버린 거예요. 그 결정적인 순간이 왔을 때 사라는 더 이상 주저하지 않고 바로 아브라함에게 나아가서 문제를 제기했습니다. "이 문제를 거론하는 것을 당신이 굉장히 싫어한다는 걸 알아요. 지금도 내가 이 이야기를 하면 당신은 싫어하겠지요. 그래도 오늘은 안 되겠어요. 이 여종과 그 아들을 내쫓으세요. 그 아이는 내 아들과 함께 기업을 차지하지 못할 것입니다."

하나님께서는 사라를 도우셔서 아브라함으로 하여금 마지막 고집을 포기하게 하셨습니다. 12절을 보십시오.

> 하나님이 아브라함에게 이르시되 네 아이나 네 여종을 위하여 근심하지 말고 사라가 네게 이른 말을 다 들으라 이삭에게서 나는 자라야 네 씨라 칭할 것임이니라(21:12).

하나님께서는 아브라함에게 사라의 말을 다 들으라고 하셨습니다. 아마 남자들 중에 이 말씀을 듣고 흥분을 감추지 못하는 분들도 있을 것입니다. "사내자식이 얼마나 못났으면 부인이 하는 말을 다 듣고 자기 첩과 아이를 내쫓아? 난 절대로 그렇게는 못해." 성경은 사라가 하는 모든 말이 곧 하나님의 말씀이라고 하지 않습니다. 그리고 아브라함에게 항상 사라의 말을 듣고 모든 것을 결정하는 공처가가 되라고 하지도 않습니다. 그러나 적어도 아브라함이 포기하지 못하고 있는 이 이스마엘의 문제에 대해서만큼은 아브라함보다 사라가 훨씬 더 정확하고도 예민하게 하나님의 뜻을 알고 있다는 것입니다.

지금 하나님께서는 이 문제를 통해 아브라함을 부끄럽게 하시려는 것이 아닙니다. 남편들에게 항상, 언제나, 무슨 일이든지 아내에게 물어 봐서 결재를 받은 후에 하라고 말씀하시는 것도 아닙니다. 그러나 하나님께서 아내를 허락하신 이유가 어디에 있습니까? 나의 욕심, 나의 고집 때문에 보지 못하는 이 완강한 부분에서는 나의 배필이 훨씬 더 정확하게 실상을 보며, 훨씬 더 예민하게 하나님의 뜻을 깨달을 수 있기 때문입니다.

아브라함이 이미 오래전에 결단을 내려야 했음에도 불구하고 오랫동안 머뭇거리고 있던 문제가 이스마엘의 교만을 통해 드러났습니다. 이제 더 이상 기다릴 수가 없습니다. 사라는 보았습니다. 이스마엘이 얼마나 더럽고 추잡한 방식으로 이 하나님의 상속자를 괴롭히는지 보았습니다. 상황이 이런데도 더 참는다면 그것은 사랑이 아닙니다. 사라는 이것이 죄라는 것을 알고 있었습니다.

남편이 아내로부터 신앙적인 조언을 얻는다고 해서 못난 것이 아닙니다. 하나님께서는 바로 그렇게 하라고 아내를 주셨습니다. 나의 고집과 이기심 때문에 보지 못하는 문제를 아내가 보고 그 부분에 하나님의 주권이 행사될 수 있도록 하시려고 아내를 허락하신 것입니다. 남편을 주신 이유도 같습니다. 여자들도 자기의 영역, 자기의 세계에서만큼은 절대로 포기하지 않는 부분이 있습니다. 바로 그 부분을 옆에서 보고, 하나님이 그 부분에 찾아오셔서 일하실 수 있도록 조언해 주고 바로잡아 주는 것이 신앙 안에 있는 남편이 할 일입니다.

오늘 한번 생각해 봅시다. 아브라함처럼 하나님이 주신 것이 아닌데도 완강하게 붙들고 있는 것이 무엇입니까? 평소에는 그렇게도 현명한데 그 문제가 나오기만 하면 완전히 이성을 잃어버리고 정상적인 분별력을 잃어버리는 영역이 어떤 것입니까? 그것이 하나님의 축복을 방해하고 있고, 그것이 우리를 영적으로 아주 미련하게 만들고 있습니다. 우리를 예민하지 못하게 하는 것은 하나님이 나에게 주신 것이 아닌데도 불구하고 인간적인 고집으로 붙들고 있는 이스마엘입니다.

아브라함은 어떻게 했습니까? 여기에 그의 믿음이 나타나고 있습니다.

> 아브라함이 아침에 일찍이 일어나 떡과 물 한 가죽 부대를 취하여 하갈의 어깨에 메워 주고 그 자식을 이끌고 가게 하매(21:14).

아브라함은 처음부터 하나님의 말씀을 다 깨닫지는 못해도, 일단 하나님의 뜻이 분명해지면 곧바로 결단을 내리는 신앙을 가지고 있었습니다. 그는 하나님의 뜻이 분명할 때는 꼭 아침 일찍 일어나서 행동에 옮겼습니다. 고민할 때는 고민하더라도 하나님의 뜻이 분명해지면 잠시도 머뭇거리지 않고 행동하는 것이 믿음의 조상 아브라함의 모습이었습니다. 그는 인정 사정 없이 그 아들과 여종을 내쫓았습니다.

하나님께서는 아브라함에게 이스마엘만 내보내라고 말씀하시지 않으시고 더 중요한 말씀을 하십니다.

> 이삭에게서 나는 자라야 네 씨라 칭할 것임이니라(21:12하).

여기서 가장 중요한 것은 '씨'입니다. 인간이 타락함으로 낙원에서 쫓겨난 후 계속 기다리고 있는 숙제가 하나 있었습니다. 그것은 바로 이 씨입니다. 뱀의 머리를 깨고 우리에게 하나님의 영광을 회복해 줄 이 씨가 누굽니까? 하나님께서는 이삭이 아니라고 말씀하고 계십니다. 이삭에게서 날 자가 그 씨라고 말씀하십니다. 이삭은 그 씨가 이 세상에 오는 통로에 불과합니다. 그렇다면 이 씨는 누구입니까? 이삭처럼 말씀으로 태어날 또 다른 분입니다. 아브라함과 이삭은 또 다른 분을 기다려야만 합니다. 그분은 바로 우리에게 오신 예수 그리스도이십니다. 그가 사탄의 권세를 깨뜨리고 우리에게 하나님의 영광을 회복해 주실 이 영원한 씨입니다.

하나님께서 말씀하고 계신 것이 무엇입니까? 이삭은 죽지 않는다는 것입니다. "이삭에게서 나는 자라야 네 씨라 칭하리라." 이삭이 사느냐 죽느냐 하는 문제가 여기에서는 별로 중요하지 않습니다. 그러나 얼마 있지 않으면 하나님께서 아브라함에게 또 하나의 큰 시험을 주실 것입니다. 그것은 이삭을 모리아 산에서 제물로 바치라는 것입니다. 아브라함은 이 시험을 말씀으로 이깁니다. 어떤 말씀입니까? 바로 "이삭에게서 나는 자라야 네 씨라 칭하리라"는 이 말씀입니다.

이삭은 아직 결혼을 하지 않은 소년이었습니다. 그런데 이삭에게서 태어날 자가 씨가 될 것이고, 그 씨가 사탄의 세력을 쳐부수고 우리에게 하나님의 영광을 회복해 주리라고 말씀하신 것입니다. 아브라함은 이삭을 제물로 바치라고 하시자 고민했습니다. 그런데 그때 바로 이 말씀을 가지고 결단을 내렸습니다. '이삭은 죽지 않는다. 만약 이삭이 죽는다 하더라도 하나님은 그를 다시 살리실 것이다. 하나님은 이삭에게서 나는 자라야 네 씨라 칭하리라고 하시지 않았는가.'

오늘 말씀에서 알 수 있는 것이 무엇입니까? 평범한 상식으로는 도무지 아브라함의 생애를 이해할 수 없다는 것입니다. 하나님의 언약을 모른다면 아브라함의 생애는 미친 사람의 생애요 인정도 눈물도 피도 없는 사람의 생애라고 말할 수밖에 없습니다. 이것은 오늘 우리들에게도 그대로 적용됩니다. 우리가 그리스도를 안 순간부터 이미 평범한 삶은 끝이 나 버렸습니다. 우리의 삶은 이제 우리 자신의 삶이 아니요 하나님의 삶입니다. 그런데 나의 고집, 나의 생각, 나의 체면이 하나님의 뜻을 거역하게 만들고 있습니다.

"제 친구들은 이렇게 살지 않는데 왜 저는 이렇게 살아야 합니까?" 세상에 이보다 더 어리석은 질문이 없습니다. 우리가 던진 이 우문에 하나님은 현명한 대답을 주십니다. "그리스도를 안 순간부터 이제 너의 삶이라는 것은 없다. 너는 예수 믿기 전의 그 삶의 방식을 버려야 한다. 오늘 당장 이스마엘을 내쫓아라."

그러나 하나님께서는 이스마엘도 한 민족이 될 것이라고 말씀하십니다.

> 그러나 여종의 아들도 네 씨니 내가 그로 한 민족을 이루게 하리라 하신지라(21:13).

'이스마엘도 한 민족이 될 것이고 이스마엘에 대해서도 생각이 있으니까 너는 거기에 대해서 염려하지 말라'는 것입니다. 이 세상에 하나님을 모르는 수많은 사람들, 복음을 듣지 못하고 죽은 수많은 사람들의 문제는 우리가 걱정할 일이 아니라고 말씀하십니다. 하나님께서 알아서 하실 것입니다. 그들에게는 그들의 길이 있고, 그들의 삶이 있으며, 그들의 최후가 있습니다. "다른 사람은 다른 사람이고 너는 이스마엘을 내보내라." 이것이 하나님의 요구였습니다.

우리는 모든 문제를 다 알 수 없습니다. 하나님의 영원한 작정이 드러날 때까지 풀리지 않는 의문도 있을 것입니다. 그러나 이것이 오늘 당장 내가 하나님께 순종해야 할 일에 순종하지 않을 이유는 되지 못합니다. 하나님께서는 아브라함에게 결단을 요구하셨고, 아브라함은 결단을 내렸습니다. 아침 일찍 일어나서 무자비하게 내쫓는 것, 이것이 그의 믿음이었습니다.

말씀을 듣고도 가만히 있는 것은 믿음이 아닙니다. 듣고 가만히 있는 것은 누가 못하겠습니까? 아브라함은 아침 일찍 일어났습니다. 말씀을 듣자마자 결단을 내려서 행동하는 것, 모르는 것은 모르는 것이고 이스마엘은 어떻게 되든지 간에 하나님께서 내게 요구하시는 것을 그대로 실천하는 것, 이것이 아브라함의 믿음이었습니다.

오늘 본문은 이삭이 당한 굴욕적인 학대를 보여 주고 있습니다. 이삭은 하나님의 아들이면서도 너무나도 비참한 취급을 당했고 굴욕적인 취급을 당했습니다. 우리도 이런 취급을 당하고 있다면 하나님께서 주신 우리의 권리 위에서 잠자고 있는 것과 마찬가지입니다. 주님께서는 우리에게 풍성한 삶을 주시겠다고 약속하셨고, 그것은 우리가 마땅히 되찾아야 할 권리입니다. 그것을 가지고 기도하십시오. 오늘 우리가 이렇게 모인 것은 그것을 위해서입니다. 그저 한번 예배드리고 돌아가라고 모인 것이 아닙니다. 지금 나를 비참하게 만드는 것이 무엇이든지 간에 그것을 하나님 앞에 내어놓고 그것을 극복함으로써 풍성한 삶을 되찾으라고 이 영광스러운 예배를 허락하신 것입니다.

사랑하는 여러분, 아브라함처럼 믿는다고 하면서도 결코 포기하지 못한 나의 영적인 블랙홀이 있다면 그 부분에 대해서 하나님의 주권을 인정합시다. 내가 보지 못하는 문제를 보고 조언하는 아내나 남편의 말을 듣는 것은 절대로 부끄러운 일이 아닙니다. 부부는 서로 포기하지 못하는 영역에 대해 조언할 책임이 있습니다. 성도도 마찬가지입니다. 우리가 교회로 모이는 이유가 무엇입니까? 서로의 블랙홀을 건드릴 수 있을 때 비로소 성도이고 교회인 것입니다. 블랙홀은 건드리지도 못하면서 "머리 스타일이 바뀌었네요. 얼마짜리 파마예요?" 같은 이야기나 한다면 그게 무슨 교회입니까? 마땅히 해야 할 조언도 못한다면 뭐 한다고 함께 기도하고 함께 예배를 드립니까? 그런데 실제로 그 부분을 건드리면 원수가 되어 버립니다. 그러면 안 됩니다. 그런 식으로 믿으면 안 됩니다. 내가 완강하게 붙들고 있는 그 부분에 대해 다른 사람이 말할 수 있게 해야 하고, 거기에 하나님의 빛이 비치게 해야 합니다.

오늘 내가 포기하지 못하고 고집스럽게 붙들고 있는 부분이 무엇입니까? 그 부분을 하나님께 맡기십시오. "이스마엘 일은 네가 관여할 문제가 아니다. 네가 할 일은 이스마엘을 내보내는 것이다." 이것이 하나님께서 아브라함에게 하신 말씀입니다. 얼마나 많은 경우 믿지 않는 가족 때문에 하나님께 나오기를 주저하고 있습니까? 얼마나 많은 경우 풀리지 않는 의문 때문에 내가 당장 순종해야 될 일을 거부하고 있습니까? 그것은 믿음이 아닙니다.

사랑하는 성도 여러분, 오늘 하나님께서 우리를 여기에 모으신 것은 하나님이 약속하신 이삭의 특권을 되찾게 하시려는 것입니다. 하나님께서 우리에게 주고자 하시는 그 신령한 은혜를 되찾게 하시려는 것입니다. 우리는 하나님께 무한히 나아갈 수 있어야 합니다. 우리에게는 우리의 언어로써 기도하고, 우리의 언어로써 찬양하며, 우리의 언어로써 하나님의 말씀을 들을 특권이 있습니다. 다른 사람들에게 축복하는 그 영광스럽고 존귀한 위치를 되찾읍시다.

23
쫓겨나는
이스마엘

어느 아버지에게 아주 골치 아픈 아들이 하나 있었습니다. 이 아들은 하라는 공부나 일은 하지 않고 허구한 날 술만 퍼 마시고 다른 사람들과 싸움질이나 하는데다가 집에 들어오기만 하면 동생들을 두들겨 팼습니다. 심지어는 어머니를 때린 적도 있었습니다. 결국 아버지가 어떻게 했겠습니까? 이 아들을 집에서 내쫓았습니다. 아주 간단한 옷가지만 챙겨서 나가게 했습니다. 그리고 다시는 집 근처에 얼씬도 하지 말라고 엄명을 내렸습니다. 아버지가 이런 식으로 이 아들을 내쫓은 이유가 무엇일까요? 아들을 미워해서가 아닙니다. 지금 이 상태로는 도저히 이 아들을 감당할 수 없기 때문입니다. 그래서 아들을 내쫓아 실컷 고생시켜서 정신을 차리면 다행이고 그렇지 않으면 포기하려고 내쫓은 것입니다.

사람은 다른 사람들과 어울려 살면서 그들의 인정과 사랑을 받을 때 자신의 가치를 찾을 수 있습니다. 그래서 남자가 갑자기 직장을 잃으면 자존감을 가지기 어렵습니다. 또 직장을 잃고 지내는 기간이 지속될 때 '이 사회가 나를 필요로 하지 않는구나' 하는 생각 때문에 자신에게 굉장한 열등감을 가지게 됩니다.

오늘 우리가 읽은 성경 말씀에는 아브라함이 자기 아들 이스마엘을 내쫓는 내용이 나옵니다. 아브라함이 이스마엘을 내쫓은 것은 단순히 그가 첩의 아들이었기 때문이 아닙니다. 그것은 이스라엘의 죄에 대한 징계였습니다. 죄를 지었을 뿐만 아니라 그것을 인정하지 않는 완강한 고집 때문에 이스마엘을 감당할 수 없어서 내쫓은 것입니다.

아브라함의 가정은 단순한 가정이 아니라 작은 하나님의 나라요 교회였습니다. 아브라함은 이스마엘이 그 상태로 이 언약의 공동체 안에 있는 것이 부적당하다고 생각했습니다. 왜냐하면 그의 생각과 기질과 행동이 이 가정의 정신과 맞지 않았기 때문입니다. 그래서 이스마엘을 내보냈습니다.

그러나 오늘 말씀은 거기에서 그치지 않습니다. 아브라함의 가정에서 내쫓긴 이스마엘은 광야를 방황하다가 거의 쓰러져 죽게 되었습니다. 그때 하나님께서 나타나셔서 이스마엘을 도와주십니다. 그리고 쓰러져 정신을 차리지 못하는 그를 세워 놓고 큰 민족을 이루게 하겠다는 약속을 하십니다. 이 체험이 있고 난 후에 이스마엘은 굉장한 힘을 얻어 활 쏘는 것으로 유명한 자가 되었습니다.

오늘 우리들의 관심은 아브라함의 가정이 무엇을 의미하며, 또 아브라함의 가정 밖에서 이스마엘이 체험한 것은 어떠한 것이고, 아브라함의 가정과 세상은 어떤 관계에 있는가 하는 점에 있습니다.

신앙의 공동체

이스마엘이 아브라함의 집에서 추방된 의미를 알려면 그 집이 어떤 집인지 알 필요가 있습니다. 21장 14절을 보십시오.

아브라함이 아침에 일찍이 일어나 떡과 물 한 가죽 부대를 취하여 하

갈의 어깨에 메워 주고 그 자식을 이끌고 가게 하매 하갈이 나가서 브
엘세바 들에서 방황하더니

아브라함은 이스마엘이 단순히 첩의 아들이기 때문에 내쫓
은 것이 아닙니다. 아브라함의 집은 작은 하나님의 나라요 교회였
습니다. 하나님의 집의 특징은 그곳이 바로 거룩한 언약의 공동체
라는 데 있습니다. 그 언약은 사람 사이의 언약이 아닙니다. 우리 각
자와 하나님 사이의 언약입니다. 하나님께서는 공동체에 있는 한
사람 한 사람과 언약을 세우셨습니다. 그 언약의 공동체 안에 있는
사람에게 하나님께서 요구하시는 것은 한마디로 말해서 '거룩'입
니다.

이 거룩에는 두 가지 요소가 있습니다. 하나는 하나님께 대
한 거룩으로서, 절대로 다른 신을 섬기지 않는 것입니다. 하나님의
백성은 어떤 절망과 어려움이 닥쳐도 우상에게 가서 복을 구걸하거
나 점을 치거나 미신적인 행동을 해서는 안 됩니다. 왜냐하면 그렇
게 하지 않기로 하나님과 언약을 세웠기 때문입니다. 이처럼 하나
님 외에 다른 신을 절대로 섬기지 않고 다른 이름을 부르지 않으며
우상에게 절하지 않고 안식일을 지키는 것이 하나님께 대한 거룩입
니다. 두 번째는 다른 사람과의 관계에서 나타나는 거룩입니다. 그
래서 다른 사람을 죽이거나 간음하거나 도둑질하거나 거짓 증거 해
서는 안 됩니다. 이것은 출애굽 때 십계명이라는 형태로 분명하게
나타납니다. 물론 아브라함의 시대에는 이것이 십계명처럼 명문화
되지는 않았지만, 아브라함과 그의 식구들의 마음속에 담겨 있었습
니다.

하나님께서는 이스라엘 백성들에게 이 두 가지 거룩을 요
구하셨습니다. 하나는 하나님께 대한 거룩이요 다른 하나는 이웃
에 대한 거룩입니다. 만일 이 거룩이 지켜지지 않으면 하나님은 그
들을 떠나실 것입니다. 그러나 그들이 여러 가지 미신들에 대한 호

기심을 버리며, 위기 때 다른 신을 붙들고 싶은 마음을 버리고, 다른 사람의 아내나 물건을 탐내지 않고, 다른 사람에게 분노로 행동하지 않으며 자기의 거룩을 지킬 때 하나님께서 어떻게 하십니까? 그들을 지켜 주십니다. 이 세상이 어떻게 되든지 간에 그들을 지켜 주십니다. 그들을 인도해 주십니다. 어느 길로 가야 하며 어떻게 살아야 하는지 가르쳐 주십니다. 그리고 치료해 주십니다. 마음속에 있는 상처를 일일이 치료해 주십니다.

그래서 신앙은 개인적인 것이 아니라 공동체적인 것입니다. 처음 내가 예수를 믿을 때에는 개인적으로 믿습니다. 그러나 일단 신앙의 공동체에 들어오고 나면 하나님께서 그들 전체를 지켜 주시고 그들의 갈 길을 인도해 주십니다. 물론 설교는 하나의 말씀으로 나오지만 듣는 사람은 굉장히 다양하게 듣습니다. 각자 자기 형편에 맞는 구체적인 하나님의 말씀을 듣는 것입니다. 그리고 실제로 그 말씀대로 해 보면 길이 열립니다. 혼자서 백방으로 뛰고 온갖 계획을 다 세울 때는 마치 모래성을 쌓는 것처럼 진전이 없었는데, 하나님의 백성들 가운데서 함께 신실하게 말씀을 들으니까 하나님께서 함께하시고 축복하시며 마음속 깊은 곳에 있는 상처를 치료해 주십니다.

저는 과거에 한때 술을 마신 적이 있습니다. 그러나 지금은 술을 아주 싫어합니다. 왜냐하면 술은 사람에게서 일관성을 빼앗아 가기 때문입니다. 그래서 술을 마신 사람은 그 자녀들에게도 많은 상처를 줍니다. 술 마신 사람은 술을 마셨을 때와 술을 마시지 않았을 때의 태도가 다릅니다. 술 마신 사람 본인은 모릅니다. 하지만 자식들은 그중에 어느 아버지가 진짜 아버지인지, 아내는 어떤 사람이 진짜 남편인지 혼동이 됩니다. 그래서 결국은 남편이나 아버지를 믿지 않고 '내가 나 자신을 지켜야겠다'고 생각하게 됩니다.

이처럼 다른 사람은 아무도 믿을 수 없고 내가 스스로를 지켜야 한다고 생각할 때 사람에게는 두 가지 현상이 나타납니다. 하나는 다른 사람을 절대로 어느 선 안으로 받아들이지 않는 것입니다. 마음이 마치 철문 같습니다. 좀 친하게 지내다가도 더 친해지려고 하면 무슨 트집을 잡아서라도 화를 내서 관계를 끊어 버립니다. 왜냐하면 이미 사람을 마음껏 받아들였다가 상처를 받았던 경험이 있기 때문입니다. 그래서 누구와 좀 친해지려고 하면 완강하게 내 마음에서 밀어내 버리는 것입니다. 이것은 신앙생활과 사회생활에 치명적인 영향을 끼칩니다. 이런 사람에게는 친구가 없습니다.

또한 자기 스스로를 지켜야 한다고 생각하는 사람에게는 유치한 성향이 남습니다. 그래서 어른인데도 게임에 한번 빠지면 새벽 4시, 5시까지 헤어 나오질 못합니다. 어른인데도 비디오를 줄기차게 빌려 봅니다. 어른이라면 텔레비전을 보다가도 딱 끌 줄 알아야 합니다. 그런데 마냥 텔레비전 앞에 붙어 있는 것은 그 사람 안에 아주 유치한 부분이 남아 있기 때문입니다. 이런 사람은 결혼생활을 해도 굉장히 유치하게 합니다. 그리고 자녀에게도 일관성 없는 태도를 보입니다. 좋을 때는 굉장히 잘해 주지만 싫을 때는 마구 때리고 화풀이를 합니다. 그래서 그 아들도 '좋다. 내가 나를 지키겠다'고 다짐하게 되는 것입니다.

사실 제가 목회하면서 어려움을 느꼈던 부분이 바로 이런 부분입니다. 저는 다른 사람을 저의 마음속으로 완전히 받아들이기를 굉장히 두려워합니다. 그래서 목회하는 데 어려움이 많았습니다. 평소에는 사람을 차별하지 않고 잘 지내지만, 어느 선 안으로는 좀처럼 받아들이지 않습니다. 그리고 제 기질에도 어떤 부분에는 굉장히 유치한 점이 있습니다. 우리는 순진한 것과 유치한 것을 구분할 수 있어야 합니다. 순진한 것은 좋지만 유치한 것은 보기 싫은 것입니다. 그런데 그것이 우리 교회 안에서 치료가 되었습니다. 우리 교회 안에서 형제와 자매들이 나를 한없이 받아 주며, 내가 어떤 말을 하고 행동을 해도 받아 주고 유치한 말과 행동까지 용납해 주었을 때, 제 마음이 많이 열렸습니다. 이것은 공동체 안에서 일어난 치유입니다.

내 안에 있는 유치한 부분은 나를 용납해 주는 공동체가 아니면 절대로 치료가 되지 않습니다. 그래서 현명한 형제와 자매들은 그런 공동체를 찾게 되어 있습니다. 나를 마음껏 개방해도 공격당하지 않는, 설사 좀 실수를 했다고 하더라도 용납해 주는, 좀 경솔하고 부족해도 애교로 봐주는 그런 열린 공동체야말로 어느 누구도 다룰 수 없으며 한 번도 햇빛이 비친 적이 없는 나의 깊은 곳 어두운 세계를 밝혀 주고 치료해 줍니다.

우리가 함께 하나님의 말씀을 붙들 때, 부족하지만 하나님만 섬기고 서로를 진정한 사랑으로 대하고자 할 때 하나님은 우리 전부를 지켜 주십니다. 전쟁이 터지든지 지진이 나든지 어떤 일이 생기든지 우리 전부와 개인 한 사람 한 사람의 삶을 지켜 주시기로 약속이 되어 있습니다. 우리는 하나님의 말씀을 붙들고 하나님은 우리의 삶을 책임져 주시는 이것이 거룩한 언약의 특징입니다. 그래서 교인들은 혼자 살기 위해서 각개 약진하지 않습니다. 예수님께서는 이것을 양의 우리를 통하여 표현하셨습니다.

또 이 우리에 들지 아니한 다른 양들이 내게 있어 내가 인도하여야 할 터이니 저희도 내 음성을 듣고 한 무리가 되어 한 목자에게 있으리라 (요 10:16).

들판에 있는 양들에게 가장 위험한 것이 무엇입니까? 밤손님입니다. 이 밤손님 중에는 사람도 있고 들짐승도 있습니다. 그래서 밤이 되면 양들은 반드시 우리 안에 들어가서 문을 잠가 놓아야 안전합니다. 그 우리가 무엇입니까? 하나님의 언약을 지키는 이 언약의 공동체입니다.

우리에게 중요한 것은 이 언약의 공동체 안에 있는 것입니다. 아무리 세상이 어렵고 불안해도 언약의 공동체 안에 있으면 삽니다. 오늘날 사람들은 21세기를 두려워하고 있습니다. 21세기가 어떻게 될지 아무도 장담하지 못합니다. 그러나 주님이 약속하고 계시는 것이 무엇입니까? 이 언약의 공동체 안에서 하나님의 약속을 지킨다면, 우리가 하나님만 믿으며 서로 해치지 않고 진실로 사랑으로 연합한다면 21세기가 아니라 30세기가 되어도 지켜 주시겠다는 것입니다.

공동체로서 하나님의 말씀을 함께 붙들고 있습니까? 아무 것도 두려워하지 마십시오. 먹을 것이 없으면 서로 좀 나누어 주면 될 것 아닙니까? 집이 없으면 데려다가 마루에 재우면 될 것 아닙니까? 공동체 안에서 신실하게 말씀을 붙들고 있을 때 목자의 음성이 들립니다. 그리고 그 음성이 모든 유혹을 모두 물리쳐 줍니다.

도둑 중에서도 가장 무서운 도둑은 사람의 영혼을 훔치는 도둑입니다. 물론 물건을 훔쳐가는 도둑도 굉장히 기분이 나쁩니다. 이불을 펼쳐 놓고 집 안의 물건들을 그 위에 다 쏟아 놓기도 하고 이불 밑에 껌을 붙여 놓기도 하고 뭘 싸놓고 가기도 하면서 엄청나게 상처를 주지요. 그러나 그보다 더 무서운 도둑은 영혼을 빼앗아 가는 도둑입니다. 사람의 생명을 지켜 줄 수 없는데도 지켜 줄 수 있는 것처럼 가르치는 거짓된 가르침보다 더 위험한 것이 없습니다.

저는 우리 사회의 많은 학생들이 아직도 마르크시즘을 붙들고 있는 것을 굉장히 안타깝게 생각합니다. 마르크시즘은 전 세계적으로 이미 검증된 이론입니다. 그럼에도 불구하고 아직도 많은 젊은이들이 현실에 대한 불만을 이 급진적인 이론으로 해결하려고 자신의 삶을 바치고 있는 이유가 무엇입니까? 힘없는 진리보다는 힘 있는 악이 더 낫다는 생각을 가지고 있기 때문입니다. 그래서 마르크시즘이 이제는 아니다 싶으면서도 이 급진적인 이론을 받아들이고 있는 것입니다. 마르크시즘은 영혼의 도둑입니다. 왜 이런 마르크시즘이 안 된다는 것입니까? 마르크시즘은 인간의 죄성을 간과하고 있습니다. 그 이론이 실제가 되지 못하는 이유는 마르크시즘이 놓치고 있는 이 인간의 죄성 때문입니다. 인간의 부패한 본성을 충분히 이해하지 못하는 이론은 그 어떤 것이라도 절대로 현실화되지 못합니다.

기독교가 진리인 이유는 기독교보다 인간의 본성을 더 철저하게 파헤친 가르침이 없기 때문입니다. 성경을 읽어 보면 성경이야말로 심리학 중의 심리학이라는 것을 알게 됩니다. 그리스도인들은 남을 꿰뚫어 봅니다. 성경만큼 사람의 깊은 본성을 꿰뚫어 보고 그에 대한 분명한 치료책을 보여 주는 것이 없습니다. 기독교는 단순한 이론이 아닙니다. 기독교는 삶입니다. 이미 그렇게 사신 분이 제시하신 것입니다.

또한 오늘날 많은 청소년들은 자신의 젊음을 입시의 제단에 바치고 있습니다. 물론 사람은 미래의 행복을 위하여 당장의 행복을 포기할 수 있습니다. 그러나 입시는 우리를 보장해 줄 만한 미래가 되지 못합니다. 그것은 끝없는 경쟁의 한 부분에 불과합니다. 우리의 젊음은 다시 오지 않습니다. 입시의 제물이 되기에는 너무 아깝습니다. 그래서 어떤 학생들은 이 젊음을 퇴폐적으로 누리기도 합니다. 그러나 그것 역시 영혼을 도둑질당하는 것입니다. 성경은 매순간을 하나님 앞에서 아름답게 사는 것이야말로 신앙이라고 말씀하고 있습니다.

마귀는 어떻게 해서라도 우리의 영혼을 망치려고 합니다. 이 세상의 화려한 영광을 보여 주면서 아름답지 못한 것을 위하여 우리의 젊음이나 시간을 낭비하게 합니다. 그래서 마침내 그 사람의 모래시계가 다 끝났을 때 조물주 앞에 빈손으로 서게 만드는 것이 바로 마귀가 하는 짓입니다. 그때 마귀는 뒤에서 낄낄거리고 웃으며 말할 것입니다. "이놈의 영혼을 말아먹었으니 나는 성공했다!"

여러분, 영혼을 도둑질당하지 마십시오. 지금 이 순간은 다시 오지 않습니다. 저는 우리 교회에서 어린아이들이 마구 떼쓰지 못하게 합니다. 애라고 해서 예배 시간에 마구 뒹굴고 탐욕스럽게 남의 것을 빼앗게 내버려 두지 않습니다. 왜냐하면 그 어린 시절은 다시 되돌아오지 않기 때문입니다. "예배 시간에 영광스럽게 자든지 장난감을 영광스럽게 나누어 주든지 어떻게 하든지 너의 어린 시절을 하나님 앞에서 영광스럽게 보내라"고 해야 합니다. 사람들은 아이들이 어리니까 앞으로 기회가 많으리라고 생각하지만 어린 시절은 다시 오지 않습니다. 그 순간을 참으로 아름답고 가치 있게 할 수 있게 하는 것은 복음뿐입니다.

공동체는 영원한 천국의 기쁨을 지켜 줍니다. 공동체 안에 하나님이 계시기 때문입니다. 하나님께서 우리 안에 계셔서 참으로 가치 있는 것이 무엇인지 보게 하십니다. 교회 안에 들어와 보면 다른 영혼이 얼마나 아름답고 가치 있는지 깨닫게 됩니다. 우리 가운데 행복할 권리가 없는 사람은 아무도 없습니다. 해치고 욕하고 무시해도 되는 사람은 아무도 없습니다. 하나님께서 우리에게 깨닫게 하시는 것은 우리 한 사람 한 사람이 모두 행복할 권리를 가지고 있으며, 서로 더 행복하고 풍성하도록 수고해 주는 이것이야말로 복음이요 신앙이라는 것입니다. 그래서 저는 교회에서의 종교적인 체험이 이 세상의 재미보다 훨씬 더 좋아야 한다고 생각합니다. 그렇지 않으면 누가 교회에 남아 있으려고 하겠습니까?

오늘날 청소년들의 문제가 바로 여기에 있습니다. 세상에는 청소년들을 거의 돌게 만들 정도로 재미있는 것들이 많습니다. 오락실에 가면 너무너무 재미가 있습니다. 마음껏 때리고 죽일 수 있습니다. 음악도 신나고 재미가 있습니다. 그러나 교회 안에는 재미가 없습니다. 모일 때마다 엄숙하게 성경공부하고 요절 외우게 하니까 누가 교회에 남아 있으려고 하겠습니까? 저 같아도 안 다니겠습니다. 그렇게 재미없는 교회에 뭐하려고 다니겠습니까? 세상이 이렇게 재미있는데요.

여러분, 교회가 더 재미있어야 합니다. 오늘날은 보는 시대이기 때문에 설교 듣기가 굉장히 힘듭니다. 설교 듣고 앉아 있는다는 것이 쉬운 일이 아니에요. 특히 설교가 길어져서 50분 정도까지 되면 거의 초인적인 능력이 있어야 해요. 설교에 새로운 능력이 필요합니다. 설교가 마치 눈으로 볼 수 있고 만질 수 있는 것처럼 생생하게 전달될 때, 설교 듣는 것이 어떤 다른 것을 보는 것보다 더 재미있어집니다. 컬러텔레비전이 나왔을 때 사람들은 "라디오의 시대는 갔다"고 이야기했습니다. 그러나 지금은 라디오를 굉장히 많이 듣고 있습니다. 마이카 시대가 오면서 텔레비전보다 오히려 라디오를 더 듣고 있는 것입니다. 듣는 것이 재미있으면 보는 것보다 훨씬 더 좋습니다.

진짜 종교적인 체험을 맛보기만 하면 세상으로 가지 않습니다. 세상이 너무 재미없어져요. 세상에서 춤추는 것이 재미있는 것 같지요? 그러나 다 똑같은 동작의 반복입니다. 손을 올리고 허리를 틀고 엉덩이를 돌리고 찍고 돌고……. 지겹습니다. 술 마시는 것도 처음에는 재미있지만 나중에는 굉장히 고통스럽습니다. 제대로 깨닫기만 하면 설교를 듣는 가운데 하나님을 체험하는 것이 세상에서 최고라는 것을 알게 됩니다. 하나님을 찬양하면서 하나님을 만나는 것이야말로 최고의 경험입니다. 기도할 때 이슬비처럼 다가오시는 하나님을 체험할 때 느끼는 기쁨은 세상의 기쁨과 비교할 수 없는 것입니다.

오늘날 교회가 잃어버린 가장 중요한 것이 있다면 그것은 바로 교회의 공동체성입니다. 교회가 점점 극장이나 시장 같아지고 있습니다. 사람들은 많이 모이지만 거기에서 하나님의 인도하심을 느낄 수 없습니다. 내 마음속 깊은 곳에 한평생 간직해 온 응어리가 치료되는 것을 경험하지 못합니다. 그 이유는 교회가 기업화되면서 공동체성을 잃고 있으며, 가족성을 잃고 있기 때문입니다.

교회는 거룩한 하나님의 공동체입니다. 우리가 함께 거룩을 위하여 노력할 때, 비록 완전하지는 못하더라도 함께 노래할 때, 하나님이 임재하십니다. 그리고 이 세상 어느 곳에서도 경험할 수 없는 하늘의 축복을 맛보게 하십니다. 우리는 완전하지 못합니다. 만약 완전해야 공동체 안에 남아 있을 수 있다면 우리 모두 쫓겨 나가야 할 것입니다. 그러나 자신의 부족함을 인정하고 "하나님, 새로워지고 싶습니다. 변하고 싶습니다" 하고 기도할 때 하나님은 아무도 쫓아내지 않으십니다. 그 마음의 소원대로 변화시켜서 지극히 놀라운 체험을 하게 하십니다. 낮아졌던 것만큼 높여 주십니다. 비참했던 것만큼 영광스럽게 해주십니다.

그리스도인들에게 가장 무서운 벌은 신앙의 공동체 안에서 쫓겨나는 것입니다. "이제 당신은 더 이상 형제와 자매가 아닙니다. 우리는 당신을 위해 기도하지 않겠습니다." 이보다 더 비극적인 일이 없습니다. 이것은 하나님의 모든 축복을 다 포기하게 만드는 일이기 때문입니다.

아브라함이 이스마엘을 내쫓은 것은 단순히 그가 죄인이었기 때문이 아닙니다. 아브라함을 통하여 다스리고 말씀하시는 이 하나님의 통치를 인정하지 않았기 때문입니다. 그래서 성경은 이스마엘의 기질을 들나귀 기질이라고 말씀하고 있습니다. 그는 아무에게도 구속당하기 싫어했습니다. 하나님은 사람을 통하여 일하십니다. 신앙의 공동체를 유지하는 데 가장 중요한 것은 하나님이 사람을 통해서 일하시고, 사람을 통해서 말씀하시며, 사람을 통해서 나의 기질을 통제하신다는 것을 인정하는 것입니다. 그래서 다른 사람을 나보다 낫게 여기는 이 겸손이 없으면 절대로 신앙 공동체 안에 있을 수가 없습니다.

저는 요즘 많은 성령 운동과 평신도 운동에 우려를 가지고 있습니다. 이런 운동들은 필요합니다. 그런데 사람을 통하여 일하시는 하나님을 인정하지 않고 자꾸 하나님께로 직행하려 드는 경우가 있습니다. 곧장 하나님께 전화를 걸어서 직통하려고 하는 경향이 있어요. 그러나 그렇게 하는 것은 바른 성령 운동이 아닙니다. 그저 자기 기질의 잔치일 뿐입니다. 성령은 절대로 그렇게 일하시지 않습니다. 그래서 에베소서에서는 "오직 성령의 충만을 받으라"고 하면서 남을 나보다 낫게 여기고 피차 복종하라고 했습니다. 성령이 역사하면 역사할수록 사람을 통해서 일하시고, 사람을 통해서 역사하시며, 사람을 통해서 권면하시고, 사람을 통해서 붙잡아 주시고, 사람을 통해서 말씀하십니다.

나타나신 하나님

아브라함의 집에서 나온 하갈과 이스마엘은 길을 잃고 방황했습니다. 그러다가 결국 가지고 있던 물이 다 떨어져서 생명이 위협받는 아주 어려운 지경에 처하게 되었습니다. 그때 하나님께서는 이들에게 나타나셔서 이들을 격려하시며 붙들어 주시고 아주 놀라운 체험을 주셨습니다. 15절과 16절을 보십시오.

> 가죽 부대의 물이 다한지라 그 자식을 떨기나무 아래 두며 가로되 자식의 죽는 것을 참아 보지 못하겠다 하고 살 한 바탕쯤 가서 마주 앉아 바라보며 방성대곡하니

오늘 우리가 이 말씀에서 풀어야 할 숙제가 있습니다. 그것은 이스마엘이 나이로는 분명히 하갈보다 더 힘이 센 청년일 텐데 어째서 그가 더 빨리 쓰러져 죽게 되었느냐 하는 점입니다. 그래서 실제로 이스마엘이 쫓겨났을 때 청년이 아니라 나이가 어렸으며, 따라서 성경의 진실성이 의심스럽다고 보는 학자들도 있습니다. 그러나 반드시 남자가 여자보다 더위에 더 잘 적응하라는 법은 없습니다. 한계상황에 봉착했을 때 여자가 훨씬 더 강할 수도 있습니다.

제 생각으로는 이스마엘이 힘은 셌지만 이런 더위에 여행하는 데는 익숙하지 않았던 것 같습니다. 하갈은 여종 출신이기 때문에 더위에 다니는 데 굉장히 숙련되어 있었을 것입니다. 또 집에서 쫓겨났다는 분노가 이스마엘을 훨씬 더 빨리 지치게 했을 수도 있습니다. 사람이 화가 나면 일부러 자신을 더 지치게 만들고 학대하기 때문입니다.

마침내 이스마엘은 쓰러지고 말았습니다. 아들이 쓰러지는 것을 본 하갈은 "내 아들이 죽는다!" 하면서 방성대곡합니다. 이런 장면을 보면 이스마엘이나 하갈이 다른 면에서는 몰라도 성질 하나는 대단했다는 것을 알 수 있습니다. 길을 가다가 성질이 나니까 애가 그냥 쓰러져 버립니다. 그러니까 엄마는 좀 떨어진 곳에서 땅을 두드리면서 애 잡는다고 울어 댑니다. 그때 하나님께서 나타나셨습니다.

> 하나님이 그 아이의 소리를 들으시므로 하나님의 사자가 하늘에서부터 하갈을 불러 가라사대 하갈아 무슨 일이냐 두려워 말라 하나님이 저기 있는 아이의 소리를 들으셨나니 일어나 아이를 일으켜 네 손으로 붙들라 그로 큰 민족을 이루게 하리라 하시니라(21:17-18).

우리가 보기에 놀라운 것이 바로 이 부분입니다. 이삭의 입장에서 보면 이스마엘이나 하갈이 어디 가서 굶어 죽든지 목말라 죽든지 하는 것이 좋을 것 같습니다. 그들은 이삭을 괴롭혔던 사람들입니다. 또 살아도 남에게 유익을 끼칠 사람들 같지 않습니다. 그러나 오늘 본문 말씀을 보면 '하나님께서 그 아이의 소리를 들으셨다'는 말이 여러 번 나옵니다. 사실 방성대곡한 것은 이스마엘이 아니라 하갈이었습니다. 그러나 하나님께서는 어미의 소리가 아니라 아이의 소리를 들으셨다고 말씀하고 있습니다. 그 이유는 이스마엘의 이름에 바로 '하나님께서 들으신다'는 뜻이 있기 때문입니다.

이스마엘이나 하갈이 소리를 지른 것은 기도가 아니었습니다. 그것은 자신들의 속에 있는 분노에서 나온 원망이었습니다. 기도는 내 속에서 나오는 대로 내뱉는 것이 아닙니다. 기도는 반드시 하나님의 말씀에 대한 반응이어야 합니다. 하나님께서 말씀하시지 않으면 기도가 나올 수 없습니다. 하나님께서 나에게 말씀하시는 것을 내 나름대로 다시 소화해서 적용하는 것이 기도입니다. 또한 하나님께서 나에게 말씀하신 것을 적용하려고 할 때 생기는 어려움과 장애들을 제거해 달라는 것이 기도입니다. 그런데 이스마엘이나 하갈의 소리는 원망이나 신음하는 소리였지 기도가 아니었습니다. 그래도 하나님께서는 그들의 소리를 들으셨습니다.

그 이유가 어디에 있을까요? 한 가지는 아브라함의 공동체 밖에도 하나님은 계신다는 것을 보여 주기 위해서입니다. 이들은 하나님의 말씀을 거역함으로써 아브라함의 교회에서 쫓겨난 자들입니다. 그러나 아브라함의 교회에서 쫓겨났다고 해서 그들 마음대로 살고 싶으면 살고 죽고 싶으면 죽어도 되는 것이 아닙니다. 설사 하나님의 공동체에서 나갔다고 하더라도 여전히 하나님은 이 세상을 다스리고 계시며, 거기서 그들의 생명을 지켜 주고 계십니다.

지금 이스마엘과 하갈은 어떤 상태에 있습니까? 둘 다 죽으려고 하고 있습니다. 이스마엘은 성질이 나서 죽으려고 하고 있고 하갈은 아들이 죽으려고 하니까 죽으려고 하고 있습니다. "자식의 죽는 것을 참아 보지 못하겠다"는 말이 무슨 뜻입니까? 아들이 죽으면 나도 같이 죽겠다는 뜻입니다. 아마 그들은 거기서 자살하려고 했는지도 모릅니다. 너무 덥고 신경질 나니까 자살하려고 했는지도 모르겠어요.

요즘 사람들은 자살을 너무 쉽게 합니다. 어떤 학생들은 성적이 제대로 나오지 않으면 자살을 합니다. 또 어떤 학생들은 가수가 죽으면 자기도 죽어 버립니다. 남자들은 직장이 부도나면 자살하려고 합니다. 젊은 여자들은 남자가 변심을 하면 자살하려고 합니다. 무슨 말입니까? 자신의 생명을 너무나도 무가치하게 생각한 다는 것입니다. 성질만 나면 그냥 죽어 버려요. 사람들은 죽는 것을 너무 쉽게 생각합니다. 그러나 생명은 굉장히 귀한 것입니다. 설사 안 믿는 사람이라고 하더라도 아직은 하나님께서 사랑하고 계십니다. 그렇게 쉽게 죽으면 안 돼요. 아무리 무서운 죄를 지었다고 하더라도 그렇게 쉽게 죽으면 안 됩니다.

하나님께서는 이스마엘의 소리를 듣고 계셨습니다. 이스마엘은 죄인으로서 하나님의 교회에서 쫓겨나 절망적인 상황에 처해 있었습니다. 이스마엘은 모든 신앙 없는 사람의 대명사입니다. 그런데도 하나님께서는 그의 소리를 들으셨고 그의 생명을 소중히 여기셨습니다. 아무리 큰 어려움 중에 있다고 하더라도 자기 생명을 소중하게 생각해야 합니다. 죽기 전에 하늘을 향해 소리라도 한번 질러 보고 죽어야 합니다. "거기 하늘에 누구 없습니까? 저는 지금 죽어 가고 있습니다. 내 소리 듣는 사람 없습니까? 제발 저를 좀 도와주십시오." 그때 하나님께서 "내가 듣고 있다"고 하시면서 살길을 주실 것입니다.

우리는 신앙이 없는 사람들의 생명을 무가치하게 생각하기 쉽습니다. 그러나 하나님께서는 그렇지 않으십니다. 신앙이 없는 여성들의 특징은 현대로 오면 올수록 자신의 몸을 너무 쉽게 생각한다는 것입니다. 그렇게 하면 안 됩니다. 하나님은 우리의 생명과 우리의 몸을 굉장히 소중하게 생각하십니다. 하나님을 믿지 않는 사람도 하나님께서 그에게 허락하신 시간까지 행복하게 살 권리가 있습니다. 그것을 인정해 주어야 합니다.

또 한 가지 생각해야 할 것이 있습니다. 이스마엘이 이렇게 하나님의 도움을 받은 것은 역시 그가 아브라함의 아들이었기 때문입니다. 사막에서 이런 식으로 방황하다가 목말라 죽은 사람이 어디 한두 명이겠습니까? 그럼에도 불구하고 유독 이스마엘에게만 하나님이 나타나신 것은 그래도 그가 아브라함의 가족이었기 때문

465

입니다. 하나님께서 아브라함에게 언약하신 것이 무엇입니까? 하나님의 말씀에 순종하기만 하면 그가 생각하지 못하는 많은 부분들, 그의 믿지 않는 가족들까지 책임져 주시겠다는 것입니다. 아브라함은 모든 가능성을 다 생각하지 않았습니다. 아브라함이 모든 가능성을 다 생각했다면 절대로 신앙생활 못했을 것입니다. 아브라함은 하나님의 말씀이라고 생각하면 그냥 해버렸어요. 그러니까 그가 못하는 부분에 하나님께서 찾아오셔서 만나 주시고 지켜 주시고 그 생명을 살려 주셨습니다. 이스마엘을 내보내면 어디서 어떻게 죽게 될지 모르면서도 아브라함이 그를 내보낸 것은 '내가 하나님의 말씀에 순종하면 하나님이 이스마엘을 지켜 주실 것이다. 내가 하지 못하는 것을 해결해 주실 것이다'라는 믿음이 있었기 때문입니다.

그리스도인들의 삶의 특징이 무엇입니까? 그것은 단순하다는 것입니다. 단순하다고 해서 머리가 나쁜 것이 아닙니다. 머리가 나쁜데도 복잡하게 생각하는 사람은 아주 복잡하게 생각합니다. 단순한 사람의 특징은 무언가 믿는 것이 있다는 것입니다. 아이들에게 참고서를 주고 독방을 주고 영어 공부할 수 있는 테이프를 사 준다고 해서 공부하는 것이 아닙니다. 믿음이 있는 아이가 공부합니다. '내가 오늘 공부하는 것이 시험에 나올 것이다. 내가 오늘 열심히 공부하면 미래가 보장될 것이다' 하는 믿음이 있는 아이는 책이 없고 독방이 없어도 밥상에 쭈그리고 앉아서 공부를 합니다. 엄마들이 참 잘못 생각하고 있어요. 책만 잔뜩 사 주고 비싼 재료만 사 주면 다 공부할 줄 생각하는데 그렇지 않습니다. 머리 좋다고 해서 공부하는 게 아닙니다. 불안하고 자신감이 없으면 책상에 오래 앉아 있어도 엉뚱한 생각만 하고 있게 되지요.

그리스도인들이 단순한 것도 머리가 나쁘기 때문이 아닙니다. '내가 하지 못하는 많은 부분을 하나님께서 책임져 주신다. 내가 말씀을 붙들 때 하나님께서 나의 결혼과 직장과 믿지 않는 식구들의 안전까지 모든 것을 책임져 주신다'는 믿음이 있기 때문에 단순하게 신앙생활하는 것입니다.

아브라함은 하나님의 말씀을 믿었습니다. 그러니까 하나님이 광야에서 쓰러져 죽으려고 하는 이스마엘을 찾아가셔서 지켜 주시고 보호해 주셨습니다. 이것은 아브라함 때문입니다. 그러므로 믿지 않는 식구들 때문에 신앙생활 못한다는 것은 거짓말입니다. 내가 신앙생활을 제대로 하는 것이 믿지 않는 사람들을 보호하는 길입니다.

하나님께서는 하갈에게 특별한 명령을 내리셨습니다. 그것은 쓰러져 있는 이스마엘을 붙들어 세우라는 것입니다. 지금 정신도 차리지 못하고 있는 아이를 억지로 세워 놓게 하신 후에, 하나님께서는 이스마엘이 아주 강한 민족이 될 것이라고 말씀하셨습니다. 이스마엘의 평생에 이때보다 더 감동적이고 더 큰 체험은 없었을 것입니다. 정신도 못 가누고 있는 자신에게 앞으로 큰 민족을 이루리라는 약속을 주셨으니 말입니다.

> 하나님이 그 아이와 함께 계시매 그가 장성하여 광야에 거하며 활쏘는 자가 되었더니(21:20).

하나님께서 이스마엘과 함께 계셨다는 것은 그의 삶을 특별히 보호하시고 축복하셨다는 뜻입니다. 그러나 이것은 이삭과 함께 계시듯이 함께 계셨다는 뜻은 아닙니다. 단지 다른 사람들보다는 특별하게 이스마엘의 길을 열어 주셨다는 것입니다. 그 당시에 가장 유명한 영웅은 활을 잘 쏘는 사람이었던 것 같습니다. 이스마엘은 유명한 궁사가 되었습니다. 이스마엘은 우리가 생각하는 것보다는 이 세상에서 성공한 삶을 살았던 것 같습니다. 우리가 이 당시에 살았더라면 이삭은 몰라도 이스마엘은 알았을 것입니다. 유명한 정치가들을 보면 참으로 신의 도움을 받았다고 말할 만한 순간들이 많은 것을 볼 수 있습니다. 그것은 하나님께서 그를 도와주신 것입니다. 그러나 그렇다고 해서 그가 하나님의 아들이 된 것은 아닙니다. 이삭과 같은 방식으로 함께하신 것은 아니라는 것입니다.

우리가 알아야 할 것은 이 세상이 무주공산(無主空山)이 아니라는 사실입니다. 하나님께서는 교회 밖에도 계시며 교회 밖에서도 여러 인물들을 통해서 이 세상을 다스려 나가십니다. 단지 통치하시는 원리가 다를 뿐입니다. 교회 안에서는 말씀과 성령으로 다스리십니다. 한 사람 한 사람의 마음속에 말씀으로 찾아가시고 감동을 주셔서 그들로 하여금 자진해서 하나님의 일을 하게 하십니다. 교회 안에는 절대로 강제력이 동원되지 않습니다. 교회에서 쓸 수 있는 가장 무서운 강제력, 가장 무서운 벌은 형제와 자매의 공동체에서 내보내는 것입니다.

그러나 이 세상은 강제적인 법을 통해 다스려집니다. 이 법을 지키지 않으면 사회적인 처벌을 받게 됩니다. 이스마엘의 화살이 그의 염통을 뚫을 것입니다. 아무리 좋지 않은 정부라 하더라도 무정부 상태보다는 낫다는 말이 있습니다. 정부가 없으면 인간이 자연 상태처럼 더 평화롭게 살 것 같지만 실제로 정권이 없으면 굉장히 무서운 혼란과 함께 이 세상은 완전히 지옥이 되고 맙니다.

하나님께서는 이 세상에 대한 통치를 한 번도 포기하신 적이 없습니다. 교회 안에서는 말씀과 성령을 통해서 자발적인 순종으로 다스리시지만, 이 세상에서는 영웅적인 사람들을 세워서 그들에게 힘과 활과 주고 칼을 들려 주어서 이 세상의 죄를 다스리십니다. 그래서 교회는 하나님의 직접적인 통치 아래 있고 세상은 간접적인 통치 아래 있습니다. 세상은 자기 권력만 믿고 스스로를 절대시하려고 하는 경향이 있습니다. 그때마다 교회는 그렇게 하면 안 된다는 것을 가르쳐 줄 필요가 있습니다.

이 세상은 이상적인 사회가 될 수 없습니다. 이 세상에서는 산상설교가 통하지 않습니다. 오른뺨을 맞았을 때 왼뺨도 돌려 대

라고 한다고 해서 교도소도 없애고 사형제도도 없애 버리면 죄가
더욱 기승을 부릴 것입니다. 이 세상은 칼에는 칼, 눈에는 눈, 이에
는 이로 다스립니다. 이것은 하나님께서 세상을 다스리시는 원리입
니다. 그러나 그 세상을 지키는 것은 교회에서 흘러 나가는 사랑이
요 은혜입니다. 이것이 흘러 나가지 않으면 이 세상은 법만으로는
지킬 수 없는 사나운 상태가 되고 맙니다. 교회에서 은혜와 사랑이
세상으로 항상 흘러 나가야만 세상은 그나마 건전하고 이성적인 판
단에 의해서 유지될 것입니다. 그리고 교회가 하나님의 뜻을 떠나
서 이상한 광신자 집단이 될 때, 가정도 파괴하고 직업도 버리고 아
주 이상한 비윤리적인 집단으로 타락할 때 정부는 거기에 개입해서
그런 비도덕적인 광신자 집단을 체포하고 흩어 버릴 임무가 있습니
다. 이 두 개의 나라는 때로는 보호하고 때로는 도와주고 때로는 견
제하면서 예수 그리스도가 오실 때까지 지속되어 나갈 것입니다.

하갈의 눈을 밝히시다

하나님께서는 이 말씀을 하신 후 하갈의 눈을 밝혀 주셨습
니다. 말씀만으로 그치지 않고 그들이 살 수 있도록 눈을 밝혀서 샘
물을 보게 하신 것입니다.

> 하나님이 하갈의 눈을 밝히시매 샘물을 보고 가서 가죽 부대에 물을
> 채워다가 그 아이에게 마시웠더라(21:19).

하나님께서 우리에게 어떤 말씀을 하실 때는 반드시 대안이
있습니다. 어른이 자녀를 훈계하고 난 후에 자녀가 살 수 있는 돈을
주고 재산을 주는 것과 같습니다. 하나님은 말씀만 하시고 아무 조
치도 해주지 않는 분이 아닙니다. 아무리 어려운 지경에 처했다 하

더라도 하나님의 말씀이 귀에 들리면 그 사람은 살아나게 되어 있습니다. 여기에서 하나님이 어떻게 하셨습니까? 하갈의 눈을 밝혀서 가까운 곳에 있는 샘물을 보게 하셨습니다.

오늘 우리의 문제가 무엇입니까? 아주 가까운 곳에 있는 많은 하나님의 축복을 보지 못하는 것입니다. 지금 하갈과 이스마엘은 가까운 곳에 샘물을 둔 채 죽어 가고 있습니다. 이스마엘은 성질이 나서 "에이, 나 죽어 버릴래!" 하고, 하갈은 "차마 눈 뜨고 못 보겠네!" 하면서 둘이서 통곡했는데, 사실은 가까운 곳에 샘물이 있었습니다. 다만 그들의 눈이 어두워서 보지 못한 것입니다.

전에 만난 어떤 분은 예전부터 알고 지내던 여성과 결혼했습니다. 그런데 전에는 한 번도 그 여성이 자기 아내가 될 사람이라는 생각을 못했습니다. 그래서 '나는 이대로 노총각으로 죽는가 보다' 생각했는데, 어느 날 주님이 눈을 밝히시니 늘 그 자리에 앉아 있던 그 여성이 보이더라는 것입니다. 그래서 그 여성과 결혼해서 지금 굉장히 잘 살고 있습니다. 이처럼 사람의 눈이 얼마나 어두운지 모릅니다.

하나님은 일을 어렵게 하시는 법이 결코 없습니다. 하나님은 이미 우리에게 필요한 모든 것을 주셨습니다. 우리 주위는 하나님이 주신 것들로 가득합니다. 그러나 문제는 우리 눈이 어두워서 그것들을 보지 못한다는 것입니다. 그런데 주님이 눈을 밝히기만 하시면 하나둘 보이기 시작합니다. 우리 옆에 있는 세상은 마치 숨은그림찾기와 같습니다. 아무리 찾아도 안 보이다가 어느 한순간 눈이 뜨이면 숨은 그림들이 눈에 들어오기 시작합니다.

하나님께서 하갈의 눈을 밝히신 것은 한편으로는 축복이었지만 다른 한편으로는 책망이었습니다. "너희에게는 지금 옆에 있는 샘물이 아니라 영혼을 살릴 샘물이 있었는데 너희의 더러운 성질 때문에 그 귀한 샘물을 박차고 나온 거야!" 그 더 귀한 샘물이 무엇입니까? 아브라함을 통하여 주신 말씀입니다. 그 안에는 그들을 영원히 살릴 샘물이 들어 있었습니다. 이스마엘이 그 말씀을 들었더라면 활 쏘는 자가 되는 것이 아니라 그 자신이 하나님의 화살이 되어 정확한 과녁을 향해 날아갈 수 있었을 것입니다.

이때는 활을 잘 쏘는 사람이 유명한 사람이었습니다. 세상을 정복하는 사람은 활을 잘 쏘는 사람이었어요. 이스마엘은 이 샘물을 마시고 활을 잘 쏘는 사람이 되었습니다. 오늘날에는 활을 잘 쏘는 사람보다는 경영을 잘하는 사람이 유명합니다. 정치인들도 힘을 쓰는 사람보다는 국가 경영을 잘하는 사람으로 바뀌고 있습니다.

오늘 우리는 성경에서 두 개의 샘물과 두 사람의 영웅을 봅니다. 한 영웅은 눈에 보이는 샘물을 마심으로써 활 쏘는 자가 된 정치적인 영웅 이스마엘입니다. 또 다른 한 사람은 눈에 보이지 않는 말씀의 샘물을 마신 신앙의 지도자 이삭입니다. 분명히 이삭보다는 이스마엘이 더 유명한 사람이었습니다. 그러나 이스마엘은 육신을 살리는 샘물을 마신 사람이요 이삭은 영혼을 살리는 샘물을 마신 사람입니다. 이스마엘은 자신이 마신 샘물보다 더 귀한 샘물이 아주 가까운 곳에 있다는 것을 몰랐습니다.

우리 주위에는 엄청나게 많은 샘물들이 있습니다. 그것을 먼저 발견하기만 하면 유명한 사람이 될 수 있습니다. 한 가지 아이디어를 발견해서 세계적인 갑부가 된 사람들도 많습니다. 그런 사람들이 하는 말이 무엇입니까? 어느 날 눈이 갑자기 밝아져서 보니까 돈 벌 아이디어가 생각나더라는 것입니다. 그러나 영혼을 살리는 샘물의 가치를 아는 사람은 별로 없습니다.

이스마엘의 샘물은 어느 곳에나 있습니다. 어느 한순간 정신을 차리면 그냥 좋은 아이디어가 떠올라서 돈을 버는 사람들이 많습니다. 그러나 아브라함의 샘물은 이 세상 어느 곳에도 없습니다. 오직 하나님의 말씀이 있는 곳, 아브라함의 가정, 그 언약의 공동체 외에는 이 샘물을 얻을 수 있는 곳이 없습니다.

여러분은 어느 샘물을 더 원하십니까? 이스마엘처럼 어느 날 갑자기 아이디어가 떠올라서 떼부자가 되고 유명한 궁사가 되는 샘물을 원하십니까? 아니면 말씀의 샘물을 원하십니까? 하나님은 이 세상에 대한 통치를 한 번도 포기하신 적이 없습니다. 이 세상 전체는 하나님의 샘물로 가득합니다. 아이디어만 살리면 얼마든지 살 수 있습니다. 하나님께서는 정치적인 영웅들을 특별하게 관리하시고 키워서 이 세상을 다스리게 하십니다. 그러나 그 정치적인 영웅을 키우는 목적은 현상유지를 위해서입니다. 이 세상이 더 악해지지 않도록, 더 무질서해지지 않도록 이스마엘 같은 영웅을 키우십니다. 그러나 그보다 더 귀한 사람들이 있습니다. 그들은 말씀의 샘물을 통해 하나님의 은혜가 이 세상으로 흘러가게 하고, 그들로 하여금 자신의 진정한 가치를 깨닫게 하며, 하나님 앞에서 새로운 삶을 시작하게 하는 사람들입니다.

사랑하는 형제자매 여러분, 이스마엘이 발견한 샘물보다 더 귀한 샘물이 우리 가까이 있습니다. 그것은 언약의 공동체에서 흘러나오는 샘물입니다. 그 샘물을 마실 때, 어떤 위기가 오더라도 하나님께서 우리의 삶 전부를 책임져 주실 것입니다. 우리의 믿지 않는 식구들까지, 내가 손을 댈 수 없는 부분까지 간섭하시며 우리의 삶을 지켜 주실 것입니다.

24

브엘세바의
맹세

처음 고향을 떠나서 가진 것 하나 없이 빈손으로 도회지에 이사 온 사람들은 도시에서 끝없이 이동하는 떠돌이 생활을 해야만 합니다. 직장도 안정되어 있지 않을 뿐 아니라 집도 자기 집이 아니기 때문입니다. 만일 직장을 다른 곳으로 옮기게 되면 식구들은 또 직장 가까운 곳으로 전부 다 이사를 해야 하고, 살고 있던 집의 집세가 너무 올라도 집세가 싼 곳을 찾아서 이사를 해야 합니다. 이런 떠돌이 생활을 하는 사람들의 특징은 끝없는 긴장과 불안 가운데 사느라 생활의 여유가 전혀 없다는 것입니다. 나무를 심는다거나 화초를 키운다거나 음악을 들을 수 있는 여유가 전혀 없습니다.

민음의 조상 아브라함은 하나님의 부르심을 받은 후 끊임없이 떠도는 떠돌이 생활을 했습니다. 물론 그의 직업이 목축업이었기 때문에 떠돌이 생활을 한 것이 당연했는지도 모릅니다. 그러나 그가 계속적으로 그런 유랑생활을 한 것은 자기가 원해서가 아니었습니다. 하나님께서 그에게 땅을 주시지 않았기 때문에 안정된 생활을 하고 싶어도 할 수가 없었습니다. 그뿐 아니라 아브라함을 끊임없이 긴장하게 만든 것은 하나님의 뜻이 무엇인지 도무지 알 수 없다는 점이었습니다. 그는 처음 흉년이 들었을 때 쉽게 애굽으로 내려갔다가 아내를 빼앗기는 큰 곤욕을 치르고 돌아왔습니다. 또 아들을 낳기 위해 하갈이라는 애굽 여종을 첩으로 취했다가 결국은 그 아들을 내쫓는 결과를 맞고 말았습니다.

이처럼 아브라함은 하나님의 뜻을 알 수가 없어서 끊임없이 긴장하고 방황하는 삶을 살다가, 그랄 땅에 와서 모처럼 편안한 생활을 하게 되었습니다. 이제는 더 이상 무엇에 쫓길 필요가 없습니다. 또 하나님의 뜻을 찾기 위해서 그렇게 고민하고 밤을 새워야 할 이유도 없습니다. 하나님께서는 이 그랄 땅에서 그를 아주 편안하게 해주셨습니다. 아브라함은 모처럼의 안식과 여유를 찾게 되었습니다. 어느 정도로 안정이 되었는가 하면 그랄 왕이 직접 찾아와서 상호 불가침 협정을 맺자고 제안할 정도였습니다. 그리고 옛날에 아비멜렉의 종들에게 빼앗겼던 우물을 도로 되찾을 만큼 인정도 받았습니다. 그래서 이 우물은 영원히 아브라함의 것이라는 증거로 암양 새끼 일곱 마리를 두고 맹세를 하게 되었습니다.

더 놀라운 것은 아브라함이 이 그랄 땅에 에셀 나무를 심었다는 것입니다. 에셀 나무가 어떤 나무인지는 잘 모르겠지만 아브라함이 그랄 땅에서 나무를 심었다는 것은 그가 얼마나 마음의 안정을 찾았는지를 잘 보여 줍니다. 나무를 키우고 화초를 가꾼다는 것은 지금까지의 아브라함에게는 완전히 사치스러운 이야기였습니다. 그러나 그랄 땅에서 아브라함은 안정을 누리고, 나무를 심고, 마음껏 하나님께 예배드리고 있습니다.

아브라함의 안정이 오늘 우리들에게 중요한 이유가 무엇입니까? 바로 우리 그리스도인들의 생활이 끝없는 방황과 긴장의 연속이기 때문입니다. 예수를 믿는 형제나 자매들이 그렇게도 원하는 것은 안정된 생활입니다. 자기 집을 가지고, 감원되거나 명예퇴직을 당할 염려가 없는 직장에서 좀 편안하게, 취미생활도 좀 해 가면서, 여유 있게 교회 봉사해 가면서 살았으면 좋겠다는 것이 모든 그리스도인들의 바람일 것입니다. 그러나 그러한 평안은 좀처럼 오지 않습니다. 결혼을 하려고 해도 결혼 대상이 누구이며 언제쯤 할 수 있는지, 집은 언제 장만할 수 있는지, 안정된 직장은 언제 가질 수 있는지가 좀처럼 눈에 들어오지 않습니다.

그리고 그것보다 더 나를 힘들게 하는 것은 나에 대한 하나님의 뜻이 무엇인지 도무지 알 수 없다는 것입니다. 하나님의 뜻을 알면 선교사를 하든, 목회를 하든, 무엇을 하든 할 텐데 그 하나님의 뜻을 도대체 알 수가 없습니다. 군대를 가면 언제 가야 하는지, 졸업을 하고 가야 하는지, 장교로 가야 하는지, 공익 근무 요원으로 근무해야 하는지 분명한 것이 하나도 없습니다. 끝없는 영적 전투의 연속입니다. 산 너머 산이라고 하나의 문제가 끝나면 또 다른 문제가 기다리고 있습니다. 집안의 문제가 좀 잠잠해지면 그다음에는 직장에서의 문제가 기다리고 있습니다. 그리고 그것이 해결되면 또 다른 문제가 생깁니다. 그때 우리 입에서 나오는 말이 무엇입니까? "도대체 이 터널의 끝은 어디일까?" 하는 것입니다. 끝이 보이지 않습니다.

이런 끝없는 긴장과 불안의 연속은 우리 그리스도인들을 대단히 자기중심적이고 유치하게 만듭니다. 마치 훈련소 생활을 하는 사람들 같습니다. 훈련소에서는 긴장이 계속됩니다. 그래서 훈련받는 사람들의 기질이 아주 유치해져서 남의 말을 너무나도 잘 믿고, 먹는 것을 밝히고, 아주 어린애 같은 행동을 하게 됩니다. 외국에서 박사 과정 밟고 온 사람도 빵을 빼앗기지 않으려고 화장실에 가서 먹습니다. 어느 날 부대장이 말합니다. "산 너머에 공비가 나타났다. 가족이 두려워서 못 나갈 사람은 나오라." 그러면 막 앞으로 나갔다가 죽도록 맞습니다. 공비가 나타나긴 어디 나타납니까? 그러나 훈련받는 사람들은 그 말을 믿습니다. 김일성이 죽었을 때 북한 사람들이 그토록 운 것은 정상적인 현상입니다. 몇십 년 긴장하고 나면 완전히 애가 되어 버려요.

그런데 이런 모습이 오늘날 그리스도인들에게도 나타나고

있습니다. 그리스도인들은 계속 하나님의 뜻을 찾기 위해서 긴장합니다. 그리고 이렇게 긴장된 생활의 연속은 아주 유치하고 자기중심적인 성향을 가지게 만듭니다. 그러나 오늘 말씀이 이야기하는 것은 이것이 신앙생활의 전부가 아니라는 것입니다. 하나님께서 우리를 궁극적으로 부르신 목적은 풍성한 삶을 주시기 위해서이지, 죽을 때까지 끝없는 긴장과 불안에 시달리는 삶을 위해서가 아니라는 것을 본문은 보여 주고 있습니다.

하나님께서 우리에게 놀라운 안식을 주실 때가 있습니다. 그렇게 이 집 저 집 이사 다녔는데, 어느 날 내 집이 생겨 버립니다. 그렇게 안정된 직장을 찾아다녔는데, 어느 날 직장이 생겨 버립니다. 그렇게 돈이 없어서 고생했는데, 어느 날 은행에 돈이 막 들어옵니다. 그러나 우리는 이렇게 안식이 올 때 더 자기중심적이 되어서 이제는 자기 생활을 즐기려고 하기가 쉽습니다. 모처럼 주어진 풍성한 삶이 다른 사람들과 나누는 것이 되기보다는 문을 닫아걸고 자기 혼자 즐기는 탐욕스러운 삶이 되기 쉬워요.

저는 오늘 본문 말씀을 통하여 그리스도인들에게 불안과 긴장이 연속되는 것은 이상한 일이 아니며, 하나님께서 그런 삶을 통하여 우리를 훈련시키신 후에 풍성하고 편안한 삶을 주신다는 것을 살펴보고자 합니다. 그러나 그것은 자기만을 위한 탐욕스러운 삶을 위해서가 아닙니다. 더 나은 섬김과 참된 책임을 다하게 하기 위해서입니다.

아브라함을 찾아온 아비멜렉

처음 그랄 땅에 이사해 왔을 때 아브라함은 자기가 이 지방에서 그토록 오랫동안 평안하게 살리라고는 꿈에도 생각하지 못했습니다. 아브라함은 이 그랄 땅에 아주 짧게 살 생각이었습니다. 이

지방 사람들은 하나님을 알지 못하기 때문에 나쁜 사람들일 것이라고 생각했고, 아예 대화도 통하지 않는 무지몽매한 백성일 것이라고 단정했습니다. 그러나 하나님께서는 아브라함을 통해 하나님을 전혀 모르는 이 사람들 가운데서 놀라운 일을 많이 행하셨습니다. 21장 22절을 보십시오.

때에 아비멜렉과 그 군대 장관 비골이 아브라함에게 말하여 가로되 네가 무슨 일을 하든지 하나님이 너와 함께 계시도다

왜 이 나라 왕이 아브라함을 찾아와서 이런 말을 하는지 구체적인 사정은 알 수 없지만, 어쨌든 아비멜렉은 아브라함이 하는 모든 일에서 하나님께서 그와 함께하시는 것을 보았다고 말하고 있습니다. 하나님을 믿는 백성이 안 믿는 사람들에게 이런 이야기를 들을 때보다 더 기쁠 때가 없습니다.

하나님을 믿으면 이 세상에서 갑자기 이방인이 되어 버립니다. 왜 그렇게 되는지는 잘 모르겠지만, 하나님을 믿고 나면 이 세상이 더 이상 옛날 같지 않다는 것만큼은 분명합니다. 이전까지는 사람들만 눈에 보였습니다. 사람들과 잘 지내기만 하면 문제 될 것이 하나도 없었어요. 그런데 하나님을 믿고 나니까 이 모든 사람들보다 더 큰 주인이 있다는 것이 보이고, 이 큰 주인의 뜻에 맞추려고 하다 보니 사람들과의 관계가 갑자기 생소해져 버립니다. 그래서 이 세상에 잘 적응이 되지 않습니다. 마치 여자가 시집을 가는 것과 같습니다. 옛날에는 친정 식구들과 옛날 친구들밖에 없었습니다. 그런데 시집을 가고 나니까 새로운 가족들이 많이 생겼습니다. 그래서 옛날 친정 식구들이나 옛 친구들을 보면 이상하게 낯설게 느껴집니다. 마치 내가 이방인이 된 것 같아요. 하나님의 백성들이 그렇습니다. 하나님을 알고 나면 갑자기 이 세상이 낯설게 느껴집니다.

하나님을 믿는 사람들이 이 세상에서 인정받는다는 것은 보

통 어려운 일이 아닙니다. 마치 외국인이 우리나라에 와서 사람들로부터 인정을 받는 것과 같습니다. 처음에 우리나라에 온 외국인 선교사들은 하나님의 사람으로서 인정받지 못했습니다. 그들의 이상한 외모나 옷차림에는 관심을 가졌을지 모르지만, 그들이 하는 모든 일마다 하나님이 함께하신다는 생각은 하지 않았습니다.

그런데 만약 우리나라 사람들이 외국에서 온 어떤 선교사를 보고, 그 사람이 하는 모든 일에 하나님이 함께하신다고 믿게 되었을 뿐 아니라 고종 황제까지 친히 그 사람을 찾아가서 "당신이 하는 모든 일에 하나님이 함께하시는군요"라고 이야기했다면, 그 사람이 우리나라에서 과연 어떤 일을 했으며 얼마나 놀라운 인격을 가진 사람일는지 능히 짐작할 수 있을 것입니다. 그는 참으로 영혼을 사랑하는 마음을 가졌을 것이며 처음부터 끝까지 헌신적인 삶을 통하여 하나님의 모습을 나타냈을 것입니다. 또한 우리나라 사람들이 하지 못하는 어떤 일을 했을 것입니다. 예를 들어서 어느 누구도 고칠 수 없는 병을 고쳐 주었거나 위기에 처한 사람들을 도와주었거나, 한 사람의 힘으로는 도저히 불가능한 선한 일들을 거의 초인적인 능력으로 해냈을 것입니다. 그렇지 않다면 자기 나라에 온 외국인을 '하나님이 함께하시는 사람'으로 인정하기 어렵습니다.

마찬가지로 그랄 왕이 아브라함을 찾아와서 이런 말을 할 정도라면 아브라함이 이 그랄 사람들의 눈에 얼마나 위대하게 비쳤으며 얼마나 큰 사람으로 보였을지 짐작할 수 있습니다. 그가 처음에 그랄 땅에 들어왔을 때의 모습이 어떠했습니까? 심히 두려워하고 불안에 떨었습니다. 그는 이곳 사람들이 자기를 죽이고 아내를 차지할 것이라는 두려움에 빠져서 아내를 누이라고 속였고, 그 바람에 하마터면 그랄 왕 아비멜렉에게 아내를 빼앗길 뻔했습니다. 그런데 그런 일이 있고 난 후에는 어떻게 지냈습니까? 그 자세한 사정은 알 수가 없습니다. 그러나 그랄 왕의 말에 따르면 아브라함이 하는 일마다 하나님께서 함께하셨고, 그가 하는 일마다 하나님의 능력이 나타났습니다.

저는 아비멜렉이 아브라함을 인정하게 된 것이 단순히 그가 물질적으로 엄청난 부자가 되었기 때문이라고 생각하지 않습니다. 누군가 자기 나라에 와서 큰 부자가 되었을 때 사람들은 "우리 덕분에 저 사람이 부자가 되었다"고 말하지 "저 사람이 하는 일마다 하나님이 함께하신다"고 말하지 않습니다. 어떤 일본 사람이 우리나라에 와서 큰 부자가 되었을 때 "저 사람은 우리나라 사람들을 벗겨 먹어서 부자가 된 거야"라고 말하지 "하나님이 저 사람이 하는 일마다, 여는 가게마다 함께하시는구나"라고 말하지 않는 것과 같습니다.

아브라함이 그랄 사람들에게 그토록 위대하게 보였던 것은 그가 참으로 그곳에서 선한 사업에 힘썼기 때문입니다. 그는 참으로 일관성이 있는 인격자였습니다. 그는 그곳 사람들이 할 수 없는 많은 일들을 했습니다. 예를 들어 병자를 고쳐 주었거나 어려운 위기에 처해 있는 사람들을 도와주었거나 도저히 사람의 힘이라고 말할 수 없는 초인적인 능력으로 그랄 사람들에게 선한 사업을 많이 베푼 것이 분명합니다. 그렇지 않다면 그랄 왕이 아브라함을 직접 찾아와서 이런 말을 하지 않았을 것입니다.

그리스도인들이 이 세상에서 계속되는 불안과 긴장의 연속 가운데 사는 이유가 무엇입니까? 이런 훈련 과정이 없으면 다른 사람에게 일관되게 사랑을 베풀지 못하기 때문입니다. 조금 헌신하다가 다른 계획이 생기면 금방 떠나 버립니다. 머리 좋은 사람의 특징은 조금 하다가 갑자기 떠나 버린다는 것입니다. 조금 일하다가 더 좋은 일이 생기면 그냥 팽개치고 갑니다. 하나님의 사람이 되기 위해서는 자기가 철저히 죽어야 합니다. 자신을 희생하지 않은 채 기술이나 다른 방법으로 남을 돕는 것은 아무 소용이 없습니다. 하나님께서는 우리의 삶 전체를 다른 사람을 복되게 하는 수단으로 헌신하기를 원하십니다. 나의 행복도 추구해 가면서 남을 도울 생각을 하는 사람은 온전하게 사용될 수 없습니다.

그래서 하나님께서는 어려운 과정을 통해서 자신을 버리는 훈련을 시키십니다. 그리스도인들은 처음에 많은 훈련을 받습니다. 하나님께서 안정된 삶을 주시지 않습니다. 결혼이 되지 않거나, 결혼이 되었다 하더라도 끊임없이 집을 옮겨 다녀야 하거나, 안정된 직장을 구하지 못합니다. 그리고 더욱더 어려운 것은 하나님께서 나에게 원하시는 것이 무엇인지 알 수가 없다는 것입니다. 그것만 알려 주시면 힘써 달려갈 텐데 도대체 머물러야 하는지, 떠나야 하는지, 이 길로 가야 하는지, 저 길로 가야 하는지, 결혼을 해야 하는지, 말아야 하는지, 기대를 가져야 하는지, 포기해야 하는지 알 수가 없습니다. 그렇게 하시는 이유가 무엇입니까? 그렇게 하지 않으면 하나님의 손에 완전히 붙들리는 도구가 될 수 없기 때문입니다.

하나님께서 우리를 낮추시면 어떤 모습이 나타납니까? '아, 내가 아무것도 아니구나. 다른 사람에 비해서 나을 것이 하나도 없구나' 하는 것을 알게 됩니다. 이것이 그리스도인의 헌신에 필수적으로 중요합니다. '나는 똑똑하기 때문에, 무언가 배운 게 있기 때문에 널 도와 준다' 하는 사람은 금방 떠납니다. 그리스도인들에게 가장 위험한 것이 무엇인가 하면 자기도취에 빠지는 것입니다. 하나님의 일을 하면서 자기를 즐기는 것이지요. 눈물 범벅이 되어 찬양을 하면서도 자기도취에 빠질 가능성이 많습니다. '나는 정말 아무것도 아닌데 이렇게 찬양하게 하시는구나' 하고 생각하면서 사람을 사랑하는 마음으로 함께 찬양할 때라야, 또 '이 한 사람 한 사람이 얼마나 소중한가' 하는 것을 깨닫고 봉사할 때라야 그 일이 지속적일 수 있습니다. 그런데 그것이 아니라 우월감이나 자기도취에 빠져서 일하는 사람은 그 도취만 없어지면 금방 그 일을 그만둬 버립니다.

그뿐 아니라 이렇게 낮아져야 목숨을 걸고 하나님의 뜻을 찾습니다. 도대체 내가 살아야 할지 죽어야 할지가 의심될 정도의 위기에 처해 보아야 목마른 사슴이 시냇물을 사모하듯이 간절히 기도도 하고, 《하나님의 뜻을 찾는 법》 같은 책도 읽고, 큐티도 해보고, 이 사람 저 사람에게 물어 보기도 하면서 하나님의 뜻을 사생결단하고 찾는 것입니다. 배가 부르면 하나님의 뜻을 아무리 이야기해 줘도 듣지 않을 뿐 아니라 혹시 뜻을 알게 되어도 그대로 하지 않습니다. 생의 위기를 느껴야 비로소 목숨 걸고 하나님의 뜻을 찾고, 그것을 찾았을 때 온전히 붙들고 헌신하지요.

이처럼 낮아지는 과정이 없으면 하나님을 위해서 아무것도 할 수가 없습니다. 낮아지는 과정을 겪어야 '나라는 사람은 아무것도 아니고, 다른 사람들이야말로 정말 귀한 존재들이구나. 자아 도취나 우월감에 빠지는 것이 굉장히 웃긴 일이구나' 하는 것을 알게 됩니다. 그리고 한번 하나님의 뜻을 붙들면 목숨을 걸고 끝까지 갑니다. 중간에 다른 사람이 아무리 좋은 제안을 하고 유혹을 해도 흔들리지 않습니다.

아비멜렉이 아브라함에게 무엇이라고 말하고 있습니까?

그런즉 너는 나와 내 아들과 내 손자에게 거짓되이 행치 않기를 이제 여기서 하나님을 가리켜 내게 맹세하라 내가 네게 후대한 대로 너도 나와 너의 머무는 이 땅에 행할 것이니라(21:23).

아비멜렉은 아브라함이 그들에게 꼭 필요한 사람이라는 것을 인정하고 있습니다. 그래서 "당신은 우리나라에 꼭 필요한 사람입니다. 그러나 혹시라도 당신 마음이 변해서 우리를 배신할까 봐 두렵습니다. 그러니 나와 내 아들과 내 손자에게 우리를 배신하지 않겠다고 약속해 주십시오. 계속 우리를 신실하게 대해 주십시오" 하고 부탁하고 있습니다.

이 세상 사람들이 참된 그리스도인의 모습을 보았을 때 깨닫는 것이 무엇입니까? 이 세상에서 가장 값진 진주를 발견했다는 것입니다. 이렇게 헌신된 그리스도인보다 더 아름다운 사람은 없습니다. 이 세상에서 부패하지 않거나 변질되지 않는 것은 없습니다. 그래서 아비멜렉은 아브라함을 찾아와서 "제발 변질되지 마십시오. 제발 그 순수함을 우리에게도, 우리 아들에게도, 우리 손자에게도 계속 지켜 주십시오"라고 말하고 있습니다. 이보다 더 귀한 일이 어디에 있습니까?

처음 예수 믿은 사람은 마치 노예 시장에서 갓 사 온 노예와 같습니다. 매사에 제멋대로입니다. 하고 싶으면 하고, 하기 싫으면 말고, 무슨 일을 해도 마음껏 들락날락거립니다. 그럴 때 사람들은 진주를 발견하지 못하지요. 낮아지는 과정을 통해서 자신이 하나님 앞에서 아무것도 아니라는 것을 깨달았을 때에야 비로소 누가 뭐라고 해도 흔들리지 않으며 사람들을 일관되게 섬길 수 있습니다. 그때 사람들이 뭐라고 이야기합니까? "당신은 값진 진주와 같습니다. 이 세상에 변하지 않는 것이 어디 있습니까? 그러나 당신만큼은 계속 변하지 말고 순수하게 우리를 도와주십시오." 이것이 바로 그랄 땅에서 맺은 평화 조약의 내용이었습니다.

그러나 끝없이 연단받고, 끝없이 고생하고, 끝없이 쫓겨다니는 이 삶이 그리스도인의 삶의 전부라고 생각하는 사람은 하나님의 풍성함을 모르고 있는 것입니다. 때가 있습니다. 하나님께서 필요한 모든 것을 주실 때가 있습니다. 그때가 되면 집도 주시고, 명예도 주시고, 재산도 주시고, 모든 것을 다 주십니다. 그러나 중요한 것은 바로 그때입니다. 그때 이 풍성한 삶을 나 혼자 즐기고 나 혼자 누리느냐, 아니면 주위 사람들을 다 초청해서 이 풍성한 삶을 함께 누리느냐 하는 데서 그가 하나님의 훈련을 제대로 받았는지 엉터리로 받았는지가 드러납니다. 엉터리로 훈련받은 사람은 돈이 생기고 집이 생기고 풍성한 삶이 주어졌을 때 문을 걸어 잠그고 자기 식구들끼리만 갈비를 뜯어 먹습니다. 절대로 냄새가 창밖으로 나가지 않도록 아예 밀봉을 해 놓습니다. 그 안에서 무슨 일이 일어나는지 도저히 알 수가 없어요. 그러나 제대로 훈련받은 사람은 문을 활짝 열어 놓습니다. "누구나 와도 좋습니다. 다 오십시오. 우리 함께 이 풍성한 삶을 누립시다. 이것은 하나님께서 주신 선물입니다!"

아브라함의 겸손과 책망

변함없이 자기들에게 신실하게 대해 달라는 아비멜렉의 부탁을 받았을 때 아브라함은 그렇게 하겠다고 맹세합니다.

아브라함이 가로되 내가 맹세하리라 하고(21:24).

아브라함이 그 맹세를 어떻게 했습니까?

아브라함이 양과 소를 취하여 아비멜렉에게 주고 두 사람이 서로 언약을 세우니라(21:27).

원래 맹세는 두 사람이 하는 것인데 아브라함은 양과 소를 일방적으로 아비멜렉에게 주었습니다. 도대체 어떻게 된 것입니까? 이 당시에는 맹세하는 방법이 여러 가지가 있었습니다. 그중에서도 가장 엄숙한 맹세, 목숨을 건 맹세는 짐승을 죽여 놓고 그 사이를 통과하는 것입니다. '만약 이 맹세가 깨진다면 내 몸을 쪼개서 공중의 새와 들짐승들이 내 시체를 뜯어먹게 해도 좋소. 내가 이 맹세를 깨뜨린다면 기꺼이 저주받은 죽음을 죽겠소' 하는 뜻으로 죽인 짐승 사이로 언약하는 사람들이 통과하는 것입니다.

그러나 대체로 평화의 언약을 맺을 때에는 그런 방법을 쓰지 않고 함께 음식을 나누어 먹습니다. 히브리 사람들에게 음식을 같이 먹는다는 것은 굉장히 중요한 일입니다. 그들은 같이 음식을 먹은 사람을 욕하지 않고, 함께 떡을 뗀 사람을 공격하지 않습니다.

그것은 평화의 언약이기 때문입니다. 그래서 누구와 함께 밥을 먹느냐, 누구와 함께 떡을 떼느냐가 아주 중요합니다. 야곱은 삼촌 라반에게서 도망쳤다가 추격당했을 때, 산에서 삼촌과 함께 떡을 먹음으로써 서로 공격하지 않는다는 평화의 언약을 세웠습니다.

그런데 이 외에도 선물을 주고받음으로써 성립되는 언약이 있었습니다. 이것은 낮은 자가 높은 자에게 맹세하는 방식으로서, 양과 소를 선물로 주고받음으로써 맹세가 성립됩니다. 아브라함은 바로 이 방식을 택하고 있습니다. 이것은 아브라함이 그랄 땅에서 아무리 상당한 세력을 가지고 있다 해도 여전히 자신은 객이요 아비멜렉은 이 나라의 왕이라는 것을 인정하는 것입니다. 아브라함은 이처럼 자기가 막강한 힘을 가졌음에도 불구하고 이곳에서 어디까지나 아비멜렉의 시민으로서 충실한 의무를 다하겠다는 뜻으로 선물을 드리는 맹세를 했습니다.

여기에 아브라함의 지혜가 있습니다. 아브라함은 하나님으로부터 강한 나라를 이루리라는 약속을 받았습니다. 그러나 아직은 나라를 이루지 못하고 있습니다. 지금 아브라함은 이 세상 나라의 왕인 아비멜렉에게 조공에 해당하는 예물을 기꺼이 바침으로써 그가 왕이고 자기는 그의 땅에 거주하는 객임을 인정하고 있습니다.

이것은 예수님께서 유대인들에게 하신 말씀과 일치합니다. 가이사에게 세금을 바치는 것이 옳으냐고 묻는 유대인들에게 예수님은 "가이사의 것은 가이사에게, 하나님의 것은 하나님께 바치라"고 대답하셨습니다. 그것은 이 세상에서 훌륭한 로마 시민으로 살면서도 또한 하나님의 백성으로 살아야 한다는 것을 의미합니다.

하나님의 백성들은 이 세상 나라를 무시하지 않습니다. 오히려 이 세상에서 꼭 필요한 사람이 되려고 노력합니다. 왜냐하면 하나님께서 우리를 이 세상에 살게 하셨기 때문입니다. 언젠가는 세상 모든 것이 우리의 것이 될 때가 올 것입니다. 그러나 아직은 아닙니다. 아직은 이 세상에서 살아야 합니다. 그래서 제멋대로 일하고 싶으면 일하고 하기 싫으면 그만두는 게으르고 무책임한 자로 서가 아니라, 열심히 세금도 바치고 공부도 하는 신실한 시민으로 서 이 세상에 남으라고 말씀하십니다.

그리스도인들은 어디에서든지 그곳에 꼭 필요한 사람이 되어야 합니다. 있어도 좋고 없어도 좋은 무책임한 사람이 되어서는 안 됩니다. 회사에 취직을 했으면 그 회사에 꼭 필요한 사람이 되어야 합니다. 아브라함은 하나님께서 그와 함께하신다고 해서 아비멜렉을 무시하지 않았습니다. 왕을 대하는 예로써 대했습니다. 이처럼 믿는 형제나 자매들은 믿지 않는 부모님이나 시부모님을 무시해서는 안 됩니다. 어른께 갖추어야 할 예의를 갖추어야 합니다. 회사에서 신앙이 없는 상관을 무시해서도 안 됩니다. 상관에게 갖추어야 할 예의를 갖추어야 합니다.

그러나 아브라함이 아비멜렉에게 무조건 복종한 것은 아닙니다. 그는 아비멜렉이 행한 옳지 않은 일을 분명하게 따졌습니다.

> 아비멜렉의 종들이 아브라함의 우물을 늑탈한 일에 대하여 아브라함이 아비멜렉을 책망하매 아비멜렉이 가로되 누가 그리하였는지 내가 알지 못하노라 너도 내게 고하지 아니하였고 나도 듣지 못하였더니 오늘이야 들었노라(21:25, 26).

아브라함은 아비멜렉을 왕으로서 대접했습니다. 그러나 왕이기 때문에 무조건 복종하고 아첨하지는 않았습니다. 자신이 판 우물을 부당하게 빼앗아 간 잘못을 엄하게 따지고 그 권리를 다시 찾았습니다. 그곳에서는 우물이 가장 중요한 재산이었습니다. 우물이 없으면 양을 먹일 수도 없고 농사를 지을 수도 없었습니다. 요즘의 유정(油井)보다 더 귀한 것이 우물이었어요. 그런데 예전에 아브라함이 파 놓은 우물을 그만 아비멜렉의 부하들이 빼앗아 가 버렸습니다. 이것은 아브라함에게 큰 손실이었습니다. 그러나 아브라함은 이 우물을 빼앗기고도 아무 소리도 못했습니다. 그는 떠돌이였기 때문입니다. 그러나 아비멜렉이 찾아와서 친선 조약을 맺자고 하자, 그 문제를 들고 일어나서 마침내 자신의 권리를 되찾았습니다. 아브라함은 이 세상에서 억울한 일을 당하고도 말 한 마디 못할 정도로 약했습니다. 그러나 바른 말을 할 때가 왔습니다. 하나님께서 아브라함의 지위를 회복시켜 주시는 때가 왔습니다. 그때 아브라함은 여지없이 그 문제를 따졌고 잘못된 것을 바로잡았습니다.

　　그리스도인들은 이 세상에서 할 말도 못하면서 기죽어 사는 사람들이 아닙니다. 물론 부정한 것을 보고서도 아무 소리 못하고, 집에서 이런저런 소리를 들으면서도 대꾸 한 마디 못할 때가 있습니다. 그러나 언제까지나 그런 것은 아닙니다. 하나님께서 반드시 때를 주십니다. 왜 그런 식으로 했느냐고 분명히 따져서 자신의 모든 권리를 되찾을 때가 옵니다. 우리가 아직 약할 동안에는 이 세상의 불의를 보고서도 침묵으로 때를 기다려야 하는 경우가 있습니다. 그럴 때 정의감으로 덤비다가는 모든 것을 다 잃고 맙니다. 그러나 하나님께서 나에게 지위를 주실 때, 당당하게 따질 기회가 올 때, 그때는 모든 것을 다 따질 수 있고 모든 것을 다 밝힐 수 있습니다. 입을 다물고 있다고 해서 생각이 없거나 아무것도 모르는 것이 아닙니다. 때를 기다리고 있을 뿐입니다. 하나님이 주신 때가 오면 모든 것을 다 밝힐 것입니다. "당신은 왜 그런 식으로 해서 내 우물을 빼앗아 갔습니까? 그 우물을 도로 내놓으시오."

　　그리스도인들에게는 낮과 밤이 있습니다. 밤은 하나님의 뜻을 찾기 위해서, 또 내 속에 있는 잘못된 우월감을 깨뜨리기 위해서 하나님께서 연단하시는 때입니다. 그러나 낮이 올 때가 있습니다. 낮이 올 때는 내가 훈련받은 것과 하나님께서 주시는 축복으로 도대체 사람이 하는 것이라고 믿을 수 없을 정도로 엄청난 능력으로 하나님의 뜻을 실천할 수 있습니다. 이 밤과 낮을 조절하지 못하면 굉장히 힘들어집니다.

아브라함은 그 우물이 자기의 소유라는 것을 증거하기 위해 암양 일곱 마리를 따로 주었습니다.

> 아브라함이 일곱 암양 새끼를 따로 놓으니 아비멜렉이 아브라함에게 이르되 이 일곱 암양 새끼를 따로 놓음은 어찜이뇨 아브라함이 가로되 너는 내 손에서 이 암양 새끼 일곱을 받아 내가 이 우물 판 증거를 삼으라 하고 두 사람이 거기서 맹세하였으므로 그곳을 브엘세바라 이름하였더라(21:28-31).

이스라엘 백성들에게 더 중요했던 것은 바로 이 우물이었던 것 같습니다. 아마도 그들이 이 가나안 땅에서 처음으로 자신의 소유로 주장할 수 있는 것이었기 때문일 것입니다. 아직 나라를 이루려면 멀었습니다. 그러나 그들은 아주 작은 우물 하나를 통해 하나님 나라 전체를 바라보고 있습니다. '세바'에는 '맹세'라는 뜻도 있고, '일곱'이라는 뜻도 있습니다. 이스라엘 백성들은 이 맹세의 우물이야말로 자기들을 그 땅으로 부르시는 하나님의 중요한 표시라고 생각했습니다. 그리고 그다음 표시는 사라의 무덤이었습니다. 아브라함은 한꺼번에 하나님의 나라를 임하게 하지는 않았지만 중요한 징검다리를 만드는 일을 하고 있었습니다.

안정을 찾다

그랄 땅에 오기 전까지 아브라함의 삶은 끊임없는 긴장의 연속이었습니다. 그의 삶에서 안정이라고는 찾아볼 수가 없었습니다. 끊임없이 쫓겨 다니고 이사 다니는 것이 그의 삶이었습니다. 그러나 그랄에서 하나님께서는 그에게 안정된 삶을 주셨고, 아브라함은 하나님을 모르는 사람들로부터 인정을 받았을 뿐 아니라 평화의 조약까지 맺었으며 자기가 판 우물도 되찾았습니다. 아브라함의 생애에 이처럼 평화로운 때가 없었습니다. 이때 아브라함이 어떻게 했습니까?

> 아브라함은 브엘세바에 에셀 나무를 심고 거기서 영생하시는 하나님 여호와의 이름을 불렀으며 그가 블레셋 족속의 땅에서 여러 날을 지 내었더라(21:33-34).

에셀 나무가 어떤 나무인지는 알 수 없지만 아주 오래 사는 나무였던 것 같습니다. 그가 거기서 나무를 심었다는 것은 참으로 모처럼 마음의 여유와 안식을 되찾았다는 뜻입니다. 그는 거기서 나무를 심고 영생하시는 하나님의 이름을 불렀습니다. 그는 아비멜 렉에게 고마워하지 않았습니다. 그에게 안식을 주시고 평안을 주시고 여유 있는 삶을 주셔서 그동안 훈련받은 것과 하나님이 주시는 축복으로 마음껏 그들을 섬길 수 있는 기회를 주신 하나님을 찬양했습니다. 여기서 '하나님의 이름을 불렀다'는 것은 공식적으로 예배를 드렸다는 뜻입니다. 그는 거기에 있는 그랄 사람들의 눈치를 보지 않고 더욱더 공개적으로 하나님께 예배를 드렸습니다.

아브라함의 안정된 삶이 의미하는 것이 무엇입니까? 하나님께서 우리에게 궁극적으로 주려고 하시는 것은 바로 이런 풍성한 삶이라는 것입니다. 한평생 여기저기 이사 다니고, 직장도 안정되어 있지 않고, 하나님의 뜻도 모르는 긴장이 죽을 때까지 지속되는 것이 아닙니다. 언젠가는 그것이 끝나고 환한 아침이 옵니다. 그러므로 밤에 준비를 잘해야 합니다. 안정되지 못했을 때 하나님의 뜻을 찾고 나 자신을 낮추어서 정말 내가 누구를 어디에서 섬길 것인지, 이 한 목숨 어디에 바칠 것인지 생각하지 않으면, 갑자기 낮이 왔을 때 '그냥 더 자자. 더 졸자. 고기나 구워 먹자' 하면서 시간을 낭비하게 될 것입니다. 그러나 낮은 그렇게 낭비하기엔 너무나도 아까운 시간입니다. 긴장과 쫓기는 삶이 계속되다가 갑자기 찾아온 평화는 자기 식구들끼리만 먹고 마시고 즐기기에는 너무나 아까운 것입니다. 모든 사람들과 함께 이 평화를 누려야 하고, 불안에 쫓기고 있는 사람들을 도와주어야 합니다. 이것은 내 날개 그늘 아래서 그들을 도와주고, 그들을 축복해 주며, 그들을 보호해 주기 위한 평화입니다.

이런 안정된 삶 가운데서 아브라함은 눈에 보이지 않는 한 가지 일을 했습니다. 그것은 이삭을 키우는 일이었습니다. 이삭은 그랄 땅에서 자랐습니다. 본문에는 이삭에 대한 언급이 전혀 없습니다. 그러나 모리아 산에서 이삭을 바쳐야 하는 엄청난 시험이 바로 이 다음 장에서 아브라함을 기다리고 있습니다. 불안한 삶이 계속 연속될 때는 신앙 교육이 잘 되지 않습니다. 먹고사는 문제에 정신이 없어서 내 자식이 어디에 있는지 살필 여유가 없습니다. 아브라함은 안정된 삶이 왔을 때 최선을 다해 그랄 사람들을 섬겼을 뿐 아니라, 이삭을 신앙적으로 잘 길렀습니다.

아브라함에게는 아주 전문적인 기술이 하나 있었습니다. 그 것은 바로 우물을 파는 것이었습니다. 건조한 땅에서 우물을 파는 기술은 최고의 기술입니다. 어린 이삭은 아버지를 따라다니면서 아버지가 우물을 파는 것을 유심히 봐 두었습니다. 나중에 이삭이 커서 이 그랄 땅에 왔을 때 물이 없었습니다. 그때 이삭은 어렸을 때 아버지의 손을 잡고 따라다니면서 판 우물들이 있던 길을 생각해 냈습니다. 그래서 그 길을 따라 파니까 파는 곳마다 우물이 나왔습니다. 이삭은 아버지가 판 우물을 다시 발견함으로써 물 걱정을 잊어버릴 수 있었고, 우물을 세 번, 네 번씩 빼앗기면서도 그랄 사람들과 적대 관계를 가지지 않고 마음의 평화를 지킬 수 있었습니다.

오늘 말씀을 우리들에게 어떻게 적용할 수 있겠습니까? 두 가지로 나누어서 적용할 수 있습니다. 한 가지는 안정된 삶을 바라보면서 아직도 긴장과 불안의 삶을 살고 있는 젊은 분들에 대한 것입니다. 여러분, 이 훈련이 끝날 때가 있습니다. 여러분이 그렇게도 사모하던 것들을 하나님께서 남김없이 주실 때가 있습니다. 집을 주시고, 배필을 주시고, 안정된 직장을 주시고, 돈을 주시고, 차를 주시고, 테니스 라켓을 주시고, 핸드폰을 주실 때가 옵니다. 그러나 그것은 중요한 것이 아닙니다. 낮이 왔을 때 이 풍성한 삶을 누구와 함께 나눌 것이냐가 더 중요합니다. 하나님은 사랑하는 자녀에게 모든 것을 다 주십니다. 그러나 아직까지 자기도취에 빠져 있기 때문에, 아직도 다른 사람들을 볼 때 진심으로 그들을 사랑하는 겸손한 눈으로 보지 못하고 우월감에 빠져 있기 때문에 고생을 더 해야 하는 것입니다. 늘 자기 문제에 빠져 있고 자기 생각에 빠져 있는 사람은 고생을 좀 더해야 합니다. 그렇지 않으면 아무 데도 쓸 수가 없습니다.

하나님의 뜻은 사력을 다해서 붙들어야 하는 것입니다. 그렇게 붙든 사람은 아무리 좋은 제안이 온다 하더라도 흔들리지 않습니다. 내가 어떻게 해서 이 약속을 붙들었는데 흔들립니까? 그럴 때 그 사람은 아브라함처럼 자신이 하는 모든 일에서 하나님의 살아 계심을 나타낼 수 있습니다.

밤이 먼저 오고 낮이 온다는 것을 기억하십시오. 우리의 하루와 히브리인들의 하루는 그 개념이 다릅니다. 우리는 아침부터 시작해서 밤이 옵니다. 그런데 히브리인들은 밤부터 시작해서 아침이 옵니다. 창세기에도 "저녁이 되며 아침이 되니 이는 첫째 날이니라"고 되어 있지 않습니까? 히브리인들은 꼭 밤에서부터 하루를 시작합니다. 왜냐하면 아침이 오기 전에 밤이 있어야 하며, 우리가 활동하기 전에 하나님의 준비 기간이 있어야 한다는 것을 알았기 때문입니다.

또 한 가지 적용은 여러분 가운데 지금 안정된 삶을 누리고 있는 분들에 대한 것입니다. 그 편안한 삶은 여러분 개인을 위해 있는 것이 아닙니다. 지금은 마음껏 다른 사람들을 위해서 헌신할 때입니다. 주저하지 말고 내 모든 것을 다 주며 하나님이 나를 완전히 쓰시도록 헌신할 때입니다. 물론 취미생활 하는 것도 좋습니다. 꽃을 가꾸고, 나무를 키우고, 음악을 듣는 것도 좋습니다. 전에는 이사 다니느라고 CD 음반도 다 깨뜨려 먹고, 꽃나무 화분도 다 깨뜨려 먹었는데 이제는 이사 다닐 필요도 없으니까 음반도 모으고 그릇도 모을 수 있습니다. 그러나 이 낮은 나만을 위해서 허비하기에는 너무나도 아까운 시간입니다. 아브라함이 이 편안한 삶을 살게 되었을 때 자기 자신의 안위를 위해서 살지 않고 그랄 사람들에게 꼭 필요한 사람이 되었으며 하나님의 은혜를 조금이라도 잊지 않기 위해 나무를 심어서 교만하지 않으려고 했던 것처럼, 우리도 평안할 때 더욱더 하나님의 얼굴을 구해야 합니다. 집이 있어도 없는 것처럼, 직장이 든든해도 실업자인 것처럼 그렇게 하나님의 얼굴을 구할 때 내가 하는 모든 일에 하나님이 함께하실 것입니다.

그래서 그리스도인들은 모든 일을 마음껏 즐기지 않습니다. 아무리 편안해도 그 편안함의 일부를 저축해서 미래의 영적 싸움에 대비합니다. 좋은 일이 있으면 힘든 일을 준비하고, 힘든 일이 있으면 주님이 주실 위로를 기다리는 것이 그리스도인의 삶입니다. 그랄에서의 생활은 편했지만 모리아의 영적 전투가 기다리고 있었습니다. 아브라함은 그랄 땅에 오래 살았습니다. 그러나 그가 거기서 영원히 살기 위해서 나무를 심은 것이 아닙니다. 하나님의 은혜를 잊지 않기 위해서, 이 편안한 삶 때문에 마음이 무뎌지지 않게 하기 위해서, 이 편안한 삶을 자기 혼자만 즐기지 않기 위해서 나무를 심어 하나님을 기억했던 것입니다. 아브라함은 그랄 땅에 영원히 살 생각이 없었습니다. 왜냐하면 그를 기다리고 있는 영원한 하늘의 도성이 있었기 때문입니다.

여러분, 오늘 이 세상 가운데서 평안한 삶을 주신 주님께 감사드리십시오. 그리고 이렇게 평안할 때 온 힘을 다하여, 사력을 다하여 다른 사람을 돕고 봉사하십시오. 밤이 오면 그때는 아무도 일할 수 없습니다. 그러나 저는 진리를 밝히면 밝힐수록 밤이 더디게 오리라고 생각합니다. 힘을 다해 진리를 밝힙시다.

아브라함의 겸손을 배우십시오. 이 세상에서 꼭 필요한 사람이 되십시오. 그러면서도 따질 것은 따지십시오. 언젠가 하나님께서 나에게 모든 것을 따질 기회를 주실 때 밝힐 것을 전부 다 밝히십시오. 그러나 그때 만약 남을 무시하고 업신여긴다면 불필요한 고난을 자초할 것입니다.

사랑하는 여러분, 아브라함이 그랄 땅에서 안식을 차지했던 것을 기억하십시오. 끊임없이 쫓기는 긴장의 삶은 끝날 때가 있습니다. 그렇게 낮이 왔을 때 그 낮의 풍요로움을 혼자 즐기지 말고 모든 사람을 초청해서 함께 하나님이 주신 풍요와 부요한 삶을 누립시다.

25

하나님이 주신 시험

만약 부모가 실수로 자식을 잃어버리게 되었다면, 그 마음의 상처는 아무리 시간이 지나도 없어지지 않을 것입니다. 얼마 전 신문에는 세 살 때 잃어버린 딸을 스무 살이 넘어서야 다시 만나게 된 엄마의 이야기가 실렸습니다. 안양천의 판자촌에서 살고 있던 그 부부는 살림이 너무 가난해서 두 사람 모두 직장생활을 해야 했습니다. 그런데 어느 날 잠깐 볼일이 있어서 큰아이에게 애를 맡기고 나갔다가 돌아와 보니 아이는 없어지고 큰아이는 울고 있더라는 것입니다. 그 후 고아원이란 고아원은 다 뒤지고 잃어버린 아이들을 보호하는 곳에도 가보았지만 아이는 찾을 수가 없었습니다. 그동안에 이 아이는 이탈리아로 입양되었고, 그곳에서 시인이자 아마추어 화가가 되어 부모를 찾기 위해 다시 한국을 찾아왔습니다.

그 엄마는 아이를 잃고 나서 웃음을 잃어버렸다고 합니다. 딸을 다시 만났는데도 자꾸 눈물만 나오지 웃음은 쉽게 돌아오지 않았습니다. 이 어머니는 선거 때마다 통장이나 반장이 와서 왜 아이의 사망신고를 하지 않느냐는 말에 가장 가슴 아팠다고 합니다. 그러나 끝끝내 "내가 우리 아이 죽은 것을 눈으로 보지 않았는데 어떻게 사망신고를 할 수 있겠어요?"라고 버텨서, 호적에는 이 아이가 계속 살아 있는 것으로 되어 있었습니다. 이처럼 아이를 잃어버린다거나 아이가 먼저 죽는 것을 보는 것은 부모에게는 영원히 없어지지 않는 마음의 상처로 남습니다. 그것은 다른 사람은 절대로 이해하지 못하는 상처입니다.

지금까지 아브라함의 삶은 시련의 연속이었다고 할 수 있습니다. 그는 하나님의 말씀에 붙잡힌 후로는 더 이상 평범한 삶을 살 수가 없었습니다. 그를 붙들고 있는 하나님의 말씀과 현실의 차이가 너무나도 심각했기 때문입니다. 하나님의 말씀은 실현된 것이 아직 하나도 없는데 세상은 자꾸 멀어지고 있었습니다. 아브라함은 지금까지 눈에 보이는 현실을 붙들지 않고 말씀을 붙들고 살아왔고, 승리했습니다. 그러나 이제 그는 여태껏 경험하지 못했던 큰 시련을 맞이해야 합니다. 그것은 지금까지 당한 모든 시련을 다 합쳐도 모자랄 만큼 엄청난 것이었습니다.

어느 날 하나님께서 아브라함을 부르시더니 그에게 한 가지 요구를 하셨습니다. 그것은 바로 그가 가장 사랑하는 아들이요 하나님이 주신 독자인 이삭을 하나님이 지시하는 어느 땅으로 가서 번제물로 바치라는 것입니다. 번제물로 바친다는 것은 사랑하는 아들을 칼로 죽여서 그 몸을 쪼개어 놓고 불로 태우는 것을 의미합니다. 하나님께서 아브라함에게 요구하신 것은 그의 재산을 바치는 것이 아니었습니다. 그의 시간을 바치는 것도 아니었습니다. 사랑하는 아들을 자기 손으로 직접 죽여서 하나님께 제물로 바치는 것이었습니다. 이것은 정신이 완전히 나간 미친 아버지가 아니라면 절대로 할 수 없는 일입니다. 그런데 하나님은 바로 그 일을 요구하셨습니다.

그런데 이 말도 안 되는 하나님의 요구에 아브라함이 어떻게 반응했습니까? 그는 말씀에 순종하기 위하여 나귀에 안장을 지우고, 아들을 데리고 하나님이 지시하신 곳을 향하여 떠났습니다.

우리는 정말 이해하기 어렵습니다. 하나님께서는 도대체 왜 이런 요구를 하시는 것입니까? 아들을 바치는 것은 하나님의 거룩한 성품과 전혀 맞지 않습니다. 이것은 야만인들이나 할 짓입니다. 그런데 어떻게 하나님께서 이런 끔찍한 일을 자기 종에게 요구하십니까? 거기서 한 걸음 더 나아가 왜 아브라함은 이런 요구에 순종하려고 합니까? 한번 따져 보지도 않고, 거부하지도 않고 왜 길을 떠나려 합니까? 아브라함은 분명히 자기 자식을 사랑합니다. 이 아들은 아브라함의 모든 미래요 이스라엘의 모든 미래입니다. 그런데도 왜 이 아들을 죽음의 자리로 데려갔습니까? 그리고 모세가 이런 사건을 성경에 기록함으로써 이스라엘 백성들과 우리들에게 알리기 원하는 것은 무엇입니까?

하나님이 주신 시험

성경은 하나님께서 아브라함을 시험하기 위해 이 일을 하셨다고 말씀하고 있습니다.

그 일 후에 하나님이 아브라함을 시험하시려고 그를 부르시되 아브라함아 하시니 그가 가로되 내가 여기 있나이다(22:1).

여기에서 '시험'이라는 것이 무엇입니까? 그것은 시험받는 사람 속에 들어 있는 생각이나 태도를 알아내기 위해 어떤 어려움을 주는 것을 가리킵니다.

신약 시대에는 이 시험이라는 말보다 더 기독교적인 용어가 없었습니다. 신약 성도들은 신앙을 가진 후에도 수많은 어려움과 유혹에 노출된다는 것을 알았습니다. 예수 믿는 그 자체가 모든 문제를 자동적으로 해결해 주지 않는다는 것을 알았어요. 그래서 신앙을 가진 후에 닥치는 어려움이나 유혹을 모두 시험이라고 불렀습니다. 예를 들어서 신앙 때문에 어려움이나 박해가 올 때 그들은 '시험에 들었다'고 했습니다. 또 신앙과 상관없이 어려움이 생겼을 때나 자신의 정욕과 욕심 때문에 유혹을 받을 때도 '시험에 빠졌다'고 했습니다. 이처럼 '시험에 들었다'는 한마디만으로는 그 사람이 어떤 어려움에 있는지 전혀 이해할 수 없을 정도로, 이 말에는 굉장히 포괄적인 의미가 있었습니다.

야고보서 1장을 보면 여러 가지 의미로 이 시험이라는 말이 사용되고 있습니다. 예를 들어 "여러 가지 시험을 만나거든 온전히 기쁘게 여기라"고 할 때 시험은 그야말로 여러 가지 어려움들을 의미하며, "각 사람이 시험을 받는 것은 자기 욕심에 끌려 미혹됨이니"라고 할 때 시험은 유혹을 의미합니다. 또 "시험을 참는 자는 복이 있도다"고 할 때는 신앙 때문에 겪는 어려움을 의미합니다.

이처럼 그리스도인들은 신앙을 가진 이후에 닥치는 경제적인 어려움, 신앙적인 박해, 건강의 문제, 가난, 성적인 유혹을 시험이라는 말 속에 다 뭉뚱그려서 사용했습니다. 그 이유가 무엇입니까? 내가 신앙을 가진 후에 오는 어려움이 어떤 것이든 간에 하나님께서 함께하시며, 지켜 주시며, 결국 승리하게 하시리라는 믿음이 있었기 때문입니다.

그러나 이런 신약적인 시험의 개념을 아브라함이 당한 일에 바로 적용할 수는 없습니다. 신약의 개념을 그대로 구약에 적용함으로써 구약의 순수함을 파괴시키는 경우가 굉장히 많은데, 여기서 모세가 말하고 있는 시험은 야고보가 말한 의미의 시험이 아닙니다. 모세가 말한 시험은 '사람의 속에 있는 생각과 뜻을 드러내기 위한 테스트'라는 의미입니다. 하나님께서 아브라함에게 이 엄청난 요구를 하신 것은 아브라함 속에 있는 생각과 믿음을 드러내시기 위해서였습니다.

학교에서 시험을 치는 이유가 무엇입니까? 외모로는 학생들의 수업 능력을 알 수 없기 때문입니다. 어떤 학생은 겉으로 보기에는 진짜 공부를 잘할 것처럼 생겼습니다. 앞뒤 머리가 툭 튀어나온 것이 영락없이 1등 할 것 같아요. 그런데 시험을 쳐 보면 완전히 바닥에서 헤맵니다. 또 어떤 학생은 겉으로 보기에는 꼭 감자같이 생겼고 눈도 작아서 분명히 공부를 못할 것 같습니다. 그런데 시험을 쳐보면 이 감자가 보통 감자가 아니라는 것이 증명됩니다. 그래서 시험이 필요한 것입니다. 외모만 봐서는 알 수가 없어요.

아브라함의 마음속에는 믿음이 있었습니다. 그러나 그 믿음은 아직 검증되지 않은 것입니다. 그냥 보기에는 아무리 믿음이 있는 것 같아도, 진짜 있는지 없는지는 테스트를 해 봐야 압니다. 그래서 하나님께서는 그의 믿음을 현실로 끌어내서 사용하게 하기 위해 가장 어려운 시험을 주셨습니다. 아브라함이 가장 견디기 힘든 어려움, 그 부분을 건드리면 아무리 아브라함이라고 하더라도 폭발할 수밖에 없는, 불신앙이 튀어나올 수밖에 없는 문제를 주셨습니다.

속에서만 좋은 믿음은 아무 소용이 없습니다. 구체적인 현실과, 내가 포기하지 못하는 문제에 적용되지 않는 믿음은 아무 소용이 없어요. 실제로 문제를 풀 수 있어야 공부를 잘하는 학생인 것처럼, 구체적으로 어려운 문제가 생겼을 때 불평하지 않고 의심을 억누르며 하나님께 그 문제를 맡길 수 있어야 진정한 믿음이 있는 것입니다.

그래서 하나님께서는 우리를 구체적인 상황에 처하게 하심으로써 속에 있는 믿음을 시험해 보십니다. 이처럼 믿음을 사용할 수밖에 없는 상황, 믿음을 쓰든지 화를 내든지 할 수밖에 없는 상황이 바로 시험입니다.

하나님의 무리한 요구

지금 하나님은 대단히 무리한 요구를 하고 계십니다. 그 요구가 무엇입니까? 2절을 보십시오.

> 여호와께서 가라사대 네 아들 네 사랑하는 독자 이삭을 데리고 모리
> 아 땅으로 가서 내가 네게 지시하는 한 산 거기서 그를 번제로 드리라

하나님의 이 요구는 아브라함에게 너무나도 순종하기 어려운 것이었습니다. 첫째로 하나님은 이삭을 바치라고 하시면서 그 이유를 전혀 설명하시지 않았습니다. 아무 설명도 없이 사랑하는 독자 이삭을 모리아라는 산에서 태워 죽이라는 것입니다. 이것은 제삼자가 들어도 말이 되지 않는 소리입니다. 하나님은 정말 어처구니없는 요구를 하고 계십니다. 무조건입니다. 무조건 죽여서 불로 태우라는 것입니다.

그 이유라도 설명해 주셨더라면 조금은 생각할 여유가 있었을 것입니다. 예를 들어 "이삭은 너의 소유가 아니라 영원한 나의 소유이다. 그러니까 나에게 바쳐라"고 하셨다면 '아, 이삭은 하나님의 것이구나. 그러니까 하나님께 바쳐야지'라고 생각하든지, '아니야. 그래도 이삭은 내 거야'라고 하든지 결정했을 것입니다. 또는 "너희들은 죄가 너무 많아서 짐승의 피로는 내가 만족할 수 없다. 네 아들의 피를 흘려야겠다"고 하셨다면 '아, 우리 죄가 이토록 무서운 것이구나. 우리 죄를 위하여 아들이 죽어야 하는구나' 하고 생각했을 수도 있습니다. 또 "너희가 가나안 땅을 차지하기 위해서는 엄청난 희생이 필요하다. 그러니까 네 아들을 죽여라"고 하셨다면 '가나안 땅을 소유하기 위해서는 엄청난 희생이 있어야 하는구나' 하면서 아들을 바쳐야 할지 바치지 말아야 할지 생각했을 것입니다.

그런데 문제는 도대체 아무런 설명이 없다는 것입니다. 무조건 사랑하는 독자 이삭을 데리고 모리아 산으로 가서 번제로 드리라는 것입니다. 도대체 이렇게 하시는 이유가 무엇입니까? 하다

못해 애들도 아버지가 때리면 이유를 묻습니다.

"왜 저를 욕하고 때리는 거예요? 이유를 설명해 주세요."

"이유야 많지!"

"구체적으로 설명해 달라니까요."

두 번째로 이러한 하나님의 요구는 지금까지 나타났던 하나님의 성품과 너무나도 일치하지 않습니다. 이방 족속들 가운데에는 자기 자식을 죽여서 제물로 바치는 의식이 있었습니다. 그러나 하나님께서는 한 번도 그런 일을 요구하신 적이 없습니다. 하나님은 절대로 그런 하나님이 아닙니다. 산 아들을 죽여서 제물로 바치기를 원하시는 잔인한 신이 아닙니다. 그런데 바로 그 하나님 자신이 주신 아들을 죽여서 제물로 바치라는 것입니다.

아브라함이 지금까지 발견한 하나님은 윤리적인 하나님이었습니다. 공의의 하나님이었습니다. 그런데 지금 아들을 죽이라는 끔찍하고 야만적인 일을 요구하고 계십니다. 아브라함은 여태껏 말씀을 붙들고 살아왔습니다. 하나님을 믿었기 때문입니다. 그래서 이스마엘도 내쫓았습니다. 그런데 이제 와서 이삭을 죽이라는 것입니다. 다른 사람들이 이것을 보면 뭐라고 하겠습니까? "저 영감탱이가 빨리 죽어야 하는데 너무 오래 살아서 저런 미친 짓을 하는구나" 하지 않겠습니까?

세 번째로 중요한 것은 이 요구가 하나님의 약속과 일치하지 않는다는 점입니다. 하나님께서는 아브라함에게 분명히 말씀하셨습니다. "이삭에게서 나는 자라 네 씨라 칭할 것임이니라." 그러니까 이삭은 무슨 일이 있어도 결혼을 해야 하고 아들을 낳아야 합니다. 그래야 그에게서 후손이 나오고 씨가 나오지요. 그런데 하나님께서는 지금 아브라함에게 이 약속의 아들을 죽이라고 말씀하십니다. 결혼하기에는 너무나도 어린, 아직 씨를 가지지 못한 이 아들을 죽이라고 하십니다. 어떻게 자신이 하신 말씀과 이렇게도 모순되는 요구를 하실 수 있습니까?

아브라함의 반응

이삭은 아브라함의 모든 것이었습니다. 이삭은 단순한 아들이 아닙니다. 아브라함의 신앙이요, 이스라엘의 미래요, 수많은 민족의 구원이 약속되어 있는 사람입니다. 그런데 하나님께서는 바로 그 이삭을 죽이라고 하십니다. 우리 같으면 어떻게 했겠습니까? 이 말씀을 듣자마자 하나님을 불신하고 관계를 끊고 그다음부터 내 마음대로 모든 것을 해버렸을 것입니다. "하나님, 이것으로 끝입니다. 당신과 나는 이제 아무 상관이 없습니다. 저는 제 갈 길로 가겠습니다."

이스라엘 백성이 한 일이 바로 이런 것이었습니다. 애굽에서 나온 이스라엘 백성은 자신들의 기대와 조금만 다른 상황에 봉착하면 그때마다 하나님과의 관계를 끊고 제멋대로 행동해 버렸습니다. 모세는 그것을 '이스라엘 백성들이 하나님을 시험했다'고 표현했습니다. 여기서 '시험했다'는 것은 과연 하나님이 살아 계신지, 과연 그분에게 능력이 있는지 테스트해 보았다는 뜻이 아닙니다. 하나님과의 관계를 끊고 자기 마음대로 반역하며 제 갈 길로 갔다는 뜻입니다.

그런 의미에서 지금 아브라함이 받고 있는 시험은 정말 시험이 될 수 있는 것입니다. 하나님의 능력과 신실하심을 부정하고 제멋대로 이삭을 보호하면서 살 가능성이 충분히 있었습니다. "자식을 주실 때는 언제고 이제는 주신 자식을 도로 데려가십니까? 그것도 제 손으로 자식을 죽여서 바치라구요? 저는 절대로 그렇게 할 수 없습니다. 이제부터 하나님은 하나님이고 저는 접니다. 하나님은 하나님 가실 길로 가십시오. 저는 제 갈 길로 가겠습니다." 이렇게 하면서 반역할 수 있습니다. 이때는 정말 시험이 '시험' 되는 것입니다.

이처럼 하나님께서 우리 안에 있는 믿음을 사용하도록 어려운 환경에 몰아넣으실 때, 믿음이 없는 사람에게는 하나님을 반역하는 기회가 될 수 있습니다. 처음에는 하나님과 사이가 좋았습니다. 그런데 어떤 이해할 수 없는 상황이 오면 '당신은 당신 갈 길로 가라. 나는 내 갈 길로 가겠다'고 해버립니다. 그러나 아브라함은 그렇게 하지 않았습니다. 그 이유가 무엇일까요?

저는 아브라함이 기계적으로 하나님의 뜻에 순종하는 사람이었기 때문에 그렇게 했다고 생각하지 않습니다. 아브라함이 맹목적으로 순종하는 순종파였기 때문에 이삭을 바쳤다고 생각하지 않습니다. 이삭은 그렇게 맹목적으로 바치기에는 너무나도 귀중한 존재였습니다. 아무리 미련하고 의식이 없는 사람이라 하더라도 그런 식으로 자기 아들을 바치지는 않습니다.

이삭을 바치는 문제는 "바치라면 바치지요, 뭐. 전지전능하신 하나님의 명령이니까 바칠게요"라고 할 수 있을 만큼 쉬운 문제가 아닙니다. 아무 생각 없이 줄줄 풀 수 있는 문제만 나온다면 아무도 시험 걱정을 하지 않을 것입니다. 시험은 자신의 모든 지식을 다 짜낼 때 비로소 풀 수 있는 것입니다.

아브라함은 순종하기 전에 몇 가지를 확인해 보았을 것입니다. 가장 중요한 것은 과연 이 말씀이 진정한 하나님의 말씀인가 하는 점입니다. 왜냐하면 이것은 도저히 이해할 수 없는 말씀이었기 때문입니다. 본문이 구체적으로 설명하고 있지는 않지만, 이 계시는 이전과 동일한 방법으로 왔습니다. 전과 동일하게 아브라함을 부르셨고, 전과 동일하게 말씀하셨습니다. 그렇다면 이것은 분명한 하나님의 말씀입니다.

그러나 이 하나님의 말씀은 모순으로 가득 차 있습니다. 그렇게도 이 아들을 기다리게 하시더니 이제는 죽이라고 하시니 말입니다. 이것은 아브라함이 알고 있는 하나님의 성품과도 맞지 않습니다. 하나님이 하신 약속의 말씀과는 더더욱 맞지 않습니다. 그러면 어떻게 해야 합니까? 순종할 수도 없고 순종하지 않을 수도 없습니다. 하나님의 말씀인 것은 분명한데, 도대체 순종할 수가 없는 말씀입니다.

이때 아브라함의 어려움을 해결해 준 것이 무엇입니까? 그 것은 딱 하나의 말씀이었습니다. "이삭에게서 나는 자라야 네 씨라 칭할 것임이니라." 다른 것은 모르겠습니다. 왜 이런 요구를 하시는 지, 또 앞으로 뭐가 어떻게 될지 모르겠습니다. 그러나 적어도 이삭 이 죽을 수 없다는 건 분명합니다. 왜냐하면 이삭은 아들을 낳아야 하니까요. 그래야 하나님의 약속이 성취되지 않겠습니까? 그런데 하나님께서는 이삭을 죽이라고 하십니다. 도대체 일이 어떻게 돌아 가는 건지 모르겠어요. 그러나 아브라함의 마음속에는 한 가지 뜨 거운 확신이 솟아오릅니다. '이삭은 죽지 않는다. 죽어도 산다. 어떻 게 되는지 그 과정은 모르겠지만 이삭은 분명히 살게 되어 있다. 왜 냐하면 이삭에게서 나는 자라야 나의 씨라 칭하리라고 말씀하셨기 때문이다!'

아브라함의 문제는 굉장히 어려운 것이었습니다. 분명히 하 나님의 말씀인데 도무지 하나님의 말씀 같지가 않습니다. 모든 것 이 모순으로 가득 차 있습니다. 받아들일 수가 없습니다. 그런데 그 는 이 어려운 문제를 하나님의 말씀으로 풀었습니다. "이삭에게서 나는 자라야 네 후손이라 칭하리라"는 이 하나의 말씀으로 부활의 신앙을 끄집어 냈습니다. 이에 대해 히브리서 기자는 이렇게 말씀 하고 있습니다.

> 저에게 이미 말씀하시기를 네 자손이라 칭할 자는 이삭으로 말미암
> 음이라 하셨으니 저가 하나님이 능히 죽은 자 가운데서 다시 살리실
> 줄로 생각한지라 비유컨대 죽은 자 가운데서 도로 받은 것이니라(히
> 11:18, 19).

아브라함의 신앙은 어떤 신앙입니까? 오직 말씀 하나 붙드

는 신앙입니다. 현실은 그를 수없이 넘어지게 만들었고 수없이 방황하게 만들었습니다. 그러나 그는 현실을 보지 않고 끝까지 하나님의 말씀을 붙들며 오늘까지 왔습니다. 그리고 드디어 최고의 걸림돌에 직면했습니다. 눈에 보이는 아들과 말씀 중에서 하나를 택해야 했습니다. 그는 말씀을 택하고 아들을 버렸습니다.

이삭이라는 아들은 도저히 포기할 수 없는 아들입니다. 앞으로 어떻게 아들을 더 낳을 수 있겠습니까? 아브라함은 곰곰이 생각해 봅니다. 하나님은 분명히 이 아들을 통해서 후손을 주시겠다고 하셨는데, 또 한편으로는 이 아들을 데려가시려고 합니다. 도대체 어떻게 되어 가는 것입니까? 눈에 보이는 이 아들을 믿어야 합니까, 하나님의 말씀을 믿어야 합니까? 그때 아브라함의 마음속에 불같이 솟아오르는 생각이 있었습니다. '하나님의 말씀은 틀림없다! 이 아들은 반드시 산다!' 이 뜨거운 확신이 아브라함으로 하여금 아들을 죽음의 자리로 데려가게 했습니다.

예수님께서 말씀하신 것이 무엇입니까? "나를 믿는 자는 죽어도 살겠고 무릇 살아서 나를 믿는 자는 영원히 죽지 아니하리니 이것을 네가 믿느냐?" 바로 이것입니다. 이삭이 죽지 않으면 그대로 살 것입니다. 또 만약 죽는다고 하더라도 하나님은 그를 살리실 것입니다. 아브라함은 바로 이 믿음으로 시험을 이겼습니다. 그는 말씀을 붙든 채 솟아오르려는 불신앙과 분노와 불평을 누르고 갔습니다.

> 아브라함이 아침에 일찍이 일어나 나귀에 안장을 지우고 두 사환과 그 아들 이삭을 데리고 번제에 쓸 나무를 쪼개어 가지고 하나님의 자기에게 지시하시는 곳으로 가더니(22:3).

하나님께서는 아들의 죽음이라는 마지막 극한 상황 앞에서도 말씀을 붙들겠느냐는 것으로 아브라함을 시험하셨습니다. 이삭을 바치라는 것은 단순히 자식의 죽음을 의미하지 않았습니다. 이삭은 그의 모든 미래이자 운명이며 비전이었습니다. 그럼에도 말씀을 택하겠느냐는 것이 아브라함이 맞이한 최대의 시험이었습니다.

그러나 아브라함은 하나님의 말씀을 붙들고, 시험이 시험되지 않게 했습니다. 그는 어려운 상황 속에서도 하나님께 불평하지 않았고, 자기 속에 있는 더러운 죄성이 나와 제멋대로 활동하게 하지 않았으며, 오히려 이것을 누르고 자신을 굴복시켜서 하나님의 말씀이 이루어지게 했습니다. 이 모든 것이 가능했던 이유는 그가 오직 "이삭에게서 나는 자라야 네 후손이라 칭할 것임이니라"는 말씀을 붙들었기 때문입니다.

우리 앞에 놓인 시험

만약 이 세상에서 편안한 삶만 계속된다면 믿음을 사용할 필요가 전혀 없을 것입니다. 그러나 현실과 말씀 사이에는 끊임없는 갈등이 일어납니다. 다른 사람들은 현실적으로 잘 살고 있어요. 내가 신앙을 가지지 않았더라면 그들처럼 잘 살 수 있을지도 모릅니다. 그러나 하나님의 말씀이 그것을 허락하지 않습니다. 그때 우리는 하나님을 반역하고 내 멋대로 살 것인지, 바보처럼 현실을 버리고 말씀을 붙들 것인지 결정하게 됩니다. 그러나 사실 이것은 결정이 아닙니다. 속에 있는 믿음이 드러나는 것입니다.

구체적인 상황에 부딪쳐 봐야 신앙이 있는지 없는지가 드러납니다. 신앙이 없는 사람은 길길이 날뜁니다. 왜 이런 상황을 나에게 허락하셨냐고 막 화를 내면서 '알았습니다. 저도 생각이 있어요. 제가 그렇게 호락호락하게 넘어갈 줄 압니까?' 하며 하나님을 시험합니다. 그러나 속에 믿음이 있는 사람은 튀어나오는 불평과 원망을 결사적으로 누릅니다. '뭔가 이유가 있을 거야. 하나님이 이런 어려움을 주신 데는 분명히 이유가 있을 거야. 나는 원망하면 안 돼. 말씀을 붙들어야 해.' 그래서 그 시험 가운데서 승리합니다. 외형만 봐서는 알 수가 없습니다. 부딪쳐 봐야 해요. 돈이 떨어져 봐야 합니다. 자식이 병들어 봐야 합니다. 자신이 가지고 있는 꿈이 무산되어 봐야 합니다.

하나님께서는 우리에게 가장 중요한 질문을 던지십니다. 그것은 우리의 모든 미래와 꿈과 가능성을 말씀 안에 제한할 수 있느냐는 질문입니다. 하나님께서는 우리에게 축복을 약속하셨습니다. 그 축복이 결혼일 수도 있고 자녀일 수도 있으며 나의 미래에 대한 비전일 수도 있습니다. 하나님께서는 그 모든 것과 말씀 가운데 어떤 것을 택하겠느냐고 물으십니다. 때로는 나의 이성적인 판단과 말씀 가운데 어느 것을 택하겠느냐고 물으십니다. 나의 죽음 앞에서, 내 자식의 죽음 앞에서 무엇을 택하겠느냐고 물으십니다.

우리에게는 중요한 것들이 아주 많습니다. 예를 들어 하나님께서 허락하신 사업이 있습니다. 그런데 말씀대로 하려고 하니까 사업이 잘 안 됩니다. 분명히 하나님이 허락하신 비전인데 그 비전이 실현될 가능성이 없는 것입니다. 하나님께서 허락하셨다고 해서 다 잘 되는 것이 아닙니다. 그때 하나님께서 요구하시는 것이 무엇입니까? 도저히 이해할 수 없는 극한의 상황이나 여건 앞에서도 오직 하나님의 말씀만 붙들 수 있느냐는 것입니다. 나의 죽음 앞에서, 나의 사랑하는 아내의 죽음 앞에서, 자식의 죽음 앞에서 하나님의 말씀만 붙들 수 있느냐는 것입니다.

우리 각자에게는 모두 소중한 미래가 있습니다. 아브라함에게 이삭이 그토록 소중했듯이 우리에게도 소중한 미래가 있고 포기할 수 없는 꿈이 있습니다. 하나님께서 '이 꿈 대신에 말씀을 택할 수 있느냐?'고 물으실 때 무엇이라고 대답하겠습니까?

저에게는 하고 싶은 일이 많이 있었습니다. 그러나 도저히 제가 어찌할 수 없는 사실이 하나 있었는데, 그것은 이 세상이 저항할 수 없는 힘으로 멸망을 향하여 달려가고 있다는 것이었습니다. 저에게도 꿈이 있었지만, 이 세상은 멸망으로 치닫고 있었습니다. 내 꿈을 택할 것인가, 말씀을 택할 것인가 결정해야 했습니다.

지금 중요한 것은 우리 한 사람 한 사람의 행복이나 내 아들 딸이 잘 되는 것이 아닙니다. 이 사회 전체가 멸망을 향하여 달려가고 있습니다. 아무도 이 흐름을 돌이킬 수 없으며, 자신의 미래를 장담할 수 없습니다. 우리는 곤두박질치면서 이 세태를 따라 흘러가고 있습니다. 우리의 허파에는 이미 이 세상 물이 많이 들어와 있습니다. 절망감이 듭니다. 도대체 어떻게 해야 이 세상도 망하지 않고 우리도 망하지 않을 수 있습니까? 하나님께서는 우리에게 한 가지 약속을 주셨습니다. 그것은 만약 우리가 말씀을 붙든다면 어떤 상황에서도 멸망하지 않으리라는 약속입니다.

우리는 굉장히 불안합니다. 계속 이렇게 있어도 내 사업이 잘 될는지, 이렇게 기다리고만 있어도 언젠가 결혼을 할 수 있을는지, 혹시 '처녀 권사님'이라는 말을 듣게 되는 건 아닌지, 내가 계속 이런 식으로 살아도 서울에서 쫓겨나지 않고 등 붙이고 살 수 있을는지 알 수가 없습니다. 또 친척들과 관계가 좋지 않을 때, 회사 안에서 관계가 원활하지 못할 때, 과연 내가 계속 버틸 수 있을지 불안합니다.

그럴 때 한번 보십시오. 나는 말씀을 붙들고 있습니까? 그렇다면 이 모든 불안을 떨쳐 버려도 좋습니다. 이 세상이 아무리 죄악에 빠져 있고 죄악의 시궁창이 되었다 하더라도 하나님의 말씀만 붙들고 있으면 살 수 있습니다. 우리 가족이 하나님의 말씀만 붙들고 있으면 절대로 쫓겨나지 않습니다. 분명히 살게 되어 있습니다.

불안을 내쫓는 길이 무엇입니까? 나의 모든 비전과 불안 앞에서 생명을 걸고 하나님의 말씀을 붙드는 것입니다. 그러면 세상이 몇 번 곤두박질쳐도 우리는 살 것입니다. 나이아가라 폭포에서 떨어져도 우리는 살 것입니다. 이 세상에서 딱 한 명만 살 수 있다면 그 한 명은 바로 나일 것입니다. 모두 다 죽는다고 해도 나는 살게 되어 있습니다. 이런 확신이 어디에서 나옵니까? 하나님께서 말씀을 붙드는 자는 멸망할 수 없다는 것을 약속하셨으며 나는 그 하나님의 말씀을 붙들고 있다는 사실에서 나옵니다.

우리는 불안하기 때문에 뭔가 다른 것을 붙잡으려고 합니다. 불안하기 때문에 뭔가 계획을 세우려고 하고, 집이라도 장만하려고 하고, 저축을 해놓으려고 하고, 사람과의 관계를 지속하려고 합니다. 그러나 이렇게 세상과 함께 곤두박질치는 것은 소용 없는 짓입니다. 함께 뒤집히고 말 것입니다.

저는 우리 사회의 멸망에 대해 굉장히 고민을 많이 했습니다. 저는 살고 싶었습니다. 우리 가족도 살아야 했습니다. 그러려면 내 야망이나 행복보다 하나님의 말씀을 붙드는 길밖에 다른 길이 없었습니다. 제 마음속에도 불안이 있었습니다. 두려움도 있었습니다. 그러나 하나님의 말씀이 내게 있으며 내가 이 말씀을 붙들고 있다는 확신이 이 모든 두려움과 불안을 내몰았습니다.

저는 말씀을 붙든다는 것이 성경의 어느 한 구절만 붙들고 달달 외우는 것이라고 생각하지 않습니다. 성경 속에 들어 있는 모든 비밀을 한 구절 한 구절 온 힘을 다하여 신실하게 밝혀 나가며, 성경 속에 있는 진리를 드러내는 일을 교회의 사명으로 생각하는 것이 바로 말씀을 붙드는 것입니다. 나 한 사람만 교회에서 인정받고 나의 비전과 꿈을 실현하며 내가 하고 싶은 일을 찾아내고 내 은사를 발견하는 것이 아니라, 우리 가운데 하나님의 말씀이 밝혀지고 하나님의 말씀이 신실하게 설교되며 우리 모두 그것을 아주 소중한 비전으로 삼을 때, 우리는 살게 되어 있습니다.

우리가 세상에 있는 모든 죄와 싸울 수는 없습니다. 모든 위험을 다 막을 수도 없습니다. 하나님께 순종하지 못하는 부분도 많습니다. 알면서 순종 못하는 것도 많고, 몰라서 못하는 것은 더 많습니다. 그러나 아무리 이 세상이 악하고 우리가 할 수 있는 일이 없다 하더라도, 상황이 아무리 절망적이라 하더라도, 신실하게 하나님의 말씀을 밝히는 것을 사명으로 여기기만 한다면 우리는 살게 되어 있습니다.

여러분, 형식적으로 예배드리려고 하지 마십시오. 예배드릴 때마다 '하나님의 말씀이 밝혀져야 하며 그 자리에 내가 반드시 있어야 한다. 이것만이 우리 가족과 우리나라를 살리는 길이다. 무슨 특별한 순서를 맡지 않았다고 하더라도 나는 거기 있어야 하며 한 공동체가 되어 함께 진리를 밝혀야 한다'는 생각이 없다면, 여러분은 세상과 함께 떠내려가고 있는 것입니다. 내가 뭔가 하고 있고 뭔가 구체적인 비전을 가지고 있기 때문에 살아 있다고 생각하는 사람은 그 비전과 함께 곤두박질칠 가능성이 많습니다.

여러분 가운데 자신의 미래를 두고 불안해하는 사람이 많다는 것을 알고 있습니다. 자녀들을 어떻게 키우려고 그럽니까? 지금 여러분 자신이 불안하면 여러분의 자녀들이 살 세상은 어떻게 보장할 수 있겠습니까? 아마 '무자식이 상팔자'라는 소리가 절로 나올 것입니다. '지금이라도 이 배에서 뛰어내려 나의 살길을 찾아야 되는 것이 아닌가' 하는 생각이 들 수도 있습니다. 때로는 하나님께서 하시는 일이 너무나도 모순되게 느껴질 때도 있을 것입니다. 나이는 먹어 가는데 눈에 보이는 것은 아무것도 없고, 하나님의 말씀은 계속 약속하고 있는데 세상은 벌써 저 멀리 가 버렸습니다. 우리는 그때를 반역의 기회로 삼을 가능성이 많습니다. 그러나 그것은 믿음에서 파선하는 것입니다.

교회의 가장 큰 사명은 내 은사를 개발하고 어떤 일들을 하는 것이 아닙니다. 하나님의 말씀을 무한히 밝히는 것입니다. 그리고 그 말씀을 함께 붙들고 믿는 것입니다. 그렇게 할 때 우리는 절대로 멸망하지 않습니다. 이 세상이 몇 번 뒤집혀도 말씀을 붙드는 자는 삽니다. 어떻게 사는지 그 구체적인 과정은 모르겠어요. 그러나 분명한 것은 하나님의 말씀이 이 세상을 창조하셨고 지금도 이 세상을 붙들고 있다는 것입니다.

어떤 어려움이 생겨도 하나님의 말씀이 생각나면 '아! 나는 살았구나' 생각하십시오. 보혜사 성령은 우리 마음속에 하나님의 말씀을 생각나게 하겠다고 약속하셨습니다. 눈에 보이는 현실보다, 나의 이성적인 판단보다, 나 자신의 목숨보다, 내 자식의 목숨보다, 내 자식이 잘 되는 것보다 하나님의 말씀을 붙드십시오. 그러면 살게 되어 있습니다.

하나님께서는 위기가 왔을 때 내 믿음이 작동하기를 바라십니다. 우리들 속에 들어 있는 믿음은 검증되지 않은 믿음입니다. 그냥 보기에는 믿음이 좋은 것 같아요. 그러나 어려운 상황이 생겼을 때 믿음을 어디론가 내팽개치고 하나님과는 결별한 채 모든 것을 제멋대로 해버린다면, 그것은 믿음에서 파선한 것입니다.

언제 믿음을 사용해야 합니까? 이해할 수 없는 상황이 일어날 때 사용해야 합니다. 내 속에 있는 믿음을 끄집어 내서 모든 불안과 의심을 억누르고 하나님을 찬양하며 하나님의 신실하심을 믿고 하나님께 나를 굴복시키는 것이야말로 최대의 전쟁입니다. 위기의 상황이 왔을 때 하나님을 신뢰할 수 있는 사람은 세상에서 어떤 어려움이 닥쳐온다 해도 다 이겨 낼 수 있습니다.

주님은 지금 "왜 너의 믿음을 사용하지 않느냐"고 책망하고 계십니다. "왜 네 믿음을 예배당만 왔다갔다 하고 봉사하는 데만 써먹고 구체적인 어려움을 당했을 때는 사용하지 않느냐"고 책망하고 계십니다.

여러분, 자신의 어려움만 보지 마십시오. 말씀만 붙들고 있으면 분명히 살게 되어 있습니다. 하나님께서 그 말씀을 통하여 모든 불안을 떨쳐 버리고 승리하게 하실 것입니다. 내 속에 약속의 말씀이 있습니까? 그렇다면 불안해하지 마십시오. 그러나 신앙을 가지고 있으면서도 눈에 보이는 것을 붙잡으려고 쫓아가고 있다면 그 신앙은 반드시 소돔과 고모라를 향해 곤두박질칠 때가 있습니다.

눈에 보이는 상황을 붙들지 말고 말씀을 붙드십시오. 나의 목숨보다, 나의 자식의 목숨보다 하나님의 말씀을 붙드십시오. 이것만이 사는 길입니다.

26

모리아로
가는 길

가끔 종합병원의 수술실 앞에서 교우들을 만나야 할 때가 있습니다. 이들은 이 세상에서 가장 사랑하는 사람을 수술실 안에 들여보내 놓고, 가슴을 졸이면서 몇 시간째 기다리고 있습니다. 그들이 뚫어져라 바라보는 것은 수술실 앞에 걸려 있는 환자 명단의 전광판입니다. 가족의 이름이 회복실로 옮겨져 불이 켜지면 수술은 무사히 끝난 것입니다. 그러나 만약 그 이름이 중환자실로 옮겨지거나 없어져 버릴 경우 무슨 좋지 않은 일이 생긴 것은 아닐까 해서 가족들의 가슴은 덜컥 내려앉습니다.

가장 사랑하는 사람을 수술실 안에 들여보내 놓고 밖에서 기다리는 이 시간은, 단 한 시간이라고 해도 며칠이나 몇 달은 되는 것처럼 길게 느껴질 것입니다. 아마 그때의 몇 시간은 인생에서 가장 긴 시간으로 기억될 거예요. 그래서 어떤 사람은 초조하게 계속 줄담배를 피워 대고, 어떤 사람은 손을 만지작거리면서 다리를 떱니다. 또 어떤 사람은 기도를 드리는가 하면 어떤 사람은 벌써부터 훌쩍거리면서 울기도 합니다.

믿음의 조상 아브라함도 자신의 인생에서 가장 긴 시간을 보낸 적이 있었습니다. 그것은 사랑하는 아들을 번제물로 바치기 위해 집을 떠나 모리아 산으로 가는 사흘이었습니다. 이 사흘은 그의 인생에서 가장 긴 시간이었습니다. 그러나 그는 그 사흘을 잘 참아 냈고 믿음의 큰 승리를 거두었습니다.

하나님께서는 아브라함에게 도무지 이유를 알 수 없는 요구를 하셨습니다. 사랑하는 아들 독자 이삭을 데리고 모리아 산에 가서 하나님께 번제물로 바치라는 것입니다. 지금 아브라함은 큰 병에 걸린 아들을 수술실 안에 들여보내 놓고 그 결과를 초조하게 기다리고 있는 것이 아닙니다. 차라리 그렇다면 훨씬 낫지요. 이삭은 건강하게 잘 자라고 있었습니다. 하는 짓도 그렇게 아름답고 착할 수가 없었습니다. 그런데 하나님께서는 이 사랑스러운 아들을 모리아 산으로 데려가서 죽이라는 것입니다. 적군이나 나쁜 사람들이 와서 아이를 죽이려는 것이 아닙니다. 아버지가 직접 죽여서 하나님께 바쳐야 하는 것입니다. 물론 이 요구는 그때도 이해가 되지 않았지만 지금도 이해가 되지 않습니다.

이 이해되지 않는 하나님의 명령에 순종하기 위해 아브라함은 아들을 데리고 모리아 산으로 가고 있습니다. 이 사흘은 아브라함의 인생에서 가장 긴 사흘이었습니다.

가장 어려운 시험

성경에서는 그리스도인들이 당하는 여러 가지 시험에 대해 많은 말씀을 하고 있습니다. 오늘 본문을 보면 하나님께서 아브라함에게 이렇게 하신 것은 그의 믿음을 시험하기 위해서라고 합니다. 학교에서 시험을 치는 이유가 무엇입니까? 시험을 치지 않으면 속에 있는 실력이 드러나지 않기 때문입니다. 하나님께서 자기 백성들에게 여러 가지 어려움을 주시는 이유는 그런 어려움이 없으면 속에 있는 믿음이 드러나지 않기 때문입니다.

그러나 하나님께서 아브라함에게 주신 시험은 몇 가지 점에서 특이합니다. 우선 이 시험은 하나님이 직접 주신 것입니다. 우리들이 당하는 거의 대부분의 시험은 환경적인 것입니다. 하나님께서 직접 우리에게 어떤 요구를 하셨기 때문에 어려움과 좌절에 빠지는 것이 아니라, 환경이 어렵기 때문에 힘든 것입니다. 예를 들어 사업이 실패했기 때문에 힘들거나, 가족 중에 누군가가 병들어 자리에 누워 있기 때문에 힘들거나, 좋지 않은 사람들에게 시달리고 있기 때문에 힘듭니다.

이런 것들도 시험은 시험입니다. 그러나 하나님께서 직접 찾아오셔서 어떤 요구를 한 것은 아닙니다. 물론 하나님은 세상에서 일어나는 모든 일을 다 알고 계시며, 하나님이 허락지 않으시면 참새 한 마리도 땅에 떨어지지 않습니다. 그러나 우리들이 당하는 거의 대부분의 시험들은 환경적인 것이지 하나님께서 직접 찾아와서 주시는 것은 아닙니다. 반면에 아브라함이 당한 시험은 하나님이 직접 아브라함을 찾아오셔서 "네 아들 네 사랑하는 독자를 데리고 모리아 땅으로 가서 내가 네게 지시하는 산에서 번제로 바치라"고 요구하심으로써 생긴 시험입니다.

또한 다른 시험들은 대개 인과법칙으로 나타나는 것들입니다. 대개의 경우 자신이 왜 이런 어려움에 빠졌는지 납득할 수 있습니다. 물론 다른 사람들도 많이 있는데 왜 하필 나에게 이런 좋지 않은 일이 일어나야 하는지 이해가 안 될 때도 있지만, 곰곰이 생각해 보면 다 그럴 만하기 때문에 일어나는 경우가 많습니다.

그러나 아브라함의 시험에는 그럴 만한 이유가 없었습니다. 만일 하나님께서 이스마엘을 번제물로 바치라고 하셨더라면 '아, 내가 하나님의 방법이 아닌 인간의 방법으로 아들을 얻었기 때문에 하나님께서 빼앗아 가시는구나'라고 생각할 수 있습니다. 그러나 이삭은 바로 하나님께서 주시겠다고 약속하신 그 아들이 아닙니까? 이 아들 때문에 얼마나 오랫동안 기다렸는지 모릅니다. 그런데 바로 이 아들을 바치라는 것입니다. 아브라함이 당한 시험은 최고로 어려운 시험이었습니다.

사람들이 당하는 시험은 그 난이도가 각각 다 다릅니다. 그런데 이 세상에서 당할 수 있는 가장 어려운 시험이 바로 아브라함이 당하는 이런 시험입니다. 하나님이 직접 찾아오셔서 도무지 이해되지 않는 요구를 하시는 이 시험이야말로 인간이 이 세상에서 당할 수 있는 최고의 시험입니다. 삶 전체를 통하여 이런 시험을 당한 사람은 성경에서도 얼마 되지 않습니다. 이러한 시험을 당한 사람은 보통 사람이 아닙니다. 우리 같은 사람들은 이런 시험을 이겨낼 수도 없고, 아예 이런 시험이 오지도 않습니다. 우리에게 이런 시험은 전혀 시험이 되지 못합니다. 우리는 당장 하나님을 부인하고 제멋대로 살 것이기 때문입니다.

아브라함이 당한 시험과 가장 비슷한 시험이 있다면 예수의 모친 마리아가 당한 시험일 것입니다. 어느 날 하나님의 천사가 찾아와서 마리아에게 아이를 잉태하리라는 말을 합니다. 이것은 환경적인 시험이 아닙니다. 갑자기 집이 도산했거나 병에 걸렸기 때문에 생긴 시험이 아닙니다. 하나님이 직접 찾아오셔서 이해할 수 없는 요구를 하신 것입니다. 처녀가 임신을 하면 어떻게 되겠습니까? 더구나 도덕적이며 율법적이었던 그 당시 사회에서 임신을 하면 어떻게 되겠습니까? 이런 시험이 가장 어려운 시험입니다. 오늘 우리들이 당하는 시험이나 어려움이라고 하는 것은 여기에 비하면 너무나도 쉬운 것입니다.

그러나 마리아가 당한 시험보다 더 큰 시험이 있습니다. 그것은 자신의 십자가를 지기 위해 예루살렘으로 올라가시는 예수님에게 닥친 시험입니다. 예수님은 죄가 없습니다. 십자가를 져야 할 이유가 없습니다. 그러나 그분은 하나님의 뜻을 믿고, 자발적으로 십자가를 향하여 한 걸음 한 걸음 나아가셨습니다.

모세의 설교를 듣고 있는 이스라엘 백성들은 어떤 사람들입니까? 그들은 애굽을 갓 탈출한 사람들로서, '하나님이 우리에게 큰 시험을 주셔서 이 고된 광야 길을 걷게 하고 있다'고 생각하고 있습니다. 그들은 지금까지 노예 생활에 길들여져 왔기 때문에 참된 믿음이 어떤 것인지 모르고 있습니다. 그래서 광야 길에서 조금만 불편한 일이 생겨도 하나님을 원망하고 모세를 욕했습니다. "모세야! 우리를 죽이려고 여기로 데리고 왔느냐?" 조금만 힘들어도 삿대질을 하고 조금만 힘들어도 돌을 집어 들었습니다. 그들은 하나님께서 아브라함에게 주신 시험과는 비교도 되지 않는 환경적인 어려움 때문에, 그저 생활이 힘들고 약간 불편한 것 때문에 하나님 앞에서 있는 불평 없는 불평을 다 했습니다. 그들은 믿음이라는 것을 본 적이 없는 사람들입니다. 아예 믿음이라는 개념을 모릅니다.

모세는 그런 그들에게 '너희들처럼 조금만 힘들면 원망하고 반역하는 것은 믿음이 아니다. 도대체 이해할 수 없는, 말도 되지 않는 하나님의 말씀에 순종하기 위해서 그냥 밀어부치는 이것이야말로 믿음이다'는 의미에서 아브라함의 믿음을 소개하고 있습니다.

자라면서 가정의 아름다움을 본 적이 없는 사람은 결혼하고 난 후에도 가정을 이끌어 가는 데 어려움을 많이 느낍니다. 미국에 유명한 그리스도인 상담 심리학자가 있었습니다. 그는 어렸을 때 아버지와 대화가 잘되지 않았습니다. 아버지가 알코올 중독자였기 때문입니다. 그런데 어른이 되었을 때 자신도 아들과 대화가 잘되지 않는다는 것을 발견했습니다. 엄마한테는 싱크대까지 찾아가서 시시콜콜한 것까지 조잘조잘 잘도 이야기하는데, 자기만 나타나면 싹 사라지는 것입니다.

나중에 그 이유를 알고 보니 너무 잘해 주는 것이 문제였습니다. 이 아버지는 자기가 성장기에 많은 상처를 받았기 때문에 혹시라도 아이들이 상처를 받을까 봐 무조건 잘해 주었는데, 그것이 문제였어요. 아이들은 아버지가 어떤 기준을 제시해 주기를 바랍니다. 이것은 옳고 저것은 그르다고 알려 주기를 원합니다. 그런데 너무 잘해 주는 나머지 못한 것도 잘했다고 하는 겁니다. '오늘 한 판 터지겠지' 생각하고 집에 왔는데, 무조건 '잘했다'고 하니까 도무지 기준이 서지 않는 거예요. 그래서 아이들이 눈치를 보면서 슬슬 피했던 것입니다.

왜 이런 일이 일어났습니까? 아버지에게 기준이 없었기 때문입니다. 그는 심리학자였지만 마음속에 좋은 아버지의 모델이 없었습니다. 어디까지 야단치는 것이 좋은지 구분이 안 됩니다. 자기 아버지는 조금만 잘못하면 반 죽을 정도로 두들겨 팼기 때문에 어디까지 벌을 주어야 하고 어디까지 용납해야 하는지 기준이 없었습니다.

저는 교인들에게서도 이런 현상을 많이 봅니다. 문제가 있고 병든 교회에서 신앙생활을 한 사람의 마음속에는 근본적으로 교회나 목회자에 대한 불신이 깔려 있습니다. 그래서 교회생활을 해도 항상 부정적이고, 자기 자신을 지키려는 방어적인 자세로 신앙생활을 합니다. 이런 사람에게는 교회를 향한 소망이 없습니다. 교회는 그저 최소한의 기능만 하면 된다고 생각하면서 개인 중심으로 무언가를 하려고 합니다. 그러니까 예배에 빠지지 않고 시킨 일이나 겨우 감당하는 것이 신앙의 전부이지요. 이런 사람은 교회와 처갓집은 멀면 멀수록 좋다고 생각합니다. 왜 그렇습니까? 건강하고 아름다운 교회상이 없기 때문입니다. 교회를 통한 소망이 없습니다. 그런데 어린 시절 아름답고 건강한 교회생활을 했고 목사님을 참으로 존경했던 사람은 어떻게 해서든지 그 아름답고 건강한 교회의 모습을 만들어 내려고 애씁니다.

모세가 아브라함의 신앙을 여기서 크게 클로즈업 하는 이유가 무엇입니까? 지금 광야를 여행하고 있는 이스라엘 백성들은 신앙이 어떤 것인지 본 적이 없습니다. 그저 '신앙은 이 땡볕에 끝없이 걷는 것'이라고 생각하는 정도입니다. 그러니까 매순간 입에서 욕이 나오고 불평이 나옵니다. 모세는 이들 앞에서 "진짜 신앙이란 바로 이런 것이다. 너희들이 지금 겪는 것처럼 좀 힘들고 뜨겁고 고생스러운 것이 아니라 하나님이 직접 찾아오셔서 말도 되지 않는 것을 요구하실 때, 온 마음과 뜻과 정성을 다해서 모든 장애를 이겨가며 자신을 순종으로 몰고 가는 것이다"라고 말합니다.

아브라함은 하나님이 요구하시는 것을 이해할 수 없습니다. 만일 그가 아들을 죽이고 돌아오면 모든 사람들에게 미친 사람 취급을 받을 것입니다. 미쳐도 아주 더럽게 미쳤다고 욕먹을 것입니다. 그런데도 그는 갑니다. '더럽게 미치든 좋게 미치든 하나님이 하시는 일에는 반드시 선한 뜻이 있고, 나는 여기에 순종해야 한다'는 생각으로 자기를 몰아갑니다. 그에게서 억지라고는 조금도 찾아볼 수 없습니다. 피하려면 얼마든지 피할 수 있습니다. 이 사흘은 피할 수 있는 좋은 기회입니다. 그러나 그는 너무나도 긍정적으로 이 시험을 받아들이고 있습니다. 모르는 체하지 않습니다. 이것은 이스라엘 백성들에게는 충격 그 자체입니다. 영원히 지울 수 없는 충격입니다.

여러분, 신앙은 억지가 아닙니다. 신앙은 엄청난 불평과 불만으로 마지못해서 억지로 걸어가는 것이 아니라 도무지 이해할 수 없는 하나님의 요구를 전심전력을 다하여 이루어 드리기 위해서 자기를 몰아가며 자기를 설득해 나가는 것입니다.

아브라함의 순종

이 이해할 수 없는 하나님의 시험 앞에서 아브라함이 보여준 모습은 어떤 모습입니까? 끝없는 질문과 토론이 아닙니다. 그는 자기가 납득할 때까지 계속 이 요구를 지연시키면서 납득이 되어야 움직이겠다고 버티지 않았습니다. 이해할 수는 없었지만 대단히 적극적으로 하나님의 요구를 받아들였습니다. 그는 하나님의 요구 앞에서 될 대로 되라는 식으로 행동하지 않았습니다. '나는 이해하지 못하지만 이 하나님의 뜻은 반드시 이루어져야 한다'고 생각했습니다. 그가 가만히만 있으면 이 하나님의 뜻은 취소될 것입니다. 그러나 그는 장애를 하나씩 극복하면서 모리아 산을 향하여 가고 있습니다. 참으로 원망과 불평이 생길 만한 자리에 오히려 기쁨이 있습니다.

아브라함이 하나님의 뜻을 이루어 드리는 것을 막는 장애는 어떤 것이었습니까? 무엇보다 큰 장애는 자기 자신이었습니다. 아브라함의 마음속에는 이 말씀에 순종하기 싫다는 아주 강한 생각이 있었습니다. 그래서 어떻게 했습니까?

> 아브라함이 아침에 일찍이 일어나 나귀에 안장을 지우고 두 사환과 그 아들 이삭을 데리고 번제에 쓸 나무를 쪼개어 가지고 떠나 하나님의 자기에게 지시하는 곳으로 가더니(22:3).

아브라함은 일찍 일어났습니다. 아브라함은 순종하기 어려운 문제가 있을 때마다 항상 이런 식으로 행동했습니다. 하나님께서 이스마엘을 내보내라고 하셨을 때에도 아침에 일찍이 일어나 내보냈습니다. 그렇게 한 이유가 무엇입니까? 자기 자신을 잘 알고 있었기 때문입니다. 시간이 지나면 자신의 마음이 변할 수 있다는 것을 알았어요. 조금이라도 빠질 구멍이 있으면 그것을 핑계 삼아 빠져 나가는 기질을 잘 알고 있었습니다. 그래서 그는 자기 자신을 다스렸습니다. 모리아 산으로 갔다가 거기에 제사에 쓸 나무가 없으면 그것을 핑계 삼아 불순종하리라는 것을 알고, 아예 나무를 준비해 갔습니다. 자기의 기질을 너무나 잘 알고 있기 때문에 아예 원천봉쇄를 했던 것입니다.

여러분, 신앙에는 핑계라는 것이 있을 수 없습니다. 남편은 아내 핑계를 댑니다. "나는 신앙생활하려고 하는데 이 사람이 말을 들어야지요." 또 아내는 남편 핑계를 댑니다. "남편이 곰 같아서 도 대체 움직여 줘야 말이지요." 그러나 그 깊은 사정을 보면 말과 다릅니다. 사실은 자기가 원하지 않는 것입니다. 어떤 사람이 약속 시간에 늦었습니다.

"왜 늦었습니까?"

"교통이 막혀서 꼼짝을 못했어요."

그런데 그의 속 깊은 곳을 보면 실제로 그 약속을 중요하게 생각하지 않는 마음이 있다는 것을 알 수 있습니다. 그 약속을 꼭 지킬 생각이 있었다면 교통이 막히는 것을 감안해서 훨씬 더 일찍 집을 떠났을 것입니다.

전에 안산에 있는 어느 기독교 학교에서 아침 9시에 설교를 하게 되었습니다. 저는 그 전날 밤에 한잠도 못 잤습니다. 아침에 깊이 잠들거나 길이 막히면 분명히 약속을 지키지 못할 것 같아서였습니다. 그래서 한숨도 자지 않고 새벽 4시에 집에서 출발했습니다. 9시에 맞추려고 중간에 휴게소에서도 한 번 자고 학교 가까운 곳에 가서도 한 번 더 잤습니다. 잠에서 깨니까 9시 10분 전이었고, 정확하게 시간을 지킬 수 있었습니다. 자기가 원하기만 한다면 어떤 장애도 핑계가 되지 않습니다. 문제는 자기 자신이 원하지 않는다는 데 있습니다.

신앙생활을 하려면 자기를 잘 파악해야 합니다. 어떻게 하면 내 감정이 걷잡을 수 없게 되는지, 어떻게 하면 하나님의 말씀이 내 안에서 무력하게 되는지 스스로 잘 알아야 합니다. 그래서 나의 상황이나 상태나 마음이 하나님의 통제에서 벗어나지 않도록 미리 예방하고 통제하는 것이 믿음입니다. "하나님, 저는 그렇게 하고 싶었는데, 못했어요. 마음으로는 하고 싶었지만 그날 제 컨디션이 굉장히 안 좋았거든요. 저도 순종하기 싫어서 그런 건 아니에요. 그런데 갑자기 감정이 폭발해 버리는 걸 어쩌겠어요?" 그런 핑계는 하나님 앞에서 통하지 않습니다. 하나님께서는 이렇게 질문하실 것입니다. "너는 신앙생활을 한다고 하면서 그것도 몰랐느냐? 네가 얼마나 간사하고 잘 빠져 나가며, 그런 상황에서는 감정이 폭발해서 도대체 수습이 되지 않는다는 걸 잘 알고 있지 않느냐? 친구들과 밤새워 놀면 다음 날 아무것도 할 수 없다는 것을 알면서도 밤새도록 논 것은 원래부터 순종할 생각이 없었기 때문이 아니냐?"

신앙은 자기와의 싸움입니다. 자기를 알아야 합니다. '이렇게 하면 내일 내 컨디션이 굉장히 떨어질 것이다', '내가 새벽 2시까지 놀면 그다음 날 급격하게 체력이 저하된다', '내가 이런 식으로 사람들과 만나서 지내면 이것을 수습하는 데 몇 주일이 걸린다'는 사실을 알아야지요. 그것도 모르면서 '컨디션이 안 좋아서', '친구들과 어울렸더니 머리가 아파서'라고 하면 안 됩니다. 그때 하나님은 "너는 원래부터 순종하기를 원하지 않았다. 왜 그런 기질도 모르고 신앙생활하느냐"고 하실 것입니다.

화내고 싶을 때 화내고, 자고 싶을 때 자고, 깰 때 깨고, 밥 먹고 싶을 때 먹는 것이 무슨 신앙입니까? 하나님 앞에서는 변명이 통하지 않습니다. "애가 너무 울어서." 애가 그렇게 잘 운다는 것을 전에는 몰랐습니까? 우리가 하루이틀 살아 봅니까? 자기 자신을 다 알지 않습니까? 어떻게 하면 감정이 폭발하고 침체되고 수습이 안 되는지 다 알고 있지 않습니까? 하나님 앞에서는 핑계가 통하지 않습니다.

아브라함은 이삭을 제물로 드려야 한다는 사실을 사라에게도 말하지 않았습니다. 이 시험은 자신의 시험이지 사라의 시험이 아니라는 것을 알았기 때문입니다. 사라에게는 이삭을 바친다는 것이 시험이 될 수 없었습니다. 왜냐하면 사라는 그런 믿음을 가지고 있지 못했기 때문입니다. 사라에게 그것은 시험이 아니라 미친 짓입니다. 그래서 아브라함은 자기에게 찾아온 시험을 사라에게 밀어 놓지 않았습니다. 반대할 줄 분명히 알면서도 물으면 안 됩니다.

"사라, 이거 어떻게 할까?"

"절대 안 됩니다."

"부부는 일심동체지? 안 된다는데요, 하나님?"

남편이 자기 문제를 아내의 책임으로 돌리는 것은 비겁한 행동입니다. 아내가 자기 문제를 남편에게 넘기는 것도 정직하지 않은 행동입니다.

아브라함은 사라의 믿음의 분량이 어느 정도인지 알았습니다. 만약 이 문제를 사라에게 이야기한다면, 이것은 시험이 아니라 그를 완전히 멸망시키는 일이 되고 말리라는 것을 알았습니다. 부부나 가족들은 서로의 믿음의 분량이 얼마나 되는지 알고 있습니다. 그 사실을 알면서도 이야기하는 것은 책임을 회피하는 행동이고, 정직하지 못한 행동입니다.

종들도 장애가 될 수 있었습니다. 만일 종들이 아브라함의 팔을 붙들고 이삭을 죽이지 못하게 하면 어떻게 합니까? 아브라함은 이 모든 장애들을 하나씩 둘씩 극복하면서 이해할 수도 없고 말도 안 되는 하나님의 말씀을 성취시키기 위해 온 힘과 열심과 정열을 다해서 모리아로 나아갔습니다.

아브라함은 도대체 어떻게 이렇게 할 수 있었을까요? 그는 이미 많은 훈련이 되어 있었습니다. 큰 호수를 한 번에 건널 수 있는 사람은 없습니다. 그 전에 작은 웅덩이를 수없이 건너 보아야 합니다. 그러면 자기 자신에 대해 아주 잘 알게 됩니다. 어떻게 하면 다리에 쥐가 나고 어느 정도 가면 호흡이 곤란해지며 어떤 속도로 헤엄을 치면 가장 수월하게 먼 거리를 갈 수 있는지 깨닫습니다. 시험을 전혀 쳐보지 않은 사람에게 어려운 문제를 주면 문제지를 찢어서 코 풀어 버립니다. 그러나 수없이 시험을 쳐본 사람에게 어려운 문제를 주면 아주 긴장하면서 호흡을 조절하고 감정을 통제하고 정신을 집중해서 결국 그 문제를 풀어냅니다.

이삭을 바치라는 것은 어느 날 불쑥 내민 시험이 아닙니다. 지금까지 아브라함은 수없이 버리는 훈련을 해왔습니다. 그는 본토, 친척, 아비 집을 버렸습니다. 눈앞에 있는 소돔의 비옥한 초장을 버렸습니다. 사람과의 관계도 버렸습니다. 전리품으로 얻은 소돔과 고모라의 재물도 버렸습니다. 큰아들 이스마엘을 버리는 훈련도 했습니다. 그는 작은 호수들을 수없이 헤엄쳐 건넜습니다.

그리고 난 지금 하나님께서 요구하시는 것이 무엇입니까? 엄청나게 큰 호수를 건너가라는 것입니다. 모리아 산에서 사랑하는 외아들을 죽여서 바치라는 것입니다. 이 호수는 너무 크고 깊어서 꼭 빠져 죽을 것 같습니다. 헤엄치다가 중간에서 하나님을 원망할 것 같습니다. "하나님 이걸 말이라고 합니까? 이걸 시험이라고 줍니까?" 이런 말이 막 나올 것 같습니다. '하나님하고 나하고 갈라서자는 것인가?' 하는 마음도 듭니다. 그러나 한편으로는 건널 수 있을 것 같습니다. 지금까지 수없이 연습하지 않았습니까? 물론 자신은 없습니다. 이삭을 버리러 가다가 하나님을 반역할 것도 같습니다. 그러나 갈 수 있을 것 같은 마음이 들기도 합니다.

하나님께서 우리에게 요구하시는 것이 무엇입니까? 마지못해서 억지로 순종하는 것이 아닙니다. 자기 혼자 열정에 도취되어 날뛰는 것이 아닙니다. 그것은 순종도 아니고 믿음도 아닙니다. 그런 것은 누구든지 할 수 있습니다. 하나님께서 원하시는 것은 아브라함이 했던 것처럼, 예수 그리스도가 하셨던 것처럼, 피하려면 얼마든지 피할 수 있는 이 고난을, 핑계 대려면 얼마든지 핑계 댈 수도 있는 이 말도 되지 않는 하나님의 요구를 온 힘과 열정을 다해서 이루어 드리는 것입니다.

그리스도인들은 행복과 기쁨을 구분할 수 있는 사람들입니다. 행복은 그냥 기쁜 것입니다. 아무 문제나 사고가 없기 때문에 기쁜 것입니다. 그러나 기쁨은 대단히 적극적인 것입니다. 그 안에는 힘이 들어 있습니다. 반대되는 여러 가지 장애들을 극복하고 이기는 힘을 가진 것이 기쁨입니다. 아브라함은 이 고난의 길을 기쁨으로 걸어가고 있습니다. 그것은 자기 자신을 이긴 데서 오는 기쁨이며, 나의 온 힘과 열정과 나의 모든 것을 다하여 말도 되지 않는 하나님의 뜻을 이루어 드리려는 데서 오는 기쁨이었습니다.

가장 가슴 아픈 말 한마디

아브라함은 반대가 될 만한 모든 장애들을 제거하면서 한 걸음 한 걸음 온 힘을 다하여 모리아 산을 향하여 가고 있습니다. 그런데 중간에 이 모든 노력을 수포로 돌릴 뻔한 아주 강력한 총알이 날아왔습니다. 이 한마디 말 때문에 아브라함은 지금까지의 모든 수고와 모든 노력을 전부 다 팔아먹고 하나님을 원망할 뻔했습니다. 그것이 무엇입니까? 사랑하는 이삭의 말 한마디였습니다.

> 이삭이 그 아비 아브라함에게 말하되 내 아버지여 하니 그가 가로되 내 아들아 내가 여기 있노라 이삭이 가로되 불과 나무는 있거니와 번제할 어린 양은 어디에 있나이까(22:7).

아버지와 함께 가던 이삭은 이상한 생각이 들었습니다. 아버지가 제사를 드리러 간다고 하면서 나무도 쪼개어 가고 불도 가져가는데 제사 드릴 양은 준비하지 않는 것입니다. 아무래도 너무나도 서두르는 바람에 중요한 것을 빠뜨린 것 같습니다. 그래서 묻습니다. "아버지, 불과 나무는 있는데 번제할 양은 어디 있어요?"

완전히 저격병의 총 한 방입니다. 지금까지는 잘 참아 왔습니다. 그런데 사랑하는 아들의 이 말 한마디에 아브라함은 무너질 뻔했습니다. 어떻게 이 순진한 아들을 버릴 수 있습니까? 오직 아버지를 믿고 따라오는 이 아들을 어떻게 죽일 수가 있습니까? 이것은 마지막 시험이었습니다. 8절을 보십시오.

<u>아브라함이 가로되 아들아 번제할 어린 양은 하나님이 자기를 위하여</u>
<u>친히 준비하시리라 하고 두 사람이 함께 나아가서</u>

아브라함은 자칫하면 균형을 잃고 하나님을 원망할 뻔했습니다. 이 사랑하는 아들의 말 한마디가 아브라함의 모든 믿음을 끝장낼 뻔했습니다. 이것은 마지막 암초였습니다.

프로이트 계열에 있는 심리학자들은 아무렇게나 하는 농담 속에 그 사람의 진심이 들어 있는 경우가 많다고 합니다. 사람이 예의를 갖추어서 하는 말은 언제나 겉포장이 되어 있기 때문에 믿을 수가 없습니다. 오히려 한순간에 입에서 튀어나온 말이 그 사람의 진심일 가능성이 많습니다. 아브라함이 지금까지 불만을 가지고 여기까지 왔다면 이삭의 한마디로 무너졌을 것입니다.

"아버지, 양은 어디 있어요?"

"바로 그게 문제야! 하나님께서 너를 잡아죽여 제물로 바치라고 하시지 않겠니? 내가 지금까지는 참았지만 이제 도저히 안 되겠다. 이삭아, 멀리 도망쳐라! 차라리 내가 가서 죽으마. 빨리 도망쳐!"

아브라함은 지금 굉장히 큰 위험에 처해 있습니다. 가슴에 한 방을 맞았습니다. 그러나 그의 마음은 이미 정리되어 있었습니다. "나는 잘 모르겠구나. 그러나 하나님이 준비하실 테니, 가자." 그리고 속으로 다시 한 번 다짐했을 것입니다. '이삭아, 너는 지금 얼마나 내 마음을 아프게 하는 말을 했는지 모르지? 나도 이 일을 이해할 수 없단다. 하지만 분명한 것은 내가 이 시험에서 이길 것이며 분명히 승리해서 돌아오리라는 거야. 하나님은 계획을 가지고 계신단다. 그것이 무엇인지는 나도 몰라. 그러나 우리는 분명히 함께 돌아갈 거야.'

여러분, 하나님의 뜻을 순종하는 데 가장 방해가 되는 사람은 내가 가장 사랑하는 사람입니다. 사랑하는 어머니, 사랑하는 아내, 사랑하는 남편, 사랑하는 자식보다 더 장애가 되는 것이 없습니다. 그들은 나를 사랑하기 때문에 내가 고생하는 것을 참지 못하고 내가 방황하는 것을 견디지 못하며 내가 위기 가운데 처하는 것을 보지 못합니다. 그래서 기회만 있으면 안정된 길을 걸으라고 하고, 위기가 올 때마다 하나님으로부터 도망치라고 소리 지릅니다.

주님께서 하신 말씀이 무엇입니까? "무릇 내게 오는 자가 자기 부모와 처자와 형제와 자매와 및 자기 목숨까지 미워하지 아니하면 능히 나의 제자가 되지 못하고"(눅 14:26). 신앙은 저절로 믿어져서 믿는 것이 아닙니다. 그런 신앙은 앉은뱅이 신앙이요 죽은 신앙입니다. 결혼식도 없고 재미있는 티브이 프로그램도 없어서 할 수 없이 교회에 오는 믿음은 죽은 믿음입니다. 신앙은 장애를 극복해 나가는 것입니다. 전심을 다하여 하나님을 사랑하는 것입니다. 온 힘을 다해 찬양하는 것입니다. 하나님을 사랑하는 데 장애가 되는 것은 전부 다 버리는 것입니다.

그래서 하나님의 백성은 자기가 가장 사랑하는 사람을 향하여 "아니오"라고 말할 수 있는 용기가 있어야 합니다. 사랑하는 사람이라고 해서 한순간에 약해지면 지금까지의 믿음은 전부 엉망이 되고 맙니다.

아브라함의 시험에서 가장 위험한 고비는 아들 이삭이 순진하게 질문한 그때였습니다. 잘 나가다가 거기서 넘어질 뻔했습니다. 그러나 그 순간에도 아브라함은 하나님의 신실하심을 붙들었습니다. "아들아, 난 모르겠구나. 그러나 하나님은 선하시다. 가자."

이렇게 두 사람은 함께 산으로 올라갔습니다.

최고의 믿음

최고의 믿음은 어떤 믿음입니까? 많은 시련에서 승리한 믿음이 아닙니다. 자기에게 최고로 귀한 것을 하나님 앞에서 포기할 수 있는 믿음입니다. 아브라함에게 가장 귀한 것은 아들 이삭이었고, 마리아에게 가장 귀한 것은 처녀성이었습니다. 그리고 예수 그리스도께 가장 귀한 것은 그의 신성과 생명과 영광과 능력이었습니다.

하나님이 우리에게 주시려고 하는 것이 어떤 것입니까? 그것은 말도 되지 않는 축복입니다. 하나님께서 우리에게 주시려는 은혜들을 우리로서는 이해할 길이 없습니다. 하나님께서는 정말 터무니없는 축복을 우리에게 주려고 하십니다. 그래서 아브라함에게 말도 되지 않는 시험을 주셨고, 마리아에게도 말도 되지 않는 명령을 하셨으며, 하나님의 아들을 사람으로 이 세상에 보내셔서 말도 되지 않는 일을 하게 하신 것입니다. 이것이 복음입니다.

저는 신앙은 이성적이라는 것을 늘 강조합니다. 신앙의 표현은 이성적인 것이며 말이 되는 것입니다. 그러나 그 안에 들어 있는 하나님의 사랑은 도무지 말이 되지 않는 것입니다. 하나님께서 우리를 이토록 사랑하신다는 것을 우리는 사실 믿지 않습니다. 입으로는 "하나님은 날 사랑하신다"고 고백하지요. 그러나 실제로는 말도 되지 않는다고 생각합니다. 우리는 하나님께서 우리를 위해 독생자를 주셨다는 것이 무슨 뜻인지 모릅니다. 하나님께서 앞으로 우리에게 주실 그 모든 영광이나 축복도 이해하지 못합니다. 결국 신앙은 너무나도 엄청나서 우리의 이성적인 판단이나 사고로는 도저히 이해할 수 없는 것입니다. 하나님은 그 한 부분을 보여 주시기 위해 아브라함에게 말이 안 되는 명령을 하셨습니다.

자기 아들을 죽이기 위해 산으로 데려가는 아버지의 심정이 어떻겠습니까? 너무나도 사랑스럽고 순진한 이 아들을 어떻게 칼로 죽일 수 있습니까? 그러나 아버지는 아들을 죽이기 위하여 한 손에는 불을 들고 다른 한 손에는 칼을 잡고 앞으로 나아가고 있습니다. 아버지의 얼굴에는 말할 수 없는 고민과 갈등의 표시가 역력하게 떠오릅니다. 그는 엄청나게 번민하고 있습니다. 할 수만 있으면 아들을 살리고 싶습니다. 이것은 바로 하나님의 심정입니다.

자기가 죽을 나무를 등에 짊어지고 산으로 올라가는 이 아들의 모습은 예수 그리스도의 모습입니다. 예수께서 자기가 달려 죽을 십자가 나무를 등에 지고 언덕을 오르신 것처럼, 이삭도 자기가 죽을 나무를 등에 지고 올라가고 있습니다. 아브라함과 이삭의 순종은 하나님과 그 아들 예수 그리스도의 모습을 생생하게 보여 주고 있습니다.

이 세상에서 가장 엄숙한 요청은, 자기 아들을 죽여 놓고 죄인들을 초청하는 복음의 부르심입니다. 이보다 더 엄숙하고 진지한 부르심이 없습니다. 아들을 자기 손으로 죽임으로써 다른 사람을 용서하는 이 엄청난 복음의 부르심을 누가 이해할 수 있겠습니까?

오늘 이 말씀이 우리에게 보여 주는 것이 무엇입니까? 신앙은 가기 싫은 교회를 억지로 가거나, 좋은 말씀을 듣고 삶의 유익을 얻는 정도의 것이 아니라는 사실입니다. 우리는 참된 신앙의 모습을 아브라함과 우리 주 예수 그리스도에게서 볼 수 있습니다. 그들은 하나님이 어떤 분이신지 알았습니다. 그리고 말이 안 되는 하나님의 요구를 이루기 위해 자신의 온 삶을 드리며 온 힘과 뜻과 열정을 기울였습니다. 이것이 참신앙입니다. 내 마음에 들면 기뻐하고 조금만 불편하면 원망하는 것은 아주 유치한 신앙입니다. 우리는 지금 어떻게 살고 있습니까? 조금만 불편하면 원망하고 욕하지 않습니까? 이것은 신앙을 팔아먹는 것입니다.

우리에 대한 하나님의 뜻을 우리는 잘 모릅니다. 그러나 하나님께서 원하시는 것이 무엇이든지 간에 그분을 기쁘게 하기 위해서, 그분의 뜻을 온전히 이루기 위해서 자기 자신을 설득해 가면서 앞으로 몰아가는 것이 신앙입니다. 남들은 미쳤다고 할지도 모릅니다. 그러나 나는 하나님의 선하신 뜻을 믿습니다. 나를 사랑하는 사람들이 하는 한마디에 주저앉지 않습니다. 이렇게 이해할 수는 없지만 내 온 힘과 뜻을 다해 하나님을 기쁘시게 하기 위해 나아갈 때 하나님의 모습이 온전히 드러납니다.

아브라함처럼 순종하려면 자기를 수없이 버리는 훈련을 해야 하며 자기 자신을 잘 알아야 합니다. 신앙생활을 제대로 하려면 자식을 버리기 전에 간과 쓸개를 먼저 버려야 합니다. 자기 자존심이나 감정을 버리지 않는 사람은 수없이 하나님을 원망하며 대적할 것입니다. 작은 호수를 자꾸 건너 봐야 합니다. 자기를 버리는 훈련을 해야 합니다. 내 감정은 거짓된 것이라는 사실을 자꾸 고백하며, 감정이 동의하지 않아도 자꾸 순종해 봐야 합니다. 그렇지 않으면 절대로 큰 호수를 건너지 못합니다.

자기의 가장 귀중한 것을 하나님 앞에서 포기할 때, 말도 되지 않는 하나님의 뜻에 자신을 복종시킬 때, 사람들은 복음이 얼마나 엄숙하며 진지한 부르심인가를 알게 될 것입니다. 자꾸 자기를 부인하는 훈련을 하십시오. 생각나는 대로, 감정이 동하는 대로 움직이는 사람은 노예입니다. 만나를 먹으면서도 원망하고 불평하다가 입에 메추라기를 물고 죽는 사람입니다.

만일 나의 삶에 하나님께서 말도 되지 않는 요구를 하신다면 천하에 둘도 없는 기회로 생각하십시오. "하나님, 감사합니다. 나에게 이 엄청난 시험을 주시다니요. 제가 한번 해보겠습니다."라고 말씀드리십시오.

작은 어려움이나 불편에 불평하거나 원망하지 마십시오. 아주 작은 환경적인 어려움으로 불평하면 백 명이면 백 명 다 바다에 빠져 죽게 되어 있습니다. 신경질 내면서 신앙생활하지 마십시오. 신앙은 엄청나게 긍정적인 것이고, 엄청나게 위대한 것이며, 모든 어려움 가운데서도 기뻐하고 감사하는 힘을 가진 것입니다. 신앙은 도저히 이해할 수 없는 하나님의 뜻을 이루어 드리기 위해 기쁨으로 달려가는 것입니다.

27

여호와
이레

우리는 다른 사람들이 나를 대신하여 수고하는 것이 얼마나 귀중한 일인지 깨닫지 못할 때가 많습니다. 요즘 강원도에는 남파된 무장간첩들을 색출하기 위해 많은 군인들이 투입되고 있습니다. 그러나 거의 대부분의 사람들은 마치 그 일이 자기와는 아무 상관 없는 일인 것처럼 무관심하게 지내는 것 같습니다. 그러나 그 일은 나와 무관한 일이 될 수 없습니다. 실제로 이 작전에서 많은 젊은이들이 희생되었습니다. 간첩이 쏜 총에 맞아 죽은 사람도 있고 오발 사고로 다치거나 죽은 사람도 있습니다. 버섯을 따러 산에 올라갔다가 간첩으로 오인되어 죽은 사람이 있는가 하면, 간첩을 만나 총에 맞아 죽은 사람도 있습니다. 자기 아들이 이 작전에 투입된 부모는 이 일이 결코 남의 일로 느껴지지 않을 것입니다. 또 버섯을 따러 산에 올라간 가족이 시간이 많이 지났는데도 내려오지 않는 집에서는 이 일이 결코 남의 일이 될 수가 없습니다.

우리는 하나님께 예배를 드리면서도 이 예배가 나와 무슨 상관이 있는지 잘 깨닫지 못합니다. 단지 그리스도인으로서 종교적인 의무를 이행하는 것으로 생각하기 쉽습니다. 이스라엘 백성들도 예배를 단지 하나님의 백성으로서 어쩔 수 없이 짐승을 죽이는 의무 정도로만 생각해 왔습니다. 그러나 예배나 제사는 단순히 종교적인 의무만을 행하는 것이 아닙니다. 중요한 것은 이 예배를 통하여 하나님이 어떤 일을 하시느냐 하는 것입니다.

우리는 성경에서 예수께서 우리 죄를 대신해 죽으셨다는 말을 듣고 '하나님이 우리를 너무 사랑하시니까 아들을 십자가에 못박혀 죽게 할 수도 있는 거지, 뭐. 이렇게 죽는 사람도 있고 저렇게 죽는 사람도 있는 것 아니야?'라고 생각합니다. 그러나 당사자인 하나님이나 예수 그리스도께는 십자가 사건이 그렇게 단순한 문제가 아닙니다. 이것은 그분들에게 가장 고통스러운 사건이었고, 가장 고귀한 것을 바치는 일이었으며, 가장 엄청난 희생이었습니다. 하나님께서는 우리가 드리는 이 예배를 통하여 그 십자가 사건의 천분의 일, 만 분의 일이라도 체험하고 나누기를 바라십니다. 이것이 모리아 산에서 아브라함이 드린 제사를 통해 나타나고 있는 것입니다.

가장 소중한 제물

오늘 성경 본문에서 아브라함은 하나님의 말씀에 순종하여 그분이 지시하신 장소에 가서 제단을 만들고 나무를 벌여 놓고 그 위에 사랑하는 아들을 결박하여 올려놓습니다.

> 하나님이 그에게 지시하신 곳에 이른지라 이에 아브라함이 그곳에 단을 쌓고 나무를 벌여 놓고 그 아들 이삭을 결박하여 단 나무 위에 놓고 손을 내밀어 칼을 잡고 그 아들을 잡으려 하더니(22:9, 10).

지금 아브라함은 자기가 가장 사랑하는 아들을 죽이기 위해 칼을 높이 쳐들고 있습니다. 이삭을 제물로 바치는 이것은 바로 하나님께서 결정하신 일입니다. 아브라함의 머리에서 나온 일이 아닙니다. 아브라함이 하나님을 만족시키기 위해서 무엇을 바칠까 궁리하다가 이삭을 바치기로 결정한 것이 아니에요. 하나님께서 이삭을 바치라고 명령하셨기 때문에 바치는 것입니다.

그렇다면 하나님께서는 왜 아브라함에게 굳이 이삭을 바치라고 하셨을까요? 물론 표면적으로 나타난 의도는 아브라함이 얼마나 하나님을 사랑하고 경외하는지 시험해 보기 위해서입니다. 22장 12절을 보십시오.

> 사자가 가라사대 그 아이에게 네 손을 대지 말라 아무 일도 그에게 하지 말라 네가 네 아들 네 독자라도 내게 아끼지 아니하였으니 내가 이제야 네가 하나님을 경외하는 줄을 아노라

하나님께서는 아브라함이 과연 얼마나 하나님을 사랑하는지 확인해 보기 위해 그에게 가장 소중한 아들을 통해 시험했다고 말씀하고 계십니다. 그런데 우리가 한번 생각해 보아야 할 것은, 정말 하나님께서 아브라함이 얼마나 하나님을 두려워하며, 얼마나 하나님의 말씀에 순종하는지 보기 위해 이렇게 아들을 바치라고 시험하셨겠느냐 하는 점입니다. 다른 방법으로는 그의 중심을 확인해 보실 수 없었겠습니까? 굳이 아버지가 아들을 이렇게 묶어 놓고 죽이는 것을 보아야만 그 신앙을 확인할 수 있는 것입니까?

오늘 중요한 것은 이삭이 죽어야 하는데 죽지 않았다는 사실입니다. 이삭을 죽이려는 순간 하나님의 사자가 아브라함을 저지했고, 그는 평소에 드리던 것과 똑같은 제사를 드리고 내려왔습니다. 뿔이 수풀에 걸린 숫양 한 마리가 이삭 대신 희생제물이 된 것입니다. 이상하지 않습니까? 한번 이삭을 바치라고 말씀하셨으면 이삭을 죽게 해야지, 왜 이삭 대신 숫양을 제물로 바치게 하셨을까요? 우리를 어렵게 만드는 것이 바로 '대신 죽는다'는 것입니다. 이

것을 성경 용어로 '대속제물'이라고 합니다. 즉 어떤 사람이 죽어야 하는데 다른 것이 그 사람 대신 죽는 것입니다.

지금까지 하나님의 거룩한 백성들은 바로 이 대속의 제사를 드려 왔습니다. 아벨부터 아브라함에 이르기까지, 그리고 그 이후에도 계속 이 대속의 제사를 드렸습니다. 우리는 모두 하나님 앞에 죄인이기 때문에 우리가 죽어야 하는데 우리 대신 짐승들을 죽이게 하신 것입니다. 그런데 이번에 하나님께서는 아브라함에게 짐승을 드리라고 하시지 않고 그의 사랑하는 아들을 번제로 바치라고 하셨습니다. 이것은 아브라함에게 엄청난 충격이 아닐 수 없었습니다.

물론 그는 지금까지 소나 양을 죽여 바치는 번제를 정성껏 드려 왔습니다. 그러나 이번에는 그 의미가 완전히 다릅니다. 왜냐하면 그 제물이 소나 양이 아니라 자신이 사랑하는 아들 이삭이기 때문입니다. 물론 결과적으로 그는 이 모리아 산에서도 다른 제사와 똑같은 번제를 드렸습니다. 다른 때와 똑같이 숫양 한 마리를 잡아서 드렸어요. 그러나 여기에는 엄청난 차이가 있습니다. 아들은 죽지 않았지만 아브라함의 심정으로는 아들이 죽은 것과 똑같은 제사를 드렸습니다. 하나님께서는 아브라함으로 하여금 이삭을 죽이지 못하게 하셨지만 거의 이삭을 죽이는 자리까지 가게 하셨습니다. 그 숫양은 그냥 숫양이 아니라 이삭과 똑같은 의미의 제물이었습니다. 이삭도 그 숫양을 볼 때 얼마나 고마웠는지 모릅니다. 그 숫양이 없었더라면 이삭 자신이 죽었어야 했을 것입니다. 이때 아브라함의 가슴에 밀려오는 깨달음이 있었습니다. '지금까지 나는 너무나도 제사의 의미를 모르고 드려 왔구나. 그 양 한 마리, 소 한 마리의 죽음이야말로 내 사랑하는 아들, 내가 가장 아끼는 것, 나 자신을 대신하는 죽음이었구나!'

이삭을 바치는 제사를 통해서 하나님께서 보여 주고자 하시는 것이 무엇입니까? 제사는 단순히 짐승 한 마리 죽이는 것이 아니라는 것입니다. 예배는 단순히 한두 시간 정도 하나님 앞에 나와 앉아 있으면서 시간을 희생하고 물질을 바치는 것이 아니라는 것입니다. 실제로 내 아들을 죽이는 심정으로, 나 자신을 죽이는 심정으로 임해야 한다는 것입니다. 그 이유가 무엇입니까? 하나님께서는 우리에게도 그만큼 소중한 것을 주시기 때문입니다. 하나님께서 우리에게 주시려고 하시는 것이 무엇입니까? 그것은 진정한 용서입니다. 하나님의 가장 사랑하는 아들을 죽여서 아들의 그 피로써 죽을 수밖에 없는 우리를 용서하고 새로운 삶을 주시려는 것입니다.

사람들은 자기 자식만 중요한 줄 압니다. 부모에게 자기 자식만큼 중요한 사람이 어디 있겠습니까? 하나님도 마찬가지입니다. 하나님께도 그렇게 사랑하는 아들이 있었습니다. 그러나 이 아들은 우리가 생각하는 아들과 다릅니다. 아들이 생기려면 어머니가 있어야 하는데, 이 아들은 어머니가 없는 아들입니다. 출생의 과정이 아닌 방법으로 영원 전에 아버지로부터 직접 나신 아들입니다. 그러면서도 그의 신성과 영광과 존귀는 성부 하나님과 똑같습니다. 성부 하나님께서 이 아들 하나님을 얼마나 사랑하셨는지 하늘에 있는 모든 천사들보다 더 사랑하셨고, 우주에 있는 모든 피조물보다 더 사랑하셨습니다. 그런데도 우리에게 새로운 생명을 주기 위해서, 우리 죄를 용서하기 위해서, 이 존귀한 분을 희생시키셨습니다.

예수님은 하나님의 아들이니까 아무렇지도 않을 거라고 생각해서는 안 됩니다. 자기 아들은 중요하게 여기면서 하나님의 아들은 영원하니까 죽어도 된다고 생각하면 안 돼요. 하나님께서는 이렇게 가장 사랑하는 아들 하나님, 그 신성과 존귀와 영광이 모든 천사와 피조물과는 비교도 되지 않는 그 아들 하나님을 죽여서, 그 피로 우리에게 새로운 생명을 주셨습니다. 그것을 고백하는 것이 제사요, 그것을 체험하는 것이 예배입니다.

제사는 이처럼 우리 죄를 대신해서 하나님의 가장 존귀한 분이 죽었다는 것을 고백하는 것입니다. 지금까지 아브라함은 짐승을 죽여 왔기 때문에 짐승이 우리 죄를 대신한다고 생각했습니다.

그러나 제사를 드릴 때마다 죽는 짐승은 상징일 뿐입니다. 진짜 희생당한 제물은 짐승이 아니라 하나님의 가장 존귀한 아들이었습니다. 우리도 우리 아들 딸을 사랑하지 않습니까? 그만큼 하나님도 아들을 사랑하셨습니다. 천사나 모든 피조물이나 이 세상 그 누구보다 이 아들을 더 사랑하셨습니다. 이 아들이 대신 죽고 우리가 구원을 얻은 것입니다.

하나님께서는 우리의 예배를 통해서 그 사랑의 천 분의 일, 만 분의 일이라도 우리 가운데서 재연되며 느껴지고 감사와 찬양으로 고백되기를 바라고 계십니다. 그래서 아브라함에게 그 아들을 제물로 정해 주신 것입니다. "오늘 제물은 너의 사랑하는 독자 이삭이다. 양이나 소로는 안 된다. 네 아들을 바쳐라." 이것은 단순히 아브라함의 믿음을 시험하시기 위한 것이 아닙니다. 예배를 드리는 가운데 하나님이 얼마나 엄청난 희생을 치르고 우리를 용서하셨으며, 우리가 새로운 하나님의 백성으로 사는 것이 얼마나 값진 일인지 깨닫기를 바라시는 마음이 여기에 나타나고 있습니다.

여러분, 오늘 예배에 하나님께 드리기 위해서 무엇을 가지고 왔습니까? 그냥 오면 안 됩니다. 자기의 가장 귀중한 것을 가지고 와야 합니다. 예배는 놀러 오는 것이 아닙니다. 사람을 만나기 위해서 오는 것이 아닙니다. 예배는 그런 것이 아닙니다. 나의 가장 귀중한 것을 꺼내 놓고 내 손으로 그것을 칼로 찌르는 것입니다. 아브라함이 자신의 가장 소중한 아들을 제단 나무 위에 묶어 놓고 죽이려고 칼을 쳐들었던 것처럼 나도 가장 아까운 것, 가장 귀한 것을 하나님 앞에 내어놓고 칼로 찌르는 것입니다.

여러분에게 가장 바치기 어려운 것은 무엇입니까? 어떤 사람은 자신의 젊음을 바치기 싫어합니다. 예배드리는 그 한 시간이 그렇게 아까울 수가 없습니다. 또 어떤 사람은 야망을 포기하기 싫어합니다. 어떤 사람은 죄를 청산하기 싫어합니다. 그런 젊음이나 야망이나 죄를 칼로 찌르지 않는 한, 우리의 예배는 예배가 될 수 없습니다.

우리는 아무 생각 없이 예배를 드리려 해서는 안 됩니다. 하나님께서는 오늘 우리가 드리는 이 예배가 십자가 사건의 재연이 되기를 원하십니다. 하나님께서 사랑하는 아들의 손에 못을 박게 하시고 그 옆구리에 창을 찌르게 하시고 차마 그 얼굴을 볼 수 없어서 대낮에 하늘이 캄캄해지고 땅이 울었던 것처럼, 나의 가장 아까운 부분, 포기하기 싫은 부분, 자존심, 욕심, 아직도 포기하지 못한 것들을 내놓고 찌를 때, 비로소 예배가 예배 되는 것입니다.

예배를 드릴 때마다 하나님의 그 심정이 우리 가운데서 재연되어야 합니다. 그러기 위해서는 절대로 버릴 수 없는 그것을 내어놓아야 합니다. 어떤 사람은 자기의 생각을 절대로 안 버립니다. 수없이 예배를 드려도 자기의 생각을 그대로 가지고 있어요. 그것을 칼로 찔러야 합니다. 포기해 버려야 합니다. 10년을 믿고 20년을 믿어도 자기 생각이 변화되지 않는다면, 그것은 예배를 드린 것이 아니고 하나님을 조롱한 것입니다. 예배드리면서 매번 하나님을 조롱한 거예요.

칼을 들어야 합니다. 칼을 들어서 나의 잘못된 생각을 찔러 쪼개야 합니다. 그렇지 않으면 그것은 예배가 아니라 종교적인 유희가 되어 버립니다. 누군가 나를 대신하여 고통을 받았을 때 내가 그런 수고나 고통을 받지 않았다고 해서 기뻐하고 좋아하는 사람은 인간이 덜 된 사람입니다. 비록 그 사람처럼 될 수는 없지만, 내 수준에서 뭔가 그 사람의 고통을 재연해 보고 조금이라도 같이 나누려고 해야 사람다운 것이지요.

오늘 하나님께서 우리에게 말씀하시는 것이 무엇입니까? "나는 너에게 새로운 삶을 주기 위해 나의 가장 사랑하는 독자를 죽였다. 너는 무엇을 죽이겠느냐?" 가장 포기하기 힘든 그것을 가지고 나오라는 것입니다. 내 손으로 직접 그것을 찌르라는 것입니다. '아, 하나님이 원하시는 것은 짐승이 아니구나. 짐승을 바치는 이 제사는 상징에 불과하고, 실제로 하나님이 원하시는 것은 내가 가장 사랑하는 아들을 바치는 것이구나. 포기하기 싫은 것을 포기하는 것이구나. 하나님, 이 예배를 통해서 저는 제 생각이 틀렸다는 것을 인정합니다. 오늘부터 제 생활 습관을 뜯어고치겠습니다. 제 야망을 버리겠습니다. 제 젊음에 대한 저의 계획을 포기하겠습니다. 하나님이 알아서 하십시오.' 이렇게 할 때 비로소 그 예배가 예배되는 것입니다. 예배를 드리기 전이나 후나 똑같은 상태로 집에 가는 사람은 하나님의 얼굴에 침을 뱉고 가는 것이나 마찬가지입니다. 하나님이 원하시는 것은 한두 시간 교회에 앉아 있다 가는 것이 아닙니다. 내 중심을 쪼개는 것입니다.

여러분, 우리는 오늘까지 예배드린다고 하면서 얼마나 하나님을 조롱했는지 깊이 반성해야 합니다. 놀러 오는 심정으로 예배드리는 것은 예배드리지 않는 것보다 훨씬 못합니다. 그런 사람은 예배드리고 나서 오히려 훨씬 마음이 굳어집니다. 지금 내놓으십시오. 내가 포기하기 싫은 것, 예수는 믿지만 '그래도 나는 이런 식으로 살아야 한다'고 생각했던 것을 쪼개기 전까지는 예배를 드린 것이 아닙니다. 나의 자존심을 쪼개십시오. 아직 버리지 못한 죄를 쪼개십시오. 썩어 버린 가치관을 쪼개십시오. 돈에 대한 욕심을 쪼개십시오. 오늘 손에 칼을 잡고 팔을 높이 드십시오.

예수님이 십자가에 달려서 꼼짝하지 못하고 죽었던 것처럼 자신을 매달아야 합니다. 아들이나 딸을 바치는 심정으로, 아내나 남편을 바치는 심정으로 예배드려야 합니다. "하나님, 저에게 아들이 있고 자식이 있지만 하나님을 더 사랑합니다. 사랑하는 사람과 결혼했지만 저는 하나님을 더 사랑합니다." 토요일까지 부부싸움 하다가 와서 예배가 무엇인지도 모르면서 앉아 있거나, 토요일까지 정신 없이 술 마시고 친구 만나고 티브이 보다 와서 조는 짓은 이제 그만두어야 합니다. 언제까지 그렇게 하나님을 업신여기려고 합니까?

자기의 가장 아픈 부분을 내놓으십시오. 포기하기 싫은 것을 내놓으십시오. 그래야 변합니다. 그전에는 절대로 변하지 않습니다. 하나님의 은혜가 아무리 폭포같이 쏟아져도 그 사람은 변하지 않습니다.

이삭을 살려 주시다

아브라함이 손을 들어 이삭을 죽이려고 했을 때 하나님은 어떻게 반응하셨습니까? 아주 급하게 아브라함을 불러서 아들을 죽이지 못하게 막으셨습니다. 11절과 12절을 보십시오.

> 여호와의 사자가 하늘에서부터 그를 불러 가라사대 아브라함아 아브라함아 하시는지라 아브라함이 가로되 내가 여기 있나이다 하매 사자가 가라사대 아이에게 네 손을 대지 말라 아무 일도 그에게 하지 말라 네가 네 아들 네 독자라도 내게 아끼지 아니하였으니 내가 이제야 네가 하나님을 경외하는 줄을 아노라

언제는 이삭을 죽이라고 하시더니, 이제는 또 죽이지 못하게 하신다고 해서 하나님을 변덕스럽다고 말할 수는 없습니다. 왜냐하면 제물을 결정하시는 분은 하나님이시기 때문입니다. 사실 그 어떤 것도 제물로 합당치 못합니다. 하나님께서는 그리스도의 희생을 가장 잘 나타내기 위하여 이삭을 제물로 바치라고 하신 것입니다. 실제로 이삭이 죽는다고 해서 하나님의 아들의 죽음을 대신할 수는 없습니다. 짐승보다 몇천 배 나은 제물이긴 하겠지만 그래도 제물로서는 여전히 부족합니다. 하나님께서는 이삭보다 훨씬 못한 숫양으로 만족하시고 이삭을 도로 아브라함에게 돌려주셨습니다.

이것은 하나님께서 우리에게 궁극적으로 원하시는 것이 무

엇인지 보여 줍니다. 원래 하나님은 이삭을 제물로 바치기를 원하지 않으셨습니다. 오히려 하나님은 이방인들이 자기 신에게 강력한 요구를 하기 위해 아들을 제물로 바치는 것을 아주 싫어하셨습니다. 그것은 너무나도 잔인한 짓이며 하나님께서 가장 가증스럽게 생각하시는 짓입니다.

그렇다면 하나님께서 정말 원하시는 것이 무엇입니까? 예배를 통하여 하나님이 얼마나 큰 희생을 치르고 우리를 구원하셨는지를 조금이라도 체험하는 것입니다. 예배를 통하여 내가 가장 포기하기 싫은 그것을 포기하는 것입니다. 칼을 들어 그것을 내리치는 것입니다. 그러면 하나님이 어떻게 하십니까? 그것을 망치는 것이 아니라 다시 돌려주십니다. 내가 포기하기 싫은 젊음을 하나님 앞에서 포기할 때 나의 젊음을 망치게 하거나 가기 싫은 곳에 억지로 선교사로 보내서 죽이시는 것이 아니라 그 젊음을 나에게 다시 돌려주십니다. 나의 야망을 하나님의 제단 앞에서 칼로 내리칠 때 새로운 소망을 돌려주십니다.

아브라함이 가장 포기하기 힘든 것은 사랑하는 아들 이삭이었습니다. 어쩌면 이스마엘을 내보내고 난 후 더욱더 이삭에게 집착했는지도 모릅니다. 그러나 그런 이삭을 모리아 산에서 바쳤을 때 하나님은 그를 돌려주셨습니다. 그러나 그 이삭은 더 이상 아브라함의 이삭이 아니라 하나님의 이삭이었습니다.

여러분의 직장을 하나님 앞에 바치면 하나님은 그 직장을 돌려주십니다. 그러나 그 직장은 더 이상 여러분의 것이 아니라 하나님의 것이 됩니다. 지금까지 주 안에서 성공했던 여러 사람들은 자기가 사장으로 군림하는 것이 아니라, 그 직장을 하나님께 바쳐서 하나님을 사장으로 모시고 자신은 그 밑에서 월급을 받는 직원으로 일했기에 성공한 것입니다. "이것은 하나님의 일입니다. 이제 저는 하나님의 방법대로 하겠습니다. 저는 그냥 직원이고 하나님이 사장이십니다. 망하게 하려면 망하게 하십시오. 이제 하나님의 일이니까요." 이렇게 할 때 월급도 받고 기업도 잘 보존됩니다. 하나님의 주식회사는 영원히 잘되는 법입니다.

다윗은 한 번도 자신을 왕으로 생각하지 않았습니다. 오히려 하나님이 왕이시고 자기는 그 밑에 있는 부하라고 생각했습니다. 그래서 하나님은 다윗을 그토록 사랑하셨고 다윗의 등불이 영원히 꺼지지 않을 것이라고 말씀하셨습니다. 내가 자식을 끔찍이 사랑한다고 해서 자식이 잘되는 게 아닙니다. 끔찍이 사랑한 자식은 끔찍하게 변하고, 오히려 포기했던 자식이 더 잘되는 것을 볼 때가 많습니다. 우리는 염려하는 만큼 일을 잘 해내지 못합니다.

하나님께서 우리에게 원하시는 것이 무엇입니까? 하나님께서 진정으로 우리 삶의 주인이 되시는 것입니다. 우리가 하나님 앞에 나와서 바치는 것은 모두 하나님의 일이 됩니다. 옛날 이스라엘의 지도자 중 믿음의 용사들은 전쟁이 터졌을 때 그 전쟁을 자신의 전쟁으로 만들지 않았습니다. 그들은 총사령관의 자리에서 내려와 하나님을 그 자리에 모심으로써 그 전쟁을 하나님의 전쟁으로 만들었습니다. 그래서 싸울 때마다 승리했습니다. 누군가 나를 공격합니까? 그것이 하나님의 일이 되게 하십시오. 무언가 생각하고 있는 일이 있습니까? 그것이 하나님의 일이 되게 하십시오. 그러면 반드시 승리합니다.

하나님께서 아브라함에게 원하신 것은 이삭을 죽이는 잔인한 아버지가 되는 것이 아니었습니다. 또 이삭을 죽인 후 기적으로 다시 살리는 것도 아니었습니다. 하나님이 원하신 것은, 아브라함으로 하여금 이삭을 바치게 한 후에 도로 주심으로써, 이삭을 아브라함의 아들이 아닌 하나님의 아들이 되게 하는 것이었습니다. 자식을 옆에 끼고 돌수록, 치맛바람으로 싸면 쌀수록 이상해지게 되어 있습니다. 자식을 하나님께 바치십시오. 그러면 하나님의 것으로 다시 돌려주실 것입니다. 이제 그 아들이나 딸의 모든 문제는 곧 하나님의 문제가 됩니다.

모세의 어머니가 한 일이 바로 이것이었습니다. 그는 아들을 낳아서 숨겨 키웠습니다. 그러나 아기가 커 갈수록 울음소리가 커져서 도저히 숨겨 키울 수 없게 되었습니다. 그래서 누구에게 바쳤습니까? 바로의 공주의 아들로 그냥 입양을 시켜 버렸습니다. 그랬더니 그 아들이 다시 돌아왔습니다. 그냥 돌아온 것이 아니고 더 안전하게 돌아왔습니다. 이제는 이 아이의 생명을 걱정할 필요가 없습니다. 내가 키우기는 해도 이제 내 아들이 아니라 공주의 아들이기 때문입니다.

하나님께서 우리의 젊음을 바치라고 하시는 것은 우리의 젊음을 망치시겠다는 뜻이 아닙니다. 우리의 꿈을 바치라고 하시는 것은 우리를 꿈 없는 패배자로 만드시겠다는 뜻이 아닙니다. 오늘 우리의 모든 죄스러운 삶을 바치라고 하시는 것은 취미도 재미도 전혀 없는 수도승 같은 삶을 살게 하시겠다는 뜻이 아닙니다. 하나님께서 우리의 가장 귀한 것을 바치라고 하시는 것은 우리 안에 새로운 소망을 주시기 위해서입니다. 우리의 삶을 가장 아름답게 하시기 위해서입니다. 이런 사람의 삶은 어느 누구도 빼앗아 갈 수가 없습니다.

여러분의 가정을 주님께 바치십시오. 여러분의 자녀들을 하나님께 맡기십시오. 그러면 더 안전하고 더 존귀하게 돌려주실 것입니다.

여호와 이레의 하나님

하나님의 사자가 이삭을 죽이지 말라고 제지하는 말을 아브라함이 듣고 주위를 돌아보았을 때, 숫양 한 마리가 뿔이 수풀에 걸린 채 꼼짝하지 못하고 있는 것을 보게 되었습니다. 그는 그 숫양을 가져와서 이삭을 대신하여 하나님께 번제로 드렸습니다. 그리고 그곳 이름을 '여호와 이레'라고 지었습니다. 이것은 '여호와께서 준비해 주신다'는 뜻입니다.

> 아브라함이 눈을 들어 살펴본즉 한 숫양이 뒤에 있는데 뿔이 수풀에 걸렸는지라 아브라함이 가서 그 숫양을 가져다가 아들을 대신하여 번제로 드렸더라 아브라함이 그 땅 이름을 여호와 이레라 하였으므로 오늘까지 사람들이 이르기를 여호와의 산에서 준비되리라 하더라(22:13, 14).

아브라함은 하나의 숙제를 가지고 하나님의 산을 찾아왔습니다. 그 숙제는 과연 이삭을 제물로 바쳐야 하느냐 하는 것이었습니다. 아브라함은 답을 알 수가 없었습니다. 그가 알 수 있는 것은 이 시험은 하나님이 주신 것이며 자신은 이 시험에서 승리하리라는 것뿐이었습니다. 이삭이 죽을지 살지는 알 수 없습니다. 그러나 분명한 것은 그가 이삭과 함께 집으로 돌아오리라는 것입니다.

이삭은 오는 길에 아브라함에게 물었습니다. "아버지, 나무와 불은 여기 있는데 번제할 양은 어디 있어요?" 바로 그것이 문제였습니다. 나무와 불은 준비되었는데 제물은 과연 어느 것입니까? 아브라함은 알 수가 없었습니다. 그래서 이렇게 대답했습니다. "하나님이 자기를 위하여 친히 준비하시리라." '이레'라는 말의 뜻이 무엇입니까? 하나님이 필요한 것을 미리 준비했다가 공급해 주신다는 것입니다.

우리는 여기서 두 가지를 생각해 볼 수 있습니다. 첫째로, 하나님께서 주신 시험은 그 시험 안에 반드시 답이 있습니다. 하나님께서 아브라함에게 시험을 주셨습니다. 이 시험은 너무나도 어려운 시험이어서 도저히 감당할 수가 없었습니다. 그러나 그가 믿은 것이 무엇입니까? 하나님께서 자기에게 어떤 어려움을 주실 때에는 반드시 그 안에 답이 있다는 것입니다. 하나님이 주신 시험은 그 안에 답이 있습니다. 그래서 아브라함은 사람에게 달려가서 도움을 요청하지 않았습니다. 담임 선생님이 학생들에게 문제를 냈다면 다른 반 선생님에게 달려갈 필요가 없습니다. 그 담임 선생님이 답을 알고 계시기 때문입니다.

여러분이 그리스도인이고 여러분이 성도임에도 불구하고 어려움이 왔습니까? 그렇다면 이 어려움은 하나님이 주신 것입니다. 이것을 해결하기 위해 다른 사람에게 달려가지 마십시오. 하나님은 미리 답을 가지고 그런 어려움을 주신 것입니다. 아브라함이 하나님의 이 엄청난 요구 앞에서 조금도 당황하지 않고 아들을 죽이려고 한 이유가 무엇입니까? 이 시험은 하나님이 주신 것이며, 자신은 그 답을 모르지만 하나님은 반드시 알고 계신다는 믿음 때문입니다. 내가 이 시험을 기쁨으로 감당할 때 당황하시면서 나를 지켜 주시고 보호해 주실 분은 오히려 하나님이십니다.

하나님께서 얼마나 급하게 아브라함을 부르고 계십니까? 혹시라도 그가 너무 순종을 잘해서 이삭을 죽이기라도 할까 봐 두 번씩이나 다급하게 아브라함을 부르고 계십니다. 우리는 오늘 본문에서 아이러니를 볼 수 있습니다. 당황해야 하고 불안해야 할 아브라함은 여유가 있고, 오히려 하나님의 사자가 당황해하고 조급해하는 것입니다. 사실 하나님은 다급해하시지 않습니다. 그러나 아브라함처럼 하나님이 주신 어려움과 시험을 기쁨으로 감당하는 사람이 있을 때에는 그를 다급하게 지켜 주시지 않을 수 없습니다.

오늘날에는 이런 믿음을 보기가 너무나도 어렵습니다. 하나님께서 다급하게 저지할 정도로 너무나도 빨리 하나님의 말씀을 붙들고 걸어가는, 오히려 하나님이 막 말려야 하는 믿음을 찾기가 아주 어려워요. 미리 자기 생각 다 하고 빠질 구멍 다 파 놓고 하나님께 나아옵니다.

하나님께서 우리의 죄를 책망하시고 낭패를 겪게 하실 때 불평하거나 반항하지 마십시오. 하나님께는 우리의 모든 죄를 책임질 수 있는 방법이 있습입니다. 아브라함에게 이삭을 바치라고 하셨을 때 하나님께서는 이미 대책이 있었습니다. 그 대책은 숫양이 아닙니다. 숫양 한 마리를 믿고 그런 엄청난 요구를 하신 게 아니에요. 하나님의 대책은 그분 자신의 아들이었습니다. 숫양은 그 대책을 보여 주는 상징일 뿐입니다.

하나님께서 우리에게 엄청난 요구를 하시는 것은 그만한 준비가 되어 있기 때문입니다. 하나님께서 나에게 젊음을 바치라고 하신다면 젊음이 준비되어 있는 것입니다. 하나님께서 나에게 직장을 포기하라고 하신다면 하나님의 직장이 준비되어 있는 것입니다. 하나님께서 나의 상처를 건드리십니까? 불안해하지 마십시오. 하나님은 깨끗하게 치료할 방법을 이미 가지고 계십니다.

둘째로 이 본문이 보여 주는 것은 여호와 하나님은 참으로 우리의 필요를 채워 주시는 하나님이시라는 것입니다. 모리아 산은 나무나 불조차 구할 수 없는 곳이었습니다. 그래서 아브라함은 이 모든 것을 준비해 왔습니다. 준비되지 않은 것은 제물뿐이었습니다. 그러나 하나님께서는 제물도 준비해 주셨습니다. 만약 그곳에 숫양이 없었더라면 아브라함은 제사를 드리지 못하고 돌아왔을 것입니다. 제사를 드리고 돌아오는 것과 제사를 드리지 않고 돌아오는 것에는 엄청난 차이가 있습니다. 만일 제사를 드리지 않고 돌아온다면 그것은 시험이 연기된 것밖에 되지 않습니다. 이삭은 하나님께 바쳐지지 못한 것입니다. 그러면 언제 또 다시 이런 시험을 쳐야 할지 모릅니다. 아브라함은 마음만 졸이고 아무것도 얻지 못한 것이 됩니다. 그러나 아브라함은 거기서 하나님께서 준비하신 제물로 제사를 드렸습니다. 그것은 이삭을 완전히 바친 것을 의미합니다. 시험이 연기된 것이 아니라 시험에서 승리한 것입니다.

꼭 있어야 할 것이 없을 때, 우리는 시험에 들기 쉽습니다. 집이 꼭 있어야 하는데 집이 없을 경우, 우리는 하나님의 능력을 의심합니다. 제가 목사가 되기 전에 직장 없이 몇 년을 지낸 적이 있었습니다. 그때 우리 집 아이가 저에게 이런 말을 했습니다. "아빠는 왜 다른 아빠들처럼 출근을 안 해요? 아빠도 나가서 돈 좀 벌어 오세요." 저에게는 참으로 가슴 아픈 말이었습니다. 만약 그때 "아빠가 출근하지 않는 것은 말이야, 하나님이 직장을 따로 준비해 놓으셨기 때문이야"라고 대답했다면 그 시험에서 승리한 것입니다. 그런데 정말 제가 그렇게 멋진 대답을 했는지 기억이 나지 않습니다.

또 친구들이 이렇게 물을 때도 있을 것입니다. "네 나이가 굉장히 많은데 결혼도 못 했으니 어떻게 하니?" 아마 당사자에게는 이것보다 더 가슴 아픈 질문이 없을 것입니다. 염려해 준다고 하는 말이지만 본인에게는 치명적이지요. 그때 만약 "그건 하나님이 준비하신 사람이 있기 때문이야. 여호와의 산에서 준비될 거야"라고 대답할 수 있다면 그 사람은 시험에서 이긴 것입니다.

여러분, 모리아 산의 수풀에 숫양의 뿔이 걸려 있었다고 해서 거기는 늘 그런 식으로 숫양이 돌아다니다가 심심하면 뿔이 걸리는 곳이라고 생각해서는 안 됩니다. 오히려 정반대입니다. 모리아 산은 숫양은 고사하고 나무나 불도 구할 수 없는 곳이었습니다. 제사를 드리기에 가장 부적합한 곳이었어요. 그런데 하나님께서는 그곳에 제물을 준비해서 제사를 드릴 수 있게 하셨고, 아브라함이 빈손으로 돌아오지 않게 하셨습니다.

하나님은 우리에게 필요한 것이 무엇인지 알고 계십니다. 하나님은 제물을 준비할 가능성이 전혀 없으며 도저히 제사드릴 수 없는 그 모리아 산에서 준비해 주실 것입니다. 하나님의 산에서 준비해 주실 것입니다. 하나님께서 나의 모든 것을 다 빼앗아 가시고 실패와 절망의 수렁에 빠뜨리시는 그곳이 곧 하나님의 산입니다. 하나님은 바로 거기에서 나를 영광스럽게 하실 것이며, 아무것도 없는 그곳에서 나의 삶 전부로 영광스러운 제사를 드리게 하실 것입니다. 아브라함은 혹시나 하는 마음으로 여분의 양을 가지고 가지 않았습니다. 그러나 하나님께서는 또 다른 방법으로 제물을 준비하셔서 제사를 드리게 하셨고, 아브라함은 결국 승리했습니다.

오늘 우리가 드리는 이 예배가 그냥 형식적으로 드리는 예배가 되지 않게 합시다. 가장 포기하기 싫은 것, 내어놓기 싫은 것, 고백하기 싫은 것, 계속 붙들고 싶은 그것을 내어놓고 팔을 높이 듭시다. 나의 시간이나 미래의 계획을 하나님이 마음껏 사용하실 수 있도록 나의 미래를 칼로 찌릅시다. 그러면 하나님께서 어느 누구도 건드릴 수 없는 가장 안전한 계획을 우리에게 주실 것입니다. 내가 가장 포기하기 힘든 부분, 가장 완강한 그 부분을 칼로 찍어서 쪼개십시오. 그래서 그 아들 예수 그리스도를 우리에게 주시고 십자가 위에서 희생시키신 그 희생과 사랑이 천분의 일, 아니 만분의 일이라도 오늘 이 예배를 통하여 재연되게 합시다.

이것이 우리가 드릴 영적 예배입니다. 신약 시대에 살고 있는 우리는 제물마저 없는 예배를 드리기 때문에 허망한 생각에 빠져서 보내기 쉽습니다. 정신을 차려야 합니다. 어린아이들과 눈이나 맞추고 옆에 있는 사람들과 이야기나 나누고 일주일 동안 지녔던 허망한 생각을 하면서 드리는 예배는 가장 헛되고 무의미한 예배입니다. 칼을 꺼내 들고 팔을 높이 들어야 합니다. 하나님께 무관심하려고 하는, 예수 그리스도를 잊으려고 하는, 나 자신을 중심에 놓으려고 하는 생각들을 힘껏 내리쳐야 합니다.

하나님께서 나에게 주시지 않은 것이 있습니까? 두려워하지 마십시오. 집을 주시지 않거나 직장을 주시지 않거나 결혼할 배필을 주시지 않는 것을 두려워하지 마십시오. 하나님의 산에서 준비될 것입니다. 그 산으로 힘껏 올라갑시다.

28

시험 후에 오는 영광

우리나라에는 '몬주익의 영웅'이 있습니다. 이것은 마라톤으로 금메달을 딴 선수를 두고 하는 말입니다. 올림픽에 많은 금메달이 있지만 마라톤의 금메달에 가장 큰 영광을 돌리는 것은, 마라톤이야말로 인간이 극복할 수 있는 가장 어려운 경기라고 생각하기 때문입니다. 마라톤은 자신의 한계와 싸우는 것입니다. 그래서 그 선수는 금메달을 따고 난 후, 달리기를 하는 도중에 차에 덤벼들어서 죽고 싶었을 때가 많았다고 실토했습니다. 마라톤은 이렇게 힘든 운동이지만 우승을 하면 최고의 영예를 얻을 수 있습니다. 그러나 그 영예는 그렇게 오래 가지 않습니다. 왜냐하면 다음 해에 또 새로운 경기가 열리고, 또 새로운 영웅이 탄생하기 때문입니다.

하나님께서 우리에게 주시는 시험도 모두 다 같은 것이 아닙니다. 쉬운 것이 있고 어려운 것이 있습니다. 운동 경기로 치면 마라톤처럼, 하나님께서 주시는 가장 어려운 시험은 바로 아브라함이 경험한 것과 같은 시험입니다. 오늘 본문에서는 하나님께서 이 최고의 시험에서 승리한 아브라함에게 최고의 영예를 주시는 모습을 볼 수 있습니다.

그리스도인에게 믿음은 무엇입니까? 하나님의 신실하심을 붙드는 것입니다. 하나님이 이 세상 모든 만물을 주관하고 계시며 나에 대해 선한 뜻을 가지고 계신다는 것을 어떤 형편이나 처지에도 붙들고 믿는 것입니다. 그리고 시험은 우리가 과연 하나님의 신실하심을 붙들고 사는지를 테스트하는 것입니다.

시험에는 소극적인 것과 적극적인 것이 있습니다. 소극적인 시험은 내가 진심으로 하나님을 믿고 사랑하는데도 계속 어려움이 찾아오는 것입니다. 때로는 일이 뜻대로 되지 않을 수도 있습니다. 가난할 수도 있습니다. 먹을 것이 없을 수도 있습니다. 자식이 병들 수도 있고, 부모님이 돌아가실 수도 있습니다. 그런 경우에 우리는 하나님의 선하심을 붙들기가 어렵습니다. 편안할 때에는 하나님을 잘 의지하던 사람도 어려움이 오면 하나님을 부정하고 자기 방법으로 달려가는 경우가 많습니다. 그러면 그는 시험에서 실패한 것입니다.

적극적인 시험도 있습니다. 이것은 단순히 상황만 어려운 것이 아니라 누군가가 찾아와서 내 속에 있는 교만을 부추겨서 적극적으로 죄를 짓게 만드는 것입니다. 교만을 충동질해서 자기 것이 아닌 다른 사람의 물건을 탐내게도 하고, 다른 사람의 아내나 남편에게 음란한 생각을 품게 하기도 하며, 때로는 자기 안에 있는 가능성을 다 개발해서 스스로 높아지게 만들기도 하는 것입니다. 우리는 가난하고 병드는 것 같은 소극적인 시험을 어렵게 생각하지만, 실제로 훨씬 더 견디기 어려운 것은 이런 적극적인 시험입니다.

예수님께서도 사역을 시작하실 때 시험을 당하셨습니다. 이 시험에는 소극적인 시험과 적극적인 시험이 다 들어 있습니다. 우선 예수님은 40일을 굶주리셨습니다. 이것은 소극적인 시험입니다. 그러나 소극적인 시험이라고 해서 약한 것으로 생각해서는 안 됩니다. 40일을 굶는다는 것은 엄청난 고통이며 사실 목숨이 위태로운 지경까지 가는 것입니다. 그러나 예수님은 하나님을 원망하지 않았습니다. 그리고 이때까지는 누가 와서 건드리지 않았습니다.

이보다 더 어려운 시험은 그 뒤에 찾아왔습니다. 마귀는 예수님을 찾아와 잠재적인 능력을 다 사용하라고 부추겼습니다. "이 바보야! 왜 그렇게 굶고 있냐? 너는 분명히 이 돌을 떡으로 만들 수 있잖아. 왜 그 능력을 사용하지 않지?" 사실 예수님 안에는 무궁무진한 힘과 지혜와 능력이 있습니다. 마귀는 그것을 다 개발해서 사용하라고 충동질했습니다. 마귀는 또 높은 곳에서 뛰어내리라고도 하고, 자기에게 절을 하면 이 세상 모든 영광을 다 주겠다고도 했습니다. 이것은 적극적으로 그를 교만하게 하여 스스로 높아지게 하려는 시험이었습니다. 40일을 굶으면서 버티는 것보다 더 어려운 것은 이처럼 자기 속에 분명히 그 능력이 있는데도 능력을 사용하지 않고 하나님의 때와 방법을 기다리는 것입니다.

요셉도 이 두 가지 시험을 다 받았습니다. 그는 형들의 미움을 받아 애굽에 노예로 팔려 갔습니다. 이것은 소극적인 시험이고, 성도로서 당하는 고난입니다. 그러나 곧 그에게 시험하는 자가 찾아왔습니다. 주인 보디발의 아내가 젊은 요셉을 유혹한 것입니다. 그러나 요셉은 "주인이 이 모든 재산을 나에게 맡겼지만 당신은 나에게 맡긴 적이 없습니다. 그뿐 아니라 내가 당신을 범한다면 하나님 앞에서 가장 무서운 죄를 짓는 것입니다"라고 말하면서 분명하게 거부했습니다. 노예로 버티는 것보다 더 어려웠던 것은 이 여자의 유혹을 물리치는 것이었습니다.

우리에게는 이 두 가지 시험이 다 찾아옵니다. 어떤 때는 육체적인 어려움이 찾아옵니다. 경제적으로 어렵습니다. 일이 뜻대로 되지 않습니다. 이런 어려운 환경이 우리로 하여금 하나님을 부인하게 할 때가 많습니다. 그러나 이보다 훨씬 더 어려운 시험은 마귀가 내 속에 적극적으로 교만한 마음을 불어넣어서 죄짓게 하는 것입니다.

그런데 이 두 가지 시험보다 훨씬 더 어려운 시험이 있습니다. 그것이 무엇입니까? 소극적인 시험이나 적극적인 시험이 아닌, 말도 되지 않는 시험입니다. 하나님께서 아브라함에게 사랑하는 아들 이삭을 번제물로 바치라고 요구하신 것은 말도 되지 않는 시험입니다. '정말 하나님이 정상적일까?' 하는 의심이 들 정도의 이 시험이야말로 가장 어려운 시험입니다.

처녀 마리아에게 결혼도 하지 않고 아들을 낳으라는 것이 말이 됩니까? 예수 그리스도께 예루살렘에 올라가서 십자가에 못 박혀 죽으라는 것이 말이 됩니까? 그러나 이처럼 소극적인 고난도 아니고 누군가가 나의 교만을 충동질하는 것도 아닌, 도저히 이성적으로 이해할 수도 없고 말도 안 되는 시험들 속에 하나님의 은혜가 있고 영광이 있습니다.

오늘 본문은 아브라함이 이 놀라운 시험에서 믿음으로 승리했을 때 하나님께서 그에게 주신 축복의 말씀을 기록하고 있습니다.

아브라함의 승리

아브라함은 가장 어려운 시험을 믿음으로 이겼습니다. 왜 아브라함이 당한 이 시험이 가장 어려운 고난도의 시험입니까? 도저히 이성적으로는 이해할 수 없는 시험이었기 때문입니다. 이것은 아브라함이 지금까지 살면서 당한 모든 시험과는 완전히 달랐습니다. 백 살이 될 때까지 아기를 낳지 못하고 기다린 시험, 본토, 친척, 아비 집을 버리고 길을 떠나 방황했던 시험, 수많은 더위와 추위와 사람들에게 쫓기는 시험들을 모두 합한 것보다 더 어려운 시험이었습니다.

아브라함이 어떻게 이 시험을 이길 수 있었습니까? 그는 자기 자신의 이성을 믿지 않았습니다. 아무리 이해가 되지 않는 요구라 하더라도 '하나님은 선한 뜻을 가지고 계신다'는 것을 믿었습니다. 어려운 처지에 있을 때 '비록 내가 이런 지경에 빠져 있을지라

도 하나님은 여전히 이 세상을 다스리시며 나에 대한 선한 뜻을 가
지고 계신다'는 것을 끝까지 붙드는 이것이 믿음입니다. '설사 하나
님께서 그 선한 뜻을 보여 주지 않으시고 내 생명이 여기서 끝난다
하더라도 나는 하나님의 의를 붙들고 죽겠다'는 것이 믿음입니다.

우리가 유혹에 넘어가면 안 되는 이유가 무엇입니까? 유혹
에 넘어가는 것은 하나님의 통치를 부정하는 것이기 때문입니다.
우리에게는 넘어서는 안 될 선이 있습니다. 그 선을 넘어가는 것은
사람을 해치는 일이 될 뿐 아니라 그것을 못하게 하신 하나님을 거
역하는 일이 됩니다. 비록 나의 욕망은 채우지 못할지라도 하나님
의 선한 통치를 인정하면서 그 통치에 복종하는 것이 믿음입니다.
아브라함은 말도 되지 않는 하나님의 요구 앞에서 하나님의 선하신
뜻을 인정했습니다. '하나님의 생각은 나와는 다르다'는 것이 그의
믿음이었습니다. 하나님께서 그 믿음을 어떻게 인정해 주셨습니까?

> 여호와의 사자가 하늘에서부터 두 번째 아브라함을 불러 가라사대 여
> 호와께서 이르시기를 내가 나를 가르켜 맹세하노니 네가 이같이 행하
> 여 네 아들 네 독자를 아끼지 아니하였은즉(22:15, 16).

하나님은 아브라함의 믿음을 인정하시면서 자기 자신을 가
리켜 맹세하고 계십니다. 하나님이 자신을 가리켜 맹세하는 것은
하나님보다 더 높으신 분이 없기 때문이기도 하지만, 이보다 더 장
엄하고 엄숙하며 영광스러운 말씀이 없기 때문이기도 합니다. 이처
럼 하나님께서는 아브라함이 자신의 아들까지 아끼지 않고 하나님
의 말씀에 복종했을 때 자신의 이름을 걸고 맹세하시면서까지 그의
믿음을 인정해 주셨습니다.

우리에게 오는 시험이 소극적이든 적극적이든, 말이 되든
안 되든 간에 그 시험을 이기는 자에게는 하나님의 칭찬과 상급과
인정이 따라옵니다. 우리는 그것을 기대해야 합니다. 야고보 사도

는 무엇이라고 말씀하고 있습니까?

> 시험을 참는 자는 복이 있도다 이것에 옳다 인정하심을 받은 후에 주
> 께서 자기를 사랑하는 자들에게 약속하신 생명의 면류관을 얻을 것
> 임이니라(약 1:12).

이 당시에는 운동 경기가 많이 열렸습니다. 그 운동 경기에서 우승한 자들에게는 월계관을 씌워 주고 아주 큰 영광을 돌렸습니다. 그러나 그 월계관은 생명의 면류관이 아니었습니다. 왜냐하면 그 월계관 자체가 며칠 가지 못하고 시들어 버렸기 때문입니다. 그리고 다음 경기가 시작되면 모든 영광은 새로운 승리자에게 돌려집니다. 그러나 하나님의 시험은 그렇지 않습니다. 그 승리의 면류관은 생명의 면류관이기 때문에 결코 시들지 않습니다. 영원히 없어지지 않는 면류관, 이것이 시험을 이긴 자들에게 주는 하나님의 상급입니다.

물론 아브라함의 승리는 많은 사람들에게 알려지지 않았을 것입니다. 그러나 이 세상에서는 많이 알려지지 않았는지 몰라도 하나님의 나라에서는 가장 큰 승리로 알려졌습니다. 아브라함의 승리의 소식은 하늘 나라의 모든 천사들, 모든 성도들 사이에 알려지고 선포되었으며, 그는 모든 천사들 중에서 가장 존귀함을 받는 승리자가 되었습니다. 이 세상은 하나님 나라가 아닙니다. 그래서 하나님 나라의 중요한 일이 이 세상에는 알려지지 않습니다. 그러나 하늘에서는 그렇지 않습니다. 그때 그때 중요한 일이 선포되며, 모든 천사들과 성도들에게 알려집니다. 아마 아브라함이 천국에 갔을 때, 그를 모르는 천사가 없었을 거예요. 가장 귀한 존귀와 영광이 그에게 돌아갔을 테니 말입니다. 천사는 지금 그 사실을 아브라함에게 알려 주고 있는 것입니다.

하나님께서는 승리한 아브라함에게 부상으로 아들 이삭을

돌려주셨습니다. 죽을 뻔한 아들 이삭을 돌려받는 것보다 더 큰 상급이 어디 있겠습니까? 게다가 다시 돌려받은 이삭은 이전의 이삭이 아니었습니다. 이전의 이삭은 아브라함의 아들이었지만, 돌려받은 이삭은 죽음 가운데서 되찾은 하나님의 아들이었습니다. 아브라함은 어느 누구도 건드릴 수 없고 어느 누구도 해칠 수 없는 영광된 하나님의 아들로서 이삭을 돌려받은 것입니다. 히브리서에서 말씀하고 있는 것이 무엇입니까?

> 아브라함은 시험을 받을 때에 믿음으로 이삭을 드렸으니 저는 약속을 받은 자로되 그 독생자를 드렸느니라 저에게 이미 말씀하시기를 네 자손이라 칭할 자는 이삭으로 말미암으리라 하셨으니 저가 하나님이 능히 죽은 자 가운데서 다시 살리실 줄로 생각한지라 비유컨대 죽은 자 가운데서 도로 받은 것이니라(히 11:17-19).

아브라함이 이삭을 드리는 시험을 통해 생각한 것이 무엇입니까? 그것은 이 시험 속에 도저히 자기 머리로는 풀리지 않는 미스터리가 있다는 것입니다. 분명히 하나님께서는 이삭을 통해 후손이 오리라고 약속을 하셨습니다. 그런데 지금 이삭을 죽이라고 하십니다. 어떻게 죽은 이삭이 후손을 낳을 수 있겠습니까?

바로 이것이 어려운 문제였습니다. 그 어려운 문제를 통해 아브라함이 발견한 것이 무엇입니까? 이삭은 죽더라도 다시 살아서 그 약속을 성취해야 한다는 것입니다. 그는 이삭이 다시 살 것을 믿었습니다. 그는 이 시험을 통해 부활이라는 것을 생각하게 되었고 그것을 자신의 신앙으로 받아들이게 되었습니다.

욥의 신앙이 바로 이런 것입니다. 욥은 의인이 이 세상에서 꼭 잘사는 것은 아니라는 사실을 알았습니다. 악인이 잘사는 경우도 너무 많았어요. 세상은 공평하지 않았습니다. 그런데 하나님은 공평한 분이십니다. 이 미스터리를 어떻게 풀어야 합니까? 결국 욥은 부활이 있어야 한다는 결론을 내리지 않을 수 없었습니다. 이 세상은 모든 것의 끝이 될 수 없으며 이 세상 이후에 다른 세상이 있어야 한다는 것입니다. 욥은 자신의 시험을 통하여 다음 세상을 내다보게 되었고 그것을 자기 신앙으로 붙들었습니다. 그래서 그는 환난 가운데에서도 "나의 이 가죽, 이것이 썩은 후에 내가 육체 밖에서 하나님을 보리라"(욥 19:26)고 말할 수 있었습니다. 하나님께서는 욥의 신앙이 옳다는 것을 친구들 앞에서 인정해 주셨습니다.

결국 우리의 시험이 무엇입니까? 오늘 이 세상의 한계와 풀리지 않는 미스터리를 어떻게 뛰어넘느냐 하는 것입니다. 이 세상은 모든 것의 완전한 귀결이 아닙니다. 그럼에도 불구하고 하나님은 공의를 말씀하시고 우리에 대한 축복을 말씀하십니다. 결국 믿음을 가진 성도들이 마지막에 내리게 되는 결론이 무엇입니까? 이 세상이 전부가 아니라는 것입니다. 부활이 있으며, 하나님의 약속이 죽음 이후까지 적용된다는 것입니다.

부활의 신앙을 가진 자들의 특징은 죽음을 두려워하지 않는 것입니다. 나에 대한 하나님의 약속은 죽음 이후까지 적용되어야 한다는 믿음이 있기 때문입니다. 그래서 하나님의 말씀을 끝까지 붙듭니다. 이럴 때 인간의 상식으로는 도저히 이해할 수 없는 하나님의 말씀에 순종할 수 있게 되며, 하나님 앞에서 영원한 면류관을 쓰는 자가 되는 것입니다.

이것은 단지 아브라함의 시험만이 아닙니다. 우리 모두가 넘어가야 할 시험입니다. 우리의 신앙이 어떤 한계를 넘어서지 못하는 이유가 무엇입니까? 아무리 믿어도 변하지 않고 그 모습 그대로인 이유가 무엇입니까? 하나님의 말씀에 순종하지 못하는 이유가 무엇입니까? 죽음을 뛰어넘지 못해서 그렇습니다. 이 세상 안에서 볼장을 다 보려고 하니까, 보고 싶은 것 다 보고 먹고 싶은 것 다 먹고 가지고 싶은 것 다 가지려고 하니까 하나님의 말씀이 말씀 되지 못하는 것입니다. 그래서 믿는 자와 믿지 않는 자의 차이가 근본적으로 없어집니다.

우리는 몸을 가지고 있기 때문에 타협을 해야 하고 욕구를 충족시켜야 하고 정욕에 굴복하지 않을 수 없습니다. 그러나 하나님께서는 아브라함에게 하셨던 것처럼 먼저 작은 것을 버리는 훈련을 하게 하십니다. 처음에는 자기의 취미를 포기합니다. 주위에 있는 친구들은 미쳤다고 이야기합니다. "야, 그런 취미도 없이 무슨 재미로 사냐? 예수 믿는 것이 절에 들어가는 일인 줄 알아? 왜 취미를 버려?" 취미를 버린 다음에는 자기 자랑을 버립니다. 그러다가 나중에는 어떻게 됩니까? 자기가 가장 포기하기 힘들었던 인간적인 것들을 포기하고 목숨을 바쳐서 하나님의 말씀에 복종합니다. 그는 이 세상에서 모든 것을 보상받으려고 하지 않습니다. 그는 부활을 믿으며 부활 뒤의 영광을 바라봅니다. 이런 사람은 천사보다 뛰어난 순종을 하는 것입니다. 아무것도 버리지 않는 사람은 시험을 칠 의사가 없는 학생과 같습니다. 자고 싶을 때 다 자고 놀고 싶을 때 다 노는 학생은 결코 좋은 성적을 거두지 못할 것입니다.

영국 어느 교회에 카이젤 콧수염을 엄청나게 아끼고 자랑하는 사람이 하나 있었습니다. 그는 자신의 콧수염에 큰 만족감을 느꼈습니다. 이야기할 때도 항상 수염을 만지작거렸고, 음식을 먹을 때도 수염에 묻을까 봐 수시로 닦았으며, 누가 수염에 대해 농담을 하면 당장 싸움을 걸었습니다. 그런데 어느 날 전교인이 깜짝 놀랄 만한 일이 일어났습니다. 이 사람이 콧수염을 완전히 밀고 나타난 것입니다. 사람들은 그에게 도대체 무슨 일이 있었길래 수염을 밀고 왔는지 의아해하며 모두 걱정을 했습니다. 목사님이 물어도 좀처럼 입을 열지 않던 그 사람이 어느 날 결국 이유를 설명해 주었습니다. 자신이 콧수염을 밀어 버린 것은 그 콧수염이 주님을 기쁘게 하지 못한다는 것을 깨달았기 때문이라는 것입니다. 그는 주님을 위해 자신의 작은 자랑 하나를 버린 것입니다.

죽음을 극복하지 못하고 이 세상에서 모든 것을 다 누리려고 하는 자들은 생명의 면류관을 얻지 못할 것입니다. 근본적으로 신앙과 불신앙의 차이가 나타나지 않습니다. 신앙과 불신앙의 차이는 죽음을 통과할 때 나타납니다. 죽음 앞에서 담대할 수 있을 때, 이 세상에서 모든 것을 끝장내려고 하지 않을 때, 성경이 성경 되고 믿음이 믿음 되는 것입니다. 그런 사람은 하나님이 자신의 이름을 걸고 맹세하는 이 엄청난 축복을 받게 될 것입니다. 죽음을 극복해야 합니다. 이 세상의 재미와 자랑을 버리지 않고는 "네가 이같이 행하여 네 아들 독자를 아끼지 아니하였은즉"이라고 하는 이 엄청난 칭찬의 말씀을 듣지 못할 것입니다.

후손의 의미

하나님께서는 믿음으로 승리한 아브라함에게 후손을 통한 놀라운 축복을 약속하셨습니다. 17절을 보십시오.

내게 네게 큰 복을 주고 네 씨로 크게 성하여 하늘의 별과 같고 바닷가의 모래와 같게 하리니 네 씨가 그 대적의 문을 얻으리라

하나님께서 아브라함에게 주시는 축복은 우리가 이 세상에서 흔히 경험하는 그런 축복이 아닙니다. 이것은 너무나도 특별한 축복입니다. 하나님께서는 아브라함의 후손이 하늘의 별처럼, 바닷가의 모래처럼 많아질 것이라고 약속하십니다.

하나님께서 주시는 이 축복은 이 세상의 축복이 아닙니다. 이 세상의 축복은 이미 있는 것을 나누어 가지는 것입니다. 예를 들어 놀이터에 있는 그네나 시소를 누가 차지하느냐와 같은 것입니다. 부귀나 영화는 새로운 것이 아닙니다. 마치 의자를 서로 돌아가면서 차지하는 것과 같습니다. 의자는 하나밖에 없습니다. 그것

을 서로 돌아가면서 앉아 보는 것이 권력인 것입니다. 물론 그런 의자에 앉지 못하는 사람에 비해서는 앉은 사람이 엄청나게 축복을 받은 것이지만 새롭지는 않습니다. 해 아래 새것은 아무것도 없습니다.

그러나 하나님께서 아브라함에게 주시는 축복은 그런 것이 아닙니다. 이 축복은 이미 있는 것을 서로 나누어 차지하는 것이 아니라 전적으로 새로운 것입니다. 집안에 이미 있던 가구의 배치를 바꾸는 것도 신선한 맛을 줍니다. 그러나 가구를 새로 사들여오는 것보다는 새롭지 못할 것입니다. 이 세상 사람들이 축복이라고 생각하는 것은 이미 있는 가구의 배치를 바꾸는 정도밖에 되지 않습니다. 그러나 하나님께서 아브라함에게 주시는 것은 전적으로 새로운 것입니다.

그 축복이 무엇입니까? 후손을 엄청나게 많이 주시는 것입니다. 하늘의 별이나 바닷가의 모래만큼 자손이 많아질 것이라고 약속하고 계십니다. 그리고 그 후손이 대적의 문을 얻을 것이라고 말씀하십니다. 문자적인 의미로만 생각하면 아브라함의 자손이 아주 많아져서 모든 대적들을 이기고 승리하는 아주 강한 나라가 되리라는 약속 같습니다. 그러나 여기서 생각해야 할 것은 이 후손이 두 가지 의미로 나타나고 있다는 사실입니다.

하나는 단수로서의 후손입니다. 이 경우에 후손은 어떤 한 사람을 지칭합니다. 또 하나는 복수로서의 후손입니다. 이 경우에 후손은 실제로 많은 사람들을 의미합니다. 이제 우리에게 떠오르는 의문은 어떻게 아브라함의 자손이 한 사람을 가리키면서 동시에 많은 사람들을 의미할 수 있느냐 하는 것입니다.

석류 열매를 한번 생각해 보십시오. 석류 열매는 하나입니다. 그러나 그 안에는 많은 씨가 들어 있습니다. 하나님께서 아브라함에게 주시려고 하는 후손은 단순히 많은 후손이 아닙니다. 한 사람 안에 들어 있는 많은 후손입니다. 마치 석류 열매 안에 많은 씨가 들어 있는 것처럼, 한 사람이 이들을 싸고 있고 이들을 대표하고 있으며 영원히 지키고 있습니다.

아브라함은 그 대표가 될 수 없습니다. 왜냐하면 그는 죽어야 하는 사람이기 때문입니다. 아브라함의 한 후손은 죽으면 안 됩니다. 여러 후손들을 영원히 지키기 위해 살아 있어야 합니다. 그리고 그 수많은 후손들은 자연 상태로 아브라함한테서 태어나기만 하면 되는 것이 아니라 어떻게 해서든지 그 한 후손 안에 들어가야 합니다.

바로 이것이 하나님께서 아브라함에게 주시려는 축복입니다. 사실 구약의 한계가 여기에 있습니다. 무언가 특별한 의미가 있다는 것은 알겠는데 그것이 정확하게 무엇을 의미하는지 구약 자체만으로는 알 수 없는 것입니다. 이 아브라함의 축복은 신약 시대에 와서 예수 그리스도를 통하여 구체화됩니다.

이스라엘 백성들은 처음에 모세가 그 후손인 줄 알았습니다. 그러나 모세는 가나안 땅에 들어가 보지도 못하고 요단강 동편에서 죽었습니다. 다음에 이스라엘 백성들은 다윗이 그 씨인 줄 알았습니다. 그러나 하나님은 그가 아니라고 말씀하셨습니다. 다윗이 성전을 지으려고 할 때에도 "너는 짓지 마라. 너의 씨가 성전을 지을 것이다"라고 하셨습니다. 다윗이 시편에서 노래한 것이 무엇입니까? '그분'의 시체는 썩을 수 없다는 것입니다. '그분'의 영혼은 음부에 버림당하지 않으리라는 것입니다. 그 후손이 누구입니까? 사망의 권세를 깨뜨리고 부활하신 예수 그리스도입니다. 이삭이 죽은 자 가운데서 살아나서 하나님의 약속을 성취한 것처럼 죽은 자 가운데서 다시 살아나서 하나님의 약속을 성취한 예수 그리스도입니다. 하늘의 별이나 바닷가의 모래처럼 많은 후손은 모두 이 한 후손 예수를 믿고 하나님의 백성이 된 사람들을 의미합니다.

그러면 아브라함이 한 일은 무엇입니까? 그는 그리스도를 밝혀 주는 등대가 되었습니다. 먼 바다에 있는 배가 밤에 항구에 들어오려면 어디로 와야 하는지 알 수 없습니다. 그래서 등대가 있어야 합니다. 배들은 먼 곳에서 등대를 보고 방향을 잡아서 안전하게 항구에 들어올 수 있습니다. 하나님께서 아브라함에게 주신 축복은 이 세상에서 부자가 되는 것이 아니었습니다. 오래 사는 축복이 아니었습니다. 영원히 죽지 않는 하나님의 아들을 안내하는 등대의 역할을 하여 하나님의 나라가 임하게 하는 것이었습니다.

이 세상에서 가장 귀한 축복이 무엇입니까? 높은 자리에 오르는 것이 아닙니다. 권세를 가지는 것이 아닙니다. 이 세상에서는 누구에겐가 그런 권세를 주어야 합니다. 그렇게 하지 않으면 사회가 유지되지 않기 때문입니다. 사회를 지키기 위해서는 별 계급장을 단 사람에게 막강한 권세를 주어야 합니다. 그러나 그도 자리에서 물러나면 그만입니다. 또 사회가 돌아가려면 누군가는 돈을 많이 가져야겠지만, 일단 돈을 잃으면 아무도 그 사람을 거들떠보지 않습니다. 그러나 이 세상에서 가장 큰 축복의 사람들이 있습니다. 그들이 누구입니까? 하나님 나라가 임하게 하는 사람입니다. 자기 자신을 등대로 밝혀서 자신을 보고 하나님의 나라가 임하게 하며, 하나님의 성령의 역사가 자신을 통하여 이루어지도록 안내자 역할을 하는 그 사람이 가장 존귀한 자입니다.

이 세상에 가장 필요한 일은 성령이 오시는 것입니다. 우리 마음속에 성령만 오신다면 해결되지 못할 문제가 없습니다. 성령은 늘 새롭게 하시고 치료하시며 죄를 이기게 하시고 영원히 살게 하시고 죽은 몸도 살려 놓으십니다. 성령은 갈등과 분쟁과 모든 문제를 다 해결하십니다. 이 성령을 임하게 하신 분이 누구입니까? 예수 그리스도입니다. 아브라함은 먼 곳에서 이 예수 그리스도의 안내자 역할을 했습니다. 그리고 그 후 이 세상에 살게 될 모든 그리스도인들로 하여금 바른 신앙이 무엇이며 참된 하나님의 축복이 무엇인지를 보여 주는 지표가 되었습니다.

어떤 사람은 인류에게 불을 가져 온 프로메테우스 신이 가장 귀하다고 말합니다. 인간에게 불은 정말 중요한 것입니다. 그러나 불보다 더 중요한 것이 무엇입니까? 자기 자신의 모습을 하나님 앞에서 깨닫고 자신의 죄를 버리며 그분 앞에서 믿음으로 사는 것입니다. 그래서 하나님이 주신 형상을 되찾게 하시는 거룩한 영인 성령의 역사가 가장 귀중한 것입니다. 예수님은 바로 이 성령을 우리에게 부어 주셨습니다.

그리스도 안에 있는 많은 후손들이 할 일이 무엇입니까? 모두 각자의 영역에서 다른 사람들에게 성령의 역사가 나타나게 하는 것입니다. 또 다른 작은 예수가 되는 것입니다. 하나님께서는 가장 귀한 성령의 역사를 바로 그리스도 안에 있는 이 후손들을 통해 이루시겠다고 약속하고 계십니다. 여러분, 성령의 역사는 정말 새로운 것입니다. 이 세상에 있는 것들을 재배치해서 효율을 극대화하는 것이 아닙니다. 완전히 새로운 사람을 만드는 것입니다. 나를 통하여 성령의 역사가 나타나는 것, 나를 통하여 다른 사람이 자기 자신의 존귀함을 되찾고 자신의 삶을 고치는 것, 새 사람이 되는 것, 이것이야말로 가장 복된 일입니다.

이 후손이 어떤 일을 할 것이라고 약속하십니까? 대적의 문을 얻으리라고 하십니다. 문은 옛날이나 오늘이나 중요한 것입니다. 문을 장악하기만 하면 그 안에 들어 있는 사람은 포로나 마찬가지입니다. 결국 다 항복하게 되어 있습니다. 피를 흘리지 않고서도 그 안에 있는 사람들을 다 굴복시킬 수 있습니다.

그리스도께서 하실 일은 대적의 문을 얻는 것입니다. 마귀를 굴복시키는 것입니다. 어떻게 굴복시키셨습니까? 이 세상에 있는 모든 악의 세력과 일일이 싸우는 대신 자기 자신을 하나님의 말씀에 쳐 복종시킴으로써 그분의 용서를 받아 내셨습니다. 그리고 그 용서의 결과로 모든 믿는 사람에게 성령을 퍼부어 주심으로써 우리의 가치를 되찾아 주셨습니다.

이 세상에 마귀가 날뛰는 것은 인간들이 깨닫지 못하기 때문입니다. 마귀는 깨닫지 못하는 사람들을 충동질하고 성질이 급한 사람을 부추겨서 이 세상의 모든 악한 일을 하고 있습니다. 마귀는 사람들을 충동질하지 않고서는 아무것도 할 수 없습니다. 그리스도 께서 하신 일은 깨닫지 못하는 모든 자의 마음속에 성령의 깨달음을 주셔서 자신의 존귀함을 깨닫고 삶을 바꾸게 하심으로써 마귀를 꼼짝하지 못하게 묶으신 것입니다. 사람이 바뀌면 마귀는 꼼짝하지 못합니다.

'대적의 문을 얻는다'는 것을 여호수아서에서는 '원수들의 목을 발로 밟는다'는 말로 표현하고 있습니다. 요즘 규칙을 위반한 자들에게 '빠떼루'를 준다는 말이 유행인데 이것은 빠떼루 이상입니다. 목을 발로 밟으면 꼼짝할 수가 없습니다. 여호수아는 막게다 굴에 숨어 있는 다섯 명의 가나안 왕들을 잡아 끌고 와서 그 목을 발로 밟았습니다. 이것은 우리가 이 세상에서 어떤 식으로 사탄과 싸워 이길 것인지를 보여 줍니다. 오늘날 사탄과 악의 세력에게 빠 떼루만 주는 것으로는 너무 약합니다. 대적은 다시 고개를 쳐들고 반항할 것입니다. 빠떼루를 줄 것이 아니라 그 목을 발로 밟아야 합니다.

아직도 사탄은 무지한 사람들을 유혹해서 하나님을 대항하게 하고 있습니다. 얼마 되지도 않는 인간의 지식과 기술로 하나님을 부정하게 만들고, 하나님께 돌아갈 영광을 죄인들에게 돌리게 하고 있습니다. 오늘 우리는 그 안에 들어 있는 모든 속임수를 찾아 내서 사탄의 목을 밟아야 합니다. 다시는 고개를 쳐들지 못하도록 밟아야 합니다.

시험을 이긴 후

오늘 우리는 이 세상에 살면서 우리의 믿음을 테스트하는 많은 시험들을 받습니다. 그때 우리의 태도를 하나로 요약해 보면 '하나님을 믿을 수 없다'는 것입니다. '나를 이 지경에 빠뜨린 하나님을 더 이상 믿을 수 없고, 나에게 이런 신체적인 어려움을 준 하나님을 믿을 수 없으며, 우리 집에 이런 가난을 준 하나님을 믿을 수 없고, 우리 부모님을 이렇게 병들게 한 하나님을 믿을 수 없다'는 것입니다. 나의 욕구를 채우고 싶기 때문에 하나님이 정하신 한계를 더 이상 인정할 수 없는 것이지요.

이 시험을 어떻게 이길 수 있습니까? 나의 어려운 상황에도 불구하고 이 세상 전체를 하나님이 다스리고 계시며, 나에 대해 선한 뜻을 가지고 계시다는 것을 끝까지 붙들어야 합니다. 눈에 보이는 것은 아무것도 없지만 나에 대한 선한 뜻을 끝까지 믿을 때, 하나님은 나를 옳다고 인정하시고 상을 주십니다. 어떤 상입니까? 나를 존귀하게 하시는 상입니다. 하나님은 시험에서 이긴 자를 이 세상에서 참으로 존귀하게 하십니다. 어느 누구도 감히 업신여기지 못하도록 붙들어 주십니다.

이 상은 두 가지로 나타납니다. 하나는 그에게서 성령의 역사가 떠나지 않는 것입니다. 사람 안에 있는 선한 생각이나 느낌은 오래 가지 않습니다. 우리의 믿음은 조금만 어려운 일을 당해도 바닥을 보일 때가 많습니다. 평소에는 믿음이 좋은 줄 알았는데 어려움만 오면 바닥 긁히는 소리가 들리면서, 거의 믿음 없는 사람처럼 되어 버립니다.

그러나 하나님의 선하심을 믿는 사람은 하나님 앞에 무릎을 꿇고 "하나님, 제 신앙이 바닥나고 있습니다. 도와주십시오" 하고 기도합니다. 그러면 하나님의 성령이 이슬처럼 메마른 심령에 새로이 임하셔서 충만히 채워 놓으십니다. 밖의 날씨가 아무리 추워도 마음은 그렇게 따뜻할 수가 없습니다. 굶어서 배가 고파도 마음은 그렇게 풍성할 수가 없습니다. 몸은 지쳐 있어도 마음속에서는 얼마나 새로운 힘이 솟아나는지 모릅니다.

아침에는 성령 충만했는데, 이 사람 저 사람 만나다보니 그 기쁨이 모두 없어지고 아주 신경질적으로 변해 있는 것을 경험한 적이 있을 것입니다. 그때 주님 앞에 무릎을 꿇고 기도드리면 어떤 일이 일어납니까? 자기 자신이 알 수 있도록 성령이 임하시는 것을 체험하게 됩니다. 내 속에 성령이 차오르는 것이 느껴집니다. 성령은 참 놀라운 분입니다. 성령은 인격이시면서도 물처럼 부어지기도 하고 채워지기도 합니다. 이것이 성령의 영원한 미스터리입니다. 믿음에서 승리한 사람에게는 이런 성령의 역사가 나타납니다. 또한 하나님께서는 승리한 사람의 기도를 응답해 주심으로써 그를 존귀하게 하십니다. 듣기 좋은 말이야 누가 못 합니까? 그 기도의 말이 응답되는 사람이 진짜 존귀한 사람이지요.

그러면 믿음은 있지만 승리하지 못한 사람에게는 성령의 역사가 나타나지 않습니까? 저는 그렇게 생각하지는 않습니다. 참으로 그리스도를 믿는 사람은 시험을 이기게 되어 있습니다. 단지 믿음을 붙들고 있지 않기 때문에 시험을 이기지 못하고 시간을 지연하고 있는 것입니다.

하나님 앞에 이렇게 존귀한 자가 되기 위해서는 어떻게 해야 합니까? 무언가 버리는 것이 있어야 합니다. 하나님 앞에서 아무것도 버리지 않은 사람은 아무것도 요구할 것이 없는 사람입니다. 버린 만큼 주님을 사랑하는 것입니다. 재산을 버리면 그 버린 재산만큼 주님을 사랑하는 것입니다. 목숨을 버리면 그 버린 목숨만큼 하나님을 사랑하는 것입니다. 아무것도 포기하지 않고 입으로만 하나님을 사랑한다고 말하는 사람은 닦지도 않은 그 냄새나는 입만큼만 하나님을 사랑하는 것입니다.

하나님을 위하여 버리는 것을 두려워하지 마십시오. 여러분의 젊음을 포기하면 하나님의 젊음으로 돌아올 것입니다. 여러분의 자녀를 포기하면 하나님의 자녀로 돌아올 것입니다. 여러분의 목숨을 버리면 영원한 생명이신 주님의 목숨으로 돌아오게 될 것입니다. 신실하신 하나님께서는 우리가 버리는 것 이상의 많은 새로운 것으로 우리를 축복하시고 충만하게 하실 것입니다.

29

사라의
죽음과 장사

이제 막 신병훈련소를 나와서 이병 계급장을 달고 군대생활을 시작하는 신병들에게는 제대 신고하러 다니는 군인들이 그렇게 부러울 수가 없습니다. 그리고 이제 막 제대하는 군인들은 막 군대생활을 시작하는 신병들을 볼 때, 저 사람들이 언제 군대생활을 다 마칠는지 한심한 생각이 들 것입니다.

인생에서도 마찬가지입니다. 사람은 자기가 원하건 원하지 않건 반드시 거쳐 가야 할 길이 있습니다. 독일인들은 이것을 세 대의 차로 표현한다고 합니다. 하나는 아기들이 타고 다니는 유모차이고, 다른 하나는 결혼식 때 타는 색종이 달린 신혼차입니다. 그리고 또 다른 하나는 장례식 때 타는 검은색 리무진입니다.

장례식에 가 보면 신앙을 가진 사람과 가지지 않은 사람이 그렇게 다를 수가 없습니다. 신앙을 가지지 않은 사람의 장례식에서는 할 말이 아무것도 없습니다. 죽은 사람도 말이 없고 산 사람도 말이 없습니다. 그러나 그리스도인의 죽음에는 소망이 있고 기쁨이 있고 위로가 있고 할 말이 있습니다. 성도의 죽음은 마치 군인이 영광스럽게 제대하는 것과 같습니다. 그는 이제 무거운 짐을 벗고 안식하기 위하여 제대 신고를 하는 군인과 같습니다. 그리스도 안에서 죽은 자들에 대한 약속과 축복이 성경에는 너무나도 많이 있습니다.

그러면 살아 있는 성도는 누구입니까? 이제 계속 전쟁을 치러야 하는 신병입니다. 그는 이제 막 군화끈을 묶고 있는 사람으로서, 전쟁을 치르기 위하여 이를 악물고 전쟁터로 나가야 합니다. 그러나 그리스도 안에서 잠자는 성도들은 군화끈을 푸는 군인과 같습니다. 그는 자신의 싸움을 다 싸웠습니다. 이제 그를 기다리고 있는 것은 완전한 안식입니다.

오늘 본문은 아브라함의 아내 사라의 죽음에 대해 말씀하고 있습니다. 사라는 영원한 아름다움을 지닌 여성입니다. 아마 오드리 헵번보다 더 젊고 아름다운 미모를 끝까지 지녔을 것입니다. 그러나 드디어 사라도 나이 많아 죽게 되었습니다. 아브라함은 사라의 죽음을 애통해합니다. 그러나 그는 어떤 일을 해야만 했습니다. 사라를 매장할 땅이 전혀 없었기 때문입니다. 하나님께서는 아브라함에게 땅을 조금도 주지 않으셨습니다.

아브라함은 이 문제를 그곳에 살고 있는 헷 족속과 의논했습니다. 그들은 아브라함이 원하는 대로 아무 무덤이나 사용해도 좋다고 대답했습니다. 그러나 아브라함은 기어코 값을 주고 땅을 사서 거기에 사라를 매장했습니다. 사라의 무덤은 이스라엘 백성들이 가나안 땅에서 최초로 소유한 땅이 되었습니다.

사라의 죽음

오늘 본문에 나타나고 있는 사라의 죽음은 무엇을 의미합니까? 단순히 이 세상에서 사라의 생명이 끝났다는 것만을 의미하지는 않습니다. 사라의 죽음은 사라가 이 세상에서 자신이 싸울 싸움을 모두 마치고 영광스럽게 하나님의 품으로 들어간 것을 의미합니다.

사라가 백이십칠 세를 살았으니 이것이 곧 사라의 향년이라(23:1).

사라의 영적인 싸움은 아브라함의 영적인 싸움과 똑같이 시작되었습니다. 아브라함이 하나님의 말씀에 사로잡혀서 안정된 삶을 모두 버리고 유랑하기 시작하면서 사라의 삶에도 근본적인 변화가 찾아왔습니다. 아브라함이 하란을 떠난 후 사라의 삶은 그야말로 전쟁의 연속이었습니다. 사라가 겪었던 모든 어려움은 아브라함과 관계가 있는 것이었습니다.

우선 아브라함은 새로운 곳으로 이사하기만 하면 적응하지 못하고, 누군가 사라를 빼앗기 위하여 자기를 죽이리라는 강박 관념에 시달리곤 했습니다. 실제로 사라는 두 번이나 다른 사람의 아내가 되었던 적이 있습니다. 이것은 완전히 빼앗긴 것입니다. 아내를 빼앗긴 남편도 남편이지만 남편을 오빠라고 속이고 다른 사람의 아내로 들어가 있는 여자의 마음은 또 얼마나 안타까웠겠습니까? 그러나 사라는 한 번도 아브라함을 무시하거나 업신여긴 적이 없었습니다. 아무리 이해가 되지 않아도 아브라함을 믿고 기다렸습니다. 사실 아브라함을 믿었다기보다는 아브라함의 하나님을 믿었던 것입니다. 사라는 아브라함을 '주'라고 불렀습니다. 그것은 사라가 남편을 절대시했다는 뜻이 아닙니다. 하나님이 남편을 통하여 일하신다는 것을 믿었다는 뜻입니다. 사라는 남편을 통하여 하나님을 보았습니다.

그럼에도 불구하고 사라에게는 가장 큰 시험이 있었는데, 그것은 자식을 낳지 못하는 것이었습니다. 이 당시에 자식을 낳지 못하는 여자는 사람 구실을 제대로 못하는 존재로 받아들여졌을 뿐 아니라 살 가치가 없는 사람으로 여겨졌습니다. 사라는 참으로 아름다웠지만 하나님은 그를 자식 문제로 한없이 낮추셨습니다. 하나님께서 사라를 이토록 낮추신 것은 참으로 그를 사랑하셨기 때문이었고, 그로 하여금 믿음의 어머니가 되게 하기 위해서였습니다.

사라는 중간에 믿음에서 탈선한 적이 있었습니다. 그는 하나님의 말씀에 굳게 서지 못했습니다. 자신은 자식 낳기엔 이미 늦었으니 아브라함이 더 늙기 전에 아들을 얻어야 한다는 생각에 첩을 얻어서 말할 수 없는 치욕과 고통을 맛보았습니다.

사라의 영적인 싸움이 무엇입니까? 끝까지 기다리는 것이었습니다. 그는 이미 여자로서 자식을 낳을 수 있는 나이가 지났지만 하나님의 말씀을 붙들었습니다. 그리고 그의 나이가 90세에 이르렀을 때 하나님의 말씀이 역사하기 시작했습니다. 사라 안에 고장 난 부분을 치료하셔서 임신하게 하시고 드디어 아들을 낳게 하신 것입니다. 그때 사라가 한 말이 무엇입니까? "하나님이 나로 웃게 하시니 듣는 자가 다 나와 함께 웃으리로다." 사라는 하나님 앞에서 마음껏 웃을 수 있었습니다.

하나님께서 사라를 모든 믿는 자의 어머니로 세우신 이유가 무엇입니까? 끝까지 기다렸기 때문입니다. 그리고 말씀으로 이삭을 낳았기 때문입니다. 모든 믿는 자들은 자연적으로 태어나는 것이 아닙니다. 하나님의 말씀으로 만들어져야 합니다. 그런 의미에서 사라는 모든 믿는 자의 어머니입니다. 그는 끝까지 기다려서 믿음으로 아들을 낳았습니다. 믿는 사람들은 모두 말씀으로 만들어진 아들입니다. 그런 의미에서 모두 우리는 사라의 아들이라고 말할 수 있습니다. 다른 말로 표현하면 하나님께서는 끝까지 믿음으로 기다린 사라를 가장 존귀한 자로 만드신 것입니다.

사라의 죽음이 의미하는 것이 무엇입니까? 자신의 영적인 싸움을 다 싸우고 하나님 앞에서 영원히 안식하기 위하여 제대했다는 것입니다. 이 세상에는 두 가지 죽음이 있습니다. 하나는 신앙이 없는 자의 죽음입니다. 그 죽음은 그냥 죽는 것입니다. 지금까지 이 세상에서 살게 하신 하나님의 은혜가 끝나는 것입니다. 지금까지는 이 세상에서 자기 하고 싶은 대로 다 하면서 마음대로 살았습니다. 그러나 하나님께서 호각을 불면 이제 자유는 다 없어지고 하나님의 심판대 앞에 서서 이 세상에서 자기가 한 일에 대해 심판을 받아야 합니다. 신앙을 가지지 않은 자가 이 세상에서 한 일이 무엇이 있겠습니까? 전부 자기를 위하여 한 것밖에 없습니다. 그는 철저히 자기만을 위하여 살았습니다. 자기는 잊었을지 몰라도 지금까지 자기가 한 말이나 모든 행동들이 하나님 앞에 그대로 녹음되어 있고 녹화되어 있는 것을 볼 때, 차라리 무너지는 산 밑에 깔려 죽고 싶을 것입니다.

이 세상에서 사는 것은 그냥 사는 것이 아닙니다. 모든 것이 녹음되고 있고 녹화되고 있습니다. 우리는 남들에게 행한 약간의 선행을 가지고 얼마나 선전을 합니까? 조금이라도 그 사실을 모르는 사람이 있을까 봐 가는 곳곳마다 자랑을 해 댑니다. 그러나 그것과는 비교되지 않는 엄청난 죄들이 드러날 때, 죽고 싶어도 죽을 수 없게 될 것입니다.

그러나 또 다른 죽음이 있습니다. 그것은 그리스도인의 죽음입니다. 그리스도인의 죽음은 자신의 임무를 완수한 군인의 제대와 같습니다. 그는 자신이 싸울 싸움을 다 싸웠습니다. 더 이상 그가 싸울 것은 없습니다. 이제 그를 기다리고 있는 것은 영원한 안식뿐입니다. 그래서 그리스도인이 그리스도 안에서 죽는 것이야말로 가장 복된 일입니다. 아무리 이 세상에서 믿음생활 잘하고 있는 자라 하더라도 그는 아직 싸우고 있는 현역 군인입니다. 주 안에서 잠자는 자보다는 못합니다.

사라에게는 성취되지 못한 약속이 있었습니다. 그것은 이삭의 후손을 보는 일입니다. 사라나 아브라함은 이 세상의 죄를 없애시는 이삭의 후손을 보기를 기대했습니다. 그러나 결국 사라는 그 후손을 보지 못하고 죽었습니다. 사라가 죽었을 때 이삭은 아직 결혼하지 않았습니다. 그러나 사라는 죽은 후 거기서 그 영광의 후손을 보게 되었습니다. 그가 누구입니까? 그리스도입니다.

그래서 그리스도인들의 죽음은 단순히 이 세상 생명의 끝이 아닙니다. 상태의 변경이고 소속의 이동입니다. 사라는 아브라함을 통해서 보았던 주님을 직접 보게 되었습니다. 그리고 그렇게도 기다리던 후손을 더 가까이에서 모실 수 있게 되었습니다. 사라는 이 세상에서도 아름다웠지만 죽은 후에 더 완전한 아름다움을 가질 수 있었습니다. 그것은 영원히 늙지 않는 아름다움이었습니다. 그는 더 성숙한 모습으로, 더 완전하게 하나님과 그 아들 예수 그리스도 앞에 서 있을 수 있었습니다. 이것이 그리스도인의 죽음입니다.

오늘 우리들은 이제 막 군대생활을 시작하는 신병들입니다. 혼자서 편히 쉴 생각을 하거나 요령을 피울 생각을 해서는 안 됩니다. 우리는 지금 전쟁터에 나가기 위하여 군화끈을 매는 군인과 같습니다. 우리에게 주어진 싸움을 싸워야 합니다. 사라의 싸움에는 아브라함과 공통으로 싸워야 하는 싸움이 있었는가 하면 혼자서 치러야만 했던 싸움도 있었습니다. 오늘 우리들에게도 함께 싸워야 할 싸움이 있는가 하면 어느 누구도 도와줄 수 없는 혼자만의 싸움이 있습니다. 그 어느 것이든 우리는 우리에게 주어진 싸움을 싸워야 합니다.

출애굽한 이스라엘 백성들이 가나안 땅에 들어가지 못한 이유가 무엇입니까? 싸우기를 원치 않았기 때문입니다. 가나안 땅을 거저 주면 들어가려고 했습니다. 그러나 40명의 정탐군을 보내서 조사해 본 결과 그 땅을 차지하려면 많은 희생을 치러야 한다는 것을 알게 되자, 애굽으로 돌아가려고 했습니다. 이처럼 싸우기를 싫어하는 자들은 하늘의 영광을 차지할 수 없습니다. 여러분, 아무 부담 없이 편하게 믿는 것이 좋은 게 아닙니다. 그런 신앙은 마치 공짜로 가나안 땅을 차지하려고 했다가 실패한 이스라엘 자손들의 신앙과 같습니다.

신앙에 도전이 올 때 우리는 믿음으로 응전해야 합니다. 믿음으로 기다리든지 적극적으로 공격하든지 간에 믿음으로 응전해야 합니다. 그렇게 하지 않으면 기대할 수 있는 것이 아무것도 없습니다. 나에게 어떤 어려움이 닥치든지 간에 그것은 나의 믿음의 반응을 요구합니다. 물론 완전히 이길 수는 없습니다. 그러나 끝까지 인내하면서 싸워야 합니다. 때로는 사라처럼 납치될 때도 있고 때로는 엉뚱한 짓을 했다가 곤욕을 치를 때도 있을 것입니다. 그러나 끝까지 참기만 하면 하나님께서 모든 것을 다 해결해 주십니다.

벌써부터 휴식을 생각해서는 안 됩니다. 이 세상에 사는 동안에는 항상 싸워야 합니다. 우리가 죽어서 장사될 때에야 비로소 이 모든 영적 싸움의 부담에서 벗어나서 편안하게 안식할 수 있는 것입니다. 어떤 사람들은 청년부만 졸업하면 편안하게 신앙생활을 하려고 하고, 어떤 사람은 결혼만 하면 영적 부담을 벗으려 하며, 어떤 사람은 아이만 낳으면 영적 싸움을 포기하려고 합니다. 그것은 마치 신병이 제대한 군인을 흉내 내는 것과 같습니다.

죽을 때까지는 어느 누구도 편안하게 믿을 수 없습니다. 옆에서는 동료들이 피를 흘리면서 쓰러지고 있는데 자기만 편안하게 믿으려는 것은 주님을 반역하는 것입니다. 갈렙은 80세가 넘어서도 다시 전쟁터에 나갔습니다. 신앙에 '너무 늦었다'는 말은 없습니다. 살아서 호흡하는 자는 모두 영적인 전쟁에 참여해야 합니다.

아브라함이 치른 장례

장사 지내는 것을 보면 그 사람의 인생관과 가치관을 그대로 볼 수 있습니다. 아브라함은 사라의 죽음을 애도했습니다.

사라가 가나안 땅 헤브론, 곧 기럇아르바에서 죽으매 아브라함이 들어가서 사라를 위하여 슬퍼하며 애통하다가(23:2).

우리는 이 당시 장례 풍습이 어떠했는지 잘 모르기 때문에 아브라함의 장례가 헷 사람들의 장례와 어떻게 달랐는지 알 수 없습니다. 많은 주석가들은 아브라함이 사라를 위하여 애곡한 것을 그 당시 관례에 따른 행동이라는 식으로 설명하고 있습니다. 그러나 저는 그런 설명에 동의할 수가 없습니다. 아브라함의 죽음에 대한 태도가 하나님을 모르는 주위 사람들의 죽음에 대한 태도와 같을 수가 없습니다. 하나님의 백성과 하나님을 모르는 사람 사이의 가장 큰 차이는 바로 죽음에 대한 태도에서 나타나기 때문입니다.

헷 족속들은 죽음을 별로 대수롭지 않게 생각했던 것 같습니다. 대체로 그들은 사람을 땅에 매장했으며, 특별히 다른 의미를 부여하지는 않았던 것으로 보입니다. 죽음에 많은 의미를 부여한 사람들은 애굽인들이었습니다. 그들은 시신이 썩지 않도록 미이라를 만들었고 약 40일에 걸쳐 향품을 몸에 넣었습니다. 그리고 혹시 심판대에 서게 되는 경우를 대비해서 '사자의 서' 같은 것을 넣어 두었는데 거기에는 죽은 사람이 사는 동안에 이런 짓도 하지 않았고 저런 짓도 하지 않았다는 식의 변명들이 써 있습니다. 그러나 그 변명들은 전부 거짓말이었습니다.

아브라함은 사라의 죽음을 아주 귀하게 생각했습니다. 사라는 이 세상에서 끝까지 믿음으로 자신의 싸움을 잘 싸운 승리한 성도였기 때문입니다. 그래서 그는 사라를 위하여 슬퍼하며 애통했습니다.

요즘 워낙 묘지가 늘어나다 보니까 여러 가지 의견들이 속출하고 있는 것 같습니다. 주로 화장을 하자는 이야기가 많습니다. 물론 묘지가 차지하는 면적만 생각한다면 화장이 가장 간단할 것입니다. 그러나 그리스도인들은 화장을 좋아하지 않습니다. 우리는 몸을 아주 소중하게 생각합니다. 우리는 이 몸으로 신앙생활을 해 왔고 이 몸을 벗고 안식에 들어갑니다. 그래서 그리스도인들은 안식한다는 의미에서 시신을 땅에 매장하는 것이 좋습니다. 아무래도 시신을 태우는 것은 지옥의 형벌을 연상케 합니다.

요즘 많이 시행되고 있는 안구 기증이나 시신 기증 같은 것은 다른 사람들을 위하여 아주 좋은 것 같습니다. 기왕 죽는데 나의 눈으로 다른 한 사람이 볼 수 있다면 얼마나 좋겠습니까? 또 의학도들이 해부 실습 할 시신을 구하기 어려운 상황에서 자기 몸을 실습용으로 기증하는 일은 대단히 유익한 것입니다.

그러나 아브라함이 생각한 것은 이것 이상이었습니다. 그는 사라의 죽음이 단순한 한 사람의 죽음으로 끝나기를 원치 않았습니다. 그는 사라의 죽음을 앞으로 태어날 수많은 이스라엘 백성들이 가나안 땅으로 돌아오는 이정표로 삼고자 했습니다. 그래서 아브라함은 사라를 매장하되 특이한 방식으로 매장하기로 결정했습니다.

아브라함이 해결해야 할 문제

사라가 죽은 후, 아브라함에게는 사라를 장사 지낼 수 있는 땅이 전혀 없었습니다. 하나님께서는 아브라함에게 땅을 주시겠다고 약속하면서 그를 부르셨는데, 아내가 죽었는데도 장사할 곳 하나 없는 것입니다. 우리 같으면 이것은 또 한 번 하나님의 신실하심을 의심할 수 있는 기회가 되었을 것입니다. 시험이 시험 되는 것이지요.

그러나 아브라함은 그렇게 하지 않았습니다. 그는 헷 족속들에게서 사라를 매장할 곳을 사기로 결정했습니다.

그 시체 앞에서 일어나 나가서 헷 족속에게 말하여 가로되 나는 당신들 중에 나그네요 우거한 자니 청컨대 당신들 중에서 내게 매장지를 주어 소유를 삼아 나로 내 죽은 자를 내어 장사하게 하시오(23:3).

　　아브라함은 사라의 무덤을 만들기 위해 헷 족속들로부터 땅을 살 수밖에 없었습니다. 그러나 아브라함의 이 제안에 헷 족속들은 아주 우호적인 반응을 보였습니다.

> 헷 족속이 아브라함에게 대답하여 가로되 내 주여, 들으소서 당신은 우리 중 하나님의 방백이시니 우리 묘실 중에서 좋은 것을 택하여 당신의 죽은 자를 장사하소서 우리 중에서 자기 묘실에 당신의 죽은 자 장사함을 금할 자가 없으리이다(23:5, 6).

　　헷 족속들이 아브라함을 무엇이라고 부르고 있습니까? "우리 중 하나님의 방백"이라고 부르고 있습니다. 다시 말해서 아브라함은 이곳에서 외국인이었지만, 다른 모든 사람들의 사랑과 인정을 받는 외국인이었다는 것입니다. 이것은 단순히 부자라고 해서 되는 일이 아닙니다.

　　아브라함은 어디를 가든지 그야말로 복의 근원으로서 많은 사람들을 복되게 하였습니다. 예를 들어서 우리 가운데 어떤 외국인이 산다고 합시다. 우리는 단지 그가 외국인이고 하나님을 믿는다고 해서 하나님의 방백이라고 부르지 않습니다. 그가 주위에 있는 사람들을 헌신적으로 돕고 좋은 일을 많이 했을 때에야 비로소 '하나님의 방백'이라고 부르지요. '하나님의 방백'이라는 말은 '하나님의 천사'라는 말과 같은 뜻입니다.

　　만일 우리나라에서 어떤 외국인이 죽었다면 우리는 당연히 그가 자기 나라에 가서 묻혀야 한다고 생각할 것입니다. 영국 사람이면 영국에 가서 묻히고 프랑스 사람이면 프랑스에 가서 묻혀야 한다고 생각할 거예요. 그러나 그가 우리 한국 사람을 위하여 굉장히 헌신적으로 수고한 사람이라면 우리나라에 묻히는 것을 아무도 반대할 사람이 없을 것입니다.

　　아브라함은 거기서 참으로 많은 사랑을 베풀었기 때문에 어느 누구도 그의 아내를 하란이나 갈대아 우르까지 가서 장사해야 한다고 생각하지 않았습니다. 당연히 그곳 어느 묘지에 묻을 수 있다고 생각했습니다. 그러나 아브라함의 생각은 달랐습니다.

> 아브라함이 일어나 그 땅 거민 헷 족속을 향하여 몸을 굽히고 그들에게 말하여 가로되 나로 나의 죽은 자를 내어 장사하게 하는 일이 당신들의 뜻일진대 내 말을 듣고 나를 위하여 소할의 아들 에브론에게 구하여 그로 그 밭머리에 있는 막벨라 굴을 내게 주게 하되 준가를 받고 그 굴을 내게 주어서 당신들 중에 내 소유 매장지가 되게 하기를 원하노라 (23:7-9).

아브라함이 지금까지 가나안 땅에서 산 이유가 무엇입니까? 하나님께서 이 땅을 그와 그 후손들에게 주신다고 약속하셨기 때문입니다. 그래서 아브라함은 사라의 죽음이 평범한 죽음이 되기를 원치 않았습니다. 사라의 죽음이 하나님의 약속을 붙들고 끝까지 인내한 죽음이었기 때문에, 앞으로 모든 이스라엘 후손들이 이 땅으로 돌아오게 하는 징검다리가 되기를 원했습니다.

5·18 광주 민주화 항쟁에서 많은 광주 시민들이 희생당했습니다. 광주 시민들은 이들의 죽음이 평범한 죽음이 되는 것을 원치 않았습니다. 그래서 그들을 모두 망월동 묘지에 묻고 그곳을 성역화했습니다. 광주에 오는 사람들은 거기를 둘러보아야 광주에 얼마나 큰 아픔이 있었고 얼마나 큰 희생을 겪었는지 알 수 있습니다. 5·18 때 죽은 사람들이 각기 자기 선산이나 다른 공동묘지에 묻혔다면 얼마 가지 않아서 사람들은 모두 그 희생을 잊어버리고 말았을 것입니다. 그래서 그들을 함께 묻고 그곳을 성역화함으로써 다시는 이 땅에 이런 희생이 있어서는 안 된다는 것을 증거하는 것입니다.

우리나라에 처음 온 선교사들이 묻혀 있는 곳이 있습니다.

강화도에 있는 어느 묘지입니다. 모두 다 꽃다운 나이에 전혀 알지 못하는 사람들에게 복음을 전하다 죽은 선교사들입니다. 이것은 우리 복음이 얼마나 값진 것이며, 얼마나 귀한 희생을 치르고 우리에게 주어진 것인지 기억하게 합니다.

아브라함은 앞으로 이 땅이 자기들의 것이 된다는 것을 믿었습니다. 그래서 사라나 자신이 이 약속을 믿고 죽기까지 이 땅을 떠나지 않은 것을 후손들이 기억하기를 원했습니다. 다시 말해서 사라의 무덤을 후손들이 400년 후에 약속의 땅으로 돌아오는 징검다리로 만들기를 원했습니다. 그래서 아무 묘지에나 묻지 않고 기어코 에브론의 막벨라 굴을 돈 주고 사서 가족묘지로 삼은 것입니다. 사라가 이곳에 묻히고 아브라함이 이곳에 묻히고 이삭이 이곳에 묻히고 야곱이 이곳에 묻혔을 때, 이스라엘 백성들은 결국 이 조상들의 믿음 때문에 다시 이곳으로 오지 않을 수가 없었습니다.

반대로 그리스도께서는 이 세상이 우리의 모든 것이 아니요 앞으로 우리에게 다가올 새로운 나라가 있다는 것을 보여 주시기 위하여 빈 무덤을 남기셨습니다. 그리스도의 빈 무덤은 사람은 반드시 부활하며 이 세상에 있는 모든 것이 끝이 아님을 증거하는 것입니다.

오늘을 살면서 우리가 생각해야 할 것은 무엇입니까? 무엇보다 먼저 우리 또한 아브라함처럼 이 세상에서 나그네라는 것을 기억해야 합니다. 아브라함은 약속을 받은 사람이었지만 이 세상에서 살 때는 나그네로 살았습니다. 그는 가나안 땅에서 철저히 외국인 취급을 받았습니다. 그래서 아내가 죽었을 때에도 장사 지낼 수 있는 땅 한 평이 없었습니다. 우리는 너무 이 세상에 빠져 있지 않습니까? 마치 이 세상이 전부인 것처럼 살고 있지 않습니까? 이 세상에서 외국인 취급당하는 것을 너무나도 억울하게 생각하지는 않습니까?

그러나 단순히 이 세상에 잘 적응하지 못했다는 것만이 우리의 자랑이 될 수는 없습니다. 이 세상에서 끝까지 믿음으로 살았다는 증거를 남겨야 합니다. 어떤 사람은 자녀를 남들과 다른 방식으로, 믿음으로 키웠습니다. 어떤 사람은 이해할 수 없는 어려움 가운데서도 하나님을 의지하는 믿음으로 공부나 장사를 했습니다. 어떤 사람은 교회를 믿음으로 세우고 믿음으로 성장시켰습니다. 어떤 사람은 결혼을 믿음으로 했고, 그 후에도 계속 믿음으로 살았습니다. 여러분은 어떤 증거를 남기겠습니까?

또한 우리는 잘 죽어야 합니다. 잘 달리다가 끝에 가서 망령이라도 든 것처럼 자신의 길에서 이탈하여 아름답지 못하게 인생을 마치는 사람들이 아주 많습니다. 그런 사람들은 실패한 것입니다. 끝이 가장 중요합니다. 점수로 치면 아마 한평생 살아온 것과 마지막 죽는 순간이 비슷할지도 모릅니다. 그 정도로 죽는 순간은 그 사람의 모든 믿음의 싸움의 결산입니다.

사도 바울처럼 죽음을 앞두고 자신의 달려갈 길을 다 마쳤다고 증거할 수 있는 사람이 복된 사람입니다. 주님을 만나기에 부끄러움이 없는 죽음을 맞이하는 사람이 얼마나 아름다운지 모릅니다. 그래서 저는 마흔이 넘은 분들에게는 이제 다른 욕심을 부리지 말고 잘 죽을 준비를 하라고 권하고 싶습니다.

물론 어떤 사람은 인생은 마흔부터라고 하기도 합니다. 그리고 실제로 아브라함은 70세부터 새로운 인생을 시작했습니다. 예수 믿는 데 나이는 중요하지 않습니다. 너무 늙었기 때문에 예수 믿지 못하는 것은 아닙니다. 그러나 이미 예수를 믿은 사람은 마지막을 믿음으로 잘 마칠 준비를 이제부터 해야 합니다. 자신의 믿음이 뒤에 오는 사람들이 믿음으로 살 수 있는 징검다리가 되게 해야 합니다. 그러기 위해서는 자신을 희생해야 합니다. 모세의 삶을 보십시오. 그는 자신을 철저하게 희생했습니다. 그래서 출애굽 세대는 변하지 않았지만 출애굽할 때 어렸던 사람들과 그 후에 태어난 사람들이 가나안 땅을 차지하는 밑거름이 되었습니다. 자기가 누릴 것을 다 누리고 하고 싶은 것을 다 하려 들면 다음 세대에 물려 줄 것이 하나도 없음을 알아야 합니다.

아무것도 없는 밑바닥에서부터 출발할 수 있는 사람은 아무도 없습니다. 무엇인가 선조들로부터 물려받은 것이 있어야 합니다. 돈이나 물질을 물려받든지 아니면 정신이나 믿음을 물려받아야 합니다. 저는 후자가 훨씬 더 복되다고 생각합니다. 돈을 물려주는 것보다는 자신의 삶이나 가치관이나 믿음을 유산으로 물려주는 것이 후손들을 더 복되게 하는 길입니다.

그리고 이 세상은 단순히 지나가는 세월 이상의 것이라는 사실을 기억해야 합니다. 우리는 이 세상을 통과하기만 하는 것이 아닙니다. 이 세상에서 어떻게 살았느냐에 따라서 영원한 상급과 신분이 결정됩니다. 천국에는 상급이 기다리고 있습니다. 이 세상에 살면서 이 몸으로 얼마나 많은 사랑을 베풀고 얼마나 큰 은혜를 다른 사람들에게 끼쳤느냐에 따라서 영원한 상급이 결정됩니다. 이 세상에서 많은 것을 움켜쥐면 움켜쥘수록 저 세상에서 빈약해질 것입니다. 또 다른 사람을 위하여 이 세상에서 버리면 버릴수록 저 세상에서 많은 것을 소유할 것입니다. 아브라함은 이 세상에서 아무것도 소유하지 않았습니다. 또 다른 땅이 있다는 것을 알았기 때문입니다.

하나님께서는 이 세상에서 얼마나 높은 지위에 올라갔으며 얼마나 많은 돈을 벌었으며 얼마나 많은 공부를 했는지 보시지 않습니다. 하나님께서 보시는 것은 이 세상에 살면서 얼마나 많은 사람들을 복되게 했으며 얼마나 많은 사람들에게 은혜를 끼쳤느냐 하는 것입니다. 하나님은 그에 따른 상을 주십니다. 이 상은 일시적인 상이 아닙니다. 영원한 상입니다. 한번 결정되어 버리면 영원히 바꿀 수 없는 것입니다. 자신의 젊음을 버린 자는 버린 젊음만큼 상이 있을 것입니다. 재산을 버린 자는 버린 재산만큼 상이 있을 것입니다. 남을 위해 자기 목숨을 바친 자에게는 가장 귀한 상이 준비되어 있을 것입니다.

우리는 모두 상을 얻기 위하여 달음질하는 달리기 선수들과 같습니다. 오직 목표를 향하여 최선을 다하여 달려야 상을 얻을 수 있습니다.혹시 믿음생활을 하다가 중간에 쉬고 계신 분이 있으면 다시 일어나서 달리십시오.

죽음을 두려워하지 마십시오. 믿음의 형제나 자매의 죽음을 두고 너무 슬퍼하지 마십시오. 끝까지 믿음을 지키고 자기 싸움을 싸운 성도들의 죽음은 아름답고 귀한 것입니다.

30

아브라함의
거래

결혼식을 올려야 하는 신랑 신부들은 때때로 예식장측의 터무니 없는 요금을 어쩔 수 없이 받아들이고 결혼식을 올려야 하는 경우가 있습니다. 딱 한 번 빌려 입는 웨딩드레스의 값만 해도 몇십 만 원씩 하고, 사진 촬영이나 신부 화장 같은 것도 지정된 곳에서 의무적으로 해야 할 때가 많습니다. 신랑 신부들이 그런 것을 다 감수하고 결혼식을 올리는 것은 결혼식 자체가 모든 사람들에게 매우 귀중한 것이기 때문입니다.

물론 사람들 중에는 이런 과다한 비용이 드는 결혼식은 중요하지 않으니 찬물만 떠 놓고 맞절만 해도 된다고 생각하는 분이 없는 것은 아니지만, 거의 대부분의 사람들에게 일생에 단 한 번밖에 없는 결혼식은 아주 중요한 일입니다. 남자에게도 그렇지만 특히 여자에게는 웨딩드레스를 입고 다른 사람들 앞에 나타나는 그 한 순간이 얼마나 중요한지 모릅니다. 그래서 비용이 얼마나 드는지를 떠나 어떻게 해서든지 아름답고 소중하게 모든 사람의 축복을 받아 가면서 결혼식을 올리고 싶은 마음을 갖습니다.

그런데 아브라함에게는 이 결혼식보다 더 중요한 것이 하나 있었습니다. 그것은 바로 사라의 장례 문제였습니다. 그곳에 사는 헷 사람들은 사람의 죽음을 그렇게 중요하게 생각하지 않았습니다. 그들이 죽음에 대하여 가지고 있는 생각은 '죽으면 끝장'이라는 것입니다. 사람이 죽으면 어딘가에 묻는 것으로 모든 것이 끝납니다. 그러나 아브라함에게 사라의 죽음은 그렇게 간단하지 않았습니다.

그래서 아브라함은 헷 사람들에게 사라를 장사 지낼 수 있는 장소를 부탁했습니다. 헷 사람들은 그게 뭐 그리 대단한 일이냐는 식으로 아무 곳에나 묻으라고 했지만, 아브라함은 기어코 땅을 사서 자기 소유의 장지에 장사를 지내겠다고 했습니다. 그러자 헷 사람은 엄청난 바가지를 뒤집어씌웠습니다. 굴 하나에 상상할 수도 없는 엄청난 가격을 요구한 것입니다. 그런데도 아브라함은 아무 소리 하지 않고 달라는 금액을 다 지불한 후, 그 동굴에 사라를 장사 지냅니다.

오늘 우리가 풀어야 할 숙제는 왜 아브라함은 사라의 장례를 이토록 중요하게 생각했으며, 왜 그 무덤을 위하여 과대할 정도의 비용을 전혀 아까워하지 않고 지불했느냐 하는 것입니다.

사라의 죽음에 대한 아브라함의 태도

아브라함이 사라를 장사 지내는 데에는 대략 세 가지 정도의 방법이 있었을 것 같습니다. 하나는 헷 사람들의 장사 방법입니다. 헷 사람은 장사에 별로 신경을 쓰지 않습니다. 사람이 죽으면 그냥 아무 데나 묻으면 그만입니다.

또 다른 하나의 방법은 두 사람의 고향인 하란에 가서 사라를 묻는 것입니다. 아브라함은 갈대아 우르에서 왔지만 실제로 그들의 생활 근거는 모두 하란에 있었고 하란에는 아브라함의 땅이 있었습니다. 이 가나안 땅에서는 하나님께서 땅을 주시지 않았기 때문에 자기 땅이 있는 하란에 돌아가서 사라를 장사 지낼 수도 있었습니다.

그러나 아브라함에게는 그렇게 할 수 없는 문제가 하나 있었습니다. 아브라함이 이렇게 늙기까지 이 가나안 땅에 살고 있는 것은 하나님께서 이 땅을 그와 그 후손들에게 주겠다고 약속하셨기 때문입니다. 문제는 바로 여기에 있었습니다. 하나님께서는 아브라함과 그의 후손들에게 이 땅을 주시겠다고 약속하셨는데 아직까지 전혀 땅을 주시지 않았습니다. 하나님께서 약속하신 대로 가나안 땅의 일부라도 주셨더라면 거기에 사라를 묻는 것으로 모든 일이 끝날 것입니다. 그러나 사라는 아직 약속이 성취되지 않은 상태에서 죽었습니다.

지금까지 아브라함이 가나안 땅에 살고 있는 이유는 약속의 땅을 받기 위해서입니다. 그런데 사라가 죽어 버렸습니다. 사라의 죽음이 의미하는 것이 무엇입니까? 이제 얼마 있지 않으면 아브라함도 죽는다는 것입니다. 그들이 죽어 버리면 이 약속은 어떻게 됩니까? 이 약속은 끝나는 것입니까? 아니면 죽은 후에라도 그 약속을 믿고 기다려야 합니까? 바로 이 문제가 그에게 남아 있었습니다.

아브라함이 생각하고 있는 것이 무엇입니까? 하나님께서 약속하신 것은 반드시 지키신다는 것입니다. 그러나 이들이 죽을 때가 다 되었는데도 하나님의 약속은 성취되지 않았습니다. 그러면 이 하나님의 약속과 죽음을 어떻게 생각해야 합니까? 아브라함은 자신이 죽은 후에도 이 약속은 연장되어서 지켜져야 한다고 생각했습니다. 이것이 기독교가 갖는 가장 어려운 점인 동시에 가장 큰 축복이기도 합니다.

이 세상의 모든 약속은 사람이 살아 있을 때까지만 유효합니다. 사람이 죽어 버리면 그 약속에 책임을 지지 않습니다. 죽은 후에도 효력을 가지는 것은 유언밖에 없습니다. 그런 의미에서 하나님의 말씀은 유언과 같은 힘을 가지고 있습니다. 하나님의 약속은 죽은 사람에게나 산 사람에게나 변함없이 적용되고 성취되는 것입니다. 약속과 유언을 합쳐 놓은 것과 같습니다. 약속은 산 사람에게만 영향을 줍니다. 유언은 사람이 죽은 후에만 영향을 미칩니다. 그러나 하나님의 약속은 사람이 살았을 때나 죽었을 때나 아무 차이 없이 하나님의 때가 되면 성취됩니다.

하나님의 말씀은 영원합니다. 그러나 사람은 그 말씀의 성취를 보지 못하고 죽습니다. 그러면 어떻게 해야 합니까? 이것이 아브라함의 숙제였습니다. 사라는 아브라함과 함께 하나님의 약속을 받은 동반자입니다. 그들은 지금까지 하나님의 약속의 성취를 기다리면서 살아왔습니다. 그러나 그 성취를 보지 못하고 사라가 먼저 죽습니다. 그리고 얼마 있지 않으면 아브라함도 죽을 것입니다. 그러면 어떻게 해야 이 약속을 포기하지 않고 끝까지 붙들 수가 있습니까?

아브라함은 일단 그들이 하나님의 약속을 붙들고 가나안에서 끝까지 기다린 믿음의 흔적을 남기기 원했습니다. 그것이 무엇입니까? 헷 사람의 방식도 아니요, 가나안 사람의 방식도 아니요, 믿음의 방식으로 사라를 장사 지내는 것이었습니다. 헷 사람의 생각은 사람은 죽음으로써 모든 것이 끝난다는 것입니다. 그러나 아브라함은 죽음으로 하나님의 약속이 끝날 수 없다는 것을 알았습니다. 죽어도 하나님의 약속은 성취되어야 한다고 생각했습니다. 그는 하란으로 돌아갈 수 없었습니다. 하란으로 돌아가서 묻는다면 하나님의 약속을 포기한 것밖에 되지 않습니다. 그래서 헷 사람들의 방식도 아니요 하란의 방식도 아닌 믿음의 방식으로 장사를 지내야만 했습니다.

아브라함이 사라를 위하여 굴을 산 것은 사라가 그 무덤에서 부활하여 후손들이 가나안 땅을 차지하는 것을 보게 되리라는 뜻에서가 아니라, 단지 자신과 사라가 끝까지 하나님의 약속을 붙들었고 죽는 순간까지도 그 약속을 포기하지 않았다는 믿음의 흔적을 남기기 위해서였습니다.

우리나라 사람들은 사람이 죽으면 후하게 장례를 치릅니다. 그것이 그 사람에게 잘 해 줄 수 있는 마지막 기회이기 때문입니다. 그래서 할 수 있으면 무덤도 좋게 만들고 관도 비싼 것으로 해주고 비석도 비싼 것으로 세워 줍니다. 그러나 아브라함이 사라의 무덤을 사려고 한 것은 이것이 마지막으로 사라에게 잘 해 줄 수 있는 기회였기 때문이 아닙니다. 최후의 죽는 순간까지 하나님의 약속을 믿었고 죽은 후에라도 약속은 성취될 것이라는 믿음의 증거로 사라의 무덤을 남기기로 한 것입니다. 그것도 그들이 땅을 소유하지 못했던 가나안 땅에 묻음으로써 '우리는 죽어도 이 약속을 포기하지 않았다'는 흔적을 남겼습니다.

실제로 아브라함의 후손들이 이 가나안 땅에서 살게 되는 것은 그로부터 무려 400년이 지난 후의 일입니다. 아브라함도 그 사실을 알고 있었습니다. 그러나 아무리 후손들이 가나안 땅을 차지한다 하더라도 아브라함과는 상관없는 일입니다. 그럼에도 불구하고 아브라함이 그토록 가나안 땅에 집착하고 이 땅에 대한 약속을 붙들었던 이유가 무엇입니까?

그것은 단지 영토 때문이 아니었습니다. 이 땅을 통해서 아브라함과 그의 후손이 공통된 믿음을 나눌 수 있기 때문이었습니다. 사람이 아무리 같은 믿음을 가지고 있다고 하더라도 믿음을 나눌 수 있는 공통된 장(場)이 없으면 소용이 없습니다. 아브라함과 그 후손들은 이 땅을 공통분모로 해서 같은 믿음을 나누었고 그 믿음을 가지고 서로 교제했습니다.

우리가 아무리 같은 믿음을 가지고 있더라도 서로 만나지 않으면 그 믿음을 나눌 수 없습니다. 아무리 같은 믿음을 가지고 있더라도 한 교회에 모이지 않으면 그 풍성함을 나눌 수가 없어요. 우리가 모이는 이 모임은 함께 믿음을 나눌 수 있는 공통된 장입니다. 지금 외국에 있는 다른 민족의 성도들과 우리가 같은 믿음을 나눌 수 있는 매개체로는 어떤 것이 있습니까? 또 서로 다른 시대에 있는 성도들과는 어떻게 믿음의 교제를 나눌 수 있습니까?

저에게는 처음 만나는 교인들이 많습니다. 설교 요청을 받아서 어느 교회에 갈 때 그 교회 교인들과 저는 전부 처음 만나는 사람들입니다. 목사님조차도 처음 만나는 분들이 많습니다. 저는 목사이고 그들은 교인이라는 것 외에는 아는 것이 하나도 없습니다. 그때 저는 이렇게 기도합니다. "주여, 이 시간 성령의 교통함이 우리에게 있게 해주십시오. 저는 저분들이 어떤 사람들이며 어떤 문제를 안고 여기에 왔는지 알지 못합니다. 또 저 사람들도 제가 목사라는 사실 외에는 아무것도 알지 못합니다. 성령께서 이 시간 우리를 서로 교통하게 해주셔서 하나 되게 하시고, 우리의 믿음을 서로 나눌 수 있게 해주옵소서."

그때 저는 '성령의 교통하심'이라는 말이 얼마나 귀중한지 느낍니다. 그리고 설교가 시작되고 얼마 있지 않아서 이미 우리가 진리 안에서 깊이 교제하고 있다는 것을 느끼게 됩니다. 저는 그분들의 반응을 통해서 성령께서 말씀을 통하여 그분들의 깊은 부분을 건드리기 시작하셨으며, 이미 그분들 안에 아주 놀라운 일이 일어나고 있다는 것을 깨닫습니다.

아브라함은 가나안 땅에서 그냥 산 것이 아닙니다. 그는 이 가나안 땅에서 생활하면서, 앞으로 이 세상에 태어날 수많은 믿음의 후손들과 교제하고 있었습니다. 그의 삶 하나하나가 그 후손들에게 주는 메시지였습니다. 그는 아직 태어나지도 않은 많은 후손들과 이야기하고 교제하며 그들을 가르치면서 살았습니다.

엄마는 아기가 배 속에 있을 때부터 많은 이야기를 나눕니다. 아이에게 말을 걸고 그 아이를 위해서 기도하며 그 아이와 함께 음악을 듣습니다. 그러면 아이는 알아들었다는 뜻으로 발로 배를 툭툭 차면서 서로 교제를 나눕니다. 그래서 아이가 태어났을 때 엄마는 아이가 낯설지 않습니다. "너 누구니? 어디서 왔어? 생전 못 보던 앤데?" 하는 엄마는 없어요. 엄마는 압니다. "내가 이야기할 때 그렇게 발로 차던 애가 바로 너였구나." 애가 낯설지가 않아요.

아브라함은 단순히 가나안 땅에 살면서 막연하게 하나님의 때만 기다리지 않았습니다. 그는 믿음 가운데서 수많은 후손들을 보았고 그들과 대화를 나누었습니다. 그렇게 할 수 있었던 공통된 기초가 무엇이었습니까? 바로 그 땅이었습니다. 사라의 무덤은 이처럼 그들이 죽는 순간까지도 하나님의 말씀을 믿었음을 증거하는 표지였습니다.

우리들은 무엇을 매개체로 하여 지상에 있는 수많은 성도들과 믿음의 교제를 나눕니까? 원래 그 매개체는 성례였습니다. 그리스도께서 우리를 위하여 죽으셨다는 의미의 떡과 포도주는 우리 모든 그리스도인을 하나 되게 하는 공통된 요소이자 공통된 신앙고백이었습니다. 그러나 과연 이 떡과 포도주가 우리 모든 그리스도인들을 진정'으로 하나 되게 할 수 있느냐 하는 데 의문이 생깁니다. 오늘날 이 떡과 포도주에 대한 신학적인 해석이 각각 너무나도 다르기 때문입니다.

저는 이 세상에 있는 모든 그리스도인들과 앞으로 이 세상에 살게 될 모든 그리스도인들을 하나 되게 하며, 시대와 지역을 초월하여 풍성한 교제를 나누게 하는 매개체가 바로 하나님의 말씀이라고 믿습니다. 특히 바른 말씀의 선포와 또 그 말씀에 대한 믿음의 반응은 시대와 지역을 초월하여 우리를 하나 되게 할 수 있습니다.

영국의 유명한 설교자 로이드 존즈 목사님은 두 교회에서 40년간 설교했습니다. 그는 철저하게 하나님의 말씀에 헌신했으며, 철저하게 말씀에 입각하여 설교했습니다. 그의 설교를 사랑한 교인들은 녹음된 그의 설교를 풀어서 책을 만들었습니다. 지금 그의 설교는 그를 한 번도 본 적이 없는 우리나라 설교자들과 세계의 많은 설교자들에게 지대한 영향을 주고 있습니다. 그는 죽었지만 지금도 그 설교를 통해서 많은 교인과 설교자들에게 이야기하고 있는 것입니다.

장 칼뱅은 지금으로부터 460년 전의 사람입니다. 그러나 그가 깨달은 성경은 시대를 초월하여 지금도 우리들에게 말씀하고 있습니다. 제가 잠들기 전에 늘 애독하는 책이 하나 있습니다. 바로 칼뱅의 《기독교 강요》입니다. 아주 재미있고 유익한 책인데, 일단 그 책을 읽기만 하면 마음이 편해지면서 금방 잠이 쏟아지기 시작합니다. 잠이 오지 않을 때 줄을 쳐 가면서 그 책을 읽으면 칼뱅과 같은 시대로 들어가서 그와 이야기하게 됩니다.

존 낙스 같은 사람은 설교집을 전혀 남기지 않았습니다. 어느 곳에 기고한 단 두 편의 설교가 남아 있을 뿐입니다. 그러나 그가 스코틀랜드에서 행한 믿음의 행위들은 지금도 우리에게 말하고 있습니다. 그는 스코틀랜드에서 승리했고, 승리한 교회의 영광된 모습을 그곳에서 실현했습니다. 그 결과 장로교파가 뿌리내리게 되었고, 오늘도 장로교는 우리들에게 많은 영향을 미치고 있습니다.

우리는 지금 우리끼리만 만나고 있는 것이 아닙니다. 말씀에 대한 깨달음을 통해서, 그리고 말씀에 대한 반응을 통해서 이 지상에 있는 수많은 그리스도인 형제들과 교제하고 있으며, 앞으로 이 땅을 밟게 될 많은 믿음의 후손들과도 만나고 있습니다. 우리가 위대한 믿음의 삶을 살면 살수록, 더 깊은 성경적인 진리를 깨달으면 깨달을수록 우리 믿음의 후손들은 더 풍성한 삶을 살 수 있을 것입니다.

아브라함이 사라의 무덤을 산 것은 귀에 들리지 않는 설교입니다. 그는 이 무덤을 통해서 자신과 사라가 끝까지 그곳에서 살다가 죽었으며 죽음이 하나님의 말씀을 막지 못한다는 것을 끝까지 증거하고 남겼습니다.

믿음의 사람들은 절대로 죽지 않습니다. 그들은 죽어도 계속 살아서 믿음의 후손들과 교제를 나눕니다. 어떻게 그것이 가능합니까? 그들이 깨달았던 하나님의 말씀과 그 말씀을 어떻게 붙들고 어떻게 살았는가를 통해서입니다. 그래서 우리는 다시 한 번 맥

아더 장군의 말을 상기할 필요가 있습니다. "노병은 죽지 않는다. 다만 사라질 뿐!" 노병은 죽지 않습니다. 왜냐하면 그 정신이 살아서 후배 장교들에게 말하고 있기 때문입니다. 믿음의 노병은 더욱 그렇습니다. 그들은 실제로 후손들에게 믿음의 유산을 남길 뿐 아니라 위기를 만날 때마다 자신들의 삶을 통하여 그 후손들과 대화를 나눕니다.

아브라함의 거래

오늘 본문을 보면 아브라함의 생각을 위태롭게 만드는 것이 하나 있었다는 것을 알 수 있습니다. 그것은 바로 에브론이라는 사람이 가진 이중성이었습니다.

아브라함은 사라의 장지로 에브론 소유의 막벨라 동굴을 사겠다고 제안했습니다. 그가 이렇게 할 수 있었다는 것은 이 문제를 두고 생각해 본 적이 있다는 뜻입니다. 그런데 의외로 그 땅 주인이 너무나도 우호적이었습니다. 그는 아브라함에게 자기 소유의 동굴과 땅이 필요하다는 것을 알고는 그냥 주겠다고 제안했습니다.

> 내 주여 그리 마시고 내 말을 들으소서 내가 그 밭을 당신께 드리고 그 속의 굴도 내가 당신께 드리되 내가 내 동족 앞에서 당신께 드리오니 당신의 죽은 자를 장사하소서(23:11).

얼마나 반가운 이야기입니까? 이렇게 기꺼이 주겠다고 하니 그야말로 사랑의 선물이 아닐까요? 이것이야말로 하나님의 뜻이며 완전히 예비된 장소 아닙니까? 그러나 아브라함은 그 제안을 받아들이지 않고 굳이 대가를 지불하고 사겠다고 합니다.

아브라함이 이에 그 땅 백성을 대하여 몸을 굽히고 그 땅 백성의 듣는
데 에브론에게 말하여 가로되 당신이 합당히 여기면 청컨대 내 말을
들으시오 내가 그 밭값을 당신에게 주리니 당신은 내게서 받으시오 내
가 나의 죽은 자를 거기 장사하겠노라(23:12, 13).

에브론이 공짜로 주겠다고 하는데도 아브라함이 왜 굳이 그
것을 거절하고 땅을 사겠다고 고집을 부리는지 알 수가 없습니다.
우리는 그 이유를 몇 가지로 생각해 볼 수 있습니다. 첫째로 아브라
함은 이 에브론의 제안을 일시적인 충동에 의한 것으로 보았습니
다. 하나님을 모르는 사람은 충동적인 것이 특징입니다. 기분이 좋
을 때는 뭐든지 다 주겠다고 하지만 30분만 지나면 아까워하기 시
작합니다. 그리고 조금만 더 있으면 무르려고 찾아옵니다. "조금 전
에 드린 동굴을 다른 사람이 필요하다고 하는데, 그 사람이 제 삼촌
이거든요. 어떻게 하지요? 저는 무르고 싶지 않지만 상황이 상황이
라서……." 이렇게 이야기가 달라질 수 있습니다. 아마 아브라함은
헷 사람들의 그런 기질을 잘 알고 있었던 것 같습니다. 지금은 기꺼
이 주겠다고 하지만 조금 지나면 후회하고 무르려고 할지도 모른다
고 생각했을 수 있습니다.

둘째로, 중요한 것에는 정당한 대가를 지불하겠다는 철칙이
아브라함에게 있었던 것 같습니다. 아브라함은 공짜를 좋아하지 않
았습니다. 그돌라오멜로부터 소돔과 고모라 사람들의 재산을 다 찾
아왔을 때에도 그들의 소유에 일체 손을 대지 않았습니다. 아브라
함은 소돔 왕에게 "네 말이 '내가 아브람으로 치부케 하였다' 할까
하여 네게 속한 것은 무론 한 실이나 신들메라도 내가 취하지 아니
하리라"고 말했습니다. 가나안 사람들에게 신세지기를 원하지 않
았던 것입니다. 여기에는 후손들에게 부담을 주지 않으려는 의도가
있었던 것 같습니다. 나중에 후손들이 이 가나안 사람들의 땅을 차
지할 때 '옛날에 도움을 받을 때는 언제고 이제 와서 공격하느냐'는

소리를 듣지 않으려고 했는지도 모르겠어요. 여하튼 그는 가나안 사람들로부터는 아주 작은 것 하나라도 그냥 취하지 않았습니다. 모든 것에 정당한 대가를 지불하려고 했습니다.

이렇게 아브라함이 기어코 그 땅을 사겠다고 했을 때 에브론의 입에서 나온 말은 우리의 귀를 의심하게 합니다.

> 내 주여, 내게 들으소서 땅값은 은 사백 세겔이나 나와 당신 사이에 어떻게 교계하리이까 당신의 죽은 자를 장사하소서(23:15).

이제 에브론의 본심이 드러나고 있습니다. 굴 하나에 은 400세겔이나 받는 동네는 어디에도 없습니다. 전 세계를 다 뒤져도 굴 하나에 은 400세겔 받는 곳은 없어요. 40세겔을 달라고 해도 바가지라고 사람들이 펄펄 뛸 것입니다. 이런 굴은 4세겔만 줘도 됩니다. 이렇게 에브론은 이중성을 가진 사람이었습니다. 은근히 가격을 제시하면서 바가지를 씌우고 있습니다. 그런데 놀랍게도 아브라함은 그 돈에서 단 한 푼도 깎지 않고 즉시 지불한 후, 그 굴에 사라를 장사 지냈습니다.

> 아브라함이 에브론의 말을 좇아 에브론이 헷 족속의 듣는 데서 말한 대로 상고의 통용하는 은 사백 세겔을 달아 에브론에게 주었더니 마므레 앞 막벨라에 있는 에브론의 밭을 바꾸어 그 속의 굴과 그 사방에 둘린 수목을 다 성문에 들어온 헷 족속 앞에서 아브라함의 소유로 정한지라(23:16-18).

여기서 우리가 생각해 보아야 할 것이 무엇입니까? 중요한 것에는 비싼 대가를 지불해야 한다는 것입니다. 공짜는 오래 가지 않습니다. 에브론의 말을 듣고 공짜로 땅을 얻었다면, 나중에 그의 마음이 변해서 도로 가져가겠다고 해도 아무 말 못 했을 것입니다.

법이라고 하는 것은 외국인에게 유리하지 않도록 되어 있게 마련입니다. 아브라함은 이런 경험을 이미 여러 번 했습니다. 블레셋 땅에서도 비싼 우물을 샀다가 군소리 못하고 빼앗긴 적이 한두 번이 아닙니다.

다른 사람들은 아무 소용도 없는 굴을 은 400세겔씩이나 주고 산 아브라함을 어리석다고 비난했을 것입니다. 그러나 아브라함에게는 이 무덤이야말로 그들이 최후의 순간까지 하나님의 약속을 믿고 가나안에 살았다는 가장 중요한 증거였기 때문에, 어떤 대가를 지불하고서라도 그들의 것으로 남기기를 원했습니다. 우리에게 정말 중요한 것이라면 절대로 기분에 따라 결정해서는 안 됩니다. 감정에 따라 흔들려서도 안 됩니다. 영혼이나 신앙은 흥정의 대상이 될 수 없습니다.

어떤 사람은 아주 탐욕스러운 상관의 손에 자신의 영혼을 맡깁니다. 그래서 옳지 않은 줄 알면서도 상관의 말이기 때문에 무조건 따라합니다. 이런 행동은 자신의 가장 귀중한 것을 가장 믿을 수 없는 사람에게 맡기는 것과 같습니다. 출세를 위해서 자신의 영혼을 담보로 맡기면 안 됩니다. 일단 출세는 할지 몰라도 그 출세가 오래 가지 않을 것입니다. 또 어떤 사람은 자신의 신앙을 믿을 수 없는 설교자에게 맡깁니다. 왜 그렇게 합니까? 신경쓰지 않아도 되고 편하기 때문입니다. 그러나 그는 자신의 가장 귀중한 것을 아무에게나 맡기고 있는 것입니다. 가장 중요한 것은 항상 자기 자신이 책임져야 하며, 그것을 안전하게 지키기 위해서 비싼 대가를 지불해야 합니다.

노예의 특징은 대가를 지불하지 않으려고 하는 것입니다. 공짜를 좋아하는 것입니다. 그런 사람은 다른 중요한 것도 얼마든지 팔아먹을 수 있습니다. 애굽에서 나온 이스라엘 백성들을 보십시오. 그들은 대가를 지불하지 않으려고 하다가 광야에서 모두 비참하게 죽고 말았습니다.

하나님의 백성들은 어떤 사람들입니까? 책임을 질 줄 아는 사람들입니다. 중요한 것에 대하여 마땅히 충분한 대가를 지불할 수 있는 사람들입니다. 그들은 치사하게 중요한 것을 공짜로 다른 사람의 기분과 감정에 맡기려고 하지 않습니다. 자포자기하지 않습니다. 될대로 되라는 식으로 신앙생활하지 않습니다.

요즘도 많은 사람들이 신앙생활을 공짜로 하려고 합니다. 할 수 있으면 모든 것이 다 갖추어진 대교회에서 부담 없이 믿고 싶어 합니다. 물론 대교회에는 장점이 많습니다. 일단 목회자에 대한 검증이 확실하고 신앙 성장을 위한 프로그램도 다양해서 배울 것이 많습니다. 그러나 가장 무서운 약점이 있습니다. 그것은 대가를 지불하지 않고 편하게 신앙생활 할 수 있다는 것입니다. 현명한 사람은 중요한 것을 수고 없이 공짜로 얻는 일을 절대로 용납하지 않습니다. 중요한 것에는 반드시 대가를 지불해야 합니다. 신앙생활을 바로 하기 위해서는 다른 것을 포기해야 합니다. 어떤 사람들은 믿는다고 하면서도 주일에 다른 볼일이 없을 때만 교회에 나옵니다. 이렇게 다른 일이 있을 때 얼마든지 교회를 빠질 수 있는 사람은 신앙과 다른 것을 얼마든지 흥정할 수 있는 사람입니다. 그 신앙은 얼마든지 빼앗길 수 있는 신앙이며 후손들에게 아무것도 물려줄 수 없는 신앙입니다.

대가냐, 거룩한 전쟁이냐

이제 우리는 가장 어려운 문제를 좀 생각해 보아야겠습니다. 이 세상에 살면서 아브라함처럼 정당하게 대가를 지불하고 사야 할 것은 과연 무엇이며, 칼을 들고 싸워서 쟁취해야 할 것은 무엇일까요? 이 세상에서 어떤 영역이 우리의 이웃이며, 어떤 영역이 우리의 적입니까? 어느 부분까지 협력해야 하며 어느 부분에서 싸워야 합니까?

하나님께서 이스라엘 백성들로 하여금 가나안 땅에 대해 취하게 하신 태도는 크게 세 가지입니다. 하나는 하나님의 때가 되기까지 아브라함처럼 대가를 지불하고 좋은 이웃으로 사는 것입니다. 아브라함은 좋은 이웃으로 살면서 가나안 주민으로서의 책임을 다했습니다. 줄 것은 주고 받을 것은 받았습니다. 다른 하나의 태도는 여호수아처럼 가나안 땅을 칼로 점령하는 것입니다. 여호수아는 가나안 사람들에게 전혀 돈을 주지 않았습니다. 그들을 다 죽이고 내쫓아서 가나안 땅을 차지했습니다. 그것을 우리는 '거룩한 전쟁'이라고 부릅니다. 세 번째 태도는 여리고 성처럼 하나님께서 특별한 방법으로 심판하시되 그 안에 있는 모든 것을 전멸시키고 물건조차 갖지 못하게 하신 것입니다. 하나님께서는 이스라엘 백성들이 여리고 성을 일곱 바퀴 돈 후 성이 무너졌을 때, 안에 있는 사람과 짐승을 하나도 살리지 말고 거기에 있는 물건도 손대지 말라고 말씀하셨습니다.

우리에게도 이 세 가지 태도가 필요합니다. 첫째로, 우리는 이웃들과 선한 관계를 맺기 위해 애써야 합니다. 그들이 무엇을 요구할 때는 정당한 대가를 주어야 하며 불필요하게 공짜로 무엇을 얻으려고 해서는 안 됩니다. 안 믿는 사람에게도 인사해 가면서 이 세상의 시민으로서 우리가 해야 할 의무를 다해야 합니다. 왜냐하면 그리스도인들은 이 세상에 은혜를 나누어 주는 자들이기 때문입니다. 때로는 하나님께서 믿지 않는 자들을 통해서 우리의 필요한 것을 채워 주시기도 합니다. 그러나 받아 쓰는 것을 좋아하기보다는 나누어 주는 것을 좋아해야 합니다.

우리는 윤리적으로 이웃들과 선한 관계에서 지내야 합니다. 줄 것은 주고 지킬 것은 지켜야 합니다. 신호등도 잘 지켜야 합니다. "주여!" 하면서 빨간 불일 때 통과하는 것은 죄짓는 것입니다. 종교가 다르다 하더라도 그것 때문에 미워하고 싸울 필요는 없습니다.

불교신자인 직장동료가 맘에 안 든다고 해서, 주님의 이름으로 심판한다고 잉크병 던지고 그러면 안 돼요. 그들과 함께 밥도 먹고 잘 지낼 수 있어야 합니다.

그러나 정신적으로는 한순간도 쉬지 않고 영적 전쟁을 치르고 있다는 것을 알아야 합니다. 왜냐하면 이 세상의 가치관은 항상 하나님을 거부하고 그의 영광을 모욕하며 우리의 영혼을 썩게 만들기 때문입니다. 이 세상에 있는 말이나 생각 속에는 항상 하나님을 공격하고 우리의 영혼을 부패시키는 나쁜 요인들이 들어 있습니다. 그래서 함께 식사를 하거나 함께 일을 한다 하더라도 항상 긴장을 풀지 말고 정신을 차려야 합니다. 이것이 거룩한 전쟁입니다.

영적인 부분에서는 타협이 있을 수 없습니다. 가장 어리석은 교인은 넋 놓고 텔레비전 보는 사람입니다. 기도하는 심정으로 텔레비전을 보는 사람, 거기에서 이야기하는 모든 것을 다 아멘으로 받아들이는 사람은 정신 나간 교인입니다. 물론 텔레비전 자체는 나쁘지 않습니다. 그러나 그 화면은 쉴 새 없이 무서운 독소를 뿜어내고 있습니다. 재미는 있지만 신앙적으로 무익할 뿐 아니라 하나님의 영광을 해치는 사상들이 많이 있습니다. 그렇다고 텔레비전을 던지거나 깨뜨릴 필요는 없지만, 그것이 주는 사상과는 싸워야 합니다. 거기에 나오는 광고와는 싸워야 합니다. 여성을 상품화하는 태도와는 싸워야 합니다.

여기에서 한 걸음 더 나아가, 어떤 것은 그 존재 자체로 하나님의 주권을 거부하며 그 주권을 침범하는 것들이 있습니다. 그것은 영적인 여리고 성이므로 손도 대서는 안 됩니다. 가장 중요한 것은 영혼과 관계되는 부분입니다. 영혼은 사람이 건드릴 수 있는 영역이 아닙니다. 그러나 사람들은 바로 이 영혼의 문제에 많은 호기심을 가지고 접근합니다. 요즘 심리 치료에서 전생의 기억을 되살리는 방법을 많이 쓰고 있는데, 이것은 의학이 할 수 있는 범위를 넘어선 것입니다. 요즘 죽은 남자의 영혼이 산 여자에게 들어가서 옆에서 지켜 주고 사랑하기도 하는 영화가 있는 모양인데, 이것은 이미 영화나 소설이 할 범위를 넘어선 것입니다.

사람이라고 해서 모든 것을 마음대로 다 할 수 있는 것이 아닙니다. 의사라고 해서 자기 마음대로 사람을 살릴 수도 있고 죽일 수도 있는 것이 아니에요. 호기심이나 교만한 마음으로 그 선을 넘는 사람은 이미 인간의 가치를 포기한 것입니다. 일본 사람들은 2차세계대전 때 사람을 대상으로 실험을 많이 했습니다. 인체에 직접 병균을 집어넣기도 하고 사람을 얼려 죽이기도 했습니다. 이것은 영적인 여리고 성이므로 손도 대서는 안 되는 영역입니다. 거기에 아무리 소중한 자료가 있다고 해도 손대면 안 돼요. 그것은 곧바로 심판을 불러일으키게 되어 있습니다.

성적인 부분에서도 도저히 사람으로서 용납할 수 없는 변태적인 성 행위나 문화는 영적인 여리고입니다. 손을 대서도 안 되고 호기심을 가지고 접근해서도 안 됩니다. 최근에 어떤 나쁜 사람들이 부자들을 미워해서 범죄집단을 조직하고 자기와 전혀 원한 관계가 없는 사람을 유괴해서 죽인 사건이 있었는데, 그것은 자기의 한계를 넘어선 것입니다. 그들은 이미 저주받은 자들입니다. 인간으로서의 모든 양심과 자격을 버린 것입니다.

우리는 이 세상에서 절대로 용납조차 해서는 안 되는 죄가 있다는 것을 알아야 합니다. 그것은 영혼과 관계되는 죄입니다. 우리는 영적으로 전쟁 상태에 있어야 합니다. 왜냐하면 우리 주위에 있는 사상들 중에서 죄에 오염되지 않은 것이 아무것도 없기 때문입니다. 그러면서도 생활 가운데서는 늘 친절하며 필요한 모든 것의 대가를 지불하는 선한 이웃으로 살아야 합니다. 물론 이런 생각에 대하여 정신적인 것과 육체적인 것을 지나치게 이분적으로 나누어서 생각하는 것이 아니냐는 비난을 할 수도 있습니다. 그러나 완전한 하나님의 나라가 올 때까지는 이런 이중적인 구조가 불가피합니다.

그리스도께서 다시 오실 때 이 모든 것은 하나가 될 것이며, 불신 세계는 심판받을 것입니다. 그러나 우리는 심판을 위하여 보냄받은 자들이 아닙니다. 하나님께서는 우리에게 이웃을 심판할 권한을 주지 않으셨습니다. 오히려 우리로 하여금 축복하게 하셨습니다. 하나님께서는 이웃에 대한 사랑과 아름다운 봉사를 통해 하늘에 계신 아버지께 영광을 돌리도록 우리를 이 세상에 보내셨습니다. 그래서 우리는 선한 이웃관계를 지속해야 합니다. 믿지 않는 친척과도 잘 지내야 합니다. 제사 지낼 때 사과 깎아 주었다고 해서 지옥에 가지 않습니다.

그러나 정신적으로, 도덕적으로는 항상 긴장하고 있어야 합니다. 사탄은 끊임없이 우리의 영혼을 부패시키려 하고 우리 머릿속에 죄를 당연하게 생각하는 사상을 집어넣으려고 하기 때문입니다. 그래서 그리스도인들은 빨리 정신의 영역에 대문을 달아야 합니다. 아무 생각이나 하면 안 됩니다. 생각해야 할 것이 있고 생각하지 말아야 할 것이 있습니다. 행동하지 않았다고 해서 죄짓지 않은 것이 아니에요. 아무 사상이나 생각이나 느낌이 다 들어오지 못하도록 대문을 걸어 잠가야 합니다.

기억하십시오. 우리가 절대로 상관하지 말아야 할 부분이 있습니다. 영적인 여리고 성은 절대로 가까이 해서는 안 됩니다. 호기심을 가져서도 안 됩니다. 전생을 전제로 한 생각이나 윤회 사상은 하나님의 존재를 완전히 부정하는 것으로서, 우리에게 단 한 번 주신 이 귀중한 생명을 너무나도 무가치하게 만듭니다. 성 문제도 그렇습니다. 남성은 남성으로서 여성은 여성으로서 아주 귀한 존재입니다. 결혼을 파괴시키며 성을 파괴시키는 것들은 모두 영적인 여리고입니다.

아브라함의 태도를 보십시오. 그가 얼마나 정중합니까? 에브론의 이중성, 간사함을 잘 알면서도 꾸뻑 절하면서 지킬 것을 다 지켰습니다. 겉으로는 거래를 하고 있었지만 마음속으로는 전쟁을 치르고 있었고, 마지막까지 전쟁에 실패하지 않기 위해서 한 걸음 한 걸음 믿음으로 나아갔습니다.

오늘 우리가 믿음을 위해 지불해야 할 비용이 무엇입니까? 남들이 다 싸워 놓은 후에 편하게 걸어가면 후손들에게 아무것도 남길 수 없습니다. 내가 지금 살고 있는 하루하루의 삶은 전 세계에 있는 다른 그리스도인들과 앞으로 올 모든 그리스도인들에게 주는 설교입니다. 내가 새로 깨달은 말씀이 무엇입니까? 그 깨달은 말씀을 남기십시오. 내가 말씀대로 산 행위가 무엇입니까? 그것을 남겨 놓으십시오. 그러면 우리 후손들이 이 많은 유산을 받고 풍성하게 살 수 있을 것입니다.

31

이삭의
결혼

오래전에 세기적인 결혼식이라고 떠들어 대던 결혼식이 하나 있었습니다. 그것은 바로 영국 황태자 찰스의 결혼식이었습니다. 영국 사람들뿐 아니라 전 세계 사람들이 텔레비전을 통해 이 결혼식을 지켜보았습니다. 영국 사람들에게 이 황태자의 결혼식이 중요한 이유가 무엇입니까? 그것은 바로 황태자가 결혼을 해서 아이를 낳아야 앞으로 영국의 왕이 나오기 때문입니다.

이스라엘 백성들에게도 왕자의 결혼식은 아주 중요했습니다. 그 왕자의 결혼을 통하여 앞으로 이스라엘을 통치하고 다스릴 왕이 태어나며, 그 새 왕을 통하여 더 완전한 하나님의 나라가 완성될 것이기 때문입니다. 이스라엘 백성들에게는 아주 강한 소망이 하나 있었습니다. 그것은 다윗의 후손을 통하여 엄청난 왕이 태어날 것이라는 약속의 성취입니다. 그래서 모든 이스라엘 백성들은 왕자가 결혼을 할 때마다 이 약속된 메시아를 대망하고 메시아를 통하여 하나님 나라가 완성될 것을 바라보면서 왕자의 결혼식을 축복했습니다.

이스라엘 백성들이 왕자의 결혼식 때 부르던 노래가 아가서로 남아 있습니다. 물론 이 노래의 배경은 솔로몬과 한 시골 여자

599

술람미 여인 사이의 사랑입니다. 그러나 그 중심 주제는 단순한 남녀 간의 사랑이 아닙니다. 그들은 이 왕의 결혼을 통해 앞으로 오실 메시아를 대망한 것입니다. 그리고 이 결혼을 통해 이 땅에 하나님의 나라가 더 구체적으로 실현되기를 갈망했습니다.

그런 의미에서 창세기의 아가서라고 말할 수 있는 부분이 있습니다. 그것은 바로 창세기 24장입니다. 24장은 아브라함의 아들 이삭의 결혼을 다루고 있는 부분으로서, 창세기 중에서 가장 긴 장입니다. 그 내용은 이삭을 중매하기 위하여 아브라함의 종이 임무를 띠고 아브라함의 고향으로 가서 한 처녀를 만나 데리고 오는 것입니다. 물론 이 내용이 읽힌 시점은 이삭이나 그의 아내가 죽은 지 이미 오래되었을 때입니다. 그럼에도 불구하고 이스라엘 백성들이 이토록 이삭의 결혼을 중요하게 생각했던 것은 그의 결혼이 단순한 결혼이 아니라 하나님의 약속이 있는 결혼이며, 이 결혼을 통하여 하나님께서 약속하신 후손이 태어날 것이었기 때문입니다. 그들은 이삭을 통하여 하나님의 나라가 이 땅 위에 구체적으로 실현될 것을 바라보았습니다. 이삭이 결혼하지 않으면 하나님이 약속하신 후손이 오지 않을 것이며 하나님의 나라도 실현되지 못할 것입니다.

우리는 관심 있는 은사들을 만났을 때, "선생님은 어떻게 결혼하시게 되었어요? 사모님은 어떻게 만나게 되셨어요? 연애예요, 중매예요?"라는 질문을 가장 많이 합니다. 이런 질문을 하는 데에는 그를 개인적으로 더 잘 알고 싶은 생각과, 또 이렇게 좋은 사모님과 결혼을 했으니까 오래 사셔서 좋은 일을 많이 하라는 뜻이 담겨 있습니다.

이삭의 결혼은 단순한 결혼이 아닙니다. 앞으로 올 메시아를 대망하는 결혼입니다. 바로 이 결혼을 통하여 하나님의 나라가 구체적으로 이 땅에 이루어지게 될 것입니다. 이삭의 결혼에 보여주신 하나님의 호의와 간섭하심과 인도하심은 수많은 이스라엘 백성들에게 주실 은혜의 한 예표입니다. 사람들이 이삭의 결혼에 나타난 하나님의 뜻에 기뻐하는 것은, 그가 이삭의 삶을 인도하셨듯이 자신들의 삶 또한 인도하시리라는 믿음 때문입니다.

가장 중요한 임무

아브라함의 남은 생애에서 이삭의 결혼보다 더 중요한 것은 없었을 것입니다. 그럼에도 불구하고 이 귀중한 약속은 오랫동안 이루어지지 않고 있었습니다.

> 아브라함이 나이 많아 늙었고 여호와께서 그의 범사에 복을 주셨더라 아브라함이 자기 집 모든 소유를 맡은 늙은 종에게 이르되 청컨대 네 손을 내 환도뼈 밑에 넣으라(24:1, 2).

가장 귀중한 축복은 그렇게 쉽게 이루어지지 않는 법입니다. 하나님께서는 아브라함의 범사에 그를 축복하셨습니다. 그의 모든 일이 형통했습니다. 그러나 가장 중요한 축복은 아직 이루어지지 않고 있었습니다. 아브라함은 아직까지 이삭이 결혼하여 아들을 낳는 것을 통해 하나님의 약속이 구체적으로 실현되는 것을 보지 못하고 있었습니다. 아브라함이 아주 늙을 때까지, 그의 인생이 종점에 이를 때까지 이 귀중한 축복은 이루어지지 않았습니다.

지금까지 조용하게 기다리기만 하던 아브라함은 드디어 행동을 취하기 시작합니다. 그는 가장 믿는 종을 불러서 자신의 환도뼈 밑에 손을 넣고 맹세하라고 합니다. 그리고 이삭의 아내를 구해 오는 책임을 맡깁니다. 지금까지 조용하게 기다리기만 하던 아브라함이 무엇인가 하기 위해 움직이는 이유가 무엇입니까? 이제 자기가 너무 늙어서 더 이상 살 수 없다는 것을 알았기 때문입니다. 그는 죽기 전에 분명히 한 가지 일을 해야 하는데, 그것은 이삭이 믿음으로 결혼할 수 있도록 방침을 정해 주고 도와주는 일이라고 생각했습니다.

물론 이삭이 결혼하는 것은 하나님의 일이며, 하나님께서 알아서 하실 것입니다. 그러나 아브라함은 아무리 하나님의 뜻이라 하더라도 인간의 고집과 불순종으로 얼마든지 그 성취가 늦어질 수 있다는 것을 체험했습니다. 이삭을 낳는 데에도 자신의 불순종과 고집 때문에 얼마나 많은 기간이 필요했는지 그는 잘 알고 있었습니다. 아브라함은 얼마 있지 않아 죽을 것입니다. 그는 자기가 죽은 후에 이삭이 믿음으로 결혼할 수 있도록 어떤 일을 해야 한다고 생각했습니다.

그래서 자기 집의 모든 소유를 관리하고 있는 종을 불러서 아주 중요한 임무를 맡깁니다. 그것은 바로 이삭의 아내를 구해 오는 일입니다. 종의 생애에서 아마 이보다 더 부담스러운 임무는 없었을 것입니다. 지금까지 아브라함은 이 종에게 많은 임무를 맡겨 왔습니다. 그러나 지금 그는 사상 최대의 임무를 맡기고 있습니다.

만일 우리가 어떤 사람의 결혼을 책임져야 한다면 보통 부담스러운 일이 아닐 것입니다. 내가 보기에 좋은 사람이라도 상대방의 마음에도 드는 경우는 거의 없습니다. 나이든 사람의 관점과 젊은 사람의 관점은 전혀 다릅니다. 일치한다면 오히려 이상한 일이지요. 그런데도 아브라함은 이삭의 결혼 문제를 이 늙은 종에게 부탁하고 있습니다.

이렇게 아들의 결혼 문제를 종에게 맡긴 것은 자신의 힘으로 여자를 구할 수 없었기 때문이 아니라 그의 신앙 때문이었습니다. 아브라함은 가나안 여자를 이삭의 아내로 삼을 수 없다는 것을 분명히 알았습니다. 그러면 다른 곳에 있는 여자를 택해야 하는데, 이삭은 이 땅을 떠날 수 없다는 것이 아브라함의 믿음이었습니다. 가나안 여자는 안 되고 이삭은 여기를 떠나면 안 되니까 마냥 기다리는 수밖에 없습니다. 그러나 이제는 더 기다릴 수 없습니다. 아브라함은 너무 늙어 버렸습니다. 그래서 이 늙은 종에게 이삭의 아내를 구해 오라는 막중한 임무를 맡겼습니다.

여기서 중요한 것은 아브라함이 자기 종에게 맹세하게 한 방식입니다.

> 아브라함이 자기 집 모든 소유를 맡은 늙은 종에게 이르되 청컨대 네 손을 내 환도뼈 밑에 넣으라(24:2).

우리는 지금까지 여러 가지 방식의 맹세를 보았습니다. 짐승을 죽여서 그 사이를 지나가는 방식도 있었고, 돌을 세워서 맹세하는 방식도 있었습니다. 또 음식을 같이 나누어 먹는 방식도 있었습니다. 그런데 이번에는 아주 특별한 맹세의 형태로서, 다른 사람의 엉덩이 밑에 손을 넣고 맹세하는 방식이 나옵니다. 이 맹세가 어떤 맹세인지 많은 학자들이 연구를 했지만 아직 풀리지 않고 있습니다.

가장 그럴 듯한 것이 이스라엘 사람들의 해석 방식입니다. 그들은 이 맹세의 방식을 할례에 준하는 것으로 보았습니다. 다시 말해서 환도뼈는 뼈가 아니라 성기를 완곡하게 표현한 것으로서, 남자의 성기 위에 손을 대고 맹세를 하는 것이기 때문에 거의 할례의 언약과 같은 의미가 있다고 보는 것입니다. 할례의 의미가 무엇입니까? 하나님의 소유가 되었다는 표시입니다. 이스라엘 백성들은 성기에 그 표시를 함으로써 이 언약이 자손 대대로 유효하다는 것을 나타낸다고 보았습니다. 즉 이 해석은 아브라함이 죽는다 해도, 이 종뿐 아니라 그의 아들까지 모두 이삭의 결혼을 위하여 헌신할 것을 언약하는 표시로 보는 것입니다.

이와 비슷한 것으로, 고대 사람들은 후손들이 모두 '조상의 허리에 있다'고 생각했기 때문에, 허리 밑에 손을 넣고 맹세를 하는 것은 자자손손 이 약속을 거역하지 않고 신실하게 지키겠다는 표시라고 주장하기도 합니다.

물론 이 해석들이 다 근거 없는 것은 아니지만 저는 본문 안에서 이 맹세의 의미를 찾는 것이 좋다고 생각합니다. 종은 이 맹세를 하기 전에도 아브라함의 명령이 상당히 어려운 것이라는 사실을 알았습니다. 남자도 보지 않고 따라오려는 처녀가 어디 있겠습니까? 그래서 종은 아브라함에게 묻습니다. "만약 처녀가 따라오려고 하지 않으면 이삭을 그곳으로 데리고 가야 합니까?" 그때 아브라함은 "만약 그 여자가 따라오려고 하지 않으면 이 맹세는 그 순간부터 폐지되는 것이다. 다시 말해서 이 맹세는 너와 상관이 없다"고 합니다. 즉 이 맹세는 여자를 만났는데 따라오려고 하지 않을 때에야 비로소 해지되며, 그 외에는 어떤 경우라도 유효하다는 뜻입니다. 그러니까 아브라함의 종은 어떤 일이 있어도 이삭의 아내를 찾아내야 합니다.

무슨 뜻입니까? 이 종이 아브라함의 환도뼈 밑에 손을 넣고 맹세한 일의 정확한 뜻이나 의도는 알 수 없지만, 한번 약속하면 그 약속을 성취하기까지 무한의 책임을 진다는 의미가 여기에 들어 있었다는 것입니다. 아브라함이 살았든지 죽었든지, 종 자신이 건강하든지 그렇지 않든지, 1년이 걸리든지 10년이 걸리든지 이삭의 아내를 구해 올 때까지는 이 약속에 책임을 져야 하는 무한 책임의 맹세인 것입니다.

이 책임에서 면제되는 경우는 단 두 가지뿐입니다. 한 경우는 이삭의 아내를 데리고 왔을 때입니다. 또 한 경우는 여자를 발견했지만 그 여자가 남자를 보지 않고서는 결혼할 수 없다면서 따라오기를 거절할 때입니다. 이 두 가지 경우가 아니라면 몇 달이 걸리든 몇 년이 걸리든 이 종은 반드시 이삭의 아내를 찾아 와야 합니다. 한평생이 걸리더라도 찾아 와야 합니다.

우리는 아브라함의 모든 소유를 맡은 종이 얼마나 바쁜 사람인가를 알아야 합니다. 그런데 아브라함은 이 바쁜 종을 불러서 무한 책임의 임무를 지웁니다. 결혼 문제라면 주인이 책임을 져야 하지 않습니까? 그런 일을 종에게 맡기면 어떻게 합니까? 게다가 기한이 한두 달로 정해져 있는 것도 아니고, 아무리 오랜 시간이 걸린다 해도 무조건 이삭의 아내를 찾아 와야 한다는 것은 너무 심한 요구가 아닙니까?

그에 대한 아브라함의 생각은 이런 것입니다. 이삭의 결혼은 단지 이삭 개인의 문제가 아닙니다. 이삭의 결혼은 아브라함 가정에 속한 사람들의 행복이 달린 문제일 뿐만이 아니라 모든 인류의 구원이 달려 있는 중요한 문제이기 때문에, 누구라도 자신의 삶에서 가장 중요한 문제로 생각해야 한다는 것입니다. 아브라함의 종은 바쁜 사람입니다. 할 일 없는 사람이 아니에요. 하지만 아브라함은 "네가 아무리 바빠도 이삭은 결혼을 해야 해. 이삭이 결혼하지 않으면 너의 행복도 소용이 없다. 네가 아무리 돈 계산을 잘하고 이익을 남긴다고 하더라도 이삭이 결혼하고 약속된 후손이 와야 하는 거야. 그러니 너는 무한 책임을 지고 그 아내를 구해 와야 한다"고 요구합니다.

아마도 이 아브라함의 종은 다메섹 사람 엘리에셀이었을 것입니다. 그는 히브리인이 아닙니다. 그럼에도 불구하고 아브라함은 이삭이 하나님의 뜻에 따라 아름다운 결혼을 하지 못한다면 다메섹 사람인 이 종의 행복도 보장할 수 없다고 합니다. 이삭의 결혼은 모든 사람들이 자신의 삶의 최우선 과제로 생각하고 끝까지 추구해야 할 일이라는 것입니다. 다시 말해서 이 땅에 그리스도가 오시는 일은 다른 어떤 일보다 중요합니다. 이 세상 사람은 그 어떤 중요한 일보다 그리스도가 오시는 일과, 그를 통하여 하나님의 축복이 이루어지는 일을 최우선 과제로 삼아야 합니다.

전설입니다만 영국의 아더 왕은 원탁의 기사들에게 그리스도가 성찬식 때 사용했던 잔을 평생을 걸고 찾아오라고 명령하면서 무한의 책임을 부여했다고 합니다. 이 원탁의 기사들은 그 잔을 찾지 못했기 때문에 죽을 때까지 돌아오지 못했습니다. 사람들 중에는 이런 미신적인 목표를 달성하기 위하여 한평생을 투자하는 사람들이 많습니다. 어떤 아들은 "고시에 합격하기 전까지 절대로 집에 돌아오지 않겠습니다"라고 약속합니다. 또 어떤 남편은 "이번 사업에 성공하기 전에는 절대로 돌아오지 않겠소" 하며 집을 나섭니다. 그러나 대개는 빈손으로 돌아오지요.

아브라함은 자기 종에게 "이삭의 아내를 찾기 전에는 절대로 집에 돌아오지 말라"고 하면서 보냅니다. 한평생이 걸리더라도 이삭의 아내를 찾아 와야 한다는 것입니다. 이것은 아브라함이 죽어도 유효한 명령입니다. 환도뼈 밑에 손을 넣고 맹세했다는 것은 아브라함이 죽었든지 살았든지 상관없이 어떤 일이 있어도 이삭의 아내를 찾아야만 돌아올 수 있다는 뜻입니다.

우리의 생애에도 이런 일이 있을 것입니다. 한평생 나의 삶을 두고 추구해야 할 것이 있습니다. 그것이 무엇입니까? 그 목적을 달성하기 전까지는 절대로 돌아올 수 없고, 무한 책임져야 하는 내 인생의 과제가 무엇이라고 생각합니까?

어렸을 때 외국에 입양되어 갔다가 성인이 되어서 부모를 찾아오는 젊은이들이 많습니다. 왜 그들은 자기를 버린 부모를 찾으려고 합니까? 부모를 찾지 못하면 영원한 자신의 가치를 되찾지 못하기 때문입니다. 부모가 자기를 버렸든 잃어버렸든 간에 부모를 만나야 내가 누구냐 하는 문제가 풀리는 것입니다.

이처럼 사람들은 자기의 가치를 되찾아야 합니다. 아무리 바쁘고 할 일이 많고 장사하는 데 재미가 붙었다고 하더라도 자기가 누구인지는 알아야 합니다. 예수님께서는 온 천하를 얻고도 자기 생명을 잃으면 무슨 소용이 있느냐고 말씀하셨습니다. 자기 자신이 누구인지도 모르는데 잘 먹고 잘살면 무슨 의미가 있고 공부를 잘하면 무슨 의미가 있습니까? 뿌리를 찾아야 합니다. 우리의 뿌리가 어디에 있습니까? 하나님께 있습니다. 예수님은 우리의 영생이 유일하신 참 하나님과 그의 보내신 자 예수 그리스도를 아는 데 있다고 말씀하셨습니다.

아브라함의 종이 그 바쁜 일을 다 중단하고 이삭의 아내를 구하는 일에 한평생을 다 쏟기로 약속한 것은 이삭이 결혼하지 못하면 그 약속하신 씨가 오지 않을 테고, 그렇게 되면 아브라함의 삶과 자신의 삶과 이삭의 삶, 모든 인류의 삶도 의미가 없다는 것을 알았기 때문입니다. 모든 가치는 그리스도 안에 있습니다.

아브라함이 제시한 기준

아브라함은 자기 종에게 이삭의 아내를 찾아오라고 하면서, 아무 데나 가서 이상하게 생긴 여자라도 데리고 오기만 하면 된다는 식으로 말하지 않았습니다. 그는 이삭의 아내를 구할 때 중요한 기준을 제시했습니다. 그것은 인물이나 재산 같은 것이 아니었습니다. 아브라함은 이삭의 아내가 이 세상에서 가장 예쁜 여자여야 한다고 요구하지 않았고 아주 돈이 많은 왕의 딸이어야 한다고도 말하지 않았습니다.

아브라함이 제시한 것은 두 가지였습니다. 하나는 여자의 순결이었습니다. 도덕적으로 흠이 없어야 한다는 것이 첫째 조건이었습니다.

> 내가 너로 하늘의 하나님, 땅의 하나님이신 여호와를 가리켜 맹세하게 하노니, 너는 나의 거하는 이 지방 가나안 족속의 딸 중에서 내 아들을 위하여 아내를 택하지 말고 내 고향 내 족속에게로 가서 내 아들 이삭을 위하여 아내를 택하라(24:3, 4).

이삭의 결혼이 이토록 늦어진 이유가 어디에 있을까요? 그것은 가나안 땅에서는 순결한 여자를 구할 수가 없었기 때문입니다. 아브라함은 이삭의 아내 자격으로 다른 것을 생각하지 않았습니다. 이삭의 아내는 순결한 사람이어야 했습니다. 가나안 땅에서 살면서 여자들을 지켜본 결과, 아브라함이 내린 결론이 무엇입니까? 가나안 여자는 절대로 아들의 아내가 되어서는 안 된다는 것입니다. 가나안 여자들은 순결하지 않았습니다. 그래서 아브라함은 자기 고향, 그의 족속에게로 가서 이삭의 아내를 구해 오라고 했습니다.

아브라함이 떠나 온 고향 친척들은 어떤 사람들입니까? 그들은 아브라함처럼 말씀에 사로잡힌 사람은 아니었습니다. 그러나 적어도 하나님은 살아 계시며 음란하게 살아서는 안 된다는 생각은 가진 사람들이었습니다. 아브라함은 전적으로 하나님의 말씀에 헌신한 사람이었습니다. 그러나 그의 가족들은 하나님을 알고 믿기는 하지만 전적으로 말씀에 붙들린 사람들은 아니었습니다. 그러나 의식적으로, 윤리적으로는 하나님을 섬기고 믿는 사람들이었습니다. 말하자면 요즘 우리가 흔히 보는 그리스도인들과 비슷한 상태였다고 말할 수 있습니다. 그러나 그렇다고 해서 하나님을 뜨겁게 사랑하지는 않았습니다. 아브라함과 그의 가족이 헤어진 이유도 이러한 신앙의 차이 때문이었습니다. 이를테면 아브라함이 두고 온 친척들의 모습은 부흥이 필요한 교회의 모습이었습니다. 아브라함은 그들 가운데서 이삭의 아내를 데리고 오라고 부탁하고 있습니다.

두 번째로 아브라함이 이삭의 아내에게 요구한 것은 믿음이었습니다. 만약 여자가 남자를 보지 않고서는 오지 않겠다고 하면 어떻게 하느냐고 묻는 종에게 아브라함이 무엇이라고 합니까?

종이 가로되 여자가 나를 좇아 이 땅으로 오고자 아니하거든 내가 주인의 아들을 주인의 나오신 땅으로 인도하여 돌아가리이까 아브라함이 그에게 이르되 삼가 내 아들을 그리로 데리고 돌아가지 말라(24:5, 6).

아브라함은 하나님의 약속이 성취되기 위해서는 이삭이 가나안을 떠날 수 없으며, 만약 이삭의 아내감이라면 그 얼굴을 보지 않고서도 따라올 수 있는 믿음을 가진 자여야 한다는 것을 조건으로 제시했습니다. 이삭의 아내는 믿음이 있는 여자여야 합니다. 얼굴 한 번 보지 않고서도 말씀만 듣고 떠날 수 있는 여자여야 합니다. 그 이유가 무엇입니까? 하나님의 나라는 모두 약속으로 되어 있기 때문입니다. 믿음이 없는 사람은 하나님 나라에서 아무것도 얻을 수 없습니다. 그래서 아브라함은 처음부터 결혼 조건에 믿음을 제시했습니다.

오늘 이 땅에 하나님의 나라가 임하는 데 가장 어려운 문제가 무엇입니까? 그리스도의 신부를 찾는 것입니다. 그리스도의 신부만 찾으면 왕의 결혼식이 벌어질 것입니다. 온 하늘에서 천사들과 모든 성도들이 함께하는 엄청난 왕의 결혼식이 벌어질 것입니다. 제가 너무 풍유적으로 성경을 해석하려고 한다고 비난할지 모르겠습니다. 그러나 이 부분은 풍유가 아닙니다. 참으로 하나님께서 그 모든 종들에게 내리신 가장 중요한 명령은 온 세상을 뒤져서라도 그리스도의 신부를 찾아오는 것입니다.

신부의 자격은 두 가지입니다. 그들은 순결해야 합니다. 그리스도 외에는 아무것도 바라보지 않는 사람이어야 하며, 이 세상의 더러운 죄에 빠지지 않은 사람이어야 합니다. 세상을 사랑하는 사람은 안 됩니다. 또한 그리스도의 신부는 말씀만 듣고서도 따라올 수 있는 믿음의 사람이어야 합니다. 그리스도를 본 적은 없지만 말씀만 듣고서도 따라올 수 있는 사람이어야 합니다. 온 세상을 뒤져서라도 이 두 가지 조건에 맞는 사람을 찾아내야 합니다. 그래서 온 천사가 세상을 뒤지고 있습니다. 순결하면서도 말씀 하나만 붙들고 따라올 수 있는 이 순결한 그리스도의 신부를 찾고 있습니다.

우리는 아직 교회가 가진 신비를 다 알지 못하고 있습니다. 지금 우리가 보는 교회는 마치 아브라함이 떠나 온 옛 고향의 친척들과 같습니다. 하나님을 믿기는 하지만 사랑하지는 않습니다. 하나님의 말씀을 믿기는 하지만 말씀에 전적으로 붙들린 것은 아닙니다. 그러나 일단 기쁜 소식이 전해지면 다시 살아날 가능성이 있습니다. 이것이 교회의 부흥에 대한 하나님의 약속입니다.

어느 분이 교회에 대하여 쓴 책 중에 《기억상실증에 걸린 신데렐라》라는 책이 있습니다. 교회는 신데렐라인데, 기억상실증에 걸린 신데렐라입니다. 자기가 누구인지 잊어버렸고, 자기를 찾고 있는 왕자님이 누구인지 모르고 있습니다. 유리구두가 무엇인지도 잊어버렸습니다. 지금 교회가 바로 그렇습니다. 교회는 자신의 영광을 잃어버렸고, 자기를 찾고 있는 자가 누구이며 자기를 기다리고 있는 축복이 어떤 것인지 다 잊어버렸습니다. 그저 세상에 있는 것을 긁어모아서 즐기면 되는 것처럼 생각하고 있습니다. 아브라함은 이삭의 아내는 바로 그런 자기 고향 사람들 중에서 찾아야 한다고 믿었습니다.

모든 사람들이 교회가 다시 그 영광스러운 옛 모습을 되찾기를 원하고 있습니다. 교회가 가장 교회다웠고, 교회가 가장 영광스러웠던 초대 교회 시대의 모습을 되찾기를 원하고 있습니다. 그때 교회는 그리스도의 신부였습니다. 어떻게 하면 다시 그 영광과 능력을 되찾을 수 있습니까? 말씀을 통하여 믿음과 순결을 되찾아야 합니다.

순결하다는 것은 한 번도 죄를 짓지 않았거나 타락하지 않았다는 의미가 아닙니다. 우리는 그리스도를 몰랐을 때 이미 죄에 빠졌던 사람들입니다. 그렇지 않았던 사람은 아무도 없을 것입니다. 그러나 믿음이 온 후에는 더 이상 그렇게 살아서는 안 됩니다. 그뿐 아니라 그리스도의 신부는 믿음으로 살아야 합니다. 눈으로 보고 따라가는 것이 아닙니다. 말씀 하나만 붙들고 생전 보지도 못한 이삭과 결혼하려고 나서는 믿음의 여자만이 이삭의 신부가 될 수 있습니다.

오늘 그리스도의 신부인 우리들에게 가장 중요한 것이 무엇입니까? 눈에 보이는 것을 붙들지 않고 말씀을 붙들고 걸어가는 것입니다. 그리스도의 신부는 이 세상 것으로 만족하지 않습니다. 그리스도가 주시는 것과 세상이 주는 것을 구분해서 그리스도가 주시지 않는 것은 절대로 갖지 않습니다. 사도 바울은 "내가 비천에 처할 줄도 알고 풍부에 처할 줄도 알아 모든 일에 배부르며 배고픔과 풍부와 궁핍에도 일체의 비결을 배웠노라"(빌 4:12)고 했습니다.

바로 이것입니다. 주님이 주시지 않은 것은 어느 것도 취하지 않는 것입니다. 주님이 가난하게 하시면 그냥 가난하게 사는 것입니다. 부자를 시기하고 욕할 필요가 뭐가 있습니까? 주님이 날 무식하게 하시면 그냥 무식하게 사는 것입니다. 주님이 날 독신으로 살게 하시면 그냥 독신으로 사는 것입니다. 쌀도 적게 들고 얼마나 좋습니까? 또 주님이 부요하게 하시면 부요하게 사는 것이지 어떻게 하겠습니까?

오늘 온 세상이 보고 싶어 하는 사람이 있습니다. 그 사람은 화려한 옷을 입은 모델 같은 여자가 아닙니다. 순결하면서도 믿음 하나로 사는 그리스도의 신부가 과연 이 세상에 남아 있는지, 눈이 부실 정도로 순결하고 아름다운 그리스도의 신부가 어디 있는지 보고 싶어 합니다. 어떤 곳에 그리스도의 신부가 있다고 해서 달려갔더니, 이 세상 여자들과 하나도 다를 바가 없습니다. 빨간 립스틱을 짙게 바른 입으로 더러운 말을 마구 내뱉습니다. 신데렐라인 줄 알고 갔는데, 알고 보니 그 언니들이에요. 뒤꿈치가 까질 때까지 발을 밀어넣는데도 구두는 절대 들어가지 않습니다. 그런 여자들은 신부가 아닙니다.

아브라함의 신앙 고백

아브라함은 아들 이삭의 결혼을 자신의 믿음에 따라서 준비하고 있습니다. 사람들이 어떤 행동을 취하는 데는 반드시 이유가 있습니다. 그 이유는 바로 그 사람의 신앙이요 신념입니다. 아브라함의 신앙은 아들 이삭의 결혼에서 더 분명하게 드러나고 있습니다. 7절을 보십시오.

> 하늘의 하나님 여호와께서 나를 내 아버지의 집과 내 본토에서 떠나게 하시고 내게 말씀하시며 내게 맹세하여 이르시기를 이 땅을 네 씨에게 주리라 하셨으니 그가 그 사자를 네 앞에 보내실지라 네가 거기서 내 아들을 위하여 아내를 택할지니라

아브라함은 자기가 이곳으로 오게 된 것이 하나님의 부르심 때문이었다는 것을 확신하고 있습니다. 하나님께서는 아비 집과 본토를 떠나게 하실 때 자기에게 씨를 주고 그 씨에게 이 땅을 주겠다고 약속하셨습니다. 자신이 하나님의 말씀을 붙들기만 하면 그 모든 약속을 성취할 책임은 하나님께 있다는 것을 아브라함은 여기에서 분명히 이야기하고 있습니다. 아브라함이 지켜야 할 언약은 두 가지입니다. 가나안 땅을 떠나지 말 것과 이방 신을 섬기지 말 것입니다. 이 두 가지만 지키면 하나님은 그에게 씨를 주실 것이며 그 씨를 통하여 가나안 땅을 주시리라는 것이 아브라함의 믿음이었습니다.

아브라함은 하나님의 섭리와 간섭을 믿고 있습니다. 하나님의 섭리와 간섭하심을 믿는 것보다 더 우리를 안전하게 지켜 주는 것은 없습니다. 우리는 이 세상에서 많은 문제를 끌어안고 살고 있습니다. 우리 주위에는 날마다 위험이 도사리고 있습니다. 지금 우리 안에 어떤 병이 생기고 있는지도 모릅니다. 또 언제 사고가 날지

모릅니다. 집에 갑자기 불이 나면 어떻게 합니까? 교통사고가 나면 어떻게 합니까? 우리 아이에게 불행한 일이 생기면 어떻게 합니까? 또 이 땅에는 언제 전쟁이나 재앙이 닥칠지 모릅니다.

그러나 우리가 믿는 것이 하나 있습니다. 이 모든 것이 다 사실이라고 하더라도 하나님의 허락 없이는 참새 한 마리도 땅에 떨어지지 않는다는 것입니다. 우리는 모든 것을 다 알지 못합니다. 그러나 언약의 말씀을 붙들고 있기만 하면 하나님은 우리의 모든 삶을 책임지시고 약속대로 풍성한 삶을 주실 것입니다.

아브라함은 종을 보내면서도 이 모든 것이 종에게 달려 있다고 생각하지 않습니다. 그는 하나님께서 그 사자를 먼저 보내어 모든 일을 준비시켜 주실 것이며 모든 것을 이루실 것을 믿고 있습니다. 이것이 하나님의 섭리와 간섭을 믿는 것입니다. 사람들이 이 세상에서 살 수 있는 이유는 둘 중에 하나입니다. 운명으로 생각하고 모든 것을 잊어버리든지, 아니면 하나님의 섭리와 간섭하심을 믿기 때문입니다. 아브라함은 우리가 할 수 있는 것은 아무것도 없으며 하나님께서 그의 사자를 통하여 모든 것을 이루시리라고 믿었습니다.

여러분, 우리가 어떤 선한 일을 할 때 이 선한 일을 한 사람은 우리가 아닙니다. 하나님께서는 우리 안에 선한 마음을 주셔서 그 일을 하게 하십니다. 그리고 다른 사람이 그 선한 일을 받아들일 수 있도록 마음을 준비시켜 주십니다. 그래서 전혀 모르는 사람끼리 만나도 마치 오래 함께 일해 온 것처럼 주님의 영광을 나타내게 되는 것입니다. 그러나 그것은 우리가 잘 했기 때문이 아닙니다. 하나님께서 모든 것을 준비시키시고 간섭하셨기 때문입니다.

하나님께서는 우리에게 어떤 좋은 것을 주려고 하실 때, 먼저 기도할 마음을 주십니다. 그리고 우리가 기도할 때 그 준비한 것을 주십니다. 기도할 마음을 주시지 않았는데도 기도하는 사람은 한 명도 없습니다. 그러므로 기도할 마음이 생길 때 무조건 기도하십시오. 왜냐하면 하나님께서 무언가 좋은 것을 준비하고 계시다는 표시이기 때문입니다.

이 세상에서 우리가 아무리 선한 일을 많이 했다고 하더라도 그것은 하나님께서 마치 엎드려 절받으시는 것과 같습니다. 하나님께서는 아브라함으로 하여금 종을 보내게 하시고, 아브라함의 고향에 한 여자를 준비시켜 놓으십니다. 겉으로 보기에는 아브라함의 종이 잘 찾아간 것 같고 그 여자의 믿음이 좋은 것 같지만, 실제로는 하나님께서 그 모든 것을 행하신 것입니다. 아브라함은 이처럼 하나님께서 반드시 그 사자를 먼저 보내어 모든 것을 준비시켜 놓으실 것을 믿고 종을 보냈습니다.

오늘 말씀이 우리에게 보여 주는 것이 무엇입니까? 하나님의 가장 중요한 일은 그렇게 쉽게 이루어지지 않는다는 것입니다. 아브라함은 이삭의 결혼을 오래오래 기다려야만 했습니다. 그리고 이스라엘 백성들은 수많은 왕자들의 결혼식을 지켜보면서 앞으로 오실 메시아를 대망해야만 했습니다. 이것은 남의 일이 아니었습니다. 바로 자기들의 영원한 미래가 달린 사건이었습니다. 그래서 그들은 이삭의 결혼을 그렇게 기뻐했고, 특히 이 결혼에 하나님께서 함께하신 것을 자신들의 삶에 함께하시는 증거로 생각했습니다.

오늘 우리에게는 모든 중요한 것들을 내려놓고 한평생 찾아야 할 것이 있습니다. 그것은 내 영혼의 가치를 찾는 일입니다. 자기 영혼의 가치를 되찾지 않으면 아무것도 되지 않습니다. 영혼의 진정한 가치는 어디에 있습니까? 왕의 결혼식 잔치에 있습니다. 우리 죄인들과 그리스도가 만나는 영원한 결혼식에 있습니다.

오늘 이 세상은 진정으로 그리스도의 신부를 보기를 원합니다. 그것은 크고 훌륭한 교회가 아닙니다. 많은 사람들이 모인 교회, 학벌 좋은 사람들이 모인 교회가 아닙니다. 세상은 순결하면서도 말씀 하나만 붙들고 나아가는 그리스도의 신부를 보고 싶어 합니다. 말씀을 팽개치고 눈에 보이는 돈이나 집이나 직장을 붙들고 사는 사람은 신데렐라의 언니들입니다. 어디에 그리스도의 신부들이 있습니까? 바른 하나님의 말씀이 선포되는 곳에, 그 말씀에 전심으로 반응하는 자들 가운데 있습니다.

여러분, 우리는 미래를 다 알지 못합니다. 그러나 하나님의 말씀을 붙들면 하나님이 우리의 모든 삶을 책임지신다는 것을 믿고 있습니다. 어떤 사람은 자기는 믿음으로 살면서 자식들은 믿음으로 살지 못하게 합니다. 그 이유가 무엇입니까? 그 믿음이 자신의 진정한 믿음이 아니기 때문입니다. 교회생활은 잘 하는데 직장이나 결혼 문제에서 믿음으로 하지 못한다면 그것은 온전한 믿음이 되지 못합니다. 하나님의 섭리를 믿는 사람은 미래를 두려워하지 않습니다. 나의 삶을 통하여 하나님의 살아 계심과 그의 영광만 나타날 수 있다면 그보다 더 귀한 것이 없습니다. 나의 고난과 죽음이 하나님을 기쁘시게 할 수만 있다면 조금도 두려울 것이 없습니다.

지금 온 세상은 그리스도의 신부가 나타나기를 기다리고 있습니다. 사랑하는 그리스도의 신부 여러분, 자기 자신을 더욱 믿음으로 단장하십시오. 이 세상을 사랑하지 마십시오. 그래야 이 왕의 잔치에 영광스럽게 참예할 수 있을 것입니다.

하나님의 뜻을
발견하는 법

우리가 이 세상 인생길을 걸어가는 것은 한 번도 가본 적이 없는 길을 걸어가는 것과 같습니다. 물론 지나고 난 후에 돌이켜보면 별 것 아닌 것 같을지 몰라도, 막상 그 당시에는 하나하나의 문제가 그토록 어렵고 막연할 수가 없습니다.

우리는 이 세상에 살면서 많은 선택을 해야 합니다. 어떤 학교를 지원해야 하며 어떤 계통의 직장을 가져야 하며 또 결혼 상대로는 어떤 사람을 선택해야 하는지 등, 아주 중요한 문제들이 많이 있습니다. 물론 사람들은 누구든지 최선의 선택을 하기 위하여 머리를 짜 내기도 하고, 또 여러 사람들에게 물어 보기도 합니다.

그런데 그리스도인들에게는 이런 선택의 문제가 신앙이 없는 사람들에 비하여 말할 수 없을 정도로 어려울 때가 많습니다. '과연 내가 이런 식으로 선택하는 것이 현실적으로 가능할까' 하는 생각이 들 정도입니다. 왜냐하면 이 세상에서 무엇인가를 선택하는 것 자체가 쉬운 일이 아닌데다가, 그리스도인들은 거기서 신앙의 문제, 또는 하나님의 뜻까지 찾아야 하기 때문입니다.

예를 들어서 이 세상에서 자기에게 적합한 직장을 선택하는 것은 결코 쉬운 일이 아닙니다. 그러나 그리스도인에게는 그것만 문제가 되는 것이 아닙니다. 과연 그 직장이 하나님의 뜻에 맞으며 신앙적인 조건에도 맞느냐는 점까지 해결되어야 합니다. 그러니까 보통 어려운 문제가 아니지요. 마치 넓은 바다에서 바늘 하나를 찾아내는 일과 같습니다.

결혼만 해도 그렇습니다. 자기 마음에 드는 결혼 배필을 찾는 것은 결코 쉬운 일이 아닙니다. 그런데 그리스도인들은 단순히 결혼상대만 찾는 게 아닙니다. 신앙적인 조건까지 맞아야 합니다. 내가 선택하는 그 사람이 내 마음에도 맞아야 하고 하나님의 뜻에도 맞아야 하는 겁니다. 그러니까 선택의 폭이 너무나도 좁아져서 결국 '이 세상에서 나의 마음에도 들면서 하나님의 뜻에도 일치하는 사람이 과연 있을까' 하는 의문을 갖게 됩니다. 물론 머리로는 그런 사람이 있을 것 같지요. '내 배필은 이 세상에 분명히 있어. 내 갈비뼈는 어딘가에 분명히 있어.' 그런데 몇 번 선을 보거나 결혼을 해보려고 시도하다 보면 그게 보통 어려운 일이 아니라는 것을 깨닫게 됩니다. 이론과 실제 사이에 엄청난 차이가 있는 것입니다.

오늘 본문을 보면 아주 중요한 임무를 띠고 집을 나선 아브라함의 종이 있습니다. 그의 임무가 무엇입니까? 어디론가 가서 이삭의 신부를 찾아오는 것입니다. 아브라함이 이런 임무를 맡기는 것은 아무 데나 가서 참한 색시 한 명 데려오라는 뜻이 아닙니다. 지금 어디엔가 이삭의 준비된 신부가 있으니 그 신부를 찾아서 데려오라는 것입니다. 종은 그 신부가 대체 어디에 살고 있는지, 이름은 무엇인지, 어떻게 사는지 아무것도 모릅니다. 그럼에도 불구하고 이 종은 신부를 찾아 집을 떠났습니다.

이 본문을 이야기하기는 쉽습니다. 그러나 막상 우리가 이 종이었다고 생각해 보십시오. 집을 일단 나서기는 했지만 도대체 어디로 가야 합니까? 어디에 그 처녀가 있습니까? 누구 딸입니까? 어떻게 생겼습니까? 어떤 여자가 이삭의 신부란 말입니까? 설사 그런 여자를 만난다 하더라도 어떻게 그를 알아볼 수 있겠습니까? 모든 것이 막연합니다. 어쩌면 영원히 이삭의 신부를 찾지 못하고 고생만 실컷 하다가 끝날지도 모릅니다.

그러나 오늘 성경 말씀이 우리에게 보여 주는 것이 무엇입니까? 아브라함의 종은 아무것도 모르고 길을 갔지만, 하나님께서 그의 걸음을 인도하셔서 정확하게 그 신부를 찾아내게 하셨다는 것입니다. 바로 이것입니다. 이스라엘 백성들이 이삭의 결혼에 대한 이 이야기를 그토록 소중하게 생각했던 것은 하나님께서 아브라함의 종과 함께하셔서 정확한 뜻에 따라 행하게 하셨던 것처럼, 그들이 어려운 결정을 내려야 할 때마다 그 걸음을 인도하셔서 정확하게 하나님이 원하는 목적지로 가게 하시라는 믿음 때문입니다.

자녀들이 어려움에 처했을 때 그들을 담대하게 하는 것이 무엇입니까? '이런 경우에 우리 아버지와 어머니는 어떻게 했던가? 하나님께서 우리 아버지와 어머니를 어떻게 도우셨던가?'를 생각하는 것입니다. 하나님께서 아버지와 어머니를 선대하신 것처럼 자신들에게도 반드시 동일한 은혜를 주시리라는 것이 자녀들이 위기 때 가지게 되는 신앙입니다.

아브라함의 종은 아무것도 모르는 채 길을 가고 있습니다. 지금 자기가 가고 있는 길이 그 목적지를 향한 길인지, 아니면 정반대인지 전혀 모르고 있습니다. 그러나 하나님께서는 이 종의 걸음을 인도하셔서 정확하게 그 신부가 있는 곳으로 이끄셨고, 신부를 찾아내게 하셨으며 데려오게 하셨습니다. 우리도 아브라함의 종처럼 어디가 길인지 모르고 막연하게 가야 할 때가 많습니다. 그러나 하나님께서는 우리에게도 가장 좋은 길을 보여 주실 것입니다.

종의 믿음

아브라함의 종은 너무나도 막연한 임무를 가지고 집을 떠났습니다. 그 임무는 어디엔가 있을 이삭의 신부를 찾아오는 것입니다. 도대체 이 넓은 세상 어디에서 한 번도 본 적이 없는 이삭의 아내를 찾아냅니까? 그러나 아브라함의 종은 그 신부를 찾기 위하여 아주 먼 길을 떠났습니다.

> 이에 종이 그 주인의 약대 중 열 필을 취하고 떠났는데 곧 그 주인의 모든 좋은 것을 가지고 떠나 메소보다미아로 가서 나홀의 성에 이르러 그 약대를 성 밖 우물 곁에 꿇렸으니 저녁 때라 여인들이 물을 길러 나올 때였더라(24:10, 11).

아브라함의 종이 이 길을 떠날 수 있었던 것은 한 가지 믿음이 있었기 때문입니다. 그것이 무엇입니까? 하나님께서 자기 주인 아브라함을 사랑하시며 그의 길에 적극적으로 개입하신다는 사실입니다. 이 믿음은 그의 기도에 잘 나타나고 있습니다.

> 그가 가로되 우리 주인 아브라함의 하나님 여호와여, 원컨대 오늘날 나로 순적히 만나게 하사 나의 주인 아브라함에게 은혜를 베푸시옵소서(24:12).

아브라함의 종이 자기 주인 아브라함을 지켜보았을 때 그의 삶에서 절대로 빼놓을 수 없는 가장 중요한 것이 있었습니다. 그것이 무엇입니까? 바로 하나님의 함께하심이었습니다. 아브라함의 삶은 전적으로 하나님께서 함께하시는 삶이었습니다. 만약 하나님께서 함께하시지 않으셨다면 아브라함은 이 거친 세상에서 살아남을 수도 없고 견뎌 낼 수도 없었을 것입니다. 아브라함의 종은 주인 아브라함의 삶을 보면서 하나님은 살아 계시며 주인을 사랑하신다는 믿음을 가지게 되었습니다.

하나님을 아는 사람과 모르는 사람의 사고방식에는 근본적인 차이가 있습니다. 만일 아브라함의 종이 하나님의 존재를 몰랐다면 얼굴도 모르는 이삭의 신부를 찾아 나선다는 것 자체가 미친 짓으로 여겨졌을 것입니다. 도대체 어디서 이삭의 신부를 찾으며, 설사 그를 만난다 하더라도 그가 이삭의 신부인지 아닌지 어떻게 알겠습니까? 그러나 이 종은 하나님은 살아 계시며 모든 것을 알고 계시며 이 걸음을 인도하실 것을 믿었습니다.

하나님을 모르는 사람의 삶을 지배하는 원리는 우연입니다. 모든 것이 우연이에요. 노래 가사처럼 사람을 만나는 것도 우연, 헤어지는 것도 우연, 우연 외에는 아무것도 없습니다. 그러나 하나님을 믿고 하나님을 아는 사람들이 갖는 사고방식은 어떻습니까? 하나님은 이 세상 모든 것을 만드셨을 뿐 아니라, 이 만드신 모든 것이 갑자기 파괴되거나 붕괴되지 않도록 붙들고 계시며 지키고 계신다는 믿음을 가지고 있습니다. 그것을 우리는 하나님의 '섭리'라고 부릅니다. 아무리 좋은 것을 만들어도 당장 부서진다면 무슨 소용이 있겠습니까? 부서지지 않고 제 기능을 잘 발휘할 수 있도록 지키고 관리해야지요. 하나님께서는 이 세상을 만드셨을 뿐만 아니라 이 세상에 있는 모든 것들이 부서지거나 파괴되지 않고 하나님의 뜻대로 잘 유지될 수 있도록 붙들고 계십니다. 우연이 아닙니다. 모든 것이 하나님의 선한 뜻대로 그 기능을 발휘하고 있습니다.

하나님의 섭리를 믿지 않는 사람들은 불안해서 살 수가 없습니다. 우리 몸에 어떤 병이 생기고 있는지 어떻게 압니까? 내일 어떤 사고가 터질지 어떻게 압니까? 불안해서 도저히 못 삽니다. 그러나 하나님을 아는 사람은 하나님이 나를 붙드시고 지키시며, 아무리 어려운 일에 부딪힌다 해도 하나님의 허락 없이는 아무 일도 일어나지 않는다는 것을 믿습니다. 하나님을 아는 사람과 하나님을 모르는 사람의 차이는 마치 눈 뜬 사람과 소경의 차이와 같습니다. 보지 못하는 사람은 막연한 두려움에 사로잡혀 있습니다. 그러나 모든 것이 환하게 보인다면 두려울 게 없습니다.

운전하는 사람은 밤에 특히 주의해야 합니다. 시야가 좁아지기 때문에 언제 어떤 돌발 사태가 발생할지 모릅니다. 만일 안개가 자욱하게 끼어 있다면 더욱 조심해야 합니다. 앞차가 가고 있는지 서 있는지 보이지 않기 때문입니다. 우리나라 운전자들은 앞이 전혀 보이지 않을 만큼 안개가 찬뜩 끼어 있는 고속도로도 시속 120킬로미터로 달릴 정도로 무모합니다. 이것은 믿음이 아닙니다. 미련한 짓이에요. 그래서 이런 날 교통사고가 나면 십몇 중 추돌사고가 일어납니다.

운명을 믿는 사람은 안개 속을 과속으로 달리는 사람과 같습니다. 그냥 달리고 보는 거예요. 일단 취직해 놓고, 일단 결혼해 놓고 나서 잘 되면 다행이고 안 되면 어쩔 수 없는 것입니다. 모든 것을 운명의 손에 맡겼다가 아무 일이 일어나 주지 않으면 다행이고, 사고가 일어나도 어쩔 수 없습니다.

그러나 하나님의 존재를 믿는 사람은 이 세상 모든 것들이 하나님의 선한 뜻대로 돌아간다는 것을 압니다. 그래서 아무렇게나 달리지 않습니다. 속도를 조절합니다. 하나님의 뜻이 모호할 때에는 조심조심 갑니다. 그러나 하나님의 뜻이 분명하고 어느 정도 시야가 확보되었을 때에는 충분히 속력을 내서 달립니다. 그러면서도 불안해하지 않습니다. 이 세상 모든 것이 하나님의 손에 붙들려 있으며 하나님의 허락 없이는 아무 일도 일어날 수 없다는 것을 알기 때문입니다.

아브라함의 종은 지금 우연을 믿고 이삭의 신부를 찾아 나선 것이 아닙니다. 실제로 존재하지도 않는 파랑새를 찾는 아이들처럼 이 세상 어디엔가 천사처럼 아름다운 이삭의 신부가 있으리라는 막연한 기대와 동경을 가지고 떠난 것이 아닙니다. 자신은 모르고 있지만 하나님은 모든 것을 알고 계시며, 아브라함을 사랑하시기에 자신을 그곳으로 인도하시리라는 믿음으로 떠난 것입니다.

오늘 우리는 믿는 자들에게 섭리 이상의 축복이 있다는 것을 보게 됩니다. 섭리란 이 세상에서 일어나는 일 중에서 하나님이 허락하시지 않은 일은 하나도 없다는 것입니다. 우리가 좋지 않은 일과 불행한 일이 일어났을 때도 불안해하지 않는 것은 그것이 하나님께서 허락하신 고난이며 연단임을 믿기 때문입니다. 그러나 우리에게는 단순한 섭리 이상의 축복이 있습니다. 하나님께서는 우리의 삶을 붙들어 주시고 지켜 주실 뿐만 아니라 우리의 삶을 인도하셔서 최선의 목적지를 향하여 가게 하십니다. 이 세상의 일들이 제멋대로 일어나지 못하게 막고 계실 뿐만 아니라, 믿는 자들의 생각 가운데 함께하시며 그들의 걸음을 인도하셔서 하나님이 생각하시는 가장 아름다운 목표에 가도록 인도하십니다.

오늘 우리가 본문을 통하여 볼 수 있는 것이 바로 이것입니다. 하나님께서는 이 세상을 주장하십니다. 하나님이 원치 않으시는 일은 전혀 일어나지 않습니다. 우연에 의해서 멸망이 일어나지 않습니다. 그러나 그것이 전부가 아닙니다. 하나님께서는 종의 걸음을 섬세하게 인도하셔서 그가 모르는 가운데 하나님이 가장 기뻐하시며 좋아하시는 신부가 있는 곳으로 이끄셨습니다.

우리는 이 세상을 살아가면서 세상의 그 어떤 일들도 하나님의 허락 없이 일어날 수 없다는 사실에 대단히 안심합니다. 그러나 그것은 하나님께서 우리에게 주시는 축복의 전부가 아닙니다. 하나님께서는 우리를 악의 세력으로부터 지켜 주실 뿐만 아니라, 우리의 삶에 대한 선한 계획을 가지고 계시며 가장 풍성하고 아름다운 목적지를 향하여 우리를 인도하고 계십니다. 이스라엘 백성들이 이삭의 결혼에서 은혜를 받는 부분이 바로 이것입니다.

지금 모세의 설교를 듣고 있는 이스라엘 백성들은 어떤 상태에 있습니까? 그들은 끝없는 사막을 걷고 있습니다. 하루라도 만나가 내리지 않는다면, 하루라도 물이 생기지 않는다면 사막에서 죽고 말 것입니다. 그러나 기쁘게도 '그런 일은 일어나지 않는다'는 것입니다. 하나님은 지금 그들의 삶을 붙들고 계시며 앞으로도 계속 물과 만나를 공급해 주실 것입니다. 그들은 사막에서 멸망하지 않습니다. 그러나 그보다 더 놀라운 것은 지금 그들이 막연한 사막 길을 걷고 있는 것처럼 보이지만 사실은 하나님의 아름다운 목적지를 향하여 한 걸음씩 한 걸음씩 나아가고 있다는 사실입니다.

오늘 우리가 붙들어야 할 사실이 바로 이것입니다. 우리는 아무것도 모릅니다. 하루하루를 무미건조하게 살고 있는 것 같습니다. 그러나 하나님은 나에 대한 선한 뜻을 가지고 계시며 그 선한 뜻을 향하여 나의 길을 인도하고 계십니다. 이것이 우리로 하여금 오늘 이 세상에서 소망을 가지게 합니다. 우리는 기대할 필요가 있습니다. 지금 내가 가지고 있는 모습은 하나님께서 나에게 주시려고 하는 모습의 전부가 아닙니다. 지극히 작은 일부분에 불과합니다. 하나님을 믿는다면 이 과정을 통하여 만들어질 나의 아름다운 모습을 기대해야 하며 앞으로 누릴 풍성한 삶을 기대해야 합니다.

하나님의 인도를 어떻게 적용할까?

우리 중 많은 사람들은 하나님께서 나에 대해 선한 계획을 가지고 계시며 나의 삶을 인도하고 계신다는 것을 믿습니다. 그러나 그것을 구체적인 삶에 적용하는 데는 많은 어려움을 겪습니다.

아브라함의 종은 하나님께서 자기 주인 아브라함을 사랑하신다는 것과 자기는 모르지만 하나님께서 그 걸음을 인도하시리라는 것을 믿고 지금까지 왔습니다. 그런데 나홀의 성에 이르자, 그렇게 단순한 믿음만으로는 부족하다는 것을 알게 되었습니다. 그래서 그는 처음으로 하나님의 뜻을 시험해 보게 됩니다.

아브라함의 종은 하나님 앞에서 누가 이삭의 신부감인지 자신은 알 수 없다는 사실을 솔직하게 인정합니다. 그러면서 자기가 어떤 여자를 만나게 되면 이러이러하게 말을 걸어 보고, 그 쪽에서 이러이러한 식으로 반응을 하면 그 여자를 하나님이 정하신 신부로 생각하겠다는 식으로 기도합니다. 어떻게 보면 아브라함의 종이 드리는 이 기도는 일종의 도박에 가깝다고 할 수 있습니다. 자기 혼자 일방적으로 기도해 버렸어요. "하나님, 저는 도저히 이삭의 신부를 구별해 낼 수가 없습니다. 하나님께서 그 여자를 저에게 보여 주십시오. 어떤 여자에게 제가 물을 좀 달라고 했을 때 내게만 물을 주는 것이 아니라 낙타에게도 주겠다고 하면 그 여자를 이삭의 신부로 알겠습니다."

우리가 확인해 보아야 할 것은 아브라함의 종이 이렇게 기도한 것이 하나님을 시험하는 것은 아니냐, 만약 시험하는 것이 아니라면 오늘 우리도 이런 식으로 하나님께 기도해도 되느냐 하는 점입니다.

예를 들어서 어떤 한 형제가 있는데 누가 자기의 배필이 될 여자인지 궁금합니다. 그래서 유난히도 기쁜 어느 날 이렇게 기도했다고 합시다. "하나님, 아브라함의 종을 인도하셨듯이 저의 삶을 인도하실 줄 믿습니다. 저는 결혼하지 않고서는 도저히 올해를 넘길 수가 없습니다. 오늘 저에게 아내 될 사람을 보여 주십시오. 오늘 제가 어느 여직원에게 커피를 사 달라고 하겠습니다. 그런데 커피뿐 아니라 점심까지 사 주겠다고 하면 그 여자가 제 신부인 줄 알겠습니다." 이 형제는 지금 하나님의 뜻을 잘 분별하고 있습니까? 이런 기도는 누가 들어도 유치한 것입니다. 내용은 종의 기도와 비슷한 것 같지만, 실제로는 하나님의 거룩한 뜻을 조롱하는 것입니다.

아브라함의 종이 구한 것은 결정적인 하나님의 뜻입니다. 그는 나홀의 성에 오기까지 계속 하나님의 말씀의 인도를 받아 왔습니다. 그리고 마침내 이 성에 왔을 때 결정적인 순간이 다가왔다는 확신이 들었습니다. 난파한 배가 육지에 접근하고 있는지 확인하려면 계속 수심을 재보아야 합니다. 그리고 더 이상 배에 타고 있으면 안 된다는 판단이 드는 결정적인 순간, 배를 버려야 합니다. 그런 확인도 없이 바다에 풍덩풍덩 빠진다면 모두 상어 밥이 되고 말 것입니다.

주관적인 확신에 따라서 마음대로 하나님의 말씀을 적용하는 것이 곧 하나님의 뜻을 분별하는 것은 아닙니다. 어느 한순간 갑자기 떠오르는 생각을 하나님의 뜻으로 볼 수는 없습니다. 물론 하나님께서 그런 식으로 말씀하실 때도 있습니다. 그러나 아브라함의 종은 아무 곳에나 가서 그런 식으로 기도하지 않았습니다. 그는 어떤 기준에 따라 여기까지 왔습니다. 그 기준이 무엇입니까?

첫째는 하나님께서 이삭의 결혼을 통하여 온 세상을 축복하기 원하신다는 것입니다. 따라서 이삭의 신부는 반드시 있다는 믿음이 종에게 있었습니다. 둘째로 이 신부는 가나안 여자가 아니라 아브라함의 친척 중에, 아브라함의 고향 땅에 있다는 것입니다. 셋째는 하나님께서 자신에게 신부가 될 여자를 알려 주시리라는 것입니다.

아브라함의 종은 아무 곳에나 가서 만나는 여자마다 물을 달라고 하지 않았습니다. 이미 그에게는 말씀의 기준이 있었습니다. 그 기준에 따라서 충실하게 걸어 온 그는 나홀의 성에 도달했을 때 자신에게 결정적인 증거를 보여 달라고 기도했습니다.

아무 데서나 기분 나는 대로 기도하고 그것을 하나님의 뜻으로 단정해 버리는 행동은 하나님을 시험하는 것에 지나지 않습니다. 때로 하나님의 뜻이 아닌 줄 알면서도 '진짜 하나님의 뜻이 아니면 길을 막으시겠지' 하는 마음으로 일을 계속 진행시키시는 경우가 있습니다. 하나님이 기뻐하시지 않는다는 것을 알면서도 막힐 때까지 가 보자는 것이지요. 이것은 하나님을 시험하는 것입니다.

거짓 선지자 발람이 돈에 매수되어 모압으로 갈 때의 심정이 바로 그러했습니다. 하나님께서는 발람의 길을 분명히 막으셨습니다. 그러나 그는 가고 싶었습니다. 발람을 태운 나귀는 눈앞에 하나님의 천사가 칼을 들고 막는 것을 보았습니다. 그래서 무서워하며 길에서 도망치려고 하다가 발람의 발에 상처를 냈습니다. 발람은 화가 나서 나귀에서 내려 막대기로 나귀를 때렸습니다. 그때 하나님께서 나귀의 입을 여셨습니다. "내가 너에게 무슨 짓을 했길래 나를 세 번씩이나 때리느냐?" 정상적인 사람이라면 나귀가 이런 식으로 말한다는 데 깜짝 놀라야 합니다. 그런데 발람은 나귀가 자신을 꾸짖는 것도 깨닫지 못하고 오히려 칼이 있었다면 나귀를 죽였을 거라고 했습니다. 발람은 돈 때문에 미쳤습니다. 빨리 발락에게 가서 돈을 받아야 하는데 나귀가 길을 막고 안 가니까 너무 화가 난 나머지, 지금 자기와 말하는 것이 나귀인지 사람인지 구분을 못하고 있습니다.

하나님의 뜻이 아닌 줄 알면서도 고집을 부리면서 가는 선지자는 나귀보다 못한 사람입니다. 발람처럼 자기 욕심대로 가면서 '하나님이 기뻐하시는 뜻이 아니라면 막으시겠지'라고 생각할 때 하나님은 그냥 가게 하십니다. 그렇게 가는 도중에 혹시 차 엔진에서 소리가 나거나 집에서 기르는 개가 짖어 댈지도 모릅니다. 또는 주위에 있는 불신자들이 경고를 해 줄 지도 모릅니다. 그런데도 깨닫지 못하고 더러운 자기 고집대로 하는 경우가 얼마나 많은지 모릅니다. 주위의 신앙 없는 사람들이 모두 비웃고 조롱하는데도 자기 혼자 정신을 차리지 못하고 가면서 그것이 선지자의 길이며 하나님의 뜻이라고 주장하는 것보다 더 답답한 일은 없습니다.

아브라함의 종은 이런 식으로 하나님을 시험하지 않았습니다. 그는 계속 하나님의 뜻을 찾았고 수심을 재어 왔습니다. 그리고 드디어 아브라함의 옛 고향, 주인이 말씀한 그곳에 도달했습니다. 이제는 일반적인 인도 외에 더 직접적이고 더 분명하고 더 구체적인 하나님의 뜻이 필요합니다. 그는 지금부터는 주파수를 바꾸어야 한다는 것을 알았습니다. 더 분명한 하나님의 뜻을 분별해야만 했습니다. 그래서 이런 기도를 드린 것입니다.

그러면 우리도 하나님께 이렇게 기도해도 될까요? 저는 얼마든지 가능하다고 생각합니다. 지금까지 하나님의 말씀을 따라서 걸어 왔다면 더 분명하고 확실한 하나님의 뜻이 필요할 때 "하나님, 아니면 아니라고 말씀해 주십시오. 옳으면 옳다고 말씀해 주십시오" 하고 기도하십시오. 그러면 하나님께서는 직접적으로 자신의 뜻을 보여 주십니다. 아주 분명하게 의사표시를 하십니다. 그러나 지금까지 하나님의 뜻대로 오지 않았고, 나귀도 소리 지르고 엔진도 소리 지르고 옆집 개가 짖는데도 못 알아들은 사람이 하나님께 말씀해 달라고 하면 말씀하시지 않습니다.

웬만한 일들은 신앙 양심과 상식으로 구분할 수 있습니다. 예를 들어 발람이 돈 때문에 모압으로 가는 것은 아무리 생각해도 하나님의 뜻이 아닙니다. 그러나 구체적인 하나님의 뜻이 필요한 결정적인 순간이 있습니다. 과연 이 사람이냐 저 사람이냐, 이 일이냐 저 일이냐를 결정해야 할 때는 좀더 구체적인 하나님의 뜻이 필요하지요. 그때 우리는 아브라함의 종처럼 기도할 수 있습니다. "하나님, 저는 지금까지 당신의 길을 따라 왔습니다. 그런데 이제 한계에 도달했습니다. 이 문제는 지금까지 제가 따라 온 방식으로는 더 이상 분별할 수가 없습니다. 이제 제 지각의 한계에 도달했습니다. 하나님, 저에게 좀더 직접적으로 말씀해 주십시오. 누구입니까? 어느 것입니까?" 그러면 아주 분명하게 대답해 주십니다. "저 사람이 네가 보기에는 참 좋지? 하지만 아니야. 난 싫어. 난 이 사람이 좋아"라고 분명하게 보여 주십니다.

하나님의 말씀에 순종해서 살려고 하는 사람은 이 세계 전체가 하나님의 오케스트라라는 것을 알게 됩니다. 오케스트라에는 지휘자의 지시 없이 소리나는 악기가 하나도 없습니다. 아주 작은 음 하나에도 의미가 있고 뜻이 있습니다. 하나님의 말씀과 함께 걸어 온 사람은 아주 작은 변화, 아주 세미한 소리에서 너무나도 분명한 하나님의 뜻을 느낍니다.

아주 작은 음성, 아주 작은 한 사건 가운데서 하나님이 말씀하십니다. 지금 위험하니 모든 것을 포기하고 몸만 건져서 무슨 수를 써서라도 빠져 나오라는 사인을 하시거나 지금 내가 있는 곳이 하나님이 주실 땅이니 별도의 지시가 있을 때까지 계속 머물러 있으라고 말씀하십니다. 또 아주 작은 한 사건을 통해서 지금까지 내가 믿고 결혼하려고 했던 사람이 절대로 믿어서는 안 될 사람이라는 것을 알려 주시기도 합니다.

그러면 아브라함의 종은 이렇듯 순탄하게 이삭의 신부를 찾았는데, 왜 우리에게는 그토록 오랫동안 하나님의 뜻을 보여 주시지 않는 것일까요? 왜 우리는 아브라함의 종처럼 기도해도 우물가에서 물 주는 사람이 없습니까? 하나님께서 중요하게 생각하시는 것은 결과가 아니기 때문입니다. 우리는 목표만 달성하면 그만입니다. 그러나 하나님께서는 그 목표를 통하여 내가 더 새로워지고 더 변화되기를 원하십니다. 그래서 욕심을 가지고 하나님의 뜻을 구할 때, 우리 자신은 변하지 않으면서 어떤 목적만 구할 때 하나님은 침묵하십니다. 우리는 입으로 "하나님, 저는 그럴 사람이 아닙니다. 저를 한 번만 믿어 주십시오. 그러면 정말 잘 믿겠습니다"라고 기도합니다. 그러나 하나님은 그 이중적인 마음을 아시고 절대로 응답하시지 않습니다.

하나님의 뜻은 단순히 아브라함의 종에게 이삭의 신부를 만나게 해줌으로써 결혼을 빨리 성사시키는 것이 아닙니다. 하나님은 이 하나의 사건을 통하여, 우리 모든 성도의 삶도 이런 식으로 인도신다는 것과 하나님을 인정하고 하나님의 뜻을 구하는 자에게는 항상 좋은 것을 주신다는 사실을 보여 주고자 하십니다.

우리 자신은 변하려고 하지 않으면서 그 목적만 욕심낼 때 하나님은 절대로 속지 않으십니다. 계속 침묵하심으로써 그로 하여금 모순에 빠지게 하십니다. 그 자신이 변하기를 원할 때까지 절대로 그에게 길을 보여 주시지 않습니다. 오늘 우리가 깨달아야 할 것이 무엇입니까? 나의 삶에 어떤 큰 장애가 있을 때 마치 함정에 빠진 것처럼 아무리 살려고 몸부림을 쳐도 그 자리에서 빠져 나올 수가 없을 때, 내려야 할 결론은 '나는 지금 하나님의 덫에 걸렸으며, 여기서 빠져 나오는 길은 모든 잔재주를 버리고 자존심과 욕심을 포기하고 하나님이 원하시는 뜻대로 만들어지는 것뿐이다'입니다. 그 전에는 온갖 인간적인 방법을 동원한다 해도 한 걸음도 빠져 나오지 못할 것입니다.

어떤 사람은 도대체 되는 일이 하나도 없다고, 재수가 없어도 너무 없다고 합니다. 그러나 재수가 없는 게 아닙니다. 그는 지금 하나님의 함정에 빠져 있는 것이며, 그 자신이 근본적인 결단을 내리기 전까지는 절대로 그 함정에서 빠져 나오지 못할 것입니다. 이스라엘 백성들을 보십시오. 그들이 변하지 않고 가나안 땅만 차지하려고 했을 때 하나님의 함정에 걸려들었습니다. 그 함정이 무엇입니까? 40년 동안 계속 광야를 방황한 것입니다. 그들은 거기서 한 걸음도 빠져 나오지 못했습니다.

이것이 바로 오늘 우리들에게도 일어나고 있는 일입니다. 목표만 달성하려고 해서는 안 됩니다. 하나님의 축복만 강탈하려고 해서는 안 됩니다. 하나님은 속지 않는 분이십니다. 우리 자신이 변해야 합니다. 그렇게 하기만 하면 갑자기 우리 주위에 있는 모든 것이 하나님이 연주하시는 오케스트라가 될 것입니다. 아주 작은 한 사건을 통해서, 우연히 지나가는 어떤 사람의 말 한 마디를 통해서 나에 대한 하나님의 분명한 뜻을 들을 수 있을 것입니다.

가장 합리적인 기준

아브라함의 종이 이삭의 신부를 분별할 수 있는 기준으로 제시한 것이 무엇입니까? 흘러 넘치는 자발적인 은혜와 사랑입니다. 아브라함의 종은 다른 것을 기준으로 제시하지 않았습니다. 그는 하나님께 "저녁이 되면 여인들이 물을 길러 나올 텐데 제가 일단 물을 좀 달라고 하겠습니다. 그런데 그 여자가 저에게 물을 줄 뿐만 아니라 낙타에게까지도 물을 주겠다고 하면, 그 여자를 이삭의 아내로 결정하겠습니다" 하고 기도했습니다.

아브라함의 종이 왜 이런 조건을 통해서 이삭의 아내를 찾으려고 했을까요? 이삭의 아내가 되기 위해서는 다른 것은 몰라도 사랑에서만큼은 소극적인 사람이어서는 안 된다고 생각했기 때문입니다.

저녁 시간에 물 길러 나온 여자들 중에서 한가한 사람은 아무도 없을 것입니다. 모두 다 빨리 물을 길어 가서 할 일들이 많이 있었을 거예요. 낙타 한 마리가 하루 종일 사막을 걸어온 후에 마시는 물의 양이 얼마나 되는지 아십니까? 한 드럼통입니다. 그러니까 낙타가 열 마리라면 열 드럼통의 물을 마시는 것입니다. 자기 낙타도 아니고 다른 사람의 낙타, 그것도 지나가는 사람의 낙타 열 마리에게 물을 준다는 것은 보통의 열정과 사랑으로는 할 수 없는 일입니다. 이런 사랑은 실수로 베풀 수 없는 것입니다.

아브라함의 종은 왜 신부감의 기준을 이 넘치는 사랑으로 삼았을까요? 그가 아브라함의 집에 살면서 본 것이 바로 이것이었기 때문입니다. 사람들은 자기가 본 대로 신앙생활합니다. 이 집 사람들은 누가 도와 달라고 할 때 마지못해 도와주는 사람을 아주 미련하고 게으른 사람으로 생각했습니다. 그래서 다른 사람의 입에서 무슨 요구가 나오기 전에 항상 먼저 필요를 채워 주었습니다.

이것을 보아 온 아브라함의 종은 이삭의 아내라면 다른 것은 몰라도 남을 사랑하는 일에서만큼은 2등이 되어서는 안 된다는 것을 기준으로 삼았습니다. 공부는 1등을 못 할 수 있습니다. 인물은 최고가 아닐 수 있습니다. 그러나 적어도 남을 사랑하는 데 1등을 못한다는 것은 교만 아니면 게으름 때문입니다.

예수님께서는 안식일에 병자들을 고쳤다고 비난하는 유대

인들을 향하여 이렇게 대답하셨습니다.

> 예수께서 저희에게 이르시되 내 아버지께서 이제까지 일하시니 나도
> 일한다 하시매(요 5:17).

예수께서 육신을 입고 이 땅에 오시기 전에 하늘에서 본 것이 무엇입니까? 하나님 아버지가 안식일에 한 번도 쉬신 적이 없다는 것입니다. 하나님은 안식일을 정하시고 공식적으로는 휴식하셨습니다. 그러나 실제로는 안식일에 더 많은 일을 하셨고 사람들에게 더 큰 축복을 주셨습니다. 예수님은 그것을 본 아들이 어떻게 수많은 아픈 사람들과 불행한 사람들을 보고서도 단순히 안식일이라는 이유로 쉴 수 있느냐고 하셨습니다. 하나님 가족의 특징이 무엇입니까? 남들이 아파서 찾아오기 전에 항상 먼저 그들을 찾아간다는 것입니다. 하나님 나라 가족의 특징은 먼저 사랑하는 것입니다. 그들은 적극적입니다.

아브라함의 종은 이삭의 신부는 바로 이런 사람이어야 한다고 생각했습니다. 여러분, 우리가 다른 부분에서는 1등 하기 어렵습니다. 공부 좀 해본 사람은 알지만 아무나 1등 하는 것이 아닙니다. 아무리 열심히 해도 머리 좋은 사람을 도저히 따라갈 수가 없습니다. 또 어떤 일들은 천부적인 재능이 필요합니다. 노력으로 따라갈 수가 없어요.

그러나 남을 사랑하는 데 2등 하는 것은 변명할 여지가 없습니다. 사랑하는 데에는 좋은 머리가 필요한 것도 아니고 천부적인 재능이 필요한 것도 아닙니다. 남을 사랑하는 데 2등 하는 사람은 교만하거나 게으르거나 자기 욕심에 빠져 있는 사람입니다. 그리스도인들이 공부는 1등 못할 수 있어요. 또 재주는 없을 수 있어요. 그러나 적어도 남을 사랑하는 데에는 2등을 할 수가 없습니다. 2등 할 이유가 없습니다. 교만하지 않은데, 게으르지 않은데, 악하지 않은

데, 왜 남을 사랑하는 데 2등을 하겠습니까?

오늘 본문을 보십시오. 종이 기도를 마치자마자 준비된 신부가 등장하고 있습니다. 15절과 16절을 보십시오.

> 말을 마치지 못하여서 리브가가 물항아리를 어깨에 메고 나오니 그는 아브라함의 동생 나홀의 아내 밀가의 아들 브두엘의 소생이라 그 소녀는 보기에 심히 아리땁고 지금까지 남자가 가까이하지 아니한 처녀더라 그가 우물에 내려가서 물을 그 물항아리에 채워가지고 올라오는지라

얼마나 건강하고 싱싱한 모습입니까? 물 길러 오는데 마치 기다렸다는 듯이 1등으로 튀어나오고 있습니다. 그리고 아브라함의 종이 물을 좀 달라고 했을 때 조금도 망설이지 않고 물을 주었을 뿐 아니라, 더위에 지친 낙타들에게도 물을 주겠다고 하면서 물을 구유에 부은 후에 또 우물로 뛰어내려가고 있습니다. '심히' 아름다운 모습입니다.

구약에서 아름답다는 것은 건강하다는 뜻입니다. 그런데 구약에서 제일 아름다운 여자가 리브가였습니다. 그 말은 리브가가 제일 건강한 여자였다는 뜻입니다. 요즘의 기준으로 보면 리브가는 가장 아름다운 여자가 아니었을 겁니다. 오늘날 미의 기준은 좀 관능적이고 섹시한 것입니다. 그러나 구약 시대에 그런 여자는 인간 축에도 못 들었어요. 미인이라면 적어도 물동이를 들고 1등으로 뛸 수 있는 여자, 낙타 열 마리에게 물을 줄 수 있는 여자, 그렇게 건강한 여자라야 합니다. 이삭의 아내는 아주 정상적인 건강한 시골 처녀였습니다.

하나님께서 우리에게 주시려고 하는 것은 이상한 것이 아닙니다. 이삭의 아내감이라고 해서, 기도원에서 몇 년씩 수도한 여전도사님이 아니었습니다. 아주 아름답고 건강하며 사랑에 넘치는 처

녀였습니다. 리브가는 아브라함의 종이 처음 만났을 때 통성기도 하고 있지 않았어요. 물길러 나왔지요.

저는 우리 그리스도인들이 누가 봐도 아름답고 매력적이며 정신적으로 건강해야 한다고 생각합니다. 특히 광신자를 경계해야 합니다. 왜냐하면 그들은 그리스도의 신부들을 도저히 이해할 수 없는 미친 사람으로 오해하게 만들기 때문입니다. 가장 아름답고 건강한 사람들이야말로 그리스도의 신부들입니다. 하나님의 뜻이라고 하면서 더럽고 추한 자기 욕심으로 달려가서는 안 됩니다.

저는 하나님의 뜻을 분별할 때 제일 먼저 상식적으로 말이 되는지부터 생각해 봅니다. 상식적으로 말이 되지 않는 것은 하나님의 뜻이 아닙니다. 아무리 성경을 몇 구절씩 인용한다 해도 하나님의 뜻이 아닙니다. 신앙은 누가 보아도 아름다운 것이어야 합니다. 믿지 않는 사람들이 볼 때에도 '신앙은 이 세상에서 가장 아름답고 합리적이며 매력적인 것이구나. 예수 믿는 사람들하고 만나니까 이야기가 되는구나'라고 말할 수 있어야 합니다.

오늘 본문이 이야기하고 있는 것이 무엇입니까? 우리는 때때로 삶이 불안합니다. 마치 사막을 걸어가고 있는 이스라엘 백성처럼 하나님이 하루라도 도와주시지 않는다면 죽을 수밖에 없고 멸망할 수밖에 없을 것 같은 위기에 직면합니다. 그래도 두려워하지 않는 것은, 하나님의 허락 없이는 참새 한 마리도 땅에 떨어지지 않으며 우리의 머리털 하나까지 다 세신 바 된다는 믿음 때문입니다. 우리에게 어려움이 오는 것은 그 어려움이 유익하기 때문입니다. 그 어려움이 절대 우리를 망하게 하지 못합니다.

그러나 그보다 더 놀라운 것이 있습니다. 우리는 방향을 모른 채 걷고 있지만 하나님은 우리의 걸음을 하나씩 하나씩 인도하시며, 가장 아름답고 풍성한 삶을 주기 위하여 인도하고 계십니다. 나는 시간낭비 하고 있는 것 같지만 하나님은 정확한 길로 인도하고 계십니다.

그러므로 하나님의 말씀과 함께 걸어가십시오. 아무 말씀이나 붙들고 하나님의 뜻이라고 고집하지 마십시오. 하나님의 뜻을 가지고 조심스럽게 길을 걸어가십시오. 그러면 결정적인 순간에 아주 세미한 음성을 통해서, 아주 작은 계기를 통해서 내가 어떤 상태에 있으며 나에 대한 하나님의 계획이 무엇인지 분명하게 보여 주실 것입니다.

아브라함의 종이 발견한 이삭의 신부는 어떤 여자였습니까? 아주 정상적이고 건강하고 발랄한 젊은 처녀였습니다. 광신자가 아니었습니다. 교회는 광신자들의 집단이 아닙니다. 신앙은 안 믿는 사람이 봐도 아름답고 매력적이고 친절하고 납득이 가는 것입니다. 이야기가 되는 신앙, 아름다운 신앙, 이것이 기독교입니다.

33
아브라함의
종의 진술

텔레비전 프로 중에서 가장 재미없는 것은 아마 이미 본 적이 있는 드라마를 재방송하는 프로일 것입니다. 스토리가 어떻게 전개되는지 이미 다 알고 있기 때문에, 한 번 본 드라마를 다시 보는 사람은 거의 없습니다. 그러나 드라마가 아닌 실화의 경우에는 이미 본 것이라 하더라도 몇 번씩 반복해서 보여 줄 때가 많습니다. 왜냐하면 이것은 단순한 드라마가 아니라 실화이기 때문입니다. 이것이 드라마와 다큐멘터리의 차이입니다. 예를 들어서, 대통령이 테러범에게 저격당하는 장면은 하루에도 몇 번씩 보여 줍니다. 또 중요한 역사적 조약의 체결 장면 등도 몇 번씩 보여 줍니다. 그 사실 자체가 가치 있기 때문입니다.

　　사람들은 이삭의 신부를 구하는 이 창세기 24장을 하나의 드라마로 감상하려고 합니다. 얼마나 낭만적이고 감동적인 이야기입니까? 한 종이 전혀 알지도 못하고 보지도 못한 신부를 찾아서 무작정 길을 떠납니다. 그러다가 어느 날 저녁에 어느 한 성의 우물 곁에 당도합니다. 그는 하나님께 기도합니다. "제가 어느 처녀에게 물을 좀 달라고 할 때, 친절하게도 제게 물을 줄 뿐 아니라 낙타에게도 물을 준다면 그 처녀가 바로 하나님이 예비하신 신부인 줄 알겠습니다." 기도를 채 마치기도 전에 어떤 처녀가 물동이를 들고 나오는데 그렇게 건강하고 아름다울 수가 없습니다. 그래서 물을 좀 달라고 하니까 자기에게 줄 뿐만 아니라 낙타에게도 주겠다고 합니다. 알고 보니 그 처녀는 아브라함의 집안사람이었고, 종이 찾던 바로 그 여자였습니다. 그리고 나서 모든 것이 행복하게 잘 끝났습니다. 이런 식으로 이야기가 진행된다면 얼마나 좋겠습니까?

그러나 이런 드라마를 완전히 구겨 놓는 부분이 있습니다. 그것은 처녀의 집에 간 아브라함의 종이 지금까지 자기에게 일어난 일을 자세하게 설명하는 부분입니다. 이 부분은 우리가 다 알고 있는 내용입니다. 드라마로 치면 재방송 프로와 다를 게 없습니다. 이 사실을 성경 저자도 물론 잘 알고 있습니다. 그럼에도 불구하고 이 저자는 이미 청중들이 다 알고 있는 내용을 종의 입을 통하여 다시 반복하고 있습니다. 그 이유가 무엇이겠습니까? 이유도 없이 이렇게 지루할 정도로 자세하게 우리가 이미 다 알고 있는 내용을 반복할 리는 없습니다. 오늘 우리가 살펴보려고 하는 것이 바로 이 부분입니다.

아브라함의 종의 임무

아브라함의 종은 중요한 임무를 띠고 이곳으로 왔습니다. 그것은 단순히 이삭의 신부를 발견하는 것만이 아니었습니다. 물론 이삭의 신부를 찾는 것도 쉬운 일이 아닙니다. 얼굴도 알지 못하고 누구인지도 모르는 사람을 찾아내는 것은 쉬운 일이 아니에요. 그러나 그에게 더 어려운 임무는 발견한 이삭의 아내를 설득해서 데리고 가는 일이었습니다. 아무리 이삭의 신부감을 찾아내면 무슨 소용이 있습니까? 여자가 가기 싫다고 하면 그만입니다. 아브라함의 종은 바로 그 문제를 해결해야 했습니다.

오늘 본문을 보면, 리브가는 집으로 달려가서 자기에게 일어난 일을 식구들에게 이야기했습니다. 우물가에서 아주 관대한 부자를 만났는데 그가 금고리와 손목고리를 주었다는 것입니다. 이것은 식구들에게 아주 반가운 일이었습니다. 처음 보는 처녀에게 이렇게 비싼 선물을 줄 만큼 관대한 사람이 또 어디에 있겠습니까?

이때 리브가의 오라비 라반이라는 사람이 등장합니다. 라반은 이때부터 리브가 집의 모든 일에 대변인 역할을 합니다. 우리가 나중에 야곱의 생애에서 보게 되는 것처럼 이 라반이라는 사람은 대단히 약삭빠른 사람이었습니다. 그런데 왜 부모를 제쳐 두고 이 오라비 라반이 집안의 모든 일에 대하여 대변인 역할을 했는지 알 수가 없습니다. 어떤 사람은 이 사회가 모계사회였기 때문에 그랬을 것이라고 말하기도 합니다. 28절을 보면 "소녀가 달려가서 이 일을 어미 집에 고하였더니"라고 말하고 있습니다. '아비 집'이 아니라 '어미 집'이라고 표현한 것입니다. 그러나 그것은 크게 중요한 문제가 아닙니다. 정말 중요한 것은 아브라함의 집 사정을 전혀 모르고 있는 리브가 집 사람들을 설득해서 이 처녀를 데려가는 일이었습니다.

리브가를 데리고 가는 일은 어려운 문제입니다. 첫 번째 문제는 일단 신랑 될 사람이 거기에 없다는 것입니다. 물론 아주 옛날에는 신랑이나 신부 얼굴도 보지 않고 부모들끼리 결혼을 결정하는 경우가 많이 있었습니다. 그러나 그것은 어디까지나 우리나라의 사정이고, 이 당시에는 그렇게 했던 것 같지 않습니다. 결혼하기 위해서는 적어도 결혼 당사자의 얼굴이라도 보아야 하는 것이 최소한의 조건이었던 것 같습니다. 아브라함의 종은 떠나기 전부터 이 사실을 우려했기 때문에, 신부가 신랑을 보지 못했다는 이유로 따라오지 않겠다고 할 경우 이삭을 그곳으로 데려가야 하느냐고 아브라함에게 물었습니다. 이에 대하여 아브라함은 설사 그런 일이 있더라도 이삭을 데려가서는 안 된다고 단호하게 대답했습니다. 그러니까 종은 신랑도 보여 주지 않은 채 신부를 데려가야 했던 것입니다.

두 번째 문제는 아브라함의 신앙과 리브가 집의 신앙 차이입니다. 어떻게 보면 리브가 집은 아브라함으로부터 상처를 받았다고도 할 수 있습니다. 아브라함은 처음에 그들과 함께 하란 땅에서 대단히 잘 살았습니다. 그런데 어느 날 하나님의 말씀이 자기에게 임했다고 하면서 친척과 아비 집과 땅과 모든 것을 다 버리고 보장된 것이 하나도 없는 길을 떠났습니다. 리브가의 가족은 아브라함이 버리고 떠난 친척이요 가족이었습니다. 떠날 때는 언제고 그동안 소식 한 번 없다가 이제 자기 아들을 결혼시키려고 하니 딸을 내놓으라고 하는 것입니까? 그들은 아브라함을 이해할 수 없었습니다.

그래도 아브라함의 종은 이삭의 신부를 데려가야만 합니다. 그는 어떻게 이들을 설득했습니까? 모든 것을 정직하게 사실대로 이야기해 주었습니다. 바로 그 내용이 오늘 본문입니다.

> 그 앞에 식물을 베푸니 그 사람이 가로되 내가 내 일을 진술하기 전에는 먹지 아니하겠나이다 라반이 가로되 말하소서 그가 가로되 나는 아브라함의 종이니이다(24:33, 34).

아브라함의 종은 이렇게 말을 꺼내면서 모든 것을 사실 그대로, 하나도 더하거나 빼지 않고 진술합니다. 이미 모든 스토리를 알고 있는 우리는 이 종의 진술이 사실인지 아닌지 다 알 수 있습니다. 종의 말은 아주 작은 부분까지 사실이 아닌 것이 없습니다. 모든 것이 사실 그대로입니다.

지금 성경 저자가 이야기하고자 하는 것이 바로 이것입니다. 즉, 말씀을 듣는 청중들과 함께 아브라함의 종의 말이 얼마나 진실하며 얼마나 사실 그대로인지 확인해 보자는 것입니다. 아브라함의 종은 리브가를 데려가기 위해 온갖 듣기 좋은 소리로 설득하지 않았습니다. "그 집에는 바닥에 진주가 깔려 있고 은수저에 금가락지까지 없는 게 없다니까요" 하는 식의 감언이설로 설득하려고 하지 않았습니다. 그저 모든 것을 사실 그대로 이야기했습니다. 이것은 누군가 외우게 한 말이 아닙니다. 달달 외워서 한 말이 아니에요.

이 당시에는 약대를 수십 마리씩 끌고 먼 곳을 다니는 카라반들이 많았습니다. 세상이 어떻게 돌아가는지 알려면 그런 사람들의 이야기를 들으면 됩니다. 그들은 아프리카의 흑인들이나 특이한 동물 이야기, 아라비아에 있는 도둑 떼 이야기 등 끝이 없는 이야기를 해주었습니다. 카라반들만 만나면 이야기를 듣느라고 밤에 잠을 잘 수가 없었어요. 그들의 말에는 사실도 있었지만 거의 대부분은 과장된 이야기이거나 지어낸 이야기이거나 거짓말이었습니다. 그러나 종의 이야기는 카라반들이 밤늦게까지 떠들어 대는 그런 우스개 소리들이 아니었습니다. 하나하나가 진실이었고, 믿을 수 있는 이야기였고, 곧바로 리브가의 집에 적용될 수 있는 생명을 가진 이야기였습니다.

하나님께서 진리를 전해 주실 때, 우리는 그 말씀의 진실성에 놀라지 않을 수 없습니다. 우리는 단지 전해 주는 이야기만 들을 뿐입니다. 그러나 만일 누군가가 처음 하나님의 입에서 나온 말씀과 우리 귀에 들린 말씀을 비교할 수만 있다면 얼마나 진실하게 그 말씀들이 전달되는지를 보고 놀랄 것입니다.

그래서 우리는 성경을 '영감된 말씀'이라고 부릅니다. 성경의 기록은 여기저기에서 주워들은 이야기를 멋있고 재미있게 끼워 맞춘 것이 아닙니다. 놀라울 정도로 사실 그대로를 적은 것입니다. 어떻게 보면 하나님께서 불러 주신 그대로 우리에게 전달하는 듯한 느낌이 들 정도로 원래 말씀과 차이가 없습니다. 왜냐하면 말씀이 전달될 때 하나님의 성령이 함께하셔서 인간이 저지를 수 있는 모든 과장이나 삭제나 거짓된 내용들의 개입을 막으시기 때문입니다. 우리가 사용하는 성경은 번역된 성경입니다. 그러나 이 번역본이 원본과 얼마나 놀랍게 일치하고 있는지를 보면 놀라지 않을 수 없습니다.

　우리는 성경이 너무 오래전에 기록되었고 또 많은 사람들의 손을 거쳐서 우리에게 전달되었기 때문에, 이것이 정말 하나님의 말씀 그대로인지 의심할 때가 많습니다. 그러나 만일 우리가 이 말씀을 원래 하나님의 말씀과 비교해 볼 수만 있다면 그 순수함과 정확성에 놀라지 않을 수 없을 것입니다. 병균에 감염된 약이 사람을 더 아프게 하는 것처럼, 오염된 말씀은 우리를 치료할 수가 없습니다. 여러 가지 인간의 불순한 사상들이 섞여 있는 진리는 우리로 하여금 바른 결정을 내리게 할 수 없습니다. 하나님의 말씀이 우리에게 생명을 주는 것은 이 말씀이 원래 하나님의 입에서 떨어진 그대로 우리에게 전달되고 있기 때문입니다.

　모세가 창세기를 기록할 때에도 혼자 모든 내용을 생각해 내지는 않았을 것입니다. 그는 분명히 이스라엘 백성들 가운데 내려오는 구전들을 참고했을 것입니다. 그러나 그때의 구전은 책에 기록된 것 이상으로 정확했습니다. 아브라함의 종이 가장 정직하고 정확한 방식으로 그 모든 진리를 진술하고 있는 것처럼, 모세 자신도 가장 정직하고 정확한 방식으로 하나님의 진리를 진술했습니다. 그리고 그 외에 모든 선지자나 사도들도 그들의 능력 이상의 힘에 붙들린 바 되어 하나님의 입에서 떨어진 말씀을 조금도 손상하거나 오염시키지 않고 진실 그대로 전하고 있다는 것을 성경은 우리에게 보여 줍니다.

　우리는 어떤 말이 한 사람의 입을 거쳐서 다른 사람에게 가는 동안에 엄청나게 변질되는 것을 많이 봅니다. 그러나 하나님의 말씀은 그렇지 않습니다. 아무리 많은 사람의 입을 거쳐서 전달되었다 하더라도 원래 그 의미 그대로 놀랍게 보전됩니다. 그것은 하나님의 성령께서 이 말씀이 전달되는 과정에 인간이 저지를 수 있는 모든 과장이나 거짓을 통제하셔서 순수한 하나님의 말씀만이 그대로 전달되게 간섭하셨기 때문입니다.

그래서 오늘 우리들은 성경 말씀을 들을 때 생기는 믿음에 대해서 의심할 필요가 없습니다. 그 믿음은 바로 하나님이 주시는 것이기 때문입니다. 오늘 우리들은 너무나도 많이 의심하고 있습니다. 어떤 때에는 내가 과연 누구인지, 내가 과연 존재하고 있는지까지 의심합니다.

데카르트라는 학자는 모든 것을 의심하기로 했습니다. 그래서 모든 것을 의심하고 또 의심했습니다. 한번 의심하기 시작하니까 모든 것이 의심스러웠습니다. 그런데 그가 지금 의심하고 있다는 사실, 곧 생각하고 있다는 사실 하나만큼은 의심할 수가 없었습니다. 그래서 그는 자기가 생각하고 있다는 그 사실에 모든 학문의 토대를 두기로 결심했습니다. 그때부터 관념론이 생기게 되었습니다. 그러나 그는 인간의 생각이 얼마나 허황되며 부정확한 것인지 잘 몰랐습니다. 사람이 생각한다는 것은 사실이지만 무엇을 생각하느냐는 완전히 자기 마음에 달린 것입니다.

그러나 하나님의 말씀은 특별합니다. 우리에게 전달된 하나님의 말씀은 하나님의 세심한 배려로 인간의 어떤 과장이나 오류나 거짓이 침투하지 못하도록 막으셨기 때문에 사실 그대로입니다. 그래서 우리는 수천 년 전 모세의 말에서 하나님의 음성을 들으며, 메소포타미아에 가서 이야기하고 있는 아브라함의 종의 입을 통해 하나님의 음성을 듣는 것입니다.

아브라함의 종의 적용

아브라함의 종이 리브가의 집에 와서 전한 말씀의 내용은 무엇입니까? 그가 전한 말은 크게 두 부분으로 나눌 수 있습니다. 첫 번째는 아브라함 집의 사정과 아브라함이 자신에게 내린 명령입니다. 35절 이하를 보십시오.

여호와께서 나의 주인에게 크게 복을 주어 창성케 하시되, 우양과 은
금과 노비와 약대와 나귀를 그에게 주셨고, 나의 주인의 부인 사라가
노년에 나의 주인에게 아들을 낳으매 주인이 그 모든 소유를 그 아들
에게 주었나이다 나의 주인이 나로 맹세하게 하여 가로되 너는 내 아
들을 위하여 나 사는 땅, 가나안 족속의 딸 중에서 아내를 택하지 말
고 내 아비 집, 내 족속에게로 가서 내 아들을 위하여 아내를 택하라
하시기로(24:35-38).

아브라함의 종은 무엇보다 먼저 아브라함 집의 사정이 어떤
지 설명하고 있습니다. 그리고 아브라함이 자기에게 명령한 것이
무엇이며 약속한 것이 무엇인지 설명하고 있습니다.

두 번째로는 바로 이 명령을 따라 자기가 여기까지 오면서
경험한 하나님의 인도와, 리브가를 하나님께서 정하신 그 여자로
확신하게 된 이유를 설명하고 있습니다.

내가 오늘 우물에 이르러 말씀하기를 나의 주인 아브라함의 하나님
여호와여 만일 나의 행하는 길에 형통함을 주실진대 내가 이 우물 곁
에 섰다가 청년 여자가 물을 길러 오거든 내가 그에게 청하기를 너는
물항아리의 물을 내게 조금 마시우라 하여 그의 대답이 당신은 마시
라 내가 또 당신의 약대를 위하여도 길으리라 하면 그 여자는 여호
와께서 나의 주인의 아들을 위하여 정하여 주신 자가 되리이다 하며
(24:42-44).

그리고 마지막으로 이제 이 말씀에 따라서 리브가나 그의
식구들이 어떻게 반응할 것인지 결단을 촉구하고 있습니다.

이제 당신들이 인자와 진실로 나의 주인을 대접하려거든 내게 고하시
고 그렇지 않을지라도 내게 고하여 나로 좌우간 행하게 하소서(24:49).

그는 아브라함이 자기에게 맹세하게 했을 때의 양보조항까지 설명했습니다. 여자를 발견했더라도 만약 신랑을 보지 못했다는 이유로 따라오지 않는다면 원래의 맹세에서 면제가 된다는 단서조항까지 설명해 준 것입니다.

종의 말을 들으면서 생각나는 것이 무엇입니까? 그는 원래 하나님께서 아브라함에게 주신 축복과 아브라함과 자기 사이에 맺은 언약의 내용이 무엇인지 밝히면서, 이 언약을 자기 자신에게 적용하고 있습니다. 그는 원래의 언약만을 붙들고 매일 그것을 주문처럼 외우면서 그 자리에 머물지 않았습니다. 그는 이것을 적용했습니다. 그것도 너무나도 놀라울 정도로 비약적으로 적용했습니다.

종의 말은 한 편의 놀라운 설교입니다. 그는 먼저 하나님의 말씀과 아브라함의 언약을 소개합니다. 이것이 설교의 본문이라고 할 수 있습니다. 그리고 나서 이 본문을 구체적으로 자신의 상황에 적용하면서, 리브가와 그의 식구들에게 결단을 요구합니다. 오늘 본문은 단순한 드라마가 아닙니다. 우리가 다 알고 있는 내용을 진부하게 재방송하고 있는 것이 아닙니다. 성경 저자는 한 편의 놀라운 설교를 우리에게 소개하고 있습니다.

아무리 놀라운 하나님의 말씀이라고 하더라도 적용되지 않으면 아무 소용이 없습니다. 어떤 분은 성경을 아주 놀랍게 연구합니다. 단어의 의미가 무엇이고 시제가 무엇이며 주된 메시지가 무엇인지 연구합니다. 그러나 자기에게는 적용하지 않습니다. 하나님의 말씀은 너무나도 거룩하기 때문에 감히 자기에게 끌고 와서 적용할 수 없다는 것입니다. 그러나 그는 오해하고 있습니다. 하나님의 말씀은 바로 오늘 나의 상황에 적용하라고 있는 것입니다.

호세아 선지자는 이스라엘 백성들을 이렇게 책망했습니다.

내가 저를 위하여 내 율법을 만 가지로 기록하였으나 저희가 관계 없는 것으로 여기도다(호 8:12).

하나님의 말씀을 아무리 많이 기록하고, 설교를 서너 시간 씩 들으면 무슨 소용이 있습니까? 자기에게 적용을 해야지요. 적용 하지 않는 진리는 아무 소용이 없습니다.

추론이 덕이 되지 않는 경우가 있습니다. 예를 들어서 다른 사람이 내게 한 말을 가지고 그가 무슨 의도로 그런 말을 했는지 아 무리 추론을 해 봐야 남는 것은 우울증과 신경질뿐입니다. 그러나 반드시 추론해야 할 것이 있는데, 그것은 하나님의 말씀입니다. 그 러니까 완전히 정신을 빼놓고 말씀을 듣는 사람보다 어리석은 사람 은 없습니다. 설교를 들으면서 '오늘 저 말씀이 나에게 이야기하는 바가 무엇인가? 나에게 적용해야 하는 것은 무엇인가? 오늘 이 말 씀이 사실이라면 나는 여기에서 무엇을 건져야 하는가'를 끊임없이 생각하고 추론해야 합니다.

예수님께서는 공중에 나는 새에 대해 말씀하신 후에 곧 바 로 생활에 적용하셨습니다. 당장 먹을 것과 입을 것을 가지고 염려 하고 있는 제자들에게 '먹는 것이나 입는 것은 하나님이 염려하시 게 하고, 너희는 어떻게 하면 그 나라와 그 나라의 바른 삶이 이 땅 에 실현될 것인지를 염려하며 거기에 헌신하라'고 적용하셨습니다.

물론 성경을 적용한다고 해서 직접적으로 적용하라는 말은 아닙니다. 이삭이 결혼한다는 본문을 읽고 자신도 곧 결혼하겠다 고 적용하라는 말이 아니에요. 중요한 것은 저자의 의도입니다. 하 나님께서 오늘 이 본문을 통하여 말씀하려고 하는 것이 무엇인지를 알아야 합니다.

어떤 분은 설교를 들으면서 '본문 설명은 하나님의 말씀이 지만 적용 부분은 목사님이 자기 멋대로 지어서 하는 말이야. 설교 의 뒷부분은 확실히 권위가 떨어지고 있어'라고 딱 구분을 합니다. 그러나 여러분, 설교에서 중요한 것은 적용입니다. 적용이 없는 설 교는 바퀴 없는 차와 같습니다. 적용되지 않는 진리는 쓰레기에 불 과합니다.

아브라함의 종은 아브라함이 한 말을 놀랍게 적용했습니다. '내가 지금 온 길은 맞는 길이다. 그리고 지금 나는 어떤 여자가 이삭의 신부인지 모르지만 하나님이 알려 주실 것이다. 그러니까 이러이러한 식으로 확인해 보겠다.'

사실 진리의 적용은 영적인 성숙과 깊은 관계가 있습니다. 우리가 성숙하면 성숙할수록 더 적용이 예리해지고 구체화됩니다. 그럴 때 다른 사람이 보기에는 너무 심한 비약이 아닌가 싶을 정도로 적용해서 그 말씀을 붙들고 삽니다. 그러나 그만큼 성숙하지 않은 사람이라 하더라도 말씀 중에 부딪치는 말씀이 있습니다. 아무리 성숙하지 못한 초신자이고 신앙이 어린 사람이라도 그날 자신에게 부딪치는 말씀이 한 가지는 있어요. 그것을 붙드십시오. 그때 하나님의 말씀은 살아 있는 말씀이 됩니다.

아브라함의 종이 전한 내용

아브라함의 종이 전해 준 말씀은 어떤 내용이었습니까? 하나님께서 자기 주인 아브라함을 크게 축복하셨다는 것입니다. 그 집에는 우양도 많고 은금도 많고 약대나 나귀도 수없이 많다는 것입니다. 그리고 아브라함의 부인 사라가 노년에 아브라함에게 아들을 하나 낳아 주었는데 아브라함은 그 아들에게 모든 재산을 다 물려주었다는 것입니다. 또 그가 맹세하게 하기를, 가나안 족속 중에서는 절대로 그 아들의 아내를 찾지 말고 반드시 그의 아비 집 족속 중에서 찾으라고 했다는 것입니다.

이것은 너무나도 복된 소식이었습니다. 아브라함의 집에는 모든 것이 다 갖추어져 있었습니다. 특히 그곳에는 하나님의 축복이 있었고 말씀이 있었습니다. 그런 곳이라면 여종으로 간다고 해도 기쁠 것입니다. 그런데 하물며 존귀와 영광이 기다리고 있는 것입니다.

아브라함의 종은 너무나도 할 말이 많았을 것입니다. 그는 하나님께서 아브라함과 함께하시면서 주신 모든 축복을 다 알고 있었습니다. 하나님의 말씀이 함께하는 그 놀라운 삶을 다 체험했습니다. 그것을 어찌 다 설명할 수가 있겠습니까? 그가 어떻게 그돌라오멜과 그 연합국을 물리쳤으며 바로와 아비멜렉의 권세에서 살아 나오게 되었는지, 하나님께서 어떻게 아브라함이 하는 일마다 함께하셨으며 그를 존귀하게 하셨는지 어찌 다 말로 설명할 수 있겠습니까? 그래서 누구나 다 알아들을 수 있도록 아주 일반적인 표현을 빌어, '우양도 많고 소도 많고 종도 많고 낙타도 많다'고 설명할 수밖에 없습니다.

다윗은 하나님과 함께하는 이 놀라운 삶에 대하여 이렇게 노래하고 있습니다.

> 주의 궁정에서 한 날이 다른 곳에서 천 날보다 나은즉 악인의 장막에 거함보다 내 하나님 문지기로 있는 것이 좋사오니(시 84:10).

하나님의 말씀과 함께하는 이 영광스러운 삶을 어떻게 다 말로 표현할 수 있습니까? 어떻게 낙타의 수나 우양의 수나 종들의 수로 표현할 수 있습니까?

가나안에는 아름답고 교양 있는 여자들이 많았습니다. 그러나 하나님께서는 가나안에 있는 많은 미인들 중에서 아내를 택하지 않으셨습니다. 리브가는 여종으로 가자고 했어도 기꺼이 따라 나섰을지도 모릅니다. 그런데 하나님은 아브라함의 집의 가장 존귀한 자리를 준비해 놓고 리브가를 초청하셨습니다.

저는 이보다 더 복음을 잘 표현하고 있는 내용이 없다고 생각합니다. 하나님께서는 우리를 부르실 때 모든 것을 다 준비하고 계십니다. 그래서 예수님께서는 제자들에게 "내 아버지 집에는 거할 곳이 많다"고 말씀하셨습니다. 하나님께서 우리를 부르신 것은 말로 다 할 수 없는 영광과 존귀를 주시기 위해서입니다. 그것을 어떻게 다 말로 표현할 수 있겠습니까? 직접 경험하지 않은 사람은 절대로 이해하지 못할 것입니다. 그래서 예수님께서는 간단하게 "내가 온 것은 양으로 생명을 얻게 하고 더 풍성하게 하려는 것"(요 10:10하)이라고 말씀하셨습니다.

예수님께서 우리에게 주시는 삶은 고행자의 삶이 아닙니다. 가난한 삶이 아닙니다. 그가 우리에게 주시는 삶은 영광된 삶, 풍성한 삶입니다. 그 '풍성함'은 어떤 풍성함입니까? 밥을 실컷 먹는 풍성함도 있을 것이고, 옷을 실컷 입는 풍성함도 있을 것이며, 돈을 물 쓰듯이 쓰는 풍성함도 있을 것입니다. 그러나 하나님께서 우리에게 주시려는 것은 그런 것들이 아닙니다. 말로 다 표현할 수 없는 존귀와 영광입니다.

아브라함의 종은 리브가에게 결단을 요구하고 있습니다. 그는 이제 가부간에 빨리 대답해야 합니다. 지금 누리고 있는 것을 모두 버리고 아는 사람을 모두 떠나 생전 보지도 듣지도 못한 곳으로 종을 따라갈 것인지, 아니면 그 자리에 주저앉아서 세상에 그런 좋은 곳이 있다는 이야기를 들은 것만으로 만족할 것인지 결단해야 합니다.

아브라함의 종이 온 이유가 무엇입니까? 단순히 하나님께서 아브라함을 축복하셨고, 그에게 멋진 아들이 있다는 좋은 소식을 들려 주기 위해서가 아닙니다. 리브가를 데려가기 위해서 온 것입니다. 지금까지 리브가가 누려 온 모든 삶을 포기하게 하고 말씀과 함께하는 새로운 삶으로 초청하기 위해서 온 것입니다.

오늘날 많은 교우들이 설교를 단순히 '하루하루의 삶에 지친 나를 위로해 주고 격려해 주는 아주 좋은 소리'로 오해하는 것은 참으로 유감스러운 일입니다. 그러나 우리에게 하나님의 말씀이 들리는 것은 우리를 데려가기 위해서입니다. 어디로 데려갑니까? 지금까지 익숙했던 모든 삶, 이 사회가 주는 특혜, 학벌이 보장하는 삶을 다 버리고 한 번도 경험해 보지 않은 말씀과 함께 사는 삶으로 데려갑니다.

오늘 하나님의 말씀은 우리로 하여금 결단하게 합니다. 지금까지 나에게 익숙했던 모든 방식을 포기하고 말씀 안에서 새로 태어날 것을 요구합니다. 세상에서 아주 똑똑하던 사람이 어느 날 갑자기 어린아이처럼 되는 변화가 없다면, 그는 말씀과는 아무 상관 없는 사람입니다. 지금까지 나에게 익숙했던 모든 방식에 대하여 죽어야 합니다. 학벌을 가지고 살아온 사람은 학벌을 버려야 합니다. 안정된 직장이 주는 편안한 삶을 가지고 살아온 사람은 그 편안한 삶을 포기해야 합니다. 그렇게 하지 않으면 절대로 하나님의 말씀대로 걸어갈 수 없을 것입니다.

아브라함의 종은 만약 리브가가 따라 나서지 않는다면 아브라함의 맹세는 리브가와 아무 상관이 없을 뿐 아니라 자기 자신과도 아무 상관이 없다고 분명히 이야기하고 있습니다. 단지 누군가에게 멋진 이야기를 들은 것으로 끝나는 것입니다. 이런 사람은 영원히 꿈꾸는 '신데렐라 교인'으로 남을 것입니다. 꿈속에서는 왕자님이 와서 자기에게 멋진 춤을 추자고 합니다. 그는 멋진 유리 구두를 신고 모든 사람들이 보는 앞에서 춤을 춥니다. 그러나 잠에서 깼을 때는 누더기를 입은 추한 하녀의 신분으로 돌아갈 것입니다. 꿈꾸는 재투성이 처녀, 이것이 결단하지 않는 신자의 모습입니다.

여러분, 결단해야 합니다. 결단이 무엇입니까? 이 세상에서 나에게 익숙한 모든 방식을 포기하고 오직 말씀과 함께 새롭게 출발하는 것입니다. 말씀과 함께 모든 것을 잃는 것입니다.

리브가의 입장에서 한번 생각해 봅시다. 그는 아무것도 몰랐습니다. 그런데 어느 날 갑자기 손님이 찾아오더니 도저히 믿을 수 없는 엄청난 이야기를 합니다. 자기를 데려가기 위하여 왔다는 것입니다. 이 말을 믿어야 합니까, 믿지 말아야 합니까? 지금 이 사람을 따라가면 다시는 이곳으로 돌아오지 못할 것입니다. 아버지나 어머니나 오빠를 다시는 보지 못할 것입니다. 그러나 그대로 눌러 앉아 있으면 최소한 이 모든 것은 유지될 수 있습니다.

손님은 밥도 먹지 않고 리브가의 결단을 기다리고 있습니다. 우리는 그가 왜 조용히 기다리고만 있는지 답답합니다. 설득이라도 좀 했으면 좋겠습니다. 저 같으면 다른 재미있는 이야기라도 하면서 이 식구들의 마음을 움직이려고 했을 텐데, 이 종은 그냥 가만히 앉아서 기다리고만 있습니다. 그 이유가 무엇입니까? 아브라함의 말 때문입니다. 그는 "하나님께서 사자를 보내어 모든 것을 준비하게 하실 것이며 만약 그들이 이 말을 듣고도 오지 않으면 너는 이 맹세에서 해제된다"는 아브라함의 약속을 생각하고 있었습니다. 종은 자기 혼자 이곳에 오지 않았다는 것을 알았습니다. 눈에 보이지는 않지만 하나님의 천사가 자기와 함께 와서 이들의 마음을 주장하리라는 믿음을 가지고 있었습니다.

어떤 사람이 믿음의 결단을 하는 데 인간적인 노력이 필요한가 필요하지 않은가에 따라서 교리적인 차이가 있습니다. 주로 장로교 쪽은 일단 말씀만 전달한 후에 본인이 결단하게 하는 편입니다. 사람이 설득하는 것은 좋지 않으며 하나님께서 그 사람의 마음속에 감동을 주실 때까지 기다려야 한다는 것이지요. 거기에 반하여 아르미니안주의는 그래도 사람이 의지적으로 믿을 수 있도록 도와주어야 한다는 입장입니다. 그래서 설교를 한 후 믿기로 결심하는 사람은 손을 들고 앞으로 나오라고 하기도 하고, 안 믿겠다고 하면 몇 번씩 찾아가 권면해서라도 믿게 하려고 합니다. 이것이 지나치면 사람들을 동원하기 위해 여러 가지 아이디어를 궁리하게 되지요.

저는 근본적으로 사람이 다른 사람을 설득하는 데는 분명한 한계가 있다고 생각합니다. 사실 복음을 전하다 보면 '예정'을 인정하지 않을 수 없습니다. 똑같은 말씀을 듣고서도 어떤 사람은 그 말씀에 완전히 사로잡히는가 하면, 어떤 사람은 전혀 알아듣지 못한 채 그냥 돌아갑니다. 어떻게 이럴 수 있습니까? 어떻게 똑같은 말씀을 듣는데 한 사람은 그 말씀에 사로잡혀서 변화되고 깨어지고, 어떤 사람은 전혀 알아듣지 못한 채 돌아갑니까?

하나님께서 감동을 주시지 않으면 믿을 사람이 아무도 없습니다. 저는 제가 어떻게 하나님을 알게 되었으며 이런 믿음 안에 있게 되었는지 설명할 수도 없고 이해할 수도 없습니다. 그저 날마다 신기할 뿐입니다. 사람의 완악한 본성을 볼 때 한두 번의 전도로 말씀을 받아들일 사람은 아무도 없다고 생각합니다. 사실 아브라함의 종에게는 모든 일이 너무나도 선하게 이루어진 것입니다. 거의 대부분의 경우에는 이렇게 풀리지 않습니다. 수없는 설득과 간곡한 권면으로 조금씩 마음을 열고 말씀을 받아들이지요.

리브가가 이렇게 쉽게 결단하게 된 것은 이미 이들이 하나님을 알고 있었으며 하나님이 그들의 마음에 강하게 역사하셨기 때문이라고 생각합니다. 만일 하나님을 전혀 몰랐다면 종의 말을 알아듣는 데 이삼 년은 걸렸을 것입니다.

그러나 우리가 다른 사람들에게 믿고 싶으면 믿고 말고 싶으면 말라는 식으로 행동한다면 그것은 좀 무책임한 것입니다. 그들의 영혼을 볼 때 정말 불쌍히 여기는 마음이 속에서부터 끓어올라야 합니다. 저는 설교자가 아주 냉담하게, 믿고 싶으면 믿고 말고 싶으면 말라는 식으로 설교하는 것은 무책임하다고 생각합니다. 물론 결단은 본인이 내리는 것입니다. 그러나 할 수 있으면 그가 바른 결단을 내리도록 도와주어야 합니다. 어떻게 해서든지 하나님의 말씀에 관심을 가지도록, 마음이 좀 열리도록 간곡한 말로 옆에서 도와주어야 합니다.

오늘 우리는 어떤 상황에 직면해 있습니까? 하나님은 그분과 함께 사는 존귀하고 영광스러운 새로운 삶으로 우리를 초청하고 계십니다. 그러나 이 초청은 우리에게 결단을 요구합니다. 그것은 지금 즐기고 있고 머뭇거리고 있고 붙들고 있는 세상적인 가치관을 가지고 여기서 계속 그대로 살겠느냐, 아니면 하나님의 말씀에 붙들리기 위해 이 모든 것을 포기하고 새로운 삶을 시작하겠느냐 하는 결단입니다. 하나님은 우리를 기다리고 계십니다. 물론 우리는 리브가처럼 먼 곳으로 떠나지 않습니다. 그러나 이 두 세계는 메소포타미아와 가나안만큼이나 멀리 떨어져 있습니다. 말씀으로 사는 사람은 이 세상 방식으로 사는 사람과 결코 같을 수가 없습니다.

사랑하는 여러분, 하나님의 말씀에 한번 붙들려 보십시오. 그러면 내 속에 있는 분노가 없어집니다. 다른 사람과 싸울 이유가 없어요. 남에 대해서 그렇게 민감할 이유가 없습니다. 자기가 얼마나 존귀한 존재인지 발견하게 됩니다. 이 세상이 몇십 번 뒤집히더라도 나의 영혼은 안전합니다. 아무리 온 세상의 마귀가 날뛴다고 하더라도 나의 영혼은 절대 안전합니다.

우리에게는 리브가처럼 차라리 진짜로 멀리 떠났으면 좋겠다는 생각이 들 때가 가끔 있습니다. 원래 있던 자리에 그대로 머물면서 다른 방식으로 사는 것이 훨씬 더 어렵기 때문입니다. 리브가처럼 그냥 다 버리고 떠나 버리면 어쩔 수 없이 새로운 방식으로 살게 되겠지만, 그 자리에 머물면서 새로운 방식으로 살다 보면 "너 왜 그렇게 사니? 왜 그렇게 갑자기 바보가 됐니? 왜 그렇게 사람이 이상해졌어?" 하는 고통스러운 말을 듣게 되지요. 그러나 하나님께서는 이 세상에서 하나님의 말씀에 붙들린 삶이 얼마나 풍성하고 아름다운지 보여 주실 것입니다. 수많은 사람들은 그가 넘어지기를 바라고 실패하기를 바라며 하루아침에 멸망하기를 바라지만, 그러면 그럴수록 더 안전해지며 시온성 위에 세운 삶처럼 더 풍성해지는 것을 보게 될 것입니다. 아무리 망하라고 빌어도 빌면 빌수록 더 잘되는 것을 보게 될 거예요.

지금 우리는 우물가에서 만난 한 손님을 집에 맞아들여 놀라운 이야기를 듣고 있는 리브가와 같은 상황에 있습니다. 물론 말씀만 듣고 끝낼 수도 있습니다. 좋은 충고 감사하다는 말로 끝낼 수 있습니다. 그렇다면 이 모든 이야기는 여러분들과 아무 상관이 없습니다. 그러나 믿고 새로운 삶을 살기로 결단한다면 하나님의 말씀이 주는 그 놀라운 능력을 체험하게 될 것이고, 이 세상 모든 권세보다 뛰어난 하나님의 능력을 체험하게 될 것이며, 온 세상을 축복하는 존귀한 삶으로 이끄시는 하나님의 인도를 체험하게 될 것입니다.

34
이삭의
신부

어느 대기업에서 승진 발표가 나자 그 발표를 본 모든 사원들은 놀라지 않을 수 없었습니다. 왜냐하면 전혀 생각지도 못했던 한 젊은 차장이 이사로 발탁되었기 때문입니다. 그 자신도 생각하지 못했을 뿐 아니라 그 회사의 다른 사람들도 전혀 예측하지 못했습니다. 그러나 이 회사를 책임지고 있는 회장은 이미 오래전부터 이 젊은 차장을 점찍어 두고 있었습니다. 회장은 그를 아끼고 있었으며 그에 대한 계획을 가지고 있었습니다. 그가 놀란 것은 바로 이 점이었습니다. 회사에는 자기보다 유능하고 똑똑한 사람들과 학벌이 뛰어난 사람들이 많았습니다. 그러나 회장은 유독 자기를 사랑했고 자기에게 관심을 가지고 있었으며 자기에 대해 어떤 중요한 사항을 이미 오래전부터 결정해 놓고 있었습니다. 이 사실을 알게 되었을 때 그는 다시 한 번 그 회장의 사랑과 관심에 감동하지 않을 수가 없었습니다.

리브가의 경우가 바로 그러했습니다. 당시 이삭이 살고 있는 가나안 땅에서는 누가 이 엄청난 부자의 아들과 결혼할 것인지 모두 궁금해 했습니다. 아브라함은 말이 부자이지 사실은 한 나라의 왕이나 마찬가지의 재산과 권세를 가지고 있었습니다. 실제로

655

하나님께서는 그에게 나라를 약속하셨습니다. 그러니까 이삭의 아내가 된다는 것은 바로 황태자의 신부가 되는 것이며 왕의 부인이 되는 것과 같은 것입니다. 가나안 여자들 중에는 예쁘고 상냥한 여자들이 많았습니다. 아마 겉모습만 보고 따진다면 이 가나안 여자들보다 더 예쁜 여자들이 없었을지도 모릅니다. 아마 거기 있는 여자들 중에는 은근히 김칫국부터 마시는 사람도 있었을 것입니다. 그러나 이미 오래전부터 가나안 여자들은 신부감에서 제외되어 있었습니다.

오늘 본문에서 우리가 깨닫게 되는 것은 이삭의 신부가 이미 오래전부터 하나님에 의해 결정되어 있었다는 사실입니다. 이삭의 신부를 결정한 사람은 아브라함의 종이 아니었습니다. 아브라함도 아니었습니다. 이삭도 아니었습니다. 아브라함의 아들 이삭의 신부를 결정하신 분은 바로 하나님이셨습니다. 사람들이 알지 못하는 가운데, 오래전부터 하나님의 마음속에는 이미 리브가가 이삭의 신부로 결정되어 있었습니다.

리브가는 특별한 것이라고는 하나도 없는 평범한 시골 처녀였습니다. 리브가가 놀란 것이 바로 이 점이었습니다. 자기는 알지도 못하는 가운데 하나님은 자기를 사랑하셨고 자기에 대한 놀라운 계획을 가지고 계셨던 것입니다. 리브가는 다른 여자에 비해 나은 것이 아무것도 없었어요. 특히 가나안의 아름다운 여자들에 비하면 하나도 내세울 것이 없는 평범한 여자였습니다. 내세울 것이 있다면 물항아리를 어깨에 메고 뛰는 이 건강함과 아름다운 마음뿐인데 그런 것은 표시가 잘 안 납니다. 그러나 하나님은 그를 알고 계셨고 그에 대한 계획을 가지고 계셨습니다. 이것이 리브가나 그의 모든 식구들로 하여금 뜨거운 마음으로 하나님을 찬양하게 만들었습니다. 아브라함의 종이 여기까지 온 것은 여러 처녀 가운데 한 명을 고르기 위해서가 아니었습니다. 이미 결정되어 있는 그 한 명의 신부를 찾기 위해서였습니다.

리브가는 자기에 대한 하나님의 뜻이 있었다는 사실을 전혀 알지 못했습니다. 적어도 아브라함의 종의 말을 듣기 전까지는 자기가 그렇게 중요한 사람인지 알지 못했고, 자기 한 사람을 찾기 위하여 얼마나 많은 사람이 동원되었으며 얼마나 많은 시간이 흘러야 했는지 전혀 깨닫지 못했습니다. 그러나 아브라함의 종의 말을 듣고 보니 자기에 대한 하나님의 사랑이 너무나도 놀라우며 하나님께서 자기를 너무나도 귀하게 생각하고 계신다는 것을 깨닫게 되었습니다.

이것은 바로 오늘 우리 한 사람 한 사람에게 적용되는 사실입니다. 하나님의 말씀을 듣기 전까지는 우리 한 사람 한 사람이 하나님 앞에서 그렇게 중요한 사람들인 줄 알지 못합니다. 하나님께서 이미 오래전부터 나를 알고 계셨고, 나를 사랑하셨으며, 나에 대한 큰 축복의 계획을 가지고 계셨다는 사실을 알지 못합니다.

그러나 성경이 우리에게 말씀하고 있는 것이 무엇입니까? 내가 하나님을 몰랐을 때에도 하나님은 나를 알고 계셨으며, 내가 하나님을 미워했을 때에도 하나님은 나를 사랑하셨고, 내가 태어나기 전에도 하나님은 나에 대한 계획을 가지고 계셨다는 것입니다. 단지 그 뜻이 이제서야 드러난 것은, 우리가 하나님 앞에서 아무 가치 없는 자들이라는 것을 깨닫고 그 모든 영광과 감사를 하나님께 돌려 드리게 하기 위해서입니다.

하나님의 뜻이 나타나다

이삭의 결혼에서 가장 특이한 점은 이삭의 신부를 결정한 이가 결혼 당사자나 그 아버지가 아니라 하나님이셨다는 사실입니다. 이것은 그의 결혼이 얼마나 복된 결혼인지를 보여 주며, 이 결혼이 하나님의 영원하신 뜻에 의해 결정되었고 이 두 사람은 하나님의 영원한 예정 가운데서 선택된 사람들이라는 것을 보여 줍니다.

종의 설명을 들은 리브가의 식구들은 이 모든 일이 하나님의 뜻에 의해 이루어졌다는 것을 인정하지 않을 수가 없었습니다. 그래서 이렇게 말합니다.

> 라반과 브두엘이 대답하여 가로되 이 일이 여호와께로 말미암았으니 우리는 가부를 말할 수 없노라 리브가가 그대 앞에 있으니 데리고 가서 여호와의 명대로 그로 그대의 주인의 아들의 아내가 되게 하라 (24:50, 51).

리브가가 이삭의 아내가 되는 것은 이미 하나님께서 결정하신 일이기 때문에 사람이 가라 마라 할 성질의 문제가 아니라는 것입니다. 그냥 무조건 데리고 가서 이삭의 신부를 삼으라고 대답하고 있습니다.

그들이 깨달은 것이 무엇입니까? 이삭을 이 세상에 태어나게 하신 분은 하나님이시며 지금까지 결혼하지 않고 기다리게 하신 분도 하나님이라는 사실입니다. 아브라함의 종의 걸음을 인도하여 여기까지 오게 하신 분도, 그로 하여금 리브가를 만나기 위한 기도를 하게 하신 분도, 그 기도가 끝나기도 전에 리브가를 그 종 앞에 나타나게 하신 분도 하나님이시라는 것입니다. 이미 오래전부터 하나님께서 결정하신 것에 대하여 자신들이 감히 이래라 저래라 할 권리가 없다는 것을 리브가의 식구들은 알았습니다.

오늘 우리가 깨닫게 되는 것이 무엇입니까? 리브가가 전혀 알지 못하는 가운데 하나님께서는 그를 사랑하셨으며, 그에 대한 선한 뜻을 가지고 계셨다는 사실입니다. 리브가는 하나님이 자기를 이토록 사랑하시는지 몰랐습니다. 어쩌면 하나님은 자기에게 전혀 관심도 없고 돌보시지도 않는다고 생각했을지도 모릅니다. 그러나 하나님은 리브가를 알고 계셨고 이미 오래전부터 그에 대한 결정을 해 놓고 계셨습니다.

사실 이삭은 지금 적은 나이가 아닙니다. 이삭은 40세에 결혼합니다. 왜 지금까지 기다릴 수밖에 없었습니까? 리브가 때문입니다. 리브가는 이제 열몇 살 정도 된 아주 어린 소녀입니다. 이삭이 더 일찍 결혼했더라면 리브가와의 결혼은 상상할 수도 없었을 것입니다. 이것이 오늘 우리에게 가장 신비로운 부분입니다. 하나님께서는 리브가가 태어나기도 전, 영원 전부터 리브가에 대한 계획을 가지고 계셨습니다.

우리에 대한 하나님의 사랑과 은혜를 파고들어가 보면 가장 깊숙한 부분에 가장 비밀스러운 진리가 하나 있습니다. 예를 들면 어느 부잣집의 가장 깊숙한 곳에 들어 있는 금고 속 문서 같은 것입니다. 그것은 그 집에서 가장 귀중한 것이기 때문에 어느 누구에게도 공개하지 않습니다. 우리에게는 그것이 무엇입니까? 나에 대한 하나님의 계획입니다. 내가 존재하기도 전에, 이 세상에 아무것도 창조되기도 전에 하나님의 비밀스러운 계획 안에 나에 대한 하나님의 사랑과 축복이 들어 있었다는 것입니다. 그래서 에베소서에는 이런 말씀이 있습니다.

곧 창세 전에 그리스도 안에서 우리를 택하사 우리로 사랑 안에서 그 앞에 거룩하고 흠이 없게 하시려고(엡 1:4).

하나님께서 리브가를 사랑하신 것은 아브라함의 종이 그 집에 도착하기 훨씬 전부터였습니다. 리브가가 아름다운 처녀가 되기 훨씬 전부터였습니다. 리브가가 태어나기도 전부터였습니다. 하나님께서는 어느 피조물도 만들어지기 전에 리브가를 생각하셨고 그를 택하셨으며 복 주시기로 결정하셨습니다.

이것은 바로 우리에 대한 진리입니다. 하나님은 우리가 아무것도 모르고 죄만 짓고 있었을 때에도 우리를 사랑하셨으며 우리에 대한 선한 뜻을 가지고 계셨습니다. 이에 대하여 어떤 신학자는 하나님이 아무나 택하신 것이 아니라 그 사람이 나중에 변해서 착한 사람이 될 줄을 미리 알고 택하셨다고 설명합니다. 이것을 '예지'라고 합니다. 우리가 나중에 말씀을 듣고 변하여 착한 사람이 될 줄 미리 아시고 전도해서 믿게 하셨다는 것입니다.

그러나 이것은 성경적이지 않습니다. 하나님께서는 우리가 전혀 착하지도 않았고 하나님 앞에서 아름답지도 않았을 때 우리를 사랑하셨습니다. 전적으로 죄 가운데 있었을 때 우리를 택하셨습니다. 무조건 우리를 예정하셔서 복받을 사람으로 만드신 것입니다. 하나님의 영원한 작정 가운데 어떤 사람은 그 은혜로 하나님을 알고 그 뜻대로 변화되어 흠 없고 티 없는 사람으로 만들어져서 영광 가운데 있게 되는 반면, 어떤 사람들은 그의 고집과 회개치 않는 본성에 따라 영원한 멸망 가운데 버려집니다. 그러나 우리는 어떤 사람이 구원받으며 어떤 사람이 멸망받을지 전혀 알지 못합니다. 이 점에 대해서는 예측조차 해서는 안 됩니다. 이것은 비밀 중의 비밀입니다. 그러나 구원받은 자에게는 하나님께서 그 사실을 알려 주십니다.

이처럼 우리가 하나님을 알게 된 것은 우연이 아니라 하나님께서 미리 우리를 알고 다가오신 것입니다. 우리의 머리로는 도저히 이해할 수 없지만 우리가 만들어지기도 전에, 이 세상이 창조되기도 전에 우리는 하나님의 뜻 안에서 이미 복받을 자로 정해져 있었습니다. 단지 오늘까지 우리에게 그 사실이 드러나지 않은 것은, 우리를 우리의 부패한 본성과 타락 가운데 일시적으로 내버려 두심으로써 이 모든 것이 하나님의 은혜이며 자기 자신이 얼마나 구원받기에 부적합한 사람인지 깨닫게 하기 위해서입니다.

리브가가 선택받는 이 과정을 통하여 모든 이스라엘 백성들이 깨닫게 된 것이 무엇입니까? 이 결혼은 하나님께서 정하신 것이며, 하나님께서 시작하셨기 때문에 하나님께서 반드시 이루신다는 것입니다. 하나님은 어떤 일을 시작하셨다가 중간에 포기하시는 일이 없습니다. 한번 시작하신 일은 반드시 완성하십니다. 이스라엘 백성들은 이삭의 결혼을 통하여 하나님 나라의 완성을 보았습니다. '하나님께서 이 나라를 시작하셨으면 반드시 이루실 것이다. 우리는 연약함과 무지 가운데 있지만, 하나님께서는 자신이 시작하신 일을 중간에 그만두시지 않을 것이다.'

하나님께서 우리를 미리 택하셨다는 이 진리를 전하시는 것은 우리에게 혼란을 겪게 하기 위해서가 아닙니다. 누가 구원받고 누가 멸망받는가 하는 문제로 하나님을 불공평하게 생각한다거나, 내가 정말 구원받은 사람인지 시험하기 위해 스스로 더 죄에 빠지게 하려고 이 비밀을 알려 주신 것이 아니에요. 이 비밀이 우리에게 전해진 이유는 우리가 아무리 연약하다 하더라도 하나님께서 한번 시작하셨으면 반드시 완성시키시며, 구원은 우리의 연약함이나 능력에 달려 있는 것이 아니라 전적으로 하나님의 선하신 뜻에 의해 이루어진다는 사실을 깨닫게 하려는 것입니다.

모든 사람이 다 구원받는 것은 아닙니다. 모든 여자가 다 이삭의 아내가 될 수 없는 것처럼 모든 사람이 다 하나님의 자녀가 될 수는 없습니다. 어떤 사람은 하나님의 자녀가 되는가 하면, 그렇게 말씀을 듣는데도 불구하고 완악해져서 버림받는 자들도 있습니다. 예를 들어서 어떤 부자가 고아원에서 아들을 입양할 때 모든 원생들을 다 입양할 의무가 있는 것은 아닙니다. 그에게는 자신의 뜻에 따라서 자기가 원하는 아이만 입양할 권한이 있습니다. 중요한 것은 자기도 모르는 사이에 그 복받은 사람의 아들로 선택되었다는 사실입니다.

만약 우리가 "하나님은 왜 저 사람을 선택하시지 않습니까?"라고 질문한다면 바로 그 순간 하나님을 부정하는 것입니다. 물론 좀더 많은 아이들이 입양되기를 바랄 수는 있습니다. 한 사람이라도 더 구원받기를 바랄 수 있어요. 그러나 하나님께 "왜 저 사람은 구원하지 않습니까?"라고 묻는다면 우리는 벌써 하나님을 그 보좌에서 끌어내리고 스스로 하나님 행세를 하고 있는 것입니다.

우리에게 중요한 것은 아무 자격도 없는 나를 하나님께서 영원 전부터 복받을 자로 택하시고 정해 놓으셨다는 사실입니다. 내 머리로는 도무지 이해할 수 없지만 이미 영원 전부터 하나님은 나를 사랑하셨다는 그 사실입니다. 이 세상에 아무리 죄악이 들끓고 내 믿음이 약하다 해도 하나님께서는 나를 더 순수하게 하시고 더 아름답게 하시고 더 완전하게 하시고 더 영광스럽게 하실 이 일을 결코 중단하지 않는다는 것을 이 진리는 우리에게 가르쳐 주고 있습니다.

이 세상에 유명하고 똑똑한 사람들이 얼마나 많습니까? 그러나 하나님께서는 그런 자들을 택하지 않으시고, 아무 볼 것도 없고 자랑할 것도 없는 우리를 택하셔서 모든 영광과 존귀로 관 씌워 주시기로 작정하셨습니다. 그러므로 오늘 우리는 서로를 보면서 이 놀라운 사실로 인하여 축복해야 합니다. "아주 먼 옛날 이 세상에 아무것도 없을 때부터 하나님은 당신을 알고 계셨고 복받을 자로 정해 놓으셨습니다. 당신은 아주 복받은 사람입니다." 이렇게 서로 축복하고 존귀하게 여기는 역사가 예배 가운데 나타나야 합니다.

신부대금

고대에 신랑이 신부와 결혼하려면 막대한 신부대금을 지불해야만 했습니다. 이것을 비판적으로 보는 사람들이 많았습니다. 특히 서양 신학자들이 그랬습니다. 결혼이라는 것은 사랑으로 이루어져야 하는 일인데 돈을 주고 신부를 산다니 말도 안 된다고 생각한 것입니다.

그러나 사랑의 감정은 늘 있는 것이 아닙니다. 잘 사랑하다가도 마음이 변하면 금방 식어 버리는 것이 인간의 감정입니다. 고대 사회에서는 인간이 얼마나 변덕스러운 존재인지 잘 알고 있었기 때문에 신부대금이나 결혼지참금으로 결혼 관계를 더 확고히 하고자 했습니다. 그래서 신부의 집에서 여자를 도로 데려갈 때에는 신랑에게 받았던 신부대금을 돌려주어야 했습니다. 이때는 주로 여자들이 귀할 때입니다. 자기 딸을 줘놓고도 아까워서 다시 데려갈 수 있습니다. 그런데 그렇게 다시 데리고 가려면 신부대금을 돌려주어야 합니다. 소 열 마리를 받았으면 열 마리를 그대로 돌려줘야 해요. 그것이 아까우니까 다시 데려가지 못하는 것입니다. 또는 남자가 지참금을 받을 때도 있습니다. 이때는 남자가 귀할 때입니다. 남자가 여자를 버릴 때에는 이미 받은 결혼지참금을 돌려주어야 합니다. 여자를 구하면 얼마든지 핑계를 대서 아내를 쫓아낼 것입니다. 그런데 결혼지참금을 받았기 때문에 여자를 쫓아내지 못하는 것입니다. 돈이 아까워서 이혼하지 못하는 것이지요.

한때 아프리카에 이런 지참금 제도가 있었는데, 서양 선교사들이 맹렬하게 비판했습니다. 결혼이 사랑으로 이루어져야지 어떻게 돈거래로 이루어지냐면서 아들이나 딸을 가지고 장사를 하면 안 된다고 가르쳤습니다. 그래서 결혼지참금 제도와 신부대금 제도가 없어져 버렸습니다. 그러나 그 결과는 대단히 비극적이었습니다. 그때부터 남자들이 아무 부담 없이 여자들을 버리게 된 것입니다. 결국 그 여자들은 도시의 창녀로 전락할 수밖에 없었습니다. 인간의 사랑이나 감정은 얼마든지 변할 수 있는 것이기 때문에 아무리 많은 줄로 몇 겹씩 묶어 놓는다고 해도 문제 될 것은 없습니다.

오늘 본문에서는 결혼 승낙이 떨어지자마자 아브라함의 종이 은금 패물과 의복을 리브가에게 주고 그의 가족들에게도 보물을 주는 모습을 볼 수 있습니다. 리브가에게 준 것은 선물이었겠지만, 가족에게 준 것은 신부대금이었을 것입니다.

> 아브라함의 종이 그들의 말을 듣고 땅에 엎드리어 여호와께 절하고 은
> 금 패물과 의복을 꺼내어 리브가에게 주고 그 오라비와 어미에게도 보
> 물을 주니라(24:52, 53).

그 당시에 대개는 소나 양 같은 가축을 신부대금으로 지불하였습니다. 그러나 야곱 같은 경우에는 양이나 소가 없어서 7년간 종살이를 해야 했습니다. 그는 아내가 두 명이었기 때문에 14년간 억울한 종살이를 했고, 종살이가 끝난 후에도 이 대금이 잘 지불된 것인지 아닌지 자신이 없어서 몰래 도망을 쳐야만 했습니다. 또 아브라함의 종처럼 먼 길을 여행해야 하는 사람은 보물로 신부대금을 대신했습니다.

아무리 하나님께서 정하신 결혼이라 해도 그들은 세상적인 관습이나 관행을 전혀 무시하지 않았습니다. 아브라함의 종은 하나님의 뜻을 내세우면서 마치 새가 병아리를 채어 가듯이 리브가를 채어 가지 않았어요. 충분히 예의를 베풀고 주어야 할 것을 줌으로써 그들을 위로하고 축복했습니다.

지나치게 이론적이거나 영적인 사람의 특징은 현실적인 문제를 전혀 고려하지 않는 것입니다. 돈 이야기가 나오면 아예 머리를 절레절레 흔들면서 자기와는 아무 상관 없는 속물적인 것으로 생각합니다. 제가 얼마 전에 지방에서 어느 목사님과 한 교인의 집을 방문하게 되었습니다. 그런데 목사가 두 명이나 있어서 그런지 정말 재미가 없었어요. 모든 이야기가 영적이었습니다. 저는 '훨씬 더 재미있고 유익한 교제를 나눌 수도 있었을 텐데……' 하는 아쉬운 생각이 들었습니다.

너무 '영적'인 것은 좋지 않습니다. 지나치게 영적이라서 하나님의 뜻만 생각하는 사람들은 다른 사람의 행복을 쉽게 파괴시킬 수 있습니다. 하나님의 뜻이 분명한데 무슨 잔소리가 많냐는 식입니다. 그러나 저는 하나님의 뜻이 그렇게 무례하다고 생각하지

않습니다. 오히려 하나님의 뜻 편에 서 있는 사람은 더 조심하고 더 주의해야 합니다. 그렇지 않으면 하나님의 뜻이라는 미명하에 자기 멋대로 모든 것을 결정할 가능성이 많습니다.

지금까지 우리나라에서 결혼의 안정을 지탱해 온 것은 강한 가족관계였습니다. 신부의 집에서는 '시집간 사람은 출가외인'이라고 해서 한번 시집가면 그 집에서 죽으라고 가르쳤습니다. 또 남자가 불륜에 빠지면 첩 제도를 통하여 합법화시키거나 '남자가 그럴 수도 있지' 하면서 넘어갔습니다. 그러니까 지금까지 우리나라에서 가정의 안정은 주로 여자들의 일방적 희생으로 이루어진 셈입니다.

그러나 이제 그렇게 강한 가족관계는 모두 깨져 버렸습니다. 요즘에는 결혼한 여자들에게도 애인이 있어야 한다고 생각하는 사람들이 많아졌습니다. 어떤 드라마가 방영되고 난 후에 너도 나도 애인이 있어야 한다는 이야기들이 많이 오갑니다. 또 요즘에는 이혼도 너무 쉽게 이루어지고 있습니다. 물론 이제는 이혼을 해도 여자들이 먹고살 수 있는 길이 많이 열려 있지만, 대개는 여자들이 일방적으로 피해를 입습니다.

어떻게 하면 가정을 다시 강한 사슬로 매어 놓을 수 있을까요? 이제는 돈으로도 안 되고 사회 제도로도 안 됩니다. 오직 교회가 결혼을 바로 가르치는 수밖에 없습니다. 어떤 사람들은 신앙이 없을 때 결혼한 배우자는 하나님이 짝 지워 준 사람이 아니라고 생각합니다. 그러나 그렇지 않습니다. 한 남자와 한 여자가 결혼하는 일은 하나님의 뜻에 의해서 이루어지는 것입니다.

우리는 이삭의 결혼을 나의 결혼에 적용해서는 안 됩니다. 예를 들어 나에게도 하나님이 영원 전부터 정해 놓은 여자나 남자가 따로 있으리라고 생각해서는 안 된다는 것입니다. 이삭의 결혼은 아주 구원론적인 의미를 가지고 있습니다. 구원은 예정에 의해 이루어지지만 우리가 하루하루 살아가는 일은 예정에 의한 것이 아닙니다. 이삭은 어디까지나 그리스도의 예표로서 구원에 대한 진리를 보여 주고 있을 뿐입니다. 야곱이 네 명의 여자와 결혼한 것이나 다윗이 여러 명의 아내를 둔 것을 모두 하나님의 예정으로 생각한 다면 하나님을 죄짓게 하는 일밖에 되지 않습니다.

결혼은 신앙의 유무를 떠난 하나님의 보편적인 법칙입니다. 한 남자는 한 여자와 결혼해야 하고, 일단 결혼했으면 하나님의 뜻으로 보고 서로 맞추어 가면서 살아야 해요. 주님께서는 부정의 이유 외에 아내나 남편을 버리는 것을 간음이라고 말씀하심으로써 정욕적인 이혼이나 재혼이 하나님께 대한 범죄임을 분명히 하셨습니다.

저는 교회가 결혼을 앞두고 있는 많은 젊은이들에게 결혼에 대해 신중하게 생각할 것을 가르쳐야 한다고 봅니다. 그래서 일시적인 감정이나 기분에 따라 결혼하지 않도록, 그리고 일단 결혼한 이들은 자기 자신을 주장하지 말고 서로가 서로를 만들어 갈 수 있도록 해야 합니다. 아무리 총각 때 인격이 뛰어났고 처녀 때 성숙했다고 해도 결혼하면 처음부터 다시 시작해야 합니다. 한 인격체로 함께 자라 가야 합니다.

하나님의 뜻에 파고드는 유혹

이제 하나님의 뜻이 다 드러났습니다. 그러나 리브가의 식구들에게는 한 가지 아쉬운 마음이 들었습니다. 막상 리브가를 보내려니 아쉽습니다. 그래서 어떻게 했습니까? 적어도 열흘은 자기들과 함께 있어야 한다고 하면서 아브라함의 종을 잡았습니다.

이에 그들, 곧 종과 종자들이 먹고 마시고 유숙하고 아침에 일어나서 그가 가로되 나를 보내어 내 주인에게로 돌아가게 하소서 리브가의 오라비와 그 어미가 가로되 소녀로 며칠을, 적어도 열흘을 우리와 함

께 있게 하라 그 후에 그가 갈 것이니라 그 사람이 그들에게 이르되
나를 만류치 마소서 여호와께서 내게 형통한 길을 주셨으니 나를 보
내어 내 주인에게로 돌아가게 하소서(24:54, 56).

이제 문제가 무엇입니까? 리브가를 바로 데리고 가느냐, 아
니면 열흘쯤 있다가 석별의 정을 나누고 가느냐 하는 것입니다. 우
리 생각에는 한 열흘 정도 더 머문다고 해서 사정이 달라질 것은 없
을 듯합니다. 이미 이삭의 신부를 찾았고 결혼 승낙도 떨어졌으니
말입니다. 그동안 너무나 긴장하면서 이곳까지 왔으니 이제 슬슬
쇼핑이나 하면서 한 열흘 정도 대접받고 떠난들 좀 어떻겠습니까?

그러나 아브라함의 종은 달랐습니다. 굳이 그다음 날, 날이
밝자마자 주인에게 돌아가겠다고 했습니다. 얼마나 인정머리 없고
인간미가 없습니까? 그러나 이 종의 자세는 대단히 중요합니다. 우
선 이 종은 이렇게 리브가를 만나게 된 것이 예외적인 은혜라는 사
실을 알았습니다. 하나님의 특별한 간섭이 없었다면 이렇게 당장
만날 수도 없고, 이렇게 금방 승낙할 리도 없다는 걸 알았어요. '이
것은 대단히 예외적인 은혜야. 보통 일이 아니라고. 이럴 때 주저하
면 안 돼. 이럴 때 주저하고 늑장을 부리다가는 사탄이 틈타고 말
걸'이라고 생각한 것입니다. 한번 생각해 보십시오. 이렇게 순적하
게 하나님의 뜻이 이루어지고 성취되는 경우는 그리 흔치 않습니
다. 종은 하나님의 뜻이 이렇게 빨리 이루어지는 것을 보면서 하나
님의 시간이 급하다는 것을 깨달았습니다.

우리는 이와 비슷한 경우를 민수기에서 볼 수 있습니다. 이
방 선지자 발람은 돈을 좋아하는 사람이었습니다. 모압 왕은 돈을
줄 테니 와서 이스라엘을 저주해 달라고 그를 초청했습니다. 그러
나 성령이 그의 악한 마음을 억제하셔서 이스라엘 백성들을 저주하
지 못하고 축복하게 했습니다. 이것은 정상적인 일이 아닙니다. 발
람은 돈을 받으면 저주가 나오게 되어 있는 사람입니다. 그런데 그

입에서 축복의 말이 나왔다는 것은 하나님의 특별한 간섭이 있었다는 표시입니다.

평소에 대단히 교만하고 하나님의 뜻을 업신여기던 친척이나 상관이 어느 날 갑자기 너무나도 유순하게 수련회 가라고 돈까지 쥐여 줄 때, 그냥 그러려니 생각하면 안 됩니다. 그것은 성령이 예외적으로 간섭하셔서 그를 꼼짝 못하게 굴복시키신 것입니다. 그때는 주는 돈 받고 빨리 수련회를 떠나야 합니다. 거기서 머뭇거리면 돈 도로 내놓으라고 하면서 더 많은 일을 시킬 거예요. 그런 일이 어디 한두 번입니까?

어떤 사람은 다음 주부터 교회에 나가겠다고 다짐을 합니다. 이번 주에 가고 싶지만 너무 빨리 교회에 가면 하나님이 놀라실까 봐 다음 주부터 가야겠다고 다짐합니다. 그런데 그 다음 주가 1년이 되고 2년이 되어 버립니다. 그런 일이 한두 번이 아닙니다. 또 어떤 사람은 한 주일만 교회에 빠지겠다고 합니다. 아무래도 신앙적으로 진도가 너무 많이 나간 것 같으니까 약간 쉬어야 할 것 같아요. 그래서 일주일 동안만 세상적인 일에 빠지기로 마음먹습니다. 그런데 정신을 차렸을 때는 이미 두 달이나 세 달이 지난 상태입니다. 그 후에도 계속 교회에 빠질 일들이 생깁니다.

아마 아브라함의 종이 그곳에 잡혀서 열흘을 보냈다면 열흘 후에 또 열흘, 또 한 달을 잡혔을 겁니다. 못 떠납니다. 그뿐 아니에요. 어느 날 "아예 이삭을 데려오는 게 어때?" 하면 포도주에 취해서 "그럴까요?" 하게 됩니다. 모든 일을 망치는 것입니다.

하나님께서 기회를 주실 때 여유를 가지고 거들먹거리면 쏜살같이 세월이 지나가 버리고 되는 일이 아무것도 없습니다. 그래서 현명한 사람은 하나님께서 기회를 주실 때 혼신의 힘을 다하여 그 일을 이루어 드리려고 애를 씁니다. 왜냐하면 이것은 예외적인 일이기 때문입니다. 이 기회를 놓치면 이 일 뒤에 어떤 유혹이 도사리고 있을지 전혀 예측할 수가 없습니다. 반드시 사탄이 공격해 옵니다.

종의 유혹은 어떤 것이었을까요? 어느 정도 수고했으니 보상을 받고 싶다는 마음이 있었을 겁니다. '이제 나도 할 만큼 했다'는 생각이 파고들었을 거예요. 그러나 임무를 맡은 사람은 잠시라도 틈을 가지면 안 됩니다. 그 일을 완전히 이룰 때까지 최선을 다해야 하고, 그 후에는 다른 임무를 맡을 자세를 취해야 합니다.

사사기를 보면 이와 똑같은 일이 일어나고 있습니다. 어떤 타락한 레위인이 도망간 첩을 베들레헴에 가서 도로 찾아 데려오려고 하는데 장인이 하루만 자고 가라고 붙듭니다. 레위인은 그곳에서 하루하루 대접받고 쉬다가 마침내 안 되겠다 싶어서 억지로 출발합니다. 그런데 도중에 기브아에서 동성연애자들의 공격을 받아 첩이 윤간을 당한 후 죽습니다. 결국 이 여자의 죽음 때문에 이스라엘에는 무서운 내란이 일어납니다.

또 여로보암 때 어떤 선지자는 하나님께서 분명히 아무것도 먹지도 말고 마시지도 말라고 명령하셨음에도 불구하고, 자기에게도 하나님의 말씀이 임했다는 늙은 선지자의 말에 현혹되어 음식을 얻어먹다가 사자에게 물려 죽었습니다.

임무를 맡은 사람은 여유를 가지면 안 됩니다. 자기가 맡은 일에 최선을 다해야 합니다. 그 임무 외에 대접받는 일에 열중하는 사람을 하나님이 얼마나 싫어하시는지 모릅니다. 일이 잘 된다고 해서 여유를 가졌다가 비참한 지경에 빠진 사람이 한두 명이 아닙니다. 이것은 하나님 앞에 무서운 죄입니다.

아브라함의 종은 이 결혼에 하나님이 간섭하셨으며 어떤 인간적인 생각이나 인정이 개입해서는 안 된다고 생각하고 리브가를 곧장 데리고 가려고 했습니다.

리브가의 아름다운 성품

리브가의 식구들은 아브라함의 종을 설득하기 어려우니까 리브가 본인의 의사를 물어 보자고 제안했습니다. 이것은 마지막으로 리브가를 잡아 둘 수 있는 방법이었습니다. 한편으로는 하나님의 뜻에 순종하는 척하고 다른 한편으로는 리브가의 뜻을 존중하는 척하면서, 실제로는 기회만 있으면 하나님의 뜻을 더디게 이루어 드리려고 하는 인간의 나쁜 본성이 여기에 나타나고 있습니다. 여자에게 물으면 누구나 다 엄마와 더 있다가 가겠다고 하지 어느 누가 곧장 가겠다고 하겠습니까? 너무나 그리운 남자가 있다면 몰라도 생전 보지도 못한 나이 많은 남자에게 빨리 가서 좋을 게 뭐가 있겠습니까?

그러나 리브가는 준비된 여자였습니다. 이삭의 아내로서 전혀 손색이 없습니다. 그는 단호하게 이 종을 따라가겠다고 합니다. 라반은 아마 리브가에게 물어 보자고 한 것을 후회했을 것입니다. 그러나 이미 늦었습니다. 결국 그들은 리브가를 축복하면서 보냈습니다. 60절을 보십시오.

리브가에게 축복하여 가로되 우리 누이여, 너는 천만 인의 어미가 될지어다 네 씨로 그 원수의 성문을 얻게 할지어다

기쁨으로 축복한 것이 아닙니다. 어떻게 하든 잡아 놓으려고 했는데 잡아 놓을 방법이 없어서 할 수 없이 축복한 것입니다.

리브가와 종이 목적지에 도착했을 때 무엇을 보게 되었습니까?

때에 이삭이 브엘 라해로이에서 왔으니 그가 남방에 거하였었음이라 이삭이 저물 때에 들에 나가 묵상하다가 눈을 들어 보매 약대들이 오

더라(24:62, 63).

이삭은 종을 보내 놓고 나서 늘 이 들에서 혼자 묵상하는 시간을 가졌습니다. 여기서 '묵상하다'에 사용된 단어는 구약성경에서 단 한 번 나오는 단어인데 '묵상하다'라는 뜻도 있고 '기도하다'라는 뜻도 있습니다. 이삭은 종을 보낸 후 그 일을 잊어버리고 다른 일에 빠져 있지 않았습니다. 계속 조용히 묵상하면서, 종이 정확히 하나님의 뜻에 따라 모든 일을 해낼 수 있도록 기도하는 시간을 가졌습니다.

참으로 남자들은 결혼을 앞두고 묵상하는 시간을 가져야 합니다. 요즘 라디오 광고를 들어 보니, 한참 지휘하다가 잠깐 결혼하고 오겠다면서 나갔다 오는 어떤 지휘자를 자기 일에 열중하는 멋진 남자로 표현하던데 그런 사람은 절대로 멋진 남자가 아닙니다. 조용히 아내를 기다리면서 모든 일이 잘 이루어질 수 있도록 기도하는 남자가 멋진 남자지요.

저는 미혼의 형제와 자매들이 결혼이 안 된다고 화만 낼 것이 아니라 저녁에 교회에 와서 좀 묵상하는 시간을 가져야 한다고 생각합니다. 조용히 자신을 돌아보면서 준비해야지요. 아내 될 사람을 그리워하며 기다려야 합니다.

이제 리브가의 아름다운 모습을 보십시오.

리브가가 눈을 들어 이삭을 바라보고 약대에서 내려 종에게 말하되 들에서 배회하다가 우리에게로 마주 오는 자가 누구뇨 종이 가로되 이는 내 주인이니이다 리브가가 면박을 취하여 스스로 가리우더라 (24:64, 65).

리브가는 미련한 여자가 아닙니다. 남편이 오든 말든 낙타 위에서 졸거나 잡담하는 여자가 아닙니다. 리브가는 멀리서 오는 사람이 자신의 남편감인 것 같다는 느낌을 가졌습니다. 그래서 종에게 확인한 후 자기 스스로 면박을 씁니다. 이것은 순결한 처녀의 태도였습니다. 리브가는 자신의 남편 될 사람을 낙타 위에서 맞이하지 않습니다. 아무도 가르쳐 주지 않았는데도 모든 것을 스스로 알아서 지혜롭게 잘 처신하고 있습니다.

우리가 리브가에게서 볼 수 있는 것이 무엇입니까? 아브라함의 종을 만나기 전까지는 정말 평범한 시골 소녀였지만, 종의 이야기를 듣고 난 후부터 1분 1초가 다르게 변하고 있다는 것입니다. 리브가는 분별력 있고 지혜롭게 변하고 있습니다. 그 속에 잠재되어 있던 모든 아름다운 성품들이 마치 꽃이 피듯이 자동적으로 발산되고 있는 것 같습니다.

바로 이것입니다. 하나님의 사람들은 말씀을 듣고 자신의 가치를 깨달을 때까지는 다른 이들과 별로 다를 게 없습니다. 그러나 하나님의 놀라운 사랑과 계획을 깨닫는 순간부터 1분 1초가 다르게 사람이 마구 변합니다. 누가 가르쳐 주지 않았는데도 스스로 알아서 예의를 지키고 분별력 있게 행동합니다.

이삭이 리브가를 통하여 얼마나 큰 위로를 받았는지 보십시오.

> 이삭이 리브가를 인도하여 모친 사라의 장막으로 들이고 그를 취하여 아내를 삼고 사랑하였으니 이삭이 모친 상사 후에 위로를 얻었더라(24:67).

남자는 여자 없이는 살 수 없습니다. 자기 혼자 힘으로는 완전해질 수가 없어요. 이삭은 그동안 어머니로부터 채움을 받았습니다. 어머니가 그의 모든 것이었습니다. 그래서 어머니가 돌아가신 후 도저히 채워지지 않는 마음의 공백이 있었습니다. 이미 어머니가 돌아가시고 세월이 많이 지났는데도 여전히 이삭의 마음속에는 허전함과 공허함이 있었습니다. 바로 그 부분을 이제 리브가가 채워 주게 된 것입니다. 남자는 여자 없이는 완성될 수 없는 미완성 작품입니다.

이것은 우리 주님에 대해 놀라운 사실을 보여 줍니다. 주님은 육신을 입으셨습니다. 육신을 입은 주님께 필수적인 것은 성도들이 완성되는 일입니다. 백성 없는 메시아는 존재할 수 없습니다. 교회가 없는 주님은 존재할 수 없으며 몸이 없는 머리는 존재할 수 없습니다. 주님이 육신을 입으시기 전에는 우리가 필요 없었습니다. 그러나 주님은 육신을 취하심으로써 스스로 우리 없이는 완전할 수 없는 분이 되셨습니다. 그러므로 우리 한 사람 한 사람이 신앙적으로 성숙해지고 온전해지는 것이 주님께 얼마나 큰 기쁨과 위로가 되는지 모릅니다.

오늘 본문이 우리에게 말씀하시는 것이 무엇입니까? 리브가가 모르는 가운데서도 하나님은 이미 오래전부터 그를 아셨으며, 사랑하셨고, 그에 대한 놀라운 계획을 가지고 계셨다는 사실입니다. 이것은 우리 한 사람 한 사람에게도 적용됩니다. 이 사실을 깨달음으로써 주님을 더 의지하며, 그가 시작하신 일을 그가 반드시 마치실 것을 믿읍시다. 이 세상에서 먹고사는 것을 목표로 삼을 것이 아니라, 나를 향한 하나님의 뜻이 온전히 이루어지도록 더 헌신하는 것을 목표로 삼읍시다. 하나님의 뜻이 순조롭게 이루어진다는 것이 얼마나 예외적인 일이며 얼마나 특별한 하나님의 간섭인지를 깨닫고, 교만이나 게으름이 우리 마음에 파고들지 못하도록 열심을 다하여 주님을 섬깁시다. 리브가는 하나님의 부르심을 받은 후 1분 1초가 다르게 변화되었습니다. 우리도 믿음 안에서 온전하게 자라기를 더디하지 맙시다.

주님은 우리를 필요로 하고 계십니다. 우리가 아름답게 주님께 헌신할 때, 미련과 고집을 버리고 주님의 뜻에 따라 1분 1초가 다르게 변화될 때, 주님은 크게 기뻐하실 것입니다.

35

아브라함의
죽음

가끔 신문에 우리 사회에 큰 영향을 미치던 장관이나 정치가들의
은퇴 후 모습이 사진으로 실릴 때가 있습니다. 그 사진을 보면 서슬
이 시퍼렇던 한때의 모습은 어디에도 없고 오직 평범한 늙은이의
모습만 있을 뿐입니다. 그것을 보면서 권력은 그 자리에 있을 때 좋
은 것이지 일단 물러나면 아무것도 아니며, 그런 권력을 가졌던 사
람도 결국 한 평범한 인간에 불과하다는 것을 깨닫게 됩니다.

　　자녀들이 자라면서 부모에게 느끼는 감정도 이와 비슷할 것
입니다. 어렸을 때 부모는 자녀들에게 절대적인 존재입니다. 그 말
씀 하나하나가 그토록 지엄할 수가 없습니다. 그러나 다 자란 후에
부모를 보면 불쌍한 느낌이 듭니다. 그 한창 때의 패기나 힘은 온데
간데없고 노인이 되어 방 한쪽을 차지하고 있습니다. 때로 밥을 늦
게 준다고 투정하거나 용돈이 적다고 불평하는 것을 보면서 '옛날
에 그 위풍당당하던 아버지의 모습은 어디 갔을까?' 하는 안타까운
마음이 생깁니다. 또 때로는 병들어서 누군가 수발하지 않으면 일
어서지도 못하는 부모를 보면서 '부모님도 늙으면 어쩔 수 없는 인
간에 불과하구나'라고 느끼기도 합니다.

　　이 세상에 있는 권력자들이 그토록 힘이 있고 영광스러운

이유가 무엇입니까? 하나님께서 자신의 권력과 영광의 일부를 나누어 주셨기 때문입니다. 모든 권력은 하나님으로부터 온다는 말이 바로 이런 의미입니다. 하나님께서 자신의 권력과 영광의 일부를 나누어 주시지 않으면 권력자가 그렇게 절대적인 권력을 휘두를 수 없습니다. 부모도 마찬가지입니다. 우리가 부모를 공경해야 하는 이유가 어디에 있습니까? 하나님께서 자신의 영광과 권한의 일부를 부모에게 나누어 주셨기 때문입니다. 우리가 부모를 공경하고 부모에게 엎드려 절하는 것은 우상 숭배가 아닙니다. 왜냐하면 그렇게 하도록 하나님께서 자신의 영광의 일부를 부모들에게 나누어 주셨기 때문입니다. 그러나 부모가 늙으면 역시 그분들도 한 인간이지 그 이상은 아니라는 것을 느끼게 됩니다.

우리는 오늘 본문에서 믿음의 조상 아브라함이 한평생 하나님과 동행했던 삶을 마치고 죽는 것을 보게 됩니다. 그가 70세에 하나님의 말씀에 붙들려서 175세에 죽었으니까 105년을 하나님과 함께 동행한 셈이 됩니다. 무척이나 긴 시간입니다. 이 긴 시간 동안 아브라함은 참믿음이 어떤 것인가를 너무나도 잘 보여 주는 삶을 살았습니다. 한 인간의 삶에서 아브라함보다 더 이것을 잘 보여 준 사람은 없습니다. 그래서 성경은 아브라함을 '믿음의 조상'이라고 부르고 있습니다.

그러나 그도 죽어서 하나의 작은 무덤을 남기고 생애를 마치는 것을 볼 때, 아무리 위대한 아브라함이라 하더라도 결국 한 인간이며 한 시대의 인물이라는 느낌을 금할 수가 없습니다. 아브라함은 모든 것을 다 누리지 못했고 약속의 성취를 다 경험하지도 못했습니다. 오직 자기 시대에 주어진 상황에 최선을 다했을 뿐이었고, 많은 문제를 미결 상태로 남겨 놓은 채 이 세상을 떠나야만 했습니다.

아브라함에게 주신 또 다른 아들들

하나님은 아브라함의 노년에 이삭 외에 다른 많은 아들을 주셨습니다. 아브라함은 그두라라는 여자를 후처로 취하여 많은 아들을 낳았습니다.

> 아브라함이 후처를 취하였으니 그 이름은 그두라라 그가 시므란과 욕산과 므단과 미디안과 이스박과 수아를 낳았고 욕산은 스바와 드단을 낳았으며 드단의 자손은 앗수르 족속과 르두시 족속과 르움미 족속이며 미디안의 아들은 에바와 에벨과 하녹과 아비다와 엘다아니 다 그두라의 자손이었더라 아브라함이 이삭에게 자기 모든 소유를 주었고 자기 서자들에게도 재물을 주어 자기 생전에 그들로 자기 아들 이삭을 떠나 동방, 곧 동국으로 가게 하였더라(25:1-6).

우리는 아브라함이 이삭을 낳은 후에 또 다른 후처를 얻어서 이렇게 많은 아들들을 낳는 것을 보고 하나님의 축복을 받았다는 생각보다는 참 주책이라는 느낌을 금할 수 없습니다. 여기서 우리는 수천 년에 이르는 문화 간격을 느낍니다.

오늘날에는 아들을 많이 낳는 것을 하나님의 축복으로 생각하지 않습니다. 오히려 아들을 많이 낳으면 '저 여자는 왜 저렇게 사서 고생을 할까?' 하는 눈으로 바라보는 세상입니다. 어떤 부인이 수퍼에 물건을 사러 갈 때 아들을 열 명씩 데리고 간다고 생각해 보십시오. 모두 눈이 휘둥그레져서 쳐다볼 겁니다.

그러나 고대에는 하나님의 축복이 가시적인 것으로 표현되었습니다. 고대인들은 많은 아들과 많은 가축, 긴 수명처럼 구체적으로 눈에 보이는 것들을 하나님의 축복으로 여겼습니다. 아무래도 그때에는 하나님의 축복을 깨닫는 정도가 미약했기 때문입니다. 고대인들은 사람 안에 있는 내면적인 것의 가치를 깨닫지 못했습니다. 그래서 마음의 평강 같은 것은 축복으로 치지도 않았고, 분노 같은 감정을 잘 이해하지 못했습니다. 고대인들은 요즘 말하는 열등감이나 마음의 상처 같은 것들이 무슨 말인지 몰랐어요.

만일 그런 시대에 하나님께서 물질적으로 주시는 것 없이 마음의 평강만 주셨다면 사람들은 그것을 하나님의 축복으로 생각하지 않았을 뿐만 아니라 하나님의 존재도 알지 못했을 것입니다. 그들은 마음의 평강보다는 하루 먹을 떡을 더 원했습니다. 마음의 평강보다 배고픈 것이 더 문제였어요. 그래서 구약성경은 '분노하지 말라'고 하는 대신 '살인하지 말라'고 했고, 하나님께서는 그들을 심령의 평안으로 축복하셨을 뿐만 아니라 눈에 보이는 재물이나 자식이나 오래 사는 것 같은 구체적이면서도 눈에 보이는 것으로 확인시켜 주셨습니다. 아브라함에게 이삭 외에 다른 많은 아들을 주신 것도 그가 참으로 아브라함을 사랑하셨고 그의 삶을 축복하셨다는 사실을 아브라함 자신이나 다른 사람들이 깨닫게 하시기 위해서입니다.

우리의 구원은 철저하게 심령에 이루어지는 것입니다. 내 마음에 하나님의 은혜가 임하고 내 마음이 새로워지는 것이 구원입니다. 그러나 만일 마음만 평안하고 그 외에는 아무것도 없다면 우리는 곧바로 의심에 빠지고 영적으로 침체될 수밖에 없을 것입니다.

예를 들어 죄와 방탕에 빠졌던 어떤 사람이 복음을 듣고 예수를 믿었다고 합시다. 마음은 너무나도 기쁩니다. 그런데 직장이 없어서 매일 생라면을 뜯어 먹으면서 살고 아내는 병들어 자리에 누워 있다면 어떻겠습니까? 자기 자신이 참으로 초라하게 느껴지면서, 하나님께서 베풀어 주신 구원이 보잘것없게 보일 것입니다. 우리는 구원만으로 먹고살 수가 없습니다. 또 다른 것들이 필요합니다. 옷도 필요하고 직장도 필요합니다.

물론 지금까지 하나님을 모르고 눈에 보이는 것만 전부인 줄 알고 살아왔을 때와는 분명히 다릅니다. 그러나 우리가 비록 하나님을 알고 구원을 받았다 하더라도 구원만으로는 우리의 삶이 풍성해지지 않습니다. 그래서 하나님께서는 또 다른 많은 것을 우리에게 허락해 주심으로써 우리의 구원이 단순히 말만으로만 이루어진 것이 아니라는 것을 알게 하시며 구원이 얼마나 풍성한 것인지 체험하고 누리게 하셨습니다.

아브라함은 이삭을 낳기 전에 이스마엘이라는 아들을 낳았습니다. 이스마엘과 그두라의 아들들은 근본적으로 성격이 다릅니다. 이스마엘은 구원을 대신하려고 했던 아들입니다. 다시 말해서 그것은 하나님이냐 세상이냐, 하나님이냐 공부냐, 하나님이냐 결혼이냐 하는 것과 같은 선택의 문제였습니다. 이스마엘은 아브라함에게 우상이었습니다. 하나님이 아들을 주실 것을 믿지 못해서 낳은 아들이었기 때문입니다. 그러나 그두라가 낳은 아들들은 이런 선택의 문제가 아니었습니다. 이삭이냐 이 아들들이냐 하는 문제가 아니라 이삭 위에 더하여 주신 하나님의 선물이었습니다. 그래서 이스마엘을 내보낼 때에는 아무것도 주지 않고 내쫓았지만 이들은 많은 재물을 주어서 보냅니다.

무슨 말인지 이해하십니까? 같은 아들이라 하더라도 우상이 될 수도 있고 하나님의 축복이 될 수도 있다는 것입니다. 같은 공부를 하더라도 이스마엘이 될 수도 있고 그두라의 아들들이 될 수도 있습니다. 결혼을 하더라도 그것이 우상이 되는가 하면 하나님의 구원의 선물이 되기도 합니다. 그 차이가 어디에 있습니까? 구원에 우선하느냐 우선하지 않느냐, 말씀을 대신하느냐 대신하지 않느냐에 있습니다.

우리가 하나님의 백성이라고 해서 매일 기도만 하고, 긴 치마나 검은색 바지만 입고, 농담이나 유머 하나 없이 누룩 없는 딱딱한 빵만 먹고, 티브이도 보지 않고, 전철도 타지 않고, 부부의 성생활도 자식을 낳기 위한 수단으로만 한정해서 그 이상은 음란하다고 생각한다면 구원은 너무나도 답답한 것이 될 것입니다.

신앙이 필요하고 좋은 줄은 알면서도 쉽사리 결단을 내리지 못하는 젊은이들이 많은 이유는 신앙이 자기의 모든 즐거움이나 재미를 빼앗아 갈 것이라고 생각하기 때문입니다. '친구들과 어울려서 술 마시고 영화도 보고 나 하고 싶은 대로 하면서 살고 싶은데, 신앙을 가지면 일요일마다 교회에 나가야 하고 술도 못 마시고 거짓말도 못 할 테니 얼마나 답답할까' 하는 생각에 신앙을 가지지 못하는 경우가 많아요.

물론 우리는 신앙을 가지기 위해서 우상을 버려야 합니다. 때로는 공부도 버려야 하고 사귀던 사람이나 야망도 버려야 합니다. 하나님이 아니면서 나의 삶에 절대적인 영향을 주려고 하는 것들을 우리는 포기해야 합니다. 그러나 버리는 것이 구원의 전부는 아닙니다. 하나님께서는 우리에게 다른 많은 선물들을 주셔서 우리의 삶을 풍성하게 하십니다. 그 선물이 늘그막에 새로 시작한 공부일 수도 있고, 얼마 전에 결혼한 남편일 수도 있으며, 새로 얻은 직장일 수도 있습니다. 하나님께서 구원에 더 얹어 준 이 선물을 누리는 것을 주책이라고 생각하는 사람은 진짜 신앙이 무엇인지 모르는 사람입니다. 이것은 하나님께서 우리에게 주신 선물이며 영원한 천국의 예표입니다.

이처럼 구원에는 단순히 버리고 빼앗기는 부정적인 측면만 있는 것이 아니라 풍성함과 부요함이 있습니다. 주님은 우리에게 "양으로 생명을 얻게하고 더 풍성히 얻게 하려는 것이라"(요 10:10 하)고 약속하셨습니다. 우리가 이런 선물들을 마음껏 누리고 기뻐하기를 하나님은 원하십니다. 사도 바울이 우리에게 말씀하고 있는 것이 무엇입니까?

너희는 다시 무서워하는 종의 영을 받지 아니하였고 양자의 영을 받았으므로 아바 아버지라 부르짖느니라(롬 8:15).

우리는 두려워하는 종의 영을 받지 않았습니다. 종의 영은 어떤 것입니까? 언제나 긴장하고 있고, 언제나 처벌받을까 봐 두려워하며, 언제나 옆에 있는 사람 눈치를 보면서 겁을 집어먹은 채 지내는 것입니다. 그러나 신앙은 그런 것이 아닙니다. 어떤 사람들은 늘 떨어진 옷을 입고 다녀야 거룩한 것이고, 늘 걸어다녀야 신앙이 좋은 것이며, 금식을 해야 영성이 깊은 것이라고 생각합니다. 그러나 그것은 종의 영입니다.

물론 때로는 경건을 위하여 절제해야 하며, 때로는 죄를 회개하기 위하여 모든 생활의 편의를 버린 채 하나님 앞에서 통곡하고 금식하며 무릎을 꿇어야 합니다. 그러나 그것이 신앙의 전부는 아닙니다. 하나님께서는 우리에게 그의 무한한 풍성함을 맛보게 하기 위해 많은 선물을 주심으로써 하나님 앞에서 기뻐하고 찬양하게 하십니다. 물론 우리가 누리는 물질적인 삶에 빠져서 하나님을 잊어버린다면 그것은 축복이 아니라 우상이 됩니다. 우리는 하나님께서 주신 부요함을 통하여 하나님을 더 가깝게 느껴야 합니다.

아브라함이 깨달은 것이 바로 이것입니다. 이스마엘을 낳았을 때는 하나님과 멀어졌습니다. 무려 10년이 넘게 하나님과 아브라함의 교제는 끊어져 있었습니다. 그러나 그두라의 아들들을 낳았을 때는 그렇지 않았습니다. 아들을 낳으면 낳을수록 하나님과 더 가까워졌고 하나님을 더 생각하게 되었으며 날마다 하나님께 더 나아갈 수 있었습니다.

이것이 바로미터입니다. 내가 가진 것을 하나님 앞에서 빼앗기지 않으려고 움켜쥐고 있으며 그것 때문에 하나님과 멀어지고 있다면, 그것은 하나님이 주신 선물이 아니라 버려야 할 우상입니다. 돈 한 푼 주지 말고 사정없이 내쫓아야 할 이스마엘입니다. 그러나 아무리 많이 가지고 있어도 하나님 앞에서 문제가 되지 않고 하나님과 나 사이를 갈라놓지 않으며 오히려 하나님께 더 가까이 나아가게 하는 것은 하나님이 주신 선물입니다.

아브라함의 연주(演奏)

우리는 아브라함의 삶을 통해 그가 단순히 이 세상에서 주어진 삶을 잘 마쳤을 뿐만 아니라 끝까지 자신의 삶을 잘 연주해 냈다는 사실을 보게 됩니다.

> 아브라함의 향년이 일백 칠십 오세라 그가 수가 높고 나이 많아 기운이 진하여 죽어 자기 열조에게 돌아가매(25:7, 8).

우리가 아브라함의 삶에서 발견하게 되는 것이 무엇입니까? 그는 결코 천사의 삶을 살지 않았다는 사실입니다. 그는 때때로 하나님의 뜻을 몰라서 방황하기도 했고 영적 침체에 빠지기도 했으며 의기소침해지기도 했습니다. 하나님을 믿는다고 하면서도 인간적으로 염려하거나 실수하기도 했습니다. 아브라함은 결코 실수하지 않는 완벽한 사람이 아니었습니다.

그럼에도 불구하고 그는 말씀만을 붙들고 철저하게 하나님과 동행했습니다. 그의 삶은 그냥 삶이 아니라 음악이었고 작품이었으며 연주였습니다. 아브라함은 자신의 삶을 통하여 진정한 믿음이 어떤 것인지 아주 생생하게 보여 주었습니다. 이 세상에 수많은 믿음의 사람들이 있었지만, 아브라함처럼 자신의 삶 전체를 통해 믿음이 가지는 모든 국면들과 그 풍성한 의미를 잘 보여 준 사람은 없습니다.

그의 믿음은 어떤 종교적인 의식이 아니었습니다. 그는 모세의 율법은 알지도 못했습니다. 그는 수도원적인 삶을 살지 않았습니다. 그의 믿음은 오직 말씀에 붙들림으로 시작되었습니다. 물론 예전에도 하나님을 알았고 갈대아 우르를 떠나기 전에 여호와의 종교로 개종했습니다. 그러나 그가 자신의 삶을 연주하기 시작한 것은 하란에서 하나님의 말씀에 붙들린 후부터였습니다.

믿음이 무엇입니까? 하나님의 말씀에 붙들려서 자신의 삶을 연주하는 것입니다. 그것은 구체적으로 이 세상 사람들의 삶의 방식을 따르지 않고 하나님의 말씀에 따라 사는 것을 의미합니다. 아브라함도 하나님의 말씀을 버리고 싶은 충동이나 위기를 느낄 때가 많았습니다. 가나안 땅에 흉년이 들었을 때 그는 말씀을 버리고 싶었습니다. 그래서 애굽으로 내려갔습니다. 조카 롯이 비옥한 소돔 들판을 선택했을 때에도 '이런데도 계속 하나님의 말씀을 붙들어야 하나' 의심하지 않을 수 없었습니다. 하나님께서 아들을 주겠다고 약속하시고서 아들을 주시지 않았을 때에는 말씀을 계속 붙드는 일이 정말 힘들었습니다. 그러나 아브라함은 끝까지 하나님의 말씀을 붙들고 살았습니다. 그리고 하나님께서는 위기 때마다 늘 그와 함께하셔서 말씀을 버리지 못하게 하셨습니다. 이삭을 바치라는 말씀에도 아브라함은 자신의 생각보다는 하나님의 말씀을 더 붙들었습니다. 그는 "이삭에게서 나는 자라야 네 씨라 칭하리라"는 말씀을 붙들고 모리아 산에서 이삭을 바쳤습니다.

아브라함은 자신의 삶을 통하여 우리에게 너무나도 많은 것을 보여 주고 있습니다. 그는 믿음으로 자기가 가지고 있는 땅과 자기를 도와줄 수 있는 사람들과 가족을 버리고 떠났습니다. 그리고 믿음으로 애굽에서 다시 올라왔고, 갈등을 일으키는 롯과 헤어지면서 그에게 우선권을 양보했습니다. 그는 믿음으로 그돌라오멜의 연합군을 격파했고, 소돔의 모든 재물을 거부했습니다. 그는 믿음으로 하나님 앞에서 의롭다는 인정을 받았으며, 믿음으로 400년 후에 이스라엘 백성들에게 일어날 일을 맹세의 형태로 하나님께 받아 냈습니다. 그는 믿음으로 이삭을 낳았고, 믿음으로 이삭을 바쳤습니다. 그는 이 세상에서 끝까지 믿음으로 살았습니다.

아브라함의 삶은 음악이었고 연주였습니다. 그는 최상의 여건에서 믿음의 삶을 산 것이 아니었습니다. 전혀 실수를 하지 않은 완벽주의자도 아니었습니다. 처음부터 하나님의 모든 뜻을 다 알고 걸어간 사람이 아니었어요. 그는 때때로 방황했고 때때로 넘어졌으며 때때로 의기소침해졌습니다. 위기에 빠질 때도 많았습니다. 그러나 그는 어려울 때마다 하나님의 은혜와 자비를 붙들었고, 하나님의 도우심을 바라면서 그 앞에 부르짖었습니다.

우리는 아브라함의 삶을 보면서 믿음이 무엇이며 믿음으로 산다는 것이 어떤 것인지 그림처럼 생생하게 보게 됩니다. 믿음의 삶은 어떤 것입니까? 하나님께서 내 안에 사시는 것입니다. 나의 모든 욕심과 의지를 하나님께 복종시킬 때 어느 누구도 상상하지 못할 최고의 삶을 연주할 수 있습니다.

지금 아브라함의 연주가 막 끝났습니다. 그가 연주를 마치고 내려올 때, 이 세상에서는 몇 명 안 되는 그의 자녀들만이 지켜보고 있습니다. 그러나 하늘에서는 허다한 무리의 천군 천사들과 성도들이 이제 막 끝난 아브라함의 삶의 연주에 우레 같은 박수를 보내고 있습니다.

그가 연주해 낸 삶의 난이도는 말로 다 할 수 없을 정도로 높은 것이었습니다. 믿음으로 본토, 친척, 아비 집과 자기가 의지하는 것을 다 버린다는 것은 쉬운 일이 아닙니다. 믿음으로 그돌라오멜의 연합군을 격파한다는 것이 쉬운 일이 아니에요. 그는 믿음으로 이삭을 낳았으며 이스마엘을 내보냈습니다. 그리고 믿음으로 사라의 무덤을 막벨라 동굴로 정하고, 엄청난 바가지를 뒤집어쓰면서까지 그 동굴을 샀습니다. 그러나 역시 최고의 연주는 이삭을 모리아 산에서 제물로 바친 일이었습니다. 그는 이 일을 통해서 하나님과 그 아들 예수 그리스도의 모습을 너무나도 생생하게 보여 주었습니다. 이제 이 어려운 연주를 마친 아브라함은 수많은 천사들과 성도들의 박수를 받으면서 무대에서 영광스럽게 내려오고 있습니다.

오늘날 많은 사람들이 이 세상에서 사는 목적이 무엇입니까? 할 수 있는 한 많은 것을 소유하고 많은 것을 누리는 것입니다. 그러나 이 세상에서 많은 것을 소유한다고 해서 영원히 자기 것이 되지는 않습니다. 이 세상은 그냥 밥 먹고 살라고 있는 곳이 아닙니다. 밥만 먹고 사는 사람은 짐승 같은 사람입니다. 이 세상은 나의 삶을 연주하는 곳입니다. 사람마다 자신이 연주해야 할 곡이 있습니다. 자신이 짊어져야 할 십자가가 있습니다. 자신의 삶을 통해 보여 주고 증거해야 할 진리가 있습니다.

성경의 진리 중에서 단순히 이론적인 것은 하나도 없습니다. 이것은 모두 우리의 삶에서 연주되어야 할 진리들입니다. 신학교에 가면 조직신학에서 신론(神論)이 나오고 인간론이 나오고 성령론, 교회론, 종말론이 나옵니다. 그 하나하나가 다 연주해야 할 진리들입니다. 그냥 머리로 받아들일 진리가 아니에요. 나의 구체적인 삶을 통해서 보여 주어야 하고 실천해야 하는 진리입니다.

남들보다 못한 조건에 있으면 화를 내는 사람, 남들이 먹는 것을 먹지 못하고 남들이 누리는 것을 누리지 못하면 하나님을 원망하는 사람은 어리석은 성도요 미련한 자입니다. 말로는 믿는다고 하면서도 너무나 미련하고 깨닫지 못하는 성도들이 많습니다. 진리는 배우는 것이 아닙니다. 연주하는 것입니다. 머리로만 배울 수 있는 교리가 어디 있습니까?

아벨은 가인과 다른 예배를 드렸습니다. 그는 피의 제사를 드렸습니다. 하나님을 바로 알았기 때문입니다. 그의 형 가인은 이 피의 제사를 싫어했고 업신여겼지만 아벨은 끝까지 이 제사를 지켰습니다.

에녹은 하나님과 동행했습니다. 그 시대에는 하나님과 동행하는 사람이 아무도 없었습니다. 신은 신전에 있거나 이론으로만 존재하는 것이지, 생활 속에서 신과 함께한다는 것은 웃기는 일이었습니다. 그러나 에녹은 하나님을 집안에 모셔 놓거나 신전 안에 처박아 놓지 않았습니다. 그는 항상 하나님과 함께 행동했고, 하나님 없이는 아무것도 하지 않았습니다.

노아는 종말론을 믿었습니다. 노아는 하나님의 심판에 대한 말씀을 듣고 자신의 전 삶을 바쳐서 심판을 대비했습니다. 다른 사람들은 전부 먹고 마시고 시집가고 장가가는 세속적인 삶에 빠져 있었지만, 그만은 심판의 말씀을 믿고 배를 만들었습니다.

사라는 믿음으로 아들을 하나 낳았습니다. 아들을 많이 낳아서, 하나는 장관이 되고 하나는 판사가 되고 또 하나는 과학자가 되었기 때문에 모든 사람의 어머니가 된 것이 아닙니다. 사라는 아들 딱 하나를, 그것도 아주 늙은 나이에 낳았습니다. 그러나 믿음으로 낳았기 때문에 모든 믿는 사람의 어머니가 되었습니다.

어떤 사람들은 믿음으로 아이를 키웁니다. 병들었다고 해도, 심각한 장애가 있다고 해도 믿음으로 키웁니다. 다른 애들은 달리기에서 1등 하는데 자기 아들은 침을 흘리면서 걸어 나온다 해도 그 아이를 붙들고 "내 아들아, 사랑한다"라고 말합니다. 그것이 믿음으로 키우는 것이고, 그런 어머니가 장한 어머니입니다. 학교에서 공부 좀 잘한다고 좋아서 입이 벌어지는 부모는 벌어진 입을 반창고로 붙여 놓아야 합니다. 부모들은 왜 입만 벌리면 그렇게 자랑을 하는지 모르겠습니다.

"나는 아이를 낳지 못했다가 믿음으로 딱 하나 낳았습니다."

"언제 낳았는데요?"

"아흔 살에요."

이런 것을 자랑해야지요.

어떤 사람은 믿음으로 가난을 견뎌 냅니다. 얼마든지 잘살 수 있는데도 가난하게 삽니다. 또 어떤 사람은 자신의 전 삶을 기울여서 작은 교회 하나 목회하다가 죽습니다. 어떤 사람은 믿음으로 독신의 삶을 삽니다. 남들처럼 가질 것 다 가지고 누릴 것 다 누린다면 믿음이 도대체 왜 필요하며, 이 세상에서 그리스도인들이 다를 것이 무엇입니까?

믿음은 내가 배운 진리를 연주하는 것입니다. 작곡가의 곡은 연주되지 않는 이상 의미가 없습니다. 악보만 있으면 무슨 의미가 있습니까? 성경에 있는 모든 교리들은 실천되어야 합니다. 중요한 것은 누가 이 교리들을 더 완벽하게 소화해서 깊고 풍성하며 영광스럽게 보여 주느냐, 그 진리가 가지고 있는 그 세미한 국면들을 어떻게 완전히 살려 내느냐 하는 것입니다.

아브라함이 이 멋진 믿음의 연주를 마칠 수 있었던 것은 항상 자신의 삶에 하나님을 초청했기 때문입니다. 그는 자기 혼자만의 힘으로 그런 삶을 살 수 있다고 생각하지 않았습니다. 오히려 한순간이라도 하나님께서 함께하시지 않으면 넘어질 수밖에 없다는 것을 알았습니다. 그래서 어려움 중에 늘 하나님의 이름을 불렀고, 자신이 처한 어려운 상황 가운데 하나님을 초청했습니다. 그는 자신을 믿지 않았습니다. 늘 자신을 죽이고 부정하면서 하나님의 말씀을 붙들었습니다. 가장 멋진 연주는 실수나 실패가 전혀 없는 완벽한 것이 아닙니다. 실패하고 넘어지면서도 최선을 다할 때 비로소 최고의 연주가 되는 것입니다.

하나님은 우리의 삶을 채점하고 계십니다. 이 세상에서 완전히 실패하는 자들이 누구입니까? 완벽하지 않으면 아무것도 하지 않으려는 사람입니다. 넘어질 것이 두려워서 공중돌기를 시도조차 하지 않는 사람입니다. 혹시 다른 사람에게 웃음거리가 될까 봐 고난도의 연기는 아예 빼 놓고 넘어가는 사람입니다. 자기는 아무것도 하지 않으면서 남이 실수하는 것을 보고 욕하고 비난하는 사람입니다. 그런 사람은 "저렇게 할 바에야 나는 시작도 않겠어"라고 말합니다. 그러나 마침내 자신의 삶을 마쳤을 때, 그는 머리로 많은 것을 알았는데도 실천은 전혀 시도조차 하지 않은 것에 대해 심판받을 것입니다. 우리는 음악평론가가 아닙니다. 직접 연주를 해야 하는 연주자들입니다. 우리에게는 다른 사람의 삶에 대하여 이러쿵저러쿵 할 여유가 없습니다. 그것은 하나님이 하실 일입니다.

상황이 좋아질 때를 기다리지 마십시오. 최고의 연주는 최고로 어려울 때 나옵니다. 가난하고 굶주릴 때, 심리적인 압박 가운데서 그 모든 것을 극복하고 하나님 앞에 나의 삶을 드릴 때, 어느 누구도 해 보지 않은 최고의 연주가 나옵니다. 그러므로 상황이 좋지 않을 때 오히려 기뻐하십시오. 질병이 왔을 때 온전히 감사하십시오. 이때야말로 진리가 진리로 표현될 수 있는 기회입니다. 어려움도 없고 건강하고 돈 잘 벌 때에야 못할 것이 뭐가 있습니까? 최악의 경우지만 믿음으로 하나님을 바라볼 때 이 아브라함 같은 삶이 나오는 것입니다.

한 시대의 사람, 아브라함

우리가 아브라함의 죽음을 보면서 느끼게 되는 것은 그도 역시 한 인간이며 결국 한 시대의 인물일 수밖에 없었다는 사실입니다.

> 그 아들 이삭과 이스마엘이 그를 마므레 앞 헷 족속 소할의 아들 에브론의 밭에 있는 막벨라 굴에 장사하였으니 이것은 아브라함이 헷 족속에게서 산 밭이라 아브라함과 그 아내 사라가 거기 장사되니라(25:9, 10).

아브라함은 참으로 놀라운 믿음의 삶을 살았습니다. 그러나 그도 역시 한 인간이었기에 하나님 나라의 완성을 보지 못하고 사라가 묻힌 막벨라 동굴에 함께 묻혀야만 했습니다. 그는 여전히 하나님 나라의 완성을 기다리면서 잠들어 있어야만 했습니다.

여기서 우리는 두 가지 사실을 생각할 수 있습니다. 하나는 이 세상에 사람이 살면서 그토록 영광스럽고 특별할 수 있는 것은 하나님께서 자신의 영광의 일부를 나누어 주셨기 때문이지 순전히 자기 혼자 힘으로 된 것은 아니라는 것입니다. 그리고 다른 하나는 아무리 위대한 사람이라 하더라도 그 역시 한 시대의 사람으로서 그 시대의 문제나 상황을 완전히 뛰어넘을 수는 없다는 것입니다.

이 세상에서 큰 권세를 휘두르는 사람들이 위대하게 보이는 것은 하나님께서 그렇게 하도록 하셨기 때문입니다. 하나님께서는 확실히 이 세상의 통치자들에게 자신의 권세의 일부를 나누어 주십니다. 그래서 그 자리에 있을 동안에는 신처럼 절대적인 권력을 휘두를 수 있습니다. 그러나 그가 그 자리를 물러나거나 죽는 것을 보면 다른 사람들과 하나도 다를 바가 없는 평범한 인간이라는 것을 알게 됩니다.

부모의 경우도 그렇습니다. 그리스도께서는 우리에게 하나님을 아버지라고 부르게 하셨습니다. 아이들이 부모를 그토록 존경하고 절대적으로 느끼는 것은 하나님께서 부모들에게 하나님의 부성적인 권위와 사랑을 나누어 주셨기 때문입니다. 그러나 부모가 늙어 가면서 그 부성적인 권위나 힘도 함께 약해지는 것을 볼 수 있습니다. 이때는 오히려 부모에게 자녀들의 도움과 이해가 필요해서, 자녀들이 이해하지 못하면 굉장한 섭섭함을 느낍니다. 그래서 어떤 부모들은 어떻게 해서든지 자녀들에게 약한 모습을 보이지 않으려고 온갖 노력을 다합니다. 일본에서는 아버지가 실직하면 아무 소리 없이 집을 나가 버린다고 합니다. 그렇게 공원에서 먹고 자다가 추우면 얼어 죽습니다. 자식들에게 피해 주기 싫고 약해진 모습을 보여 주기도 싫어서지요.

아브라함의 삶이 그토록 영광스러울 수 있었던 것은 그의 삶에 하나님께서 적극적으로 함께하셨기 때문입니다. 이것이 그의 삶의 비결이며 이 세상 권력과의 차이입니다. 이 세상 권력은 그 자리에 있는 동안만 영광스러울 수 있고 절대적일 수 있습니다. 그러나 하나님의 백성들은 자리와 상관없이 영원히 영광스러울 수 있습니다. 그 이유는 하나님께서 그의 영광과 능력을 항상 나누어 주시기 때문입니다. 그러므로 우리가 이 세상에서 끝까지 추하지 않게 아름답고 영광스럽게 살려면 항상 하나님을 나의 삶 가운데 모시고 살아야 합니다.

그러나 아브라함이 아무리 하나님과 함께했더라도 그 역시 한 인간이었습니다. 아브라함은 중요한 몇 가지 약속의 성취를 보지 못하고 잠들어야만 했습니다. 그 중요한 것 하나가 씨에 대한 약속입니다. 하나님께서는 아브라함의 자손 중에 사탄의 머리를 깨고 온 세상을 구원할 후손을 주겠다고 약속하셨습니다. 그러나 그는 그 후손을 보지 못했습니다. 단지 믿음의 눈으로 멀리서 바라보며 기뻐했을 뿐입니다. 여러분, 때로는 눈을 들어서 멀리서 바라보십시오. 아직 성취되지 않은 하나님의 약속을 멀리 바라보고 웃으십시오.

그뿐 아니라 아브라함은 자기 후손이 강력한 나라가 되는 모습을 보지 못했습니다. 그가 들었던 말씀이 언약의 형태로 돌에 기록되는 일이나 하나님께서 그 백성 가운데 거하시는 성전이나 이스라엘 나라의 모습을 보지 못했습니다. 그것은 모세를 통하여 430년 후에야 이루어졌습니다. 아브라함은 이 강력한 하나님의 나라가 주위에 있는 죄악의 나라들을 심판하는 모습도 보지 못했습니다. 하나님께서는 가나안 족속의 죄를 심판하시겠다고 말씀하셨습니다. 아브라함이 생각해도 가나안 사람들은 심판받아야 했습니다. 그러나 그는 이 가나안 나라가 심판받는 것을 보지 못했습니다. 오직 소돔과 고모라만 하나님의 특별한 섭리로 불바다가 되는 것을 보았을 뿐입니다. 가나안 나라가 본격적으로 심판받은 것은 여호수아의 칼날을 통해서였습니다. 그러나 더 완전하게 심판된 것은 사사기를 거쳐서 다윗의 때를 통해서입니다. 그리고 가장 최종적인 심판은 예수 그리스도가 두 번째 오실 때 이루어질 것입니다. 이런 것을 볼 때 아브라함은 역시 그 시대의 아들이며 자신의 상황을 뛰어넘을 수 없는 한 인간이었다는 것을 보게 됩니다. 이것이 아브라함을 겸손하게 만들었습니다.

하나님의 나라는 어느 한두 사람의 힘으로 만들어지지 않습니다. 모세를 보십시오. 모세가 얼마나 큰 구원을 이루었습니까? 예수 그리스도를 제외하고 모세보다 더 큰 구원을 이룬 사람이 어디 있습니까? 그러나 그 역시 출애굽 세대였고 그들과 함께 가나안 땅에 들어가지 못한 채 광야에서 자신의 삶을 마쳐야만 했습니다. 여호수아도 가나안 땅의 정복을 완수하지 못했고 다윗 때까지 기다려야만 했으며, 주위에 있는 모든 불의한 나라들을 심판하고 정의와 공평으로 다스리는 의로운 왕으로 등극한 다윗도 성전을 직접 짓지 못하고 아들 솔로몬의 때를 기다려야만 했습니다.

이 모든 것이 의미하는 것이 무엇입니까? 우리 삶의 중심에 하나님을 모실 때 우리는 하나님처럼 영광스럽고 능력 있게 살 수 있습니다. 그러나 그것은 거대한 하나님 나라의 아주 작은 한 부분에 불과합니다. 하나님의 나라는 수많은 사람들로 구성된 우주적인 나라입니다. 한두 사람의 힘으로 만들어지지 않습니다. 우리 한 사람 한 사람은 자기에게 주어진 상황에서 최선을 다해서 봉사할 뿐입니다.

우리는 하나님께서 참으로 축복하신 수많은 믿음의 선배들이 있는 것을 자랑스럽게 생각합니다. 그들 가운데는 교회나 신앙 양심의 순결을 위하여 죽음의 길을 택한 순교자들이 있습니다. 하나님의 진리를 신학이나 설교의 형태로 놀랍게 밝힌 주의 종들도 있습니다. 또 자신의 삶을 통하여 아름다운 그리스도인의 모습을 실천한 믿음의 아버지와 어머니들도 있습니다. 그러나 그들이 죽고 난 후 그들도 역시 하나님 나라의 아주 작은 부분을 차지할 뿐이라는 것을 깨닫게 됩니다. 아직도 많은 부분에서는 또 다른 종들을 기다리고 있습니다. 과거에 아무리 놀랍게 설교되었다고 하더라도 그 다음에 또 다른 종들이 더 깊고 더 풍성하게 하나님의 말씀을 밝혀서 설교하는 것을 어느 누구도 막을 수 없습니다. 그러므로 내가 아무리 진리를 잘 안다고 해도 마치 청동 거울을 보는 것처럼 희미한 것이며 엄청난 하나님의 진리 중 작은 한 부분에 불과하다는 것을 깨닫고 겸비해야 합니다.

지금까지는 그리스도인들이 수적으로 많아지는 것을 곧 하나님 나라의 확장으로 생각했습니다. 구원받는 사람들이 많아져야 하나님의 나라가 확장될 것 아닙니까? 그러나 이런 생각 역시 한 시대의 산물입니다. 오늘날에는 많은 젊은 목회자들이 교회가 커지고 자라는 것 외에, 하나님의 진리가 더 많이 밝혀지며 그리스도인들이 진리대로 사는 것이야말로 더 분명한 하나님 나라의 확장이라고 생각하기 때문입니다. 우리에게도 역시 우리 믿음의 후손을 통해 또 다시 정정되고 비판받을 부분이 있을 것입니다. 우리가 키운 사랑하는 제자에게서 '역시 당신은 진리의 한 부분만 보았을 뿐입니다'라는 이야기를 듣게 될 때가 올 것입니다.

아브라함의 신앙은 막벨라 동굴로 요약될 수 있습니다. 그는 앞으로 믿음으로 만들어질 하나님 나라의 징검다리로 막벨라 동굴을 정했습니다. 그는 걸림돌이 아니라 좋은 징검다리로 자신의 삶을 마쳤습니다. 우리는 '나 한 사람이 모든 것을 다 하겠다'는 생각을 버려야 합니다. '나 아니면 안 된다'는 생각도 버려야 합니다. 하나님의 나라는 수많은 종들을 통하여 이루어지는 나라입니다. 나의 생애에 이루어지지 않은 일은 후세대에게 맡기고 나는 내 삶에서 징검다리 하나를 놓기 위해 무릎 꿇고 고민하면서 조심스럽게 최선을 다해야 합니다. 내 세대에서 내가 끝장을 보려고 할 때 항상 무리수가 나오게 되어 있습니다.

주의 백성들이 자기 아집과 욕심 때문에 징검다리가 아니라 큰 걸림돌이 되는 경우를 많이 봅니다. 자기 생각과 맞지 않는 일에 끝까지 양보하지 않다가 큰 걸림돌을 놓고 죽는 것입니다. 그렇게 하는 것은 목욕물을 버리다가 아기까지 버리는 것과 같습니다. 부분적으로 하는 말은 다 맞아요. 그러나 그 중심에는 교만과 분노와 자기 자신을 주장하려고 하는 마음이 가득 차 있는 것을 볼 수 있습니다. 이런 마음으로는 아무것도 바꿀 수 없습니다.

　이 세상에서 훌륭한 사람은 많은 일을 하는 사람이 아닙니다. 자기 한 사람이 아무리 뛰어 봐야 무슨 일을 하겠습니까? 다른 사람이 움직일 수 있도록 신뢰해 주고 다른 사람이 움직일 수 있도록 겸손하게 설득해 나가는 사람이 위대한 사람입니다. 겸손과 사랑이 아니면 아무도 움직일 수 없습니다.

　아브라함의 작은 동굴은 수많은 믿음의 후손을 부르는 장소였습니다. 그는 무덤 가운데 침묵으로 누워 있었지만 그 침묵의 죽음이 수많은 믿음의 후손들로 하여금 가나안 땅을 향해 올라오게 했습니다. 하나님 나라는 나 혼자의 힘으로 이룰 수 없습니다. 우리가 최선을 다해서 사는 이유는 믿음의 후손들에게 좋은 징검다리를 하나 놓아 주기 위한 것입니다. 그러나 징검다리는 하나이지만 수많은 사람들이 이 징검다리를 밟고 진리로 돌아오게 될 것입니다.

　여러분, 지금 무엇을 위해서 살고 있습니까? 우리는 인간입니다. 늙으면 별 수 없어요. 우리도 늙으면 자식의 도움과 이해를 구해야 합니다. 그럼에도 불구하고 자신은 아직도 똑똑하고 능력이 있기 때문에 혼자 힘으로 모든 것을 다 할 수 있다고 생각하는 사람은 미련한 사람입니다.

　여러분이 가지고 있는 미래의 꿈은 무엇입니까? 눈을 들어서 멀리 바라보십시오. 몇백 년을 내다보면서 내가 연주해야 할 음악은 무엇이며, 내가 놓아야 할 징검다리는 무엇인가를 생각하십시오. 한때는 잘했지만 두고두고 걸림돌이 되는 일이 없도록, 내 삶을 진리로 연주해야 합니다. 기억하십시오. 성경에서 배우는 것들은 머리로 배우는 것이 아닙니다. 내가 연주해야 할 음악입니다.

자신의 삶을 연주합시다

우리는 신앙생활을 하는 가운데 스스로 이런 질문을 던져야 할 때가 있습니다. 즉 "신앙은 과연 커피 자동판매기인가?" 하는 것입니다. 믿는다는 것은 마치 요술방망이처럼 내가 원하는 대로 두들기기만 하면 다 성취되는 것입니까? 결코 그렇지 않습니다.

믿음의 조상 아브라함은 하나님의 말씀 하나를 붙들고 자기 본토, 친척, 아비 집을 떠나 약속의 땅으로 갔습니다. 그러나 거기에서 그를 환영해 주는 사람은 아무도 없었습니다. 오히려 그 약속의 땅에 심한 흉년까지 엄습해왔을 때 그의 믿음은 흔들릴 수밖에 없었습니다.

결국 아브라함이 깨달은 것이 무엇입니까? 믿음은 요술방망이가 아니라 하나님의 뜻대로 살 기회를 얻는 것이라는 사실입니다. 가나안 땅은 그가 믿음을 실천할 무대였습니다.

오늘날 너무나도 많은 사람들이 기독교를 '불교식'으로 오해하고 있습니다. 그래서 이 세상에서 평안히 살다가 죽어서 천당 가는 것을 기독교로 생각합니다. 그러나 기독교는 이 세상에서 믿음으로 사는 것을 영원한 천국에 들어가는 것만큼이나 중요하게 생각합니다. 믿음의 실천이 없는 사람에게는 영원한 천국도 없습니다 (No Life, No Kingdom)!

여러분은 이 설교집을 통하여 아브라함이 연주한 웅장한 믿음의 교향곡을 듣게 될 것입니다.

이 설교집이 좀더 많은 믿음의 형제자매들의 귀에 들릴 수 있도록 뜨거운 사랑과 수고로 애쓰신 홍성사 편집부 여러분들께 감사드립니다.

1998년 4월
둔촌동 목회실에서

김의탁

가루 서 말 속의 누룩

오늘 이 세상을 대하는 그리스도인의 자세는 크게 세 종류로 나누어지는 것 같습니다. 하나는 '세속형'입니다. 다시 말해서 마음속으로는 '이렇게 살아서는 안 되는데' 하면서 어쩔 수 없이 세상을 따르는 사람들입니다. 술을 마시게 되면 마시고 뇌물을 주고받게 되면 주고받으면서, 속으로는 끊임없이 고민하고 갈등하는 사람들입니다.

두 번째는 '고립형'입니다. 이들은 세례 요한처럼 이 세상과 완전히 동떨어진 생활을 하면서 이 세상을 정죄하고 도전하는 사람들입니다. 그러나 그들을 포용하거나 변화시키지는 못합니다.

세 번째는 '누룩형'입니다. 이들은 이 세상에 살면서도 세상의 죄에 물들지 않을 뿐 아니라 오히려 세상에 선한 영향을 끼치는 사람들입니다. 예수님은 제자들에게 '너희는 세상의 소금과 빛'이라고 하셨으며, 적은 양으로 전체를 바꾸는 '가루 서 말 속의 누룩'이라고 말씀하셨습니다.

창세기 강해설교집 4권 《불의한 시대를 사는 의인들》은 바로 이 문제를 다루고 있습니다. 우리가 여기에서 볼 수 있는 롯은 바로 세속형 교인이라고 말할 수 있습니다. 그는 소돔에 살면서 어떻게 하든지 소돔 사람들과 잘 지내려고 애를 썼습니다. 그러면서도 그의 마음속에는 끊임없는 고민과 갈등이 있었습니다. 결국 소돔을 변화시키지 못한 롯은 그 자신만 겨우 구원받게 됩니다.

또한 그랄 땅에서 보게 되는 아브라함은 어떻게 보면 고립형이라고 볼 수 있습니다. 그는 그랄 땅에 들어가면서 아예 마음 문을 닫아 놓고 그랄 사람들과 교제하려고 하지 않았습니다. 그런데 놀랍게도 아브라함은 그랄 땅에서 시민권도 얻고 상당히 안정된 생활을 하게 되며, 그랄 사람들은 아브라함을 하나님의 방백으로 인정하고 존경하게 됩니다. 이것은 그가 불의한 세상에 깊은 영향을 미치고 있었다는 사실을 보여 줍니다. 이처럼 고립형은 누룩이 될 수 있었지만, 세속형은 누룩이 되지 못하고 자기만 겨우 목숨을 건지는 처지가 되고 말았습니다.

그 차이가 어디에 있습니까? 가장 중요한 차이는 말씀과 공동체에 있습니다. 이 두 가지가 없으면 이 세상에서 하나님의 백성들이 제 역할을 감당할 수가 없습니다. 오늘 우리 시대에 왜 교회가 생각보다 무기력합니까? 바로 말씀과 공동체가 살아 있지 못하기 때문입니다.

이 부족한 말씀이 불의한 시대를 고민하면서 살아가고 있는 모든 그리스도인들에게 롯과 같은 시행착오를 반복하지 않고 아브라함처럼 승리하는 믿음의 지혜를 제공하는 데 도움이 되기를 바랍니다.

그리고 이 말씀을 온 세상의 환한 빛 가운데로 드러내어 많은 사람들과 함께 나누는 귀한 일에 헌신하고 있는 홍성사 모든 식구들에게 깊은 감사의 말씀을 드립니다.

1999년 2월
둔촌동 목회실에서

김서택

가장 큰 시험

아무리 힘이 좋은 사람도 처음부터 큰 바다를 헤엄쳐 건너지는 못할 것입니다. 먼저 아주 작은 시내부터 건너는 연습을 수없이 해야 합니다.

하나님께서 아브라함에게 마지막으로 요구하신 것은 그의 사랑하는 독자 이삭을 모리아 산에서 제물로 바치라는 것이었습니다. 우리 인간의 한계는 죽음입니다. 사람이 일단 죽어 버리면 모든 것이 끝나 버리고 맙니다. 하나님께서는 아들의 죽음으로 아브라함의 믿음을 시험해 보셨습니다. 그런데 아브라함은 아무 소리 하지 않고 아들을 바치기 위하여 먼 길을 떠납니다. 먼 길을 가야 한다는 것 자체가 그에게는 고통이었습니다. 왜냐하면 중간에서 수십 번도 더 마음이 변할 수 있기 때문입니다.

그런데도 아브라함이 하나님의 이상한 명령에 순종할 수 있었던 것은 그의 한평생이 버리는 훈련으로 이루어졌기 때문입니다. 그는 처음에 본토, 친척, 아비 집을 버렸고, 그다음에는 조카 롯을 포기했으며, 그다음에는 소돔의 전리품을 포기했고, 그다음에는 첩 하갈과 그 아들 이스마엘을 버렸습니다. 이렇게 계속적으로 버리는 훈련을 해왔기 때문에 마지막에 사랑하는 독자 이삭도 포기할 수 있었던 것입니다. 그리고 그 아들을 죽음의 자리에서 도로 얻음으로써 하나님의 약속은 죽음도 이긴다는 사실을 확인할 수 있었습니다.

아브라함의 신앙은 부활의 신앙입니다. 죽음도 그의 소망을 막을 수 없었습니다. 그리고 그의 순종은 아들을 십자가에 매다신 하나님의 모습을 너무나도 극적으로 보여 주었습니다. 처음부터 위대한 신앙을 가지고 태어나는 사람은 없습니다. 위대한 신앙은 작은 첫걸음에서부터 시작됩니다.

이 설교집이 좀더 많은 믿음의 형제자매들에게 읽힐 수 있도록 수고하신 홍성사 여러분들과, 이 귀한 축복을 함께 나눈 제자들교회 여러 식구들에게 감사드립니다.

귀한 신앙의 유산을 남기시고 20여 년 전 천국에 먼저 가신 어머니 이옥자 성도를 그리워하며.

1999년 4월
둔촌동 목회실에서

김의택

창세기 강해설교 2

모리아로 가는 길

Expository Sermons on Genesis 2: The Way to Moriah

지은이 김서택
펴낸곳 주식회사 홍성사
펴낸이 정애주
국효숙 김의연 김준표 박혜란 손상범 송민규
오민택 임영주 주예경 차길환 허은

2021. 9. 15. 초판 인쇄   2021. 9. 29. 초판 발행

등록번호 제1-499호 1977. 8. 1.
주소 (04084) 서울시 마포구 양화진4길 3 **전화** 02) 333-5161 **팩스** 02) 333-5165
홈페이지 hongsungsa.com **이메일** hsbooks@hongsungsa.com
페이스북 facebook.com/hongsungsa **양화진책방** 02) 333-5161

ⓒ 김서택, 2021

ISBN 978-89-365-1438-9 (04230)
ISBN 978-89-365-0561-5 (세트)